BRICS

金砖国家法律评论

BRICS LAW REVIEW

西南大学金砖国家法律研究院主办

Sponsored by

Academe of BRICS Laws

Southwest University

主编 邓瑞平

第5卷 （2020年）

VOL.5，2020

厦门大学出版社 国家一级出版社

XIAMEN UNIVERSITY PRESS 全国百佳图书出版单位

图书在版编目(CIP)数据

金砖国家法律评论.第 5 卷/邓瑞平主编.—厦门:厦门大学出版社,2020.12
ISBN 978-7-5615-7993-0

Ⅰ.①金… Ⅱ.①邓… Ⅲ.①法学—文集 Ⅳ.①D90-53

中国版本图书馆 CIP 数据核字(2020)第 237505 号

出 版 人	郑文礼
责任编辑	甘世恒
封面设计	李嘉彬　邓皓轩　王佳宜
技术编辑	许克华

出版发行　厦门大学出版社

社　　址	厦门市软件园二期望海路 39 号
邮政编码	361008
总　　机	0592-2181111　0592-2181406(传真)
营销中心	0592-2184458　0592-2181365
网　　址	http://www.xmupress.com
邮　　箱	xmup@xmupress.com
印　　刷	厦门兴立通印刷设计有限公司

开本	720 mm×1 000 mm　1/16
印张	29.5
插页	2
字数	535 千字
版次	2020 年 12 月第 1 版
印次	2020 年 12 月第 1 次印刷
定价	95.00 元

厦门大学出版社
微信二维码

厦门大学出版社
微博二维码

BRICS LAW REVIEW
Academic Counselor Commission

I.Chinese Experts

CAO Xingquan	CHEN Gaoshan	CHEN Jian	CHEN Min
DING Ding	DING Libai	FENG Guo	FU Jun
HE Li	KONG Qingjiang	LAN Caiming	LI Fajia
LI Qin	LIU Jianmin	LIU Xiangshu	LIU Ying
LU Daifu	MEI Chuanqiang	MU Yaping	QU Sancai
REN Huihua	SHAO Jingchun	SHEN Sibao	SHENG Xuejun
SHI Jingxia	SUN Changyong	SUN Peng	TANG Zhongmin
WANG Han	WANG Hongtao	WANG Jian	WANG Li
WANG Meili	WANG Xin	XIE Shisong	XU Mingyue
XU Yixiang	YANG Guohua	YANG Song	YANG Xu
YUE Caishen	ZHANG Buwen	ZHANG Jun	ZHANG Qinglin
ZHANG Xiaojun	ZHANG Xinmin	ZHANG Yi	ZHAO Ming
ZHAO Wanyi	ZHAO Xuegang	ZHENG Wenlin	ZHOU Yuyun

II.Foreign Experts

Alexandre Gossn Barreto (Brazil)

Berzin Olga (Russia)

Bordunov V D (Russia)

Evandro Menezes de Carvalho (Brazil)

Ivana Amorim de Coelho Bomfim (Brazil)

Kapustin A Ya (Russia)

Karamkarian R A (Russia)

Kartashkin V A (Russia)

Kumbayava Aigerim (Kazakhstan)

Luca Belli (Brazil)

Reinaldo Guang Ruey Ma (Brazil)

Rodrigo do Val Ferreira (Brazil)

Santosh Pai (India)

Stardubtzev G S (Russia)

Tang Wei (Brazil)

Zhdanov N V (Russia)

目录
CONTENTS

✲Anufrieva Liudmila *

The Impact of Generally Recognized Principles of International Law Governing the Co-Operation Between BRICS Countries on Development of Contract Law**

Abstract: The acronym BRICS applied firstly for an association of Brazil, Russia, India, China, and later South Africa. This article aims to assess in brief the achievements and challenges for development of the BRICS countries' municipal laws influenced by the fundamental norms of international law, i.e. generally recognized principles of international law. It argues that, although numerous journal articles and some valuable monographs and collections have been published which assumed the BRICS alliance to represent an international institution, it has no such nature. Opposite to the above, this article issues from another point of view which is to formulate a transitory position in the actual state of BRICS countries' co-operation, and thus, to deny its organizational status as an integrational entity. Nevertheless, despite the absence of formal institutionalization in BRICS association, the principles of international law being the effective norms of inter-state relationships not only form the legal foundation of their co-operation in all spheres and fields of trade, economy, culture, education and science, but influence the development of domestic law systems determining the guidelines of various branches of laws, including the contract law, of participating countries.

Key Words: BRICS countries; institution; integration; international law; domestic

---

* Anufrieva Liudmila, Professor of the International Law Department at the Kutafin Moscow State University of Law (MSAL), doctor ès science (Law), E-mail: lyu-anufrieva@yandex.ru.

** The paper was prepared in the frameworks of the scientific project № 18-011-01060-A under financial support of the Russian Foundation of Fundamental Research (RFFR-« RFFI »).

law ; principles of international law ; jus cogens ; contract laws ; unification ; harmonization

By the early days of the XXI century[1], due to the proliferation of globalization and integration, the new trend towards convergence of national interests of Brazil, Russia, India, China and South Africa (BRICS) has emerged when 5 countries followed a new format of international relationship. BRICS evolved from mere investment lingo to an organized network, in the process assuming a greater geopolitical role aimed at institutional reforms that shift global power. All five countries adhere to principles of inclusive macroeconomic and social policies and are focusing on responsible national growth strategies. Moreover, the rise of Brazil, Russia, India, China and South Africa over the past decade has caused a profound transformation of global politics which led to such implications as redistribution of power, shift in balance of powers within the international system and consequently for international legal order in whole including international law itself. These conclusions are expressis verbis admitted even by the Western scholars[2].

The international law principles as a reflection of the essence of international law, i. e. its fundamental properties, permeate the entire system of norms and structure of the international law, consisting of branches, institutes and sub-institutes in certain areas, sectors and segments of social relationships under regulation. The cooperation of the BRICS countries is no exception in this sense. The regulation of the links between them is affected, subject to the afore-mentioned general (basic) principles and a number of principles of narrower nature (branch principles). The guiding principles in international law are the fundamental (basic) ones, i. e. peremptory, prevailing norms which determine both the essence of the system and further development of international law.

---

[1] The acronym BRIC was introduced into the scholars' literature in 2001 by Jim O'Neill, chief economist of the biggest investment corporation "Goldman Sachs Group" in connection with enlarging and strengthening the mutual ties between Brazil, Russia, India and China. Resulting from joining as late as in 2012 of the South Africa to the afore-referred four countries, the alliance of 5 states emerged. However, the proposals on more close co-operation were initiated by Russia in 2006.

[2] Cf. : William W. Burke-White, Power Shifts in International Law : Structural Realignment and Substantive Pluralism, *Harvard International Law Journal*, Winter 2015, Vol. 56, Issue 1, pp. 1-79.

The problem of generally recognized principles of international law, especially its fundamental principles and norms, including peremptory norms, viz. " jus cogens", partially could be deemed as a " gap" in international law theory, requiring proper scholars'research. The fact is, that along with the basic or generally recognized principles of international law forming peremptory norms of general international law (jus cogens), which infiltrate the entire normative system, there are specific principles of international law serving as guidelines for interstate behavior in various fields of law—i.e. branch principles. No need to point out that every international institution or integration community acts and performs their own functions on the basis of the respective charters or other statutes which are construed as the legal foundation thereof and lay down the major provisions bearing the constitutive nature. The fact that Brazil, Russia, India, China and South Africa along with the other non-formal associations (e.g., G-7, G-8, "Big Twenty", etc.) do not form an institution nor a community, strictly saying by legal language, represents the main issue for scholar analysis of the matter of principles. Notwithstanding this, the cooperation between them is not deprived of relevant principles, which, in turn, are subject to the rules set forth by the respective participants thereof. The list, ranks and scope of the categories of rules acting as "principles" afore-referred to may differ one from another depending on the goals and targets of the association, its values and effects to be achieved.

Thus, based on availability of various categories of principles inherent in international law, there is a need for thorough perusal of this legal aspect that is important both from theoretical and practical point of view, i.e. that one related specifically to principles of international law as a system, and namely, finding an aggregate approach to peremptory rules within international law. This task represents a cornerstone from the points of view of development of international law science and at present meets the vital requirement of lawful regulation of interstate relationships, under the circumstances of increasing in negative comments of both the international law and its fundamental principles/the generally recognized principles and norms. On account of the above, the importance of legal analysis concerning the principles of interstate cooperation between Brazil, Russia, India, China and South Africa becomes self-evident, since they aimed ab initio for the formation of a "polycentric system of international relationships and increase of

economic interdependence of States" to ensure the impact which BRICS countries may exert upon global economic development because of their objective socio-economic level.

Nowadays, the BRICS cooperation is widely expanding its limits to the extent of one of main components within bilateral and multilateral economic interplay between five countries in multiplicity of areas, namely: monetary, financial and trade-economic relationships in industry, energy, science, technology and innovation, agriculture and other fields. In the trade-economic sphere, the task is to create, in particular, more favorable conditions for development of mutual trade and more investment links for joint operation between BRICS countries within the frameworks of international organizations to promote common interests in the area of international trade. Since the economic interaction tends certainly to be the key vector in BRICS development, all States of this non-formal association are highly interested in formulating a common strategy for economic cooperation and constitute a relevant General legal ground in the form of common principles of partnership.

The analysis of actual stages in development of BRICS countries reveals as acute the necessity in of a concentrated approach to elaboration by participating States of general principles of their cooperation. Based on the intergovernmental statements of political results and economic achievements, as expressis verbis declared by summits of the Heads of States within BRICS association available in the respective official documents, namely in the Declaration of Xiamen (Xiamen, China dt. of September 4, 2017) and Declaration of Johannesburg (Johannesburg, SAR dt. of July 26, 2018), it is possible to identify the preconditions for emergence and further development of some principles of economic cooperation of the BRICS countries, having been forwarded prima facie by practical performance of relationships and therefore set forth in the wording of the respective documents.

Thus, the target being proclaimed, is to implement "deliberate and concerted efforts to build comprehensive and multi-level dynamics of cooperation", which determined the principle of development and multilateralism. The goal of establishing a more equitable, just, fair, democratic and inclusive international political and economic order that was set forth at the previous summits and stages of cooperation, led to the unambiguous formulation of the principles of fairness and justice to ensure peace and stability on the international and regional levels, mutual respect and understanding, equality, solidarity, openness, inclusiveness, mutually beneficial cooperation, and taking into account the interests, respect for the right of each state to choose ways of development.

The principles of equality, reciprocity, mutual benefits, autonomy in determining the forms of participation in cooperation with other States, as well as coordination, integration and partnership represent the appropriate reflection of special (branch) principles of international economic law. At the same time, both the afore-referred principles and the principles of the economic cooperation of BRICS countries should meet the main criterion of the validity of legal ground of interaction, which was outlined above, viz. conformity with peremptory norms of jus cogens, constituting the fundamental principles of contemporary international law. This conclusion has been directly stated in the Xiamen Declaration, which provides "just and equitable international order, with the Central role of the United Nations on the basis of the purposes and principles enshrined in the Charter of the United Nations and norms of international law...commitment to the principles of democracy and the rule of law in international relations".

Since the economic links undoubtedly developed as a mainstream in the development of BRICS, as witnessed both by the BRICS' documents, and the assumptions of theoreticians, according to which the BRICS summits have initially an economic orientation that requires normative grounds, it would not be unreasonable to pay attention to the legal basis for cooperation. In this regard, all the States of the non-formal association are concerned with formulating a common strategy of economic cooperation and creating a legal foundation in the form of common principles of partnership regulation. In connection with the same, the Russian publications on this subject note the need to create such a document as the "Strategy of economic cooperation of the BRICS countries", as well as the "General principles for deepening the economic partnership of the BRICS countries", which will determine appropriate measures for development of economic, trade and investment cooperation between the BRICS states. It is appropriate to remind the above-mentioned "Strategy" nowadays is available as a formally accepted document by the BRICS countries.

All previous conclusions stated herein are related to the intergovernmental interaction of the BRICS countries. The principles and norms of international law

necessitate the further implementation of the same in municipal areas accordingly by the states participating in cooperation. In this respect, the adequacy of treatment and realization of their relevant international commitment serve as one of the major factors of due development of domestic branches of law. One of the currently prevailing vectors of impact on national legislation and contract laws from international law principles, stands the principle of compliance with international treaties—*pacta sunt servanda* —therefore, the principle of diligent implementation by States of their international legal obligations (good faith, following *bona fide*, equity, etc. approaches) and hence due implementation of international law norms. However, the international law does not provide for states approaches to discharge their obligations under the rules of international law, the same lies within the limits of sovereign powers upon their own discretion, so any state independently determines both the order and the instruments of introducing the norms of international law into their domestic spheres, ensuring compliance of national legal regulations with the principles and norms of international law. Among relevant means available to States is the " direct effect " (" direct application ") of international treaties.

The second discourse to be exposed in this presentation as a vector of the influence exerted by the international law principles upon domestic laws of sovereign states, is a " non-state regulation " problem and its application in contractual relationship, national courts, and the legislative decisions of States in this regard in connection with international contract law. The latest relevant impact on existence and aggravation of such problem nowadays was due to the Hague Principles on Choice of Law in International Commercial Contracts of March 2015, adopted by the Hague Conference on Private International Law. The said Principles reflect a broad international consensus on party autonomy, recognizing that parties to international commercial contracts should have the freedom in their choice of law as contract statute in their contractual relationship. The Hague Principles are to be treated as a sample of best practices, reflecting current trends in the field of choice of applicable law.

Thirdly, it is important to point out the issue, which tends to become significant for the BRICS countries, especially for China and Russia, and is caused by strengthening of the so-called " sanctions " policy of Western states. In this regard, the contract regulation will face a growing trend which consists in expanding the concept of "force majeure" by way of including into its scope the phenomenon of "lawful failure" in case of contractual "misperformance". In so far as Russia is concerned, the grounds for such an approach are, it seems, quite obvious since the same is immune to actual judicial practice of the land.

Finally, in contrast to generally accepted principles of international law laid down in the interstate relationship, those of private international law including the contract laws of the BRICS' countries may vary depending on the type of "legal family" any individual country pertains to ("common law", "civil law" or "mixed"). In case of BRICS states, there are all variants as afore-referred: India and South Africa represent common law, Brazil and Russia—civil law, China—mixed type. However, the contract regulation irrespective of historical, legal, judicial, cultural and other differences, retained some principal provisions, proper to all or multiple countries, viz.: party autonomy, contract freedom, mutual benefit, party equality, good faith, *bona fide*, obedience to the rule of law, compliance with mandatory norms and public order rules of the parties' states. Nevertheless, there exist some contravening divergences in concepts and substantial rules of laws which could heavily impede the smooth trade cooperation and in general interaction in industry, investments and economy as a whole. Thus, even in the notion of contract itself there is no coincidence: in Brazil the contract is not legally defined in the Civil Code; in Russia it is deemed as an "agreement of persons aimed at the emergence, modification or termination of civil rights and obligations"; in India according to the effective Contract Act, the "'contract' is an agreement enforceable by law". Chinese law construed the "contract" similarly to Russian law approach. In South Africa with regard to the term "contract", the laws and precedents contain various interpretations of the concept "agreement", which are mainly construed by scholars based on three theories: "will theory", "application theory" and "assumption theory". Under the said circumstances, the principles of private law (specifically, of Private International Law) and the integral part of the international contract law, in order to ensure the better rates of cooperation, should be only effective if they are developed on the basis of harmonization and/or unification. Due to this, the actual task for the BRICS countries in legal field in the forthcoming future shall be to evolve and promote the harmonization of rules of domestic laws with the generally accepted principles in the international law.

✳ Берзинь Ольга Александровна *

Общие вопросы договорного права в Российском и Китайском законодательстве: опыт сравнительно-правового анализа**

Аннотация: В статье обосновывается необходимость проведения компаративных исследований в целом, и договорного права, в частности. В качестве объектов сравнительно-правового анализа взят такой элемент договорного права, как договор. Проведено сравнение понятия договора в законодательстве России и Китая, а также выделены его существенные характеристики и обозначено юридическое значение.

Ключевые слова: Договорное право; договор; законодательство сравнительно-правовой анализ; Россия; Китай

С давних времен известно, что любое общество нуждается в том, чтобы некоторые возникающие и развивающиеся в нем общественные отношения облекались в гибкую правовую форму. Роль такой правовой формы в обществе призваны выполнять договоры. Именно договоры призваны регулировать поведение людей, указывая при этом на то, каковы их возможности, в чем заключаются обязанности, а также, каковы последствия

---

* Берзинь Ольга Александровна (Berzin Olga), 法学博士, 俄罗斯国立高等经济学院下诺夫哥罗德分校法学院副院长, 刑法刑事诉讼法学专业和法律援助与商事保护方向教授, 硕士生导师。

** 本文系作者向西南大学、西南政法大学、中国国际经济贸易法学研究会共同主办, 西南大学法学院、西南大学-西南政法大学金砖国家法律研究院共同承办的第二届中俄法律合作学术论坛(2018 年 11 月 25 日, 重庆)提交的会议论文。

нарушениязафиксированных сведений.

В Российской истории, в период Советского Союза широко применялась практика заключения договоров между государственными организациями, как основными участниками экономических отношений. В некоторых случаях в качестве контрагентов выступали кооперативные и другие общественные организации. Специфической чертой заключаемых договором того времени является то, что они заключались для исполнения конкретных планов государства. И как отмечается в литературе, воля субъектов, заключающих такие договоры, складывалась под влиянием заданий, исходящих от государства. Тем самым договор утрачивал свой основной признак: соглашение сторон.①

Существенное ограничение в использовании договорных моделей в гражданском обороте было связано с преобладанием императивных (обязательных) норм, регулировавших в то время общественных отношений.По этому поводу Ф.Фельдбрюгге справедливо отмечал, что из-за господствовавшего в нашей стране управления социалистической экономикой на основе административных предписаний, на долю обязательственного права отводились не имеющие важного значения задачи регулирования мелких сделок между гражданами.②

Современное развитие нашей страны по пути рыночной экономики закономерно привело к расширению областей, допускающих договорное регулирование отношений. Основными причинами, повлекшими повышения статуса договоров и увеличения их количества в бизнес-практике, являются:

– признание института частной собственности и его правовая защита;

– уменьшение до минимальных пределов государственного регулирования в экономической сфере;

– правовое закрепление и защита свободы воли субъектов при заключении договора.

---

① М. И. Брагинский, В. В. Витрянский. Договорное право. Книга первая. Общие положения.Электронный ресурс АИПС КонсультантПлюс.С.4.

② F.J.M. Feldbrugge, *Russian Law: The End of the Soviet System and the Role of Law*, Dordrecht (Boston); London, 1993, p.278.

В свою очередь, расширение договорной практики потребовало совершенствования

законодательного регулирования и разработку научных положений в области договорного права. Одним из эффективных путей решения данной задачи можно назвать это изучение опыта других государств, с целью возможностей внедрения наилучших практик. Китай и Россия в последние годы вместе идут по пути тесного сотрудничества, и это позволяет использовать положительный опыт друг друга в том числе и в правовой сфере. Право Китая и России, как стратегических партнеров, все чаще становится предметом сравнительного правоведения для решения не только научных, но и практических задач. Между тем, в современной юридической литературе пока недостаточно работ, посвященных исследованию вопросов в области договорного права двух стран. Все чаще в этих работах рассматриваются отдельные виды договоров, не затрагивая вопросов, связанных с понятием договора, возможностей его заключения либо расторжения. Поэтому основной задачей данного исследования стало восполнение этого пробела и освещение общих вопросов договорного права двух стран.

В целом, система договорного права России включает в себя общую и особенную части.

В Общей части содержатся правовые нормы, определяющие понятие, признаки, принципы, структуру договора, их виды и классификацию, а также общие условия по порядку заключения, изменения и расторжения договоров.

В Особенной части представлены группы правовых норм по конкретным видам договоров (например, договор купли-продажи, договор мены, договор дарения, договор аренды, договор займа и другие).

Распространенной точкой зрения является понятие договорного права как системы правовых норм, регулирующих общие положения заключения, исполнения, изменения и расторжения договоров, а также регламентирующих особенности правового регулирования отдельных видов гражданско-правовых договоров. В упрощенном виде договорное право можно представить как совокупность правил, регулирующих вопросы по заключению, действию и выполнению контрактов.

В России в последние года данный институт гражданского права подвергается постоянным изменениям и трансформациям наряду с проводимой реформой Гражданского кодекса Российской Федерации (далее - ГК РФ).

Отсчет активной фазы обновления положений ГК РФ, касающихся договорного права следует начинать с 2013—2014 годов, когда были пересмотрены многие нормы о сделках, исковой давности, представительстве, залоге, цессии, переводе долга и пр. Однако коренные изменения норм общей части обязательственного и договорного права были произведены в июне 2015 года, и дальнейшиекоррективы вступили в силу в 2016 году. Кроме того, за последние годы принят целый ряд постановлений Пленума Верховного Суда РФ с важными и подробными разъяснениями в отношении указанных новел (постановления №25 от 23. 06.15, №7 от 24.03.16, №54 от 22.11.16 и др.).

Что касается законодательства Китая в части договорного права, то важно отметить, что до 1986 в нем не существовало легально закрепленного определения договора и было принято считать, что любое соглашение, является договором. Позднее, определение договора все таки было закреплено законодательно, причем сразу в двух законодательных актах: в законе об «Общих положениях гражданского права КНР»① и в «Законе о договорах»②.

Проведенное нами сравнение законодательно закрепленных определений понятия договора в законодательствах двух стран показало следующее. В России определение договора закреплено в статье 420 ГК РФ. Договором признается соглашение двух или нескольких лиц об установлении, изменении или прекращении гражданских прав и обязанностей.

В законодательстве КНР в ст. 85 закона об «Общих положениях

---

① Закон КНР от 12. 04. 1986 «Общие положения гражданского права КНР». [Электронный ресурс]://URL: http://pavel. bazhanov. pro/translations/chinacivillaw/china_ civil_code/.

② Закон Китайской Народной Республики «О договорах» [Электронный ресурс].- URL: http://chinalawinfo.ru/civil_law/law_contract.

гражданского права КНР » говорится, что договор - это соглашение, устанавливающее, изменяющее или прекращающее гражданские отношения между сторонами. И в статье 2 « Закона о договорах », данное определение конкретизируется положениями о том, что договором является соглашение между физическими, юридическими лицами и другими организациями, являющимися равноправными субъектами, об установлении, изменении и прекращении отношений, гражданских прав и обязанностей.

В научной литературе китайских ученых, также можно встретить понятие договора. В частности, договором принято считать соглашение, заключаемое между двумя и более сторонами, выражающий совместную волю сторон.①

Таким образом из закрепленных в законодательстве Китая правовых норм о договоре, можно выделить следующие его характеристики:

– договор, это гражданско-правовой акт;

– субъектами (сторонами) договора могут выступать физические, юридические лица, а также другие организации;

– все субъекты (стороны) договора обладают равным статусом, т. е. они равны по своему правовому положению;

– договор служит для создания, изменения или отмены отношений в сфере гражданских прав и обязанностей.

Важным моментом для китайского законодательства является закрепление в « Законе о договорах » в качестве возможных субъектов (сторон) - физических лиц, т. к. ранее китайские граждане были лишены возможности заключать договоры. Кроме того, в « законе о договорах », подчеркивается, что все субъекты, являются равными независимо от их правового статуса.②

Теперь более подробно остановимся на рассмотрении понятия договора в Российском законодательстве, науке и практике. Еще раз повторимся, что договором в соответствии с ГК РФ признается соглашение двух или нескольких лиц об установлении, изменении или прекращении

---

① L.Wang , *A Novel Discussion on Contract Law-General Principles*, China University of Political Science and Law Publishing House, 1996.

② M.Zhang , *Chinese Contract Law : Theory and Practice*, Leiden, 2006, T.27, p.35.

гражданских прав и обязанностей.

Так сложилось, что в Российском праве термин "договор" может употребляться в нескольких значениях :

во-первых, как основание возникновения правоотношения (юридический факт) ;

во-вторых, как правоотношение, возникшее из этого основания (обязательство) ;

в-третьих, как документ (форма соглашения), фиксирующий факт возникновения обязательств по воле его участников.

Таким образом, каждый раз, когда мы говорим о договоре, необходимо учитывать, в каком значении используется этот термин.

Сторонами договора могут выступать какфизические, так и юридические лица, включая различные публично-правовые образования (международные организации, государство, муниципальные образования и прочее).

Основное значение договора заключается в то, что он может выступать как :

— одно из оснований возникновения гражданских прав и обязанностей ;

— не просто юридический факт, а само правоотношение, возникающее из соглашения сторон ;

— основной способ оформления отношений.

Кроме того, договор :

— опосредует движение объектов гражданских прав от одних субъектов к другим (передача имущества, уплата денег, выполнение работ и пр.) ;

— определяет объем прав и обязанностей, порядок и условия исполнения, ответственность за неисполнение или ненадлежащее исполнение обязательства ;

— позволяет выявить истинные потребности участников гражданского оборота в определенных товарах, работах, услугах.

Основным принципом договорного права является принцип свободы договора. Данный принцип находит свое выражение всякий раз при заключении договора. При этом он означает, что :

– субъекты свободны в решении вопроса о заключении (незаключении) договора (кроме случаев, когда обязанность заключить договор предусмотрена законом или добровольно принятым обязательством);

– вправе заключить договор, как предусмотренный, так и не предусмотренный законом или иными правовыми актами;

– вправе заключить договор, содержащий элементы различных договоров (смешанный договор);

– стороны свободны в выборе условий договора (кроме случаев указанных законом и иными правовыми актами).

На основе проведенного нами сравнения вышеуказанных законодательных определений договора можно увидеть, что в целом в праве России и Китая понятие договора схожи во многих чертах. В частности, в обеих странах закрепляется свобода договора, равенство сторон, а такжеидентичны цели заключения договора: для создания, изменения или отмены в сфере гражданских правоотношений.

Такую схожесть понятий можно расценивать как положительный момент, т. к. при ведении российско-китайского бизнеса у партнеров из наших стран будет одинаковое представление о сущности договора. Это значительно облегчит и упростит ведение бизнеса и будет способствовать его развитию. Схожесть законодательств двух стран во многом вытекает из-за формирования права на основе континентальной правовой системы. Однако договорное право наших стран также имеет и ряд отличий. Понимание данных отличий необходимо в условиях расширения количества торговых и деловых контактов между РФ и КНР. Нам кажется, что рассмотрение отличий было бы полезно для взаимного совершенствования не только договорного права, но и для законодательства в целом.

Дальнейшее исследование в этом направлении будет нами продолжено. Мы планируем сравнить другие важные положения договорного права России и Китая. Такие как условия договора, а также порядок их заключения, изменения и расторжения. Ну и конечно же рассмотреть отдельные виды договоров и их особенности. На мой взгляд такие исследования стали бы более полными, если бы в них принимали участие

ученые двух стран.Пользуясь случаем，я приглашаю всех заинтересованных
коллег к сотрудничеству в этой области.

附：

俄中立法中合同法的一般性问题:比较法律分析的经验

贝尔津·奥列嘉·亚历山大罗夫娜著/杨凯悦*译

内容摘要:本文总体上论证了比较研究的必要性,特别是合同法的比较研
究,提炼了合同法中的元素,如合同,作为比较法分析的对象。还比较了俄中
立法中合同的概念,区分了其基本特征并指出其法律意义。

关键词:合同法;合同;比较法分析立法;俄罗斯;中国

众所周知,长期以来任何一个社会都需要一些新生和发展中的,表现为一
种灵活的法律形式的社会关系。这种法律形式在社会中的作用通过履行合同
来实现。规范人们的行为正是合同的目的,同时告诉人们能做什么,确定他们
的责任,和违反已确定信息的后果是什么。

俄罗斯的历史中,苏联时期国家机构之间签订的合同作为经济关系的主
要参与者在实践中被广泛应用。在一些情况下,合作社和其他社会组织也作
为当事人签订合同。在当时签订合同的特点是为了完成国家具体计划。因此
正如文献中指出的,签订这些合同的主体的意志是在国家意在完成任务的影
响下形成的。因此,合同失去了自身最基本的特征:双方合意。①

民间流通中使用合同模式的重大限制和当时调节社会关系的强制性(义
务性)形式的优势有关。在此方面,F.Feldbrugge 正确指出,由于在我国以行
政法规为基础管理社会主义经济占主要地位,在义务法的份额中管理公民间
的小型交易的任务没有重要意义。②

我们国家沿着市场经济现代化发展的道路自然扩张了允许合同调节关系
的领域。主要原因在于,合同地位的提高和商事实践中其数量的增加,具体
来说:

---

* 杨凯悦,西南大学法学院法律硕士(法学)专业 2019 级硕士研究生。

① М. И. Брагинский, В. В. Витрянский. Договорное право. Книга первая. Общие
положения.Электронный ресурс АИПС КонсультантПлюс.С.4.

② F.J.M.Feldbrugge, *Russian Law:The End of the Soviet System and the Role of Law*,
Dordrecht（Boston）;London,1993.p.278.

——承认私有财产制度与其法律保护；

——在经济领域政府监管降低到最低限度；

——合同签订时法律规定并保护主体的自由意志。

同样地，合同实践的扩张也需要改进。

在合同法领域调整立法并制定科学的规定。为了最佳实践得以推行，解决该任务的有效途径之一是可以研究其他国家的经验。近年来，中俄两国一直在走密切合作的道路，这使得我们能够利用彼此包括法律方面的积极经验。中国和俄罗斯作为战略合作伙伴，其法律正逐渐成为不仅为了解决科学任务，还可以解决实践任务的比较法的对象。在两国目前的现代法律文献中，没有足够的致力于研究两国合同法领域问题的作品。在已有的作品中，更多地考虑到的是特殊的合同种类，而不涉及与合同概念、合同签订和废除的可能性相关的问题。因此本研究的基本任务是填补上述空白以及阐述两国合同法的一般性问题。

一般来说，俄罗斯合同法系统包括一般和特殊两部分。

一般部分包括法律形式、主要概念、特点、原则、合同结构、其种类和分类，以及依此设立、变更和终止合同的一般条件。

特殊部分介绍了几组具体合同种类的法律形式（例如买卖合同、易物合同、赠与合同、租赁合同、贷款合同等）。

共同观点认为合同法概念作为法律规范体系，规定合同设立、履行、变更和终止的一般条款，以及管理个别类型的民事法律合同的特殊法律。简而言之，可以将其想象为调整设立、生效和履行契约等问题的规范的总和。

近年来在俄罗斯，随着《俄罗斯联邦民法典》（以下简称《民法典》）改革的进行，这一民法制度也经常被变更。

细数积极修改民法典中修订与合同法相关规定的阶段，应该是从 2013 至 2014 年开始，当时修改了许多关于交易、诉讼时效、代表、抵押、债权、债务等的法律规定。2015 年 6 月对合同法和义务的一般规则部分做了根本性修改，且进一步的修订于 2016 年生效。除此以外，随后几年俄罗斯联邦最高法院全体会议通过了一系列有关新规定的重要和详细解释的决议。（2015 年 6 月 23 日第 25 号决议、2016 年 3 月 24 日第 7 号决议、2016 年 11 月 22 日第 54 号决议等等）

关于中国的合同法立法方面，值得注意的是直到 1986 年在合同法中仍没有对合同的明确法律定义，并且通常认为任何合意都是合同。之后，合同的定义很快在两项立法中被确定下来 : 中华人民共和国《民法通则》①和《合同法》②。

我们比较了两国立法中对合同概念的法律规定,结果表明,在俄罗斯对合同的定义载于俄《民法典》第 420 条。合同是指两个或数人就公民权利和义务的设立、变更和终止所达成的协议。

在中华人民共和国立法中,《民法通则》第 85 条规定,合同是当事人之间设立、变更、终止民事关系的协议。并且在《合同法》第 2 条中,这个规定具体是指平等主体的自然人、法人、其他组织之间设立、变更和终止民事权利义务关系的协议。

在中国学者的科学文献中也可以找到合同的概念。具体来说,合同是指双方或多方当事人所达成的表示共同意愿的协议。③

因此从中国合同法律规范中的立法规定中可以区分出以下特征 :

——合同是民事法律行为 ;

——合同的主体(当事人)可以是自然人、法人和其他组织 ;

——所有合同的主体(当事人)地位平等,即他们拥有平等的法律地位 ;

——合同是为了设立、变更和终止在民事领域中权利与义务的关系。

中国立法中重要的一点是在《合同法》中明确自然人可作为主体(当事人),因为在过去中国公民被剥夺签订合同的能力。除此之外,《合同法》中强调,所有主体都是平等的且与他们的法律地位无关。④

现在让我们更为详细地分析在俄罗斯立法、科研和实践中的合同的定义。再次重申,根据俄罗斯民法典,合同指的是两人或数人之间达成的设立、变更和终止民事权利和义务的协议。

巧合的是,在俄罗斯法律中"合同"一词可以用十几种含义 :

第一,作为法律关系(法律事实)产生的基础 ;

第二,作为从此基础(义务)所产生的法律关系 ;

---

① акон КНР от 12. 04. 1986 « Общие положения гражданского права КНР ». [Электронный ресурс] ://URL : http://pavel. bazhanov. pro/translations/chinacivillaw/china_ civil_code/.

② Закон Китайской Народной Республики « О договорах » [Электронный ресурс].- URL : http://chinalawinfo.ru/civil -law/law-contract.

③ L. Wang, *A Novel Discussion on Contract Law-General Principles*, China University of Political Science and Law : Publishing House, 1996.

④ M. Zhang, *Chinese Contract Law : Theory and Practice*, Leiden, 2006, T.27, p.35.

第三,作为文件(协议的形式),确定由参与者意愿所产生的义务的事实。

因此,每次我们谈论合同时,必须明确到底使用的该词的何种含义。

合同的缔约方可以是自然人,也可以是法人,包括各种公共权利实体(国际组织、国家、市政府等等)。

合同的基本意义在于它可以作为:

——产生民事权利和义务的基础之一;

——不仅是法律事实,自身也是由当事人的合意产生的法律关系;

——形成关系的主要方式。

除此之外,合同:

——具有调节作用,可将民事权利客体从一个主体转移到其他主体(转让财产、支付金钱、履行任务等);

——确定权利与义务的范围,履行的程序和条件,不履行或不当履行义务产生的责任;

——表明民事流通参与人在具体商品、工作、服务中的真正需要。

合同法的基本原则是合同自由原则。该原则表现在合同的每一次订立中,因此它意味着:

——主体可以自由决定是否签订(不签订)合同(除非订立合同的义务是由法律或自愿承担的义务规定的);

——有权根据法律规定或未规定的,或是其他法律规范订立合同;

——有权订立包含各种合同要素(混合合同)的合同;

——当事人可以自由选择合同条件(除法律或其他法规的规定情况之外)。

根据我们上述对立法中合同定义的比较,可以发现,在很多方面俄罗斯和中国对合同概念的定义大体上是相似的。特别是两国对合同自由订立、当事人平等等概念的理解颇为相同,合同订立的目的也趋向一致:为了设立、变更和终止民事领域的法律关系。

这种概念的相似之处可以被看作是一种积极的方面,因为在开展中俄贸易活动时,来自双方国家的合作伙伴对合同的本质有着相同的看法。这将大大促进和简化商事活动的开展并有助于其发展。两国法律的相似性在很大程度上源于两者都是在大陆法系的基础上形成的法律。但是两国关于合同法仍有一系列差异。明晰这些差异是扩大中俄两国间贸易和商业联系数量的必要条件。我们认为,对差异的明晰不仅对合同法,对总体立法活动的相互改进也是有利的。

我们将对这方面进行进一步的研究。我们计划比较中俄合同法的其他重要规定，如合同的条件和它设立、变更和终止的程序。当然也要考虑特殊合同种类和它们的功能。在我看来，如果两国的科研人士参与进来，这些研究会变得越来越完善。借此机会，诚邀所有感兴趣的同人在此方面进行合作。

✱Дмитрий Баранов *

Актуальные вопросы модернизации гражданского законодательства в Российской Федерации : запрет на « злоупотребление правом » **

Поскольку тема настоящей конференции посвящена кодификации гражданского права КНР, не вызывает сомнений, что российский опыт кодификации, гражданское законодательство которой, также как и законодательство материкового Китая, основано на романо-германской модели, может быть весьма полезен.

В данном выступлении мне хотелось бы изложить свое видение одного из наиболее актуальных вопросов российского частного права последних лет - проблемы борьбы со злоупотреблением правом, которая стала носить весьма распространенный характер.

При этом хотел бы отметить, что в этом контексте я во многом разделяю точку зрения моего коллеги и учителя - доктора юридических наук Андрея Шерстобитова, который, являясь профессором Московского государственного университета им. М. В. Ломоносова и членом Советапри Президенте России по кодификации гражданского законодательства, наряду с другими нашими коллегами, внес и вносит большой вклад в развитие российского частного права.

---

* Дмитрий Баранов (Dmitrii Baranov),俄罗斯联邦工商会国际商事仲裁院仲裁员、教授。
** 本文系作者向西南大学、西南政法大学、中国国际经济贸易法学研究会共同主办,西南大学法学院、西南大学-西南政法大学金砖国家法律研究院共同承办的第二届中俄法律合作学术论坛(2018 年 11 月 25 日,重庆)提交的会议论文。

Если обратиться к недавней истории, то надо вспомнить, что Гражданский кодекс Российской Федерации (далее - ГК РФ) принимался и вводился в действие не сразу, а по частям (которых к настоящему времени всего четыре), и это заняло, начиная с 1994 года, более 15-ти лет и по ряду причин политического, правового и социально-экономического характера приобрело особые национальные черты, отразившиеся, в первую очередь, на структуре ГК РФ.

При этом следует иметь в виду, что в России сразу не получилось идеальной модели регулирования, хотя все основные законодательные конструкции прошли успешную проверку практикой. Однако бурное развитие хозяйственного оборота с одной стороны, накопление судебной практики применения и толкования норм ГК РФ потребовали его совершенствования, дополнения и детализации ряда положений.

Модернизация ГК РФ была начата в соответствии с Указом Президента Российской Федерации в 2008 году.

Теоретические основы совершенствования ГК РФ были сформулированы в Концепции развития гражданского законодательства Российской Федерации, Среди прочих новелл, важным и своевременным необходимо признать придание принципу добросовестности общеотраслевого характера.

С 1 марта 2013 года ст. 10 ГК РФ действует в новой редакции. Прежде всего, было уточнена сама категория « злоупотребление правом » как особого типа правонарушения при осуществлении гражданских прав.

Злоупотребление правом все также является специальным видом гражданского правонарушения, которое совершается обладателем субъективного права во время или в процессе осуществления этим лицом своего права. Оно выражается в осуществлении права конкретным образом, который является несовместимым с социальным назначением права и причиняет вред другому лицу, либо в силу наличия исключительного умысла причинить вред (шикана), либо как следствие осуществления права заведомо недобросовестно.

Новая редакция п.1 ст.10 ГК РФ позволяет толковать злоупотребление правом как гражданское правонарушение, обладающее определенными

специфическими признаками, поскольку для его применения необходимо установить, что субъективное право осуществлялось в противоречии с целью, для которой оно предоставляется. Следовательно, для выявления злоупотребления правом необходимо определить конкретные доказательства того, что применение права на практике привело к такому очевидному и недвусмысленно неверному его использованию, что оно представляется несоответствующим самому назначению указанного права.

То есть, здесь всегда имеет место конкретная форма осуществления субъективного гражданского права, которая, однако, не соответствует той цели, для реализации которой субъективное гражданское право предоставляется управомоченному лицу в гражданском правоотношении. Субъективная же сторона данного правонарушения состоит в том, что злоупотребление правом всегда представляет собой виновное действие.

При этом из содержания п. 1 ст. 10 ГК РФ следует, что злоупотребление правом существует в различных формах, а именно: в форме шиканы, если право осуществляется исключительно с намерением причинить вред другому лицу, и в иных формах, если право осуществляется заведомо недобросовестно. Таким образом, в первом случае управомоченное лицо осуществляет свое право с целью причинить вред другому лицу, действуя с прямым умыслом, а во втором случае - с косвенным умыслом, то есть прямо не желая, но сознательно допуская возможность причинения вреда.

Необходимо отметить, что отказ от использования в п. 1 ст. 10 ГК РФ злоупотребления правом в иных формах и указание на иное заведомо недобросовестное осуществление гражданских прав, безусловно призваны сузить число форм данного правонарушения. Ведь очевидно, что «иные формы злоупотребления правом» отличались от шиканы лишь формой вины, предполагая отнесение к злоупотреблению правом причинение вреда по неосторожности. Теперь речь идет только об умышленном причинении вреда. В этом смысле задача конкретизации лишаемых правовой защиты «иных форм злоупотребления правом», безусловно, заслуживает поддержки и может считаться решенной.

Не следует забывать, что лицо, это допускающее, является обладателем определенного субъективного гражданского права, а потерпевшим - лицо, отличное от него лицо, которому в результате ненадлежащего осуществления данного права был причинен вред. Причем, если вредные последствия отсутствуют, считается, что злоупотребление правом не имело места.

Наконец, необходимо наличие причинно-следственной связи между конкретной формой использования субъективного гражданского права, несовместимой с целью, для реализации которой это субъективное право было предоставлено его обладателю, и причинением вследствие этого вреда потерпевшему.

Таким образом. представляется весьма важным констатировать, что теперь под злоупотреблением правом понимается особый тип гражданского правонарушения, совершаемого управомоченным лицом при осуществлении им принадлежащего ему субъективного права, связанный с использованием недозволенных конкретных форм поведения в рамках дозволенного общего типа поведения. Как шикана, так и иное заведомо недобросовестное осуществление субъективного права, должны обладать указанными ранее признаками. Разница обнаруживается только в их субъективной стороне.

Следует, опираясь на статистические данные, констатировать, что в настоящее время российские суды стали ссылаться на ст. 10 ГК РФ гораздо чаще, на практике обеспечивая баланс интересов участников гражданского оборота.

Указанное свидетельствует о том, что борьба с недобросовестным поведением, в том числе, с обходом закона для достижения противоправных целей, становится одной из важнейших задач как законодателя, так и судебной системы.

Следовательно, необходимо постоянно отслеживать складывающуюся в этой области ситуацию и оперативно реагировать на нее, используя весь арсенал соответствующих правовых средств и возможностей.

附:

俄罗斯民事立法现代化的现实问题:禁止"权利滥用"

德米特里·巴拉诺夫著/杨凯悦译

毫无疑问,俄罗斯民事立法的经验和中国的立法都是以罗马-日耳曼形式为基础,此次关于中国民法典编撰的会议主题也许是非常实用的。

此次演讲中,我想要表达我自己的观点:关于近年来俄罗斯私法中最现实的问题之一,打击权利滥用问题已经变得非常普遍。

同时我想指出,就此问题我很大程度上同意我的同事也是我的老师,法学博士安德莉亚·舍斯托比托娃的观点,她是莫斯科国立大学的教授,也是隶属总统的民事立法编纂委员会的成员,和我们的其他同事一起,为俄罗斯私法的发展做出巨大的贡献。

如果我们关注较近的历史,那么应当记得,《俄罗斯联邦民法典》(以下简称《民法典》)没有立即通过并生效,而在一些部分(现今共有四个)中,自1994年以来,由于一些政治、法律和社会经济上的原因带有特殊的国家特征,且主要体现在民法典的结构上。

同时应注意到虽然所有基础立法机构都成功地通过实践的测试,但俄罗斯目前仍缺失理想的监管模式。一方面来说,随着经济流通的快速发展,司法实践的运用和《民法典》法规解释的积累,也需要其完善、补充一系列规定的细节。

根据2008年颁布的总统令,《民法典》开始现代化。

完善《民法典》的基础理论是在俄联邦民事立法发展的概念中形成的,在其余增订部分中,应该重视并及时地认识到诚信原则属于全行业。

自2013年3月1日起,《民法典》第10条的新修订生效,首先明确"权利滥用"作为一种行使民事权利时的民事侵权类型。

权利滥用也是一种侵权行为的特殊种类,由主观权利所有人在权利期间或者过程中行使自己的权利而完成。它表现为以不符合法律的社会目的的具体方式行使权利并对他人造成损害,或是持有造成损害(英:chicane,诈骗)的故意意图,或是作为恶意行使权利的后果。

《民法典》第10条第1款的新修订允许将权利滥用解释为侵权行为,它具有一些独有的特点,为了适用这条法律,必须明确授予主观权利的目的与主观权利的行使相矛盾。因此,为了查明权利滥用,必须查明具体的证据来证明法律在实践中的适用导致明显和无疑的错误使用,这似乎不符合上述法律的目的。

也就是说,行使主观民事权利的具体形式始终存在,但是,这与它为了在民事法律关系中授权给权利人实现主观民事权利的目的不符。这种违法行为的主观方面在于权利滥用总是表现为有罪行为。

因此从《民法典》第 10 条第 1 款的内容来看,权利滥用有各种形式:如行使权利的意图纯粹是为了给他人造成损害的诈骗(chicane)形式;或者以其他方式,如以明显的恶意行使权利。如此一来,第一种情况下,被授权的权利人持直接的故意以损害他人为目的行使权利,而第二种情况下,是一种间接的故意,也不是希望直接的,但是有允许造成损害可能性的意识。

必须指出的是,拒绝使用在《民法典》第 10 条第 1 款规定的以其他形式的权利滥用和以其他明显的恶意行使民事权利的指令,当然是旨在缩减这种违法形式的数量。显而易见,假设由于疏忽而造成权利滥用的损害,"其他权利滥用的形式"是不同于只有犯罪形式的诈骗。现在我们只讨论故意造成损害的情况。从这一意义上来说,剥夺"其他形式的权利滥用"的法律保护的具体任务,毫无疑问,理应支持并可能解决。

不应忘记的是,允许的是拥有具体主观民事权利的人,而受害人不同于那些因不当行使这种权利而受到损害的人。此外,如果缺少损害结果,那么则认为没有发生权利滥用的情形。

最后,与主观权利所有者为了给受害者造成伤害的目的不同,主观民事权利使用的具体形式之间必须有因果关系。

因此这似乎非常重要,现在权利滥用被理解成是一种特殊类型的民事侵权,被授权人行使自己的主观权利,该主观权利与在一般许可行为类型的框架内使用未授权的具体行为形式相关。如诈骗和其他明显恶意的主观权利行使,都应当具有上述所说的特点。不同之处仅在于他们的主观方面。

应该指出,根据数据统计,当今俄罗斯法院开始更多地提及《民法典》第 10 条以在实践中确保民事流通参与者的利益平衡。

这表明与包括为了实现非法目标规避法律的不法行为做斗争,正在成为立法和司法系统的最重要任务之一。

据此,应当持续监测该领域的情况并利用所有适当的法律手段和能力作为武器及时对其做出反应。

✽Михаил Савранский [*]

ОПРЕДЕЛЕНИЕ ПРАВОВЫХ НОРМ, РЕГУЛИРУЮЩИХ МЕЖДУНАРОДНЫЙ КОММЕРЧЕСКИЙ КОНТРАКТ: СОВЕРЕМЕННЫЕ ПОДХОДЫ [**]

В кодификации частного права особое место занимает кодификация международного частного права (далее - МЧП).

В России соответствующие вопросы регулируются Гражданским кодексом Российской Федерации (далее - ГК), раздел VI «Международное частное право» (в третьей части ГК), принятым в 2001 году и несколько лет назад несколько модернизированном.

Подготовка текстов законопроектов велась Советомпри Президенте России по кодификации гражданского законодательства, который базируется на базе нашего Исследовательского центра частного права имени С.С.Алексеева.

Очевидно, что международная деловая практика и ее регулирование постоянно развиваются. И в этом развитии, помимо государств, активно участвуют известные правительственные и неправительственные организации, объединения предпринимателей, ведущие арбитражные центры.

Как известно, одним из основополагающих начал международного частного права в современных условиях является принцип автономии воли

---

* Михаил Савранский (Mikhail Savranskiy),俄罗斯联邦总统直属私法研究中心主席,民商法教授。

** 本文系作者向西南大学、西南政法大学、中国国际经济贸易法学研究会共同主办,西南大学法学院、西南大学-西南政法大学金砖国家法律研究院共同承办的第二届中俄法律合作学术论坛(2018 年 11 月 25 日,重庆)提交的会议论文。

сторон, получающий наиболее полное раскрытие в сфере регулирования трансграничных договорных отношений. Возможность выбрать применимые материальные правовые нормы у сторон таких отношений опирается на одно из фундаментальных начал современного частного права - принцип свободы договора.

В российском законодательстве принцип автономии воли сторон в отношениях, осложненных иностранным элементом, закрепляется и конкретизируется в ст. 1210 ГК.

Вместе с тем, эта свобода выбора не носит абсолютного характера, поскольку необходимо установить наличие объективно существующего иностранного элемента в договоре, к которому относится такое соглашение. Если выбор сторонами договора определенного права продиктован их желанием избежать действия императивных норм той правовой системы, с которой исключительно связан их договор, например, когда в их отношениях отсутствует какой-либо иностранный элемент, то соглашение о выборе иного материального права не будет иметь силы.

То есть, когда отсутствуют объективные обстоятельства, связывающие договор с каким-либо иностранным правом, стороны не могут в результате выбора права исключить применение соответствующего национального права.

Такая ситуация может возникнуть, к примеру, при попытке уклонения от применения к договору императивных норм права страны, где находятся стороны договора и исполняется заключенная ими сделка, и указания в договоре, что местом его заключения является иное государство.

В таком случае, очевидно, что указанный договор будет считаться реально связанным только с одним государством, а сделанный контрагентами выбор применимого права указывающим на стремление сторон исключить применение обязательных правил этого государства, искусственно « привязав » договор к праву другого государства.

В приведенном случае такие правила подлежат применению, несмотря на соглашение сторон о выборе права, которое исключало бы их действие.

Однако предложенный вывод не применим, если соглашение о выборе права не будет затрагивать действия императивных норм права той единственной страны, с которой договор реально связан.

Значение имеет также то, какие аспекты договорных отношений подпадают под действие соответствующих норм международного частного права.

Ответ на этот вопрос с точки зрения российского права содержится вст. 1215 ГК, где содержится перечень вопросов, относящихся к регулированию прав и обязанностей сторон договора, которые охватываются нормами права, избранного сторонами в качестве применимого к заключенному между ними договору.

Это особенно важно в тех ситуациях, когда под вопросом стоит само существование договора, например, в связи с прекращением договора или когда его существование или действительность оспариваются одной из сторон в условиях, когда современная практика тяготеет к уменьшению формализма в процессе заключения сделок.

Применение правовых норм той или иной страны может дать весьма разные результаты, поэтому важно нормативное урегулирования коллизионных вопросов, которые могут возникнуть в данной ситуации.

Общее правило, которое должно применяться в данной ситуации, сводится к тому, что возникновение или прекращение вещных прав в силу применения выбранного сторонами права не влияет на имущественные права, которые могут принадлежать третьим лицам.

Российское законодательство предусматривает, что стороны могут заключить соглашение о применимом праве различными способами (п. 2 ст. 1210 ГК) и кроме случая, когда соглашение о применимом праве заключено сторонами путем формулирования прямо выраженных положений, указывающих на определенную правовую систему, такое соглашение может вытекать из иных условий заключенного договора, а также из сопутствующих обстоятельств.

Соглашение о применимом праве может быть заключено и на более позднем этапе, в том числе и после того, как у сторон возникли разногласия в процессе исполнения договора, и они уже обратились за разрешением своего спора в суд или арбитраж.

Соглашение считаетсязаключенным путем конклюдентных действий, когда обе стороны в обоснование своих требований и возражений ссылаются на определенную правовую систему.

Таким образом, в отсутствие прямой договоренности необходимо выяснить, не была ли воля сторон на подчинение их договора определенному праву выражена косвенно, т. е. в содержании иных условий договора. Например, может быть учтен фактор использования в договоре выражений и терминов, свойственных определенной национальной системе права.

Другим фактором, который также может дать серьезные основания для вывода о подразумеваемом сторонами выборе материального права, служит выбор сторонами места и способа разрешения споров и разногласий, вытекающих из договора.

Вместе с тем следует отметить, что в настоящее время преобладает точка зрения, согласно которой выбор арбитража (в отличие от государственного суда) и места рассмотрения споровне считается указывающим на желание сторон применять материальное право, действующее в этом месте.

Как правило, в законодательстве отсутствуют требования относительно того, каким образом должна быть сформулирована в договоре ссылка на применимое право. Очевидно, что стороны могут сослаться в своем соглашении не только на конкретную национальную систему права в целом, но и на ее отдельные нормативные акты. Надо отметить, что в соответствии с российским законодательством в том случае, когда стороны использовали ссылку на право страны с множественностью систем права (что актуально также для Китая), суд должен руководствоватьсяст.1188 ГК РФ предусматривающей, что в таких случаях применяется правовая система, определяемая в соответствии с правом этой страны.

Как правило, в законодательных актах, регулирующих вопросы международного частного права, прямо не указывается, что стороны должны выбрать в качестве подлежащего применению лишь национальное право конкретного государства. В последние десятилетия в международной коммерческой практике вместо указания на определенное национальное право стали появляться соглашения о выборе в качестве применимого "общих принципов права", современного права международной торговли

（lex mercatoria）и т п. либо указания на конкретные неформальные транснациональные источники.

Это привело к возникновению концепции существования особой системы норм, характеризуемых как "мягкое право" (soft law).

То есть контрагенты таким способом выражают свое намерение изъять возникающие между ними договорные отношения из-под действия норм права, принятых каким-либо государством, учитывая, что содержание таких норм обычно ориентировано на регламентацию отношений внутри страны и не в полной мере принимает во внимание особенности заключения и исполнения международных коммерческих сделок. Иногда такое поведение сторон называют "соглашением о негативном выборе права".

Государственные суды относятся к ссылкам на нормы "мягкого права", как правило, достаточно скептично, тогда как в международной арбитражной практике такие соглашения встречают более благосклонное отношение, поскольку при решении вопроса о применимом праве международный арбитраж не связан нормами lex fori, т. е. законом, действующим в месте арбитража.

Этот подход закреплен в принятом Комиссией ООН по праву международной торговли (ЮНСИТРАЛ) Типовомзаконе о международном торговом арбитраже и отражается в национальном законодательстве об арбитраже более 60 государств мира.

Вст. 28 (1) Типового закона устанавливается обязанность арбитража применить при разрешении спора избранные сторонами нормы права. Использование вместо термина "право" термина "нормы права" не было случайным, а имело своей целью установить, что в качестве применимого права стороны могут избрать неформальные (негосударственные) источники регулирования договорных отношений, споры из которых разрешаются в арбитраже

Следует отметить, что в современных условиях усиливается тенденция рассматривать выбор сторонами "норм права", т. е. источников "мягкого" права, в качестве равноценного выбору определенного национального права. Одним из недавних подтверждений этой тенденции признание в « Гаагских принципах о выборе права по международным коммерческим договорам » 2015 года, ссылку сторон на применение " норм права " как надлежащего соглашения о применимом праве.

Хотя этот документ не является обязательным, Гаагская конференция (хотя и с оговоркой) определила Гаагские принципы в качестве руководства по "наилучшим практикам" (*best practices*) в области выбора применимого права.

Следует отметить, что в Гаагских принципах устанавливаются определенные критерии, которым должны отвечать такие "нормы права", а именно они должны быть общепризнанными на международном, наднациональном или региональном уровне в качестве нейтрального и сбалансированного свода норм, если иное не вытекает из закона суда.

При этом в качестве примера документов, отвечающих предъявляемым критериям, были выделеныПринципы международных коммерческих договоров УНИДРУА, а также Принципы европейского договорного права. Одновременно указано, что этот перечень примеров не носит исчерпывающего характера в связи с вероятным увеличением в дальнейшем числа подобных документов.

Вместе с тем, в доктрине продолжается оживленная дискуссия по вопросу о допустимости выбора в качестве применимого к международным коммерческим договорам вненациональных источников права.

В ближайшее время мы увидим тот путь, по которому пойдет практика.

附：

国际商事合同的法律规范的定义：完善途径

米哈伊尔·萨文斯基著/杨凯悦译

私法编纂中，国际私法占据了特殊地位。

在俄罗斯由《俄罗斯联邦民法典》（以下简称《民法典》）规范相关问题。国际私法在《民法典》第三部分第六节，于 2001 年通过并自数年前开始逐渐现代化。

法律草案的起草由以我们的 C.C.阿列克谢耶芙娜私法研究中心为基础的隶属俄罗斯总统的民事立法编纂委员会负责进行。

十分明显,国际商事实践与其监管都在不断地发展。在发展过程中,除政府外,著名的政府和非政府组织、商事协会和领先仲裁中心都积极参与其中。

众所周知,现代条件下的国际私法基本原则之一是当事人自愿原则,该原则在管理跨境合同关系领域中得到了最充分的体现。合同关系的当事人选择适用实体法规范的能力是基于现代私法的重要原则之一——合同自由原则。

俄罗斯立法中的当事人自愿原则,因外国元素复杂化,并于《民法典》第1210条中规定并具体化。

同时,这种自由不是绝对的,因为必须确定合同中存在与合意有关的,客观存在的外国元素。如果法律确定的合同当事人的选择是希望避开与合同完全相关的法律系统的强制性规范,例如,当在他们的关系中存在某些外国元素,那么关于选择其他实体法的合意是不具有效力的。

也就是说,当没有客观情形能将合同与某些外国法律相联系时,当事人选择法律时不得排除相关国内法的适用。

以下情况也可能出现,例如,当试图逃避该国法律对合同的强制性规定时,合同中的当事人履行订立的合同的所在地与合同中显示的签订地点位于不同国家。

很明显在这种情况下,指定的合同被视为只与一个国家真正有关,而当事人作出的适用法律的选择,表示当事方排除该国强制性规则适用的意愿,故意将合同和另一国家的法律"捆绑"。

在上述情况下,尽管当事方达成选择排除其效力的法律的合意,这些规定仍然适用。

然而,如果关于法律选择的合意不涉及与合同实际相关的唯一国家的强制性法律规范的生效,那么得出的结论没有效力。

属于有关国际私法规定运行的合同关系方面也很重要。

这一问题的答案具体体现在《民法典》第1215条中,法律规定了一系列问题,如合同当事方的权利和义务,包括当事人选择的适用签订合同的法律规范。

这一点在合同本身存在问题时尤为重要,例如,在合同终止或者一方当事人对合同存续或者有效有质疑的情况下,现代实践倾向于减少订立合同过程中的形式主义。

不同国家的法律适用可能得出完全不同的结果,因此规范这种情况下可能发生的准据法冲突问题是很重要的。

应在下列情况下适用一般规则,由于适用合同当事人选择的法律而导致产生或终止的物权对可能属于第三人的财产权并不产生影响。

俄罗斯立法规定,当事人可以以各种方式达成法律适用的协议(《民法典》第 1210 条第 2 款)。除了以下情形,当事人通过制定指明特定法律制度的明确规定而就适用法律达成协议时,这种协议可能产生于订立的合同的其他条件以及相关情况。

可以在稍晚些的阶段中达成关于法律适用的协议,包括当事人在履行合同过程中存在分歧并已经申请在法庭或仲裁解决争议之后。

当双方当事人支持自己的要求和反对意见时参考了确定的法律制度,认为通过缔约行为签订了协议。

因此,在缺少直接协议的情况下,应当查明是否在合同其他条款的内容存在当事人以一定的间接表达表示服从合同。例如,可以考虑在合同中使用的某一国家法律制度所特有的词语和术语。

另一个因素也能给出有力理由,根据当事人默认选择的,解决合同引起的争议和分歧的地点和方法的实体法来进行推断。

但是应指出,当前普遍观点认为,仲裁(区别于国家法院)和争议审议地点的选择不被视为当事人表达适用该地区有效的实体法的意愿。

作为一项规则,立法中缺少关于如何在合同中体现法律适用的要求。显然,当事人不仅可以在协议中引用整个国家的具体法律制度,还可以根据法律的单独规范。应该指出的是,根据俄罗斯法律,当事人引用多个国家(如与中国有关)法律系统的法律时,法院应遵循《民法典》第 1188 条的规定,在这种情况下适用本国法律的规定。

作为一项规则,管辖国际私法的立法没有明确规定当事方只应选择适用特定国家的国内法。近十几年来,国际商事实践中开始出现选择适用"一般法律原则"、现代国际贸易法(拉丁语:lex mercatoria,商事法)或指向具体的非正式跨国法律渊源等来代替具体的国内法的情况。

这导致了特殊规范体系概念的出现,其特点是"柔软的法"(soft law,软法)。

也就是说,当事人以这种方式表达自己撤销彼此间某国法律适用下产生的合同关系的意图,鉴于这种规则的内容通常侧重调节国内关系,而没有充分考虑到国际商业交易订立和履行的特点。有时当事人的这种行为被称为"法律消极选择的协议"。

国家法院普遍对这种"软法"规则的引用持相当的怀疑态度,而在国际仲裁实践中这样的协议更受欢迎,因为在解决法律适用问题时,国际仲裁不受仲

裁地(拉丁语:lex fori,诉讼地法)现行法律的约束。

联合国国际贸易法委员会(UNCITRAL)通过的《国际商事仲裁示范法》中规定了该方法,并反映在全世界60多个国家的国家仲裁立法中。

在《示范法》第28条第1款中,规定了在解决争议时适用当事人选定的法律规则的仲裁义务。选择"法律规范"代替"法律"一词不是偶然的,意在确定在仲裁解决争端中,当事人可以选择调节法律关系的非正式(非政府)的法律渊源作为法律适用。

应当指出的是,在现代条件下,人们越来越倾向于将由当事人做出的"法律规则"选择,即"软法"的渊源,等同于对某国内法的选择。这一趋势的最近证明之一是2015年的《海牙国际商事合同法律选择原则》(以下简称《海牙原则》)承认当事人引用"法律规范"作为法律适用的正当协议。

虽然这一文件不具有强制力,海牙会议(尽管有所保留)仍将《海牙原则》确定为在法律适用选择领域中的最佳实践(best practices)。

应当指出,在《海牙原则》中规定了这类"法律规范"应符合的具体标准,也就是说,它们应作为除法院另有规定外的一套中立和平衡的原则从而在国际、超国家或区域层面得到普遍承认。

与此同时,作为满足适用标准的文件的一个例子,强调了国际商事合同原则(UNIDROIT,国际统一私法协会)和欧洲合同法原则。同时指出,由于未来这些文件的数量可能增加,这些例子并非详尽无遗。

与此同时,针对国际商事合同是否适用选择非本国法律渊源的问题也进行了热烈的辩论。

不久的将来,我们将看到其被应用在实践的道路。

✳DENG Ruiping*

A Framework of Institutional Mechanism on the BRICS Comprehensive Cooperation Against Transnational Crime**

Abstract: Transnational crime has become one of the major problems for the contemporary international community and becoming more and more astute. While the institutional mechanism on comprehensive cooperation for this area has been discussed at the state level of the BRICS countries for some years , any practicable comprehensive agreement/arrangement is not yet really reached, some existing international cooperation mechanisms therein have not yet been operated efficiently and others cannot effectively and quickly respond to the grim situation of current and future transnational crime. The article proposes basic views of 8 parts for the construction of a framework of the BRICS institutional mechanism on comprehensive cooperation against transnational crime.

Keywords: BRICS; combating transnational crime; comprehensive cooperation; institutional mechanism; framework; construction

The rapid development of communication, transportation technology and the deepening of economic globalization have made people, money and goods flow more frequent and convenient, and the space and time distances between countries have gradually shortened therewith, which has brought unlimited opportunities to the

* DENG Ruiping, Professor of International Law, School of Law and Director of Academe of BRICS Laws, Southwest University, China.

** This article was submitted to the 11th BRICS Academic Forum hosted by the Institute for Applied Economic Research (IPEA) in Brasilia on 11-12 September 2019.

development of various countries, but many unavoidable problems tuned up as well. Transnational crimes in relation to defraud, corruption, money-laundering, smuggling of goods and migrants, illegal drug transaction and trafficking, illegal immigration, transaction and trafficking in person, terrorism, etc., especially transnational organized crimes therein, have become one of the major problems for the contemporary international community, and those crimes have been becoming more and more astute.

The BRICS countries have always attached importance to combating transnational crime, and cooperation for combating transnational crime is also an important area of their cooperation. At the state level, various cooperation mechanisms for the BRICS countries in that area have been instituted, and the institutional mechanism on comprehensive cooperation against transnational crime has been discussed for some years but any practicable comprehensive agreement/arrangement is not yet really reached. Up till now, some existing cooperation mechanisms have not been operated efficiently, and others cannot effectively and quickly respond to the grim situation of current and future transnational crimes, which has affected the orderly and healthy economic, social developments of each of the BRICS countries and of the BRICS as a whole group. Therefore, the BRICS countries not only need to improve the existing cooperation mechanisms, but also urgently need to explore the construction of an institutional arrangement and mechanism framework on comprehensive cooperation against transnational crime.

This short article is to propose some basic views for the construction of a framework of the BRICS institutional mechanism on comprehensive cooperation against transnational crime (hereinafter referred to as the Framework).

I. Legal Basis

The legal basis of this Framework may be summarized as follows.

1.Relevant UN Conventions

The United Nations has made a series of international conventions concerning many kinds of transnational crimes. For examples, in the field of combating transnational organized crime, there is mainly the United Nations Convention against Transnational Organized Crime of 2000 (hereinafter referred to as UNCTOC

2000) and its 3 Supplementary Protocols; ① in the sphere of anti-corruption, the United Nations Convention against Corruption (hereinafter referred to as UNCAC 2003) is the most important convention; in the area of anti-terrorism, there are basic conventions such as the International Convention for the Suppression of Terrorist Bombings of 1997, the International Convention for the Suppression of the Financing of Terrorism of 2000 and the International Convention for the Suppression of Acts of Nuclear Terrorism of 2005; in the sphere of anti-drug, there exist conventions such as the Single Convention on Narcotic Drugs of 1961 (as amended by the 1972 Protocol Amending the Single Convention on Narcotic Drugs of 1961), the Convention on Psychotropic Substances of 1971, the United Nations Convention against Illicit Traffic in Narcotic Drugs and Psychotropic Substances of 1988, etc. Amongst those conventions above, some provisions specified in the UNCTOC 2000, its Protocols and the UNCAC 2003, require, permit or authorize that each of States Parties develop, promote or enter into relevant bilateral and/or multilateral treaties, agreements or arrangements, or adopt other measures, in order to enhance the effectiveness of international cooperation undertaken pursuant to

---

① Those are the Protocol to Prevent, Suppress and Punish Trafficking in Persons, Especially Women and Children, supplementing the United Nations Convention against Transnational Organized Crime (hereinafter referred to as Protocol 1), and the Protocol against the Smuggling of Migrants by Land, Sea and Air, supplementing the United Nations Convention against Transnational Organized Crime (hereinafter referred to as Protocol 2), and the Protocol against the Illicit Manufacturing of and Trafficking in Firearms, Their Parts and Components and Ammunition, supplementing the United Nations Convention against Transnational Organized Crime (hereinafter referred to as Protocol 3).

those conventions, or to implement the clauses referred to therein.[1]

As parties to the aforementioned conventions or to the most of such conventions, the BRICS countries can initiate the setup of the Framework agreement or arrangement in accordance with the provisions of those conventions.

2.BRICS Important Declarations and Relevant Treaties

BRICS important declarations herein refer to the declarations including the cooperation against transnational crime, made at the BRICS Summits, such as the Durban Declaration of 5th BRICS Summit (2013)[2], the Fortaleza Declaration of 6th BRICS Summit (2014)[3], the Ufa Declaration of 7th BRICS Summit (2015)[4], the Goa Declaration of 8th BRICS Summit (2016)[5], the Xiamen Declaration of 9th BRICS Summit (2017)[6], and the Johannesburg Declaration of 10th BRICS Summit (2018).[7]

Relevant treaties herein refer to treaties on mutually criminal justice assistance and other treaties concluded between two of the BRICS countries, such as bilateral

---

[1] See, for examples, UNCTOC 2000, para. 4 of Article 7 (measures to combat money-laundering), para.9 of Article 13 (international cooperation for purposes of confiscation), para.17 of Article 16 (extradition), para. 30 of Article 18 (mutual legal assistance), Article 19 (joint investigations), para.2 of Article 20 (special investigative techniques), para. 3 of Article 24 (protection of witnesses), para. 5 of Article 26 (measures to enhance cooperation with law enforcement authorities), para.2 of Article 27 (law enforcement cooperation), para.4 of Article 29 (training and technical assistance), para.4 of Article 30 (other measures: implementation of the Convention through economic development and technical assistance), Protocol 1, para.4 of Article 9 (prevention of trafficking in persons); Protocol 2, Article 17 (agreements and arrangements); Article 13 (cooperation); UNCAC 2003, para. 5 of Article 14 (measures to prevent money-laundering), para. 5 of Article 37 (cooperation with law enforcement authorities), Article 38 (cooperation between national authorities), para.5 of Article 42 (jurisdiction), para.18 of Article 44 (extradition), para.30 of Article 46 (mutual legal assistance), para.5 of Article 57 (return and disposal of assets), Article 59 (bilateral and multilateral agreements and arrangements), para.3 of Article 60 (training and technical assistance), para.4 of Article 62 (other measures: implementation of the Convention through economic development and technical assistance).

[2] See, for examples, paras.29, 33.

[3] See, for examples, paras.45-48, 50.

[4] See, for examples, paras.29-31, 34.

[5] See, for examples, paras.57, 59, 62-64, 66.

[6] See, for examples, paras.49-50, 53, 56.

[7] See, for examples, paras.36, 38, 51.

treaties on mutual legal assistance in criminal matters and treaties on extradition concluded between China and Brazil, the Russian Federation, or South Africa.

3. Relevant National Legislation of Each of the BRICS

This basis includes any national legislation of each of the BRICS countries in relation to criminal offence, in particular, a national legislation such as a Penal Code, a Criminal Procedure Code or an International Legal Assistance in Criminal Matters Act in these countries.

II. Fundamental Principles

In this part, the paper focuses on the following fundamental principles that the Framework is to comply with.

1. The Protection of State Sovereignty

Respect to and protection of the state sovereignty is the fundamental principle of modern international law. Various United Nations conventions concerning combating transnational crimes have also recognized the principle of protecting the state sovereignty.[①] As the BRICS cooperation in combating transnational crime directly involves the sovereignty of each country, the protection of state sovereignty should first of all surpass other principles in cooperatively combating transnational crime. Under this fundamental principle, each of the BRICS who carries out its cooperation obligations against such crime under the Framework, should abide by the sovereign equality, territorial integrity and non-interference in the internal affairs of any other country. The Framework should not confer on any of BRICS countries any right to exercise jurisdiction in any other territory of the BRICS, or any right to perform the functions of the relevant organs of any other country thereof.

2. Respecting and Observing the Domestic Laws

The principle of respecting and observing the laws of other countries or their

---

① See, for examples, UNCTOC 2000, para. 1 of Article 4 (protection of sovereignty); UNCAC 2003, para. 1 of Article 4 (protection of sovereignty); International Convention for the Suppression of Terrorist Bombings of 1997, Article 17; International Convention for the Suppression of Acts of Nuclear Terrorism of 2005, Article 21; International Convention for the Suppression of the Financing of Terrorism of 2000, Article 20.

fundamental legal system in international cooperation has become a general theory and practice of modern international law, which has been well recognized in the related UN conventions, bilateral or multilateral treaties and national legislations.

In combating transnational crime, UNCTOC 2000 and UNCAC 2003 have particularly emphasized this principle and have been itemized it in many articles.[1] The Framework should also comply with this principle.

3.Reciprocity and Mutual Benefit

The principle of reciprocity and mutual benefit is also a fundamental principle in contemporary international relations and international law, which requires all countries take into account the interests of all parties in handling and developing the international relations, and give each other reciprocal benefits so that the parties to cooperation can benefit from each other. The cooperation in combating the transnational crime directly involves various costs and expenses of the party providing cooperation, and the effectiveness that requested party require requesting party provide the cooperation on related matters of the requested party. Therefore, mutual commitment to resolve the interests in the cooperation is the principle of cooperation and even the precondition for the cooperation. The Framework is also subject to this principle.

III. Scope of Transnational Crime

In accordance with provisions of relevant international conventions, of criminal legislation of each of the BRICS, as well as justice practices of these countries, this Framework may include transnational criminal offences involving the followings:

—criminal offences provided in relevant UN conventions;

—criminal offences specified by other world international organizations;

—criminal offences specified by regional, interregional and multilateral organizations against transnational crime, of which one or more of the BRICS is or are or will be a member;

—criminal offences provided by any bilateral or multilateral treaty, agreement

---

① See, for examples, UNCTOC 2000, clause (e) of para.2 of Article 6, para.6 of Article 11, para.4 of Article 13, paras.5-6 of Article 15, Article 16, etc.; UNCAC 2003, paras.1,4 of Article 5, paras.1,2 of Article 6, etc.

or arrangement entered into between one of the BRICS countries and any other thereof or among the BRICS countries;

—general common criminal offences referred to in the penal law of each of the BRICS countries;

—other intentional criminal offences agreed upon by all of the BRICS countries.

As to any criminal offence mentioned above, the object of such an offence may include any individual, organization and state in respect of any personal asset (including intangible asset), social order and safety, etc.; the methods of such an offence may include any of traditional or modern technological means; the result of such an offence may involve the attempt or completion of the offence; an offender may be any person and organization who is or will be suspected, investigated, prosecuted, adjudicated, sentenced or sanctioned.

Ⅳ. Categories of Cooperative Affairs and Their Basic Contents

In accordance with relevant international conventions, relevant treaties of the BRICS and their respective own national legislations, this Framework should specially take into account any matter related to any or all of following categories of cooperation affairs.

1. Prevention of Transnational Crime

In this category, the Framework may include but not limit to special affairs as follows:

—Respectively and/or jointly developing and improving national projects aimed at the prevention of transnational crime, and framing and implementing the best policies and measures in this benefit;

—Respectively adopting appropriate legislative, administrative or other measures in accordance with fundamental principles of their severally domestic law in order to reduce existing or future opportunities for transnational offenders to participate in lawful markets with proceeds of crime;

—Severally reviewing or evaluating periodically and improving their own existing relevant legislations, legal policies and administrative practices which are vulnerable to be misused by transnational offenders for any illegal purpose;

—Respectively and/or jointly taking appropriate measures to promote and upgrade their own public awareness with regard to the existence, reason, gravity of and the social threat posed by transnational crime, including measures to propagandize public participation in preventing and combating such crime.

2. Coordination of Criminal Jurisdiction Conflicts

In this category, it is necessary for the Framework to expressly specify the methods of coordination of criminal jurisdiction conflicts among the BRICS countries. The following suggestions would be taken into consideration.

If there is any conflict resulted from transnational criminal jurisdiction between one and any other of the BRICS countries, or among three or more of the BRICS countries, the jurisdiction of the present criminal case before the countries concerned should be exercised by the party determined according to the following ranks in order.

(1) The party of nationality of the victim, or the party within whose territory the victim who has no nationality permanently resides.

(2) The party within whose territory the result of a criminal offence is located.

(3) The party within whose territory the material activity of a criminal offence is carried out.

(4) The party of nationality of the offender, or the party within whose territory the offender who has no nationality permanently resides.

If two or more parties have simultaneously the jurisdiction for the same criminal offence according to the determination in the light of each rank mentioned above, the jurisdiction on such criminal offence should be exercised by the party that is the state of nationality of the worst victim(s), or of the majority of victims, or is the worst state.

3. Mutual Legal Assistance in Criminal Matters

Mutual legal assistance in criminal matters herein refers to an assistance with which one party mutually provides each other or one another in a criminal matter in respect of inquiry, investigation, prosecution, judicial proceeding and execution in relation to the offence, including effecting service of judicial documents, suspecting and gathering evidence, arranging witness to testify or assist inquiry, seizing involved assets and articles, confiscating and restoring proceeds of crime and other involved properties or articles, transferring the sentenced person(s), and any other assistance.

In this category, the Framework may often consider affairs in relation to the followings.

(1) Liaison authorities, competent authorities and executive authorities appointed by the requesting party and the requested party

(2) Submission, acceptance and disposition of a request

Under this item, it is necessary for the Framework to mainly refer to the following conditions and requirements:

—the basic procedures and relevant requirements for submission, acceptance and disposition of a request;

—the limits of conditions with which the requested party provides assistance, and disposition of such conditions by the requesting party;

—the circumstances under which the requested party may refuse to provide assistance;

—the course and/or result of assistance notified by the requested party to the requesting party;

—the litigation outcome notified by the requesting party to the requested party.

(3) Service of judicial documents

This item mainly includes:

—the kinds of judicial documents and the confines of any kind of such documents;

—the requirements for the details and the attached materials of each of such documents.

(4) Suspecting and collecting of evidence

The item would generally include the concrete issues of a request, requirements for the details and the attached materials of such a request.

(5) Arrangement of witness to testify or assist the inquiry

The item should ordinarily include:

—requirements for the details and the attached materials of such a request;

—main rights and obligations of witness;

—repatriation of witness.

(6) Seizure of involved assets and articles

This item should usually include:

—detailed measures of the assistance under a request;

—requirements for the details and the attached materials of such a request;

—reasons for rejection of providing assistance referred to in such a request;

—grounds for the release from seizure;

—responsibility of incorrect seizure.

(7) Confiscation and restoration of proceeds of crime and other involved properties or articles

The item may usually include:

—the requirements for the details and the accompanied materials of a request;

—the conditions and reasons under or by which the requested party approves or refuses to provide assistance;

—the disposition by the requesting party for the special requirements of the requested party.

(8) Transfer of the sentenced person(s)

The item should mainly set out:

—the conditions or reasons under or by which the requested party consents or refuses the request of the requesting party;

—the requirements for the details and the attached materials of a request.

4. Extradition

In this category, it is necessary for the Framework to focus on matters of extradition in relation to the followings.

—the conditions or reasons under or by which the requested party approves or refuses a request for extradition;

—the requirements for the details and the attached materials of such a request;

—the methods of disposition for the request for extradition to take a person who had committed several separate serious crimes and whose extradition is sought;

—the disposition for more than one request for extradition submitted simultaneously by parties, or by a party and a state who is not a member of the BRICS;

—the temporary custody and transfer of the extradited person;

—the protection of rights of the extradited person;

—the transfer of assets, articles and documents involved;

—the notification by the requesting party to the requested party of the final result of criminal procedure of the extradited person.

5.Joint Investigations

Under this category, for such matters as the subject of investigations, prosecutions or judicial proceedings in two or more of the BRICS countries, it may be fit and necessary for this Framework to empower the competent authorities concerned to establish a joint investigative body to undertake joint investigations.

6.Protection of Witnesses, Assistance to and Protection of Victims

In this category, the Framework would take measures in relation to the following matters.

(1) The joint measures of protection of witnesses (including victims as witnesses) and their relatives, including relocation, due procedures for physical protection, evidentiary safety, etc.

(2) The joint measures of assistance to and protection of victims and their relatives, such as procedures to ensure victims and/or their relatives access to compensation and restitution, consideration for views and concerns of victims at appropriate stages.

7.Exchange of Intelligence on Transnational Crime

This category may include but not limit to the following affairs.

(1) Obligation that competent authorities, organs and departments of one country adequately exchange intelligence on transnational crime with each another.

(2) Security measures for expeditiousness and safety of such exchange.

8. Collection, Exchange and Analysis of Information on the Nature of Transnational Crime

In this category, the Framework should take into account the following matters.

(1) Duties that competent authorities, scientific and academic societies of each party gather, exchange and analyze information on the nature of transnational crime with each other.

(2) Common reports on trends of transnational crime in its own territory, on the circumstances in which transnational crime operates, and on the professional groups and technologies involved.

(3) Right to develop and share production and analytical expertise concerning transnational criminal activities with each other.

(4) Survey and assessment on effectiveness of a party's policies and actual measures to combat transnational crime.

9.Training and Technical Assistance

This category may include the following affairs.

(1) Severally and/or jointly developing or improving the regular or special training programs on cooperation against transnational crime for law enforcement personnel of any or all of the BRICS countries, in order to foster or upgrade such personnel expertise and skill.

(2) Severally and/or jointly researching and improving expertise and skill of any or all of fields in relation to cooperatively combating transnational crime.

(3) Undertaking technical assistance, language training, secondments and exchanges between personnel with relevant responsibilities, in favor of the BRICS cooperation.

V. BRICS Joint Commission and Its Committees

It is necessary and urgent for all of the BRICS to examine the model of organizational structure and working mechanism in the present cooperation mechanism, which is a partitioned model. Under the model, the competent authorities, organs and departments of each country have done separately their own business. This model is not suitable to adapt the current austere situations, thus it is really needed to reform, and the efficiency and effectiveness of its operation mechanism are awaited to be heightened. Therefore, under this Framework, it is necessary and the time for the BRICS to consider establishing a top internal organization be heightened acting as a BRICS comprehensive cooperative organization against transnational crime, and the various existing organizations, institutions, organs and departments concerned should be accordingly merged into its organizational structure as the case may be.

According to entire conceivability mentioned above, the main ideas of the setup of organizational structures for deepening the BRICS cooperation against transnational crime are followings.

1.Establishment of the Joint Commission

On this aspect, the Framework should firstly figure out the normal name of this organization. In my opinion, the full normal name of the joint commission might be the "BRICS Joint Commission on Comprehensive Cooperation against Transnational Crime" (hereinafter referred to as the Joint Commission).

The Framework then needs to consider following important matters.

—legal status, powers, authority, functions and duties of the Joint Commission;

—composition of its members;

—appointment, rights, functions and duties of the Chairman;

—work assignment of other members;

—headquarter and its branch offices;

—establishment, functions, duties and directors of its departments;

—its meetings and decision-making procedures;

—appointment and treatment of its officers and employees.

2.Committees

On this aspect, the Framework needs to focus on the following important matters.

—the purposes of establishing major committees under the Joint Commission;

—the status, powers, authority, functions and duties of major committees;

—the composition of members of each committee;

—the appointment, rights, duties of chairman of such a committee, and his/her relations with other members;

—the separate meetings and decision-making procedures of such a committee;

—the relations of each committee with present corresponding joint organs at the state level of the BRICS.

3.Working Groups

On this aspect, the Framework would consider the following basic matters.

—the necessity of setting up some important working groups under the Joint Commission or under committees;

—the functions and duties of each group;

—the composition of the personnel of each group;

—the procedures of meetings and other works;

—the role, confidentiality, publishing and availability of reports of each group;

—the participation in working groups of academic or civil associations.

VI. Finance

In this part, it is essential for the Framework to take into account the following matters.

1.Principle of Finance

On the matter, in my view, all or any of ordinary costs, fees and expenditures caused from the enforcement of the Framework and any or all of its annexed agreements, arrangements and other instruments under it, should be managed, controlled by the Joint Commission and monitored by each party. Such funds should be included in the annual national budget of each party and be credited to the special bank account integrated and managed according to provisions of the Framework or its special arrangement.

2.Scope of Finance

On this matter, the followings should be included in the Framework.

—the operation costs of the Joint Commission and its committees;

—any kind of ordinary costs, fees and expenditures or accidental payments resulted from activities in respect of cooperation affairs mentioned in Part IV;

—other costs agreed upon by all parties.

3.Management of Funds

With respect to this matter, the BRICS shall empower the Joint Commission to manage the funds and to perform the following duties.

—to establish financial accounting systems according to international accounting standards;

—to prepare the annual budget and final settlement of the Joint Commission;

——to liquidate with each country;

——to transfer the current year surplus of any country into the next year thereof and call the deficit of any country;

——to submit annual finance report to all parties.

4.Immunity from Taxes

On the matter, each of the BRICS countries shall immunize all or any of funds or outlays under the Framework from all or any of taxes, charges, fees, including central and local thereof.

Ⅶ.Dispute Prevention and Settlement

In this part, the Framework needs to consider the following main affairs.

1.Dispute Prevention

On this matter, the Framework should provide following matters.

—the scope of disputes, including (a) disputes resulted from one party's arguments that a cooperative measure has been taken or not been taken by another party in violation of provisions referred to in the Framework and its amendments, or any agreement, arrangement or understanding under the Framework; (b) disputes resulted from explaining and/or applying the Framework and any agreement, arrangement, understanding pertaining to the Framework;

—the request by one disputing party to the Joint Commission to initiate internal dispute prevention procedure of the Joint Commission to amicably resolve the dispute;

—the specific rules applicable to dispute prevention procedure;

—the Joint Commission report on the dispute, and the effect of the report.

2.Dispute Settlement

On this matter, to the greatest extent, the BRICS countries should avoid submitting disputes to some international organizations to resolve, but may choose to resolve them within the BRICS dispute settlement mechanism established in the Framework, so the Framework may provide that:

If a dispute cannot yet be resolved after exhausting the dispute prevention procedure, any of disputing parties may submit the dispute to the BRICS summit to make a final resolution.

Ⅷ.Relations to Other Agreements/Arrangements

In this part, the Framework needs to consider its relations to relevant existing and future agreements and arrangements that the Framework should determine.The following suggestion could be taken into account in the Framework.

The Framework is an overarching agreement/arrangement on the BRICS comprehensive cooperation against transnational crime, and therefore all or any of agreements, arrangements or understandings concluded or to be concluded between or among the BRICS countries should be the implementing instruments under this Framework and be the attachments thereof, and be the indispensable components thereof. Accordingly, any discrepancy between provisions provided in such instruments should be amended or annulled in light of the Framework.

IX. Conclusion

The points of view offered in the preceding paragraphs are some basic opinions that the author puts forward according to his expertise and knowledge of the international criminal law. It is certain the author will deepen, deliberate relevant suggestions and extend related contents in future research. Although it is not known that when and how a similar agreement/arrangement, or what topics under it would be jointly discussed by the BRICS countries, it is believed that a framework agreement or arrangement on institutional mechanism of comprehensive cooperation in combating international crime among the BRICS countries will be agreed upon in the near future.

✿ZENG Wenge, XIAO Zhenhua *

The Current Application of UN Convention of International Sale of Goods (CISG) in China **

Abstract: China Courts are emphasizing the application of CISG to promote implementation of international convention, to connect Chinese justice with that of world, to resolve foreign related business or civil disputes. While China courts are able to apply CISG much better than before, many issues, such as lack of explanation, misinterpretation of article of CISG, are still troubling China Courts. There is still a long way to go for enough understanding and application of CISG.

Key words: Application of CISG; China courts; foreign related disputes; legal interpretation

Contents

---

* ZENG Wenge, professor of Law school of Chong Qing University in China, focus on research field of International Economic Law and Environment and Resources Law; XIAO Zhenhua, a Master Degree Candidate of International Law at Law School of Chongqing University in China.

** The article is submitted to the 2th China—Russia Legal Forum hosted by Southwest University, China Economic and Trade Law Association, Southwest University of Political and Science, in Chongqing on the 25 November 2018.

I. Introduction

Until now, over 80 nations, such as the United States, France, Germany, Japan, Australia and so on, are included in CISG. China ratified CISG on 11th November in 1986. Since then, CISG has become important regulation for China's courts to judge cases that are involved in international goods purchasing. China's civil law also provides that CISG, the international treaty, can be applied when the condition is suitable. China's Supreme Court also made a set of judicial explanations for the application of CISG.

For imposing the treaty, supreme people's court gave a notice to all the high people's courts and the intermediate people's courts in the provinces, autonomous regions, and the municipalities directly under the Central Government, all the railway transportation intermediate courts and the maritime courts. "United Nations Convention on Contracts for the International Sale of Goods (CISG) will be effective on China as of January 1, 1988, we hereby transmit Certain Issues of the Ministry of Foreign Trade and Economic Cooperation in Connection with the Implementation of United Nations Convention on Contracts for the International Sale of Goods. Please organize relevant person to study in order to correctly implement the Convention in the work of foreign-related economic trial. Any question encountered in the implementation, please report to us in time." [1]

II. Current Situation of CISG in China

As international trade is becoming more frequent in the world, CISG is being applied rapidly in China courts to reduce trade conflict and promote development of international trade. At the beginning, however, China courts were reluctant to use CISG when China just became a member of CISG in 1980's.

As time went by and China reinforced interaction with other nations in the world, China courts began to use CISG prudently due to a changing attitude towards

---

[1] See Circular of Supreme People's Court on Transmitting Certain Issues of the MOFTEC in Connection with the Implementation of United Nations Convention on Contracts For the International Sale of Goods. Judicial Explanation 1987<34>.

CISG taken by different levels of courts. After all, in last century, with the deepening of reform and opening policy and judges' broadening of international sight, China's courts were applying CISG at an increasingly frequency. At present, China courts are willing to use CISG to deal with cases that are involved in foreign trade. It can be said that so long as it is allowed that CISG could be applied, judges from courts apply CISG without any hesitation and misgiving.

The changing which was given above could be proven by following facts. The data from China's Judgment Written Paper Net indicates that from 2007 to 2017, the decade, China's courts completed 734 cases and most of them were finished in 2014—2017.[①] The data listed above shows that the application of CISG is becoming more frequent in judicial practice instead of being made at once. To be exact, it was shown that 64.9% percent of 734 cases were completed from 2014 to 2016, while less cases were finished in former seven years. The statistic by China's Judgement Written Paper indicates a gradual application.

Ⅲ A Typical Case of Application of CISG in China

On April 11, 2008, Sinochem International (Overseas) Pte Ltd. (herein after referred to as "Sinochem Pte Ltd.") and ThyssenKrupp Mentallurgical Products Gmbh (hereinafter referred to as "ThyssenKrupp Gmbh") concluded a Contract on the Purchase of Petroleum Coke.[②]

Sinochem Pte Ltd. has made full payment for goods as agreed in the Contract, but the Hardgrove Grindability Index (HGI) of petroleum coke delivered by ThyssenKrupp Gmbh was only 32. In the aftermath of the event, Sinochem Pte Ltd. held that the acts of ThyssenKrupp Gmbh constituted a fundamental breach and

① Lin Ning A Study on the Application Path of the United Nations Convention on Contracts for the International Sale of Goods in Chinese Courts—To the Chinese Referee Document Network 2007—2017 Referee Instruments for the Analysis of Samples. 15(4) *Present Day Law Science*, 2015.

② No. 2 of Model Cases regarding Providing Judicial Services and Safeguards by the Supreme People's Court for the Building of "One Belt and One Road": ThyssenKrupp Mentallurgical Products Gmbh v. Sinochem International (Overseas) Pte Ltd. (disputes over a contract on international sales of goods)

requested the court to order that the Contract should be terminated and ThyssenKrupp Gmbh should refund its payment for goods and compensate for its losses.

After a trial of first instance, the Higher People's Court of Jiangsu Province held that: In accordance with the relevant provisions of the United Nations Convention on Contracts for the International Sale of Goods (CISG), the HGI of petroleum coke provided by ThyssenKrupp Gmbh was far below the standard as agreed in the Contract, causing failure to sell such petroleum coke in the Chinese market and achieve the expected purposes when the Contract was concluded.

Therefore, the acts of ThyssenKrupp Gmbh constituted a fundamental breach. The Higher People's Court of Jiangsu Province rendered a judgment to support the claims of Sinochem Pte Ltd. ThyssenKrupp Gmbh appealed to the Supreme People's Court.

After a review, the Supreme People's Court held that: The business places of both parties to the case regarding disputes over a contract on the international sales of goods were located in Singapore and Germany, both of which were contracting states of the CISG, and both parties did not exclude the application of the CISG. Therefore, the CISG was applicable to the trial of the case in the first place. Where, in the CISG, there were no provisions on such issues involved in the trial of the case as validity of contract and transfer of ownership, the American law chosen by the parties should apply. In accordance with the provisions of the CISG, the goods delivered by ThyssenKrupp Gmbh did not conform to the provisions of the Contract and the acts of ThyssenKrupp Gmbh constituted a breach; however, since Sinochem Pte Ltd. could resell such goods at a reasonable price, the acts of ThyssenKrupp did not constituted a fundamental breach as provided in the CISG. Therefore, on June 30, 2014, the Supreme People's Court rendered a final judgment to reverse the original judgment and order ThyssenKrupp Gmbh to assume losses to partial payment for goods and storage charges. An international convention has correctly applied to the case. For matters that are not regulated in the international convention, the applicable law chosen by the parties has been legally supported. This case specifies the application of the standard for determining a fundamental breach in the CISG, which has strengthened the uniformity, stability, and predictability of the application of conventions in China's judicial practice and greatly guaranteed the international trade order.

IV. How Can China Courts Implement CISG?

Firstly, the first clause① of the first protocol in CISG provides that so long as business addresses of both sides of goods sale contract are located in different nations and the two nations are members of CISG, the CISG could be applied in a direct way.　Accordingly, if both sides of lawsuit do not choose other regulations or protocols, courts are able to use CISG directly. In addition, China civil law also provides② that when clashing provisions exist between domestic laws and international treaties, China courts are supposed to apply international treaties.

Secondly, China courts not only considers convention but also respects willingness of both sides. In lawsuit cases, both sides from different countries could reach an agreement to exclude practice of CISG so that China courts applies relevant stipulation confirmed by two sides.③ The both sides could exclude the practice of CISG;④ also they are allowed to choose CISG to judge the case, which shows autonomy of will is applied in China courts. According to private international law, both sides of conflict from different contracting parties of CISG could select domestic laws of a country or international convention to cope with disputes. At the same time, this regulation is also confirmed by China civil law that when both sides choose CISG and their business addresses are located in different nations or regions that are members of CISG, China courts could apply CISG according to their selection.

Finally, what we need to learn is that China did not pass the number two clause of the first protocol of CISG when China became a member of CISG. This clause⑤ aims to enlarge the practice of CISG. This clause provides that when

---

①　United nations Convention on Contracts for The International Sale of Goods, 1980. The first clause of the Chapter I-Sphere of Application.

②　See *General Rule of Civil Law*, Number Two Clause of 142 Protocol.

③　See Cao Ling , *The Study of Convention on Contracts for The International Sale of Goods Application in China's Courts*.29(09) Hu Nan Correspondence University, 2016.

④　See Xuan Zeng Yi, Wang Ting Yan. *The Application of Convention on Contracts for the International Sale of Goods by Chinese Courts*.05 The Science of Law Magazine, 2012.

⑤　See Han Shi Yuan, *The Application of CISG in China International Business Arbitration*. 05 China Science of Law, 2016.

business addresses of one or two sides are not located in different contracting parties, and both sides do not reach an agreement that they apply CISG to solve law disputes. China courts are not allowed to apply CISG based on transmission order in international private law. Even though international private law leads to CISG, China does not admit practice of transmission.

V. There Are Still Some Issues When China Courts Apply CISG

The first issue is that China courts sometimes exclude the application of CISG in a improper way.[①] When two corporations in different nations, China and The United States, reach an agreement in China, courts should apply CISG according to private international law and domestic civil law; but judges from courts hold that the purchasing contract was reached in the district administered by the court and legal dispute should be solved by contract law (important content of Civil Law) instead of CISG.

Secondly, if both sides do not choose whose law regulation would be applied when law disputes appear, how should China courts cope with contract disputes? China courts are allowed to apply law regulation of different countries based on international private law and the principle of "the most relevant" is applied frequently. However, some China courts, especially intermediate and basic people's courts ignore that fact the CISG enjoys the privilege of being applied first confirmed by China civil law so courts should chose CISG instead of law regulation of one individual nation. There is no doubt that it is better and more reasonable for China's Courts to apply CISG.

Another example, two corporations from China and France reach a trade contract and they do not choose which law regulation would be applied in case law disputes should happen. Then, some Courts maintain the idea that the contract is reached in China, but also performed in China so that they believe China laws are proper and should be applied. However, this phenomenon reduces the probability that CISG would be applied.

---

① See Wang Yong, Deficiency and Imperfection by China Courts on Application of CISG. 02 Gan Su Social Science, 2014.

Thirdly, China courts are prone to refuse to apply CISG when one side does not want to apply CISG.① The sixth protocol of CISG provides that both sides are allowed to reach an agreement that CISG is excluded or applied partially and one side could not decide the exclusion of CISG. In another word, as long as one party agrees to apply CISG, the court still should consider the application of CISG instead of abiding by one party's claims.

To resolve the problem, The Supreme People's Court confirmed the order that one side can not decide the exclusion of CISG when The Supreme People's Court heard the case—Shan Dong Trade Corporation issued law complaints against The United States Corporation Unification on performance of onion contract.

Finally, in law practice, judges sometimes interpret wrongfully the Article 142 of China Civil Law that judges should apply CISG when clashing points exist between international law and civil law.② In different cases, judges do not know what are clashing points. So, some judges also apply CISG when China civil law does not include relevant regulations, while other judges apply CISG only when opposite or inconsistent provisions exist between China Civil law and CISG.

However, CISG should not be applied in a casually broadened way. In law practice, some judges enlarges cover of CISG, even though CISG can not be applied. In fact, China courts are supposed to pay close attention to the First Chapter of CISG. When courts are sure that the case is suitable to apply CISG, CISG should be applied. Judges should be able to make a clear, right, most importantly, and reduced explanation for the article of 142 of China civil law. CISG enjoys the privilege to be applied firstly only when China civil law contains different or even opposite regulation.

---

① See Zheng Xiao Yu, The Study on Application of CISG by China Courts—To 108 *Court Judgement Analysis*.33(02) Wei Nan Normal College, 2018.

② See Liu Ying, The Discussion on The Direct Application of CISG by China courts. 05 *Law of Science Comment*, 2009.

Ⅵ.Conclusion and Future

First of all, China's courts are supposed to foster thought of CISG[1].In dealing with international goods purchasing contract, China's courts should apply CISG so long as CISG is appropriate for the specific condition even though both sides did not choose CISG. The thought of conflict law should give place to the thought of convention. To foster the thought, the Supreme Court had better set legal explanation or launch specific training to reinforce the thought.

Secondly, China's courts should make an adequate explanation to both sides. There is a common phenomenon that courts in some areas make a direct judgment without explaining the reasons why they choose domestic laws or CISG. In recent years, China's courts are increasingly emphasizing the importance of explanation.

The ability to explain is a significant standard to verify judges' professional knowledge and this explanation is also an important part of written judgment. At the same time, both sides have right to know clearly how the judgment is made. To tell both sides why they choose domestic laws or CISG is judges' duty.

---

[1] See Zhao Hui Yuan ,The Direct Application of CISG by China Courts.09 *International Economy and Trade*,2016.

✻邓瑞平 刘 苇 简华俊 *

金砖国家外国投资准入管理制度比较研究✻✻

内容摘要：金砖各国近年来外国直接投资年流入量不规律地时增时降，反映出其外国投资准入管理模式和管理制度存在不同程度的问题。本文通过比较分析各国外国投资准入管理制度中存在的主要问题，提出了金砖国家间解决这些问题的基本原则、途径和基本措施。

关键词：金砖国家；外国投资法；外国投资准入管理制度；主要问题及其解决

　＊　邓瑞平，法学博士，西南大学法学院教授、博士生导师，西南大学金砖国家法律研究院院长；刘苇，法学博士，西南大学法学院讲师，西南大学金砖国家法律研究院行政与学术主管；简华俊，法学学士，重庆轻工业学校高级讲师。

　＊＊　本文系金砖国家智库合作中方理事会 2019 年课题《金砖国家外资准入制度比较研究》的阶段性成果。

引言

金砖国家已进行了 10 次领导人会晤,在政治、经济、文化等领域达成了广泛的合作共识,深化了金砖国家间的伙伴关系。就投资合作而论,自 2013 年 3 月金砖国家第三次经贸部长会议达成《金砖国家贸易投资合作框架》以来,相互间的投资总体上处于正常状态,成为全球外国直接投资(以下简称"FDI")[①]流动较活跃的集团区域。以中国为例,2017 年,中国对金砖其他四国 FDI 流量和存量分别达到 25.81、292.62 亿美元(2013—2017 年中国对金砖四国 FDI 流量与存量变化情况见表 1),其他四国对中国 FDI 实际金额为 2.89 亿美元(2013—2017 年四国对中国实际投资情况见表 2)。

表 1　2013—2017 年度中国对金砖国家 FDI 流量与存量统计表[②]

(金额单位:亿美元)

国家	2013		2014		2015		2016		2017	
	流量	存量	流量	存量	流量	存量	流量	存量	流量	存量
巴西	3.11	17.34	7.30	28.33	0.63	22.57	1.25	29.63	4.26	32.06
俄罗斯	10.22	75.82	6.34	86.95	29.61	140.20	12.93	129.80	15.48	138.72
印度	1.49	24.47	3.17	34.07	7.05	37.71	0.93	31.08	2.90	47.47
南非	0.89	44.00	0.42	59.54	2.33	47.23	8.43	65.01	3.17	74.73
合计	15.71	161.63	17.23	208.94	39.62	247.71	23.54	255.52	25.81	292.98

---

① 国际投资法理论将外国投资分为外国直接投资和外国间接投资。国际货币基金组织(IMF)《国际收支与国际投资头寸手册》(2009 年第 6 版)中对外国直接投资的定义为:一个国家(地区)的居民或实体(外国直接投资者或母公司)与另一国的企业(国外直接投资企业、分支企业或国外分支机构)建立长期关系,具有长期利益,并对其进行控制的投资。参见国际货币基金组织:《国际收支与国际投资头寸手册》(第 6 版中文本,2009 年),第 86-88 页。

② 商务部、国家统计局和国家外汇管理局:《2017 年度中国对外直接投资统计公报》,第 45~48、51~54 页。

表 2　2013—2017 年金砖国家对中国直接投资情况一览①

(金额单位:亿美元)

年度	企业数			实际投入外资金额		
	金砖国家	全国	比重(%)	金砖国家	全国	比重(%)
2013	163	22819	0.7	0.85	1239.11	0.1
2014	212	23794	0.9	1.26	1285.02	0.1
2015	294	26584	1.1	1.47	1355.77	0.1
2016	397	27908	1.4	1.07	1337.11	0.1
2017	568	35662	1.6	2.89	1363.15	0.2

金砖各国已经成为全球范围内 FDI 重要流入国和发展中国家中的 FDI 重要流出国。联合国贸易与发展会议《世界投资报告 2019——特别经济区》显示,2017 年、2018 年,金砖国家 FDI 流入量分别为 2700 亿美元、2610 亿美元,占全球 FDI 流入量的 20%、18%,FDI 流入存量分别为 30860 亿美元、32340 亿美元,占全球 FDI 流入存量的 2%、2%,占全球 GDP 的 2%、2%。②其中,中国的 FDI 流入量分别为 1340 亿、1390 亿美元,居全球第二位;巴西分别为 680 亿、610 亿美元,居全球第六位,印度分别为 400 亿、420 亿,居第九位,俄罗斯分别为 260 亿、130 亿美元,居第十四位。③ 金砖国家 2013—2018 年 FDI 流入量见表 3,2000 年、2010 年和 2018 年 FDI 流入存量见表 4。

表 3　2013—2018 年金砖国家 FDI 流入量统计表④

(金额单位:亿美元)

国家	FDI 流入量					
	2013	2014	2015	2016	2017	2018
巴西	590.89	638.46	495.14	527.51	675.83	612.23
俄罗斯	533.97	291.52	118.58	371.76	259.54	133.32
印度	281.99	345.82	440.64	444.81	399.04	422.86

---

① 中国商务部:《中国外资统计公报》(2018),第 46 页。

② UNCTAD,World Investment Report 2019—Special Economic Zones,p.5.

③ UNCTAD,World Investment Report 2019—Special Economic Zones,p.4.

④ UNCTAD,World Investment Report 2019—Special Economic Zones,Annex table 1.

续表

国家	FDI 流入量					
	2013	2014	2015	2016	2017	2018
中国	1239.11	1285.00	1356.10	1337.10	1340.63	1390.43
南非	83.00	57.71	17.29	22.35	20.07	53.34
合计	2728.96	2618.51	2427.75	2703.53	2695.11	2612.18

表 4　金砖国家 2000 年、2010 年和 2018 年 FDI 流入存量统计表[①]

（金额单位：亿美元）

国家	FDI 流入存量		
	2000	2010	2018
巴西	—	6403.30	6842.13
俄罗斯	297.38	4642.28	4073.62
印度	163.39	2055.80	3863.54
中国	1933.48	5878.17	16277.19
南非	434.51	1795.65	1288.09
合计	2828.76	20775.20	32344.57

　　以上数据显示：(1) 与 2015 年比较，在 2016 年和 2017 年，中国 FDI 流入巴西和南非有所上升，但流入俄罗斯和印度大幅下降；四国流入中国的实际外资金额，2016 年下滑、2017 年上升 1 倍，虽占中国实际利用全球外资金额的比重很小，但进一步深化相互投资的空间很大。(2) 金砖各国在全球中的 FDI 流入量和存量差异大，且在不同年度无规律性地上升或下滑明显。例如，2018 年的流入量与 2017 年相比较，南非增长 266%、印度增长 6%，其他国家均下滑，其中俄罗斯下降最严重，49%[②]；2018 年的流入存量与 2017 年比较，俄罗斯减少 12%、南非减少 28%，其他国家增长。这在一定程度上反映出一些国家吸引外资的环境，特别是政治、法律与政策环境，或多或少出了问题，需尽快

---

　　①　统计数据来源：UNCTAD, World Investment Report 2019—Special Economic Zones, Annex table 2.

　　②　UNCTAD, World Investment Report 2019—Special Economic Zones, p.x.

解决。

全球 FDI 流动整体下滑、少数发展中国家增幅较小的原因较多,一个重要原因是有关国家 FDI 的法律与政策发生较大变化。[①] 近年来,金砖各国外国投资法律与政策变化总体上较大,既涉及投资自由化、便利化,又涉及新的限制措施。特别是个别国家目前受民族主义影响或基于国际政治关系,以外国投资管理自主权、国家安全和其他理由,在外国投资准入上,恢复实施投资保护主义法律与政策,或采取新的限制措施,甚至针对特定国家采取歧视性措施,给金砖国家间的外国投资准入造成了较大程度的不可预期性。

本文以全球 FDI 流动变化及其原因为背景,以金砖各国相关法律法规为基础和近年外国投资准入管理制度变化为重点,比较分析外国投资准入管理的模式与基本制度,指出其优劣,提出金砖国家间协调外国投资准入管理制度的若干思考和协调方案建议,以期创建金砖国家间更合理、更有效的相互促进投资的制度性机制,进一步深化相互间的投资合作关系。

一、外国投资准入管理的模式

外国投资准入管理是指东道国对何种外国投资和外国投资者能够进入本国市场的何种领域进行活动,享受何种待遇,遵循何种限制的自由度管理。纵观全球外国投资准入管理模式[②],可以发现,东道国的经济实力和对外资需求渴望程度决定管理模式的选择,并与其外国投资准入管理的自由度限制成反比,即:最发达国家仅就国家安全和反垄断领域的外国投资准入设限;一般发

---

① 2018 年,全球有 55 个国家和经济体采取了 112 项影响 FDI 的政策措施,其中 65 项措施涉及投资自由化、促进和便利化,31 项涉及对 FDI 实施新限制或规制。就新限制或规制措施而言,其主要根据是有关国家对重要基础设施、核心技术、防卫部门基本要素、敏感商业资产或房地产被外国人所有的国家安全关注。See UNCTAD, World Investment Report 2019-Special Economic Zones, pp.xi, 84.

② 联合国贸发会议将外国投资准入管理模式分为五种:(1)投资控制模式,指东道国政府全面决定外资能否进入、怎样进入东道国市场以及进入程度;(2)选择开放模式,指采用正面清单方式列出对外资开放的行业、领域;(3)区域性产业化项目模式,指一国为了促进区域间经济、贸易的发展,仅对与其签订区域协定的国家的投资者承诺准入前国民待遇;(4)互惠式国民待遇模式,指东道国通过签订区域或双边协定获得其他国家给予本国投资者国民待遇时承诺给予相应国家投资者以同等的条件;(5)国民待遇和最惠国待遇综合模式,指一国将禁止或限制外资进入的行业列入负面清单,在清单之外,给予国民待遇或最惠国待遇中最优惠条件,不限制外资进入本国市场。

达国家或经济发展程度稍弱但引资需求强烈的国家,增加一些关于国家经济命脉部门或产业的限制;经济不发达国家对外国投资准入持审慎态度,全面审查外资进入,对外国投资准入实行严格控制。多边体制带来的经济全球化趋势促使各国趋向于放宽外国投资准入限制,但在特定领域强化准入管理。金砖各国因其政治、经济、历史、文化、法治环境、对外开放程度等的不同,在外国投资准入管理的具体模式选择上有较大差异。

(一) 金砖各国外国投资准入管理模式及其存在的问题

1.负面清单或综合清单模式优势突出,不利因素或影响较明显

巴西在立法上实施外国投资准入管理制度始于 1962 年第 4131 号法律《引导外国资本、资金汇出和采取其他措施》(简称 1962 年《外国资本法》)①。自该法后,1965 年颁布了该法实施细则(即 1965 年第 55762 号法令),后续又颁布了一系列与外资有关的法律法令。② 综观巴西有关外资立法、法令的历史进程,可以认为:其早期采取外国投资准入管理模式是较全面控制的准入后国民待遇模式③;随着时代变迁,特别是 1995 年修订宪法后,对外资实施较全面的开放政策,实行国内企业国民待遇,采取了分散型选择性负面清单模式,即在重要经济领域的立法和法令中禁止或限制外国投资准入;自 21 世纪初,民族主义开始抬头,特别是 2010 年 8 月恢复实施 1971 年第 5709 号法律(关于限制和禁止外国人购买、租用农村土地)的总统令发布后,逐渐恢复实施早期的外资法,严格执行重要领域外国投资准入管制制度,目前采取的模式总体上属于准入前国民待遇+分散型负面清单模式,即在农村土地、金融、证券、国家安全等领域的立法或法令列明禁止或限制外国投资准入,其他领域基本上实施准入前国民待遇。巴西现行模式的优势在于,以立法、法令形式确定禁止或限制外国投资准入领域,既具有最高法律权威性,又具有受限范围最低性;

---

① Law No.4131 of 3 September 1962 – Disciplines the investment of foreign capital and remittances of funds abroad and takes other measures.

② 立法方面,例如:Law No.4.390 of 29 August 1964;Law No.5709 of 7 October 1971;Law No.74.965 of 26 November 1974;Law No.6634 of 23 May 1979;Law No.8629 of 1993;The 6th Amended Constitution of 1995;Law No.9.249 of 26 December 1995;Law No.10.303 of 31 October 2001;Law No.10.833 of 29 December 2003。

③ Law No.4131 of 3 September 1962, Article 3:The same legal treatment dispensed to national capital shall,under the same circumstances,be dispensed to the foreign capital invested in the country, any and all forms of discrimination not foreseen in the present Law being prohibited.

不足在于,负面清单缺乏集中性、适应性、便利化。

苏联解体后的俄罗斯联邦在立法上实施外国投资准入管理制度主要源自1999 年第 160-FZ 号联邦法即《俄罗斯联邦关于外国投资的联邦法》①（以下称《俄罗斯外国投资法》）和与之相配套的 2008 年第 57 号联邦法即《俄罗斯联邦关于对保障国防和国家安全具有战略意义的商业组织中外国投资程序的联邦法》②（以下简称《俄罗斯战略领域外国投资法》）、其他相关法律③。综观俄罗斯联邦外资立法史,其早期实行正面清单管理模式,但《俄罗斯外国投资法》经多次修正和《俄罗斯战略领域外资法》颁行后,其模式由正面清单转变为负面清单+优先项目的模式。④ 此种模式的特点是:不实行准入前国民待遇而实行准入后国民待遇,负面清单具体项目主要体现于《俄罗斯战略领域外国投资》及其实施规章中而不分散于其他领域法律中,具有集中性、透明性、便利性;因无准入前国民待遇,所有外国投资准入需经政府审批,不禁止或不限制的外国投资准入的主要审批程序与限制性外国投资准入程序相同,在程序上不具有便利性。在此模式下,存在大量外资需求与法律上外国投资准入开放度之间的冲突与不适,必然影响其实际外资开放度和外国投资者投资决策动因,导致各年 FDI 流入量与流入存量时而上升、时而下降。

---

① Federal Law of the Russian Federation No. 160－FZ of July 9, 1999, on Foreign Investment.

② Federal Law of the Russian Federation No.57－FZ of April 29,2008,on Procedures for Foreign Investments in the Business Entities of Strategic Importance for Russian National Defense and State Security.

③ 例如:1992 年第 2395-1 号联邦法(《地矿法》),1995 年第 208 号联邦法(《股份公司法》),1998 年第 14 号联邦法(《有限责任公司法》),2006 年第 135 号联邦法(《保护竞争法》),2008 年第 58 号联邦法(《因通过〈有关实施外资进入对国防和安全有战略意义经济部门程序〉联邦法对部分联邦法进行修改及部分联邦法律条款失效的联邦法》),等等。

④ 《俄罗斯外国投资法》第 4 条规定:"外国投资活动和外国投资商事组织活动的法律待遇:(1)外国投资者活动和使用投资所获利润的法律待遇,不应当低于给予俄罗斯投资者活动和使用投资所获利润的法律待遇,但联邦法律规定的豁免除外。(2)联邦法律仅可以在为了保护宪法体制、道德、健康、其他人权利和合法利益、国防和国家安全的目的范围内设立对外国投资者的限制性豁免。(3)为了俄罗斯联邦社会经济发展目的,可以设立以外国投资者特权形式的激励性豁免。应当由俄罗斯联邦法律规定给予此等特权的种类及其程序。"该法第 23 条规定:"……俄联邦政府应当:确定对俄联邦境内的外国投资实行禁止和限制措施的合理性,制定有关上述禁止和限制措施清单的法律草案;确定对外国投资者在俄联邦的经营活动进行监督的措施;批准本联邦法第 2 条所规定的优先投资项目清单;……"

印度没有专门的外资立法,外国投资准入管理法律规范分散于与外资有关的各领域法律法令中①,对外资管理主要依据 1999 年《外汇管理法》,但以统一中央政府行政主管部门下分管部门(印度政府工商部工业政策与促进局)适时编制的《FDI 政策汇编》政策文件形式②,将 FDI 政策集于一体,列出了 FDI 的一般条件、政府审批程序和禁止、准许 FDI 的部门特别条件。③ 凡列入准入领域的外国投资,均需政府审批;凡未被列入禁止或准许领域的外国投资,适用自动批准渠道。故,此种外国投资准入管理模式属于准入前国民待遇加政策型综合清单模式,其优势在于综合性、集中性、明确性、适应性、透明度高,缺陷在于政策性、法律位阶低、易变性、复杂性。其缺陷会影响利用外资的实际效果,会出现 FDI 年流入量时增时减,即使增长,其增量不大。

中国外国投资准入管理制度自 1978 年至 2012 年经历了控制模式和选择性开放模式(正面清单模式)。随着改革开放的深化、经济发展的提升,自 2012 年党的十八后,开始个别区域(自由贸易实验区)试行准入前国民待遇加负面清单的管理模式,自 2020 年将全面实施国家立法确定的此种模式④。目前,中国已经形成一个"基本法"、两个"清单"和一个"目录"⑤的管理体制。

---

① 印度适用于外资的立法主要是《1999 年外汇管理法》和据此所订规章。该法涉及外资的外汇管理,未对外资税收、合资企业管理等方面做出规定,其原因在于印度在法律体系上对外资与内资采取同等待遇。基于同样理由,印度未对外资实施系统性优惠政策。但是,印度通过各类外资政策构建了一套外国投资准入管理制度。在印度的外国投资所涉具体事项主要由印度统一的国内法调整,具体包括《1951 年工业(发展与管理)法》、《2002 年竞争法》、《1999 年商标法》、《1970 年专利法》、《2005 年特殊经济区法》、《2013 年公司法》和劳动类、税收类法律。

② For example, Department of Industrial Policy & Promotion, Ministry of Commerce & Industry, Government of India, "Consolidated FDI Policy Circular of 2017" (Effective from August 28, 2017).

③ For examples, ibid, "Consolidated FDI Policy Circular of 2017", Chapters 3–5.

④ 2019 年 3 月 15 日第十三届全国人民代表大会第二次会议通过的《中华人民共和国外商投资法》(以下简称"中国《外商投资法》")将于 2020 年 1 月 1 日生效。其第 4 条规定:"国家对外商投资实行准入前国民待遇加负面清单管理制度。前款所称准入前国民待遇,是指在投资准入阶段给予外国投资者及其投资不低于本国投资者及其投资的待遇;所称负面清单,是指国家规定在特定领域对外商投资实施的准入特别管理措施。国家对负面清单之外的外商投资,给予国民待遇。负面清单由国务院发布或者批准发布。"

⑤ 即:《外商投资法》,国家发展和改革委员会与商务部 2019 年 6 月 30 日发布的《外商投资准入特别管理措施(负面清单)(2019 年版)》、《自由贸易实验区外商投资准入特别管理措施(负面清单)(2019 年版)》与《鼓励外商投资产业目录(2019 年版)》。

虽然依然是禁止、限制、鼓励的分类方式,但随着负面清单中禁止或限制类项目逐年消减,外资开放度将不断扩大。此模式具有法律位阶较高、集中性、透明性、简洁性、便利性和适应性的优势,也具有易变性、非综合性的缺陷。其缺陷会在一定程度上和在特定经济领域影响长期关注中国市场的大型跨国企业投资决策。

2.分散型模式缺陷突出,影响外国投资准入实际效果和外资法治透明度

南非目前规范外资的基本立法是《2015 年投资保护法》。[①] 在该法之前,主要适用《1957 年出口信贷与外国投资再保险法》及其修正和其他相关国内法[②]。在该法之后,调整外国投资关系的法律规范分散于该法和相关领域立法及其行政法令中,故其外国投资准入管理模式总体上属于分散型准入管理模式。该模式可以进一步理解为全面审查准入后国民待遇+国家计划项目模式,类似于我国早期实行的外国投资准入控制模式。理解此种模式的立法依据是《2015 年投资保护法》第 8 条关于国民待遇的规定。[③] 南非的这种准入管理模式与其对外资的高度需求相悖。南非还通过限制金融信贷、保障外国投资中的黑人特殊权利和有关程序性规范等,对外国投资准入提出各种要求,且相关配套管理措施欠缺,还缺乏透明度。据此,该模式的优势在于管理的严格性和适应性,有利于维持本国外资管理主权,随时调整本国的外国投资法令、规章和政策,保护本国民族产业和国民经济命脉,防止外资控制本国重要资源;其缺乏在于分散性、易变性、透明度较低,不仅影响外资法治的稳定性、透明度,还会影响外资在本国国民经济与社会发展中发挥应有的积极作用,导致 FDI 年流入量增幅不大甚至严重下降。

(二)对金砖国家间协调外国投资准入管理模式的思考

虽然金砖各国外国投资准入的具体管理模式存在差异,多数国家基本上已采用准入前国民待遇加清单模式,外国投资准入壁垒主要突现于负面清单

---

① 该法统一调整内资和外资,用特别条款规范外资的重要事项,如外国投资者及其投资的待遇、财产安全、投资争端解决等。

② 其他相关国内法有如《外汇管制特赦及税收法》《公司法》《2012 年金融市场法》《税法》《金融机构投资基金法》《竞争法》《环境管理法》等。此等相关立法对与投资有关的各领域作了相应的规定。

③ 该条规定:"(1)在相同情况下,给予外国投资者及其投资的待遇必须不低于南非投资者的待遇。(2)为本节目的,'相同情况'是指经考虑外国投资的所有条件后对该项投资实体内容全面审查的要求,包括……"

的配套法律法规和政策的规制上。金砖国家宜在一定程度上协调外国投资准入管理模式下的有关事项。

1.关于协调的国际法律文件形式

宜采取具有国际法律约束力的文件形式,可以是协定、安排、备忘录、谅解或联合声明等形式。

2.金砖各国宜采取集中统一的清单或负面清单模式,明晰相应法律规章与政策,明确各自应有的外资开放度

金砖各国中央行政主管部门主管机构宜编制和更新本国《外国投资法律与政策指南》,为金砖他国和其他国家的投资者及其投资提供本国官方性质的法律与政策指南。在该指南中,除了列明本国禁止、限制、鼓励领域外,还应该梳理、汇集可能影响外国投资准入的法律法规政策的主要规定或目录索引。

我国对外投资主管机构宜编制和及时更新《对外投资合作国别法律与政策指南》,摘要金砖他国关于外国投资准入清单所涉及的法律法规政策的主要内容或此等法律政策的目录及其索引。

3.协调相对统一的可限制准入的"安全阀",提高其透明度

金砖各国宜通过金砖国家间合作机制,协调统一清单以外的国内审查可限制外国投资准入的"安全阀",仅例外允许国家安全审查和反垄断作为外国投资准入管理模式之外的可拒绝外国投资准入的理由。

二、对合格外国投资的法律界定

无论是金砖各国还是其他国家,其外资基本制度之一是界定"外资""外国投资"或"FDI"之类的基础性法律术语。其不同界定会导致不同的引进外资实际效果。

(一)金砖各国对"合格外资"法律界定的规定及其存在的问题

1.金砖各国"外资"的法律界定标准差异导致出现外国投资准入壁垒

巴西法律将"外国资本"界定为可以用于投资的外国资产,包括外国的货币、货物、机器设备、技术和在巴西企业的股份或股票,外国投资限于FDI[1],并将"FDI"界定为,定居或总部设在国外的自然人或法律实体持有巴西公司的

---

[1] 参见巴西新近签署的双边投资协定关于"投资"的定义。

份额或股票,或者外国公司经授权后在巴西开展经营活动。① 俄罗斯法律将"外国投资"界定为外国资本投资,包括以货币、证券、其他财产、知识财产专属权、服务和信息的投资,外国投资包括外国直接和间接投资②,并将"FDI"界定为,设立至少占法定资本 10% 股份的企业、设立外国分支机构的固定资产、投资者作为出租人进行最低限额的融资租赁和法律不禁止的其他任何方式。③ 印度将"资本"界定为权益股份、可全部强制转换优先股、可全部强制转换债券与担保④,将"外国投资"界定为包括外国直接和间接投资⑤,将"FDI"界定为"非居民实体或居住在印度境外的人员依据《2000 年外汇管理(居住在印度境外的人员转让或发行证券)规章》用资本在印度公司中的投资"。⑥ 中国以前将"外资"界定为源自境外的初始资本,目前立法上将"外商投资"界定为外国投资者直接或间接在中国境内进行的投资活动,包括外国投资者设立

---

① 巴西1962 年第 4131 号法律第 1 条将"外国资本"定义为:进入巴西时无最初外汇垫款的用于制造产品或提供服务的任何货物、机械或设备和流入巴西境内用于经济活动的任何资金,这些货物、机械、设备和资金属于定居或总部设在国外的个人或法律实体;其中,货物、机械和设备应当是巴西本地没有的货物、机械和设备,若是已经使用过的货物,其必须投入对巴西本地产业有培育作用的项目。按巴西其他有关法律规定,外国投资者还可以使用可转换信贷在巴西投资。See Centro de Estudos das Sociedades de Advogados,"Legal Guide for Foreign Investors in Brazil",2012,pp. 27,30,2. http://www. brasilglobalnet. gov. br/arquivos/publicacoes/manuais/pubguialegali. pdf,last visited on June 28,2019.

② 参见俄罗斯近期签署的双边投资协定关于"投资"的定义。

③ 《俄罗斯外国投资法》第 2 条中将"外国投资"和"外国直接投资"定义分别规定为:外国投资,指以外国投资者拥有的民事法律下客体形式、以在俄罗斯联邦领土内营运活动为目的的外国资本投资,包括货币、证券(以外币和俄罗斯联邦货币表示)、其他财产、智力活动成果具有金钱价值(知识财产)的专属权利、服务和信息,但是按联邦法律禁止或限制民事法律下以此类客体进行交易者除外。外国直接投资是指外国投资者根据俄联邦民事法律在俄联邦境内获得以公司形式成立的或重新成立的商业组织注册资本(合股资本)10% 以上股份(投资);对俄联邦境内成立的外国法人分支机构固定资产的投资;外国投资者在俄联邦境内作为融资租赁出租人出租独联体海关进出口税则第十六类和第十七类所列海关估价不少于 100 万卢布的设备。该法第 6 条第 1 款规定:外国投资者有权在俄联邦境内以俄联邦立法所不禁止的任何方式进行投资 。

④ Department of Industrial Policy & Promotion, Ministry of Commerce & Industry, Government of India,"Consolidated FDI Policy Circular of 2017"(Effective from August 28,2017),p.5.

⑤ Ibid,"Consolidated FDI Policy Circular of 2017",Annexure-5,PP.77-80.

⑥ Ibid,p.6.

企业、取得中国企业的权益、投资新建项目和其他方式的投资。① 南非在《2015 年投资保护法》未区分外国投资和本国投资,将"投资"定义为投资者根据本国法律设立、获取或扩大的承诺在合理期限内投入经济价值资源、期望获得利润的合法企业,持有或获取此等企业的股份、债券或其他所有权凭证,或此等企业持有、获取或并购境外其他企业而对本国投资具有影响,包括了 8 种投资形式②;但根据南非中央银行的定义,"FDI"指外国投资者在本国实体中所持股份比例或对其经营的实际控制能力。③

以上可以看出,各国法律按其对"外资"术语的不同基准和理解,依据单一或组合的不同分类标准对该术语的不同表达进行界定,导致"外资"定义各种各样。上述定义中的不同分类标准,可以概括为:(1)以资本来源的地域为标准,将资本分为本国资本(内资)、外国资本(外资)。(2)以外国资本形式为标准,将外资分为外国的货币、实物、无形资产、权益等。(3)将"外资"界定为"外国投资",以投资者对其投资或其投资企业是否拥有控制权为标准,将外国投资分为外国直接投资和外国间接投资,有的国家仅限于外国直接投资,有的国家包括直接和间接投资。(4)以静态与动态"外国直接投资"为标准,分为外国直接投资的存在状态和投资活动(行为),或以是否设立投资企业为标准分为企业型外国直接投资和非企业型外国直接投资,或以投资企业的组织形式为标准分为外国投资企业、外国企业分支机构、外国企业办事处或联络处或工程处,等等。(5)以保护外国投资的法律渊源为标准分为国内法和投资条约中的投资定义。

---

① 中国《外商投资法》第 2 条第 2 款规定:本法所称外商投资,是指外国的自然人、企业或者其他组织(以下称"外国投资者")直接或者间接在中国境内进行的投资活动,包括下列情形:(一)外国投资者单独或者与其他投资者共同在中国境内设立外商投资企业;(二)外国投资者取得中国境内企业的股份、股权、财产份额或者其他类似权益;(三)外国投资者单独或者与其他投资者共同在中国境内投资新建项目;(四)法律、行政法规或者国务院规定的其他方式的投资。

② Section 2,the Protection of Investment,South Africa,2015.该定义与南非双边投资协定中关于"投资"的定义实质上相同。

③ 根据南非中央银行的定义,外国直接投资是指外国人在南非的应具备以下特征的投资:在南非拥有一个分支机构的所有权,或在与南非人合伙的企业中拥有部分所有权;在与南非人合伙的企业中,作为一个外国人或几个外国人,拥有的投票权不低于 10%;在南非的企业中,拥有少于 10% 的投票权,但作为外国投资者能有效地对该企业的政策发表积极意见。参见"在南非经商的各种法律形式",2006 年 3 月 24 日,http://mep128. mofcom.gov.cn/mep/hwzd/gwfg/tz/88773.asp,访问时间:2019 年 6 月 24 日。

金砖各国对"外资"定义的不同会导致一国投资者不能很好地预判其在另一国或多国的投资行为是否合法。又因金砖各国虽均认可源自境外的货币、实物、有价证券、无形资产、权益等属于外国资本，但对中长期贷款或可转换贷款、在东道国获取的收益等是否属于外国资本或外国投资，在国内法上存在不同的规定，或国内法规定与投资条约的规定不同。上述两方面的不同会在一定程度上导致形成各国对外国投资准入壁垒。

2.金砖各国对外资的不同界定标准会影响准入外资的广度和本国国民经济的发展

如前述，各国对外资的界定标准不同，外资的范围随之不同。根据巴西"外国投资"定义，外国投资者的投资限于外国直接投资，即外国投资者的巴西企业可以自身名义直接开展经营活动。按俄罗斯、印度、中国和南非的相关定义，外国投资者的投资包括外国投资者的直接和间接投资，不包括外国政府或国际组织的贷款或其他融资工具之类的投资。在外资和外国投资的定义上，出现了范围上的差异。即使在外国直接投资的定义上，各国又采取了不同的标准进行界定，导致各国间关于外国直接投资的具体形式、方式与范围的差异性。例如：印度规定，外国直接投资限于对印度企业的资本投资，实际上限于股权式投资[①]或法律规定的其他形式，如设立合资企业、外国企业分支机构；按俄罗斯和中国的法律规定，外国直接投资为以股权参与或有限制的非股权参与方式进行的投资活动。[②] 俄罗斯和南非还将最低持股比例作为衡量外国直接投资的标准之一。

关于外资或外国投资的上述两方面差异性规定，不仅直接影响各国外国投资市场准入外资的范围，出现外国投资特别是外国直接投资年度流入量和流入存量的增减，而且直接影响外国投资特别是外国直接投资在本国 GDP 中占比，即影响本国国民经济的发展。

尽管各国有权根据本国国情定义外资、外国投资和 FDI，但无论如何定义，就"外国投资"术语的定义而论，其科学、合理、较完整的定义应当至少包括三个基本要素：定义的主要标准、内涵、外延。

---

① 在印度，股权式投资有两种，一是绿地投资，即新设投资企业，包括设立合伙企业、有限合伙企业、有限责任公司和股份有限公司、外国企业分支机构；二是棕地投资，即跨国并购。

② 若采取非股权参与式的投资，应根据东道国法律在东道国设立分支机构或特殊形式的经济实体。

(二)对金砖国家间协调"外国投资"法律界定的思考

鉴于金砖各国关于"外资"和相关术语法律界定的差异性事实上形成了金砖国家间相互投资的一些障碍,不利于金砖国家间深化投资领域的合作和相互开放,有必要予以协调。

1.关于"外资"术语,不应采取此表述,应采取"外国投资"表述;不宜采取"外国资本"术语,即使使用此术语,也应归属外国投资形式的范畴。

2.关于界定"外国投资"定义的标准,宜采取静态和动态相结合的标准,即资本源于本国境外并在本国的投资,包括外国的政府及其机构、法人、其他组织(含在该国的国际组织)和自然人(含在外国的居民)参与本国国民经济发展以获取利益的资本投入活动。

3.关于"外国投资"的内涵,宜以有关国际组织投资条约指南或范本中"投资"定义,或某一或几个国金砖国家国内法或投资条约中较科学合理的规定为基准,以期能够涵盖各国共同期望的内涵。

4.关于"外国投资"的资本形式,宜包括外国的货币、其他有形无形资产、具有经济利益的各种合法权益。

5.关于"外国投资"的方式,宜包括直接投资和间接投资,直接投资包括绿地投资(新设)和棕地投资(并购)。

6.关于"FDI"的内涵和外延,宜以经济合作与发展组织(OECD)或国际货币基金组织(IMF)对该术语内涵与外延的界定为基准,以基本统一各国国内法关于"FDI"的定义。在外延上,需进一步明确"FDI 方式"的范围,除了各国普遍认可的投资方式外,还需明确是否包括某些特殊投资方式,如外国投资者持有本国企业的债券、对本国企业的贷款或担保、可债转股的贷款、经济特许权、用于再投资的收益和其他能有效影响本国经济社会发展的经营活动。

三、对合格外国投资者的法律界定

对合格外国投资者的界定是各国外国投资基本法律制度之一。各国对合格外国投资者的不同界定仍然会影响其利用外资的广度,导致各国外资实际流入量和有效性的不同。

(一) 金砖各国对合格外国投资者法律界定的规定及其存在的问题

1.各国对"外国投资者"法律界定标准的差异导致外国投资者身份确定的冲突

国际贸易领域中国籍冲突的解决已有相对成熟的理论①和实践,但在国际投资领域,单纯以国籍标准界定"外国投资者",可能会造成东道国监管漏洞,与立法原意相悖②。因此国际投资领域中还运用实际控制标准界定"外国投资者"。《解决国家与他国国民间投资争端公约》(简称"ICSID 公约")采用了国籍标准和实际控制标准相结合的方式,根据个案情况运用不同标准。

金砖各国国内法采取的界定标准,不同于上述世界通行的界定标准。巴西法律采取居住地标准,将外国投资者界定为"常驻、定居或拥有国外总部的个体或法律实体"。③ 俄罗斯法律采取国籍标准和实际控制标准,将外国投资者界定为:设立地国籍的法律实体、设立地国籍的非法律实体的组织、外国国籍的公民、永久居住外国的无国籍人、国际组织、外国国家④,和上述者控制的机构(包括其在俄领土建立的组织)⑤。印度也采取居住地标准,将合格外国投资者界定为非印度居民的实体或人员(non-resident entity/person)。⑥中国法律采取国籍标准,将外国投资者界定为"外国的自然人、企业或者其他组织"。

---

① 在国际法理论上,国籍标准似乎应当是判断投资者身份的判断标准,但事实上,国籍标准的运用在某些情况下可能带来国籍冲突问题。对该问题,各国通过相关立法予以解决,如在很多国家,若自然人同时拥有东道国国籍,其将被排除在外国投资者之外;又如在一些国际投资立法中,若自然人为无国籍人,则应当按照其永久居住地来判断其是否为外国投资者。对经济实体的国籍冲突,很多国家规定按照管理中心所在地判断其国籍。

② 当外国投资者依据东道国法律在东道国注册一家全资公司,如果根据国籍标准进行判断,该全资公司一般会被认定为具有东道国国籍,但随之产生的问题是,若该全资公司在东道国内从事某些敏感行业时,其国内投资者的身份是否妥当? 见 David Tarr,"Russian Trade and Foreign Direct Investment Policy at the Crossroad", European Journal of Political Economy, Vol.12, 2010, p.32.

③ 巴西 1962 年第 4131 号法第 1 条。

④ 《俄罗斯外国投资法》第 2 条"外国投资者"的定义。

⑤ 《俄罗斯战略领域外国投资法》第 3 条第 2 款。

⑥ Department of Industrial Policy & Promotion, Ministry of Commerce & Industry, Government of India, "Consolidated FDI Policy Circular of 2017" (Effective from August 28, 2017), p.6.印度相关法律将居民定义为:一个财务年度内在印度居住超过 182 天的人,或者在印度注册的公司或实体,或者受非印度居民控制的在印度的分支机构、代理机构,或者在印度之外但受印度居民控制的分支机构、代理机构。

南非法律虽然没有本国投资者和外国投资者之概念区分,但关于投资的基本法和涉及外国投资的其他法律分别采取了采取国籍标准和居民标准。《2015年投资保护法》实际上以国籍为标准将外国投资者界定为在南非境内进行投资的外国企业①,按《1990年航空服务许可法》和《1993年国际航空服务法》采取的居民标准,可将外国投资者理解为非南非居民和不在南非设立的企业。②

在上述关于外国投资者范围的规定中,俄罗斯的规定最广泛,包括了外国的自然人(含居住在外国的无国籍人)、法律实体、法律实体以外之组织、国际组织和国家,印度、巴西和南非的规定次之,包括外国的或非本国居民的自然人或实体,中国的规定最狭窄,仅包括外国的自然人、法人和其他组织。就充分利用外国投资而论,俄罗斯的规定值得我国和其他金砖国家借鉴。

金砖各国界定外国投资者的标准及其范围的不同,导致了金砖国家间确定外国投资者身份的冲突,即一外国投资者在一国是合格的但在另一国可能是不合格的冲突。

2.个别国家对合格外国投资者待遇存在歧视性规定,影响他国投资的准入

此方面的典型国家是印度。印度虽以居民标准界定外国投资者,但又根据血统再分类为非居民的印度籍投资者、非居民的印度裔投资者和其他外国投资者。其中,非居民的印度籍投资者、印度裔投资者的待遇明显优于其他外国投资者。这种对外国投资者进行再分类的做法,明显具有歧视性。印度除区别对待孟加拉国、尼泊尔、巴基斯坦、不丹等国的投资者外③,还在特定领域对中国等国实行歧视,主要体现在两方面:中国公民仅可租用不动产且租期不得超过5年④;未经印度储备银行事先批准,中国等国的公民不得设立分支机构、联络处、工程处或其他名称的营业场所。⑤ 上述针对国别的差别措施显然

---

① Investor,section 1,the Protection of Investment,2015,South Africa.

② Section 16 (4), Air Services Licensing Act 1990, South Africa; section 17 (5), International Air Services Act 1993,South Africa.

③ Department of Industrial Policy & Promotion, Ministry of Commerce & Industry, Government of India,"Consolidated FDI Policy Circular of 2017 " (Effective from August 28, 2017),Chapter 3-General Conditions on FDI,paras.3.1.1-3.1.2,p.11.

④ Section 7,the Foreign Exchange Management (Acquisition and Transfer of Immovable Property in India) Regulations,2000.

⑤ Section 5, the Foreign Exchange Management (Establishment in India of a Branch Office or a Liaison Office or a Project Office or any Other Place of Business) Regulations,2016.

背离于国际投资领域国际社会普遍接受的不歧视原则。

(二) 对金砖国家协调合格外国投资者法律界定的思考

鉴于金砖各国对合格外国投资者的确定标准和范围的差异性导致了各国间对外国投资者身份确定的冲突,金砖国家间宜协调合格外国投资者的法律界定。拟提出以下意见:

1.尽可能统一合格外国投资者的界定标准。宜对自然人采取居民标准、对法人和其他组织采取国籍标准。其中法人国籍标准中,原则上宜采取注册(登记)地或者总部所在地标准,对各国均认可的国防和国家安全的战略领域,可采取实际控制标准。

2.尽可能广泛承认各种类型的外国投资者,以扩大本国的外国投资市场。合格外国投资者宜包括各国普遍认可的传统外国投资者即居住在外国的自然人和外国国籍的法人、其他经济组织,和特殊外国投资者即外国国家或其政府、国际组织。对涉及国防和国家安全的行业,可以采取例外规定,排除外国的非营利性组织、外国国家或政府、有关国际组织。

3.努力消除关于外国投资者方面的歧视性规定,以减少金砖国家间投资合作的制度性障碍。其路径有二:各国在其国内法律与外国投资政策中,废止针对特定国家的歧视性规定;通过共同法律文件界定合格外国投资者,相互赋予公平公正待遇(含国民待遇、最惠国待遇),在不消减各国已有某类外国投资者"更优待遇"的前提下,提高金砖国家间投资者的待遇,以加快推进金砖国家间投资领域的紧密关系。

四、限制外国投资准入的领域及其外资比例与相关要求

金砖各国主要通过禁止或限制外国投资准入领域和限制领域外资比例方式,调整外国投资关系,使外国投资准入符合本国经济社会发展目标。因此禁止或限制外国投资领域和限制领域外资比例的制度是金砖各国外国投资准入管理的重要制度。

综观金砖各国规定,限制外国投资准入领域方面的主要措施有:限制的具体行业或部门、各行业具体次级部门中外国投资企业类型要求或投资方式和本国投资者与外国投资者的持股比例、投资期限、拟设投资企业的管理与技术人员构成要求、外国投资准入审批程序与文件资料要求和其他限制性要求。上述限制性措施近年来在各国均有不同程度的体现。以下主要探讨禁止或限

制领域和限制领域外资比例。

(一)金砖各国禁止或限制外国投资准入领域的规定及其存在的问题

1.禁止、限制外国投资准入领域总体明晰但具体限制措施的法律位阶较低且缺乏相对稳定性

尽管金砖各国外资立法中有禁止或限制外国投资准入的原则性规定,但这些规定通常通过授权由中央政府行政法令、中央政府主管部门规章或政策予以贯彻执行,除行政法令外,有关规章或政策的法律位阶较低,有的国家还采取分散型禁止或限制的政策方式以保持外资政策的弹性。若长期保持此类做法,势必导致相关制度缺乏稳定性,消减外国投资者热情,特别是在金砖国家期望建立投资合作长效机制背景下,其劣势更为突出。

巴西禁止或限制的领域相对较少。禁止的领域有核能开发、医疗卫生、养老基金、航天工业①,限制的领域主要有国内特许航空服务、海洋捕捞、邮政、融资、保险、媒体、电信、电力、高速公路运输、石油天然气和矿产开采、农村土地等。②

俄罗斯禁止的领域主要有赌博业、人寿保险业、外资银行设立分行、外国保险公司参与本国强制保险方案、铁路客运和货运,装卸、集装箱堆场、船舶代理、结关,铁路运输设备的维修保养,油气管道和电网建设运营,公路运营③;限制的领域较多,有46种经营活动被视为属于战略性领域。④

印度目前的禁止领域有:彩票、赌博、银会、互利性公司、可转让开发权交易、不动产业务或农舍建筑、香烟与烟草或烟草替代品的制造、不对私人投资

---

① Durval de Nornoha Goyos, Jr., "Legal Guide: Business in Brazil", August 30, 2011, p. 6, http://www.noronhaadvogados.com.br/guia/legalguide2011.pdf, last visited on 4 June 2019.

② 参见中国驻巴西经商处:"巴西对外国投资的规定",2009 年 5 月 14 日, http://br. mofcom.gov.cn/aarticle/ddfg/tzzhch/200905/20090506245701.html,访问时间:2019 年 7 月 10 日;U. S. Bureau Of Economic And Business Affairs, "2013 Investment Climate Statement-Russia",February 2013, http://www.state.gov/e/eb/rls/othr/ics/2013/204720.htm,last visited on August 9,2019;商务部国际贸易经济合作研究院、中国驻巴西大使馆经济商务参赞处和商务部对外投资和经济合作司:《对外投资合作国别(地区)指南——巴西》(2018 年版),第 59 页。

③ 商务部国际贸易经济合作研究院、中国驻巴西大使馆经济商务参赞处和商务部对外投资和经济合作司:《对外投资合作国别(地区)指南——俄罗斯》(2018 年版),第 58 ~59 页。

④ 同上注③。

开放的活动或部门(如原子能、铁路营运)。① 目前的限制领域较多,有 27 个行业,涉及全部重要国民经济部门或行业。②

中国普遍禁止的领域有 12 个行业、23 个次级领域,限制的领域有 9 个行业、17 个次级领域③;在自由贸易实验区禁止的领域有 10 个行业、20 个次级领域,限制领域有 11 个行业、24 个次级领域。④

南非因其经济开放,鼓励外国投资⑤,禁止或限制的领域不多,且多数限制领域适用于本国私人投资者和外国投资者。目前的限制性领域主要有银行业、电信业、彩票赌博业、保险业、航空服务业、矿产石油业⑥,还对并购予以限制。⑦

在上述各国禁止或限制的规定中,俄罗斯属于中央立法型位阶的集中规定,具有最高法律权威性和明晰度,印度属于政策型位阶、中国属于部门规章型位阶且两国均具有集中性、明晰性,但巴西和南非因属分散型而具有一定不明晰性。

2.在放宽外国投资准入的同时对某些特定领域准入的限制更趋严格

金砖各国近年来采取了促进或便利外国投资准入的实体性和/或程序性措施,逐渐开放了外国投资准入领域及其准入程度(即外资比例)。例如:巴西 2011 年取消了传媒业的外资比例。⑧ 印度使单一品牌零售、航空和电力等少数行业的投资进入规则自由化⑨,2019 年 1 月取消了用于国防、通讯、私人

---

① Department of Industrial Policy & Promotion, Ministry of Commerce & Industry, Government of India, "Consolidated FDI Policy Circular of 2017" (Effective from August 28, 2017) ,5.1 of Chapter 5.

② Ibid,5.2.1~5.2.26 of Chapter 5 and the related Annexures.

③ 详见国家发展和改革委员会、商务部:《外商投资准入特别管理措施(负面清单)(2019 年版)》。

④ 详见国家发展和改革委员会、商务部:《自由贸易实验区外商投资准入特别管理措施(负面清单)(2019 年版)》。

⑤ 商务部国际贸易经济合作研究院、中国驻巴西大使馆经济商务参赞处和商务部对外投资和经济合作司:《对外投资合作国别(地区)指南——南非》(2018 年版),第 47 页。

⑥ 苏挈:《金砖国家外国投资准入实质条件研究》,《金砖国家法律评论》第 1 卷,厦门大学出版社 2015 年版,第 111-112 页。

⑦ 商务部国际贸易经济合作研究院、中国驻巴西大使馆经济商务参赞处和商务部对外投资和经济合作司:《对外投资合作国别(地区)指南——南非》(2018 年版),第 48 页。

⑧ 苏挈:《金砖国家外国投资准入实质条件研究》,《金砖国家法律评论》第 1 卷,厦门大学出版社 2015 年版,第 108 页。

⑨ UNCTAD,World Investment Report 2019,p.88.

安保和其他行业外国公司的审批程序,以期附条件开放上述公司的分支机构。① 俄罗斯于2014年将食品生产中使用"传染体"的投资者和集团内交易排除于FDI审查要求。② 中国增加了外国投资的建设与工程设计企业外方技术人员的配额,放宽了对人才招聘机构的限制③,扩大了外国投资者的所得税优惠,免除其中国境内利润再投资的所得税扣交④,实施《外商投资法》以改善外国投资政策透明度和保护外国投资⑤,修订了自由贸易实验区外国投资负面清单⑥,"2019年底取消外国投资准入负面清单之外的限制性规定,确保市场准入内外资标准一致"⑦。南非实施《2015年投资保护法》,终止了一系列投资条约。⑧

但是,各国近年来又不断采取新的实体性或程序性限制措施或者恢复实施曾停止或曾宽松实施的历史性限制措施或有关法律,进一步强化国家对某些特定领域外国投资准入的限制、管制。

巴西强化限制某些重要领域外国投资准入的主要实例,是自2008年严格限制外国人购买租用农村土地。2010年8月颁布总统令后,在全国行政系统恢复实施1971年第5709号法律。按该总统令,巴西政府从实体和程序上强化了限制外国人购买、租用农村土地的管理,司法系统与之配合。按该法规定,同一国籍的外国人在同一城市购买农村土地受该城市农村土地总规模和外国人拥有总量的限制;对外国人在全国范围内的土地规模控制因不同用途、不同地区而不同;外国投资准入的批准程序因地区、购买规模和用途不同而不同;涉及边境地带的,需事先履行国家安全审批程序。

俄罗斯修订后的《战略领域外国投资法》对自然资源、国防、媒体、垄断四大领域设立了46个次级领域的外国投资准入限制(如前述),且该法下的审批程序相当烦琐。⑨ 这些限制及其准入程序若不加以改善,将继续是所有金

---

① UNCTAD,World Investment Report 2019,p.88.

② Ibid,p.95.

③ Ibid,p.87.

④ Ibid.

⑤ Ibid,pp.87-88.

⑥ Ibid,p.88.

⑦ 中国国家发展和改革委员会新闻发言人孟玮2019年6月17日在北京透露,今年底前,国家发改委将全面取消外国投资准入负面清单之外的限制性规定。http://finance.eastmoney.com/a/201906171153336150.html,访问时间:2019年8月9日。

⑧ UNCTAD,World Investment Report 2019,p.88.

⑨ 2008年《俄罗斯战略领域外国投资法》第6、8-12条。

砖国家中最严格的管制,且会因国际国内形势变化而做扩大解释。近年来,还对涉及国内企业少数股权的国有企业交易采取强制审批程序,禁止意图多数参与的交易。① 还建立了 FDI 特别审查程序(机制)。②

印度通过随时变化的《FDI 政策汇编》将准入领域分为禁止类、准许类,对准许类的不同投资活动分别规定了自动批准和政府审批或许可程序。③ 而此等审批或许可程序的复杂性和严格性仅次于俄罗斯。还建立了 FDI 特别审查程序(机制)。④ 2019 年 2 月,对电子商务采取了一些限制性变化措施,以保障国内线下零售商的利益。⑤

中国除了前述负面清单中禁止或限制外国投资准入领域和限制领域的外资比例、包括审批程序在内的其他限制措施,近年来还基于国家经济稳定增长和社会生活基本秩序⑥,建立了外国投资特别审查机制⑦,对审查外国投资实施新的管制框架。⑧

南非除了加强上述禁止或限制领域的管制外,也建立了 FDI 特别审查程序(机制),对审查外国投资实施新的管制框架⑨;实施新的本地成分要求,对国防部门要求本地成分 60%,对黑人所有权采取了更高比例。⑩

(二) 金砖各国限制领域外资比例的规定及其存在的问题

外资比例限制是各国限制外资进入的通常手段。除俄罗斯以国家立法方式在《战略领域外国投资法》中规定外资比例外,其他金砖国家通常以法律位阶较低的部门规章或政策文件予以规定。⑪ 部门规章或政策文件的形式虽然

---

① UNCTAD, World Investment Report 2019, p.94.

② Ibid, pp.92-93.

③ Department of Industrial Policy & Promotion, Ministry of Commerce & Industry, Government of India, "Consolidated FDI Policy Circular of 2017" (Effective from August 28, 2017), Chapter 4, 5.2.1-5.2.27 of Chapter 5.

④ UNCTAD, World Investment Report 2019, pp.92-93.

⑤ Ibid.

⑥ Ibid, p.93.

⑦ Ibid, pp.92-93.

⑧ Ibid, p.94.

⑨ Ibid, pp.92-94.

⑩ Ibid, p.86.

⑪ 例如:印度政府工商部工业政策与促进局《FDI 政策汇编》(2017),中国发展和改革委员会、商务部《外商投资准入管理特别措施(负面清单)》。中国 2019 年版负面清单的发布机构和发布程序,不符合《外商投资法》中的法定程序。

具有明确性、适应性、执行力度强等优点,但也具有变化快、相对不稳定等缺陷。但无论采取何种形式规定,各国对外资比例限制总体上是严格的。

仅以下列为例。在巴西,出版业及广播电视台领域的外资比例不得超过30%,公共航空服务领域的常规航线联合企业的外资比例不能超过49%,高速公路运输的外资比例不得超过 20%。[1] 在俄罗斯,对战略性企业并购,有外国政府背景的外资对拥有联邦级地下资源公司的控股权不得超过 5%,对其他部门战略性公司的控股权不得超过 25%—50%;拟在具有战略意义的相关企业或地下资源区块项目中取得 10% 以上股权的外资企业需经俄联邦政府外国投资者监管委员会批准[2];电信业的外资比例不能超过 49%。在印度,网络服务、无线电服务的外资比例不超过 74%。[3] 在中国,增值电信业务的外资比例不超过 50%,基础电信业由中方控制。[4] 在南非,外国投资者不得事实上对电信业企业形成控制或者持有超过 20% 的股权。[5]

金砖各国对限制外国投资准入领域进行外资比例限制,本质上是其管控外国投资者对投资企业的控制能力和对国家整体行业的控制能力。各国基于国防和国家安全考虑,限制战略性行业的外资比例是必要的,符合国际投资法的普遍性理论与实践。但是,金砖各国在外资比例限制方面超过必要限度和范围,滥用此种管制方式达成保护本国企业垄断或有关国际政治的目的,无疑会损害本国的外国投资市场和外国投资环境,影响本国经济社会发展。

(三)对金砖国家间协调限制准入领域及其比例的思考

鉴于金砖各国在禁止或限制外国投资准入领域和限制准入领域的比例限

---

① 《对外投资合作国别(地区)指南——巴西》(2018 版),第 76 页。See also, U.S. Bureau Of Economic And Business Affairs, "2013 Investment Climate Statement-Russia", February 2013, http://www.state.gov/e/eb/rls/othr/ics/2013/204720.htm, last visited on August 9,2019.

② 《对外投资合作国别(地区)指南——俄罗斯》(2018 版),第 60 页。

③ 其他领域的外资比例,可见 Department of Industrial Policy & Promotion, Ministry of Commerce & Industry, Government of India, "Consolidated FDI Policy Circular of 2017" (Effective from August 28,2017), Chapter 5 and relative Annexures。

④ 中国限制领域外资比例的规定,详见国家发展和改革委员会、商务部:《外商投资准入特别管理措施(负面清单)(2019 年版)》和《自由贸易实验区外商投资准入特别管理措施(负面清单)(2019 年版)》。

⑤ 苏挈:《金砖国家外国投资准入实质条件研究》,载《金砖国家法律评论》第 1 卷,厦门大学出版社 2015 年版,第 117 页。

制差异大,且采取的相关法律形式不同,宜进行协调。

1.关于法律文件形式与位阶,宜采取中国式负面清单模式或改进型印度式《FDI政策汇编》,并将其法律位阶提升至中央政府发布或批准发布,即为中央政府法令形式,不宜以中央政府主管部门或其下的分管机构的规章或政策发布,以确保禁止或限制的领域和限制领域的外资比例统一规定在具体最高行政权威的单一文件中,以克服一些国家分散、不透明或不易获取的问题。

2.关于禁止或限制准入的领域和限制领域外资比例

(1)尽快清理本国中央和省(州)级现行有效的禁止或限制外国投资准入领域和限制准入领域的外资比例要求,并在各自中央政府官网上发布,并相互提供给他国中央政府主管部门由后者发布在其官网上。

(2)统一金砖国家间禁止或限制外国投资准入领域的基准,尽量缩减禁止和限制准入领域的范围及外资比例。宜原则上禁止或限制各国普遍认同的与国防、国家安全、自然资源、国家垄断、核心技术、文化教育、社会风俗有关的工业、农业、服务业,禁止或限制的次级行业、限制行业的具体项目外资比例及其消减时间表、准入程序以及其他要求,由各国根据本国经济社会发展目标与实际情况,制定详细清单,并相互提供给他国中央政府主管部门。

五、对外国投资准入的限制性履行要求

外国投资准入限制性履行要求,是东道国对外国投资在准入阶段能否被准许进入和取得特定优惠所设置的前提条件。根据WTO《与贸易有关的投资措施协定》(简称"TRIMs协定"),此类履行要求包括国内销售要求、出口业绩要求、当地成分要求、贸易平衡要求等[1]。通过鼓励性履行要求进行产业引导、限制性履行要求对准入进行限制,是各国管理、调控外国投资准入的常见手段。由于对准入的限制性履行要求本身违背了GATT 1994国民待遇原则,

---

① TRIMs协定所附的解释性清单列举了5种禁止的与货物贸易有关的投资措施:(1)违反GATT1994第3条第4款国民待遇的2种措施:(a)要求企业购买或使用当地生产的或来自于当地的产品;(b)限制企业购买或使用进口产品的数量,并将此数量与该企业出口当地产品的数量或价值相联系。(2)违反GATT 1994第11条第1款一般取消数量限制的3种措施:(a)对企业进口用于当地生产或与当地生产相关的产品,一般地或在数量上根据该企业出口它在当地生产的产品的数量或价值加以限制;(b)对企业进口用于当地生产或与当地生产相关的产品,通过将其可获得的外汇数量限于可归属于它的外汇收入而加以限制;(c)限制企业出口产品或为出口而销售产品。

对国际货物贸易产生限制和扭曲影响,TRIMs 协定对各成员取消所列限制性履行要求设定了义务,以期消除各成员对内资和外资的不公平待遇,促进与贸易有关的投资自由化。但是发展中国家引进外资的目标是引导、利用外资实现本国经济社会发展,此目标本身使各国不可能完全取消对外资的限制性履行要求。

(一)金砖各国外国投资准入限制性履行要求的规定及其存在的问题

1.各国限制性履行要求差异明显,影响有关国家的外国投资准入规模与质量

金砖各国虽均为发展中国家,但对外国投资准入限制性履行要求的规定差异较大。目前,除巴西和南非限制性履行要求较少且相对公平以外,其他三国规定较多且较严格。

巴西主要通过制定鼓励性履行要求引导内资和外资投向[1],仅在少数限制准入领域,如电信业等,设置相关限制性履行要求。[2] 这些要求主要体现为本地雇用要求、外汇平衡等。

俄罗斯在外资立法中较少规定限制性履行要求,但在相关立法和法令中规定较多。以《俄罗斯联邦产品分成协议法》为例,限制性履行要求主要有两种:本地成分要求,如,建设工程所需设备价值的 70%部分应当在俄罗斯法人和俄罗斯境内注册的外国法人中采购;本地雇用要求,如,在俄罗斯承揽工程的外国投资者聘用俄籍雇员数量应不少于所聘雇员总量的 80%,只有在协议约定的工程初期或俄罗斯无相应专长工人和专家时才可聘用外国工人和专家。[3]

印度外国投资准入限制性履行要求最繁杂,甚至出现一外国投资者进入某一行业需同时履行多个同类要求的情况,在行业范围和总量上,可谓金砖各国之最。综合印度的相关规定,限制性履行要求有:强制性股权减持,如在从事茶叶种植的外国投资者必须在 5 年内至少将持有的公司股权 26%转让给本地投资者;销售限制,如外资煤矿加工厂生产的产品不能在公开市场销售,只

---

[1]　例如,按巴西规定,投资者购买的 IT 设备是使用巴西技术制造的,可以享受税收减免。

[2]　苏挈:《金砖国家外国投资准入实质条件研究》,《金砖国家法律评论》第 1 卷,厦门大学出版社 2015 年版,第 118 页。

[3]　苏挈:《金砖国家外国投资准入实质条件研究》,《金砖国家法律评论》第 1 卷,厦门大学出版社 2015 年版,第 118 页。

能销售给原矿的供货方;设施与技术转移,如从事与钛矿石分离有关行业的外国投资者应当将能使钛矿石增值的设施设备转移到印度国内,并应当将相应科学技术转移到印度;强制出口,如从事"中小企业保留项目产品"生产的外国投资企业应保证3年内出口销售至少50%的生产增长产品;锁定期,如国防工业领域的外国投资者在3年锁定期内不得将其持有的股权转让给其他非居民投资者;生产规模限制,如从事国防工业行业的外国投资企业制造规模受印度相关部门限制,判定限制的基准是印度国内同类产品的容量;最低投资规模,如从事修建村镇、住房、基础设施的外国投资应符合最小开发面积的要求;本地雇佣,如从事航空业、媒体传播业、电信业等行业的外国投资企业应聘用印度人担任首席执行官;本地成分,如持有经营单一品牌零售业超过51%股权的外国投资企业的30%价值的货物应当采购源自印度并优先采购源自中小企业、农棉业、手工业。以上要求不是固定的,政府部门可以根据实际情况随时增加其他履行要求。①

中国现行和即将生效的外资立法中较少规定限制性履行要求,但外资法规、规章中存在。② 除了保持诸如本地雇用要求、国内优先采购等要求外,还在某些领域有进一步要求。以《外商投资准入特别管理措施(负面清单)(2019年版)》为例,本地成分要求有如:公共航空运输公司、通用航空公司等的法定代表人应具有中国国籍;中外合作学前、普通高中和高等教育机构的校长或主要行政负责人应具有中国国籍,其理事会、董事会或联合管理委员会的中方组成人员不得少于1/2。③

南非受黑人经济振兴战略影响,除本地雇用成分要求等已有限制性履行要求外,如前述,还采取了当地成分新要求,如国防部门本地成分60%、对黑

① Department of Industrial Policy & Promotion, Ministry of Commerce & Industry, Government of India, "Consolidated FDI Policy Circular of 2017" (Effective from August 28, 2017),5.2.1~5.2.27,Chapter 5 and relative Annexures. 又参见苏挈:载《金砖国家外国投资准入实质条件研究》,载《金砖国家法律评论》第1卷,厦门大学出版社2015年版,第119~120页。

② 中央法规有如《外资投资保险公司管理条例》等,中央规章有如《外商投资稀土行业管理暂行规定》《外商投资建筑业企业管理规定》《外资参股基金管理公司设立规则》《外商投资国际货运代理业管理办法》《外商投资商业领域管理办法》《外商投资电信企业管理规定》《设立外商投资会议展览公司暂行规定》《外商投资广告企业管理规定》《外商投资租赁业管理办法》等。

③ 国家发展和改革委员会、商务部:《外商投资准入特别管理措施(负面清单)(2019年版)》,序号15、16、31。

人所有权采取更高比例,但总体上其限制性履行要求对本国私人投资者和外国投资者同样适用,专门针对外资的要求较少。

2.有的国家存在违反 TRIMs 协定禁止的履行要求,存在被诉至 WTO 争端解决机构并败诉的风险

金砖五国是 WTO 成员,应当履行 TRIMs 协定中取消限制性履行要求的义务,但一些国家的限制性履行要求仍存在违反 TRIMs 协定强制性规定的情形。例如:印度繁杂的限制性履行要求中有属于 TRIMs 协定禁止的诸如出口、本地成分之类的要求。其中,有关本地成分要求曾被诉至 WTO 争端解决机构,被判败诉。[1] 俄罗斯相关部门在审批外资进入实际操作中会要求外国投资者做出额外承诺。[2]

(二)对金砖国家间协调外国投资准入限制性履行要求的思考

基于金砖各国外国投资准入限制性履行要求差异大,有些要求是必要的,但有些要求违反 TRIMs 协定,金砖国家间有必要协调此类措施,以提升金砖国家间投资准入的规模和质量,预防和减少被诉诸 WTO 争端解决机制的风险。

1.各国尽快清理本国法律与政策中的限制性履行要求,取消违反 TRIMs 协定禁止的履行要求,特别是当地成分要求、贸易平衡要求、以贸易平衡手段限制进口、以外汇手段限制进口、出口限制等,减少其他限制性要求。上述取消对金砖各国不属于过高标准,而是其作为 WTO 成员应当遵守的义务,上述减少对促进相互投资实属必要。

2.各国编制本国和相互间可以采取或不可采取的限制性履行要求清单,列明各项要求可取消或降低和不可取消或不可降低的期限,并将诸如内外销比例、本地采购比例、设备与技术向境内转移、投资资金用途比例等作为消减的重点,以期在金砖国家间全面取消对各国经济发展无重要影响的限制性履行要求。

---

① See the Report of the Appellate Body, WT/DS456/AB/R (India-Certain Measures Relating to Solar Cells and Solar Modules, 16 September 2016).

② U.S.Bureau Of Economic And Business Affairs, "2013 Investment Climate Statement-Russia", February 2013, http://www.state.gov/e/eb/rls/othr/ics/2013/204720.htm, last visited on August 9, 2019.

六、对外国投资准入的国家安全要求

国家安全要求是国际投资法中普遍认可的禁止或限制外国投资准入的条件。但基于国家安全要求而导致各国或地区高筑国际投资壁垒已成为常态①,金砖各国外资法中的国家安全要求和金砖国家间投资合作中出现的基于国家安全导致投资准入失败案例亦然。

(一) 金砖各国外国投资准入国家安全要求的规定及其存在的问题

金砖各国禁止或限制外国投资准入的核心根据是国家安全,其对涉及国家安全的领域限制外国投资准入,实施国家安全审查制度,符合国家安全要求者,准许进入,否则拒绝进入。各国对准入国家安全要求在实体和程序上的规定宽严不同,产生诸多问题,主要者如下:

1.外国投资准入所涉"国家安全"审查制度严格,导致拒绝准入的风险大

巴西对涉及国家安全的任何行业或领域的外国投资准入,均有国家安全要求,从程序和实体上进行审查,存在以国家安全为由拒绝外国投资准入的可能性。以绿地投资中的农村土地外国投资准入为例。1971 年第 5.709 号规定,联邦总统根据国家安全委员会(1988 年后逐渐被国防委员会取代)意见可以提高外国自然人获取农村土地产权股份比例的限制,外国自然人或法人购买位于必要国家安全区域的农村土地应获得国家安全委员会事先批准;外国自然人购买农村土地契约中应当包含国家安全委员会事先批准文件;土地登记部门在处理位于国家安全区域的土地时,需由国家安全委员会审核。② 1979 年第 6.634 号法律规定,沿边境线内侧 150 公里宽的地带为边境带,对国家安全至关重要③;购买距边境 150 公里或距联邦公路 100 公里以内的土地,须经国防委员会批准。④ 以棕地投资中的并购方式为例,巴西对由政府控制

---

① 例如,2018 年,全球 55 个经济体采取了 112 项影响外国投资的措施,其中至少1/3 措施属于新限制或管制,为 20 年来最高数量。这些措施主要反映了重要基础设施、核心技术和其他敏感商业资产外国人所有权的国家安全关注。且至少 22 起大型兼并与并购交易因管制或政治原因被撤回或阻止,是 2017 年的 2 倍。UNCTAD, World Investment Report 2019, p.xi.

② 巴西 1971 年第 5.709 号法律,第 3 条第 3 款、第 7 条、第 9 条第 1 款第 III 项、第 11 条单独款。

③ 《对外投资合作国别(地区)指南——巴西》(2018 版),第 102 页。

④ 1979 年第 6.634 号法律,第 1 条。

或持股的企业所进行的并购交易,会进行国家安全审查。①

俄罗斯《战略领域外国投资法》确定了限制准入领域的外资"控制"标准,并对国家安全审查的部门、审查程序作出详细规定。认定外资控制的标准有二:(1)受控制对象具有以下特征之一的,应当认定处于外国投资者或集团控制之下:控制人有权直接或间接掌握被控制对象注册资本超过50%投票权股份,控制人依据合同或其他交易有权利或权限确定被控制对象采取的决定,控制人有权任命被控制对象单一执行权力机构和(或)集体执行权力机构超过50%成员并(或)有毫无限制的权力选择超过50%董事会(监事会)或其他集体管理机构的成员,控制人掌握被控制对象的管理公司,控制人有权直接或间接掌握被控制对象注册资本少于50%投票权股份但其与其他拥有被控制对象注册资本可投票股份的股东的关系使他可以裁决被控制对象采取的决定。(2)被控制对象存在以下特征之一的,即认为处于外国投资者、集团(控制人)控制之下:控制人有权直接或间接掌握被控制对象注册资本10%及以上投票权股份,控制人依据合同或其他交易有权利或权限确定被控制对象采取的决定;控制人有权任命被控制对象单一执行权力机构和(或)集体执行权力机构超过10%及以上成员且(或)有毫无限制的权力选择超过10%及以上董事会(监事会)或其他集体管理机构的成员;控制人掌握被控制对象的管理公司。②国家安全审查部门为全权负责监督在俄联邦外国投资的执行权力机构(全权负责机构)和俄联邦国家安全局中侦查分队。国家安全审查和批准外国投资准入的基本程序有:全权负责机构初步同意程序、审查程序,俄联邦负责保障安全的执行权力机构按全权负责机构的要求对具有战略意义商事组织的检查程序,俄联邦政府总理领导的政府控制外国在俄联邦投资委员会(俄联邦外国投资委员会)的审核程序、初步同意交易或获得控制的程序。③

印度虽然立法和外国投资政策仅对少数行业规定了国家安全要求,但实践中许多行业存在此要求,甚至针对特定国家采取此要求。前者例如,在广播业,允许许可证颁发机构从国家安全角度限制被认可公司在任何敏感领域从事营运,印度政府信息与广播部为了国家安全应有权利在其指定期间临时暂停准许证持有人或被认可人的准许,该公司应立即遵守因违反应撤销准许方面所发布的任何指令且其在未来5年内丧失持有此等任何准许;公司不应进

---

① 中国近期计划在巴西投资总价值超过亿美元,涉及钢铁生产、石油出口、电力配送、矿业开采等多个行业,其中不乏大型国有企业的身影。

② 《俄罗斯战略领域外国投资法》,第5条。

③ 《俄罗斯战略领域外国投资法》,第8-13条。

口或利用被认定非法或导致易损害网络安全的任何设备;许可证颁发机构保留修改上述条件或制定认为对国家安全所必要的新条件的权利。① 后者例如,2017 年针对中国 Shanghai Fosun Pharmaceutical Group 收购案的国家安全要求。该集团在印度政府经济事务内阁委员会提出一些国家安全关注时决定仅以 74%股权按比例减少其获取印度 Hyderabad-based Gland Pharma 公司股权,原因是所涉股份资本超过 75%时要求由政府批准收购制药公司。②

中国除长期坚持绿地投资国家安全审查外,自《外商投资产业指导目录(2007 年版)》开始棕地投资国家安全审查,以禁止和限制性行业目录方式对涉及国家安全的战略性和敏感型行业进行特别审查。2008 年,将国家安全审查纳入了《反垄断法》,对外资并购方式反垄断中涉及国家安全的进行国家安全审查。③ 2011 年国务院办公厅《关于建立外国投资者并购境内企业安全审查制度的通知》较全面建立了外资并购安全审查制度,商务部在此基础上于当年 9 月颁布的《实施外国投资者并购境内企业安全审查制度的规定》对该制度予以补充、完善。在上述规范文件中,中国还特别规定了披露有关文件,包括并购后企业任命的董事会成员、总经理、合伙人和其他高级管理人员的名单。④

南非外国投资准入国家安全要求相对较少,有关规定散见于行业立法、中央政府法令和行政规章中。例如《银行法》《保险法》《矿产石油发展法》等行业立法中规定,政府部门可以以"公共利益"为由对外国投资准入进行国家安全审查。⑤

2.有的国家安全要求透明度较低,会导致滥用国家安全审查权力

巴西、印度在此方面的问题较突出。巴西除了在外国投资准入边境地带农村土地和跨国并购方式的法定国家安全审查外,较难发现在其他领域的国家安全审查要求,但实际上存在涉及国家安全的其他外国投资准入领域的国

---

① Department of Industrial Policy & Promotion, Ministry of Commerce & Industry, Government of India, "Consolidated FDI Policy Circular of 2017" (Effective from August 28, 2017), Annexure 7-Conditions for Broadcasting Sector, p.108.

② UNCTAD, World Investment Report 2019, p.97.

③ 中国《反垄断法》第 31 条规定:"对外资并购境内企业或者以其他方式参与经营者集中,涉及国家安全的,除依照本法规定进行经营者集中审查外,还应当按照国家有关规定进行国家安全审查。"

④ UNCTAD, World Investment Report 2019, p.97.

⑤ 苏翆:《金砖国家外国投资准入实质条件研究》,载《金砖国家法律评论》第 1 卷,厦门大学出版社 2015 年版,第 124 页。

家安全审查,可以认为,巴西的国家安全要求总体上缺乏透明性,具有一定随意性。印度实践中在对外国投资准入国家安全要求的适用范围上,主要考虑三个因素的投资,即来自敏感国家、对敏感行业和对敏感地区的投资,但其具体范围不明确,具有透明度不高和随意性。上述透明度和随意性的问题会导致扩大甚至滥用国家安全审查权力。

3.各国对国家安全概念界定的明晰度不同,会导致歧视性后果

"国家安全"概念明晰性及其程度不同的问题,在各国均有不同程度的体现。俄罗斯和中国在法律规章中界定了国家安全的一般内涵,但外延上存在一定的不确定性。在作者有限能力范围内,不了解巴西和南非对国家安全概念的具体内涵与外延的界定及其明确程度。前述关于印度的实践做法,仍可认为印度缺乏外延的明确界定。这种不明确性使各国拥有了对外国投资准入国家安全要求的主动权,但可能导致针对不同国家及其投资者采取区别对待,出现歧视性后果,即一国以国家安全为由否决另一投资者的投资申请而批准第三国投资者的类似申请。

综上,金砖各国一般将国防、经济、技术、社会基本秩序等安全内容纳入外国投资准入管理要求中,但此项要求的具体内容存在差异性、不确定性或不可量化性和透明度较低,会导致各国滥用适用权和解释权。特别是近年来,一些国家的国家安全要求中存在以"敏感"术语代替"国家安全"或"安全威胁"术语的趋势,以掩盖基于非国家安全的外资审查目的,给金砖国家间的投资造成了阻碍。

(二)对金砖国家间协调外国投资准入国家安全要求的思考

鉴于外国投资准入国家安全要求给金砖国家相互投资造成了阻碍,宜共同协调此方面的重要事项。

1.各国完善针对外国投资准入安全审查问题的专门规定。即使无法明确相关基本概念,至少明晰其适用领域、行为和内容,使各国基于国家安全对外国投资准入的限制透明化。

2.各国对国家安全要求的概念和适用进行缩限。国家安全要求的内容应仅限于传统的国防、产业、核心技术、重要基础设施、民生等领域,并对可适用领域采取清单方式。还应当尽量将绿地或棕地投资方式中"经营者集中"作为国家安全审查的重点,以防止滥用国家安全要求导致投资市场封闭。

七、对外国投资准入的反垄断要求

反垄断要求是金砖各国对外国投资准入的重要要求之一,目的在于防止外资在国内或国际市场形成垄断,以维持和促进本国的公平竞争市场。其主要手段是对外国投资准入适用与竞争或反垄断有关的国内法。

(一) 金砖各国外国投资准入反垄断要求的规定及其存在的问题

在巴西,按其《反垄断法》,对外资反垄断要求的重点在于反垄断效果和垄断行为的认定上。反垄断效果包括外资不能导致消减相关市场竞争、不能导致其在相关市场取得操纵地位或滥用市场地位;垄断行为的认定通常考虑的因素有市场份额、对生产性和最终消费性消费者利益和宏观经济的影响等。但在具体实践中,还考虑相关行为是否影响本国的就业、国际竞争力等因素。[1]

在俄罗斯,《保护竞争联邦法》适用于与保护竞争有关的关系,包括防止和限制垄断活动和不正当竞争,其中包括外国法人、组织、自然人的保护竞争关系;还适用于本国或外国的自然人或组织之间在境外达成的对本国境内市场竞争产生影响的协议。其中,垄断活动指一经济实体、一集团滥用其支配地位或采取反垄断立法禁止的协议或协同行为的行为和法律认定为垄断活动的其他行为(不作为)。[2] 达到关于支配地位、垄断性高低价、集团、垄断与不正当竞争行为、协同行为之规定条件[3]的商事组织和金融机构的并购、商事组织的设立应当向俄罗斯政府反垄断主管机构申报,取得其批准。[4]

在印度,2002 年《竞争法》禁止反竞争协议和滥用支配地位,限制合并。[5]其中规制的合并包括企业的收购、吸收合并、新设合并和以其他方式取得控制权的活动。竞争主管机构认定垄断行为所考虑的因素有:市场进口产品的实

---

① Durval de Nornoha Goyos, Jr., "Legal Guide: Business In Brazil", August 30, 2011, p. 127, http://www. noronhaadvogados. com. br/guia/legalguide2011. pdf, last visited on 27 July, 2019.

② 俄罗斯 2006 年《保护竞争联邦法》第 3 条、第 4 条第(10)项。

③ 俄罗斯 2006 年《保护竞争联邦法》第 5-11A 条。

④ 俄罗斯 2006 年《保护竞争联邦法》第 27-31 条。

⑤ Sections 3-6, the Competition Act of 2002(Act No.12 of 2003, amended by Act No.39 of 2007 and Act No.39 of 2009) , India.

际和潜在竞争水平,进入市场的壁垒范围,市场内合并的程度,市场抵消购买力的程度,合并导致合并当事人显著且持续提高价格或者利润空间的可能性,相关市场保持竞争力的可能性,获得相关替代品的可能性与获得需求替代的可能性,单独或者共同参与合并的个人或者企业在相关市场的市场份额和合并后的市场份额,合并在市场上消除一个或者多个有力竞争对手的可能性,市场纵向一体化的性质和程度,经营失败的可能性,创新的性质和程度,合并对经济发展贡献的优势,合并产生的有利影响。①

在中国,《反垄断法》规制的垄断行为有垄断协议、滥用市场支配地位、经营者集中。② 其中,界定的"经营者集中"包括经营者的合并、以取得股权或资产方式取得对其他经营者的控制权、以合同等方式取得对其他经营者的控制权或能够对其他经营者施加决定性影响。③ 按该法规定,反垄断主管机构在审查经营者集中时应考虑以下因素:参与集中的经营者在相关市场的市场份额及其对市场的控制力,相关市场的市场集中度,经营者集中对市场进入、技术进步的影响,经营者集中对消费者和其他有关经营者的影响,经营者集中对国民经济发展的影响,和影响市场竞争的其他因素。④

在南非,《1998 年竞争法》禁止横向与纵向限制性实践、滥用支配地位和支配企业价格歧视,限制合并。⑤ 该法界定了合并的定义、控制的标准与认定合并控制所考虑的因素。⑥ 按其规定,外国投资准入反垄断要求中认定合并控制的因素有:相关行为可能造成的进口竞争影响、对市场进入的影响、串通垄断行为史、是否取得市场支配地位、是否会给市场带来创新、失败可能性、排除其他竞争者的可能性,和相关行为对就业、特定行业、小规模经营者、促进黑人经济地位、南非国际竞争力的影响。⑦

根据上述规定,可以看出,金砖各国对外国投资准入反垄断要求总体上适用于绿地(新设)和棕地投资(并购)中的垄断行为,但规制棕地投资之并购方

---

① Sections 19-20, the Competition Act of 2002 (Act No.12 of 2003, amended by Act No. 39 of 2007 and Act No.39 of 2009), India.

② 中国 2007 年《反垄断法》第 2-4 章。

③ 中国 2007 年《反垄断法》第 20 条。

④ 中国 2007 年《反垄断法》第 27 条。

⑤ See, sections 4-9, 11, Competition Act of 1998 (Act No.89 of 1998, as mainly amended by Competition Amendment Act of 2000, Competition Second Amendment Act of 2000, Competition Amendment Act of 2009 and Competition Amendment Act of 2018), South Africa.

⑥ Ibid, sections 12 and 16.

⑦ Ibid, section 16.

式导致的经济集中,各国规定差异较大(包括有关术语和其具体内容),会出现以下问题:其一,各国有关术语的差异会导致相互间对具体垄断行为的识别困难,出现法律适用偏差;其二,各国关于并购方式下经济集中行为的确定标准及其范围的差异,会导致各国对同一垄断行为法律适用的冲突,出现在一国构成垄断行为并受处罚而在另一国不构成垄断的不同结果;其三,是否构成垄断的不同考虑因素不仅会影响认定结果,且使反垄断审查扩大化。这些问题较大可能的综合结果是阻止相互间的投资准入。

(二)对金砖国家间协调外国投资准入反垄断要求的思考

为尽量防止或减少各国外国投资准入反垄断要求差异性导致的前述不利后果,金砖国家间宜协调各国外国投资准入反垄断要求的基本规则或制度。

1.尽量协调各自反垄断法中基本术语的内涵与外延。方法有二:各国在立法中参考世界通行的或先进国家法律中的基本术语及其界定,修正本国相应法律;其二,金砖国家间共同定义此等基本术语。

2.尽量统一各国反垄断法规制的垄断行为范围,特别是禁止的垄断行为范围。宜原则上缩减禁止性垄断行为,扩大限制性垄断行为,对绿地投资少适用反垄断要求,但需加强适用于棕地投资中经济集中行为的力度。

八、研究结论

本文根据对金砖国家间协调外国投资准入方面的前述思考,提出以下主要建议作为本项目的研究结论:

金砖国家间关于协调投资准入管理措施的安排(建议稿)

为协调各国外国投资准入管理措施,消除或减少其外国投资准入方面的法律、政策或制度性障碍,以实现互惠互利地促进和便利投资、发展各国国民经济,金砖各国根据尊重各自法律、投资管理自主权和外国投资基本政策的原则,经平等、友好协商,就外国投资准入管理所涉以下事项,达成本安排。

一、关于外国投资准入管理的模式

(一)在尊重各国现行外国投资准入管理模式的前提下,各国应进一步采取集中统一的清单管理模式,根据本国国情和法律程序制定、公开和调整禁止、限制和/或鼓励外国投资准入的清单。清单应包括外国投资准入的行业或具体领域、外国投资比例和其他要求。该清单应由各国中央政府发布或批准

发布。

（二）各国可以对第（一）项所述清单以外行业或领域的外国投资准入设立审查机制，但仅可以以不符合国家安全要求和反垄断要求为由拒绝其准入。

（三）各国中央政府外国投资主管部门应编制、公布和及时更新官方性质的《外国投资法律与政策指南》。该指南应包含第（一）项所述清单，与投资有关的基本术语及其解释，与外国投资准入、营运、终止有关的法律与政策的基本内容和/或目录、索引。

二、关于外国投资的定义

（一）在尊重各国外国投资法律与政策的原则下，各国应努力采取"外国投资"的静态与动态、形式与方式相结合的标准，科学界定"外国投资"定义的内涵。各国可以采纳以下"外国投资"定义：外国投资，指源自本国境外资本的投资，包括外国的国家或其政府及其政府机构、其他法人、其他组织和自然人参与本国国民经济发展以获取利益的资本投入活动，包括以货币、其他有形无形资产、具有经济利益的各种合法权益形式进行的直接和间接投资活动。

（二）各国可以根据本国的国家立法和投资条约实践，选择以下"外国直接投资"定义方案之一，并经必要修改、增删：

方案一：以国际货币基金组织外国直接投资定义为基准

外国直接投资，指具有外国居民对本国居民企业实施管理上的控制或重要影响之特征的跨境投资，包括带来控制或影响的股权和与此股权关系有关的投资，含投资于间接影响或控制的企业联属企业、债务和逆向投资。

方案二：以企业为基础之外国直接投资定义为基准

外国直接投资，指外国投资者在本国领土内设立、获取或扩大的一企业，包括外国投资者通过设立、维持或获取一法人，或获取该企业股份、债券或其他所有权文书，条件是该企业根据本国法律建立或获取并按本国法律要求被注册、批准、承认。此等企业可以拥有以下资产：

（a）该企业或另一企业的股份、股票、债券和其他权益文书；

（b）另一企业的债务担保；

（c）对一企业的贷款；

（d）动产或不动产和诸如抵押、留置或典当之类的其他财产权；

（e）金钱请求权，或对合同项下具有金融价值的任何履行的请求权；

（f）按东道国法律认可范围内的版权、专有技术、信誉和诸如专利、商标、工业设计、商号之类的知识产权；

（g）法律或按合同赋予的权利，包括种植、提炼或开发自然资源的许可。

外国直接投资不包括：

(i)政府发行的债务证券，或对政府的贷款；

(ii)组合投资；

(iii)仅产生于外国领土内国民或企业向本国企业销售货物或服务之商事合同的金钱请求权，或者与商事交易有关的信用扩张，或对不涉及上述(a)至(g)项中所列各种利益的金钱请求权。

方案三：以资产为基础之外国直接投资定义为基准(一)

外国直接投资，指根据本国法律规章准许或准入的下列资产：

(1)一企业；

(2)一企业的一项权益担保；

(3)以下情形的一企业的一债务担保：

(a)该企业是投资者的一附属企业，或

(b)该债务担保初始期限至少3年，但不包括一国家或国家企业的一项债务担保，不考虑其初始期限；

(4)对以下情形的一企业的贷款：

(a)该企业是投资者的一附属企业，或

(b)贷款初始期限至少3年，但不包括对一国家企业的贷款，不考虑其初始期限；

(5)在使所有权人有权利分享收入或利润的一企业中的一项利益；

(6)在使所有权人有权利分享解散企业资产中的一项利益，但不是上述第(3)或(4)项中排除的债务担保或贷款；

(7)预期获得的或为了经济利益或其他经营目的使用的有形或无形不动产或其他财产；

(8)在本国领土内对本国境内经济活动承诺资本或其他资源所产生的利益，诸如：

(a)涉及投资者在本国领土内财产所存在的合同，包括总控钥匙合同或建筑合同或特许权，或

(b)回报实质上依赖一企业之生产、收益或利润的合同；

(9)投资不包括仅具有以下性质的资产：组合投资；信誉；不论是否基于外国来源贸易的市场份额或贸易权；仅衍生于向本国领土或从外国向本国领土销售货物或服务之商事合同的金钱请求权，或仅衍生于向本国或本国国家企业贷款的金钱请求权；银行信用证；与诸如贸易融资之类商事交易有关的信用扩张；或对本国或其国家企业的贷款，或外国或其国家企业对此等贷款发出

的债务担保；

（10）一项资产必须具有诸如承诺资本或其他资源投入、期望获利、承担风险和对本国发展具有重要性的投资特性。

方案四：以资产为基础之外国直接投资定义为基准（二）

外国直接投资，指根据本国法律规章准许或形成的任何资产，包括：

（1）动产、不动产和诸如抵押、留置和典当之类的其他相关财产权；

（2）对货币、货物、服务或具有经济价值的其他履行的请求权；

（3）诸企业的股票、股份、债券和此等企业财产中的利益；

（4）与本国领土内经营业务关联的知识产权、技术工艺、专有技术、信誉和其他利益或益处；

（5）法律或按合同赋予的商业特许权，包括：

（a）建设、营运、拥有/移交、改造、扩大、重建和/或改善基础设施的合同；和

（b）研究、种植、提炼或开发自然资源的特许权；

（6）投资不包括仅具有以下性质的资产：组合投资；信誉；不论是否基于外国来源贸易的市场份额或贸易权；仅衍生于向或从外国领土向本国领土销售货物或服务之商事合同的金钱请求权，或向本国或其国家企业贷款的金钱请求权；银行信用证；与诸如贸易融资之类商事交易有关的信用扩张；

（7）一项资产必须具有诸如承诺资本或其他资源投入、期望获利、承担风险和对东道国发展具有重要性的投资特性。

三、关于外国投资者的界定

（一）各国间应尽力建立确定合格外国投资者的统一标准，对自然人采取居民标准、对法人和其他组织采取国籍标准。在国籍标准中，宜采取注册（登记）地国、总部所在地国、营业（或主要营业）所在地国标准。对各国均认可的有关国防和国家安全的战略领域，可采取本国法律规定的实际控制标准。若上述标准使同一投资者具有多个国家身份，外国的国籍或居民身份应优先于本国的国籍或居民身份。

（二）各国应相互承认对方国家的各种类型投资者。投资者应包括：（1）居住在本国境外的自然人、外国国籍的法人或其他组织、外国国家或其政府或政府部门和总部位于本国境外的国际组织；（2）上述的境外居民、外国国籍法人或其他组织拥有或控制的第三国法人或其他组织；（3）按本国法律使用在本国所得投资收益从事再投资的外国投资企业、外国企业分支机构或居住在本国的境外自然人。各国可以对涉及国防和国家安全的行业或领域采取例外

规定,排除外国国籍的非营利性组织、外国国家或政府和位于外国的非国际经济组织。各国可以要求投资国国籍的企业或其他经济组织在投资国已真实(或实际)从事经营活动。

(三)在不损害各国基本法律制度的原则下,各国应努力消除外国投资者方面的歧视性措施。各国应废止本国法律规章和政策中针对特定国家投资者的歧视性规定,相互赋予对方投资者及其投资公平公正待遇(含国民待遇、最惠国待遇),在不消减各国已有某类外国投资者"更优待遇"的原则下,提高金砖国家间投资者及其投资的待遇。

四、关于外国投资准入的领域和外资比例及其他相关要求

(一)在不损害各国外国投资管理自主权和国家法律的原则下,金砖国家间应统一各国禁止或限制外国投资准入领域的基准,尽量缩减禁止、限制外国投资准入领域的范围和削减限制领域外资比例、其他实体性要求。各国应禁止或限制涉及国防、国家安全、自然资源、国家垄断、核心技术、重要基础设施、文化教育、社会风俗的部门或行业,禁止或限制的次级行业及其具体项目的外资比例和其消减时间表、其他实体性要求,由各国根据各自国家经济社会发展目标与国情制定、公布详细清单。

(二)各国应尽快清理并以详细清单方式汇集、公布本国中央和省(邦、州)级现行禁止或限制外国投资准入领域和限制准入领域的外资比例、其他实体性要求。

(三)各国应尽快梳理并以详细清单方式汇集、公布现行外国投资准入审批程序,进一步实施促进与便利外国投资准入的审批程序。各国应简化不涉及国家安全、反垄断的限制准入领域审批程序。

五、关于外国投资准入的限制性履行要求

(一)各国应积极采取外国投资准入鼓励性履行要求,削减准入方面的限制性履行要求,特别应取消违反 WTO 有关协定下有义务取消的履行要求和针对金砖他国的歧视性履行要求。

(二)各国应尽快清理并以清单方式汇集本国现行限制性履行要求,制定本国和相互间可以采取或不可采取的新限制性履行要求的清单,列明各项要求可取消或降低和不可取消或不可降低的时间表,并将诸如本地成分、外汇平衡、内外销限制、设备与技术向境内转移、投资资金用途等作为消减的重点。

六、关于外国投资准入的国家安全要求

(一)各国应努力使其已实施和将实施外国投资准入国家安全要求的基本内容以指南方式集中化、透明化。该基本内容应包括:与国家安全有关的基

本概念,国家安全要求的具体领域、行业、项目,国家安全审查的实体标准,国家安全审查的主管部门和协助机构及其职能与职责,国家安全审查的具体程序与投资者的程序性义务,审查时限,审查结论,外国投资主管部门基于肯定性结论对外国投资准入申请的决定。

(二)各国应在保障国家安全和维护外国投资法律秩序的原则下,适时以清单方式,增减国家安全要求的准入领域及其限制标准,加强重点领域外资并购方式的国家安全审查。国家安全要求应主要限于外国人所有或控制的国民经济命脉部门、重要基础设施、核心技术、国防基本要素、敏感商业资产或房地产、民生等领域。

七、关于外国投资准入的反垄断要求

(一)各国应以清单方式使其现行和未来外国投资准入反垄断要求的基本内容集中化。该基本内容应包括反垄断法禁止、限制外国投资垄断行为种类与范围,免除外国投资准入反垄断要求的法定与酌定情形,外国投资垄断行为的判定标准,反垄断主管部门与协助部门及其职能与职责,反垄断审查基本程序和申请人或外国投资者的程序性义务,反垄断审查结论及其法律后果。

(二)各国应尽可能参考国际反垄断法普遍实践修正本国反垄断法,以努力统一各国间反垄断主要实体规则,尽力简化反垄断审查程序、缩短审查时限。

(三)各国应在本国法律允许范围内和实际操作中,尽量缩减相互投资的反垄断要求,特别是以清单方式列明减少禁止性垄断行为、扩大限制性垄断行为、加强并购方式导致经济集中的反垄断要求。

八、关于外国投资法律政策的透明度、合作

(一)各国应在其中央政府公报和中央政府官方网站公布其与外国投资准入有关的中央立法、中央政府法令、中央政府主管部门规章、国家政策、行政措施、行政裁决与司法判决和拟采取立法、法令、规则、规章、政策、措施的提案或草案(以下简称"法律与政策")。

(二)各国应将采纳的第二部分所述定义和第三部分至第七部分所述清单、指南,并入第一部分第(一)、(三)项所述的清单和指南,并将其本国通用官方语言文本和英文文本发布在本部分第(一)项所述的《公报》和官方网站上。合并后的清单应视为各国中央政府法令,合并后的指南应视为不具有法律约束力但具有指导意义的官方指南。

(三)各国应加强本部分第(一)、(二)项所述法律与政策、清单、指南的信息交换与合作。各国中央政府主管部门应向他国对应主管部门相互免费提供本部分第(一)、(二)项所述法律与政策、清单、指南的后者国家官方语言译本和英文本,由后者发布在自身官方出版物或官方网站上。

结语

中国目前不仅在国内产业建设上处于转型期,且在国际市场中处于从产业大国到投资大国的身份转变期。转型成功,将摆脱积弱百年给这个历史大国套上的枷锁,提升至国际产业链上游,在国际经济和国际秩序中赢得真正的话语权。金砖国家投资市场不仅对中国的身份转型和产业转型具有重要意义,而且其一体化是金砖国家加强团结、深化合作的黏合剂,对各国实现其国家利益和提升国际议价能力、参与全球治理的深广度,都具有战略性促进作用。本文的研究成果期望能推进金砖国家间缔结有关投资的国际法律文件,突破各国间的投资壁垒、加快各国及其相互间产业市场和投资市场的深度融合。

Comparative Study on Management Systems of Foreign Investment Access in the BRICS

DENG Ruiping, LIU Wei, JIAN Huajun

Abstract:The inflows of foreign direct investment of BRICS countries are recently irregular fluctuation with unexpectable increase and decrease, which reflects their respective problems on the mode and the management systems of the foreign investment access.Based on the compare and analysis on the main problems of each system of the BRICS, this article puts forward the basic principles, approaches and measures to solve these problems within the BRICS.

Keywords:BRICS; Foreign Investment Law; Foreign Investment Access; Management Systems; Main Problems and their settlement

✻ 祁纪运 *

金砖国家间深化标准化法律合作**

内容摘要：当今世界，标准化领域呈现以国际标准化活动为主导，区域标准化合作和双边标准化合作不断深入的趋势。ISO、IEC 和 ITU 等国际标准化组织通过制定国际标准实现全球标准化，此外，WTO/TBT 协定对标准化立法做出指导性示范。欧盟、东盟等区域经济体在标准、技术法规和合格评定程序领域已形成全面系统的标准化法律合作机制。本文借鉴欧盟等区域标准化法律合作成功经验，尝试构建金砖国家间标准化法律合作，希望金砖国家尽早在标准化领域形成全面的法律合作机制。

关键词：金砖国家；标准化；法律合作

---

* 祁纪运，西南政法大学国际法学院国际法学专业 2016 级硕士研究生（指导老师邓瑞平教授），现任江苏省南通市中级人民法院法官助理。

** 本文系作者在西南政法大学 2019 年 6 月硕士学位论文基础上修改而成。

引　言

自 2008 年全球金融危机爆发已经十余年,2009 年,世界经济经历了几乎前所未有的灾难并出现严重下滑。世界各国采取强有力的逆周期应对措施后,2010 年至 2011 年,世界各地区终于出现经济反弹的迹象,并一直保持稳定的复苏态势。2018 年 4 月,国际货币基金组织发布《世界经济展望》报告数据显示,2017 年全球经济增速已经恢复至 3.8%,创下 2011 年以来全球经济最快增速。① 同时世界金融机构对当今世界经济一致看好,对新兴市场和发展中国家尤为看好,新兴市场和发展中国家是世界经济复苏的中流砥柱,尤其是金砖国家为推动世界经济复苏做出了不可替代的贡献。②

巴西、俄罗斯、印度、中国和南非五国不断深化各领域合作并已建立新型的金砖国家伙伴关系。在当今世界中,标准在全球治理体系、经贸合作中发挥着重要作用。现实中,金砖国家所处的经济环境不同,社会文化存在诸多差异造成标准、技术法规和合格评定程序不尽相同。由此,金砖国家商品因无法满足其他成员国标准或技术法规而无法进入成员国市场,标准、技术法规已然成为阻碍金砖国家贸易交流合作的重要因素之一。

一、金砖国家标准化法律合作的基础理论问题

标准化法律是国家调整国内标准、技术法规和合格评定程序的制定和实施等标准化活动的法律规范的总称。它是国家实现标准现代化目标的法律保障。研究标准化法律合作的首要任务就是理清标准化法律中的基本概念。

(一)标准化法律合作中的若干概念

1.标准的一般定义

---

① 　张运成:《当前国际经济新形势与新动向》,载《前线》2018 年 8 期。

② 　2018 年 4 月,国际货币基金组织(IMF)《世界经济展望》预计 2018 年和 2019 年两年世界经济增速都将达到 3.9%。其中,发达经济体 2018 年增速预计为 2.5%,新兴市场和发展中经济体为 4.9%。经合组织预计 2018 年世界经济增速 3.7%。高盛集团、摩根大通、瑞士信贷、德意志银行、巴克莱银行等均持乐观态度,预测 2018 年增速介于 3.7%—4%之间。世界银行、联合国经社理事会的预测较为保守,分别为 2.9%、3.0%。法国兴业银行认为,全球经济就增速而言处在 10 年来最佳状态。

标准作为思维的产物,它是以抽象的方式反映客观事物或者事物特有性质的一种思维形式。标准是标准化体系中最基本的要素和概念,然而标准的定义在学术界仍然存在争论,目前最权威且为大众所普遍接受的是由 ISO/IEC 第 2 号指南对"标准"的定义:"为了在特定情况下实现最佳程度的秩序,经协商一致方式由公认机构批准,共同使用和重复使用的规则、指南或行为特性及其后果的文件。"①并做注释:"标准应当以科学、技术和经验的综合结果为基础,并且旨在促进最佳的社会效益。"②上述定义在世界范围内被普遍认可,后续标准化研究大多直接引用上述定义,或者根据上述定义对"标准"的内涵和外延进一步拓展。ISO/IEC 指南对"标准"的定义具有一定社会学和经济学意义,但是它仅关注"权威机构发布的标准",忽略了社会中其他类型标准,例如联盟标准、事实标准。③ 中国国家标准 GB/T20000.1-2014《标准化工作指南 第 1 部分:标准化和相关活动的通用词汇》④在借鉴 ISO/IEC 指南中"标准"的定义的基础上,根据社会、市场的实际需要,将标准的内涵和外延做了适当的调整。⑤ 中国国家标准化工作指南规定标准需符合制定标准机构颁布的标准制定程序,ISO/IEC 指南则规定标准必须由权威机构发布,中国国家标准化工作指南并未限制标准的制定主体,仅在标准的制定程序上进行规定,由此中国国家标准化工作指南规定的标准既包括权威机构发布的国际标准、区域标准、国家标准等,同时也包括非权威机构发布的专业协会标准、企业标准等。

ISO/IEC 第 2 号指南和《标准化工作指南 第 1 部分:标准化和相关活动

---

① See the *ISO/IEC* 17000:2004.

② Ibid.

③ 中国科学技术协会:《2016—2017 标准化学科发展报告》,中国科学技术出版社 2018 年版,第 3 页。

④ 国家标准 GB/T20000.1-2014《标准化工作指南 第 1 部分:标准化和相关活动的通用词汇》是由中华人民共和国国家质量监督检验检疫总局和中国国家标准化管理委员会于 2014 年 12 月 31 日联合发布,2015 年 6 月 1 日实施。GB/T 20000 的本部分界定了标准化和相关活动的通用术语及其定义。本部分适用于标准化及其他相关领域。本部分也可为诸如标准化基本理论研究和教学实践提供相应的基础。

⑤ "标准"是通过标准化活动,按照规定的程序经协商一致制定,为各种活动或其结果提供规则、指南或特性,供共同使用和重复使用的一种文件。注 1:标准宜以科学、技术和经验的综合成果为基础。注 2:规定的程序是指制定标准的机构颁布的标准制定程序。注 3:诸如国际标准、区域标准、国家标准等,由于它们可以公开获得以及必要时通过修正或修订保持与最新技术水平同步,因此它们被视为构成公认的技术规则。其他层次上通过的标准,诸如专业协(学)会标准、企业标准等,在地域上可影响几个国家。

的通用词汇》中标准的定义赋予标准丰富内涵,包括以下几个特征:

第一,标准产生的客观基础是科学、技术和经验的综合成果。标准制定者在制定标准时,需要在科学研究的成就、技术进步的新成果和实践中积累的先进经验的基础之上进行归纳总结,以此保证标准符合科学技术要求同时满足市场实际需求。

第二,标准具有民主性和公正性。在标准制定过程中,有关人员、有关方面需要对标准的形式、内容等进行讨论研究,各相关利益方经协商并考虑各方共同利益后做出一致性意见。由于标准是各利益主体协商一致的产物,从而保证标准具有民主性和公正性。此种做法使得标准为大众所普遍接受,标准在具体实施过程中更具权威性。

第三,制定标准的对象是重复性事物或概念。标准描述的是事物反复出现的性质,标准的修订往往是不断在实践中积累,从实践中概括出"最佳方案"。①

第四,标准具有时效性。标准应是在结合科学、技术和经验的综合因素下制定的技术性要求。当今世界科学技术和生产实践日新月异,使得标准需进行频繁修订以保证标准符合科学要求。当社会生产技术发生变革,标准则应通过修订或修正的方式保证与该区域技术水平相同步。

2.标准、技术法规的法律定义

世界贸易组织技术贸易壁垒协定(以下简称"WTO/TBT协定")作为全球标准化法律规范,其附件中将"标准"定义为:"公认机构批准的、规定非强制执行的、供通用或重复使用的产品或相关工艺和生产方法的规则、指南或特性的文件。该文件还可包括适用于产品、工艺或生产方法的专门术语、符号、包装、标志或标签要求。"②并解释说明该定义与ISO/IEC指南2中"标准"定义的主要区别:1.二者涉及领域不同。ISO/IEC指南2中"标准"定义涉及范围主要包括产品、工艺和服务领域,而WTO/TBT协定中"标准"定义涉及范围相对较窄,包括产品、工艺和生产方法领域,并未将服务领域纳入标准调整的范围。2.ISO/IEC指南2中"标准"定义并未明确标准具有非强制执行的性质,即标准可以是要求标准实施主体强制执行,也可以是标准实施主体自愿采用。而WTO/TBT协定中"标准"定义明确标准具有自愿性,即标准凭借经济手段或市场调节等手段促使企业和用户自愿采用。3.ISO/IEC指南2中"标准"定

---

① 张延华:《国际标准化教程》,中国标准出版社2004年版,第12页。

② See the Agreement on Technical Barriers to Trade.

义明确标准应建立在成员方协商一致的基础之上,而 WTO/TBT 协定中"标准"定义并未对标准是否需经成员方协商一致作出明确规定。

WTO/TBT 协定附件 1 规定"技术法规"的定义:"规定强制执行的产品特性或其相关工艺和生产方法、包括适用的管理规定在内的文件。该文件还可包括适用于产品、工艺或生产方法的专门术语、符号、包装、标志或标签要求。"①WTO/TBT 协定中"技术法规"和"标准"存在差异,标准是非强制执行的规则、指南或特性的文件,即所谓的自愿标准;技术法规则是强制执行的文件,由此,技术法规与法律相一致具有强制执行的属性,部分国家技术法规被定义为强制标准,由于技术法规具有强制执行的属性,国家制定技术法规的过程实质上是国内立法的过程。

1994 年 4 月乌拉圭谈判结束后 WTO/TBT 协定同其他决议一同发布,作为 WTO 消除贸易壁垒的重要协定对所有成员具有同等约束力。金砖国家作为 WTO 成员,由此要求其在本国标准化立法中应参照 WTO/TBT 协议中的相关规定。金砖国家根据其国内自身实际情况开展标准化立法活动,其标准化立法中关于"标准"和"技术法规"的定义与 WTO/TBT 协议存在不同程度的差异。

为适应经济全球化,俄罗斯联邦加入世界贸易组织(以下简称"WTO")之前将其本国的标准化立法进行系统性修订,保证其本国标准化立法与 WTO/TBT 协定保持一致。《俄罗斯联邦技术法规法》借鉴 WTO/TBT 协议的规定,明确"标准"和"技术法规"的法律概念。②《俄罗斯联邦技术法规法》从目的、适用范围、表现形式三个方面规定标准的定义,标准的适用范围借鉴 WTO/TBT 协议的规定并同样适用于服务领域,同时规定标准具有自愿采用的性质,此种自愿采用的性质对于俄罗斯国家标准同样适用。③ 此外,《俄罗斯联邦技术法规法》规定技术法规需经俄罗斯法律批准且具有强制性要求的文件。④

中国、印度、巴西、南非四国国内标准化立法中未区分"标准"和"技术法规"的定义,致使"标准"和"技术法规"的内涵和外延出现混同。例如 2016 年

---

① See the Agreement on Technical Barriers to Trade.

② See the Russian Federation Federal Law No.184-Φ3, dated 27.12.2002 "On Technical Regulating".

③ 中国标准化研究院标准馆:《国际标准化资料概览——ISO 成员国国家标准化组织篇》,中国质检出版社 2015 年版,第 121 页。

④ See the Russian Federation Federal Law No.184-Φ3, dated 27.12.2002 "On Technical Regulating".

《印度标准局法》规定"标准"的定义："为保证货物、物品、工艺、系统和服务符合其目的,对规则、指南或特征进行定义的技术规格和精确准则的文件协议。"上述定义中并未明确标准是否具有自愿采用的性质,此外,《印度标准局法》并未规定"技术法规"的定义,而是规定政府为公众利益、保护人类、动物或植物健康、环境安全、防止不公平贸易或国家安全可以制定强制性标准。① 强制标准实质上具有强制执行的性质,与 WTO/TBT 协定规定的技术法规具有同一性。巴西、中国和南非标准化立法与印度采取同样的立法手段,即立法中并未明确"技术法规"的定义,而是将具有强制执行力的技术性要求视为国家标准或强制标准。金砖国家标准化立法中规定"标准"和"技术法规"的定义与 WTO/TBT 协议存在巨大差异,这将阻碍金砖国家间标准化法律合作与沟通。金砖国家若在标准化方面达成更深层次的合作,则统一"标准"和"技术法规"的法律定义势在必行。

3.合格评定程序的概念

合格评定程序和标准、技术法规一同被视为技术贸易壁垒的主要形式②,世界各国在其国内标准化立法中对合格评定程序均做出相关规定,由此,合格评定程序是国家间开展标准化法律合作的重要内容之一。WTO/TBT 协定附件 1 规定"合格评定程序"的定义："任何直接或间接用以确定是否满足技术法规或标准的相关要求的程序。"③并做相关解释说明："合格评定程序包括:抽样、检验和检查;评估、验证和合格保证;注册、认可和批准以及各项的组合。"④合格评定程序主要适用于产品进入市场前产品的特性或相关工艺和生产方法等是否符合标准、技术法规的检验程序,政府通过合格评定程序实现对标准、技术法规实施情况的监督,减少不符合标准、技术法规的产品进入市场而带来的风险。

此外,ISO/IEC 17000:2004 规定"合格评定"的定义："与产品、过程、体系、人员或机构有关的规定要求得到满足的证实。"⑤并做相关注释解释"合格评定的专业领域包括本标准其他地方所定义的活动,如检测、检查和认证以及合格评定机构的认可。本标准所称的合格评定对象或对象包括合格评定的特

---

① See the Bureau of Indian Standards Act,2016 NO.11 OF 2016,Article 16.

② 蔡岱松:《WTO 框架下技术贸易壁垒的条约法问题》,载《求索》2008 年第 11 期。

③ See the Agreement on Technical Barriers to Trade.

④ Ibid.

⑤ See the ISO/IEC 17000:2004.

定材料、产品、安装、过程、体系、人员或机构。产品的定义包含服务。"①合格评定程序中对产品、过程、体系、人员或机构相关要求应符合标准和技术规范的规定。

WTO/TBT 协定中"合格评定程序"的定义借鉴 ISO/IEC 相关规定的基础上形成,二者在内容上存在相似之处,均要求依据标准、技术法规对产品、服务等要求进行合格评定,合格评定程序的具体措施包括检测、检查、认证和认可的方式。WTO/TBT 协定中"合格评定程序"的适用范围和"标准"、"技术法规"的适用范围一致,包括产品、工艺和生产方法领域,并未将服务领域纳入调整的范围,ISO/IEC 则将"合格评定程序"的适用范围定义为产品、过程、体系和服务领域。

4.标准化概念及特征

标准化并非是一个静止不动的事物而是一个动态的概念,是标准、技术法规实施过程的体现。ISO/IEC 第 2 号指南规定"标准化"的定义:"为了在既定范围内获得最佳秩序,促进共同效益,对现实问题或潜在问题确立共同使用和重复使用的条款以及标准、发布和应用文件的活动。"②并做相关注释解释:"注1:标准化活动确立的条款,可形成标准化文件,包括标准和其他标准化文件。注2:标准化的主要效益在于为了产品、过程或服务的预期目的改进它们的适用性,促进贸易、交流以及技术合作。"标准化根据上述定义可理解为有如下特征:

第一,标准化主要是制定标准、实施标准和修订标准的活动。此活动过程是不断循环运动的过程,标准化是根据客观情况的变化,不断促进标准在循环过程中前进和发展。

第二,标准化是一项有目的的活动。标准化主要是以产品、过程或服务具有适用性为特定目的。这些目的包括但不限于品种控制、可用性、兼容性、互换性、健康、安全、环境保护、产品保护、产品防护、相互理解、经济绩效、贸易。同时目的可能出现相互重叠的现象。

第三,标准化的出发点是获得最佳秩序,促进最佳共同效益。政府、企业或者其他主体通过制定、实施和修订标准,使标准化的对象有序化程度达到最佳状态。同时获得最佳秩序,促进最佳共同效益也是衡量标准化活动的重要依据。

---

① Ibid.

② See the Agreement on Technical Barriers to Trade.

5.标准化法律合作的概念与特点

"标准化法律合作"在各类著述中并未给出明确的定义,所以对"标准化法律合作"内涵的界定需要从标准化法律合作实践中归纳。根据《布莱克法律词典》的解释,合作是指"两个或两个以上国家在法律制度下为某一特定目标而采取的自愿协调行动。"[1]由此明确"标准化法律合作"的内涵需要从合作目的、合作主体、合作领域、合作内容以及实现途径方面进行考察。

第一,WTO/TBT 协议引言中规定开展标准化活动的目的是提高生产效率和实现国际贸易便利化。[2] 此外国际标准化组织(以下简称"ISO")、国际电工委员会(以下简称"IEC")章程和欧盟、东盟等区域标准化立法中均存在与 WTO/TBT 协定相类似的表述。例如 ISO 在其章程中明确组织目的是促进世界标准化及相关活动,实现国际贸易、服务的便利化。[3] 由此从世界范围的标准化法律合作实践中可将标准化法律合作目的概括为:消除贸易壁垒,实现贸易便利化。

第二,标准化法律合作主体是国家政府和国际标准化机构。[4] WTO/TBT 协定作为国际标准化活动的法律规范,由 WTO 成员协商一致通过。此外区域标准化法律合作中,例如欧盟《关于欧洲标准化的 1025/2012 法规》的制定主体均为成员国政府。同时标准化机构也可作为标准化法律合作的主体,例如欧洲标准化委员会(以下简称"CEN")与 ISO 签订《维也纳协议》确定二者在标准化领域开展合作。需要注意的是,企业和行业协会等组织是具体标准化活动的参与主体而非标准化法律合作的主体,二者不可混为一谈。

第三,标准化法律合作领域和内容是协调国家间标准、技术法规和合格评定程序。WTO/TBT 协定引言规定标准化活动领域为标准、技术法规和合格评定程序,并制定详细条文对政府、国际标准化机构在标准、技术法规和合格评定程序领域合作进行规范。[5] 在区域标准化法律合作实践中,国家间开展标准化法律合作的内容同样是对国家间标准、技术法规和合格评定程序进行协调。

第四,现行标准化法律合作实践中实现标准化法律合作主要以设立标准

---

[1]　See the Black's Law Dictionary (10th Edition),p.535.

[2]　See the Agreement on Technical Barriers to Trade.

[3]　See the ISO statutes,Article 2.1.

[4]　国际标准化机构包括 ISO、IEC 和 ITU 等国际标准化组织和 CEN、ASSCQ 等区域标准化组织。

[5]　See the Agreement on Technical Barriers to Trade.

化机构①,签订标准化合作多边协议②、区域合作协议和双边标准化合作协议③等一系列活动对标准化法律合作进行规范。

由此,从标准化法律合作实践中可将"标准化法律合作"内涵概括为:为消除技术贸易壁垒、实现贸易便利化,不同主权国家政府、国际标准化机构通过设立标准化合作机构、签订标准化多边条约、区域合作协议或双边合作协议等活动对国家间标准、技术法规和合格评定程序进行协调的一系列行动。

(二)金砖国家标准化管理体系

巴西、俄罗斯、印度、中国和南非政府通过国内标准化立法构建标准化管理和运行体系,并将政府职能赋予其国家标准化管理机构。金砖国家标准化管理机构依法履行政府赋予的职能,包括制定国家标准化政策与法规、制定标准和监督标准实施等活动;在国际标准化活动中代表政府参与制定、认可国际标准和与其他标准化管理机构开展标准化合作。需要注意的是金砖国家由其国家标准化管理机构实现与其他标准化机构开展合作,通过比较可以发现,金砖国家间存在不同的标准化管理体系导致成员国间开展标准化合作存在诸多挑战。

1.巴西标准化管理体系

巴西于20世纪30年代开始其标准化活动并组建国家标准化机构,直至1973年,巴西标准化活动仍属于民间活动,巴西政府并未制定相关法律对标准化活动进行规范。1973年,巴西联邦政府通过并颁布巴西联邦第5966号法建立国家计量、标准化和工业质量法律体系。1975年,巴西国家计量、标准化和工业质量委员会通过并颁布第7号决议认可巴西技术标准协会(以下简称"ABNT")是国家计量、标准化和工业质量法律体系的一部分。1980年,巴西国家计量、标准化和工业质量委员会通过并颁布第9号决议授权ABNT作为巴西的工业标准化国家论坛。1992年,巴西国家计量、标准化和工业质量委员会颁布第7号决议,确定ABNT为巴西国家标准化机构。此外,为促进市

---

① 如国际标准化法律合作设立ISO、IEC等国际标准化组织,区域标准化法律合作欧盟、东盟设立CEN、ASSCQ区域标准化机构。

② 例如欧盟签订《关于欧洲标准化的1025/2012法规》,APEC成员签订《APEC标准一致化合作框架宣言》等。

③ 2013年12月2日,国家质检总局与英国标准协会代表中英双方签署了《中华人民共和国国家质量监督检验检疫总局中国国家标准化管理委员会与大不列颠及北爱尔兰联合王国商业、创新和技能部授权的国家标准机构英国标准协会标准互认协议》。

场准入、加强标准化体系、促进社会福祉和可持续发展,巴西政府制定了相关的国家标准化战略。①

根据上述法律所构建的巴西标准化管理机构可分为四个层面:

第一层面,国家计量、标准化和工业质量理事会,负责制定巴西有关计量、标准化和质量方面的政策,是巴西标准化活动的领导和决策机构。理事会下设 6 个委员会,包括巴西标准委员会、巴西认证委员会、巴西认可委员会、巴西计量委员会、巴西 CODEX 委员会和技术壁垒委员会,负责处理理事会日常事务。

第二层面,国家计量、标准化和工业质量协会,是国家计量、标准化和工业质量理事会的执行秘书处,负责实施有关计量、标准化和质量的国家政策。国家计量、标准化和工业质量协会是巴西政府唯一官方承认的安全合格评定、认可和认证机构,为国家计量、标准化和工业质量理事会提供技术支持并提出计量和质量方面的国家政策。此外国家计量、标准化和工业质量协会是世界贸易组织技术壁垒协议咨询点。

第三层面,包括标准化、质量控制及产品认证和法定计量 3 个分体系,由ABNT、巴西质量管理协会和国家计量研究院三个机构负责。其中 ABNT 作为非政府组织性质的国家标准化机构代表巴西参加 ISO、IEC 等国际标准化组织以及泛美技术标准委员会、南方共同市场标准化协会等区域标准化组织。ABNT 主要负责研究制定巴西标准、开展产品质量认证及其他与标准化相关的活动。

第四层面,工业、贸易和消费领域的广大用户,是标准化活动的主要参与主体。②

2.俄罗斯标准化管理体系

俄罗斯标准化活动历史悠久,1925 年 9 月 15 日,苏联已组建国家标准化委员会。③ 直至 1968 年,苏联已建立起完备的"国家标准化体系"。④ 但伴随着苏联解体,俄罗斯联邦政治、经济、社会和法律等发生了天翻地覆的变化,俄

① Brazilian Standard Committee, Brazilian Standardization Strategy 2009—2014, February, 2009, pp.1-33.

② 中国标准化研究院:《2014 国际标准化发展研究报告》,中国质检出版社 2015 年版,第 223 页。

③ 陶岚:《俄罗斯标准化的变革与发展》,载《航空标准化与质量》2005 年第 1 期。

④ Morton Benson, "Soviet Standardization of Russian", *Slavic and East European Journal*, Vol.5, no.3, Autumn, 1961, pp.263-278.

罗斯联邦开始对标准化法律体系进行调整,1993 年 6 月 10 日,俄罗斯联邦政府颁布《俄罗斯联邦标准化法》,标志着俄罗斯联邦标准化法律体系的开始。①2002 年 12 月 27 日,俄罗斯联邦为将国家经济向市场经济转型,使标准化工作与市场经济相适应,议会通过并颁布《俄罗斯联邦技术法规法》取代 1993 年《俄罗斯联邦标准化法》,但是因该法案对标准化规定较少,导致俄罗斯标准化活动难以有效开展,日后俄罗斯联邦多次修订《俄罗斯联邦技术法规法》。2012 年 9 月 24 日,俄罗斯联邦通过并颁布《俄罗斯联邦全国标准化体系发展构想》,明确俄罗斯国家标准化体系发展的战略目标和任务,弥补了《俄罗斯联邦技术法规法》立法的不足。2015 年 6 月 29 日,俄罗斯联邦通过并颁布《俄罗斯联邦标准化法》以此完善标准化法律体系,至此俄罗斯标准化法律体系已基本建立,俄罗斯标准化活动正式与国际接轨。②

根据俄罗斯联邦法律,俄罗斯标准化管理体系主要包含以下三个层面:

第一层面,俄罗斯联邦技术法规与计量局(以下简称"GOST R")是隶属于俄罗斯联邦工贸部的国家行政机关③,作为俄罗斯联邦的国家标准化机构代表俄罗斯参加国际或区域标准化活动。GOST R 可直接开展标准化工作,也可通过其下属部门和所管辖的组织开展标准化工作,《俄罗斯联邦技术法规法》明确规定 GOST R 的主要职能。④

第二层面,标准化技术委员会,包括联邦行政机构、科技组织、独立的组织、商界的公共协会和消费者的各方代表,且标准化技术委员会会议是对公众开放。⑤ 主要负责俄罗斯国家、跨国、国际、区域标准制定、审查、修订工作。目前,俄罗斯联邦共有标准化技术委员会共计 370 个。

第三层面,经济活动主体。俄罗斯企业建立标准化工作部门负责标准化的科学研究、实验设计及其他工作,对企业标准化工作实行组织方法与科学技术指导。

---

① 梁彦萍:《简述俄罗斯标准化发展及现状》,载《航空标准化与质量》2013 年第 6 期。

② 邓社民:《俄罗斯联邦标准化立法的历史发展对中国的启示》,载《经济法论丛》2017 年 1 期。

③ 俄罗斯联邦技术法规与计量局于 2004 年 5 月 20 日根据第 649 号总统令成立,并依据 6 月 17 日第 294 号政府决议批准的工作条例开展工作。

④ See the Russian Federation Federal Law No.184-Ф3, dated 27.12.2002 "On Technical Regulating".

⑤ Ibid.

3.印度标准化管理体系

早在印度获得独立之前,印度国内制造业已认可标准化在市场中重要地位并开始遵循政府制定的标准。1947 年 1 月 6 日,印度政府组建印度标准机构。印度政府根据 1952 年《印度标准机构法》组建印度标准机构。但随着制定标准的数量不断扩大,印度政府考虑引入标志认证计划。1955 年,印度构建的标志认证计划正式运行。1986 年,印度政府颁布《印度标准局法》以应对因《印度标准机构法》造成的市场不良等问题。[①] 相比 1954 年《印度标准机构法》,1986 年《印度标准局法》的任务范围扩大,印度标准局(以下简称"BIS")防止滥用印度标准机构标志的权力更具实效性。根据当时印度社会以及市场的需要,印度政府制定的 1986 年《印度标准局法》侧重点是标准化、标志和货物质量认证以及其他相关事项的协调发展。为适应印度经济改革及完善合格评定程序,印度对 1986 年《印度标准局法》进行修订,于 2016 年 3 月 21 日颁布 2016 年《印度标准局法》。[②]

BIS 作为印度国家标准化机构,由印度消费者、食品和公共分配部管理,作为法人团体依法行使印度政府赋予的行政职能,包括制定标准、提供实验室服务、技术信息服务、培训服务、标准认证服务、销售印度标准和其出版物等职能。下设主要机构包括管理委员会、执行委员会、总干事及咨询委员会。

BIS 管理委员会是其最高机构,由消费者、食品和公共分配部部长、副部长、秘书长、标准局局长、国会议员、政府、行业、科研机构、消费者或利益团体代表共计 27 个成员组成,主要负责方针和政策的制定。[③]

BIS 执行委员会和总干事负责其日常事务。

BIS 咨询委员会由财务咨询委员会、合格评定咨询委员会、标准咨询委员会、检测校准咨询委员会、消费者政策咨询委员会、政策和发展咨询委员会等组成,负责为印度标准化活动提供咨询和指导服务。[④]

4.中国标准化管理体系

1956 年,中国在国家科学技术委员会设立标准局,标志中国标准化活动

---

① Dr. Poornima Sharma, "Significance of the bureau of Indian standards (BIS) act, 1986", *National Journal of Multidisciplinary Research and Development*, Vol. 3, No. 1, January 2018, pp.290−291.

② See the *BIS Annual Report* 2016−17.

③ Bureau Members, http://bis.gov.in/? page_id＝2356, Last visit on 26 December 26, 2018.

④ See the BIS Annual Report 2016−17.

的开始。1957 年,中国政府在学习苏联标准化体系的基础上,建立具有中国特色的国家标准制度。1962 年,国务院发布《工农业产品和工程建设技术标准管理办法》规定标准化工作方针、政策、任务及管理体制,实行统一领导,分级管理。1979 年 7 月,国务院颁布《中华人民共和国标准化管理条例》明文确定国家标准、行业标准和企业标准构成中国标准体制。1988 年 12 月,全国人民代表大会常务委员会通过《中华人民共和国标准化法》,将标准化工作纳入中国的法制轨道。2018 年 1 月 1 日,《中华人民共和国标准化法》经修订后正式生效,对中国标准化体系进一步完善,以应对日益复杂的全球化贸易。①

中国标准管理委员会(以下简称"SAC")隶属于中国国家市场监督管理总局,统一管理全国标准化工作。下设综合业务管理部、国际合作部、农业食品标准部、工业标准一部、工业标准二部和服务业标准部等相关部门,负责下达国家标准计划,批准并发布国家标准,审议并发布标准化政策、管理制度、规划、公告等重要文件;开展国家标准对外通报工作;协调、指导和监督行业、地方、团体、企业标准化活动;代表国家参加 ISO、IEC 和其他国际或区域性标准化组织;承担有关国际合作协议签署工作;承担国务院标准化工作协调。

标准化研究机构以科研院所、设计院为技术支撑,负责标准的立项建议、制定、修订、组织审查、符合报批、委托解释和宣传培训工作、对口国际标准化组织中相应的技术委员会或分技术委员会的技术工作。标准化研究机构归国务院标准化主管部门所属和国务院行政管理部门所属,现有约 30 家标准化研究机构。

中国专业标准化技术委员会提供技术支持,负责国家标准制定和相关领域内的标准化工作。现行 SAC 共设立 529 个标准技术委员会。

5.南非标准化管理体系

南非的标准化活动始于 20 世纪初。1906 年,南非政府建立南非材料标准化委员会,1934 年,成立南非标准学会。1945 年,南非颁布第 24 号议会法案,规定南非贸工部授权建立南非标准局,旨在建立独立的自治机构向社会提供规范的标准和合格评定程序信息。② 1945 年《南非标准化法》经多次修订后直至 2008 年,南非政府为顺应贸易全球化,保证其国内标准化法律体系与 WTO/TBT 协定相适应,1993 年将《南非标准化法》拆分为《南非标准化法》和

① 中国标准化研究院:《国内外标准化现状及发展趋势研究》,中国标准出版社 2007 年版,第 263 页。

② Schmidt,L.U.,"Standardization in South Africa",*South Africa International*,Vol.5,1974,pp.154-162.

《南非强制性规范的国家规制机关法》。

南非标准局（以下简称"SABS"）隶属于南非工贸部，是南非官方的标准化组织机构，下设 SABS 理事会、南非标准部、法规事务和消费者保护部以及商业国有有限公司。SABS 负责制定、发布、宣传、维护、修改或废止南非国家标准及相关标准化文件；提供标准相关的合格评定服务、培训服务以及产品符合 SABS 标志的授权服务；与国际或其他国家标准化机构进行合作、交流；作为 WTO/TBT 的南非咨询点；提供新标准需求的研发计划；认可南非标准制定组织。[①]

SABS 理事会结构单一，大多数由独立于管理层之外非执行成员组成。下设审计委员会、人力资源和薪酬委员会、社会伦理委员会、金融投资委员会、风险委员会、提名委员会和咨询论坛辅助其开展标准化工作，负责制定 SABS 的方向及战略目标。

SABS 业务部门包括标准部、设计协会、测试部和认证部。标准部负责南非国家标准制定、技术委员会和标准制定组织的管理、标准编写、标准制定程序等培训；设计协会协助设计师、发明家和企业将产品或服务推向市场；测试部凭借下属实验室为社会提供相关测试服务；认证部提供产品认证服务和体系认证服务。[②]

法规事务和消费者保护部是南非标准局的执行机关。负责南非国家标准的实施和监管工作并对其本国产品进行检验。

SABS 是 ISO、IEC 成员，代表南非政府参与国际或区域标准化活动。

金砖国家标准化管理机构是开展标准化法律合作的主体，然而成员国间标准化立法历史存在差异，同时受成员国国内经济、文化、政治和社会的影响，导致各成员国标准化管理体系呈现不同发展趋势。

第一，ABNT、BIS 作为巴西和印度国家标准化管理机构，代表政府行使国家职权，对国内标准化活动进行管理。但 ABNT、BIS 机构性质为非政府组织，俄罗斯、中国和南非的国家标准化管理机构 GOST R、SAC 和 SABS 均为政府组织，金砖国家标准化管理机构在机构性质上存在差异，标准化管理机构因地位不平等将导致标准化法律合作存在不稳定的因素。

第二，成员国间标准化立法赋予标准化管理机构的职能存在差异。例如

---

① Okiror Julius, *The impact of standardization（public and industry）on product innovation，market access and foreign trade：with specific reference to South Africa*，University of the Western Cape Department of Economics，2007，pp.22-27.

② 刘青春：《南非标准化的改革与发展》，载《国际交流》2014 年第 7 期。

巴西国家计量、标准化和工业质量理事会负责制定巴西标准化政策、决议,而ABNT代表巴西政府参加国际和区域标准化活动、与他国进行标准化合作。GOST R、BIS、SAC和SABS则同时具有参加国际标准化合作和制定国家标准化政策、决议等职能。由于各成员国标准化管理机构职能的差异可能影响机构间开展标准化法律合作中相关工作的对接。

第三,中国和巴西合格评定体系和标准化管理体系由不同机构负责,中国合格评定活动由中国认证认可监督管理委员会负责,巴西合格评定活动由巴西国家计量、标准化和工业质量协会负责。在立法层面上,巴西、中国制定不同的法律对标准化活动和合格评定程序进行规范,俄罗斯、印度和南非则是在同一法律中对标准化活动和合格评定活动进行规范,并由其国内标准化机构统一管理标准化活动和合格评定活动。中国和巴西标准化管理机构和合格评定程序管理机构分离为与其他成员国开展标准化合作的对接造成不必要的障碍。

第四,因中国标准化管理体制的历史原因,部门和地方标准化工作呈现"条块"状,标准化工作并非由国家标准化管理委员会统一管理,中国标准化活动中部分职能由其他相关部门执行。例如,农业农村部下属中国水产科学研究院负责管理95%的水产领域标准工作。而其他金砖国家标准化活动则由统一标准化管理机构进行管理,因此中国标准化体制改革中需要将标准化工作统一管理以此保证与其他成员国顺利开展标准化法律合作。

(三)金砖国家间深化标准化法律合作的必要性和可行性

1.金砖国家间深化标准化法律合作是国际形势所趋

国际标准是指ISO和IEC等国际标准化组织制定并向公众提供的标准。① 国际标准是国际贸易中重要的市场准入规则之一,世界各国依照国际标准的规定开展国际贸易活动。由此当一项标准被国际标准化组织采用并确定为国际标准时,则决定了一个产业的发展方向并为相关企业带来巨大的经济效益。因此,美国、英国、德国、法国、日本等发达国家积极参与国际标准化活动,通过制定国际标准充分表达其在国际贸易中的利益需求。美国、英国、德国、法国、日本等发达国家利用在国际标准化组织中的优势地位将其国内标准转化为国际标准,一方面,为其本国企业的生产提供便利,保证本国企业在国际贸易中占据优势地位。另一方面,通过推行高规格、高要求的国际标准,

---

① See the ISO/IEC Guide 2 2004.

限制发展中国家的商品进入国际贸易市场,保证本国企业在国际贸易市场的垄断地位。世界各国参与国际标准化活动,争夺国际标准的制定权已然成为国际标准化的必然趋势。

从全球标准化进程来看,ISO、IEC下设机构技术委员会①和技术分委会②作为国际标准的制定机构,负责国际标准的制定和采用。美国、英国、德国、法国、日本等发达国家利用科学技术上的优势牢牢控制ISO、IEC技术委员会和技术分委会,由此成为国际标准制定的主导者。截止到2014年底,ISO下设活跃的技术委员会和技术分委会的秘书处共计765个,其中美国、英国、德国、法国、日本在468个技术委员会和技术分委会的秘书处中承担标准化技术组织工作,并在上述技术委员会负责的领域拥有国际标准的制定权。例如ISO/TCI17/SC4"合金钢技术委员会"的秘书处由德国承担标准化技术组织工作,该秘书处已发布23项国际标准,其中根据德国的DIN标准制定的国际标准高达13项③;ISO/TCI17/SC3"结构钢"的秘书处由法国承担标准化技术组织工作,该秘书处已发布19个国际标准,其中根据法国的NF标准制定的国际标准高达10项。④美国则参与ISO和IEC 80%以上的国际标准化活动,在国际标准制定活动中长期并一直处于领导地位。⑤由此形成发达国家控制ISO、IEC等国际标准化组织的标准制定权。

反观金砖国家,尽管经济总量在世界经济总量中占比巨大,由于金砖国家作为发展中国家,相较于发达国家在科学技术上处于劣势地位,导致其在国际标准制定话语权极低,与其对世界经济的贡献严重不匹配。金砖国家中仅中国在国际标准的制定拥有一定话语权。中国在ISO中60个技术委员会和技术分委会的秘书处承担标准化技术组织工作,然而其他金砖四国在极少数的ISO技术委员会和技术分委会秘书处承担技术组织工作。

从区域标准化进程来看,为实现经济一体化,消除区域内技术贸易壁垒,促进区域贸易长久发展,欧盟、南部非洲发展共同体、东南亚国家联盟和海湾阿拉伯国家合作委员会等区域经济体高度重视区域标准化发展并根据区域自

---

① 技术委员会是ISO下设部门,负责开展具体标准的制定、修订、研究工作。

② 技术分委员会是ISO下设部门,负责开展具体标准的制定、修订、研究工作。

③ DIN标准是由德国最大的具有广泛代表性的公益性标准化民间机构德国标准化学会制定的标准。

④ NF是法国标准的代号,1938年开始实行,其管理机构是法国标准化协会。

⑤ 中国标准化研究院:《2014国际标准化发展研究报告》,中国质检出版社2015年版,第127页。

身特点形成独特的区域标准化合作模式和机制。欧洲区域标准化合作依托特有的合作基础已成为发展最为成熟、最为成功的区域标准化合作。欧盟先后成立欧洲标准化机构,包括 CEN、欧洲电工标准化委员会(以下简称"CENELEC")和欧洲电信标准化学会(以下简称"ETSI")三大区域标准化机构,在各自负责领域积极开展区域标准化工作,此外分别与 ISO 和 IEC 等国际标准化组织在业务上实现对接并保持密切的联系,欧洲三大标准化机构在国际标准化活动中发挥着举足轻重的作用。[1] 截止到 2014 年底,CEN 制定并发布欧洲标准共 15615 项,其中 4839 项欧洲标准等同于 ISO 国际标准;CENELEC 共制定并发布欧洲标准 6755 项,其中 4823 项欧洲标准等同于 IEC 国际标准;ETSI 共制定并发布欧洲标准共计 36932 项。[2]

有鉴于此,发达国家积极参与 ISO 和 IEC 等国际标准化组织,并在国际标准化组织中占据主导地位,造成国际标准的制定权被发达国家牢牢掌握。此外,区域经济体越发重视成员国间标准化法律合作,国家间通过建立区域标准化组织作为成员国间标准化法律合作联系的纽带,同时,区域标准化组织通过参与国际标准的制定和国际标准化活动表达成员国共同利益需求,保证成员国在经济全球化、企业国际化和市场一体化中占据优势地位。争夺国际标准的制定权和成为国际贸易规则的制定者已然成为世界各国共同追求的目标。

当下,金砖国家仅是被动地接受由发达国家主导制定的国际标准,参与由其制定规则的国际贸易游戏。金砖国家应意识到争夺国际标准的制定权和建立区域标准化组织已然成为当今世界趋势。与美国、英国、德国、法国、日本等发达国家相比,金砖国家若单独实现本国标准转化为国际标准,则要求金砖国家投入巨大的科研成本并对其国内产业进行优化升级。深化金砖国家间标准化法律合作,通过区域标准化组织制定统一的区域标准,代表成员国在国际标准化组织中表达共同利益需求,以此在国际标准制定中更为容易表达自身利益需求。有鉴于此,金砖国家唯有深化国家间标准化法律合作,方能在国际标准制定中占据一席之地。

2.金砖国家间深化标准化法律合作有助于区域经贸交流合作

WTO 所创立的多边贸易体制为推进经济全球化做出了突出贡献,经WTO 和成员国的共同努力,在逐步实现消除成员国间关税壁垒方面已经取得

---

[1] Marc T. Austin & Helen V. Milner, Strategies of European standardization, *Original Articles*, Vol.4, Feb 2011, pp.411–431.

[2] 中国标准化研究院:《2014 国际标准化发展研究报告》,中国质检出版社 2015 年版,第 76 页。

巨大成功。然而成员国间的贸易壁垒并未因此逐步消失,而是由显而易见的关税壁垒不断演变成难以发觉的技术贸易壁垒。深化金砖国家间标准化法律合作主要目的就是消除区域内贸易技术壁垒,实现成员国间在特定领域的合作与交流。促进成员国国内标准与国际标准相协调,增强成员国企业在国际贸易中的竞争力,保证成员国商品在世界市场畅通无阻。

同时,国际标准不可能完全反映所有国家的利益需求,美国、英国、德国、法国、日本等发达国家经济和科学技术发展水平远高于金砖国家,并在特定领域长期处于技术垄断地位,要求发达国家和金砖国家在任何领域均制定统一的国际标准并不切合实际。值得注意的是在区域标准化合作中,成员国在经济、社会、文化和市场需求等方面存在诸多共性,成员国更为容易就实现标准化法律合作,制定统一的区域标准达成共识。

深化金砖国家间标准化法律合作,构建区域标准化组织和制定统一的区域标准对金砖国家间区域贸易具有促进作用。一方面,金砖国家各成员国的国内标准、技术法规和合格评定程序存在差异,成为阻碍成员国经贸交流与合作的贸易壁垒,导致成员国的商品因不符合其他成员国国内标准、技术法规和合格评定程序而无法进入市场。金砖国家制定统一的区域标准有助于打破成员国间的贸易壁垒,实现商品在各成员国市场上自由流通。另一方面,由于金砖国家国内合格评定程序立法的差异,金砖国家商品即使符合其他成员国国内标准、技术法规且经本国合格评定机构认证后,在进入其他成员国市场时仍需由成员国合格评定机构的二次检验或认证,由此产生的二次检验或认证导致不必要费用和增加时间成本。根据联合国贸易和发展会议研究报告,世界各国的海关程序及其相关活动的成本占贸易总额高达 7%—10%,通过互认贸易主体间合格评定结果和简化、协调海关程序可降低成本占贸易总额高达 1.75%—2.50%。① 例如东盟在区域标准化合作中提出"一个标准,一次测试,全球通行"的最终目标,深化成员国间在合格评定程序方面合作,促进区域经贸的合作与交流。② 有鉴于此,深化金砖国家标准化法律合作有助于降低成员国之间的贸易成本,促进金砖国家间经贸交流与合作。

3.金砖国家间深化标准化法律合作存在合作基础

自 2006 年金砖国家外交部长在纽约市召开第一届政治会谈至 2018 年金砖国家在南非约翰内斯堡举办领导人第十次会晤,金砖国家合作已经走过了

---

① 孔庆峰:《技术贸易壁垒理论、规则和案例》,中国海关出版社 2004 年版,第 5 页。

② 冯怀宇:"东盟标准化政策战略",载《标准科学》2018 年第 6 期,第 7 页。

十二个年头,从一个普通区域合作论坛成长为全方面、深层次、多领域的"金砖+"合作。金砖国家现行合作机制纵向上可分为五个层次,第一层次为金砖国家领导人会晤;第二层次为外交、经贸、卫生等金砖国家部长会议;第三层次为反腐、反恐、海关等工作组会议;第四层为金融论坛、健康论坛等专题研讨会;第五层次为电影节、贸易博览会等民间交流与商务往来。① 金砖国家间在各个层面的交流与合作轮流在成员国举办,现如今金砖国家间合作已经发展为以政府为主导,学界和民间交流作为补充,涉及经贸、全球治理、文化交流、海关等多领域、深层次的区域合作。②

在金砖国家现有成熟的区域合作机制下深化金砖国家标准化法律合作具有可行性。在政府层面,金砖国家领导人会晤每年轮流在金砖国家举办并明确合作方向和基本内容,2018 年 7 月 25 日,金砖国家领导人第十次会晤在南非约翰内斯堡举办并发布《金砖国家领导人第十次会晤约翰内斯堡宣言》。此外,金砖国家部长会议和工作组会议负责具体合作领域规则的制定和实施。例如中国民用航空局与巴西交通、港口和民航部、俄罗斯运输部、印度民航部和南非交通部在南非约翰内斯堡共同签署《巴西联邦共和国交通、港口和民航部,俄罗斯联邦运输部,印度共和国民航部,中华人民共和国民用航空局和南非共和国交通部关于区域航空伙伴关系的谅解备忘录》,确定了金砖五国在航空领域的合作内容和方式,建立了合作交流机制。金砖国家现行的区域合作机制为成员国深化标准化法律合作提供交流的平台,金砖国家可以凭借金砖国家领导人会晤、部长会议和工作组会议讨论标准化法律合作原则、内容和具体规则,建立标准化法律合作交流机制。在民间和学界层面,金砖国家间深化标准化法律合作可以利用现有的民间和学术交流渠道进行标准化信息的互换与交流。金砖国家现有合作机制对民间和学术交流非常重视,金砖国家区域合作机制下现有的民间交流活动为成员国企业、科研机构和行业协会提供了标准、技术法规和合格评定程序等标准化信息交流的渠道。

金砖各国标准化战略为成员国间深化标准化法律合作提供思想共识。金砖国家纷纷制定本国的标准化战略,将标准化工作提高至国家战略高度。例如巴西标准委员会 2009 年发布《巴西标准化战略(2009—2014)》,提出四大标准化战略指南:标准化促进市场准入;标准化促进社会、财富增长和可持续

---

① 杨峰:《金砖国家合作机制分析》,载《现代交际》2018 年第 15 期。

② Vera Thorstensen & Ivan Tiago Machado Olivei, *BRICS in the World Trade Organization:Comparative Trade Policies*, Ipea:CCGI (FGV) and SAIIA, March 2014, p.35.

性发展;标准化结合技术法规;加强标准化和巴西标准化体系。① 俄罗斯联邦政府 2012 年发布《俄罗斯国家标准化体系发展构想(2012—2020)》,从标准化方面着手,保证俄罗斯现代化、技术和社会经济发展,以提高俄罗斯国家防御能力。② 中国国务院 2015 年发布《国家标准化体系建设发展计划(2016—2020 年)》,确定"需求引领,系统布局;深化改革,创新驱动;协同推进,共同治理;包容开放,协调一致"四项基本原则,以推动实施标准化战略,加快完善标准化体系,提升中国标准化水平。③ 金砖国家均高度重视其国内的标准化工作,并在标准化战略中明确其国内标准化发展的方向。值得注意的是,金砖国家深化标准化法律合作可促进成员国国内标准化水平,增强成员国在国际标准化活动中的话语权,与各国标准化战略中设立的目标和方向基本一致,因此,金砖国家间深化标准化法律合作符合成员国标准化战略要求。

(四)小结

标准、技术法规和合格评定程序在金砖国家间贸易活动中有着积极和消极两个方面的作用。一方面,标准、技术法规和合格评定程序保证产品质量,协调成员国区域贸易交流。另一方面,标准、技术法规和合格评定程序构成阻碍区域贸易的技术性壁垒。需要注意的是,现行金砖国家开展标准化法律合作中存在诸多挑战,所以应基于各成员国协商一致同时结合各国标准化立法和实际需求开展标准化法律合作实现消除技术贸易壁垒和区域贸易便利化的目的。

二、金砖国家间深化标准化法律合作的基本原则

标准化法律合作的基本原则是深化标准化法律合作的基础。金砖国家一切标准化合作必须严格遵守基本的法律原则。金砖国家间标准化法律合作的基本原则根据 WTO/TBT 协议立法精神以及国际标准化法律合作实践概括得

---

① Brazilian Standard Committee, *Brazilian Standardization Strategy* 2009—2014, February 2009.para.6.1.

② 中国科学技术出版社:《2016—2017 标准化学科发展报告》,中国科学技术出版社 2018 年版,第 157 页。

③ 国务院办公厅关于印发国家标准化体系建设发展规划(2016—2020 年)的通知,http://www.gov.cn/zhengce/content/2015-12/30/content_10523.htm.访问时间:2018 年 10 月 28 日。

出：协调原则、等效互认原则、透明度原则和避免不必要贸易障碍原则。

（一）协调原则

协调原则是金砖国家间深化标准化法律合作的中心原则。协调原则要求金砖国家在同一类产品、工艺、服务上采用同一标准或技术法规。对于企业而言，由于其他成员国的标准、技术法规与其所在国的标准、技术法规存在差异，企业必须按照他国的标准、技术法规重新设计产品方可进入他国市场，由此提高了企业的生产成本。例如美国机动车采用左置方向盘的标准，而英国机动车则采用右置方向盘的标准，因此美国机动车出口商必须重新设计机动车并调整生产线以生产符合英国机动车标准的产品。金砖国家在标准、技术法规上实现协调一致，为企业省去进入其他成员国市场产生的技术改良环节，从而大大节约企业的生产成本。消费者因产品执行同一标准、技术法规而获得质量保证，在其本国市场获得更多的商品选择机会。金砖国家在同一类产品、工艺、服务上采用同一标准或技术法规消除成员国因标准、技术法规的不同而产生的技术性贸易壁垒，从而对成员国间贸易产生促进作用。

协调原则要求金砖国家尽可能地参与国际标准制定和协商工作，确保国际标准符合其国内产品、工艺和服务的技术性要求，以此保证金砖国家可直接采用国际标准或将国际标准转化成其本国国家标准或技术法规。此外，协调原则要求金砖国家按照国际标准的技术要求制定区域标准或技术法规，保证区域标准和国际标准的协调一致。此外，金砖国家在尚未制定国际标准的领域应保证每个成员国最大限度地参与区域标准的制定和协商工作，区域标准应是各成员国协调一致的结果，保证金砖国家可直接采用区域标准或者将区域标准转化为成员国国内标准或技术法规。

同时，金砖国家间深化标准化法律合作中遵守协调原则存在例外情形，即国际标准或技术性要求对达到其追求的合法目标无效或不适当，例如由于基本气候因素或地理因素或基本技术问题，成员国可以选择放弃采用国际标准。① 上述例外情形同样适用于区域标准转化为成员国国内标准或技术法规的情况。金砖国家应当根据区域贸易合作的实际需要，选择成员国共同关注的领域或贸易交流频繁的领域推行协调原则。

（二）等效互认原则

等效互认原则是指其他成员国国内标准、技术法规符合本国标准化规范

---

① See the *Agreement on Technical Barriers to Trade*, Artice 2.4.

设立的目标时,即使本国国内标准、技术法规与其他成员国的存在差异,也应尽可能承认他国具同等效力的标准、技术法规。等效互认原则是对协调原则的补充,由于成员国在标准、技术法规协调中达成一致意见并形成同一标准或技术法规需要很长的时间,同时成员国需要为此付出巨大的司法成本。与此同时,成员国间因经济、政治和社会等发展水平的差异,部分成员国在同一标准、技术法规的执行力度上不尽如人意。等效互认原则要求金砖国家通过签订标准、技术法规的相互承认协议实现区域标准化合作,达到消除区域贸易间技术性壁垒,从而促进区域贸易的交流与合作。等效互认原则依赖于成员国间的相互信任,即要求金砖国家不再对其他成员国特定领域的国内标准、技术法规中技术性要求进行审查,只需考虑其他成员国国内标准、技术法规是否符合本国立法目的。金砖国家标准化法律合作实践中存在以签订双边相互承认协议,例如中俄在油气和民机等领域开展标准化合作,组建成立"中俄民机标准专题组",形成中俄民机标准互换互认机制,联合开展标准编制。①

金砖各国在标准化立法均明确了技术法规的立法目的,例如中国规定强制性国家标准应满足"对保障人身健康和生命财产安全、国家安全、生态环境安全以及满足经济社会管理基本需要的技术要求"②,俄罗斯要求技术法规应符合"保护人的生命或健康、自然人或法人的财产、国家或地方的财产;保护环境、动物和植物的生命或健康;防止对采购方造成误导"的目的③,南非政府标准化立法中规定影响"公共安全、健康或环境保护"的标准则可赋予其强制性。④ 金砖国家制定技术法规或强制标准的立法目的具有共通性,在维护国家安全、保护人类健康或安全、保护动植物和环境均有类似的立法目的,由此金砖国家在特定领域实现技术法规实施等效互认原则具有合作基础。

金砖国家间深化标准化法律合作的等效互认原则不应当局限于标准、技术法规,在合格评定程序上同样应当适用等效互认原则。当今世界范围内并不存在多边合格评定程序的相互承认协议,双边和区域性的合格评定程序的相互承认协议则在国际贸易中发挥着重要作用,例如东盟签订《东盟认可和合格评定指南》推进东盟区域合格评定程序领域的相互承认工作,以避免成

① 《我国已与21个"一带一路"国家签署标准化合作协议》,http://finance.huanqiu.com/quyuy/quyu/2017-05/10666238.html,访问时间:2018年10月28日。

② 中国《标准化法》,第10条。

③ The Russian Federation Federal Law No.184－Φ3, dated 27.12.2002 "On Technical Regulating", Article 6.

④ The South Africa Standards Act, 2008, No.8 of 2008, Article 28.

员国的商品在东盟市场流通时产生的重复认证和检验,从而稳步实现东盟"一次测试"的目标。

(三)透明度原则

透明度原则要求金砖国家向其他成员国详尽、真实地提供本国与成员国贸易相关的标准、技术法规及合格评定程序方面的信息,避免成员国因信息不透明而阻碍成员国间的经贸合作。透明度原则为金砖国家间贸易提供公平的竞争环境。成员国企业在事先获取他国的标准、技术法规和合格评定程序信息后,可根据具体要求生产符合其他成员国标准、技术法规的产品,保证商品在进入其他成员国市场时畅通无阻。① 同时,成员国企业根据其他成员国的年度计划或战略计划,及时根据政策调整生产从而降低企业海外投资的风险。

金砖国家间标准、技术法规和合格评定程序的信息基本难以实现共享。目前金砖国家国内标准、技术法规的数量巨大,成员国商品如若要进入其他成员国必须符合该国标准、技术法规,然而金砖国家间并不存在标准化信息互享机制。由于语言、政策的因素,对于企业而言,从浩瀚的标准中筛选有用的标准十分困难,金砖国家的商品因不符合其他成员国国内标准、技术法规而被拒之门外时有发生。

金砖国家标准化机构应根据其本国实际情况制订工作计划,工作计划中包括标准制定或补充的内容、对国际标准的参考情况,将本国的工作计划按时通报给成员国标准化管理机构。透明度要求成员国公开的标准化信息包括但不局限于金砖国家标准化机构年度工作计划、标准、技术法规、合格评定程序和标准化战略。此外,上述标准化信息开放的对象包括成员国政府,成员国企业和其他利益相关主体,保证上述主体都有机会且方便快捷地获取相关标准化信息。

(四)避免不必要贸易障碍原则

避免不必要贸易障碍原则是金砖国家逐步实现区域贸易自由化的最终目标,同时也是贯穿于金砖国家间深化标准化法律合作,各成员国应当遵守的基本原则。避免不必要贸易障碍原则要求金砖国家制定的本国标准、技术法规和关于标准和技术法规的合格评定程序不得给区域贸易造成不必要的障碍。

---

① Steve Charnovitz, International Standards and the WTO, Legal Studies Research, 2015, p.133.

其中,技术贸易壁垒是造成金砖国家间贸易障碍的主要原因,其在区域贸易中主要表现形式为标准、技术法规和合格评定程序。但需要明确的是,并非所有的标准、技术法规和合格评定程序都给区域贸易造成不必要的障碍。技术贸易壁垒区别于技术贸易措施,是主权国家为实施贸易保护政策、限制他国商品进入该国市场且带有主观性和歧视性的技术性规定。例如墨西哥诉美国金枪鱼案中,美国通过颁布《海豚安全标签标准》①和《东部热带太平洋地区使用大型袋网捕获金枪鱼的海豚安全要求》②规定金枪鱼及金枪鱼制品必须符合美国海豚安全标签标准,方可获得美国商务部颁发的"海豚安全"标签。WTO 上诉机构认为美国的"海豚安全"标签措施超过了技术贸易措施所规定的合法目的,构成对墨西哥金枪鱼及金枪鱼制品的歧视,导致墨西哥生产的金枪鱼及金枪鱼制品无法获得"海豚安全"标签而被限制进入美国市场,因此美国的"海豚安全"标签措施给墨西哥出口美国的金枪鱼及金枪鱼制品造成了不必要的贸易障碍。

技术贸易措施指一国基于保证出口产品的质量、保护人类、动植物生命或健康、保护环境和防止欺诈行为等必要性考虑,制定和实施标准、技术法规和合格评定程序等客观的技术性规定。主权国家利用技术贸易措施实现对产品质量进行监督、规范企业行为、引导行业发展以此实现保护国家安全、人类、动植物安全和维护消费者合法权益等目的,技术贸易措施对国际贸易本质上具有促进作用。避免不必要贸易障碍原则允许成员国基于特定必要性考虑制定技术性贸易措施。金砖国家在国内标准化立法中均有相关规定,例如《印度标准局法》规定政府在基于公众利益、保护人类、动物或植物健康、环境安全、防止不公平贸易或国家安全方面的必要性考虑,可公布强制标准。③ 中国、俄罗斯、巴西和南非政府同样在其本国标准化立法中存在基于类似考虑允许政府制定强制标准或技术法规的规定。

避免不必要贸易障碍原则要求金砖国家对其本国标准化活动加以调整。成员国不得按照产品的设计或者特征,而应当根据产品的性能制定标准和技术法规。当标准和技术法规制定时的必要性考虑发生变更、消失或成员国可以采用对贸易限制较少的方式加以处理,则成员国应废除相关标准和技术法规。此外,成员国尽可能地为其他成员国在合格评定程序上提供贸易便利,例如成员国应为其他成员国在合格评定程序所用设备的设置地点、样品的提取

---

① The Code of Federal Regulations, Title 50, Section 216.91.

② The Code of Federal Regulations, Title 50, Section 216.92.

③ The Bureau of Indian Standards Act, 2016, Article 16.

和评定费用等方面提供便利,合格评定程序应尽可能地迅速进行和完成,不得在合格评定程序上为其他成员国设置障碍。

(五)小结

等效互认原则和协调原则相互补充,指导金砖国家协调成员国标准、技术法规和合格评定程序差异,消除阻碍区域贸易的技术贸易壁垒。透明度原则则是区域标准化法律合作公平公正进行的保证。避免不必要贸易障碍是金砖国家开展区域标准化合作的目标,也是所应遵守的原则。四项基本原则覆盖金砖国家在标准、技术法规和合格评定程序领域的一切标准化活动,是金砖国家间深化标准化法律合作所应遵守的基本原则。

三、金砖国家间深化标准化法律合作的方式

标准、技术法规和合格评定程序在国际贸易中的负面影响日益明显,已成为阻碍国家间贸易交流的重要因素之一。世界各国为消除标准、技术法规和合格评定程序对国际贸易造成的消极影响,实现国际贸易自由发展,在全球、区域和双边范围寻求与他国实现标准化法律合作。

(一)全球标准化法律合作

全球标准化合作实践中,一些国际标准组织制定的标准得到广泛的认可,因此这些标准化组织被视为国际标准的制定组织。其中全球标准化合作中最具权威的国际标准化组织(ISO)、国际电工委员会(IEC)在国际标准制定和实施中发挥着至关重要的作用。巴西、俄罗斯、印度、中国和南非作为 ISO、IEC 的成员国并派遣国家标准化机构参与 ISO、IEC 的运行和管理工作。ISO、IEC 为金砖国家间深化全球标准化法律合作提供交流的平台。

1.全球标准化法律合作的机构

(1)国际标准化组织

ISO 是当今世界范围内成员最多、影响力最大的国际标准化组织。ISO 的前身是联合国下设机构标准协调委员会,1946 年 10 月 14 日,中国、美国、英国、法国、苏联等 25 个国家在伦敦召开土木工程学会,会议表决通过建立国际标准化组织促进国际工业标准的协调和统一。1947 年 2 月 23 日,ISO 召开全体成员会议并起草组织的章程和议事规则,标志着 ISO 作为国际标准化组织正式成立。截止到 2018 年,164 个国家的国家标准化机构作为 ISO 成员参与

全球标准化活动。

ISO 由全体大会、理事会、技术管理委员会、技术委员会和中央秘书处组成。全体大会是 ISO 最高权力机构,每年召开一次讨论年度报告中全球标准化的进展、ISO 战略计划等议题。理事会是 ISO 的管理机构,负责机构日常管理工作,下设政策制定委员会、常设委员会和特别咨询小组。技术管理委员会负责 ISO 技术管理和协调工作,下设标准样品委员会、技术咨询组和技术委员会。技术委员会负责国际标准的制定、修订方面工作。中央秘书处由秘书长和特定的成员组成,负责全体大会、理事会、政策制定委员会、技术管理委员会、标准样品委员会的秘书处工作。

(2)国际电工委员会

IEC 与 ISO 一样在全球标准化合作中发挥着无可替代的作用。1906 年 6 月 26 日,英国电气工程师学会、美国电气工程师学会等 13 个国家代表机构在伦敦举办会议并起草组织章程和议事规则,确定 IEC 国际标准化组织的地位。截止到 2018 年,IEC 共有 86 个国家的国家标准化机构作为成员参与组织的全球标准化活动。

IEC 由理事会、管理咨询委员会、中央办公室和技术委员会构成。理事会是 IEC 立法机构,负责制定 IEC 的基本政策和长期战略,下设标准管理委员会、市场战略委员会和合格评定委员会。标准管理委员会负责管理和监督 IEC 日常工作,下设审计委员会、财务委员会、信息技术咨询小组、销售咨询小组;市场战略委员会负责制定 IEC 市场投入战略;合格评定委员会负责制定、修改和废除 IEC 合格评定程序以及对合格评定活动进行监督和审查。技术委员会负责制定、审查和修订国际标准和与其他国际组织保持联系。

2.全球标准化合作的不足

ISO、IEC 作为全球最具影响力、最主要的国际标准化组织,肩负着推动国家间标准化合作,实现国际标准化的使命,在国际标准化合作层面,金砖国家依托上述组织开展国际标准化合作,但因 ISO、IEC 独特的管理体制和运行体制,导致金砖国家在标准化合作的领域、机制以及深度都受其限制。

(1)标准化战略过于宽泛

ISO、IEC 组织的标准化战略是全体正式成员协商一致的结果。例如 2015 年 9 月,ISO 召开全体大会通过的《ISO 战略标准规划(2016—2020)》,实现 ISO 国际标准在全球范围的广泛使用是机构未来全球标准化活动的目标,同时明确实现上述目标需要 ISO 全球成员参与制定高质量标准和利益相关方的参与实现。ISO 的标准化战略对各成员国共同关心的领域提出规划,一定程

度上为金砖国家间深化标准化合作提供借鉴,但金砖国家间的合作涉及的领域更为具体,《ISO 战略标准规划(2016—2020)》中达成的共识难以完全满足金砖国家标准化合作中的全部需求。

(2)合作领域相对较少

ISO 国际标准覆盖的领域以工程技术、电子、信息技术和通信、材料技术领域居多,IEC 国际标准集中在电子产品、电工技术、安全、测试和家用电器领域,由于 ISO、IEC 是国际标准化组织,机构制定的国际标准则集中在各成员国共同关注的领域。对于金砖国家间标准化合作而言,ISO、IEC 制定的国际标准相对较少,缺少金砖国家共同关注的领域如能源、环境等领域可供采用的国际标准。由此可见,金砖国家在 ISO、IEC 中合作领域难以满足金砖国家间标准化合作的现实需求。

(3)国际标准制定领域合作难度大

美国、英国、德国、法国和日本等发达国家控制着 95% 以上 ISO、IEC 国际标准的制定权。发达国家通过担任 ISO、IEC 技术委员会的秘书国成为国际标准的制定者,而由金砖国家担任秘书国技术委员会数量极少。由此金砖国家在 ISO、IEC 国际标准制定活动中更多的是参与者而非主导者,难以在国际标准的制定活动中形成影响力,导致金砖国家在国际标准制定方面的合作非常有限。

3.全球标准化合作的建议

ISO、IEC 在全球标准化合作中发挥着不可替代的作用,金砖国家在深化全球标准化合作中应当遵守机构的规则,在全世界范围内促进标准化的发展,为国际贸易提供便利,同时在金砖国家间共同关注的领域实现合作。

第一,ISO、IEC 每年召开一次全体大会对机构上一年度报告中相关项目的进展、战略计划和全球标准化策略等开展讨论,为全球标准化活动制定基本方向。金砖国家的国家标准化机构作为 ISO、IEC 的正式成员应参加并参与讨论上述事宜,金砖国家在国际贸易中占有巨大市场份额,可以通过全体大会联合表达金砖国家在国际标准化活动中的共同要求和利益,争取 ISO、IEC 战略和政策更加符合金砖国家利益。

第二,金砖国家在国际标准制定领域实现全球标准化合作。ISO、IEC 作为世界范围公认的国际标准化组织,其制定的标准在大多数情况下被视为国际标准而在全球范围内推广和实施。其中 ISO、IEC 具体标准的制定、修订工作由内部机构技术委员会负责实施。金砖国家在一定数量的技术委员会中负责国际标准的制定工作,在成员国担任秘书国的技术委员会中通过制定符合金砖国家共同利益的国际标准,以此深化金砖国家在全球标准化中的合作。

第三,金砖国家通过采用国际标准实现全球标准化合作。ISO、IEC 的性质是非政府间的国际组织,由此机构制定并发布的国际标准仅具有自愿性,即成员或各国企业自愿使用其发布的国际标准。ISO、IEC 制定的国际标准并不强制要求成员国在其国内实施,国际标准的推行则完全依赖于成员国的自愿选择。金砖国家间深化全球标准化合作中可以通过认可 ISO、IEC 制定的国际标准或者将 ISO、IEC 制定的国际标准转化为其国内标准或技术法规,以此促进国际标准在全球范围内的适用,为成员国间贸易提供便利。

(二)区域标准化法律合作

为弥补全球标准化法律合作中的不足,区域经济体通过成员国间开展标准化法律合作,实现本地区的标准化发展,消除因标准、技术法规和合格评定程序形成的贸易壁垒,促进区域贸易的交流与合作。一方面,区域标准化法律合作协调国际标准与区域标准、国际标准与成员国标准,推动国际标准在全球范围内的适用。另一方面,在全球标准化法律合作未涉及的领域,区域标准化法律合作为成员国提供合作的渠道,成员国根据本区域自身发展的实际需要,在贸易交流频繁的领域开展标准化法律合作,保证成员国商品在区域市场上自由流通。欧盟、APEC 等区域经济体结合自身区域发展的实际需求构建区域标准化法律合作机制,实现消除区域贸易障碍,促进区域标准化发展的目的。

1.区域标准化法律合作的借鉴

(1)欧盟标准化法律合作机制

欧盟于 1961 年成立 CEN,负责在欧洲市场推行国际标准,但并未涉及欧盟国家间的标准和技术法规的协调工作。1969 年,欧盟正式公布《为消除成员国间由于法律、法规或行政行为差异而导致的工业产品的技术性贸易壁垒而制定纲领的理事会决议》,旨在统一欧洲内部市场,消除欧盟成员国之间技术性贸易壁垒,发展欧洲标准化。1985 年,欧盟通过并发布了 85/C136/01 关于《技术协调与标准化新方法》的决议,旨在确定欧盟标准一致化和标准协调中的政策和原则。① 1989 年欧盟通过并发布《全球合格评定方法》,对《技术协调与标准化新方法》中产品合格评定的内容进行补充。2012 年 10 月 25

---

① Bernd Woeckene, The European Standardization System: How Much in Need of Reform Is It?, *Homo Oeconomicus*, *Institute of SocioEconomics*, vol.14, 2014, pp.391–410.

日,欧洲议会和欧盟理事会共同发布《关于欧洲标准化的 1025/2012 法规》作为欧洲标准化领域的基本法对欧洲标准化政策进行规范。①

欧洲标准化法律体系分为两个部分,第一部分是由欧盟成员国共同制定的基本法,如《为消除成员国间由于法律、法规或行政行为差异而导致的工业产品的技术性贸易壁垒而制定纲领的理事会决议》《关于欧洲标准化的 1025/2012 法规》,共同构建了欧盟标准化法律合作框架,是实现欧盟标准化的法律基础。第二部分包括制定条例(Regulation)、指令(Directive)和决定(Decision)等其他法律规则,上述法律规则对欧盟成员国均具有法律约束力。例如欧盟在 1967 年公布协调成员国有关危险品生产安全法规的《67/548/EEC 指令》和《76/769/ECC 指令》。②

CEN 是当今世界范围内发展最为成熟的区域标准化组织,1961 年在比利时布鲁塞尔成立,由欧盟成员国国家标准化机构组成。CEN 设立的宗旨是促进欧盟成员国间的标准化合作,制定必要的欧洲标准,并推行以欧洲标准为基础的合格评定制度。此外,CEN 同样重视并积极参与全球标准化工作,1991年,CEN 和 ISO 签订了《维也纳协议》确定欧洲标准的制定应遵守国际标准优先原则,即 CEN 制定的欧洲标准应尽可能与 ISO 国际标准保持一致。③

CEN 由全体大会、中央管理委员会、技术管理委员会、行业技术管理局、规划委员会、认证中心、技术委员会和认证委员会组成。全体大会、中央管理委员会、技术管理委员会、行业技术管理局、规划委员会、认证中心由中央秘书处直接管理。全体大会每年召开一次对欧洲标准化活动遇到的具体问题进行探讨和解决。管理委员会负责 CEN 所有日常管理工作。技术管理委员会主要任务是负责其下属技术委员会之间的协调工作以及与其他协作机构保持联系。技术委员会负责制定、修订和废止欧洲标准,技术委员会的秘书处由CEN 成员国标准化机构担任。

2013 年 6 月 20 日,欧盟成员国标准化机构在 CEN 和 CENELEC 全体大会上通过《CEN-CENELEC 2020 战略目标》,明确了未来 CEN 和 CENELEC 开展标准化活动优先考虑的事项,并为实现 2020 年欧洲标准化体系设立了全方

---

① 陈淑梅:《欧洲经济一体化背景下的技术标准》,东南大学出版社 2005 版,第 112 ~156 页。

② Stoica Elena, National Identity as Core Concept for the European Standardization Procedure, *Procedia Economics and Finance*, Volume 39, 2016, pp.458-468.

③ ISO & IEC, https://www.cencenelec.eu/intcoop/StandardizationOrg/Pages/default. aspx, Last visit on 26 December, 2018.

位战略目标。主要包括:增强全球影响力、关注区域关联性、获得更广泛的认可、推广卓越的方案、创新与增长并举以及构建可持续体系、制定相应的行动计划,以确保实现总体目标,并达到预期成效。①

(2)APEC 标准化法律合作机制

1994 年,APEC 成员召开部长会议发布《APEC 标准一致化合作框架宣言》建立标准一致化分委员会(以下简称"SCSC"),负责 APEC 成员之间标准和合格评定程序的协调工作,旨在帮助减少因标准不同对亚太地区贸易和投资流动的负面影响。SCSC 于 1997 年召开会议通过《APEC 技术法规的制定、采纳和评估指南》用以指导成员国制定、采纳和评估技术法规,并于 2000 年成立相关工作组保证指南的实施。同年 SCSC 通过并发布《APEC 良好技术法规作业备忘录》和《APEC 良好技术法规的原则和特点》两份指导性文件对《APEC 技术法规的制定、采纳和评估指南》进行补充,APEC 鼓励成员国在进行技术法规的制定、采纳和评估时适用指南所明确的基本原则。②

SCSC 作为 APEC 贸易与投资委员会的分支机构,在推进 APEC 成员标准化合作,消除成员国技术贸易壁垒发挥巨大作用。其宗旨和主要任务是通过标准一致性减少贸易技术壁垒并增加市场准入;使每个成员国国家标准与国际标准保持一致;监管成员国标准、技术法规和合格评定程序的实施;在该地区进行合格评定互认安排;根据国际协定开展区域合作;确保更高的透明度;鼓励成员国参与标准教育和宣传计划,提高包括微型、中小型企业在内的竞争力。

2.区域标准化法律合作的启示

金砖国家间贸易交流日益频繁,然而成员国间尚未形成区域标准化法律合作机制,成员国间国内标准、技术法规和合格评定程序的差异在一定程度上成为阻碍成员国贸易交流的重要原因。金砖国家构建区域标准化法律合作机制已经迫在眉睫。通过对欧盟、APEC 中标准化法律合作机制的考察,金砖国家构建标准化合作法律机制不可原封不动模仿或者照搬其他区域合作机制。金砖国家需要结合成员国自身标准化法律制度的特点,发挥现有金砖国家伙伴合作关系的优势,通过签订区域标准化合作协议或条约以确定标准化合作

---

① CEN and CENELEC's ambitions to 2020, https://www. cencenelec. eu/News/Publications/Publications/CEN-and-CENELEC-Ambitions-to-2020.pdf, Last visit December 28, 2018.

② 刘明亮:《APEC 标准一致化合作最新进展与评价》,载《当代经济管理》2010 年第 10 期。

关系,构建相应的区域标准化合作框架。

(1)签订区域标准化合作协议

区域标准化合作协议是开展区域标准化法律合作的前提,欧盟、APEC 在开展区域标准化法律合作中均签订合作协议对本地区标准化活动进行规范。随着金砖国家合作不断深化,金砖国家已在多个领域达成合作并通过签订区域合作协定确定合作关系①,例如金砖国家海关部门就海关合作的原则和合作领域达成共识并通过《海关合作战略框架》,且正在计划起草《金砖国家海关行政互助协定》。② 标准化合作作为联通金砖国家市场的重要手段,是落实《金砖国家经贸合作行动纲领》中必不可少的环节。而现有金砖国家间标准化法律合作单一,同时金砖国家间深化标准化法律合作存在迫切需求,为更好实现标准化领域合作,要求金砖国家就开展标准化法律合作达成共识,并制定相关的框架性宣言和具有可操作性的合作协议。

签订金砖国家标准化合作框架协议是深化标准化法律合作时应首要考虑的问题。标准化合作框架协议中应明确标准化合作目的、原则、合作领域。金砖国家间深化标准化法律合作可借鉴海关领域合作经验,签订类似《海关合作战略框架》的区域合作协议。

(2)构架区域标准化机构

金砖国家间深化标准化法律合作应组建区域标准化机构负责本区域内标准化工作的管理和运行。一方面,区域标准化机构对内协调成员国国家标准、技术法规和合格评定程序,为成员国间标准化信息互通提供机构支持,同时制定具有本地区特色、符合本地区贸易实际需求的区域标准。另一方面,区域标准化机构代表成员国与国际标准化组织形成合作并保持联系,包括情况交流、派员参加国际标准化组织的会议。有鉴于此,金砖国家借鉴其他区域标准化法律合作,建立常设机构以实现对区域标准化活动进行管理是必不可少的。同时,金砖国家伙伴合作关系区别于欧盟、APEC 的合作形式具有自身独特性,金砖国家构建区域标准化机构应考虑成员国标准化体系和各成员国国内市场差异,对机构的性质、宗旨、管理机制和运行机制需要做出相应的调整。

(3)制定区域标准化战略

标准化战略是指国际标准化组织、区域标准化组织或者国家为实现高效的标准化活动,为其自身制定的一定时期内标准化工作的目标、任务、方向和

---

① Jim O'Neill,Building Better Global Economic BRICs,Global Economics,p.66.

② The BRICS Summit 2018:Johannesburg Declaration,para.82.

具体工作内容的规范性文件。[①] 为了顺应全球经济发展的需求,建立应对各种挑战的有效机制,区域标准化机构纷纷制定战略发展规划,并围绕各自组织使命,制定战略规划以及重点发展方向,依靠相关政策支持以推进重点领域的创新发展。金砖国家推进区域标准化法律合作时,根据区域自身特点和实际需要制定标准化战略显得尤为重要。金砖国家应当有目标、分层次地推进区域标准化,保证金砖国家区域标准化机构在国际标准制定中的影响力,同时也应当在战略中明确各国共同关注和需要重点关注的领域。

(三) 双边标准化法律合作方式

实现双边标准化法律合作的主要途径是通过两个不同的国家和地区之间在标准、技术法规和合格评定程序上达成相互承认。标准化相互承认主要包括标准、技术法规的相互承认和合格评定程序的相互承认,相互承认所调整的领域主要根据合作主体的实际市场需求决定。双边相互承认本质上是对全球标准化合作和区域标准化合作的补充。

1.双边标准化法律合作的借鉴

美国和欧盟是当今世界范围内汽车产业最为完整、汽车工业技术水平最为发达的两大经济体。汽车及其零部件等商品在美国和欧盟贸易交流中占据重要的地位,美国和欧盟的汽车产业已经形成相互依存、密不可分的关系。为了协调双方汽车及其零部件领域市场准入规则,消除不必要的贸易壁垒,从而加强双方的贸易交流与合作,美国和欧盟政府逐步推进汽车工业领域的双边标准化法律合作。

1995 年 11 月,美国和欧洲政府在"跨大西洋商务对话"大会上将消除技术贸易壁垒列为双方经济贸易合作的重要任务,是发展欧美自由贸易首要考虑的问题。大会依法成立标准、法规和认证工作组负责双方经贸交流合作领域特别是汽车工业领域标准、技术法规和合格评定程序的相互协调和承认工作。次年 4 月,为贯彻"跨大西洋商务对话"大会制定的目标,落实汽车工业领域的标准化法律合作,美国和欧盟政府在华盛顿召开"跨大西洋汽车工业大会"商讨实现双方汽车工业领域标准、技术法规和合格评定程序协调的具体措施,其中对于双方技术性要求存在差异的技术法规以等效互认的方法实现合作。

---

① 孙敬水:《发达国家标准化战略及其对我国的启示》,载《科研管理》2005 年第 1 期。

为实现欧美汽车工业领域的双边标准化法律合作,美国运输部交通安全部在第15届"增强汽车安全性国际会议"提出"国际协调研究议程"课题以研究汽车工业领域技术法规等效性问题,并率先对汽车安全技术法规进行修订,保证美国的部分汽车安全技术法规与欧盟的具有等效性①,由此美国汽车制造商生产的汽车及其零部件在满足本国的技术法规要求时,因双方技术法规的等效性即获得进入欧洲市场的资格。欧美汽车工业领域的标准化法律合作在"跨大西洋贸易与投资伙伴关系"的框架下开展,双方在汽车市场准入管理方式上逐渐趋于融合,并就汽车工业领域技术法规等效性的评价方式开展深入研究,努力实现所有汽车工业领域技术法规互认的目标。

2.双边标准化法律合作的启示

全球标准化合作和区域标准化合作是对多个国家、地区的标准、技术法规和合格评定程序进行协调,国家、地区间经济发展、文化背景和政治制度等方面存在差异,则全球标准化合作和区域标准化合作难以在所有领域实现标准、技术法规和合格评定程序的协调,仅可在全体成员存在共同利益需求的领域实现标准化合作,然而对于全球标准化合作和区域标准化合作难以协调的领域,同时两个国家和地区在此领域存在巨大的贸易往来,它们往往选择通过签订相互承认协议以实现此领域商品在两国市场自由流通。

通过对美国、欧盟关于汽车行业双边标准化法律合作的考察,金砖国家在开展全球、区域标准化法律合作的同时需要结合具体区域贸易需要分领域、呈制度化加强成员国间双边标准化法律合作,弥补全球、区域标准化法律合作中的不足。

第一,金砖国家间需明确开展双边标准化法律合作的领域。双边标准化法律合作领域主要集中在全球标准化法律合作机制和区域标准化法律合作机制难以协调的领域,同时两个国家和地区在此领域存在巨大的贸易往来。例如中国、巴西之间大豆等农产品领域,中国和俄罗斯之间石油天然气等能源领域。

---

① 美国汽车制造商协会向美国高速公路安全管理局提议对FMVSS103(汽车挡风玻璃除霜除雾系统)、FMVSS104(汽车挡风玻璃刮刷清洗系统)、FMVSS108(汽车前大灯隐藏装置)、FMVSS202(汽车座椅头枕)、FMVSS209(汽车座椅安全带总成)首先进行修改,规定这些FMVSS与相应的欧洲汽车技术法规在功能上是等效的,汽车制造商既可满足美国高速公路安全管理局要求,也可满足欧洲法规要求,两者予以同等对待。此外,美国公路安全保险机构还联合提出修改FMVSS214(汽车侧碰撞保护),使之在7年内与相应的欧洲技术法规达到功能上等效。

第二，金砖国家间需要签订双边标准互认协议或标准化合作备忘录。像欧美就汽车工业领域合作签署汽车标准互认协议对欧美之间标准化法律合作进行规范。金砖国家间应当明确开展双边标准化合作的具体领域，通过签订双边标准互认协议或标准化合作备忘录的形式对合作的内容和程序进行规范。例如中国已和巴西技术标准协会签署两国标准化合作备忘录。①

第三，金砖国家标准化法律合作需要构建相应的运行机制和管理机制。例如欧美在汽车领域标准化法律合作是在"跨大西洋商务对话"基础上并组建标准工作组、技术法规工作组和认证工作组，负责处理标准化运行和管理工作，成为欧美在汽车领域标准化法律合作的纽带，由此欧美在汽车领域双边标准化法律合作呈现机制发展的趋势。金砖国家间在开展双边标准化法律合作时需要组建相关双边标准化合作委员会，对两国该领域的标准、技术法规和合格评定程序进行协调并负责标准、技术法规和合格评定程序的实施、监督工作。

（四）小结

世界各国的标准化法律合作方式主要包括全球标准化法律合作、区域标准化法律合作和双边标准化法律合作，为金砖国家间深化标准化法律合作提供借鉴意义。金砖国家间现有的标准化法律合作存在全球标准化法律合作深度不足、区域标准化法律合作缺失和双边标准化法律合作领域较少等问题。由此金砖国家间标准化法律合作的方式应该在多个层次不断深入，加强全球标准化法律合作，创设区域标准化法律合作，扩宽双边标准化法律合作，消除金砖国家间贸易因标准、技术法规和合格评定程序造成的不必要的障碍，促进区域贸易健康、可持续发展。

四、金砖国家间深化标准化法律合作的机构

标准化机构在国际、区域标准化法律合作中扮演着不可替代的角色，作为联系成员的纽带，同时也负责处理日常繁杂标准化活动等相关事宜。② 其中

---

① 中国与巴西技术标准协会签署两国标准化合作备忘录，http://www.lwbaihui.com/12927.html，访问时间：2018 年 12 月 24 日。

② Konstantinos Karachalios and Karen Mc Cabe，Dual Use of Standardization Strategies：Promoting Regional Integration and/or Global Markets，Megaregionalism 2.0：Trade and Innovation within Global Networks，pp.283-290.

区域标准化合作最为典型的欧盟、APEC 通过协议、宣言的形式组建区域标准化机构 CEN、SCSC,在其区域标准化中发挥了至关重要的作用。金砖国家建立区域标准化机构有利于促进本区域内标准与国际标准协调,消除金砖国家区域贸易壁垒,保护本地区自身利益。

(一)机构的性质

金砖国家标准化机构应按照 WTO 所认可的原则开展工作,即一致、透明、公开协商一致、独立于任何特殊利益和效率。① 标准化机构的性质应当区别于 ISO、IEC 非政府组织的性质,借鉴欧盟区域标准化合作经验建立政府间的区域性组织。ISO、IEC 是当今世界最权威的国际标准制定组织,成员国为在国际标准中表达自身利益需求,争夺国际标准的制定权,纷纷积极参与 ISO、IEC 的管理活动。区域标准化机构则不具备 ISO、IEC 的优势,由此金砖国家构建由政府主导的区域组织开展成员国间标准化合作更具可行性。

(二)机构的构建

金砖国家间深化标准化法律合作应分层次逐步实现,构建金砖国家标准化合作机构同样需由浅入深,稳步推进。第一步,金砖国家领导人在一年一次的领导人峰会讨论标准化合作相关事宜,并在金砖国家领导人宣言中明确深化标准化法律合作。其主要作用是:达成开展金砖国家间深化标准化法律合作活动的共识,确定标准化法律合作的基本方针。有利于金砖国家负责标准化工作的政府部门开展合作等相关事宜,同时为金砖国家构建标准化合作机构铺平道路。第二步,组织金砖国家负责标准化工作部门的部长会议,部长会议作为金砖国家间深化标准化法律合作的立法机构,应协商一致制定颁布《金砖国家标准化合作框架》。主要作用是:加强成员国间标准化政策及立法信息的交流与沟通,协调各国标准化政策,为组建标准化合作机构做立法准备。第三步,组建由金砖国家标准化管理机构组成的区域标准化机构。

金砖国家标准化合作机构应包括下列部门:一、由金砖国家标准化机构参与组成的非常设机构——全体大会,每年定期召开,负责制定、修改机构的内部章程,探讨和解决区域标准化工作中遇到的具体问题,总结区域内标准化工作并制定区域标准化战略计划。二、设立常设管理机构——理事会,负责区域

---

① M Hilf," Power, rules and principles - which orientation for WTO/GATT law?", *Journal of International Economic Law*,Vol.4,No.1,March 2001,pp.111-130.

标准化政策制定、机构运作和管理工作。三、管理委员会下设负责具体标准化工作委员会,例如咨询委员会,主要职能包括跟踪机构战略实施和成员国标准化发展变化,负责与国际标准化组织开展合作以及参与 ISO 具体工作事宜;技术委员会负责统筹标准、技术法规制定、修改和废止工作;合格评定委员会负责协调金砖国家合格评定程序。

金砖国家标准化合作机构主要履行以下职能:1.协调成员国发布的国家标准、技术法规;2.保证国际标准在成员国的推行;3.编制成员国国家标准协调报告;4.在没有合适的国际标准作为参考文件时,根据金砖国家要求编制区域标准;5.提供区域内相互认可的合格评定程序;6.与金砖国家及其他国际政府科研组织开展标准化合作。

金砖国家标准化合作机构可参考 ISO 创设观察国机制,允许其他标准化机构以观察国的身份参与区域标准化活动,以此扩大机构影响力并寻求与其他标准化组织的合作机会。此外机构应为成员国企业、团体或协会提供参与机构标准化活动的渠道,保证机构制定的标准化政策、区域标准等符合市场实际需求。

(三)机构的标准化战略

标准化战略是金砖国家标准化机构为满足企业和消费者的期望,深化金砖国家标准化法律合作而制定。机构基于对目前金砖国家当前市场情况了解和对未来市场变化的预见,应制定标准化战略为区域标准化工作设立目标:(1)形成交流互鉴、开放包容、互联互通、成果共享的金砖国家标准化合作发展新局面;(2)实现金砖国家市场互通;(3)增强成员国在全球市场的竞争力;(4)确保金砖国家有效参与国际标准化行动和合作;(5)为金砖国家企业、消费者等相关利益主体提供科学、有效的标准、技术法规等相关服务。

同时机构需要在标准化战略中明确金砖国家标准化合作的具体领域并制定相关计划,例如加强成员国在能源、健康、安全和环保等领域的标准化合作。此外 ICT 领域国际标准制定权争夺激烈,欧盟等区域标准化机构均将 ICT 领域列入其标准化战略重点合作领域,金砖国家标准化机构制定标准化战略时应对 ICT 领域予以特别关注。

(四)小结

区域标准化机构为金砖国家标准化法律合作提供交流的平台。金砖国家有必要构建以政府为主导的区域标准化机构,负责协调成员国间的标准、技术

法规和合格评定程序,促进区域标准化发展。成员国通过签订合作协议赋予区域标准化机构相应的职能并明确机构的内部分工,使区域标准化机构在金砖国家标准化法律合作中发挥应有的作用。此外,区域标准化机构应制定标准化战略,为金砖国家间深化标准化法律合作设立短期目标和重点合作领域。

五、金砖国家间深化标准化法律合作的具体措施

金砖国家间深化标准化法律合作需要具体的措施和机制对区域标准化活动进行规范。现行金砖国家标准化法律合作形式过于单一,金砖国家应借鉴其他区域成功的机制,根据区域实际需求设计相应合作机制,确保金砖国家可以在标准化领域实现真正的合作共赢。

(一)明确"标准"和"技术法规"定义

金砖国家需在区域标准化规则中明确"标准"和"技术法规"的定义,"标准"和"技术法规"的定义是标准化活动中最基础、最为关键的定义,在标准化合作中所有活动均在"标准"和"技术法规"定义的基础上开展,若国家在区域标准化规则中未对"标准"和"技术法规"定义进行统一,必将阻碍成员国间的标准化合作。欧盟为防止因成员国国内立法中"标准"定义的差异而造成不必要的分歧导致阻碍成员国间的标准化合作,在《关于欧洲标准化的 1025/2012 法规》中明确"标准"和"技术法规"定义。①

金砖各国国内标准化立法中对"标准"的定义存在差异。其中"标准"定义最大的分歧在于标准是否具有自愿性的特征。中国、巴西、印度和南非在国内标准化立法中均未明确"标准"具有自愿性,也未明确技术法规的定义,而是将"标准"和"技术法规"的内涵混同。"技术法规"作为强制性标准存在于其本国的标准化法律体系中,采用此种立法方式明显违背了 WTO/TBT 协定的立法精神。仅俄罗斯在标准化立法中明确标准具有自愿性。由此可见,金砖国家有必要在区域标准化规范中对"标准"和"技术法规"进行统一定义,避免因成员国标准化立法的差异引起不必要的贸易纠纷。需要注意的是,金砖国家作为 WTO 的成员国,WTO/TBT 协定中"标准"的定义对金砖国家标准化立法具有指导性作用和约束力,金砖国家区域标准化规则应参照 WTO/TBT

---

① See the Regulation (EU) No 1025/2012 of The European Parliament and of The Council, Article 2(1).

协定,将"标准"和"技术法规"加以区分,明确技术法规是"规定强制执行的产品特性或其相关工艺和生产方法,包括适用的管理规定在内的文件"。

(二)建立技术贸易壁垒通报与预警机制

目前金砖国家标准化法律合作中存在标准、技术法规和合格评定程序信息交流不通畅,缺少有效的标准化信息交流平台的问题。对于金砖国家企业而言,企业获取成员国有效的标准化信息难度巨大且成本高昂,往往企业在产品出口或对外投资时因遇到标准、技术法规或合格评定程序等技术贸易壁垒导致无法获得成员国市场准入资格。此外,即使已经进入其他成员国市场的企业也可能因成员国标准、技术法规或合格评定程序的变更,企业未能及时获取相关变更信息则需要承担巨大投资风险。由此金砖国家政府应为企业提供获取有效标准化信息的渠道,根据企业需要及时提供有效的标准、技术法规和合格评定程序的变更情况。

WTO/TBT 协定中要求成员国依据透明度原则设立国家咨询点、通报制度和定期发刊公开国家技术法规。金砖国家依据 WTO/TBT 协定规定构建了相关通报机制,但 WTO/TBT 协议下的通报机制中标准和合格评定程序信息并不全面,企业获取相关信息渠道仍然存在难度,因而现有通报机制并不能完全满足金砖国家标准化法律合作的需求,金砖国家需要在现有基础上构建标准化信息更为全面、功能更为丰富的通报和预警机制。

首先,金砖国家应当建立由区域标准化机构管理运行的区域咨询点。区域咨询点主要负责成员国的标准、技术法规、合格评定程序和标准化政策等信息的采集、整理和公开。金砖国家标准化机构应当遵循主动、及时、诚实和全面原则将本国的标准、技术法规、合格评定程序和标准化政策等信息提交给区域咨询点。同时,区域咨询点需要对金砖国家标准化机构提交信息的格式、语言、程序和内容等进行统一规定。

其次,金砖国家需要构建相关的通报机制。金砖国家制定技术法规时依据的并非国际标准或者金砖国家区域标准且该技术法规有可能给金砖国家贸易造成不必要的障碍,则需要在技术法规生效之前及时向其他成员国和区域咨询点通报该技术法规,其他成员国有权利就该技术法规是否造成不必要的贸易障碍发表意见。金砖国家构建通报机制适用范围应适当扩展,对其他例如标准、标准化政策等有可能造成不必要贸易障碍的国内规范同样应当适用。

最后,金砖国家需要构建技术贸易壁垒风险预警系统。区域咨询点将自己获取的成员国标准、技术法规草案等相关信息的变更情况及时通知相关企

业,企业根据自身实际情况调整经营策略并为区域咨询点提供相关的评议意见,同时,区域咨询点根据企业提交的评议意见对成员国标准、技术法规草案是否有可能造成不必要的贸易障碍进行审查并向成员国政府通报。

(三)建立相互承认机制

金砖国家应在等效互认原则基础上构建相互承认机制。所谓的相互承认机制包括技术法规、标准的相互承认和合格评定程序的相互承认。由区域标准化机构制定统一区域标准、技术法规和合作评定程序的过程是漫长且困难重重的,同时对金砖国家标准化法律合作提出更高要求,且大范围适用标准、技术法规的协调与现阶段金砖国家合作模式和深度并不相符。现阶段,金砖国家可以凭借技术法规、标准的相互承认和合格评定程序的相互承认作为区域标准法律合作的过渡性机制,鼓励成员国在区域标准化合作机制下认可其他成员国与本国基于同一正当目的制定的标准、技术法规和合格评定程序。相互承认机制是对其他成员国立法、传统的一种尊重,是建立在成员国相互信任的基础上的合作机制。

金砖国家需要注意的是,相互承认机制并没有具体规范对其实施程序进行规定,所依据的仅是原则性条款。此外世界范围内未形成对标准、技术法规和合格评定程序目的一致性通行的评价方法,金砖国家需在合作中不断摸索适合本地区的合格评定程序目的一致性的评价方法。金砖国家推进相互承认机制时,率先在贸易交流频繁的领域适用标准、技术法规的相互承认,同时组建相关的技术小组对标准、技术法规目的是否符合一致性进行评估,在产品进入他国市场后进行追踪监督并及时向区域标准化机构提供反馈。

(四)建立标准化合作监督机制

金砖国家应设立标准化法律合作监督机构,主要负责监督区域标准化机构中标准、技术法规的制定、成员国区域标准、技术法规和标准化合作政策和协议的实施情况。金砖国家标准化合作监督机构应组建相关的工作小组,由各个领域的专家组成,跟踪考察区域标准、技术法规、标准化政策等在成员国实际执行情况,并将考察结果反馈至区域标准化机构。

金砖国家标准化监督机构是深化区域标准化法律合作中必不可少的组成部分,可作为区域标准化机构下设组织开展工作,其设立目的是保证金砖国家标准化法律合作有效开展,监督机构应由相关领域的专家组成,保证机构科学公正,同时要求监督机构对外透明且公开,通过设立有效的奖励制度保证工作人员的参与度,在金砖区域标准化工作中发挥应有的功能。

(五)小结

金砖国家间深化标准化法律合作需要制定具体的法律机制保证区域标准化活动顺利开展。制定区域标准化规范明确"标准"和"技术法规"的内涵,消除成员国国内标准化立法中的差异。此外,金砖国家通过建立技术贸易壁垒与通报机制、相互承认机制和标准化合作监督机制,完善现有标准化法律合作中的不足,最大限度地促进成员国在标准化领域的合作,形成多层次的标准化法律合作机制,促进区域标准化的发展。

六、结语

世界范围内大规模的贸易保护主义正在抬头,西方发达国家对发展中国家技术上形成封锁,并在国际标准制定领域占主导地位。同时,世界各国积极在区域范围内抱团寻求标准化合作。金砖国家合作在不断深入,经济合作领域逐渐形成有效的区域合作机制,但标准化领域的合作方面却发展缓慢。现阶段金砖国家并没有就标准化合作达成共识,成员国间仅存在零星的双边标准化合作,并没有形成完整且有效的区域合作机制。当今世界范围内,区域标准化合作正在如火如荼地开展,例如欧盟、东盟、海合会已经根据自身实际情况构建全面、有效的标准化合作机制。对于金砖国家而言,为了扩大在国际标准制定领域的影响力,逐步消除成员间的技术贸易壁垒,构建金砖国家标准化合作机制已经势在必行。本文在分析金砖国家现有的标准化法律和管理体系,结合欧盟等较为成功的标准化合作机制,尝试对金砖国家标准化法律合作机制进行构建,在区域标准化合作原则、管理机构和具体措施进行深入的探讨。

对其他区域标准化合作机制考察,签订区域标准化合作协议明确合作原则和具体合作内容、构建金砖国家标准化合作机构对区域标准化活动进行管理是区域标准化法律合作必不可少的环节。本文希望金砖国家抓住金砖合作第二个"金色十年"的契机,构建全面、多层次的标准化合作机制,从而保证金砖国家可以在经贸领域开展更深层次的合作。

有鉴于此,金砖国家标准化合作机制的构建是非常有必要的,值得我们深入地学习和研究。金砖国家开展标准化法律合作需要借鉴国外先进的合作经验并结合区域贸易实际需要,保证金砖国家标准化合作有序开展。

金砖国家法律评论

BRICS LAW REVIEW

A Syudy on Legal Cooperation of
Standardization Among BRICS Countries

QI Jiyun

Abstract: In today's world, the standardization field is dominated by international standardization activities, and regional standardization cooperation and bilateral standardization cooperation continue to deepen. International standardization organizations such as ISO, IEC and ITU achieve global standardization by formulating international standards. In addition, WTO/TBT agreements provide a guiding model for standardization legislation. Regional economic entities such as EU and ASEAN have formed a comprehensive and systematic legal cooperation mechanism for Standardization in the fields of standards, technical regulations and conformity assessment procedures. Based on the successful experience of EU and other regional standardization legal cooperation, this paper tries to construct standardization legal cooperation among BRICS countries, hoping that BRICS countries will form a comprehensive legal cooperation mechanism in the field of standardization as soon as possible.

Key words: BRICS countries; standardization; legal cooperation

✳张梦媛*

金砖国家投资条约企业社会责任条款研究

内容摘要：金砖国家作为发展中国家的重要力量和新兴经济体,其环境、劳工等公共利益频繁遭受跨国企业经营行为的侵害。尽管五国国内法中已有 CSR 的相关规范,但投资条约中尚未完全纳入企业社会责任条款。面对跨国企业怠于履责、国际层面制度缺失等问题,积极探索金砖国家投资条约中 CSR 条款的构建极其具有现实的重要性和紧迫性。本文采取比较分析、历史分析、规范分析和实证分析方法对金砖国家投资条约 CSR 条款进行研究,考察了金砖国家投资条约 CSR 条款的订立现状,提出了金砖国家 CSR 条款的完善建议。

关键词：金砖国家;投资条约;企业社会责任条款

---

* 张梦媛,西南政法大学国际法学院国际法学专业 2016 级硕士研究生(指导教师邓瑞平教授)。本文由本卷编辑在作者 2019 年硕士论文基础上修改而成。

引言

在国际经济蓬勃发展的今天,金砖国家作为新兴经济体在国际舞台上发挥着日益重要的作用。自 2006 年金砖国家合作机制形成以来,五国经济总量占全球经济比重从 12% 上升到 23%,贸易总额比重从 11% 上升到 16%,对外投资比重从 7% 上升到 12%,对世界经济增长的贡献率达到 50%,已成为拉动世界经济增长的重要引擎。① 作为重要的经济活动体,金砖国家经济合作的成就必将推动制度合作的升级,其制度合作的经验必将对经济活动的规则制定产生重要影响。然而,伴随金砖国家国内市场的开放,其环境资源、劳工权益等公共利益不可避免地受到外来投资的侵害。当今国际经济社会,在追求经济迅速发展的同时不断强调可持续发展的必要性,逐步重视投资规则的人本化,并通过各种规则要求跨国企业自觉承担其对于东道国的社会责任。有鉴于此,金砖国家应当顺应国际经济规则构建的趋势,借助已经形成的合作基础,吸取以往的合作经验,积极完善本国投资条约中的企业社会责任条款(Corporate Social Responsibility,以下简称"CSR 条款")。

一、金砖国家投资条约 CSR 条款的基本理论

CSR 条款在国际投资领域发展尚不成熟,其来源于西方发达国家并逐渐为世界各国所接受。迄今为止,金砖五国中仅有巴西将该项条款纳入其个别条约,但鉴于 CSR 条款的先进性和有效性,以及金砖五国对外交往的广阔前景,CSR 条款必将成为五国投资条约中的重要内容。

(一)金砖国家投资条约 CSR 条款的意义

当今国际投资条约大多由西方发达国家主导制定,因而其内容和保护对象倾向于维护发达国家利益,CSR 条款亦不例外。CSR 条款起源于 18 世纪的美国,逐步发展成为西方发达国家制约发展中国家国际经贸发展的壁垒条款。有鉴于此,金砖国家在其投资条约中构建 CSR 条款具有以下重要意义。

1.有利于维护金砖国家公共利益

在长期的国际经济交往中,发展中国家丰富资源、低廉劳动力等天然优势

---

① 刘勇:《金砖国家可持续发展的机遇、挑战及建议》http://theory.people.com.cn/n1/2017/1012/c40531-29583876.html,访问时间:2018 年 10 月 23 日。

常为发达国家所觊觎,发达国家利用其主导的经贸规则维护本国投资者利益。于金砖国家而言,由于五国国土辽阔、资源密集,更易成为发达国家攫取自然资源、获取利润的目标对象,在此过程中,一些跨国企业破坏当地自然环境,损害劳动者、消费者等合法利益,并在谋利同时滋生腐败现象。随着金砖国家国际经济地位的提升,更应注重保护自身的天然优势,形成有利于自身长久发展的竞争力。CSR 条款的构建能够在各国接受外商投资时对于外资准入标准和行为标准形成一定的法律规范,从而有助于约束跨国企业在其领土内的商业或非商业行为,为本国环境、劳工、消费者及合法、公正透明的商业环境树立起保护屏障。

2.有利于形成统一的条文内容

当今国际社会中最具代表性的多边合作组织即为北美自由贸易区(North American Free Trade Area,以下简称"NAFTA")和欧盟(European Union,以下简称"EU"),二者具有巨大合作力量的原因之一在于其内部制度的高度统一性。于金砖国家而言,五国虽为发展中国家,但国土总面积占世界领土总面积 26.46%,人口数量占世界总人口 42.58%,且经济总量约占世界 20%,对世界经济增长贡献率达 50%①,早已成为国际经济进程中不可或缺的角色。若五国在企业社会责任制度方面形成统一的合作机制,有利于其在对外交往中形成统一立场,不仅能够使得五国在今后的条约谈判中形成事先的条文范本,不至于听从他国的指引而牺牲自身的利益,也能够为发展中国家提供 CSR 条款的制度先例,推动发展中国家在其投资条约中构建 CSR 条款。

3.顺应可持续发展的经济趋势

当今国际经济不再一味追求利益最大化的发展目标,世界各国逐渐意识到环境、人权等公益损失带来的外部成本,投资者也逐步意识到维护东道国公共利益可产生的隐形收益。

因此,无论是东道国还是外国投资者在追求现实经济利益的同时开始关注公共利益的潜在价值。在以往的经济交往中,发展中国家常常处于被动地位,一方面,作为资本输入国,发展中国家的投资准入门槛较低,常常成为外商投资者减少成本、谋取利益的最佳选择,但因其落后的经济现实和迫切的发展需要,无法迅速提高投资准入标准,无奈牺牲自身合法利益。另一方面,作为资本输出国,由于发展中国家国内法治尚不健全,与发达国家相差甚远,当本

① 中国外交部:https://www.fmprc.gov.cn/web/gjhdq_676201/gjhdqzz_681964/jzgj_682158/jbqk_682160/,访问时间:2018 年 10 月 24 日。

国投资企业走出国门时，又常因自身条件不相符、投资行为不合法而被拒之门外，缺少与他国企业的竞争力。倘若金砖国家将 CSR 条款纳入投资条约，不仅能够提高金砖五国的法治水平，在外资准入和经营时能够有效约束其各种行为，还能为本国企业能力建设制定更高的要求，使其逐步提升自身竞争力。

（二）金砖国家投资条约 CSR 条款的发展历程和现状

由于贸易是国际经济交往的最初形式，因而企业社会责任的国际规则首先出现在国际贸易法领域。在长期商品服务交易过程中，企业是经济活动的主要载体也是规则的适用主体，其在扮演着生产、运输、销售角色的同时，通过践行诚信交易、信守国际贸易规则的方式进行交往。然而，随着经济层级的分化，公平贸易不再局限于商品和服务，逐渐深入到劳工权益、环境保护及消费者权益的层面，成为企业应当承担的社会责任。[①] 19 世纪末 20 世纪初，国际贸易已无法满足日益增长的国际经济需求，此时国际投资应运而生，成为国际经济交往的重要形式。调整金砖国家投资活动的法律主要有双边投资条约及多边投资条约，因此应从此两类条约中探究金砖国家 CSR 条款的发展脉络。

1.金砖国家双边投资条约中的 CSR 条款

首先，就巴西而言，其一直以来是外商投资的重点之一，但长期以来的投资实践并未促进其在双边投资条约签订方面的发展。具体而言，巴西是金砖五国中双边投资条约数量最少的国家，其条约的签订主要分为两个阶段，第一阶段是 20 世纪 90 年代，第二阶段是 2015 年前后，在其签订的 22 项 BITs 中，只有一项仍具效力。尽管如此，自 2015 年与莫桑比克签订条约起，其与墨西哥、马拉维、哥伦比亚、智力、安哥拉和埃塞俄比亚签订的 6 项条约中都包含 CSR 条款。[②]

其次，就俄罗斯而言，其在双边投资条约签订的数量方面在金砖国家中位于第二，在其签订的 84 项 BITs 中，有 16 项未生效，5 项效力终止，仍有 63 项存在效力。这些条约大多于 20 世纪末签订，2010 年后新增 10 项。[③] 尽管数量可观，但总体而言，俄罗斯在双边投资条约中的企业社会责任内容订立上存

---

① 李雪平：《企业社会责任国际法律问题研究》，中国人民大学出版社 2011 年版，第 169 页。

② Brazil-Bilateral Investment Treaties, https://investmentpolicyhub. unctad. org/IIA/mappedContent#sectionContainer_77, 访问时间：2018 年 10 月 24 日。

③ Russian-Bilateral Investment Treaties, https://investmentpolicyhub. unctad. org/IIA/CountryBits/175, 访问时间：2018 年 10 月 24 日。

在较大空缺。对于俄罗斯而言,外国投资最多的是能源产业以及收益较快的食品行业,因此在进行投资过程中极易给当地环境带来破坏并且过度消耗自然资源①,在大量雇佣劳动力时也极易产生劳资纠纷,忽视劳动者权益保护问题。正因如此,在其双边投资条约中尽快构建企业社会责任条款具有迫切必要。

再次,就印度而言,其在双边投资条约签订方面位于金砖国家第三位,共有 83 条,印度签订的双边投资协定时间较早,且在 2010 年以后仅与阿拉伯、尼泊尔等五个国家新签条约,为保证双边投资条约能够平衡投资者与本国的利益,印度计划对所有到期的双边投资协定进行重新谈判,以新的双边投资协定代替到期协定。在印度所有的双边投资条约中,都未直接包含企业社会责任的内容。

再次,就中国而言,中国是双边投资条约的签订大国,迄今已经签订 145 项双边投资协定,成为世界上双边投资条约签订数量最多的国家之一,在金砖五国中也名列第一。其中最早的一项是于 1982 年 3 月 29 日与瑞典签订的双边投资协定,最新一项是 2015 年 7 月 29 日与土耳其签订的,但尚未生效。②尽管中国在金砖国家中签订的双边投资协定数量最多,但在 CSR 条款的订立方面远不及巴西。

最后,就南非而言,尽管南非处于非洲,丝毫不影响其依靠人力和环境资源吸引大量外商投资。南非诞生的《全球沙利文原则》是国际上第一个由非政府机构制定并推行的企业社会责任标准,这意味着企业社会责任意识在南非的起步很早,但遗憾的是,这一理念并未在南非对外签订的双边投资条约中得以充分体现。

综上,目前金砖国家无论在贸易领域还是在投资领域有关企业社会责任制度的规定都较为稀缺,即使是 CSR 条款中的主体内容也未能全面涵盖在条约之中,但面临跨国企业现实侵害和法律空白的双重危机,探索 CSR 条款的构建具有实践与理论的双重紧迫性。

2.金砖国家区域性投资条约中的 CSR 条款

除以双边投资条约外,多边区域性投资条约也是国际投资法律框架下的重要组成部分,此类投资条约的签订有利于促进实力相当或具有地缘优势的

---

① 娜斯佳:《外商直接投资对俄罗斯经济发展的影响研究》,哈尔滨工业大学 2016 年硕士学位论文。

② 《联合国贸发会议:中国成为签订双边投资条约最多国家之一》,http://www.lawtime.cn/info/wto/WTOdongtai/201010271406.html,访问时间:2018 年 10 月 24 日。

区域性组织的产生。金砖国家不仅各自对外签署了双边投资条约,凭借其所处的地理位置与周边各国也同样形成了区域性多边经济体,主要包括:于1991年形成的以巴西为首的南方共同市场(以下简称"南共市")、2001年建立的以中俄为核心的上海合作组织、1985年形成的包括印度在内的南亚区域合作联盟及1982年形成的以南非为主的南部非洲发展共同体。同时在此基础上,部分区域性组织也与其他地区性组织通过签订合作协议建立起经济合作关系,包括南共市与欧盟缔结的《欧盟与南共市地区间框架合作协定》以及与印度缔结的经济合作协定等,这些区域性组织在经济全球化的背景之下,为世界各国在其利益基础上形成聚合性的力量团体,以目标一致性、利益一体化增强各自对外竞争的抵御能力。

首先,就南共市而言,在南共市2017年4月7日签署的《南共市投资便利化议定书》的第14条则明确纳入了CSR条款。该条共包含11款内容,分别包括投资者的投资应当促进东道国的可持续发展;应当尊重东道国人权并加强社区合作;应当为劳动者提供就业培训和平等的就业机会;应当避免寻求东道国环境保护法律方面的豁免等。① 此项条款较为全面地涵盖了企业社会责任的相关内容,与巴西双边投资条约中的条文内容基本一致。且在其序言中,也明确提到了投资者应当保证投资利于东道国经济的可持续发展和社会投资,为东道国创造平等的就业机会。但该议定书并未订立例外条款的部分,因此主要通过序言和正文部分进行规定。

其次,就上海合作组织而言,其最为重要的两项文件是《上海合作组织成立宣言》和《上海合作组织宪章》,这两份文件是该组织成立和运作的基础性文件,因而对组织的性质和主要活动原则具有根本性的指导作用。就《上海合作组织成立宣言》来看,其中并未包含企业社会责任的内容,仅仅在第2条中提到"鼓励各成员国在政治、经贸、科技、文化、教育、能源、交通、环保及其他领域的有效合作"的合作纲领②,然而在经贸、能源、环保和其他领域的合作究竟内容为何则无所提及,具体则是通过成员间各自形成的个别法律文件加以规范,除此以外,《上海合作组织成立宣言》中没有涉及社会责任的其他内容。

再次,就南亚区域合作联盟而言,《南亚区域合作联盟宣言》、《南亚区域合作联盟宪章》和《南亚自由贸易协定》是其主要的法律文件,但该区域组织

---

① Intra-MERCOSUR Investment Facilitation Protocol(2017),http://investmentpolicyhub.unctad.org/Download/TreatyFile/5548,访问时间:2018年10月24日。

② 《上海合作组织成立宣言》第2条。

在企业社会责任内容方面几乎没有规定,大多是有关投资贸易便利化的有关措施。其仅在《南亚自由贸易协定》第 14 条第 2 款第 2 项中规定"该条约不得阻止成员方采取保护人、动植物安全的措施"①,此条款对于人权保护稍有涉及,但其成员方国内一些先进合理的法律制度并未融入该组织的规定中,这将对区域成员及区域对外投资合作而言存在较大的风险,各国作为东道国时此一缺漏不利于其对自身利益的保护,同样也不利于该区域组织的制度构建和全面合作。

最后,就南部非洲发展共同体而言,《南部非洲发展共同体议定书》是其重要的法律文件之一。文件正文部分有关社会责任的规定并不多,主要通过 11 个附件细化了投资、税收、争端解决机制合作等方面的问题。该文件在附件 1 中,专门设立了社会责任的内容,例如:附件 1《投资合作》中的第 10 条规定了企业责任内容,明确"企业应当遵守东道国的法律、法规和政策"。② 此条款虽未专指 CSR 条款,但实际包含了企业应当履行的所有责任,要求企业应当遵守东道国关于劳工、环境和消费者保护的有关规范。此外,在其外部与欧盟也有一定的合作,二者主要以《欧盟—南部非洲发展共同体经济合作协议》作为合作的法律基础。在其序言部分多次提到投资者应当促进东道国经济的可持续发展,进行有利于社会的投资;在其正文部分,除第 1 条第 1 款原则外,第 7 条第 2 款第 2 项和第 10 条都规定了可持续发展的内容。③ 同时,第 8 条也规定了环境和劳工标准的内容,即投资者的投资应当符合《多边环境协定》和国际劳工组织有关环境和劳工标准的规定④;第 96 条则是一般例外条款,其第 3 款规定如果投资有害于东道国人、动植物健康,则东道国可以排除条约

---

① Agreement on South Asian Free Trade Area (SAFTA), https://investmentpolicyhub. unctad.org/Download/TreatyFile/2671,访问时间:2018 年 10 月 25 日。

② Consolidated Text of the Treaty of the Southern African Development Community, https://investmentpolicyhub.unctad.org/Download/TreatyFile/3112,访问时间:2018 年 10 月 25 日。

③ 《欧盟—南部非洲发展共同体经济合作协定》第 1 条第 1 款:"通过建立符合可持续发展,千年发展目标和'科托努协定'目标的贸易伙伴关系,为减少和消除贫穷做出贡献。"第 7 条第 2 款第 2 项:"承诺本协议的适用应充分考虑到其各自人口和子孙后代的人类、文化、经济、社会、健康和环境的最佳利益。"第 10 条第 1 款:"缔约方再次确认其承诺在经济、社会和环境方面加强贸易和投资对可持续发展目标的贡献。"

④ 《欧盟—南部非洲发展共同体经济合作协定》第 8 条第 2 款:"考虑到《科托努协定》,特别是其第 49 条和第 50 条,缔约方在本条的范围内重申其权利和承诺履行其对多边环境协定(多边环境协定)的义务。"

的适用。① 但并无专门的 CSR 条款。

尽管金砖国家投资条约中的 CSR 条款屈指可数,但通过梳理近年来五国投资条约中的相关规定,可知该条款的订立呈现如下趋势:

一是从无到有的发展趋势。无论是贸易领域还是投资领域对于企业投资者社会责任的规定大多通过环境责任、劳工权益保护责任等具体方面进行单项规定,但很少有直接利用 CSR 条款对其权利义务进行规制,尽管金砖五国投资条约中的 CSR 条款较少,但可以发现巴西自 2015 年后签订的投资条约中全都包含这一条款②,因此该条款在其投资条约中经历了从无至有的过程,其也将为其他四国在本国投资条约中纳入该条款起到借鉴作用。

二是从杂到专的发展趋势。以往对于跨国企业社会责任都是通过环境、劳工条款进行约束,并将其作为一般投资者进行规范,但随着企业社会责任专门条款的出现,对于跨国公司企业社会责任的行为、责任承担及其他特别制度将通过更加具体、直接的方式进行规定,从而弥补利用琐碎条款规范企业行为的不足。

(三)金砖国家投资条约 CSR 条款的基本范畴

CSR 条款的基本范畴即该条款主要包含哪些内容,此点是理论及现实中分歧较大问题之一。部分学者认为企业社会责任应当包括环境、劳工和消费者权益保护责任,但另一部分学者则认为反腐败责任也应当属于企业的社会责任内容。金砖国家投资条约中企业社会责任的范围不甚明确,并未明确提及企业社会责任的范围,因此应当从当今国际层面法律文件及已有条约中关于 CSR 条款的规定中寻找答案。

1.国际层面

国际层面对于 CSR 条款内容的界定主要有两种,一是政府间与非政府间国际组织法律文件中的界定,二是现有经贸条约中关于 CSR 条款的界定。

(1)国际组织法律文件中 CSR 条款的基本范畴

首先,最具代表性的企业社会责任规范是政府间国际组织签订的联合国《全球契约》,该契约规定企业社会责任主要包括四方面,即人权、劳工、环境

---

① 《欧盟—南部非洲发展共同体经济合作协定》第 97 条第 2 款:"条约不适用于保护人类、动物或植物的生命或健康所必需的措施。"

② IIA Mapping Project, https://investmentpolicyhub.unctad.org/IIA/mappedContent # iiaInnerMenu,访问时间:2018 年 10 月 25 日。

和反贪污方面①，涵盖了劳工、投资者、消费者等利益相关者的利益。尽管在其具体内容中，没有明确提及消费者的利益，但在人权方面规定跨国企业应当"尊重和维护国际公认的各项人权"，因而可以认为其所提及的人权保护应当包含消费者所享有的生命健康权、公平交易权等，只是人权的范围更加广泛，囊括了消费者这一主体。由此可知，《全球契约》中规定的企业社会责任包含了环境、劳工、消费者和反腐败四方面内容。

其次，联合国项下的其他两项企业社会责任准则也将此四项内容明确纳入企业社会责任的范畴。就《跨国公司及其他工商企业在人权方面的责任准则》草案而言，其在规定了跨国公司和其他工商业一般义务的同时，着重对劳工权利保护、消费者权利保护、环境保护进行专门规定，同时把禁止腐败纳入跨国企业尊重国家主权和人权的内容中，将其作为跨国企业和其他工商业必须遵循的东道国政策。就经济合作与发展组织的《跨国企业指导纲领》而言，经过多次修订后，其也将四项内容进行专门规定，并在每项内容下对具体规则都进行了细化。②

此外，欧盟在企业社会责任问题上也可作为制度构建的典范。早在欧共体时期，各成员国就发布了《公司法》1号令，要求成员国对利益相关者提供保护。③ 在2001年，因各国拥有了各自的企业社会责任制度，欧盟通过了《关于发展欧盟标准化绿皮书》，以协调各国不同标准的制度。④ 此后，随着《欧洲公司条例》的诞生，欧盟成员有关企业社会责任制度的确立步入正轨。欧盟始终坚持其将遵守联合国《全球契约》等国际组织有关这一制度的国际化标准和原则，将永远与其保持一致。因此，可以推断其在企业社会责任的范围问题上，坚持与《全球契约》、《跨国公司及其他工商企业在人权方面的责任准则》草案等相同的立场，同时包含环境、劳工、消费者权益保护和反腐败责任等四项内容。

（2）当代经贸条约中 CSR 条款的基本范畴

经贸条约包括贸易协定和投资协定两方面内容，在经贸规则的制定方面，

---

① Global Compact, http://www.unglobalcompact.org/, 访问时间: 2018年10月24日。

② 《跨国企业指导纲领》, http://www.unhchr.ch/huridocda/huridoca.nsf/(symbol)/E.CN.4.Sub.2.2003.12.Rev.2/En? Opendociment, 访问时间: 2018年10月24日。

③ 李雪平:《企业社会责任国际法律问题研究》, 中国人民大学出版社2011年版, 第100~101页。

④ 李雪平:《企业社会责任国际法律问题研究》, 中国人民大学出版社2011年版, 第112页。

西方发达国家始终保有绝对的话语权,且在经济发展和制度觉醒等方面亦遥遥领先。因而金砖国家在确定具体规则时可以参考发达国家的相关制度安排和发展经验,以此确定自身发展方向,此举同时有利于在日后的经贸对话中的某些议题上,形成一致的思想立场。

首先,在2016年以美国为首通过的《跨太平洋伙伴关系协定》(Trans-Pacific Partnership,以下简称"TPP")中,明确规定了CSR条款。具体而言,其在第9.17条中规定了CSR条款,内容为"各成员应当鼓励本国企业在东道国境内遵守东道国有关企业社会责任的标准和指导"①,通过指引性的规定,将东道国的相关制度作为企业社会责任的执行标准。此种规定看似不够具体,实际扩大了责任的依据范围,使得东道国的法律得以适用,也更切实地维护了东道国的利益。鉴于TPP规定在企业社会责任承担问题上遵守东道国的有关标准和指导其在某种程度扩大了企业社会责任的范围,使得企业社会责任更具灵活性,也给予了企业社会责任更大适用空间。

其次,在所有包含CSR条款的投资条约中,内容较为全面的应属巴西签订的七项条约。该条款共规定了13项企业应当履行的社会责任,其中(a)项、(b)项、(d)项、(e)项和(f)项分别包含了可持续发展、劳工、环境、人权、和反腐败的内涵②,尽管(f)项中未明确规定禁止反腐败的内容,但其要求企业遵守正当合理的商业行为,应具反腐之意。

再如,《加拿大—韩国自由贸易协定(2014)》第8.16条③规定:"各缔约方应鼓励在其领土内或在其管辖范围内经营的企业资源将国际公认的企业社会责任标准,包括缔约方认可或支持的原则和声明纳入其政策中,这些原则涉及劳动者、环境、人权、社区关系和反腐败等问题。"

2.国内层面

关于企业社会责任的国内界定主要划分为发达国家和发展中国家两大阵营,划分两大阵营的主要依据是企业社会责任的具体实施标准。

(1)发达国家国内法中CSR条款的基本范畴

发达国家在企业社会责任的研究方面处于领先地位,其推动并引领了该制度的发展。以美国为例,美国是最早提出这一制度的国家,其也是最早对其

---

① TPP,https://investmentpolicyhub.unctad.org/Download/TreatyFile/3573,访问时间:2018年10月24日。

② Brazil-Malawi BIT(2015),https://investmentpolicyhub.unctad.org/Download/TreatyFile/4715,访问时间:2018年10月25日。

③ 《加拿大—韩国自由贸易协定(2014)》第8.16条。

进行规范的国家。① 美国在企业社会责任的界定方面运用的"利益相关者"理论，因此，即使其未明确表示企业社会责任的范围，但从该理论中可以看出，企业在对股东和自身负责以外，还应当对其雇员、消费者和其他社会公共利益负责，这是因为其从后面三种主体处获取利益。

英国在推进企业社会责任举措方面，设立了战略实施的基本目标，即促进经济、环境、消费者、社区及其他利益相关者间的相互合作，敦促企业提升责任意识并履行社会实践。英国在定义 CSR 范畴方面明确了环境、劳工、消费者保护责任的重要性，并与美国类似，亦强调了利益相关者的基本概念。因而可以推断，英美在定义 CSR 条款基本范畴方面，都承认了劳动者权益保护、环境保护、消费者权益保护等内容。

此外，德国、日本等发达国家通过其国内法律规定明确了本国对于企业社会责任基本范畴的立场，并以严谨、完善的制度保障企业社会责任制度的实施。

（2）发展中国家国内法中 CSR 条款的基本范畴

发展中国家在此问题上的研究虽然较为缓慢，但也相继制定法律来规定企业社会责任。发展中国家大都通过《公司法》对企业行为进行规制，以中国为例，我国在《公司法》中明确规定公司应当承担包括劳工、消费者、环境保护等责任。虽未具体明确规定责任内容，但也对其有所涉及。但发展中国家大多着重强调劳工保护方面的内容，在消费者、环境保护方面较为稀少，反腐败内容则极少提及。此外，印度、南非等国家对于企业在环境、劳工保护等方面的责任的监管也都采取相应的举措，要求企业采取实际行动履行社会责任。

3.金砖国家投资条约 CSR 条款应有的基本范畴

金砖国家在制定 CSR 条款时，应当首先考虑企业社会责任的范围。综合以上国际及国内规定来看，国际社会及各国在环境保护、劳工权益保护和消费者权益保护方面并无明显分歧，只是在反腐败责任是否属于企业社会责任内容问题上略有分歧，对此金砖国家可从以下三个角度进行考量：

（1）跨国企业的履责现状

金砖国家尚处发展阶段，因此在反腐方面的法律制度并无发达国家那样完善，在国际投资活动中也时常出现腐败之风。中国在金砖五国中处于经济

---

① 李雪平：《企业社会责任国际法律问题研究》，中国人民大学出版社 2011 年版，第74 页。

水平领先地位,但是在 2004 年①及 2007 年②相继出现了企业高管受贿案,严重危害了国内经济和社会利益。对于金砖四国而言,对外发展伴随着国家经济、国民道德等多重危险,其发展需要健全法治保驾护航,因此,将反腐内容纳入跨国企业社会责任中具有现实的必要性。

(2)已有条款的先例作用

尽管巴西在 CSR 条款的设计方面仍有不足,但与其他国家相比已较为先进。作为金砖国家之一,巴西已有的制度设计体现了其在对外投资条约签订中的立场,并可为其他四国的制定提供制度经验和教训,因而对于其他四国在 CSR 条款的订立方面起到推动和指引作用,巴西投资条约中虽未明确规定企业的反腐败责任,但通过条约解释可将反腐败责任纳入已有条款中,因此,应当认为金砖国家在企业社会责任的范围选择上有此先例。

(3)企业社会责任的基本理论

在考量是否要将反腐败纳入企业社会责任时,可以依据企业社会责任中最为重要的"利益相关者"理论进行分析。"利益相关者"理论是指由于雇员、消费者等主体接受企业活动而遭受风险,因而企业应当对其负责。运用此理论可对反腐败责任进行以下分析:

首先,腐败的主体通常为一国政府官员、企业高管等。其次,其腐败形式常常是通过逃避法律制裁进行贪污、受贿。再次,因其贪污受贿后常常以商业机会作为条件惠及投资者,继而投资者通过抬高物价、降低产品和服务的成本来维持利益平衡。结果导致一方面造成了市场不完全竞争,对其他同质产品和服务产生不利的竞争环境,对其他投资者形成不公平竞争;另一方面扰乱了市场的管制秩序,相关法律被架空,从而缺少正当执行力;再者,消费者在正常价格内无法购买到等值产品,无法享受到优质服务,甚至成为隐形成本的承担着,倘若产品质量存在瑕疵,消费者甚至可能遭受到生命、健康等安全威胁。

综合考虑以上方面,金砖国家应当将反腐败内容纳入 CSR 条款之中,对其进行调整。

(四)小结

由于金砖国家在国际经济领域中的地位逐渐提高,五国也在面临着"引进来"和"走出去"双重道路的革新,在此过程中,金砖国家面临着由资本输入

---

① 段宏庆:《张恩照受贿案内幕》,载《财经》2004 年第 170 期。

② 明叔亮等:《"贿赂门"详解》,载《财经》2008 年第 1 期。

国向资本输入、输出国双重角色的转变。然而,由于现今投资条约中缺乏相关法律规范,金砖五国在吸收外资时无法有效避免或防止跨国企业对本国环境、劳工、消费者等公共利益造成的严重危害,且由于自身较为"宽松"的法律体系,五国亦无法在本国企业诞生、成长之际严格其经营行为,提升国际竞争力,因此本国企业行为的合规性也饱受争议。据此,金砖国家应当在其投资条约中构建较为完善的 CSR 条款,这样不仅能够降低跨国公司在金砖国家经营过程中产生的风险,还可提升自身法治水平及本国企业的国际竞争力,并在五国间形成统一立场,争取今后条约谈判中的话语权。鉴于当今国际组织的法律文件、国际重要区域合作协定及发达国家对于企业社会责任内容的选择,金砖国家在纳入 CSR 条款时应当兼顾环境、劳工、消费者权益及反腐败四方面内容,并以此作为核心进行构建和完善。

二、金砖国家投资条约 CSR 条款中的环境保护责任

国际投资领域用于规范和约束投资者和东道国权利义务的法律依据主要是各国之间订立的投资条约。当今国际社会,大体形成了以双边投资条约为主,多边投资条约为补充的法律框架。这是因为,双边投资条约仅在两国之间具有约束力,在协商和实施过程中更易达成也更易被执行,而多边投资条约由于成员方过多,在磋商和实践中存在的分歧更大,相较于双边投资条约具有操作上的困难,在执行中效果欠佳。因此,各国大多倾向于通过订立双边投资条约或纳入相关条款的方式就某一问题达成共识,并以双边谈判为起点,推动多方共识的实现。

(一)金砖国家投资条约 CSR 条款中环境保护责任的必要性

金砖国家投资条约中纳入环境保护制度的必要性主要体现在理论与现实两个层面。

1.理论层面

(1)环境权的正当性

环境权的法律正当性一直为学界所争议,但从现今发展的实践中可以看出环境权已逐渐为国际社会所认可,并逐渐成为人权的一部分。例如,《非洲

人权和民族权宪章》中便明确了健康的环境是人类的权利。[①] 尽管在有关环境的全球性法律文件中并未将其明确为人所享有之权利,但从环境发展的紧迫性和人类对有利自身发展的自然环境的迫切需求方面可以看出其存在应当具有合理的现实基础。

（2）外部成本的必要承担

企业的外部成本主要是指企业在经营过程中产生的不需由其支付的成本,该种成本由其他社会成员承担,企业从中获利却无需支付对价。环境成本是企业最为典型的外部成本,企业以不合理、无节制的方式利用环境资源、谋取大量利益,并将环境污染、资源消耗等成本转移至其他社会成员,长远角度上使得其他成员丧失原本能够享有自然资源或是未来享有资源的可能性。若能完善环境保护制度的相应内容,便可敦促企业承担相应环境资源成本,从而降低其破坏环境、滥用资源的可能性。

2.实践层面

（1）环境资源面临现实威胁

金砖国家在环境、资源方面具有得天独厚的优势,这也成为跨国企业转移生产,大肆开采的重要吸引力,在此过程中,跨国企业毫无节制地利用金砖国家自然资源,忽视生产经营活动所造成的负外部成本,使得金砖国家生态环境日趋恶化,自然资源日益减少。

（2）环境保护责任条款有待完善

环境保护问题是企业社会责任的重要内容之一,以往的双边投资条约中尽管存在环境保护的相关内容或条款,但其内容不具针对性,只对一般投资者的行为进行规制。即使某项投资条约中存在 CSR 条款,其中关于环境保护的内容与其应有之义相比也过于粗略笼统,并未完全包含环境保护的多种内涵或是没有具体的义务、责任内容。

（3）可持续发展的必然要求

1970 年第 70 届联合国大会提出了《2030 年可持续发展议程》[②],其中环境可持续发展及资源的持续利用是这一议程中的重要内容,且在 1972 年斯德哥尔摩环境大会通过的《联合国人类环境会议宣言》和 1992 年里约热内卢环境大会通过的《21 世纪议程》中都指出了环境保护是可持续发展进程中不可

---

① 《非洲人权和民族权宪章》第 24 条:"一切民族乡有一个有利于一切发展的普遍良好的环境。"

② 《2030 年可持续发展议程》,https://baike.baidu.com/item/2030 年可持续发展议程/19208981? fr=aladdin,访问时间:2018 年 10 月 22 日。

或缺的一部分。① 当今国际经济不再仅仅以利益最大化为其发展目标,要求经济、社会、文化等各种利益协调发展,因此,环境保护内容的细化和完善顺应了经济可持续发展的国际趋势。

(二)金砖国家投资条约 CSR 条款中环境保护责任的依据

1.金砖国家投资条约 CSR 条款中环境保护责任的应有之义

正如法理中权利义务论所说,义务的产生是由于权利的存在,权利与义务是相互依存的。因而企业所承担的环境保护责任一方面来源于因其利用自然环境和资源而获取利益,从而应当为其利益付出相应代价外,还来源于环境自身造福人类的功能,换言之,环境是每一个社会成员享有的天然财富。因此,企业环境保护责任应从两方主体考量,一是其他社会成员,二是企业本身。

(1)环境权的内容

环境权作为一种权利,其主体应当是自然人。尽管学界就其存在与否及性质方面尚未达成共识,但事实上其应被认为是人权的一部分内容。也即环境权是人所享有的一种权利。森蒂尼在其专著《人权与环境原则》中将环境权划分为实体性和程序性两种权利,其中实体性权利包括人有权享有健康、安全的生存环境,享有无污染的土地、空气和水资源等十种,程序性权利包括人人享有参与环境有关的重大决策的权利等六种。② 还有学者以环境要素、功能及资源进行划分,将其分为空气全、水权、日照全等。无论具体划分方法如何,这些是实体性和程序性权利是每一个自然人固有的权利,因而同其他人权一样免受侵犯,也正因如此,企业应当保证其行为符合其他自然人的环境权要求。

(2)企业环境保护责任内容

企业对于环境的保护责任多种多样,主要可通过时间作为分类标准进行简要归纳。

首先,企业应当采取预防手段面对环境挑战。环境问题的产生往往对现有资源造成不可弥补的后果,需要大量的资金和先进的技术进行后期治理和维护,因而企业应当关注事前的预防措施,在进行生产经营活动前对项目可行性进行评估和分析,提高其实施的科学性和可行性。与此同时,实时跟踪监督

---

① 《联合国人类环境会议宣言》,https://baike.baidu.com/item/联合国人类环境会议宣言/6726884,访问时间:2018 年 10 月 22 日。

② 张爱宁:《国际人权法专论》,法律出版社 2006 年版,第 483 页。

活动进展,对于经营过程中产生的不利后果及时处理,即可止损等。

其次,企业应当采取措施主动担责。当损害发生后积极主动承担经营活动对于环境造成的不利后果,通过赔偿、补偿等方式弥补其给社会和他人带来的损失。

综上,企业环境保护的责任内容应当跨越事前和事后,并以自然人所享有的环境权内容为依据,尊重和保护各项具体权利。

2.金砖国家投资条约 CSR 条款中环境保护责任的国际法依据

(1)全球性法律文件

金砖国家在制定环境保护责任条款时可参考全球性企业社会责任制度的法律文件,如《全球契约》、《跨国企业行为准则》以及国际标准化组织制定的相关国际标准等,此等法律文件虽无法律拘束力,但在国际范围内具有示范性作用,此外,还可参考有关环境保护的专门性法律文件如《21 世纪议程》和《斯德哥尔摩宣言》,其在环境保护方面也具有指导性作用。不仅如此,国际标准化组织于 1993 年成立了环境管理机构,并先后出台了 ISO14001、ISO14004 等五项标准。这些标准也将成为金砖国家在投资条约中纳入企业环境保护责任的最低行为准则。

通过对比这些文件,可将其对企业环境保护进行大致归纳,即从事前预防和事后担责的角度,对于企业应当承担环境保护责任的具体行为方式进行了明确。

(2)双边及多边性投资协定

金砖国家在其投资条约中纳入环境保护责任制度时,还应参考当今国际社会先进的投资条约中的相关内容,也可将金砖五国对外形成的区域性的投资协定作为参照依据,对如何协调区域间成员在此过程中的利益等产生借鉴意义。

在环境方面最具代表性的区域性协定应属《北美自由贸易协定》(North American Free Trade Agreement,以下简称"NAFTA"),其是第一个将环境保护内容纳入立法中的投资协定,该协定不仅在序言部分提出投资需与环境保护价值保持一致,还在例外条款部分将东道国与协定不符的保护环境的措施排除在外①,最为独特的是,NAFTA 中包含了《北美环境合作协定》(North American Environmental Cooperation Agreement,以下简称"NAAEC"),并以附

① 《北美自由贸易协定》,http://www.docin.com/p-1686723302.html,访问时间:2018 年 10 月 22 日。

件形式对投资中的环境问题进行具体规定,凸显对于环境保护的重视,同样,在投资者义务及责任承担方面进行细化。

由于双边投资条约在订立、实施等方面较多边投资条约更易达成且更具效力,因此现代各国倾向于通过双边投资条约明确权利和义务。在环境保护方面,美国最具代表性,其从实体和程序两方面对环境保护加以规定,不仅对于投资者的环境保护提出了更高的要求,还在第 12 条第 6 款规定了程序性争端解决机制,即磋商。① 因此,美国双边投资协定在此问题方面更加详细和具体,可供金砖国家借鉴和参考。

(三) 金砖国家投资条约 CSR 条款中环境保护责任的规定

如前文所述,迄今为止金砖国家尚未在投资条约中普遍订立 CSR 条款,只有巴西在其签订的六项投资条约中订立该项条款,因此在分析金砖国家投资条约中 CSR 条款的相关内容时只有巴西的 BITs 和各国对外签订的区域性投资协定可以作为分析来源。在此可以从双边投资协定和多边区域性投资协定两方面进行阐述。

1.金砖国家双边投资条约 CSR 条款中环境保护责任的规定

首先,从 CSR 条款环境保护责任是否存在看,由于条款数量的限制,金砖五国中只有巴西在其双边投资协定中纳入企业的环境保护责任条款,而俄罗斯、印度、中国和南非都尚未在其双边投资协定中明确规定企业的环境保护责任。

其次,从 CSR 条款中环境保护责任的具体内容看,目前国际投资条约中纳入 CSR 条款的数目并不多,而巴西在 CSR 条款的内容设计方面较为先进。

一方面,其在 CSR 条款具体内容的数量方面较为充足。在其签订的六项双边投资协定中,CSR 条款大都包含了十一项具体内容,基本覆盖了当今全球性法律文件及其他区域性投资条约中企业社会责任的基本内容。

另一方面,其在具体条款的内容安排上较为全面。以 2015 年 6 月 25 日签订的《巴西—马拉维双边投资条约》为例,其在第 9 条纳入了 CSR 条款。②

该条第 1 款规定:"投资者及其投资应根据自愿原则和标准,通过采取高度负社会责任的做法,努力为东道国和当地社区的可持续发展做出最高水平

---

① 《美国双边投资条约 2012 年示范文本》第 12 条第 6 款。

② Brazil-Malawi BIT (2015), https://investmentpolicyhub. unctad. org/Download/TreatyFile/4715,访问时间:2018 年 10 月 25 日。

的贡献。"①这是从总体原则的角度要求企业应当保证其生产经营行为符合可持续发展的根本要求,且因可持续发展包含环境、劳工等具体内容,因而该款起到了引领下文和奠定基调的作用,也从原则上要求企业必须保证环境的可持续发展。

该条第2款序言提出:"企业应当按照自愿性原则进行责任承担,并要求在遵守下列原则时同时不应违背东道国的法律。"②这一部分实质明确了以下责任应当是鼓励性质的法律规定,尽管其将此内容置于条约之下,具有法律效力,但初衷是希望企业能够出于履行的主观能动性,且在列举具体内容时利用东道国法律作为规范依据,实质为企业行为提供了行为准则,也使得东道国的国内法得以应用。后文详细列举了十一项具体内容,大致包括促进环境发展、尊重保护人权等内容,其中与环境密切相关的有第1项促进环境可持续发展、第3项加强地方能力建设、第5项中的不可寻求环境责任方面的未规定的豁免等共四点规定。但从这四点看,目前条文只是要求企业应当负有保护东道国环境不受侵害,遵守东道国相应法律的义务,但并未对其如何履行义务及违反义务后的责任承担进行规定。

2.金砖国家区域投资条约CSR条款中环境保护责任的规定

通过金砖国家区域性投资条约中的法律文本的介绍,可以看出直接包含CSR条款的主要有《南共市投资便利化议定书》和《南部非洲发展共同体议定书》。前者的CSR条款与巴西BITs中的条款内容近似,因而其在环境保护内容方面也与巴西BITs中的内容基本一致,在此不再赘述。而南部非洲发展共同体签订的《议定书》中附件1投资合作的第10条纳入了企业社会责任制度,但仅仅只有一句表述,即"企业应当遵守东道国的相关法律法规③,并无任何具体内容。

因此,金砖国家在区域投资条约中对于企业环境保护责任的规定行文较少,仅有规定与双边投资协定并无二致。

(四)金砖国家投资条约CSR条款中环境保护责任的缺陷

通过对于金砖国家双边和区域性多边投资协定中环境保护责任条款的分析,可以发现就目前而言存在以下几方面问题。

---

① Investment Cooperation and Facilitation Agreement Between the Federal Republic of Brazil and the Republic of Malawi, Article 9(1).

② Brazil-Malawi BIT(2015),第9条第2款序言。

③ Intra-MERCOSUR Investment Facilitation Protocol (2017), Article 10.

1.环境保护责任条款数量不足

此点主要体现在金砖五国的双边投资条约中尚未完全包含 CSR 条款,因而环境保护内容缺乏条文基础和条款支撑。在其区域性多边投资条约中,由于金砖国家对外签订的此类区域性条约数量较少,且已有法律文件大多属于宣言性和倡导性的文件,不具实质拘束力,因而也缺乏权利义务性条款。

2.环境保护责任条文内容粗略

如前所述,有关企业环境保护责任的国际法律文件主要有《全球契约》《跨国公司行为准则》中的相关内容,以及《21 世纪议程》《斯德哥尔摩宣言》等,除此之外还有美国签订的各项投资条约中的环境保护条款等,这些为企业环境保护责任提供了范本和参照,因此可以通过对比此类文件中的相关内容,发现金砖国家投资条约中企业环境保护责任规定的缺陷之处。

首先,《全球契约》在环境方面,规定了企业应当对环境挑战未雨绸缪,且应当增加对环境保护承担的责任并且积极推动无害环境技术的发展。① 在《跨国公司行为准则》中,规定了跨国企业应当遵守东道国有关环境保护的法律、法规,并遵守相应的国际标准。不仅如此,其还规定企业应当及时将其可能损害环境的产品、服务等问题向有关机关汇报。在《里约热内卢宣言》和《21 世纪议程》中也都提到了企业应当广泛运用预防的方法来防止环境恶化。对比金砖国家现有的相关内容,可以看出投资条约中并未具体表明应当从事前预防和事后担责的方面具体要求企业应当进行相应的评估、汇报和检测工作。

其次,在美、加、墨三方签订的 NAFTA 中对于环境保护的内容也具有借鉴意义,例如,其在第 9 章规定各方应当保证其所实施的环境保护标准不得低于国际标准,与此同时则侧面要求企业投资者行为应当满足环境国际标准的相关要求,而在金砖国家投资条约中未标明国际标准的重要性②;此外,其在调整 NAFTA 与其他国际环境协定的协调方面规定了后者优于前者适用。在此,金砖国家投资条约中也有所欠缺。最后,NAFTA 第 20 章规定了环境问题的争端解决机制。③ 然而,在此内容上,金砖国家投资条约中企业社会责任内容

---

① 《全球契约》原则 7:"企业应当对环境挑战采取预防性措施。"

② NAFTA 第 905 条第 1 款:"任一成员应将相关的国际标准作为其有关措施的基本标准。"

③ NAFTA 第 2005 条第 3 款:"在第 1 款所述的任何争议中,如果被告声称其行为是依据第 104 条(与环境和保护协定有关的规定),并以书面形式要求根据本协定审议该事项,则原告可仅根据本协议就该事项诉诸争议解决程序。"

并未涉及责任承担问题。当然,这也可能是由于其在条款之初就表明鼓励企业遵循自愿性原则来遵守随后的内容,因此尚未规定相关责任问题。但笔者认为既已将企业社会责任列为条约内容,便应赋予其效力,因此,应当进行责任承担和争端解决的规定,使其更具强制力,但具体的规定形式可进一步调整。

(五)金砖国家投资条约 CSR 条款中环境保护责任的完善路径

通过上文对于金砖国家投资条约中 CSR 条款的分析,可以看出金砖国家双边投资条约中缺少 CSR 条款的订立,因而在企业环境保护方面只能依靠已有的环境条款进行规制,但此种条款对于企业缺乏针对性,也无法从企业的特殊性进行考量对其行为进行有效规范。况且金砖国家对外虽有区域性合作机制,但数量较少,即使具备有效的 CSR 条款,也无法充分发挥在调整企业投资者社会责任方面的作用。因而,在完善金砖国家投资条约中企业环境保护责任时,首要任务有以下几点。

一是在双边投资条约中增加 CSR 条款。由于缺少 CSR 条款,企业的环境保护责任缺乏依附基础,且条款的修订和完善是一个循序渐进的过程,若能够令 CSR 条款成为"常规性条款",不仅有利于明确企业的环保责任,也使得此条款的磋商和改进更易实现。

二是加强金砖国家对外合作机制。扩大金砖国家外部多边合作的范围,加强合作的力度,不仅可以借助与发达国家间的合作来推动金砖国家各自的法律建造,继而推动金砖五国内的制度构建,还可以在此过程中逐渐将五国国内法制理念渗透到国际投资法中,为自身在未来的国际交往中营造有利的法制氛围。

三是全面构建环境保护责任内容。一个全面的条约内容应当包括序言、正文和例外条款三部分,当然有时还可通过附件形式针对某一项具体问题进行详细、全面的规定。对于具体条款而言,也可以类推适用这一制定形式,可以从序言、具体款项和例外内容进行规定,但由于 CSR 条款主要目的在于规制企业行为并进行归责,因此应严格限制例外规定的适用。

具体而言,金砖国家在其投资条约中构建 CSR 条款时可以从形式和内容两方面进行订立。

1.形式层面

应当实现环境保护在条款序言和具体准则处都有所体现,形成系统、全面的规定。

2.内容层面

(1)需在 CSR 条款的第 1 款即其序言部分规定企业行为应当符合可持续发展的要求,并且企业应当按照国际标准自觉履行环境保护的法律职责。

(2)在已有 CSR 条款第 2 款中进行具体义务的设计,如规定企业需在遵守东道国相应法律规定的基础上履行相关义务,这些义务应当以时间作为划分标准,从事前、事中和事后的角度进行逐一规定。事前部分主要是指企业应当在生产经营活动前,运用科学的评价办法对活动可能产生的环境影响进行评估并制作相应报告。事中密切关注东道国的相关法律,积极遵守并履行相关义务;此外,还需保证企业所使用的生产原料、生产技术的无害性,避免对当地环境资源进行破坏;不仅如此,对于企业经营活动进行实时跟踪,定期检查相关活动的环境影响,开展定期检测工作,以维持地方的建设能力。事后应当对其产生的环境损害通过赔偿或补偿的方式主动承担责任,而非将环境污染所产生的成本转嫁给东道国或由其他社会成员承担不利后果。除对具体行为的正面规定,还可通过禁止性规定的方式明确企业不可为的行为,如按照巴西已有的 CSR 条款模式在第 2 款项下或通过第 3 款进行规定,要求企业不得寻求东道国在环境责任制度方面未规定的责任豁免。这种利用例外规定方式可以对企业的责任内容进行更加周延的规定。

就金砖国家投资条约中已有的企业环境保护规则来看,主要包括三点:一是企业应当促进环境可持续发展,二是企业应当保证地方建设能力,三是不得寻求东道国法律中未规定的环境方面的豁免,若能够依据上述建议加以构建,CSR 条款中的环境保护责任则可得以具体、全面地完善。

(六)小结

鉴于环境权事实上已成为人权的一部分,且企业可在社会活动中借由外部自然环境和资源谋取利益,赢得自身的优势地位,因此企业对于社会其他成员及东道国负有保护环境的义务。当今国际经济法律框架内有关环境保护的法律主要有政府间及非政府间国际组织订立的法律文件以及区域性和双边性投资条约,其中最具代表性的有联合国通过的《全球契约》、《跨国公司行为准则》、NAFTA 以及以美国为代表签订的双边投资条约等,包含了事前、事后等环境保护措施,部分投资条约还明确了环境保护的争端解决机制,因此对于构建和完善金砖国家 CSR 条款中的环境保护内容具有较强的借鉴价值。目前而言,金砖国家投资条约中的环境保护内容尚不完善,主要存在数量较少、内容不全等问题,因此对于尚未订立 CSR 条款的投资条约可以先行促进该条款

的订立,继而从形式和内容方面将环境保护内容进一步完善,可以参照条约组成形式,将 CSR 条款分为序言、正文两部分,并在条款主体部分加强对于企业行为的规定,细化其义务内容,使该条款在实践中更具操作性。

三、金砖国家投资条约 CSR 条款中的劳工权益保护责任

劳工保护条款是国际投资条约中的常见条款之一,各国为防止外国投资者及其投资侵害本国劳工的合法权益,常将劳工的平等就业权、人身健康权等纳入条约之中,金砖国家亦不例外。然而,现有条约中的劳工条款缺乏对于跨国企业的定向规制,使得企业的劳工保护责任较为不甚明确,金砖国家在完善 CSR 条款时应当参照国际社会的有关规定,明确企业的劳工权益保护责任。

(一)金砖国家投资条约 CSR 条款中劳工权益保护责任的必要性

企业社会责任最初就是在企业为谋取利益,对于环境进行无节制迫害,对于劳动者进行不公平的剥削的背景下产生的,因而环境和劳权保护一直是企业社会责任的核心问题。金砖国家在投资条约中完善企业劳权保护责任的必要性也可从理论与实践两个层面进行分析。

1.理论层面

企业劳权保护的基础在于企业与劳动者的关系,即劳动关系。根据《劳动法》中的相关理论可以推断,劳动关系的存在决定了企业与劳动者之间存在着不对等的地位状态。

首先,在经济方面,劳动者与企业建立劳动关系后便产生了相应的权利和义务,对于劳动者而言其义务在于为企业服务,并按照企业的要求完成相应的劳动内容并据此获得报酬,对于企业而言其义务在于通过劳动者按其要求提供相应劳动后给其一定报酬。尽管在此过程中企业与劳动者都享有权利并承担义务,但仔细想来劳动者义务的承担必须服从企业的要求,且其劳动报酬的取得也受到企业的管控,是否能够如约如数取得,还应视具体情况而定。

其次,在人身方面,自劳动关系产生后,劳动者则成为企业的"人",其长期的劳动工作其实是通过向企业出售劳动力而获取所需的一个过程,在此过程中其人身在一定程度上受到了企业的控制,因此具有人身依附性。①

---

① 李雪平:《企业社会责任国际法律问题研究》,中国人民大学出版社 2011 年版,第 109 页。

最后,在行政关系方面,企业与劳动者之间具有隶属关系,当劳动合同订立后,劳动者受企业管理并由其负责,其在劳动过程中的决策行为都受到企业的授意和指示,大多处于听从领导与指挥的过程中。①

综上,无论是经济、人身还是行政关系方面,劳动者与企业实际处于权利义务不对等状态,劳动者处于弱势地位。因此,为平衡企业与其雇员之间的不平等状态,必须因权施责,给予企业更多的责任,使其行为受到一定程度的限制,从而在法律上保护雇员的权利。

2.实践层面

在长期的经济往来中,发展中国家由于技术、投资环境等因素的限制,往往处于经济发展的末端,但其拥有的低价劳动力则是吸引外资的一大亮点,因而外商投资者常常将其企业的生产加工阶段移至发展中国家,利用发展中国家低廉的劳动力市场制造产品,从而赚取更大利润。由于发展中国家在劳权保护和环境保护等方面对于外资长期维持较低的准入门槛和保护水平要求,外资在利用这些有利因素时不计后果地进行破坏和侵害,致使发展中国家劳动者的合法权益屡遭损害。尽管金砖五国早已成为世界经济中至关重要的一环,但在此问题上亦无例外。最为典型的有1984年印度发生的工业事故,其被称为人类历史上最为惨痛的工业事故案②,以及2002年6月位于我国东莞清溪镇的安加鞋厂女工中毒事件③,每一次的劳权受损案件都对金砖国家的劳动者产生不可挽回的损害。由于跨国公司规模宏大,且其生产链中的每一环节都需要大量的劳动力,若无严格有效的法律规制,则其行为会在全球经济化的浪潮中愈演愈烈。

(二)金砖国家投资条约 CSR 条款中劳工权益保护责任的依据

1.金砖国家投资条约 CSR 条款中劳工保护责任的应有之义

金砖国家在其投资条约中纳入企业劳工保护责任时,应当首先考察劳工作为特殊身份的"人"所享有的特殊权利,其次也应从企业的角度,考察企业由于与劳动者产生的劳动关系而应对其承担的义务和责任。

---

① 李雪平:《企业社会责任国际法律问题研究》,中国人民大学出版社 2011 年版,第109 页。

② 李雪平:《企业社会责任国际法律问题研究》,中国人民大学出版社 2011 年版,第24 页。

③ 《南方都市晨报》2002 年 7 月 6 日,A12 版,转引自余劲松:《跨国公司法律问题专论》,法律出版社 2008 年版,第430 页。

（1）劳工权的内容

劳工权是指劳动者作为特殊身份的人基于自身特殊性所享有的特殊权利。国际社会最早于19世纪便提出了劳动者权利的立法，经过长期的发展，形成了以世界性的国际法规范和区域性法律文件为主的规则体系，而现今关于劳工权的具体内容也主要依据此等法律文件。

首先，1942年颁布的《世界人权宣言》及其附属公约《经济、社会及文化权利国际公约》与《公民权利和政治权利国际公约》中规定了劳动者就业平等自由权、获得报酬权、组织和参加工会权、休息休假权、获得最低社会保障和救济权等；在国际劳工组织于1998年通过的《国际劳工组织关于工作中基本原则和权利宣言及其后续措施》中也确定了结社自由、禁止强制劳动（就业自由）、不得使用童工和就业平等的权利。①

其次，区域性组织欧盟在其《欧洲社会宪章》中提到了维护结社自由、保障公平公正的工作条件和最低社会保障等权利。总体而言都涵盖了结社自由权、就业平等自由权、获得报酬和最低保障权、休息休假权及童工不得被使用的权利。②

（2）企业劳工权益保护责任的内容

鉴于以上全球性和区域性法律文件中的劳权内容及相关的标准都已为国际社会所认可，可知企业应当根据此类法律文件中所包含的具体劳动权进行有针对性的保护。

首先，企业应当保证劳工的结社自由权和集体谈判权。此权利是指企业应当允许劳工通过合法合理的形式组成工会，并通过工会这一代表其权益的组织弥补劳动者自身的弱势状态，在适当时机为其发声，争取权益。

其次，企业应当保证劳工就业平等和就业自由。这是指企业不应因劳动者性别、民族、身体状况和宗教信仰而决定是否给予其就业机会，同时不得强迫劳动者进行工作，劳动是一种权利而非一种义务，因此任何人和组织都不得干涉他人的工作。

最后，企业应当保障劳动者的福利待遇权。这种福利待遇权包括依法获得劳动报酬权、休息休假权以及获得最低待遇的权利。这是对于劳动者作为

---

① 《国际劳工组织关于工作中基本原则和权利宣言》，http://www.ilo.org/wcmsp5/groups/public/---asia/---ro-bangkok/---ilo-beijing/documents/publication/wcms_158529.pdf，访问时间：2018年10月25日。

② 《欧洲社会宪章》，https://baike.baidu.com/item/欧洲社会宪章/7524660？fr=aladdin，访问时间：2018年10月25日。

弱势群体的一种基本保障，以消除其为索要工资，或由于劳动消耗原有能力后无法得到相应保障后产生的忧虑。

2. 金砖国家投资条约 CSR 条款中劳工权益责任的国际法依据

（1）全球性法律文件

首先，全球性的法律文件主要包括有关企业社会责任的一般法律文件，如联合国《全球契约》等，其中关于劳工方面的内容主要有四点，即结社与集体谈判权、消除强制劳动、消除童工以及杜绝就业歧视现象。

其次，则是有关人权的公约如《世界人权宣言》中的第 23 至 25 条及其两个附属条约《经济、社会及文化权利国际公约》第 6 至 10 条以及《公民权利和政治权利国际公约》中的第 22 条①，这三项文件主要通过其中的某一部分对于劳动者权利进行特别规定。

再次，是国际劳工组织通过的《关于工作中基本原则和权利宣言》，其中确立了国际核心劳工标准，具体包括结社自由和集体谈判权、消除强制劳动、废除童工、消除就业歧视四点。因该标准由国际劳工组织通过，因此应当作为金砖国家制定相关内容的重要参考依据。

最后，是社会责任国际通过的 SA8000 标准，是全球首个道德规范国际标准，其宗旨是确保供应商所供应的产品，皆符合社会责任标准的要求。SA8000 中关于企业劳工权保障的内容主要有九点，除包括前述文件中共有的内容外，还特别纳入了禁止惩罚措施②和管理体系③两方面。其在每一条项下规定了具体要求，因此对于企业的行为具有标准性和具体化的参照意义。

（2）双边及多边投资协定

在投资协定的签订方面，美国一直处于国际领先地位，其在条款构建及内容设计方面始终走在前沿。在双边投资协定中美国采用订立范本的方式，并在对外签订条约时，力图将其范本内容不断推广，形成对其有利局面。

美国最新双边投资条约范本是 2012 年一版，该范本在序言中提到各国应当遵守劳工权益的国际标准，并在正文第 13 条对投资中的劳工事项进行特别

---

① 《世界人权宣言》第 23—25 条；《经济、社会及文化权利国际公约》第 6—10 条；《公民权利和政治权利国际公约》第 22 条。

② SA8000 第 4 章第 6 条："组织应尊重所有劳工，不得参与或容忍进行体罚或精神、肉体胁迫或对劳工进行辱骂。不允许实施严厉或不人道的待遇。"

③ SA8000 第 4 章第 9.4.1 条："防范小组委员会应有效监督工作场所的如下内容：a）遵守本标准；b）实施有效解决小组委员会确定的风险的行动；c）为满足组织的政策和本标准的要求而实施的系统的有效性。"

规定,该条第1款规定成员方应当遵守国际劳工组织《关于工作中基本原则和权利宣言》中的各项要求①,并在第2款规定各方应当按照第3款第6项内容保障劳工权利②,而第3款则是对于权利的具体规定。从第3款中第6项内容可以看出,美国在其条约范本中规定的成员方应当保障的劳工权利与国际劳工组织的《关于工作中基本原则和权利宣言》中的内容完全一致,也即国际所认可的劳工权内容。除此之外,其在第13条最后两款规定了争议解决方式,即可以先行通过磋商方式进行解决。美国在条约范本中提出的国际核心劳工标准既是对投资者的约束也是对东道国的约束,即投资者应当保证投资符合劳工标准,东道国也不得降低标准以吸引投资,美国的这些立场体现在其所签订的 BITs 中,如在2016年《美国—乌拉圭 BIT》中第13条规定了投资与劳工,其中包含三款,包括了序言、具体义务,形成了全面的内容,且与其在范本中的立场完全一致。

在区域性多边投资协定中,美国和欧盟起到了重要的推动作用。美国在 NAFTA 中专门订立《北美劳工合作协议》,其中规定了11项劳工权利,包括结社自由权、集体谈判权、罢工权、劳动自由权、不得使用童工、保障最低就业标准和就业平等、男女同工同酬、防止职业伤害和疾病等。而在欧盟1961年《欧洲社会宪章》中也进行了多项规定。但无论是美国主导的 NAFTA 协议还是欧盟主导的《欧洲社会宪章》中的劳工保护条款,在劳工权的内容方面都脱胎于全球性的法律文件,因此,以国际劳工组织的《关于工作中基本原则和权利宣言》为主的全球性法律文件仍然是金砖国家制定企业劳工保护责任的主要法律来源。

(三) 金砖国家投资条约 CSR 条款中劳工权益保护责任的规定

如前文所述,由于目前为止金砖国家投资条约中尚未普遍纳入 CSR 条款,若要对于五国投资条约中 CSR 条款中的劳工权益保护内容进行分析,只能以巴西订立的《巴西—莫桑比克 BIT (2015)》、《巴西—墨西哥 BIT

---

① 《美国双边投资条约 2012 年示范文本》第13条第1款:"缔约方重申其各自作为国际劳工组织成员的义务,以及在《国际劳工组织的基本原则和权利宣言》项下的义务。"

② 《美国双边投资条约 2012 年示范文本》第13条第2款:"缔约双方认识到通过降低和减少国内劳工保护法律的规定来鼓励投资是不合适的。因此,缔约双方承诺不通过放弃或减损这些法律与国际公认的劳工权利的一致性来作为对其境内设立、并购、扩大投资的鼓励。如果缔约一方认为另一方采取了类似的鼓励措施,可以要求与另一方进行磋商。"

《(2015)》、《巴西—马拉维 BIT(2015)》、《巴西—安哥拉 BIT(2015)》、《巴西—哥伦比亚 BIT(2015)》、《巴西—智利 BIT(2015)》和《巴西—埃塞俄比亚 BIT(2015)》中的 CSR 条款为例进行介绍。

1.金砖国家双边投资条约 CSR 条款中劳工权益保护责任的规定

在形式方面,巴西与这五国签订的 CSR 条款稍有不同,其最早签订的两项分别是 2015 年 3 月 30 日的《巴西—莫桑比亚 BIT(2015)》和 4 月 1 日的《巴西—安哥拉 BIT(2015)》。这两项 BIT 中的 CSR 条款被规定在条约第 13 条,规定:"投资者及其投资应当使用采取高度的社会责任做法,努力为东道国和当地社区的可持续发展做出最大贡献,同时应当依据自愿原则遵守附件二中的'企业社会责任'内容。"①与其他条约相比,此条实际是 CSR 条款的序言部分,具体内容则通过附件形式加以规定。此种形式反而突出了企业社会责任的重要性和独特性,通过补充的方式着重强调了该项内容。与此相对,在与墨西哥、马拉维、哥伦比亚和智利的 BIT 中则分别是在第 13 条、第 9 条、第 13 条和第 15 条进行规定,在这四项 BIT 中都是在条款中直接进行了具体规定,而非通过附属协议的形式。因此,企业劳工权益保护责任规定的位置也随之有所不同。

然而,在内容方面巴西与这五国签订的 BITs 中 CSR 条款完全一致,因此在劳工权益保护方面内容也并无不同,下文以《巴西—马拉维 BIT(2015)》为例进行分析。

在该双边投资条约第 9 条企业责任条款中,除第 1 款序言部分要求企业及其投资应当保障东道国的可持续发展外,在第 2 款的十一项企业行为中有五项与劳工权益有关。具体如下:

第 2 项规定:"企业应当遵守东道国的国际义务和承诺,尊重参与公司活动的人的人权。"②此款使用的两个词"参与公司活动的人"和"人权"范围较广,但足以理解为包括雇员在内的与公司活动有关的人,而此处"人权"是一个普遍概念,既应包括人之为人的一般权利,还应包括劳动者作为特殊身份的人的特殊权利,在此,可以根据国际劳工组织《关于工作中基本原则和权利宣言》等法律文件进行理解。

第 4 项规定:"鼓励企业发展人力资本,特别是通过创造就业机会和促进工人获得职业培训的方式。"③此款中提到了创造就业机会,即保障劳动者就

---

① Brazil-Angola BIT (2015), Article13;Brazil-Mozambique BIT(2015), Article 13.

② Brazil-Malawi BIT(2015), Article13(2)(b).

③ Brazil-Malawi BIT(2015), Article13(2)(d).

业的权利,但应进一步突出创造平等自由的就业机会,这样更加符合国际社会的标准和要求。

第5项规定:"避免寻求或接受东道国有关环境、健康、安全、工作或财务激励措施或其他问题的立法中未规定的豁免。"①此款属于例外规定,因此涉及了环境、劳工权等各方面内容,其中关于劳工权部分主要强调了劳动者的健康和安全以及激励措施。

此外,第8项要求:"通过适当传播公司政策,包括专业培训计划,促进工人对公司政策的了解。"②此点强调了劳动者的知情权,即有权对企业内部非商业秘密性政策进行全面了解,企业有义务进行专门的培训。

最后一项即第9项,其规定:"企业不得对向董事会或在适当情况下向主管公共机构提交报告说明公司存在违反法律或违反治理标准的行为的员工采取歧视性或纪律处分措施。"③此点实质上赋予了企业员工检举的权利,这是从第三者的角度监督公司行为保证其合规的一种途径,有利于督促企业内部的良性发展。同时此点也是巴西在劳工权益中的创新点,是对国际普遍认可的劳工权利的补充。

2.金砖国家区域性投资条约 CSR 条款中劳工权益保护责任的规定

由于金砖国家区域性投资条约中只有《南共市投资便利化议定书》和《南部非洲发展共同体投资议定书》包含 CSR 条款,因此对于劳工权益保护责任部分的分析也只能从这两份文件中入手。就前者而言,因其与巴西含有 CSR 条款的五项条约中所列内容一致,因此无须过多介绍。而对于后者而言,其在形式方面是通过附属协议形式,在附属协议一中的第10条一言盖之,即"企业应当遵守东道国的法律、法规、行政规章和政策"④,并无具体规定,此处"法律、法规、行政规章和政策"就劳工方面来看,应当指东道国《公司法》《劳动法》等法律中的相关内容,只要与企业对其劳动者所应承担的责任规定,跨国企业都应当遵守。就此方面看,其内容涵盖较广,但因指向并不明确,且东道国国内法中与国际标准相比可能在内容和保护程度方面有所差距,因此又易产生企业履行不一致、法律解释有分歧等现实问题。

---

① Brazil-Malawi BIT(2015),Article13(2)(e).
② Brazil-Malawi BIT(2015),Article13(2)(h).
③ Brazil-Malawi BIT(2015),Article13(2)(i).
④ Intra-MERCOSUR Investment Facilitation Protocol (2017),Article 10.

（四）金砖国家投资条约 CSR 条款中劳工权益保护责任的缺陷

通过前文对金砖国家投资条约中劳工权益责任及其依据的国际法相关规定的介绍，可以看出目前金砖国家投资条约中有关此项内容的规定大致存在如下几点不足。

1.劳工权益保护责任条款数量不足

这是指金砖国家投资条约中尚未普遍纳入企业的劳工权益责任内容，其主要原因在于 CSR 条款本身尚未被五国所普遍接受，且金砖五国区域间合作机制数量较少，尚不足以为 CSR 条款提供沃土。企业的劳工权保护责任只是其社会责任的一部分，若无该条款，则企业劳工权保护内容也无处安放，只能依靠条约中其他相关条款进行规制，此点与金砖国家投资条约中企业环境保护责任存在的问题相同。

2.劳工权益保护责任条文内容粗略

在各国制定其企业社会责任中劳权保护内容时，应当以《国际劳工组织基本原则和权利宣言》、SA8000 等国际核心标准为参考依据，因为这些内容已为国际社会普遍认可。此类文件中共同包含的内容包括企业应当保障劳动者结社和谈判自由权、就业平等和自由权、工资待遇和社会福利权、保障健康安全的工作环境权利和禁止使用童工几项，而对比金砖国家现有内容，可以发现其在劳动者结社和谈判自由权、工资和最低福利待遇权内容上有所欠缺。然而，以《巴西—马拉维 BIT（2015）》为例，其中涉及劳工权益保护的内容共四项，包括企业应当保护劳工就业机会、劳工就业安全等，但并未囊括国际法律文件中明确的劳工应有权利的所有内容，因此，较标准化内容而言稍显粗略。

3.劳工权益保护责任条文表述不清

就金砖国家中包含 CSR 条款的条约而言，其在劳工权保护方面已有五项与此有关的规定，尽管数量较为可观，但其内容仍有瑕疵。其第 4 项规定：“鼓励企业发展人力资本，特别是通过创造就业机会和促进工人获得职业培训的方式。”①此款中提到了企业应当创造就业机会，即保障劳动者就业的权利，但在现有的国际标准中如《世界人权宣言》及其附属公约中规定企业应当保障劳动者平等和自由的就业权利，不因性别、宗教等对其产生歧视，因此本条应当特别突出企业创造平等自由的就业机会。第 9 项规定：“不得对向董事会或在适当情况下向主管公共机构提交说明公司违反法律或违反公司治理

---

① Brazil-Malawi BIT（2015），Article13（2）（d）.

标准的行为报告的员工采取歧视性或纪律处分措施。"①此处不应仅仅局限于"歧视性或纪律处分",而应参照 SA8000 的规定,将经济性处分纳入其中。多项内容表明,金砖国家中的 CSR 条款内容仍需斟酌,通过规范其表述和内容,全面维护劳工权益。

4.缺乏有效争端解决机制

争端解决机制是保障权利义务实现的重要内容,能够对条约当事方的权利及条约内容的执行产生法律效力,同样也是条约内容中必不可少的一部分。美国在 2012 年 BIT 范本中的劳工保护一章增加了争端解决机制,明确一成员方可书面请求另一方进行磋商,另一方应在收到书面请求后 30 天内进行答复。② 该条为争端双方提供了磋商解决争端的途径。尽管 CSR 条款中的一方是跨国企业,主体稍有区别,但仍可借鉴该内容,在条约中加入争端解决的内容,为跨国企业提供磋商的机会和一种解决争议的可能方式。

(五)金砖国家投资条约 CSR 条款中劳工权益保护责任的完善路径

据上文分析可知,若要从根本上完善金砖国家投资条约中企业劳工权益责任相关规定,应当首先完善金砖国家双边与多边投资条约体系,增加双边投资条约中 CSR 条款的数量并扩大区域合作的范围,此点与环境保护责任的完善方式类似。

就劳工权益保护责任方面,还应针对其独有的问题和缺陷,从以下几点进行完善。

1.形式层面

一方面应当在条约的序言、正文方面对企业社会责任制度本身加以规定,另一方面,还应参照条款在条约中的布局,将劳工权益保护责任体现在条款的序言、具体准则两个方面,使其在形式上更加系统和全面。

2.内容层面

(1)形成系统的条款规定

金砖国家投资条约 CSR 条款中共包含五项有关劳工权保护的内容,与国际通行标准对比相差甚远,因此,应当对其内容加以补充。例如在已有条款中增加"企业应当保障劳工结社和谈判自由权,应当按时足额发放工资并保障

---

① Brazil-Malawi BIT(2015),Article13(2)(i).
② 《美国双边投资条约 2012 年示范文本》第 13 条第 4 款:"一缔约方可在争端发生30 天内以书面形式请求磋商,另一缔约方应在受到请求之日起 30 日内予以回复。"

其享有不低于最低标准的社会福利待遇,应当保证所有劳工能够自愿平等就业"等规定,这些是最基本也是最核心的权利内容。

(2)完善条款的具体内容

对于已有的义务内容则应保证其语言的严谨性,例如:《巴西—马拉维BIT(2015)》第 9 条第 4 项规定"企业应当保证就业机会"①,该项可修改为"保证平等和自由就业机会"。其第 9 项:"企业不得对向董事会或在适当情况下向主管公共机构提交说明公司违反法律或违反公司治理标准的行为报告的员工采取歧视性或纪律处分措施。"②此处不应仅仅局限于"歧视性或纪律处分",参照 SA8000 的规定,还应包括经济性处分,如扣押工资等。尽管SA8000 中的惩罚性措施还包括对于人身的惩罚,但此处如果对人身进行惩罚则可认为是危害其健康和安全,属于第 8 项的内容。

(3)增加争端解决机制

此点可以参照美国 2012 年 BIT 范本中的相关规定,此项规定不同于却又优于国际法律文件中劳工权保护内容。美国 BIT 范本中规定了一方可以通过书面请求的形式提起磋商请求,这点可以作为金砖国家投资条约中构建企业社会责任争端解决机制的参考。此外,当企业侵犯了劳动者权益,也可由劳动者按照东道国国内法的程序性和实体性规定进行解决。若是企业履行了相应责任而东道国未履行,此时则可通过 ICSID 机制进行解决。

(六)小结

企业对于劳动者保护的必要性主要在于劳动者与企业在劳动关系中地位的不对等,由于劳动者在人身、经济和行政方面大多数情况下处于被管理一方,属于弱势一方,而企业拥有指挥、管理和领导的权利,自然也应对劳动者承担相应的保护责任。此外,由于金砖国家常常成为跨国投资者的廉价资源利用地,各种"血汗工厂"的出现应当也必须引起金砖国家的注意,因此,五国需通过投资条约方式严格企业的劳工保护责任,坚定表明金砖国家在此问题上的态度。

迄今为止,劳工权的核心内容已为国际社会普遍认可,主要来源于《世界人权宣言》及两个附属公约、国际劳工组织《基本原则和权利宣言》以及区域性和双边性投资条约中的相关内容,大致包括了劳动者结社和谈判自由权、就

---

① Brazil-Malawi BIT(2015),Article13(2)(d).
② Brazil-Malawi BIT(2015),Article13(2)(i).

业平等自由权、工资和最低福利待遇权、休息休假权等,当然还有所谓知情权和检举权等(美国 2012 年 BIT 范本),这些被国际社会普遍认可的劳工权应当成为金砖国家投资条约中企业劳工保护内容的重点。目前而言,金砖国家投资条约中关于这一部分的内容尚存缺憾,除因相关条款本身缺少外,还包括条文内容不全面、表述不精确的问题,这些问题将成为金砖国家在条约中纳入企业社会责任之劳权责任的重中之重。

四、金砖国家投资条约 CSR 条款中的消费者权益保护责任

相较于环境及劳工保护责任,企业对于消费者的保护责任常为各国投资条约忽略,当今国际投资条约中仅有个别条约对其专门规定,此外大多通过人权保护的内容加以概之。鉴于企业产品及其服务与消费者之间存在的利害关系,金砖国家在构建 CSR 条款时应当对此加以重视,通过借鉴相关国际公约中的规定,对企业的消费者保护责任进行专门规定。

(一)金砖国家投资条约 CSR 条款中消费者权益保护责任的必要性

金砖国家在其投资条约中纳入消费者权益保护责任具有重要意义,此点主要依旧可从理论与实践两个层面进行分析。

1.理论层面

(1)提升消费者的弱势地位

消费者是指以个人目的购买或使用商品和接受服务的社会成员,由于其通常为社会个体,因此与企业这一"法人"相比在健康安全、经济能力和信息获取方面不具对等性。

首先,消费者具有生命健康的弱势特征。[1] 消费者的衣食住行依赖于企业商品的销售,其在维持生活的日常必需品方面需要依靠企业的销售和服务,在此方面消费者对于企业的依赖性极高。正因如此,其所使用的产品以及享受的服务的质量与企业提供的客体质量息息相关,倘若企业提供的产品具有质量瑕疵乃至具有生命健康威胁,消费者将成为直接受害者。

其次,消费者具有经济实力的弱势特征。如前所述,消费者往往是社会个体,其经济实力与企业,尤其是跨国企业这样规模宏大的法人相比具有明显的

---

① 林岚:《国际贸易与消费者保护法律问题研究》,大连海事大学 2006 年硕士论文。

经济差距。不仅如此,这种经济实力的不对称性还体现在产品和服务的利益取得方面①,在与企业的交易过程中,企业能够立即取得费用和价格,而消费者的利益则需在使用产品或接受服务后才可取得,具有时间上的差异。况且,在产品和服务定价方面,消费者往往处于被动接受地位,其接受的价格高于或等于企业一切成本,而企业则会利用其规模优势或市场优势抬高其物价,使得消费者接受不平等价格变化。

最后,消费者具有信息获取方面的弱势特征。这是因为,其所接受的信息依靠企业或相关部门的传播,由于信息的客观真实性在一定程度上受到企业的把控,消费者往往无法获取一手资料,在此方面企业对于产品服务的相关信息的了解则更加直观,因而处于更加主动的地位。

(2)延续企业的产品责任②

企业是产品和服务的提供者,同时也是产品服务生产、加工、过程中的责任主体。企业的责任并非在产品出炉或服务提供的一瞬间结束,其应当保证产品和服务的质量无瑕疵,因此,当消费者购买产品或接受服务后,其因使用产品、接受服务所产生的不利后果应当属于企业责任的一部分内容,若因产品服务本身造成,实质是企业在履约过程中实施的违约行为,因而应当承担相应责任。

2.实践层面

(1)减少企业产品的侵权行为

随着国际贸易、投资的全球化,各国商品和资本不再局限于一定区域内,而是更多地在全球范围内流动,产品销售和服务过程也开始具有跨国性。发达国家投资者选择将低价产品和低质服务向发展中国家进行销售,一方面是由于发展中国家在产品和服务上的水平较低,其对发达国家的低端产品服务仍有大量需求,另 方面则是因为发展中国家的消费能力有限,无法完全承担高质高价的进口产品和服务。因此,发达国家常将发展中国家作为其低端产品的销售地,利用发展中国家缓慢的经济形势和宽松的法治环境赚取利益,而此类低端产品往往成为损害东道国消费者身体健康权的罪魁祸首。

(2)弥补消法适用的地域限制

一国《消费者权益保护法》属于国内法,其适用范围具有局限性,若遇跨国企业侵犯消费者权利的现象,国内的《消费者权益保护法》时常不能得以适

---

① 林岚:《国际贸易与消费者保护法律问题研究》,大连海事大学硕士论文。

② 李雪平:《企业社会责任国际法律问题研究》,中国人民大学出版社 2011 年版,第144 页。

用。如将该责任条款纳入金砖国家的投资条约中,实质是将该问题上升到国际法层面。一则,企业属于条约一缔约方的国内企业,可由其母国进行规制和调整,二则,消费者权益保护属于条约内容,母国与东道国还可通过政治方式进行协商处理,当然,由于企业处于东道国国内,因而也可利用东道国的国内法律手段对消费者进行保护,对企业进行规制。

(二)金砖国家投资条约 CSR 条款中消费者权益保护责任的依据

1.金砖国家投资条约 CSR 条款中消费者权益保护责任的应有之义

企业对于消费者权益的保护源于两个方面,一方面是消费者作为特殊的"人"所享有的特殊性权利,另一方面是由于企业与消费者之间所产生的合同关系以及企业与消费者之间不平等的地位而产生的义务。

(1)消费者权益的内容

纵观各国消费者权益保护法中对于消费者权益的规定大致包括如下几种:一是自主选择权,即消费者享有根据自身所需购买产品、接受服务的权利,作为生产者、销售者不得强制消费者对特定产品和服务进行消费;二是公平交易权,即消费者有权享有与其价格相当的通知服务,也即企业应当保障其所提供的商品和服务与价格等值;三是安全权,即消费者在消费过程中,其所购买的商品和服务不应对其生命健康及财产产生侵害,此处安全权包括了消费者生命健康安全和财产安全;四是消费者知情权,即消费者在购买产品、接受服务前有权向销售者了解与产品有关的情况,包括产品性能、产地、售后服务等问题;五是索赔权,即消费者权益因产品和服务受到损害时,理应从经营者处得到赔偿,这是法律赋予消费者维权的重要手段。以上五种构成了消费者权益的核心内容。

(2)企业消费者权益保护责任的内容

基于消费者所享有的原始权利,以及企业为满足消费者权利所应负担的义务,企业对于消费者保护的责任应当包括以下内容。

首先,企业应当保障消费者的选择权。这是指企业在经营过程中应当充当产品和服务的提供者以及相关信息的传播者,但在具体选择过程中不应当通过强制方式干涉消费者选择。

其次,企业应当保障消费者的健康权。产品质量的优劣直接影响消费者消费质量的优劣,当产品质量只是稍有瑕疵时,其所侵犯的是消费者公平交易权,即产品和服务不等质,但当产品质量足以危害消费者生命健康和财产安全时,将会产生无可挽回的后果,企业因此应当赔偿消费者产生的损失,这也是对消费者索赔权的保障。

再次,企业应当保障消费者的知情权。由于企业对于产品的生产制造过程以及性能和适用方法最为了解,在此方面具有消费者不可比拟的优势,为使消费者更好地了解使用产品、接受服务,企业应当通过书面说明和口头说明等形式向消费者介绍有关信息,弥补消费者信息的不足。

2.金砖国家投资条约 CSR 条款中消费者权益保护责任的国际法依据

(1)全球性法律文件

涉及消费者权益保护责任的全球性法律文件主要包括有关消费者权益保护的专门性法律文件和规范企业社会责任的一般性法律文件。

前者包括国际消费者组织联盟提出的八项准则和联合国大会通过的《保护消费者准则》。此两份文件较为系统地规定了企业对于消费者保护的权利内容,其中国际消联的八项原则中,除安全权、知情权、索赔权和选择权外,还涉及了尊意权等,鉴于企业对于消费者承担的义务应当限于其职责范围内,前四种仍为核心内容。

后者包括联合国《跨国公司及其他工商企业在人权方面的责任准则》、经社文组织的《跨国企业指导纲领》,两项文件对于消费者保护内容有所涉及,但内容不多,主要包括企业应当遵守东道国相关法律,应当保障消费者知情权和健康安全权等。其中,联合国《准则》是国际社会关于消费者权益保护的纲领性文件,共分为四部分,包括目标、一般原则、准则和国际合作,这一文件主要调整的主体是各国政府,并敦促政府出台相应政策规范企业行为,在内容上涉及消费者身体安全、经济利益、服务标准等各个具体方面,也可成为金砖国家在订立企业消费者权益保护内容方面的参考。

(2)双边及多边投资条约

在区域性合作机制中,NAFTA、EU 等在消费者权益保护方面做出了较大贡献,其中 EU 在此问题上的法律行动尤为频繁。EU 一方面制定了直接调整消费者权益的法令,如《马斯特里赫特条约》《阿姆斯特丹条约》等,另一方面制订了一些行动计划,如《消费者政策行动计划》。

再如,在欧盟与日本 2018 年 7 月 17 日签订的《欧盟—日本经济伙伴协定》附件中第 8.78 条规定了消费者在电子产品方面的保护①,但其内容只有短短三款,且大致是对双方的一种倡导性要求,没有具体义务规定。

① 《欧盟—日本经济伙伴协定》附件 2 第 8.78 条第 1 款:"缔约方认识到采用和维持适用于电子商务的透明和有效的消费者保护措施的重要性以及有助于发展消费者对电子商务的信心的措施。"

作为国际社会中最为发达的区域性合作组织,欧盟各成员方经济发展水平较高,且各成员方之间合作程度较高,其在制度安排和实施方面对于其他区域性合作机制具有指导作用,金砖国家可以借鉴欧盟在此方面的制度,引入区域性合作机制的法律文件中来。

(三)金砖国家投资条约 CSR 条款中消费者权益保护责任的规定

1.金砖国家双边投资条约 CSR 条款中消费者权益保护责任的规定

与企业的环境保护责任和劳工权益保护责任相同,由于金砖国家尚未完全纳入 CSR 条款,因此五国现有 BIT 中企业消费者权益保护责任在内容安排上十分缺乏,尽管在已有的条款内容上有关消费者权益的保护也所涉不多,只是通过个别条文侧面规范企业及其商业合作伙伴的行为,以使其商业活动不致损害消费者的合法权利。下文以《马拉维—巴西 BIT(2015)》为例进行分析。

首先,在形式上,第 13 条第 1 款序言部分规定:"投资者及其投资应根据自愿原则和标准,通过采取高度负社会责任的做法,努力为东道国和当地社区的可持续发展做出最高水平的贡献。"①据其内容,可以认为该款具有提纲挈领的作用,即下文所涉具体内容都以该条为主旨和目标,则该条中企业为东道国和当地社区可持续发展做贡献的内容中应当包含对于消费者的全力保障,而在第 2 款第 6 项至第 7 项以及第 11 项则是通过直接规定企业具体行为的方式对企业消费者权益保护责任进行要求,此外,本款第 5 项则是从例外角度用禁止的方式对企业行为进行防范。

其次,在内容上,其第 2 款具体行为准则中,第 5 项规定:"企业应避免寻求或接受东道国有关环境、健康、安全、工作或财务激励措施或其他问题的立法中未规定的豁免。"②此处的"健康和安全"虽未指明主体,但应当从企业社会责任的权利主体和行为指向主体推断,其应当包括企业的所有利益相关者,因而也应当指代消费者的生命健康和安全;本款第 6 项和第 7 项分别规定:"企业应当保持良好的公司治理原则,并制定和应用良好的公司治理实践。"③和"制定和实施有效的自律管理做法和管理制度,以促进公司与开展业务的社会之间的相互信任关系。"④即从企业自身管理角度而言,要求企业严格自

---

① Brazil-Malawi BIT(2015),Article13(1).

② Brazil-Malawi BIT(2015),Article13(2)(e).

③ Brazil-Malawi BIT(2015),Article13(2)(f).

④ Brazil-Malawi BIT(2015),Article13(2)(g).

我管理,可以认为本条要求企业在其生产、经营过程中按照东道国相关法律法规行为,并应当保证其生产的产品、提供的服务的质量,继而对消费者所购买的产品和服务负责,以取得良好的企业声誉,赢得社会成员、东道国政府的信任。第10项规定:"企业应尽可能鼓励商业伙伴,包括服务提供商和外包商实施符合本条规定原则的商业行为原则"①,本项是从与企业有商业往来的其他企业的角度进行规范,强调企业应当在其供应链的各个环节对东道国和社会起到积极的促进作用,其服务提供商的产品销售商行为与消费者直接相关,规范服务提供商和外包商的行为,实际也从不同环节保障消费者的合法权益。

2.金砖国家区域性条约 CSR 条款中消费者权益保护责任的规定

受限于区域合作机制的数量,有关企业社会责任的内容已十分有限,因而金砖国家在区域性条约中的消费者权益保护责任少之又少。前文已经对包含有 CSR 条款的《南共市投资便利化协定》和《南部非洲发展共同体投资议定书》中的 CSR 条款进行分析,由于巴西是南共市的重要成员之一,且仅有巴西在投资条约中纳入了 CSR 条款,因此前者与巴西 CSR 条款内容一致。而后者由于其在第 13 条 CSR 条款中仅有一句条文,即要求企业遵守东道国的相关法律、法规、行政规章和政策,因此有关消费者权益保障这一部分应参照东道国的消保法,如何适用则视具体情况而定。但因每个国家的消费者权益保护法在内容和形式上有所不同,因此即使在金砖国家区域合作组织内部在解决此方面问题时也无法统一,这样不利于提高法律的确定性和可知性,也易使企业在不同国家投资过程中需要随时调整其行为,增加其成本和合规风险。

(四)金砖国家投资条约 CSR 条款中消费者权益保护责任的缺陷

1.消费者权益保护责任有待明确

金砖国家投资条约中消费者权益保护责任的内容明显不足,已有条文中并无对于消费者的明确规定,只是将其置于人权的大范围下进行保护,对此还需通过条文解释的方式才可将其涵盖。此点易导致利益相对方在纠纷发生时利用条文模糊、指代不明的弊端,逃避责任追究,对于"消费者"是否属于条文保护对象各执一词。同时也造成消费者的合法利益在条约发挥保障功能时被边缘化。

2.消费者权益保护责任内容宽泛

就现有投资协定中 CSR 条款的消费者权益保护内容来看,企业对于消费

---

①   Brazil-Malawi BIT(2015),Article13(2)(j).

者权益保护内容的规定存在诸多缺憾。首先,现有 CSR 条款中并无关于消费者保护的专门规定,只是将其涵盖在例如安全、健康等内容项下,作为保护对象之一进行保障。其次,依据现行全球性和区域性法律文件中关于消费者权益的规定,普遍认为消费者享有公平交易权、自主选择权、知情权、索赔权和安全权五项,然而分析金砖国家投资条约中的相关条款,从中仅能推断出企业对于消费者安全权的责任,而其他内容十分模糊。

3.缺乏有效争端解决机制

与环境和劳工保护中存在问题相似,在涉及消费者权益保护责任时,也未规定企业的责任承担及争端解决机制,其后果在于企业违反相关义务时,责任尚不明确,当其侵害消费者权益后,责任内容和承担方式将成为争议焦点,当其与东道国之间发生纠纷时,如何解决此纠纷也将具有不确定性。

(五)金砖国家投资条约 CSR 条款中消费者权益保护责任的完善路径

1.形式层面

这一层面的完善主要是指企业的消费者权益保护责任在 CSR 条款和金砖国家投资条约中的安排。首先,金砖国家在其投资条约中完善企业对于消费者权益保护责任方面应参照较为完善的条款形式进行制定,将此内容体现在条款序言、具体准则部分,以期能够通过主旨总括、具体行为约束和具有周延性的例外规定形式对其进行整体布局。其次,金砖国家应当加快投资条约中 CSR 条款订立的步伐,并通过加强区域合作机制将 CSR 条款融入对外合作中,为企业的消权保护提供条文基础。

2.内容层面

这一层面的完善主要应从提高已有条文内容的全面性和构建缺失内容两方面着手。首先,可以保留文本中的概括性条文,如在第 2 款第 1 项"企业应当促进经济、社会和环境的保护"中增加"企业应当保障消费者公平交易、自主选择的权利,以及对于产品、服务信息的了解的权利。企业应当确保消费者的生命健康及财产不因其产品、服务或其他行为受到侵害,若权利因企业受到损害时,能够向其索取损害赔偿。"从而明确企业对于消费者的保护,并明确企业的责任范围。其次,应当在 CSR 条款中增加争端解决方式的内容,此内容可与企业的其他社会责任的争端解决方式一致,一是通过东道国国内的救济途径,消费者可依据本国的消权保护法向企业进行索赔;二是通过条约缔约国间的政治手段,由于企业违反的是国际条约的内容,因此可由条约缔约方进行协商解决,但此种方式所耗时间成本、经济成本过大,无疑是大材小用之举。

（六）小结

由于消费者与企业特别是跨国企业之间存在着经济实力、健康安全和信息获取方面不对等，企业在以消费者作为利益获取者的同时应当对其承担相应的义务，不仅如此，由于跨国企业利用其规模实力、品牌效应在其他国家尤其是发展中国家占据了较大市场，其不端的行为也为发展中国家消费者带来了不可弥补的伤害，因此金砖国家作为发展中国家的领航者应当利用投资条约严格企业对于消费者权益保护的责任。

国际社会有关消费者权利的法律文件主要包括国际消费者组织联盟的八项原则以及联大通过的《保护消费者准则》，而区域性法律文件中主要是以欧盟为代表订立的《马斯特里赫特条约》《阿姆斯特丹条约》等，这些文件明确了消费者享有的公平交易权、自主选择权、健康安全权、知情权和索赔权等多项权利。由于金砖国家在消权保护方面还处于起步阶段，因此在制定相关内容时借鉴国际上已有的相关法律文件。

目前而言，金砖国家投资条约中的企业消权保护仍存在着条文数量少、内容不全面等问题，笔者认为可从形式和内容两方面入手，在加强双边投资条约中 CSR 条款及其中消权保护内容的同时，丰富已有条款，使其涵盖消费者权益的核心内容，并增加争端解决机制，以保证企业责任的履行。

五、金砖国家投资条约 CSR 条款中的反腐败责任

迄今为止，国际社会对于腐败的含义没有达成统一的认知，全球性非政府组织"透明国际"将其定义为：私人为获利而滥用受托权力。但该定义只解释了腐败的一方面内容即受贿，忽略了行贿行为。全球第一个统一的反腐败文件《联合国反腐败公约》对此没有定义，其认为腐败是一个不断发展变化的概念，没有一个可以包罗其内涵的定义，因此通过描述腐败形式对其进行定义。由于本文是对企业的反腐败责任介绍，因此重点是对于企业腐败行为的反制，即对企业行贿行为进行防制。

（一）金砖国家投资条约 CSR 条款中反腐败责任的必要性

1.理论层面

（1）反腐败责任是企业的道德责任①

道德责任是指高于法律底线,人们自愿遵守的责任类型。从法律层面上讲,企业是特殊形式的"人",应当同样具有道德上的义务,为东道国社会的良性发展作出努力。由于企业实施的腐败行为本身未必直接造成危害后果,但行为本身非直接有害性只是企业应当达到的最低标准,企业应当保障其行为促进东道国经济、社会等公共利益的可持续发展,这是通过自律形成的道德约束。

（2）反腐败责任有利于市场的良性运转

市场运行的活力源于市场成员间的相互竞争,竞争可以促使各成员方在提高自身实力,争取最大利益时激发内在动力,从而促进各成员通过增强生产技术安全,提升产品服务质量,赢得企业声誉,使得东道国的环境、人权等从中受益。反之,若市场中成员通过贿赂等非法手段赢取竞争机会,必然导致其将中间成本转移至产品终端,甚至通过降低生产技术成本、劳动者待遇等填补逆差,进而影响其他竞争企业在正常的竞争活动中处于不利地位,也使得消费的公平交易权和安全权受到威胁。

2.现实层面

随着金砖国家经济水平的不断攀升,五国外资引入量也逐年递增,经济市场的竞争使得外商投资企业通过各种合法及非法手段争取市场地位,包括通过向有关部门的主管人员行贿方式谋取销售机会。其中,贿赂现象在国际工程承包、项目招标、政府采购领域尤为明显,此领域政府主管部门的作用较大,给予了外商投资企业拾漏的机会,其中最为典型的有 2005 年德普公司在华行贿案、2007 年朗讯在华行贿案②,这些案件扰乱了以我国为代表的发展中国家的正常市场竞争秩序,不仅使同等产业因遭受不平等待遇对东道国市场和法治失去信心,也使得国内消费者无法在日常消费过程中购买到正常价格的优质产品和服务。

---

① 张薇:《国际投资中的社会责任规则研究》,华东政法大学 2010 年博士论文。
② 余劲松:《跨国公司法律问题专论》,法律出版社 2008 年版,第 452～453 页。

（二）金砖国家投资条约 CSR 条款中反腐败责任的依据

1.企业反腐败责任的应有之义

反腐败与环境保护、劳工权益保护和消费者权益保护内容相比在行为客体方面有所不同,后三者的对象具有现实特定性和一定条件可确定性,腐败行为损害的客体主要是公共利益和社会秩序,其危害的对象具有广泛性和不确定性。因此,在探讨企业反腐败责任内容时无法从相对方享有的权利内容入手,而只能从企业反腐败责任本身进行范围探讨。

企业反腐败内容的核心应当是禁止任何形式的贿赂,这是企业腐败行为的主要方式,此举应当包含以下几点内容。

（1）企业不得以任何形式给予政府官员或合同另一方雇员以及与其具有联系的第三人任何不合法的合同回扣。此点是关于贿赂形式的规定。

（2）企业应当保证其支付报酬的透明化,将不涉及商业秘密的有关信息整理备案以供主管机构调阅或社会公众监督。此点是关于企业政策透明度的要求。

（3）企业应当以适当方式鼓励其商业伙伴履行反腐败责任,并向其员工传播反腐败政策和精神。此点是发挥企业在反腐败责任中的教育和公益作用,将其作为反腐败责任的政策执行者和精神传播者。

2.企业反腐败责任的国际法依据

（1）全球性法律文件

在企业反腐败责任领域的全球性法律文件中,联合国做出了巨大贡献,其颁布了国际社会最为重要的几项反腐败法律文件。较具代表性的有 2003 年 10 月 31 日第 58 届联大通过的《联合国反腐败公约》[①],它是目前国际社会最具影响力且内容最为全面的反腐败法律文件,该公约共有 71 条,从预防腐败行为、腐败行为的定罪以及惩治方面进行了系统的介绍,对于贿赂行为和贪污行为都有着明确的界定和惩治措施。其次是联合国经社理事会制定并于 2000 年进行第五次修改的《跨国企业指导纲领》,在其 2000 年版本中新增了反腐败章节,要求各国遵守其所制定的《打击贿赂外国公务人员公约》,并具体规定了企业的六项反腐败行为,内容大致涵盖要求跨国企业不得支付政府官员或合同他方回扣,要求保证企业行为的透明度以供有关机关和社会公众

---

① 《联合国反腐败公约》, http://www.un.org/zh/issues/anti-corruption/uncac_text.shtml,访问时间:2018 年 10 月 26 日。

查阅并要求提供适当培训机会向其员工传达反腐败政策等。

（2）区域性法律文件

区域性法律文件中的反腐败内容于 20 世纪 90 年代后逐渐出现,其中最为重要的是 1996 年美洲国家组织通过的《美洲反腐败公约》以及次年欧盟通过的《打击涉及欧共体官员或欧盟成员国官员的腐败行为公约》。就前者而言,其宗旨包括了预防腐败、定罪和惩治三大方面,管辖的行为之一即跨国企业的贿赂行为,该公约不仅包括了实体性规则,还包括了程序性规则,内容较为全面,同时也开启了跨国反腐败行为的国际先河,因此《美洲反腐败公约》可以作为各国在制定反腐败内容时的重要参考依据,其在具体行为方式的认定和惩治方面奠定了基调。就欧盟的反腐败公约而言,其规定了行贿和受贿两种腐败行为,但这一反腐败公约的不足之处在于,并未规定反腐败的具体实施方式,以致在实践过程中并无标准可循。

（三）金砖国家投资条约 CSR 条款中反腐败责任的规定

1.金砖国家双边投资条约 CSR 条款中反腐败责任的规定

由于反腐败责任与环境、劳工、消费者权益保护责任都存在于金砖国家双边投资条约的 CSR 条款中,因此四者存在共性问题,此处不再重复。在此,笔者将就金砖国家 BITs 中企业反腐败责任内容的特殊之处进行分析。

此处仍以巴西与马拉维签订的 BIT 为例。首先,第 13 条 CSR 条款并未直接包含企业的反腐败内容,此点与消费者权益保护相似。

其次,涉及反腐败内容的条文主要有此条第 2 款第 5 项、第 7 项、第 8 项和第 10 项。

该款第 5 项是一种禁止性规定,其要求:"企业避免寻求或接受东道国有关环境、健康、安全、工作或财务激励措施或其他问题的立法中未规定的豁免。"[1]但条文中并未指明"其他问题",因而较广。但根据前面所列环境、健康、安全等可以推断其大致包含企业的社会责任可涉范围,因而也应当包括腐败行为的法律规定。

该款第 7 项要求:"企业应制定和实施有效的自律管理做法和管理制度,以促进公司与开展业务的社会之间的相互信任关系。"[2]本项提到的"自律管理办法和制度"应指企业按照相关法律制定章程和制度,并以合法的方式进

---

① Brazil-Malawi BIT(2015),Article13(2)(e).
② Brazil-Malawi BIT(2015),Article13(2)(g).

行经营,企业的反腐败行为应为自律行为的一种,因此应当认为该款要求企业履行其反腐败责任。

该款第 8 项规定:"企业通过适当传播本政策,包括专业培训计划,促进工人对公司政策的了解。"①本款所指政策应当是除与企业商业秘密有关的全部政策,此点与联合国《跨国企业行为指导纲领》中所要求的企业应以适当方式将有关反腐败的政策传达给员工意图相一致。

此外,该款第 10 项规定:"企业应当尽可能鼓励商业伙伴,包括服务提供商和外包商实施符合本条规定原则的商业行为原则。"②一方面,因对商业行为原则未明确界定,此款所含内容依旧过于广泛,但此款提到"符合本条规定原则",应指符合企业社会责任的基本原则及促进东道国国内发展的原则。另一方面,因反腐败是企业社会责任的一部分,理应属于其所鼓励商业伙伴努力的内容之一,同时因其符合前述《跨国企业行为指导纲领》中将反腐败政策传播给其商业伙伴的目的,所以该条应当包括反腐败责任内容。

综上,金砖国家现有 BIT 的 CSR 条款中虽未直接包含反腐败内容,但已逐渐融入了反腐败责任的要旨,体现这一价值观念。

2.金砖国家区域投资协定 CSR 条款中反腐败责任的规定

金砖国家区域投资协定中的 CSR 条款内容也有限,前文已对包含 CSR 条款的两项协定有所介绍,因而反腐败责任与环境、劳工权益保护及消费者权益保护责任在其中的情况相似,在此不过多介绍。

(四)金砖国家投资条约 CSR 条款中反腐败责任的缺陷

1.反腐败责任尚未普及

这一问题并非金砖国家投资条约中反腐败责任的独有问题,由于双边投资协定中的 CSR 条款数量有限,且金砖国家区域合作机制尚不成熟,CSR 条款及其具体内容在订立数量和内容设计方面都不尽如人意。因此,这一缺陷既是反腐败责任的不足之处,亦是金砖国家 CSR 条款中的共性问题。

2.反腐败责任规定表述不明

金砖国家投资条约 CSR 条款中的反腐败内容表述不甚准确,如第 13 条第 1 款规定:"企业及其投资应根据自愿原则和标准,通过采取高度负社会责任的做法,努力为东道国和当地社区的可持续发展做出最高水平的贡献。"③

---

① Brazil-Malawi BIT(2015),Article13(2)(h).
② Brazil-Malawi BIT(2015),Article13(2)(i).
③ Brazil-Malawi BIT(2015),Article13(1).

由于其属于条款的序言部分,不涉企业责任的具体方面尚可理解,但第2款中的十一项具体行为准则中仍未见反腐败或其具体行为方式的有关内容,只是通过第5项的"企业不得寻求法律豁免"①、第7项的"自律要求"②、第8项的"加强员工政策培训"③,以及第10项的"鼓励商业伙伴积极履行社会责任"等内容侧面反映该内容,而有关该内容的确定还须通过人为的解释才可实现。④ 由上可知,相关条款中关于反腐败责任的表述仍待完善。

3.缺少有效争端解决机制

与责任条款数量不足类似,企业反腐败责任争端解决机制的缺失问题依然是金砖国家投资条约中企业社会责任各方面内容的共性问题,与 DSU 机制被誉为 WTO"皇冠上的明珠"一样,其对于任何一套规则而言都具有功能实现、效用延续及心理保障的作用,若缺少这一机制,即使权利义务本身设计再为精妙也只是水中之月,易赏却难及。也正因如此,这一不足之处直接关系到反腐败责任乃至整个企业社会责任的落实,对于条款的实现具有决定性作用。

(五) 金砖国家投资条约 CSR 条款中反腐败责任的完善路径

1.形式层面

在形式方面主要应当从金砖国家双边及区域性投资条约中 CSR 条款的数量以及在 CSR 条款中反腐败责任的规定形式进行完善。由于前者在本文中已有相关论述,在此不再加以介绍,后者具体是指应当从 CSR 条款的序言、具体准则体现企业反腐败责任。

2.内容层面

内容层面主要应当从已有内容的完善和必要内容的构建两方面入手,下文仍以《巴西—马拉维 BIT(2015)》为例。

首先,由于序言部分的主要作用在于奠定该条款的基调并指出其原则,因而可以概括性条文规定,内容大致与已有条文相似。但在其第9条第2款具体行为的规定中应当突出企业反腐败的具体要求。

一是该款第5项中规定:"企业应当避免其在环境、劳工、消费者和反腐败方面寻求东道国立法中未规定的救济"⑤,即明确规定反腐败责任的内容,

---

① Brazil-Malawi BIT(2015),Article13(2)(e).
② Brazil-Malawi BIT(2015),Article13(2)(g).
③ Brazil-Malawi BIT(2015),Article13(2)(j).
④ Brazil-Malawi BIT(2015),Article13(2)(k).
⑤ Brazil-Malawi BIT(2015),Article13(2)(e).

而非用"其他问题"将其概括在内，一方面这种概括式的规定虽扩大了管辖问题的范围，但同时当纠纷产生时，利益相关者会以有利于己方的方式对其进行解释，由此增加了条约执行中的不确定性，另一方面由于反腐败是否属于企业社会责任这一问题在各国有所争议，若不借此将其固定下来，将会引起更加繁杂的争议。

二是该款第 7 项中规定企业应当"制定和实施有效的自律管理做法和管理制度，以促进公司与开展业务的社会之间的相互信任关系"①，对于这种自律的内容未做过多解释，笔者认为可以就企业社会责任的主要方面进行粗略规定，如"企业应当制定和实施有效自律管理制度，避免企业人员直接或间接实施贿赂行为，以促进公司与开展业务的社会之间的相互信任关系"。

三是该款第 8 项规定："通过适当传播本政策，包括专业培训计划，促进工人对公司政策的了解"②；第 10 项规定："尽可能鼓励商业伙伴，包括服务提供商和外包商实施符合本条规定原则的商业行为原则。"③此两项规定通过向企业内部员工和外部商业伙伴传播该条所包含的各项内容的政策与精神的内容，因此只要将前项中的相关内容明确和细化，自然可以保障这两项内容在反腐败宣传方面的实施效果。

其次，应当及时在 CSR 条款中构建相应的争端解决机制。鉴于 CSR 条款主体的特殊性以及权利保护倾向的不同，在争端解决方式上应当与传统的投资者与东道国之间的条约争端有所差异，一般而言由于投资条约的目的在于保护投资者而限制东道国权力，因此在投资者与东道国的直接纠纷解决机制中只有投资者诉东道国的情况，而 CSR 条款的义务主体是企业投资者，因此当其违反该条规定时应当由权利受害方作为主体提起权利救济。据此，笔者认为当企业违反该条义务时，争端解决方式可有以下几种。

一是依据东道国当地法律对企业进行规制。这是因为跨国公司对于环境破坏、劳工权益的侵害以及消费者权益的侵害行为往往发生在东道国境内，且 CSR 条款中规定了企业应当遵守东道国的相关法律，其义务的违反实质是对东道国法律的违反，因此其可适用东道国国内法的相关规定。

二是东道国与企业母国间相互协调。由于条约的主体是两个国家，投资者母国对企业具有监管的责任，而东道国对其国民又具有保护的职责。当企业违反条约规定时，企业母国可能存在监管疏忽的责任，东道国若欲出手保护

---

① Brazil-Malawi BIT(2015),Article13(2)(g).

② Brazil-Malawi BIT(2015),Article13(2)(h).

③ Brazil-Malawi BIT(2015),Article13(2)(j).

本国公民,纠纷则上升到两国之间,此时若两国通过磋商方式进行解决,进一步内化为企业母国依照国内法对其进行惩罚而东道国对其受害国民或权益进行救济,则也是一种解决方法。但不可否定,这种解决方式是将私主体之间或私主体与公主体之间(当企业是一国国有企业或政府机关且其行为为政府行为时)的纠纷上升为国家间争端,因此不利于国家间经济、政治的友好交往。

(六)小结

鉴于金砖国家成立以来各国内部发生的跨国公司行贿案等现实情况,且企业本身具有的反腐败道德责任,在促进投资所在国国内市场良好运行中扮演着重要角色,因而构建企业反腐败责任尤为重要。

目前为止,国际社会关于反腐败责任的法律依据主要包括全球性的法律文件和区域性的法律文件,前者最为典型的有《联合国反腐败公约》和经合组织的《跨国公司行为准则》,后者主要包括美洲组织签订的《美洲反腐败公约》和欧盟签订的相关文件,如《打击涉及欧共体官员或欧盟成员国官员的腐败行为公约》等,此类文件在反腐败方面内容较为详尽,其中关于企业腐败行为的具体表现是金砖国家在其投资条约中 CSR 条款的反腐败责任部分需要重点借鉴的。

金砖国家现有投资条约中对于反腐败规定主要集中在巴西与莫桑比克、马拉维、墨西哥、哥伦比亚、智利和安哥拉的五项双边投资条约中,其中没有关于反腐败内容的直接规定,仅从个别条文中可以通过目的宗旨解释的方式对其包含范围进行推理。

通过总结和分析,可以看出金砖国家投资条约中有关企业反腐败内容尚存在这内容缺乏针对性和不够全面的问题,因此应当在这一制度构建时,着重对于反腐败内容具有明确性和针对性的规定,并尽快构建争端解决机制这一必要内容,以保证反腐败制度具有内容上的全面性和执行上的权威性。

六、金砖国家投资条约 CSR 条款的统一构建

随着金砖国家国际地位的不断提升,应当在增强经济实力的同时完善制度设计,以上层建筑反推经济、军事等方面的发展。迄今,CSR 条款在国际投资条约中尚处萌芽阶段,但其对于东道国利益的保护及投资者的责任要求足以反映出该条款对于一国尤其是发展中国家开放门户、对外发展的重要性,因此,积极探索该条款在投资条约中的具体构建有助于提升金砖国家在条约制

定及经贸往来中的主动权。

(一)统一构建的必要性与可行性

1.必要性

(1)顺应人本化的国际法趋势

国际投资法的人本化是指国际投资的根本原则和具体规范以维护人类权益为出发点和落脚点。随着国际经济交往的深入,经济活动依靠贸易和投资双向发展,与贸易相比,投资具有形式多样、周期较长的特点,对东道国的经济、环境、法制等各方面有着更为深刻的影响。当经济交往发展到一定阶段时,各国开始关注外商投资时对本国自然环境和人文环境产生的广泛影响,尤其是投资活动产生的负面效应。作为不同于过度保护投资者利益的突破性法律规则,企业社会责任应运而生,若在金砖国家间投资条约中构建这一条款实质兼顾了东道国的社会利益,符合国际法人本化的趋势。

(2)源于投资条约自身的优越性

国际投资法律框架的主要内容便是双边和多边投资条约,二者以区位条件和国家利益为基础订立,是各国维护自身利益、加强团体力量的重要法律依据。从本质上看,投资条约是成员方之间的契约,各成员通过磋商自愿达成权利义务的相关内容并切实履行,如若不履行则应承担一定的违约责任。正因如此,将企业社会责任纳入投资条约中可赋予其国际法律效力,并对成员方的行为产生法律拘束力。尽管跨国公司的国际法主体地位仍处于争议中,但国际实践层面已默认其为特殊的国际法主体,若能够将跨国公司的行为纳入投资条约的管辖范围,必然能够以国际标准对其进行约束,同时避免因其特殊身份造成的"管辖空缺"。①

(3)囿于现有法律规制的局限性

现代法律中有关企业社会责任的规定主要源于国际层面和国内层面。从国际法层面看,主要有两种,一是国际条约,但其中并无针对企业社会责任的直接规定;二是国际软法,即政府间或非政府间国际组织的相关法律文件和国际标准,主要包括联合国《全球契约》、经合组织《跨国公司行为准则》等,但此种法律文件并不具有法律约束力,多是宣言式文件。

从国内法层面看,主要有投资者母国国内法律制度与东道国法律制度,但

---

① 张庆麟、余海鸥:《论社会责任投资与国际投资法的新发展》,载《武大国际法评论》2015 年第 1 期。

前者基于管辖权限制,对于跨国公司的行为监管程度有限,只能在公司准入阶段,在注册程序上或是跨国公司母公司的行为方面进行规制,而东道国大多仅仅通过外资准入法进行调整,法律数量和条文内容不足。因此,在金砖国家间投资条约中建立 CSR 条款制度对于有效解决国际法和国内法层面法律空缺问题来说十分必要。

(4)基于金砖国家的投资需要

历经十多年的相互合作,五国内部投资规模逐步扩张,金砖国家这一新兴经济体的国际实力不断增强,未来金砖各国间的合作必将更加密切。为确保金砖国家减少投资过程中对彼此产生的负面影响,推动金砖国家法制一体化的进程,五国应当加快投资条约的签订脚步,并在未来的投资条约中纳入 CSR 条款,提高对各国内部总体利益的保护水平。

2.可行性

在金砖国家投资条约中构建 CSR 条款不仅是理论层面的考量,现实条件也为构想的实现提供了坚实基础。

(1)金砖国家国内法律已有实践

尽管金砖五国间已有的投资条约中还尚未订立 CSR 条款,但金砖五国国内法中早已出现 CSR 条款,无论该制度在各国国内是否发展成熟,都足以说明金砖国家对于该制度的关注和认可。这一共同点也为金砖国家在其投资条约中构建 CSR 条款提供了意识基础。

(2)国际层面提供先进经验

正如国际投资法中的其他规则一样,企业社会责任制度亦起源于西方发达国家。金砖国家在构建内部合作机制时可以参考西方发达国家在该道路上的摸索,并取长补短,结合自身具体情况,构建符合自身条件和利益的制度。在企业社会责任制度的构建方面,哥伦比亚、秘鲁、墨西哥和智利签订的《太平洋联盟框架协定补充协议》①及以美国主导的《跨太平洋伙伴关系协定》②中都包含了 CSR 条款的内容,此类法律文件在形成过程、条款设立、执行阶段的经验和教训都为金砖五国的制度合作提供了可以借鉴的内容。

(3)金砖五国具备合作基础

自 2001 年成立以来,金砖国家在经济、政治、环境、能源等各个领域保持

---

① Pacific Alliance Additional Protocol (2014),https://investmentpolicyhub.unctad.org/Download/TreatyFile/2940,访问时间:2018 年 10 月 28 日。

② TPP:https://investmentpolicyhub.unctad.org/Download/TreatyFile/3573,访问时间:2018 年 10 月 28 日。

着密切合作,通过金砖国家合作论坛及外长会晤等形式互通有无,且始终秉承公平公正、互利互惠、求真务实的合作理念。至今,已有的合作基础为进一步制度协调提供了经验,良好的合作模式为进一步制度合作提供了平台,长期的合作成果也为进一步制度协作提供了自信,这些成就共同为金砖国家间投资合作机制的建立创造了良好的合作环境,也为今后在投资条约中建立 CSR 条款提供不竭动力。

无论是在国际层面还是在金砖国家国内层面,构建 CSR 条款都势在必行,况且五国之间早已具备良好的合作环境,也为进一步的制度创立提供了良好的基础。

(二)统一构建的理念与基本原则

所谓协调的理念与原则,是指在金砖国家间投资条约中纳入 CSR 条款时应当遵循的基本准则和宗旨。通常来讲,一份法律文件的开篇会明确该法律的原则和目标,其具体内容的设立和执行都不得违背总体原则。理念的明确有利于把握制度发展的总体方向,使得制度的设立具有科学性和可行性。金砖国家在 CSR 条款的构建时应当遵守以下理念。

1.适应各国的特殊性

尽管金砖国家经济总量占世界经济总量比重较大,且在生态环境、自然资源等方面具有不可比拟的优势,但金砖五国仍是发展中国家,其在经济发展动力、科技创新能力、法治建设水平、资源修复能力方面尚有欠缺,仍需吸收大量的外国投资,通过先进的技术、丰富的商品和服务带动本国经济发展。

一方面,由于企业社会责任制度最初由发达国家提出,其设立目的就是防止发展中国家的跨国企业对本国环境、劳权等公共利益产生威胁,因而发展中国家投资者正是制度的设计对象,在制度实施中最易受到影响。另一方面,由于金砖国家在技术和制度上的滞后性,企业自身抗压能力较小,在对外投资中缺乏竞争优势,面临东道国的高门槛、严要求极易受到冲击。此外,五国国内在推行企业社会责任制度时,大多实行自上而下的实施方式,与西方资本主义国家有所不同,因而企业社会责任的条款订立和实施也应有其特殊性。[①]

2.循序渐进构建条款

就经济发展水平和发展速度而言,五国之间亦有差距。金砖国家成立之

---

① 崔丽:《俄罗斯企业社会责任现状及其对我国的启示》,载《河北法学》2012 年第 4 期。

初,中国经济总量是俄、印、巴经济总量之和,至 2016 年中国已成为世界第一大资本输入国和第二大经济体,在五国中经济水平位居第一,但南非经济总量则处于最后一位。

就法律制度的建设而言,金砖五国在条约签订的数量上也差距甚远,中国现今共有 128 项双边投资条约,俄罗斯签订 84 项条约,印度签订 83 项,南非签订 49 项,但巴西只签订 21 项。① 这便意味着各国在条约态度、政策和水平方面有所不同,在吸纳新的条款并适用该条款的能力不同,若要以同一标准、同一速度进行制度推进,不免会造成揠苗助长的结果。此外,过快纳入新条款可能导致对他国外交自主权的干预和侵犯,打击各国在日后条约签订和制度合作方面的积极性。

综上来看,在金砖五国间投资条约中纳入 CSR 条款应当保持循序渐进的原则,遵循各国法律制度的发展规律和发展速度,才能达到更为理想的效果。

3.遵循国际投资法现有规则

现有国际投资法律框架中,有关企业社会责任内容的规定主要有两种,即国际条约和国际软法(国际组织的法律文件),前者主要有双边及区域性投资条约等,大多是针对企业社会责任中的某一具体方面进行保护的条约,缺乏针对性国际条约;后者则是无法律拘束力的国际标准和权利义务倡导,但不可否认其也体现了条款内容的发展趋势。金砖国家在构建 CSR 条款时,应当严格依照《维也纳条约法公约》中的有约必守原则遵守现有的国际条约内容②,同时就国际软法中的相关规定也应予以尊重,即使不完全按照此类文件中的内容进行规定,也应借鉴其中的合理部分,保持其与该类法律文件中 CSR 条款精神和原则的一致性。通过借鉴和发展已有的国际法规则,固旧筑新,使得 CSR 条款在国际投资法的框架下日益成熟。

4.坚持透明度原则

透明度原则是贸易领域的基本原则,意指成员方应公布所制定和实施的贸易政策、法规等措施及其变化的情况(如修改、增补或废除等)。此处的透明度原则是指金砖国家制定的 CSR 条款应向各国及其投资者公开,此点源于该条款主体的特殊性。CSR 条款的权利义务双方分别是东道国与企业投资者,东道国是条款制定的主体,自然清楚条款的内容和产生过程,而企业仅是

---

① 《金砖五国,1990—2016 经济总量对比,从四强争霸到中国高处不胜寒》,https://ld.sogou.com/article? aid=3001182534,访问时间:2018 年 10 月 28 日。

② 《维也纳条约法公约》第 26 条:"凡有效之条约对其各当事国有拘束力,必须由各该国善意履行。"

条款的履行者,难以了解到条款制定的具体内容,在此方面二者信息不对等。因而在 CSR 条款构建的过程中,应当始终坚持透明度原则,保持信息的公开性和双方获取信息的对称性,这样不仅能够提高跨国企业履行企业社会责任的积极性,使其切实按照条款内容作为和不作为,还能够提升金砖五国作为东道国的权威性。

(三) 统一构建的模式选择

1.附属协议的构建模式

附属性协议是指在国际投资协定中以附件形式对相关权利义务进行规定的一种法律形式,其构成国际投资条约的一部分,具有同等效力。由于国际投资条约的主要内容主要包括待遇条款、税收条款、征收条款、争端解决条款等,其主体部分通常是与投资直接相关的投资者权利或东道国义务内容,若将 CSR 条款以专章专项的形式进行详尽规定,一方面会占据投资条约过多内容,给条约形式造成负担,另一方面会与保护投资者利益的投资条约理念有所不符,且从目前包含 CSR 条款的各项条约来看,有关 CSR 条款的内容大多简明扼要。以 NAFTA 来说,其中关于环境和劳工的内容便是以附属协议的形式进行规定的,即《北美环境合作协议》和《北美劳工合作协议》①,这两份协议由序言和正文部分组成,对环境和劳工内容进行系统的规定。因此金砖国家在设置 CSR 条款时可以采取此种方式以完成该条款从无到有,从粗到细的构建过程,使得条款内容更加丰富具体,更易被各国接受。

2.系统化的构建模式

国际投资条约一般包括序言、正文和例外规定三个部分,因而一个完整的条款内容也应从序言、正文和例外条款三部分进行规定,这样有助于提高条款内容的全面性。首先,序言部分通常起提纲挈领的作用,大致有社会规制、可持续发展、社会投资和环境健康四方面内容②,其中后三种内容都与企业社会责任有关,因此若能在条约中纳入可持续发展、社会投资和环境健康的内容,对于整体规制起到总领作用。其次,正文部分通常是具体条款的规定,若能在正文部分纳入 CSR 条款,在此部分可以进行权利义务的具体规定,为企业投资者履行社会责任提供了直接性依据。最后,在例外规定部分,通常有根本安全例外和一般公共政策例外、审慎例外以及调度和保留例外,在此部分与企业

---

① 诸文文:《美国投资协定中的劳工条款研究》,山东大学 2014 硕士论文。

② IIA Mapping Project:https://investmentpolicyhub. unctad. org/IIA/mappedContent # iiaInnerMenu,访问时间:2018 年 10 月 29 日。

社会责任密切相关的是一般公共政策例外,若能在投资条约中纳入这一部分,则能够完善 CSR 条款的内容规范。

(四)具体内容的构建

根据上文提出的两种条款构建模式,金砖国家投资条约中 CSR 条款的构建可采用两种模式进行,一种是全面规定模式,另一种是采用附属协议模式。

若采用第一种模式进行构建,则具体内容可分为以下几点。

1.序言部分

在国际投资条约中,序言部分通常包括四方面,即社会规制、可持续发展、社会投资方面和环境方面的内容①,其中关于企业社会责任的是后面三项,有些投资条约序言中完全囊括这三部分,如《巴西—智利双边投资条约》②,但有些投资条约序言中只含其中部分内容,如《巴西—墨西哥双边投资条约》。③由于序言中的社会投资内涵中包含企业社会责任这一方面,因此在序言中可以在兼顾三方面表述时,在社会投资方面着重加强对于企业社会责任内容的表述。如在序言中增加一款:"认识到企业对于环境资源、劳工权益、消费者权益等企业和股东以外其他利益相关者权益保护,以及防止腐败行为的重要性。"通过序言的规定,将其作为贯穿条约始终的内容,从条约整体上凸显对企业社会责任的重视,且与正文和例外规定部分的企业社会责任内容相互照应。

2.正文部分

正文部分通常是条约的主体部分,也是条约最为重要的一部分。此部分可以通过专门条款对企业社会责任进行构建。

首先,条款名称可定为企业社会责任(Corporate Social Responsibility),此点在各国对外投资条约中都已达成共识。

其次,在具体义务的表述方面,由于巴西个别双边投资协定中已有 CSR 条款,且该条款较为先进,因此可以巴西 BITs 中的 CSR 条款为基础,对其加以修缮。具体可从以下几部分入手。

---

① IIA Mapping Project:https://investmentpolicyhub. unctad. org/IIA/mappedContent # iiaInnerMenu,访问时间:2018 年 10 月 29 日。

② Brazil-Chile BIT (2015), https://investmentpolicyhub. unctad. org/Download/ TreatyFile/4712,访问时间:2018 年 10 月 29 日。

③ Brazil-Mexico BIT (2015), https://investmentpolicyhub. unctad. org/Download/ TreatyFile/4718,访问时间:2018 年 10 月 29 日。

（1）序言部分。如上文所述，某一具体条款而言，其也可划分为序言、准则部分。对于 CSR 条款而言，其第 1 款即属序言部分，起到提纲挈领、阐明主旨的作用，巴西的 CSR 条款在此部分规定较为完善，无须特别修改。

（2）具体准则部分。第 2 款即为具体准则部分，此款共有十一项内容，通过明确规定和解释推理的方式可以看出大致涵盖了环境、劳工、消费者权益保护和反腐败的主要社会责任内容，但因存在内容不全面、指向不明确等问题，应当对这四种责任方面加以完善。

就环境保护而言，应当在已有的第 1 项、第 3 项和第 5 项内容基础上，增加企业的具体义务内容，以强调环境保护的具体措施，如增加："企业应当从事前预防、事中保障和事后监督不同阶段采用评估、报告、监督等有效方式保证东道国环境不受其经营活动破坏。"使其与前三项鼓励性和倡导性的规定相结合，达到详略得当、粗细结合的效果。

就劳工权益保护而言，一方面需对已有的义务内容进行完善，提高内容表述的严谨性。例如，将条款第 4 项修改为"企业应当鼓励发展人力资本，特别是通过创造就业平等和自愿的机会及促进工人获得职业培训的方式"；将第 9 项修改为"不得对向董事会或在适当情况下向主管公共机构提交说明公司违反法律或违反公司治理标准的行为报告的员工进行歧视或采取经济性、纪律性处分措施或人身处罚"，这里的处分措施应当参照 SA8000 中企业经常采用的惩罚性措施进行全面列举，以防止企业采用各种方式对劳动者进行惩罚。另一方面，因《世界人权宣言》等国际性法律文件中对于劳动者权益的列举不仅体现在以上几点，还包括结社和谈判自由、工资及最低福利待遇的权利，因此应当增加一项，即"企业应当保障劳工结社和谈判自由的权利，保障其获得工资及不得低于最低福利待遇标准的待遇权。"通过增加该条款，全面保障国际社会所认可的劳动者的核心权利。

就消费者权益保护而言，已有条款主要通过第 2 项、第 7 项和第 10 项进行规定，但这几项内容对于消费者的保护并无针对性，也未指明消费者这一权利主体，而是企业履行企业社会责任的普遍要求。因此，应当增加一项，如"企业应当保障消费者公平交易、自主选择的权利，以及对于产品、服务信息的了解的权利。企业应当确保消费者的生命健康及财产不因其产品、服务或其他行为受到侵害，若权利因企业受到损害时，能够向其索取损害赔偿。"从而有针对性地保护消费者的合法权益。

就反腐败责任而言，主要依据第 5 项、第 7 项、第 8 项和第 10 项，笔者认为对于第 5 项和第 7 项应进行适当完善，具体而言，应将第 5 项修改为："企业

应当避免其在环境、劳工、消费者和反腐败方面寻求东道国立法中未规定的救济",即明确规定反腐败责任的内容,而非用"其他问题"将其概括在内;将第7项修改为"企业应当制定和实施有效自律管理制度,避免企业人员直接或间接实施贿赂行为,以促进公司与开展业务的社会之间的相互信任关系"。以上即是对于 CSR 条款正文部分的构建与完善。

3.例外条款

例外条款实质上是对条约义务的附条件豁免,一般而言,国际投资条约中的例外条款包含根本安全例外、一般公共政策例外、审慎例外与调度与保留例外四种,就 CSR 条款而言,可比照序言部分的构建,在一般公共政策中着重于对企业社会责任方面的强调。例如:"当条约内容有损企业母国的国家安全、环境、劳工、消费者权益和反腐败方面的规定时,可适当免除企业应当履行的社会责任。"此种规定兼顾了该条款主体的特殊性,可以利用例外条款加强对于企业的保护。

但若采用第二种模式进行构建,则可参照《南部非洲发展共同体投资议定书》中附件的格式做以下规定。

(1)定义。即关于 CSR 条款中的应有定义,例如何为投资条约中的企业、何为社会责任等。

(2)原则和目的。这是条约内容的必备部分,明确了条约的宗旨和意图,在此部分可在参照一般条文的基础上,根据 CSR 条款的特殊性,将"促进东道国在环境、劳工、消费者及反腐败方面的权益"增至其原则中。

(3)具体权利义务。关于企业社会责任的具体权利义务在附属协议的形式下可做详细规定,具体的内容安排可以参照前文对于金砖国家投资条约中已有 CSR 条款的完善方式。

(4)特别制度安排。由于企业社会责任的履行主体是企业,且该制度在各国内部已有相关的约束机制,因此可以借鉴国内法中有关企业社会责任的一般制度,将其适用在国际投资中。具体而言,包括以下几种制度。

A.监督评估机制

根据权力来源,此种制度主要包括企业的内部监督和企业的外部监督,前者包括企业的评估报告制度和信息披露制度[1],后者可包括东道国政府和企业投资者母国的监督。就企业的评估报告制度和信息披露制度而言,二者紧

---

① 高岚君、吴凤君:《全球化视野下的企业社会责任法律研究》,法律出版社 2011 年版,第 111 页。

密相连,金砖五国中南非制定的"金准则"与此类似,在其企业社会责任的国内发展中早已融入了此项制度。条约中可规定企业在进行跨国投资时事先接受对其履行社会责任能力和情况以及经营活动对东道国社会可能产生的影响的评估,在跨国投资期间可由东道国相关机构监督企业定期披露其履行社会责任的情况,使其处于可控范围之内。对于外部监督这里主要指的是金砖五国,因此可参照《欧盟区域经济协定》中第7部分第3章第2节的监管程序内容,设置监管机构、监管程序与执行程序①。

B.责任承担机制

现有双边投资条约和多边投资条约中都是对企业社会责任的义务性要求,并未明确企业在违反社会责任时应当承担怎样的不利后果,这是CSR条款的一大缺失,也是构建CSR条款的重中之重。因此,金砖国家有必要在企业社会条款中纳入责任后果的相关内容,明确当企业违反义务内容时应当承担一定的法律责任,根据东道国或者投资者母国的相关法律在有权管辖的范围内进行惩罚。

C.争端解决机制

争端解决机制是一项条约中最为重要的内容,也是保障条约内容得以实现的最后屏障,因而在CSR条款的构建中纳入争端解决机制极为必要。金砖国家在构建争端解决机制时应当明确争端解决的形式、程序以及争端解决机构,如在中国与瑞士签订的FTA中,规定中瑞双方争端解决机构分别为中国商务部和瑞士联邦经济局。② 如此,便能在争端产生之时,妥善解决好双方争议,确保条约签订和履行的完整性。就CSR条款而言,笔者认为争端解决方式有两种:

一是依据东道国国内法律解决。由于跨国公司对于环境破坏、劳工权益以及消费者权益的侵害属于侵权行为,当今各国对此往往采用侵权行为地法作为适用法律③,又因跨国公司投资过程中的侵权行为大多直接发生于东道国境内,因而可依照东道国法律规定加以解决。不仅如此,由于先进CSR条款要求企业应当遵守东道国的相关法律,其义务的违反实质也是对东道国法律的违反,因此适用东道国国内法的相关规定,通过调解、仲裁或诉讼方式解决具备合理性和可行性。

---

① Agreement on the European Economic Area, PartⅦ, Chapter3, Section2, https://investmentpolicyhub.unctad.org/Download/TreatyFile/2420,访问时间:2018年10月29日。

② 汪雨晨:《金砖国家投资条约环境条款研究》,西南政法大学2016年硕士论文。

③ 刘想树:《国际私法》,法律出版社2015年版,第195页。

二是利用国家层面的政治途径。由于条约的主体是两个国家,投资者母国对企业具有监管的责任,而东道国对其国民又具有保护的职责。因此当一企业违反条约规定时,两国可通过磋商方式进行解决,随后再由各国依照国内法对各自"国民"进行惩罚或救济。但这种方式是将私主体之间或私主体与共主体之间(当企业是一国国有企业或政府机关且其行为为政府行为时)的纠纷上升为国家间争端,不利于国家间经济、政治的友好交往。

(五)条文建议

鉴于金砖国家合作日益紧密,统一构建 CSR 条款实为必要。因巴西个别投资条约中已包含 CSR 条款,其余各国可在此经验和基础上对其加以修缮,并尽快将其纳入未来投资条约中。为统一各国立场、减少条文差异,金砖国家应协同制定 CSR 条款,明确各项条文内容及适用范围,保证条款设计及实施的统一。下文就金砖国家 CSR 条款的具体内容提出以下设想。

若以全面规定模式进行构建,正文条款可作以下设计。

1.投资者及其投资应根据本条规定的自愿原则和标准,通过最高限度的社会责任实践努力为东道国和当地社区的可持续发展做出最大可能的贡献。

2.投资者及其投资应尽最大努力遵守自愿原则和标准,履行负责任的且符合东道国法律的以下商业行为:

(1)促进经济、社会进步,保障东道国劳工、消费者享有不低于国际标准的合法权利,杜绝腐败行为,以实现东道国经济、社会可持续发展。

(2)尊重参与公司活动的人的人权,符合东道国的国际义务和承诺。

(3)通过与当地社区的密切合作,鼓励加强当地经济、生态能力建设。

(4)鼓励发展人力资本,特别是通过创造平等自由的就业机会并促进工人接受专业培训。

(5)避免其在环境、劳工、消费者和反腐败方面寻求东道国立法中未规定的救济。

(6)支持和维护良好的公司治理原则,并制定和应用公司治理的良好实践。

(7)制定和实施有效自律管理制度,避免企业人员直接或间接实施贿赂行为,以促进公司与开展业务的社会之间的相互信任关系。

(8)通过适当传播与该条有关的政策,包括专业培训计划,促进工人对公司政策的了解。

(9)不得对向董事会或在适当情况下向主管公共机构提交说明公司违反

法律或违反公司治理标准的行为报告的员工采取歧视性的处分措施,包括人身、经济等处分措施。

(10)尽可能鼓励商业伙伴(包括服务提供商和外包商)应用符合本条规定原则的商业行为准则。

(11)尊重当地政治活动及程序。

若采用附属协议构建模式,则可对协议中与环境、劳工、消费者保护责任及反腐败责任相关的内容进行以下安排:

1.环境保护责任

(1)在开展生产经营活动前,企业应运用科学的评价办法对活动可能产生的环境影响进行评估并制作相应报告。

(2)在生产经营活动中,企业应密切关注东道国的相关法律,积极遵守并履行相关义务,保证企业所使用的生产原料、生产技术的无害性,避免破坏当地环境资源。对于生产经营活动实时跟踪,定期检查相关活动的环境影响,开展定期检测工作,以维持地方的建设能力。

(3)企业应对其造成的环境损害通过赔偿或补偿的方式主动承担责任,不得将环境污染所产生的成本转嫁给东道国或由其他社会成员承担不利后果。

(4)企业不得寻求东道国在环境保护立法中未规定的救济。

2.劳工权益保护责任

(1)企业不得实施低于国际劳工组织法律文件及SA8000等中有关劳工权益标准的行为。

(2)企业应保障劳工结社和谈判自由权,按时足额发放工资并保障其享有不低于最低标准的社会福利待遇,保证所有劳工能够自愿平等就业。

(3)企业应保障劳工的生命健康权,保障其工作条件的安全性。

(4)企业不得对向董事会或在适当情况下向主管公共机构提交说明公司违反法律或违反公司治理标准的行为报告的员工采取任何歧视性处分措施(包括人身、经济等处分措施)。

(5)企业不得寻求东道国在劳工权益保护立法中未规定的救济。

3.消费者权益保护责任

(1)企业应保障消费者公平交易、自主选择的权利,以及对于产品、服务信息的了解的权利。

(2)企业应确保消费者的生命健康及财产不因其产品、服务或其他行为受到侵害,若权利因企业受到损害时,能够索取向其损害赔偿。

（3）企业应确保网络交易消费者享有同样的合法权利。

（4）企业不得寻求东道国在消费者权益保护立法中未规定的救济。

4.反腐败责任

（1）企业应制定和实施有效自律管理制度，避免企业人员直接或间接实施贿赂等腐败行为，以促进公司与开展业务的社会之间的相互信任关系。

（2）企业应通过适当传播本政策，包括专业培训计划，促进工人对公司政策的了解。

（3）企业应尽可能鼓励商业伙伴（包括服务提供商和外包商）实施符合本条规定原则的商业行为原则。

（4）企业不得寻求东道国在反腐败立法中未规定的救济。

5.监督评估机制

企业在进行跨国投资时事先接受对其履行社会责任能力和情况以及经营活动对东道国社会可能产生的影响的评估，在跨国投资期间可由东道国相关机构监督企业定期披露其履行社会责任的情况，使其处于可控范围之内。

6.争端解决机制

（1）企业与东道国相关部门或私人因环境、劳工、消费者保护等问题发生争端时，可通过磋商方式予以解决。

（2）若磋商未果或触犯东道国强制性法律，应按照东道国国内法予以解决。

（3）同时可由东道国及企业投资者母国在各自管辖权内，依照本国法律、法规对责任主体予以规制。

（六）小结

现代国际法强调可持续发展的重要性，国际投资也开始注重经济利益与环境、劳工等公共利益的协调，金砖国家构建 CSR 条款时，应当遵循循序渐进的原则，尊重各自的特殊性，并在现有的国际法框架下进行完善和创新。由于金砖国家都是发展中国家，且在投资条约的发展和合作方面还未达到成熟状态，可选择全面性规定或附属协议的模式纳入条款，并从环境、劳工、消费者权益保护和反腐败责任方面对已有内容进行更加明确具体的完整，对缺漏之处进行全面详尽的补充，对企业社会责任的义务内容、责任承担、争端解决等制度加以构建。此外，由于 CSR 条款的约束对象是企业，因而与其他条款在内容设计上有所不同，可增加监督执行、信息披露等制度，使得企业更好地履行其社会责任。

结语

　　金砖国家是当今国际经济社会中具有旺盛生命力的新兴经济体,五国作为发展中国家,在吸引投资时也需加强对于本国经济、社会等多重利益的保护。目前,金砖国家投资条约中缺少系统、完善的 CSR 条款,只有尽快构建 CSR 条款才可使得本国利益得以保护、行为规制有法可依,此举亦有利于五国之间形成统一的法治立场,强化金砖合作机制。本文从金砖国家投资条约中现有条款的内容入手,将企业社会责任中的环境、劳工和消费者权益保护以及反腐败责任四方面抽离出来,分别归纳其存在的不足,通过借鉴国际层面的先进制度,从 CSR 条款构建的必要性与可行性、构建理念、模式及具体内容等方面进行讨论,以此弥补该领域的空缺。

A Study on Corporate Social Responsibility Clauses of BRICS' Investment Treaties

ZHANG Mengyuan

Abstract: As an important force and emerging economy of developing countries, BRICS frequently suffer from the environmental, labor and other public interests. Although there are relevant CSR regulations in the domestic laws of the five countries, the CSR clause has not been fully incorporated into the investment treaties. In the face of problems such as the responsibilities of multinational corporations and the lack of institutions at the international level, it is important and urgent to explore the construction of the CSR clauses in BRICS' investment treaties. This paper adopts comparative analysis, historical analysis, normative analysis and empirical analysis to study the CSR clause of BRICS' investment treaties, examines the status quo of the CSR clause of BRICS' investment treaties and proposes the perfection of the CSR clause of BRICS.

Key words: BRICS; Investment Treaties; Corporate Social Responsibility Clauses

❀黄周军*

印度仿制药品法律问题研究**

内容摘要：印度是一个仿制药大国，有"世界药房"之称。印度药品大多被人们贴上"强仿""违反专利"等标签。印度仿制药产生了诸多影响。一方面，价格低廉的药品满足了包括印度国内民众在内的广大中低收入国家民众的需求，同时印度的医药产业得以建立和飞速发展。另一方面，对于产品专利尚处于有效期内的原研药厂而言，其专利权被侵犯，企业和所在国家利益被损害。围绕印度仿制药问题产生的知识产权保护和公众健康权的冲突是历来的热点研究对象。本文尝试梳理印度仿制药背后的药品专利制度变迁并探寻其原因，分析印度仿制药的积极和消极影响，结合印度国内法及相关国际法渊源，并参考其他国家和地区的立法及实践考察印度药品专利授予范围和印度药品专利强制许可制度，探讨印度仿制药产生的价值取向冲突并提出解决路径。

关键词：印度；仿制药；专利权；健康权

---

* 黄周军，西南政法大学国际法学院国际法学专业2016级硕士研究生（指导教师邓瑞平教授）。
** 本文由作者在其2019年硕士学位论文基础上修改而成。

引言

有关印度仿制药的新闻经常见诸报端,比如"抗癌药代购第一人"、"代购印度药获利,父子双双获刑"等。这些新闻引发了笔者对印度仿制药问题的关注。印度是一个仿制药大国,其仿制药出口量约占全球 20%,因而被称为"世界药房"。① 印度仿制药给人们的印象大多是"强仿"、"违反专利"等不良印象。和原研药相比,印度仿制药在剂量、安全性、效力、作用、质量以及适应症上完全相同,但均价只有原研药的 20%—40%,个别品种甚至相差 10 倍以上。② 印度仿制药很好地解决了印度低收入人群和众多发展中国家人民获取药物能力不足的问题。但同时,印度限制药品专利取得和颁发药品专利强制许可的做法损害了原研药企业和其所在国的利益,打击了药企研发新药的积极性。印度仿制药是如何得到发展的?促使印度药品专利制度变迁的原因是什么?印度是如何通过其专利法限制药品专利取得的?印度启动药物专利强制许可的条件是什么?印度实施上述举措背后的价值取向,即健康权优先于药品专利权是否真的恰当?印度仿制药法律制度对当今中国有何启发意义?这些问题都值得我们思考。

本文主要研究以下内容:印度仿制药的现状、印度药品专利制度变迁及原因和印度仿制药的影响;结合印度国内法律以及国际法渊源分析印度当前药品专利授予范围并探讨其合理性和合法性;结合印度国内法律以及国际法渊源分析印度当前药品专利强制许可制度并探讨其合理性和合法性;分析印度仿制药产生的公众健康权和药品专利权冲突,指出健康权并不优先于药品专利权;从国际法和国内法着手,加强知识产权保护以促进创新,在不危及知识产权的前提下,采取各种举措降低药价以保障人权。

研究方法上,本文拟在以下方面予以创新:

(1)尝试结合 TRIPS 协定、《巴黎公约》等国际法渊源对印度药品专利授予条件和印度药品专利强制许可制度进行研究,同时参考中国、美国等国家的立法和实践,区别于以往更多局限于印度国内法的角度对印度仿制药进行研究。

(2)试用历史分析法分析印度药品专利制度变迁的社会、经济、法律政策

---

① 刘伟洪:《制剂出口砥砺前行》,载《医药经济报》2017 年 5 月 11 日第 15 版。

② 唐璐:《印度如何成为"世界药房"?》,http://finance.sina.com.cn/zl/china/2016-05-06/zl-ifxryhhh1683242.shtml,last visited on 10 Dec.2018。

和民族性格等原因,以往的研究文献鲜有涉及该内容。

研究内容上,本文拟在以下方面予以创新:

(1)总体观点上的创新。关于药品知识产权和人权的冲突,以往研究印度仿制药的文章更多持有牺牲药品专利权以保护公众健康权的观点,笔者总体上倾向于药品知识产权保护,认为应当在保护药品知识产权的前提下寻求保护公众健康权的路径。

(2)归纳印度药品专利制度变迁的原因。以往的文章很少涉及印度药品专利制度变迁的原因。

(3)结合相关国际公约以及中国、美国等国家地区的立法及实践,对印度药品专利授予和药品专利强制许可进行研究。

(4)在仿制药的价值取向上,本文尝试分析围绕仿制药产生的药品专利权和公众健康权的冲突,拟提出健康权并不优先于药品专利权。

(5)考察国际知识产权保护发展趋势和中国自身内外部因素,得出中国应当加强知识产权保护的结论,提出降低药价以保障人权的意见。

一、印度仿制药的基本理论

印度仿制药是一个有丰富内涵的概念,其专利权来源有以下几种情况:专利权到期取得、专利权强制许可取得、专利权授权取得和拒绝授予专利权等。印度仿制药行业自 20 世纪 70 年代随着印度药品专利制度的变化而快速发展壮大,印度药品专利制度的变化又受印度法律政策、经济因素、价值取向、民族性格、国际知识产权保护环境、欧美发达国家施压、国际义务和知识产权诉讼等因素的影响。印度仿制药政策促进了印度制药业的发展,提升了药品的可及性,但是也损害了欧美国家和原研药企业利益,挫伤了药企研发动力。

(一)印度仿制药的相关概念及现状

印度仿制药是一个较复杂的概念,尽管其存在可能符合印度国内的专利法、药品监管法等法律,但可能违反相关国际条约。我们有必要界定本文的研究对象,详细梳理印度仿制药品涉及的专利权情况,同时考察印度仿制药品市场的现状。

1.基本概念

根据百度百科,仿制药是指与商品名药在剂量、安全性和效力(strength)、质量、作用（performance）以及适应症（intended use）上相同的一种仿制品（copy）。① 根据维基百科，仿制药是指与原始开发、取得专利并具有创新性的药物具有相同的化学成分的一种药物。② 有观点认为，由于仿制药经过政府审批和相关法律许可，在治疗效果、药品质量方面与原研药品基本相同，所以是被法律认可的替代药品。③ 笔者并不赞同该观点，医药行业作为监管力度最大的行业之一，不能仅因为仿制药履行了有关药品监管法律规定的上市和审批流程就断定其合法。笔者认为考察仿制药的合法性还应当考虑其专利取得是否合法。

按照药物专利权来源划分，印度仿制药品主要可以分为以下四类：

第一类是强行仿制药品。依据专利强制许可（compulsory licenses）制度实施而产生，一般在遇到重大、紧急的公共卫生问题时采取。例如针对艾滋病疫情，南非、巴西、泰国等国家都曾实施药品专利强制许可，以降低药品价格从而增加药品的可及性。强制仿制较多发生在发展中国家。印度曾对拜耳公司（Bayer）肝癌药物索拉非尼（Nexavar）实施专利强制许可，并于2013年启动新一轮的针对罗氏（Roche）乳腺癌药物赫赛汀（Herceptin）、百时美施贵宝（BMS）白血病药物达沙替尼（Sprycel）和乳腺癌药物伊沙匹隆（Ixempra）的强制许可程序。④

第二类是授权仿制药品（authorized generic drugs）。由原研药企业授权其他厂家生产仿制药品。该类仿制药品在功效方面与原研药品基本相同，在商品名以及上市的时间和地区方面可能会有差异。授权仿制药品可以在专利期内被生产及销售。比如，吉利德（Gilead Sciences Inc.）在2015年将其治疗丙型肝炎的专利特效药品索非布韦（英文名 Sofosbuvir，商品名 Sovaldi）授权给印度、巴基斯坦、埃及的14家药企进行生产销售，且允许其向超过90个发展中

---

① 百度百科，"仿制药"，https://baike.baidu.com/item/仿制药/10483601，last visited on 1 Nov, 2018。

② Wikipedia, "Generic drug", https://en.wikipedia.org/wiki/Generic_drug, last visited on 1 Nov, 2018.

③ 张毅伟：《"仿制药"一剂减轻患者负担的良药》，载《三秦都市报》2018年9月12日第A4版。

④ Tracy Staton, "India to hit Roche, BMS with compulsory licenses on 3 cancer drugs", https://www. fiercepharma. com/pharma/india-to-hit-roche-bms-compulsory-licenses-on-3-cancer-drugs, last visited on 1 Nov, 2018.

国家出口。①

第三类是普通仿制药品。该类仿制药品是在原研药专利权到期后由仿制药企业生产的,其审批上市时间晚于原研药专利的到期时间。② 由于法律对专利权所有人的专利保护有时间限制,超过专利有效期则不再予以保护,任何人都可以利用受专利权保护的客体,因而第三类情形是完全合法的。

第四类是未被印度授予专利权的药品(包括曾经授予药品专利权但最后又被撤销的)。印度最新专利法规定对已知物质的新形式不授予专利权,该条款导致一些药品被排除在专利权保护之外,而按照大部分国家的规定该药品是可以被授予专利权的,由此导致该部分药品在印度被"合法"地仿制。拒绝授权最典型的案例是印度驳回诺华(Novartis)格列卫 β 晶型专利申请,印度药企由此可以毫无障碍地生产格列卫 β 晶型药品。类似的还有特罗凯案件。③ 对于授予后又被撤销专利的情形,仅在 2012 年就有多起案例发生。④

至于第二类情形,尽管原研药企业给予相关国家和药企专利授权,允许其生产专利权项下的药品可能并非完全出于自愿,但其授权外观表现合法,本文将不作讨论。本文主要考察第一类和第四类情形。

与仿制药容易混淆的概念是假冒药品(counterfeit medications),仿制药并

---

① Gardiner Harris, "Gilead Receives Criticism For Its Deal Of Selling Sovaldi In Poor Countries", https://www.nytimes.com/2014/09/16/business/international/maker-of-hepatitis-c-drug-strikes-deal-on-generics-for-poor-countries.html.last visited on 1 Nov,2018.

② 吴久鸿、李洪:《仿制药在美国和印度的生产及使用情况对中国的启示》,载《中国药物经济学》2018 年第 7 期。

③ 罗氏旗下的特罗凯(Tarceva,盐酸厄洛替尼片)可用于多种癌症的治疗,2006 年 1 月印度西普拉(Cipla)宣布其正在研发厄洛替尼仿制药 Erlocip。随后,罗氏起诉西普拉专利侵权并希望颁布临时禁令以阻止西普拉生产、销售、出口特罗凯仿制药 Erlocip。西普拉提出罗氏专利无效的反诉。新德里高等法院基于公共利益考虑,拒绝对 Erlocip 颁布禁令,同时法院驳回了西普拉公司罗氏专利无效的诉讼请求。罗氏提出上诉。2012 年 9 月,在经过长达 4 年的几十个听证会后,印度法院驳回罗氏的专利侵权诉讼。法院认为罗氏主要的权利主张是化合物本身即盐酸厄洛替尼(化学式所描述),此涵盖化合物的主张未限定多晶型特殊变异体。由于罗氏销售的是厄洛替尼的特殊形式(多晶型 A 和 B),而西普拉销售的 Erlocip 仅是多晶型 B,因此西普拉不构成侵权行为。见宋瑞霖、桑国卫、程音齐:《印度专利案件裁决对中国的启示》,载《中国新药杂志》2014 年第 23 卷第 15 期。

④ Kaustubh Kulkarni, "India revokes GSK cancer drug patent in latest Big Pharma blow", https://www.reuters.com/article/us-india-gsk/india-revokes-gsk-cancer-drug-patent-in-latest-big-pharma-blow-idUSBRE97108C20130802,last visited on 1 Nov,2018.

不必然是假冒药品。假冒药品是指欺骗性地表示其来源、真实性或有效性而生产和销售的一种药品。假冒涉及含有正确化学成分、含有错误化学成分或不包含原创药活性化学成分、活性化学成分剂量错误以及虚假包装等情形。① 通用名药和创新药均可被假冒。②

不难看出仿制药是一个有丰富内涵的概念,其专利权来源涵盖专利权到期取得、专利权强制许可、专利权授权取得等多种情形,甚至可能不涉及专利权问题[比如印度《专利法》第 3 节(d)规定不对已知物质的新形式授予专利]。仿制药并不必然是合法的,可能由于其未取得专利权许可而是非法的。即便某些印度仿制药的专利权符合其国内法,但是可能并不符合相关国际条约的规定。仿制药可能是合法药品、非法药品的集合。

2. 印度仿制药现状

2015—2018 年,印度药品出口金额分别为 126 亿、127 亿、129 亿美元③,占全世界仿制药市场份额的 20%④,印度因而享有"世界药房"的称号。

印度仿制药品主要出口至发达国家和地区。按地区划分,北美超过 30% 份额,欧盟超过 15% 份额。按国家划分,美国占 30% 份额,南非、英国、俄罗斯、尼日利亚、德国、巴西等国家都占 2% 以上的份额。其出口额的 55% 面向高度规范市场。⑤ 也有相当部分出口至发展中国家和最不发达国家。

表 1　印度药品出口主要目的地国家　（单位：百万美元）

排名	国家	2015—2016	2016—2017	2017—2018	增幅(%)
1	美国	5,514	5,564	5,116	−8.04
2	南非	605	485	583	20.23
3	英国	564	550	557	1.25
4	俄国	374	383	469	22.24

① Wikipedia, " Counterfeit medications ", https://en. wikipedia. org/wiki/Counterfeit_medications, last visited on 1 Nov, 2018.

② The World Health Organization, "Substandard and falsified medical products", https://www. who. int/en/news-room/fact-sheets/detail/substandard-and-falsified-medical-products, last visited on 1 Nov, 2018.

③ 14th *Annual Report* 2017-18, Pharmaceuticals Export Promotion Council of India, 24th August 2018, p.15.

④ 刘伟洪:《制剂出口砥砺前行》,载《医药经济报》2017 年 5 月 11 日第 15 版。

⑤ 14th *Annual Report* 2017-18, Pharmaceuticals Export Promotion Council of India, 24th August 2018, p.15.

续表

排名	国家	2015—2016	2016—2017	2017—2018	增幅（%）
5	尼日利亚	437	398	467	17.26
6	德国	348	333	388	16.54
7	巴西	326	337	384	13.74
8	肯尼亚	332	325	255	−21.76
9	澳大利亚	233	237	254	7.15
10	法国	232	209	251	20.38
11	比利时	192	231	243	5.07
12	荷兰	244	203	234	15.33
13	尼泊尔	177	207	233	12.47
14	加拿大	201	207	230	11.23
15	越南	221	227	226	−0.36
16	菲律宾	193	208	217	4
17	斯里兰卡	205	217	207	−4.82
18	中国	146	145	200	37.52
19	坦桑尼亚	179	196	186	−5.26
20	缅甸	154	186	182	−2.35
21	土耳其	160	166	173	4.62
22	泰国	148	141	173	22.37
23	墨西哥	160	157	165	4.61
24	孟加拉国	136	154	162	5.78
25	乌干达	169	154	156	1.47
26	意大利	123	124	153	23.52
27	日本	144	168	147	−12.33
28	巴基斯坦	102	129	142	9.59
29	西班牙	134	124	141	13.97
30	印度尼西亚	69	97	141	44.82
	前三十合计	12,222	12,262	12,435	1.38
	总共合计	16,912	16,785	17,276	2.92

数据来源：Pharmaceuticals Export Promotion Council of India, "14th Annual Report 2017–18".

(二) 印度药品专利制度变迁

印度仿制药的崛起可以说是印度药品专利制度的直接产物。印度药品产品专利经历了从有到被取消,再到被逐渐恢复,再到最后被完全恢复。印度药品专利制度的变迁有其特殊轨迹。有学者认为,《专利法》(1970) 的颁布、1991 年经济自由化产业政策的出台和《专利法》(2005) 的颁布是印度制药业发展的三个关键节点。[1]

1.第一阶段:取消药品产品专利

1970 年以前,印度继承殖民地时期专利法,对药品专利提供高水平保护。[2] 这导致印度医药业一直依赖进口,其医药市场主要由跨国企业控制,并且大多数药物价格昂贵,超出普通民众的经济承受能力。

1970 年,在英迪拉·甘地主导下,印度颁布《专利法》。针对药品专利授予范围,《专利法》(1970) 第五节规定:对食品、药品以及通过化学过程制备或得到的物质(包括合金、光学玻璃和金属间化合物)只授予方法专利,而不授予产品专利。[3] 同时,法案规定药品方法专利的保护期为授权之日起 5 年内或申请之日起 7 年内,并取其期限较短的一个,该期限远低于大部分国家对专利权 20 年的保护期。该法案排除了药品产品专利权且限制了药品方法专利权保护期,为印度制药企业营造了宽松的专利政策环境。印度国内药厂开始研究和生产仿制专利药品,以取代原研药,而且还将仿制药出口至其他国家,一款新药在美国上市后九个月内就可见印度仿制。[4]

印度政府不仅放宽药品专利制度,还提高药品关税并设置非关税贸易壁垒以达到阻止药品进口的目的,还规定外国医药公司对设置在印度境内的子公司的持股比例不得超过 40%。上述保护措施使得外国医药企业无力与本土医药企业相竞争。在宽松的知识产权保护环境和政策保护下,印度的仿制药企业逐渐发展壮大,并且获得了大量生产仿制药品的产业技能和经验。

---

[1] Dinar Kale, "The Distinctive Patterns of Dynamic Learning and Inter-firm Differences in the Indian Pharmaceutical Industry", *British Journal of Management*, 2010, Vol.21, pp.223 - 238.

[2] Dominique Bouet, "A study of intellectual property protection policies and innovation in the Indian pharmaceutical industry and beyond", *Technovation*, 38 (2015) 32.

[3] Section 5(1), *The Patents Act*, 1970.

[4] 宋瑞霖、桑国卫、程音齐:《印度专利案件裁决对中国的启示》,载《中国新药杂志》2014 年第 23 卷第 15 期。

印度《专利法》(1970)的专利政策是一把双刃剑,在推动印度制药业发展的同时也付出了沉重的代价。对于国内企业来说,缺乏对创新在产业发展中的重要性的认识导致新药研发所需的知识、人才和体系的缺失。对于跨国企业和外国企业来说,印度国内恶劣的知识产权保护环境使得其对在印度境内开展药物研发活动望而却步。同时,印度也面临越来越沉重的来自国际社会尤其是欧美等专利发达国家施加的压力和频繁提起的知识产权诉讼。

2.第二阶段:逐步恢复药品产品专利权

随着 1994 年印度相继签署《与贸易有关的知识产权协议》(下文简称"TRIPS 协定")和加入 WTO,印度需要提高对知识产权的保护水平。TRIPS 协定第 65 条给予包括印度在内的发展中国家 9 年过渡期①,其间印度可以接受医药产品专利申请,但是不授予医药产品专利权。

印度开始着手修改《专利法》(1970)。由于议会休会,为了临时满足TRIPS 协定的要求,总统颁布《专利(修订)条例》(1994)。印度宪法规定,在国会休会期间,总统可以在认为有必要立即采取行动时颁布有关条例,该临时颁布的条例具有与议会法案相同的效力,但此类条例在国会复会起 6 周内停止适用。② 该条例 1995 年 1 月 1 日生效,1995 年 3 月该临时条例到期失效。1995 年 3 月,印度政府提出了《专利法案(修正)》(1995),永久条例又因议会解散而未被通过。印度没有将条例失效的情况通知 TRIPS 协定理事会。这造成了印度与美国等发达国家的矛盾。③

1996 年,美国根据 DSU 第 4 条和 TRIPS 协定第 60 条规定,要求就印度既无药品、农业化学制品专利的保护,又无允许药品与农业化学品制品产品专利申请这一问题进行磋商。但是磋商未果,美国于同年 11 月向 DSB 提出成立专家小组的要求。专家小组于 1997 年 9 月做出审理报告,认定印度专利法违反 TRIPS 协定。专家小组在报告里写道:"专家小组得出结论认为,印度没有遵守 TRIPS 第 70 条第 8 款(a)项规定的义务,也没有遵守 TRIPS 协定第 63

① TRIPS 协定第 65 条第 2 款规定:一发展中国家成员有权将按第 1 款规定的实施日期再推迟四年实施本协定的规定,但第 3 条、第 4 条和第 5 条除外;TRIPS 协定第 65 条第 4 款规定:如一发展中国家成员按照本协定有义务将产品专利保护扩大至在按第 2 款规定的、对其适用本协定的一般日期其领土内尚未接受保护的技术领域,则该成员可再推迟五年对此类技术领域适用本协定第 2 部分第 5 节关于产品专利的规定。详见 Article 65, *TRIPS Agreement*.

② Section 123, *The Constitution of India*.

③ 张平、刘朝主编:《WTO/TRIPS 知识产权争端成案及对策》,法律出版社 2016 年版,第 84 页。

条第 1 款和第 2 款规定的义务。因为它没有在 TRIPS 第 65 条规定的过渡期内建立一个就药品和农业化学品产品专利申请的保护创新和优先权的机制，并且就充分公开和通知机制的信息；印度没有遵守 TRIPS 第 70 条第 9 款规定的义务，未能设立市场专有权授予系统。"同时专家小组建议"争端解决机构要求印度实现过渡期间药品和农用化学品专利保护制度符合其在 TRIPS 协定下的义务"，进一步建议"在建立药品和农业化学品产品专利申请的保护创新和优先权的机制过程中，应当考虑《专利(修订)条例》(1994)实施以来将会提出专利申请的人的利益得到保证，同样还要考虑已经按照《专利(修订)条例》(1994)或现行行政惯例提出专利申请的人的利益得到保证"。① 印度于 10 月提出上诉。上诉机构审理后裁定维持专家小组报告的主要结论。但是推翻了专家小组的有关印度未遵守 TRIPS 协定第 63 条第 1 款和第 2 款的替代调查结果。1998 年 1 月，DSB 采纳了专家小组和上诉机构的报告。

1999 年，印度修改专利法，增加了"邮箱条款(Mailbox Rule)"和"市场专有权条款(Exclusive Marketing Rights)"。《专利法案(修正)》(1999)第 2 节规定：不论第(1)分节中有任何规定，对于拟用作或能够用作药物的物质本身的产品专利权要求，但第 2 节第(1)分节第(1)款第(v)分款规定的药物除外，可以在不损害本法其他规定的情况下，按照第 IVA 章的规定提出申请并被受理。② 从 1995 年 1 月 1 日至 2004 年 12 月 31 日之间，印度"邮箱"总共接收药品专利申请近 7000 件。③

2002 年，印度修改了《专利法》的强制许可条款，并将专利期限延长至 20 年。

3.第三阶段:完全恢复药品产品专利

《专利法》(2005)于 2003 年 8 月启动修改。当时的印度工商部长 Arun Jaitley 表示新专利法将平衡知识产权与公共利益(特别是公共健康领域)之间的关系。④

印度《专利法》(2005)删除了"对食品、药品以及通过化学过程制备或得到的物质(包括合金、光学玻璃和金属间化合物)只授予方法专利，而不授予

① *India - Patent Protection for Pharmaceutical and Agricultural Chemical Products*, Report of the Panel, WORLD TRADE WT/DS50/R, September 5, 1997, paras.8.1-8.2.

② Section 2, *The Patents(Amendment)Act*, 1999, No.17 OF 1999.

③ 李杨:《人权，还是知识产权?——印度遭遇特殊的药品专利诉讼》，载《中国新闻周刊》2007 年第 9 期。

④ 朱榄叶:《印度知识产权发展启示录》，载《中国高新区》2008 年第 2 期。

产品专利"的表述。① 以达到符合 TRIPS 协定第 27 条"专利可授予所有技术领域的任何发明,无论是产品还是方法,只要它们具有新颖性、包含发明性步骤,并可供工业应用"的目的。这意味着印度正式确认了对食品、药品以及化学制品的专利保护。

然而,针对可授予专利的对象,印度《专利法》(2005)第 3 节(d)款规定:仅仅发现一种新形式的已知物质,不会导致该物质的已知功效增强,或仅仅发现任何新物质或已知物质的新用途或仅仅使用已知物质,不属于发明。该条为印度拒绝对某些物质授予专利提供了借口。

即便印度在新专利法留有"后门",印度国内也并非铁板一块。反对者称新专利法将医药市场卖给了跨国公司,并可能引发专利药品提价的后果。支持者称新专利法也会有利于印度国内制药企业发展。②

从 1995 年加入 WTO 后,特别是《专利法》(2005)通过后,印度开始引导其医药企业由工艺创新向产品创新转变,主要制药企业开始自主研发新药,政府也通过提供研发费用加计抵扣等政策鼓励创新。③ 印度制药业进入新药研发和品牌建设的阶段。

尽管印度当前的药品专利环境相较于 2005 年之前有极大改善,但是其强烈的本土医药企业保护主义色彩和牺牲知识产权以保护公众健康权的做法相当程度上限制了跨国医药企业在印度的扩张,也严重损害了后者的利益。2012 年 3 月,印度专利机构对拜耳(Bayer)肝癌治疗药物索拉非尼(Nexaver)颁发强制许可。2013 年 1 月,印度专利机构针对罗氏(Roche)乳腺癌治疗药物赫赛汀(Herceptin)、百时美施贵宝(Bristol-Myers Squibb)乳腺癌治疗药物伊沙匹隆(Ixempra)和白血病治疗药物达沙替尼(Sprycel)启动强制许可程序。与此同时,跨国医药企业被拒绝授予药品专利和已授权专利被撤销的情况频繁发生。2006 年 1 月,印度驳回诺华公司格列卫(Glivec)的专利申请,这是印度《专利法》(2005)生效后的第一起拒绝授予药品专利案例。后来默克(Merck & Co)哮喘病治疗药物、辉瑞(Pfizer)癌症治疗药物索坦(Stutent)、阿斯利康(Astra Zeneca)的癌症治疗药物易瑞沙(Iressa)等一系列专利药物或是被印度直接拒绝授予专利权或是在取得专利后又被撤销。

考察印度药品专利制度变迁,不难发现印度经历了取消药品产品专利和

---

① Section 4, The Patents (Amendment) Act, 2005, No.15 of 2005.

② 朱榄叶:《印度知识产权发展启示录》,载《中国高新区》2008 年第 2 期。

③ 王磊、赵晓宇、刁天喜:《印度新〈专利法〉及其对制药产业的影响》,载《中国药业》2008 年第 17 卷第 14 期。

逐步恢复药品产品专利等不同阶段。总体而言,印度药品专利保护呈逐渐加强的趋势,但是仍然存在很大的不足。

(三)印度药品专利制度变迁的原因

法之理在法内,更在法外。① 正如博登海默所说:任何人不可能根据某一个单一的、绝对的因素或原因去解释法律制度。一系列社会的、经济的、心理的、历史的和文化的因素以及一系列价值判断,都在影响着和决定着立法和司法。② 自1970年以来,印度药品专利制度由宽松向严格的转变显然也是受其自身内在因素和所处外在环境共同影响的。在不同时期,各种因素在决定印度药品专利制度上发挥的作用大小也有差异。

1.政治政策层面

1947年,印度结束了英国近二百年的殖民统治,开始掌握自己的命运。独立后的印度将被建设成一个什么样的国家?围绕该问题,印度出现了许多新的社会政治学说。尼赫鲁的"三大建国方略":世俗主义、民主主义和社会主义,是其主要政治主张,也是他制定一系列政策的指引。③ 1955年,根据尼赫鲁的提议,国大党阿瓦迪年会通过了《关于建立社会主义类型社会的决议》。这是国大党第一次以决议形式宣布接受社会主义目标。决议提到"我们全民的任务是建立福利国家和社会主义的经济"。④ 虽然英迪拉·甘地对尼赫鲁的战略作了局部调整和修正,但从整体上说,其仍坚持尼赫鲁的社会主义类型社会目标。⑤

执政党的政策,特别是执政党的总政策和基本政策是制定国家法律的依据⑥,印度也不外如是。印度独立后,国大党长期执政印度政权。印度的宪法法律都深受国大党政策影响。建设福利社会也体现在印度的宪法里。印度宪法序言宣称:我们,全体印度人民,郑重决定将印度建设成为一个主权的、社会

① 付子堂:《法之理在法外》,法律出版社2003年版,第6页。
② E.博登海默:《法理学:法律哲学与法律方法》,邓正来译,中国政法大学出版社1999年版,第218页。
③ 刘建、朱明忠、葛维钧:《印度文明》,中国社会科学出版社2004年版,第530~531页。
④ 林承节:《印度独立后的政治经济社会发展》,昆仑出版社2003年版,第151~152页。
⑤ 林承节:《印度独立后的政治经济社会发展》,昆仑出版社2003年版,第491页。
⑥ 付子堂主编:《法理学进行》,法律出版社2013年版,第266页。

主义的、世俗的、民主的共和国,并且保护全体公民以下事项……①印度法律规定全体国民,特别是收入在贫困线以下的国民,都可以免费获取国家提供的医疗卫生服务。②

自印度独立以来,其医疗卫生事业取得显著成就。20 世纪 80 年代起,印度政府制定并逐步实现了建立医疗保健体系的目标,免费向公众提供医疗保健服务。③ 各种药品尤其是廉价的药品在实现印度的免费医疗政策方面发挥着至关重要的作用。这使得印度政府有足够的动力制定和实行较为宽松的药品专利制度、促进国内仿制药企业的发展和最终获得价格低廉的药品。

1978 年,印度颁发国家药品政策(National Drug Policy),并于 1986 年、1994 年和 2002 年对该政策进行修订。政策规定了各个时期为保证基本药物的可及性、药品质量和促进制药产业发展的一些措施,并根据产业发展特点制定不同的引导性政策。④

应当说,印度国内有关医疗、专利的法律政策在印度医药行业发展的第一阶段起了巨大作用,也为印度仿制药的产生壮大提供了政策支撑。

2.经济因素层面

如果说法律政策是印度药品专利制度第一阶段发展的直接原因,那么经济层面则是更深层次的原因。尽管印度法律规定所有国民都享受免费医疗,但终归只是主观上的良好愿望。印度自 1947 年独立后到 1970 年的二十多年时间里,经济发展较为缓慢。到 1970 年,其人均国民收入为 110 美元,而同时期美国人均收入达到 5360 美元。⑤ 其医疗政策的实现亟须大量的低价格药品,而欧美药企的原研药价格远超出印度国民的经济承受能力。为了实现其医疗政策、保证国民的生命健康安全,印度《专利法》(1970)规定对药品和农业化学品仅授予方法专利,而不授予产品专利。该条款直接促使印度仿制药企业大量仿制专利药品以取代原研药品。

另外,一国经济发展所处阶段也会影响该国专利制度。尽管拥有大量专

---

① Preamble, *The Constitution of India*.

② Mark Britnell, In Search of the Perfect Health System, London: Palgrave, 2015, pp.58–61.

③ 冯国忠、吴红雁:《印度医疗保障体制主要内涵及对我国的启示》,载《上海医药》2007 年第 5 期。

④ 朱榄叶:《印度知识产权发展启示录》,载《中国高新区》2008 年第 2 期。

⑤ The World Bank Group, "GNI per capita, Atlas method (current US $)", https://data.worldbank.org/indicator/NY.GNP.PCAP.CD? locations = IN‐US, last visited on 1 Nov, 2018.

利和雄厚研发实力的发达国家一再强调,专利制度对于技术创新和经济发展具有重要作用,但是该结论却未必适用于经济和科技实力较弱的发展中国家。目前所有的证据并未显示出专利保护对发展国家的经济增长具有强大的直接作用。研究表明,只有当人均收入达到相当水平时,专利保护的强度才会随着经济的发展程度而提高。在经济发展的初期,知识产权在发展中国家的政治策略中并不占据优先地位。① 对于大部分低收入国家而言,达到 TRIPS 协定所要求的知识产权保护水准,并不会对其经济增长产生任何有意义的影响,在技术较为先进的发展中国家,知识产权保护经过一定的发展阶段才会变得重要起来。在第一阶段时期,较高水平的知识产权保护并不能显著促进印度经济发展,同时还会严重影响印度公众对药物的获得能力。但是随着近年来印度经济的增长,印度开始认识到专利在社会经济发展中的重要作用,并逐渐加强专利制度建设。

3.价值取向层面

印度立法机构、政府以及民众的价值取向也在相当程度上左右了印度药品专利政策的演变。在第一阶段,印度政府秉承药品消费是穷人不可剥夺的基本权利的理念,在药品专利权和公众健康权发生冲突时选择了公众健康权。印度前总理英迪拉·甘地曾说过:"医疗发明将不设专利权,生死之间不能牟利。"事关生命健康的药品不应被少数人垄断的观念,曾经深深影响了印度的立法、司法和行政文化。对公众健康权的重视直接导致印度第一阶段药品专利制度的产生。

但是到第二阶段及之后,印度当局和民众的价值取向开始倾向于保护药品专利权。尤其是第三阶段后,印度认识到知识产权的重要性,开始自发加强保护知识产权。这不同于 20 世纪 90 年代印度寻求加入 WTO 时,出于迎合欧美发达国家要求对知识产权实施的保护。2016 年 5 月,印度政府发布《国家知识产权政策》,在国家政策层面肯定知识产权的重要性,并列举一系列要在知识产权领域达到的目标。该政策描绘了如下愿景:建设一个为了所有人的利益而激发创意和创新的印度,一个知识产权促进科技进步、艺术和文化、传统知识和生物多样的印度,一个知识是其发展主要驱动力、知识拥有转化为知识共享的印度。该政策列明了如下目标:为了培养创造力和创新能力从而促进创业和加强社会经济和文化发展,在印度建立一个有活力的、充满生气的和

① *Integrating Intellectual Property Rights and Development Policy* , Commission on Intellectual Property Rights, September 2002, p.9.

平衡的知识产权制度。① 知识产权和知识产权保护在印度被提升到前所未有的高度。

4.民族性格层面

孟德斯鸠开创了法律中的民族性格研究范式。萨维尼认为法律从诞生之初就具有民族特性,该特性由民族性格所决定。无论是孟德斯鸠还是萨维尼都认为民族性格会影响该民族的法律制度。② 笔者认为印度人对药品专利制度态度的转变也能从其民族性格上找到原因。

首先,印度人认为静止和虚无是万物的基础,也是万物的归宿。③ 与外在的、物质的东西相比,印度人更推崇内在的、精神的东西。不同于其他人崇拜伟大的帝王等世俗英雄,印度人更崇拜那些隐居于森林之中半裸体的圣者,因为他们认为圣者拥有一种已经与宇宙的无限精神合二为一的内在的精神力量。④ 有印度人说:"对于我们来说,衡量伟大的标准,是看一个人内在的东西,而不是看外在的东西。"⑤即使在现代社会,印度很多处于较高社会地位的大人物、大知识分子仍然轻视物质。虔诚的宗教信徒和普通民众也是如此。轻视物质的民族性格不太可能使得印度人重视药品专利。上述现象能在一定程度上解释印度曾经在第一阶段废除药品产品专利制度。

其次,笔者认为印度人的狡黠也是印度药品专利制度变迁的一个重要原因。有观点认为:"印度是一个感性的、容易突破规则的国家""印度人认为他们长期被不公平对待,所以他们有权突破规则(程序正义)去实现真正的正义"。⑥ 印度人倾向于打破规则,寻求有利于自身利益最大化的做法,这似乎能解释印度在过去四十多年间药品专利制度的善变。尽管印度对药品专利采取较为消极的态度,但这并不意味印度对于其他领域的知识产权保护也同样消极怠慢,在其需要的领域我们仍能看到印度的积极作为。比如,IT 与制药业同为印度最引以为豪的行业,IT 行业受著作权法律调节,在著作权领域印

---

① The National Intellectual Property Rights (IPR) Policy, *Government of India*, 12th May 2016, p.4.

② 黄文艺:《法律与民族性格——一种法律研究范式的梳理与反思》,载《法律科学(西北政法大学学报)》2010 年第 6 期。

③ [法]孟德斯鸠:《论法的精神》(上册),张雁深译,商务印书馆 1961 年版,第232 页。

④ 朱明忠:《宗教与印度的民族性格》,载《世界宗教文化》2005 年第 2 期。

⑤ M.S·戈瓦尔卡:《思想集成》,印度班加罗尔,1966 年,第 50~51 页。

⑥ 罗红昌:《令人捉摸不透的印度,感性易怒,还喜欢坚持无规则的"正义"》,http://news.ifeng.com/a/20170728/51521021_0.shtml, last visited on 1 Nov, 2018。

度版权法的严格程度并不输给发达国家,其制定有罚金和监禁等刑事处罚,被认为是最严格的版权保护制度之一。① 印度人善于利用规则体现在印度总是在各种期限即将届满才"挤牙膏"式地修改法律,试图攫取所有制度的红利,还体现在其通过《专利法》(2005)第 3 节(d)将很多本该被授予药物专利的排除在专利授予范围之外。

5.国际知识产权保护趋严

知识产权,无体财产权的一种,保护人的智慧创造的具有商业价值的产品。与其他大多数民事权利不同,它由中世纪后期的"特权"演变而来,而非一开始就是私权。虽然知识产权中的商标权和专利权在绝大多数国家都要经国家公权力批准方可产生②,但是知识产权的私人权利属性逐步得到确立。知识产权是私有权的观点也得到 TRIPS 协定的确认。TRIPS 协定开篇写道:认识到知识产权是私有权。③ 西方国家历来有重视私有权的传统,"私有财产神圣不可侵犯"的理念一直深入人心。从罗马人确立私有财产权利,把私人权利看成是国家权利的最高准则开始,私人财产权一直在权利关系结构中占主导地位。④ 这是西方国家在国际层面不遗余力推动知识产权保护的重要原因。

从 20 世纪 90 年代开始,知识产权的国际保护逐渐成为国际谈判中的重要议题。当代世界政治的一个显著特征就是知识产权国际保护正成为全球合作和冲突的一个中心问题。在国际知识产权法形成初期,各国际公约的加入都是开放的,西方发达国家出于利益需要自愿缔结,国际知识产权法并不像国内知识产权法那样,通过司法及行政执法的形式而具有强制性。这一时期,国际知识产权法对于成员国并没有强大的约束力。TRIPS 协定的签订,加强了国家间的知识产权保护。TRIPS 协定将国际贸易与知识产权保护相结合,引入世界贸易组织的争端解决机制,用贸易制裁的方式约束国际知识产权法的执行。国际知识产权法从"软法"走向"硬法"。⑤

---

① 印度于 1994 年对《版权法》进行修订,把计算机软件列入保护范围。该法清晰地阐明了软件版权人和用户的权利,并规定对软件版权侵权者予以严厉处罚。修订后的《版权法》将罚款额度最高提到 20 万卢比,将监禁日期最长延至 3 年。见唐鹏琪:《印度在知识产权保护方面的成效、问题和启示》,载《南亚研究季刊》2002 年第 3 期。

② 薛波主编:《元照英美法词典》,北京大学出版社 2017 年版,第 710 页。

③ Preamble, *TRIPS Agreement*.

④ 唐贤兴:《西方社会私人财产权的起源、发展及其政治后果》,载《政治学研究》2000 年第 2 期。

⑤ 王肃、李尊然主编:《国际知识产权法》,武汉大学出版社 2012 年版,第 6 页。

就 TRIPS 协定而言,知识产权保护的趋严体现在受保护的知识产权范围的扩展、知识产权保护期的统一、知识产权保护执法力度的加强等方面。比如 TRIPS 协定第三部分"知识产权的实施"规定了一系列的民事和行政程序、临时措施、边境措施等内容。上述措施力度远远强于之前的《巴黎公约》等知识产权条约规定的执法力度。

TRIPS 协定签订之后,美国等发达国家并不满足于协议规定的最低保护标准,他们通过一系列的双边、多边协定进一步推行 TRIPS-Plus[①] 的保护和执法标准,同时利用已有知识产权国际保护制度中的"地板条款"、国民待遇条款和最惠国待遇条款,利用层层推进的"棘轮效应"[②]不断推高知识产权的保护标准并推进知识产权保护标准的全球化。[③]

近年来兴起的、由美国主导的自由贸易协定中的知识产权条款呈现明显的"TRIPS-Plus"义务性质,为药品专利提供了更高标准的保护。[④] 比如在药品专利保护期方面,以美国曾经参与并主导的《跨太平洋伙伴关系协定》为例,其明确要求缔约国在 TRIPS 协定规定的 20 年专利权期限之外延长一定时间,作为对专利权人获得专利权以及药品注册过程中不合理延误的补偿[⑤],该条款实质上延长了专利权的保护期限。

日益趋严的国际知识产权保护环境使得印度不得不放弃第一阶段宽松的药品专利制度,印度药品专利制度开始向第二和第三阶段过渡。

6.欧美发达国家施压

无论是从新药研发数量还是销售额看,欧美发达国家及其药企都占据主导地位。尚在专利保护期内的新药需要强大的专利制度的保护,这使得欧美发达国家有足够的动力施压印度改进其药品专利制度。2017 年,美国食品药

---

① TRIPS-Plus 是指在 TRIPS 协定缔结和生效之后,欧美国家通过一些双边安排、区域贸易安排或多边法律框架中提供了比 TRIPS 协议标准更高、范围更广、效力更强的任何知识产权保护承诺。见张建邦:《"TRIPS-递增"协定的发展与后 TRIPS 时代的知识产权国际保护秩序》,载《西南政法大学学报》2008 年第 2 期。

② 全球知识产权保护的棘轮效应是指通过双边自由贸易协定和最惠国待遇原则,以双边—区域—多边—双边—区域—多边的运作模式,推动知识产权保护水平持续提升的现象。参见 Peter Drahos, *Expanding Intellectual Property's Empire: the Role of FTAs*, pp.6-8。

③ 冯洁菡:《公共健康与知识产权国际保护问题研究》,中国社会科学出版社 2012 年版,第 8~9 页。

④ 王玫黎、谭畅:《挑战与回应:我国药品专利制度的未来——以药品专利与健康权的关系为视角》,载《知识产权》2017 年第 2 期。

⑤ Article 18.48, *Trans-Pacific Partnership Agreement*.

品监督管理局(下文简称"美国 FDA")共批准 46 个新药,其中 35 个为全球首次获批。欧盟批准了 51 个新药,其中 4 个为全球首次获批;日本也批准了 23 个新药,其中 3 个为全球首次获批。①《构建可持续发展的中国医药创新生态系统》统计了 2007—2015 年上市的新分子实体中在某一国首发上市的数量,世界各主要医药研发国家大致可分为三个梯队。美国创新贡献占全球一半左右,稳居第一梯队;日本、英国、德国和瑞士等制药强国创新贡献大约是 5%—10%,为第二梯队;中国的创新贡献约为 4%,是第三梯队。②

欧美医药企业的强大不仅体现在新药研发数量上,也体现在销售额上。全球处方药全球销售额排名前 10 的药企,美国有 6 家;排名前 50 的药企,美国有 16 家。在排名前 50 的药企里,绝大部分来自美国、欧盟、日本等国家和地区。③ 以美国为例,巨大的利益所在和经济实力使得美国医药公司有动力也有能力对美国国会进行游说。事实上,美国医药企业是美国国会最为强大的游说力量之一④,美国的国内和国际的医药政策无疑受相关跨国医药巨头的影响。

正是由于过去印度国内恶劣的知识产权保护环境,美国贸易代表办公室连续多年将印度列入特别 301 条款"优先观察国家"名单。⑤ 美国贸易代表办公室每年发布"特别 301 评估报告",根据与美国有贸易关系的国家的知识产

---

① 刘昌孝:《全球生物医药发展回眸与展望一:全球生物医药研发多点开花》,载《中国科学报》2018 年 2 月 8 日第 6 版。

② 中国医药企业管理协会、中国化学制药工业协会、中国医药保健品进出口商会、中国外商投资企业协会药品研制和开发行业委员会:《构建可持续发展的中国医药创新生态系统》,2016 年,第 15~16 页。

③ Michael Christel, "Pharm Exec's Top 50 Companies 2017", *Pharmaceutical Executive*, Pharmaceutical Executive, Volume 37, Issue 6, Jun 28, 2017.

④ 美国医药研究及生产协会在过去二十年累计花费了近 3.6 亿美元用于国会游说,以影响美国的相关医药政策,包括医药专利的国际保护。详见 "Top Spenders", https:// www.opensecrets.org/lobby/top.php? indexType＝s, last visited on 1 Nov, 2018。

⑤ 详见历年"特别 301 评估报告",比如 "2018 Special 301 Report", https://ustr.gov/ sites/default/files/files/Press/Reports/2018%20Special% 20301. pdf, last visited on 19 Nov, 2018。

权保护情况,分别列入"优先观察国家"、"306 条款监督国家"①、"特别提及国"、"观察国家"和"其他观察国"等名单,针对不同名单采取调查、报复、继续观察等反制措施。最重要的二类清单为"优先观察国家"和"306 条款监督国家"。对被列入"优先观察国"名单的,美国贸易代表办公室将考虑是否对该国启动调查和谈判,以使其检讨和修改知识产权保护政策。调查后会进一步考虑是否采取中止贸易协定、设立投资壁垒、取消免税待遇、征收惩罚性关税等措施。② 必须指出的是,中国长期被美国列入"优先观察国家"、"306 条款监督国家"名单,相较于印度,中国面临着来自美国的更为沉重的压力。与此同时,美国贸易代表办公室多次就印度仿制药品采取法律措施,以阻止印度仿制药公司根据印度专利法生产更多的仿制药。

另外,美国 FDA 也大幅增强了对印度制药公司的监管力度,多次对印度境内制药公司实施飞行检查。来自欧美发达国家的压力使得印度不得不摒弃以往宽松的药品专利环境,开始加强药品专利保护。

7.国际义务及知识产权诉讼

根据"条约必须遵守"的国际法原则,印度为了履行参加 WTO、缔结 TRIPS 协定所承担的国际义务,必须在药品专利制度上有所改进。比如,TRIPS 协定第 27 条规定"专利可授予所有技术领域的任何发明,无论是产品还是方法,只要它们具有新颖性、包含发明性步骤,并可供工业应用",印度以往拒绝授予药品产品专利的做法显然不符合该条规定。

印度还面临着欧美等发达国家的知识产权诉讼。WTO 成立以来,成员之间与贸易有关的知识产权争端不断增加。自 1995 年 1 月 1 日起,截至 2018 年 10 月,DSB 共受理争端案件 570 起,其中 WTO/TRIPS 知识产权争端 40 起,占案件总数的 7%。③ 知识产权争端中的 13 起与专利权有关,而这 13 起专利权争端案中的 9 起又与药品专利有关。在这 40 起知识产权争端中,美国与欧

---

① 美国"306 条款监督"制度是广义的"301 条款"的一个组成部分。美国贸易代表办公室在 1997 年"特别 301 条款"年度审查报告中首次提出。该制度依据《1974 年美国贸易法》第 306 条,授权美国政府在监督贸易伙伴国家执行知识产权协议时,若发现其没有令人满意地执行协议中的条款,则可将其列入"306 条款监督国家"。相比较于"301 条款",被列为"306 条款监督国家"则可视为美国将对其实施贸易报复的"最后通牒"。一旦被列为该名单,美国可不经过调查和谈判自行发动包括贸易制裁在内的贸易报复措施。一般认为,"306 条款监督国家"名单的严厉性和威胁性超过了"重点国家"名单。

② 熊洁:《何谓"特别 301 报告"》,载《学习时报》2018 年 04 月 02 日第 A2 版。

③ 数据来源于 WTO 官方网站,https://www.wto.org/english/tratop_e/dispu_e/find_dispu_cases_e.htm,last visited on 19 Nov,2018。

盟是两个主要当事人,他们是 DSU 规则的主要使用者和受益者。从结果上看,发达国家对发展中国家提起的案件,除了自行和解的以外,都以发达国家胜诉告终。正是由于印度宽松的专利保护环境,印度两次充当了知识产权争端的被请求方。

表 2 　 WTO/TRIPS 专利争端概况统计(1995.1.1—2016.5.22)

编号	案件名称	案号	争端解决请求方	争端解决被请求方	第三方	争端类型	解决方式
1	巴基斯坦药品和农业化学产品专利保护案	DS36	美国	巴基斯坦	欧盟	药品和农用化学制品专利	和解
2	葡萄牙《工业产权法》中的专利保护案	DS37	美国	葡萄牙	—	专利	和解
3	印度药品和农业化学产品专利保护案	DS50	美国	印度	欧盟	药品和农用化学制品专利	同 DS79 案统一履行
4	印度药品和农业化学产品专利保护案	DS79	欧盟	印度	—	药品和农用化学制品专利	专家组裁决,印度已履行
5	加拿大药品专利保护案	DS114	欧盟	加拿大	美国、澳大利亚、巴西、哥伦比亚、古巴、印度、以色列、日本、波兰、瑞士、泰国	药品专利	专家组裁决并已经履行完毕
6	欧盟药品和农业化学品专利保护案	DS153	加拿大	欧盟	美国、澳大利亚、瑞士	药品和农用化学制品专利	悬而未决
7	加拿大专利保护期案	DS170	美国	加拿大	—	专利	专家组裁决并履行
8	阿根廷药品专利保护和农业化学品测试数据保护案	DS171	美国	阿根廷	瑞士	药品专利	和解

续表

编号	案件名称	案号	争端解决请求方	争端解决被请求方	第三方	争端类型	解决方式
9	阿根廷有关专利和测试数据保护的某些措施案	DS196	美国	阿根廷	欧盟、瑞士	药品专利及测试数据保护	和解
10	巴西影响专利保护措施案	DS199	美国	巴西	欧盟	专利	和解
11	美国《专利法》争端案	DS224	巴西	美国	印度	专利	悬而未决
12	印度诉荷兰扣押在途药品案	DS408	印度	荷兰	—	专利	悬而未决
13	巴西诉荷兰扣押在途药品案	DS409	巴西	荷兰	—	专利	悬而未决

数据来源:WTO 官方网站。

(四) 印度药品专利制度的影响

自印度《专利法》(1970)颁布实施以来,印度宽松的药品专利制度带来了一系列影响。积极的一面,由于处于专利保护期内的原研药价格高企,超出了发展中国家民众的经济承受能力,印度药品专利制度促进了印度制药业的发展,为印度国内民众及很多发展中国家提供了价格低廉的药品。消极的一面,印度忽视药品专利的保护直接损害了原研药企业的利益,打击了其投入研发的积极性,损害了原研药企业所在国和所在国人民的利益,并且也损害了印度国内的投资环境和创新环境。

1.促进印度制药业的发展

在印度《专利法》(1970)颁布施行后的三十多年时间,印度仿制药行业得到飞速发展,制药企业数量迅猛增长:1970 年为 2257 家,1980 年为 5156 家,1990 年为 1.6 万家,2005 年为 2.3 万家。[1] 印度国内涌现出了南新(Ranbaxy)、阮氏(Dr.Reddy's Labs)、太阳(Sun)、沃克哈特(Wockhardt)、西普拉(Cipla)等一大批优秀的制药企业,他们不但满足了印度国内的药品需求,

---

① 王海峰:《印度〈专利法〉为印度医药创造广阔发展空间》,载《医药经济报》2007年 5 月 30 日第 8 版。

在国际市场上也展现出相当的竞争优势。

印度仿制药的发展不仅体现在规模上,也体现在质量上。鉴于药品特殊性,其生产需要监管机构认证,欧美认证有利于其进入国际市场。印度医药产业遵循国际标准规范,药品质量得到欧美国家认可。截至2017年7月31日,已有193家药厂通过美国FDA认证,是获得FDA制剂认证最多的国家之一,提交的简略新药申请(Abbrevitive New Drug Application,简称"ANDN")①数量位列第一。②

同时印度建立起较为完整的技术支撑体系,聚集培养了大量生物医药、经济、国际法等专业知识结构的人才,为其国内制药企业提供仿制药品种咨询、侵权咨询、信息咨询、对外交流等服务。

2.提升药品的可及性

印度生产的低价格仿制药品,有力保障了印度国民的生命健康权。以药品索拉非尼为例,其原研药价格为每月5500美元,仿制药价格为每月175美元,约为原研药价格的3%。在以往印度仿制药匮乏的时候,由于印度经济发展水平较为落后,印度人均收入较低,同时原研药价格高企,很多患者无法得到有效及时的治疗,生命健康权受到严重威胁。宽松的药品专利制度直接促成了印度仿制药企业的崛起,越来越多价格低廉的仿制药被生产出来。对于印度国内民众来说药品可及性大大提高,健康权得到有力保障。

印度仿制药品在满足印度国内民众需求的同时还被大量出口国外,尤其是部分缺乏制药工业的不发达国家。③ 比如,提供人道主义救援的"无国界医生"组织80%的抗艾滋病毒药物是采购自印度。④

3.损害药企利益和挫伤药企研发动力

印度拒绝对某些客体授予专利权以及颁发强制许可直接损害了药企的经

---

① 根据美国《食品、药品和化妆品法》(FFDCA)等法律,仿制药按ANDA申请程序申请上市,即"复制"一个已被批准上市的产品。"复制"是指其与原研药品具有相同的活性成分、剂型、规格、服用方式及适应症等。ANDA申请被称为简略的(Abbrevitive),是因为此类申请不需要提供临床前(动物)试验和临床(人体)试验数据来证明其安全性和有效性。但是,申请者必须提供仿制药与原研药一致的生物等效性的证明材料。

② 14th *Annual Report* 2017–18,Pharmaceuticals Export Promotion Council of India,24th August 2018,p.17.

③ 郝敏:《药品专利强制许可制度在发展中国家的应用》,载《知识产权》2015年第8期。

④ 腾讯评论,"印度仿制药:穷人福音 药企死敌",https://view.news.qq.com/zt2013/ydfzy/index.htm,last visited on 1 Dec,2018。

济利益。印度政府将原研药企业有效期内的专利权强制授予给本国制药企业,使得原研药企业的销量减少,利润下降。比如由于印度仿制药的出现,光谱制药公司的旗舰产品左亚叶酸(Fusilev)2013年的收入不到往年的一半,其股价下跌37%。[1]

欧美医药公司甚至因为印度恶劣的专利保护环境而选择放弃其专利利益。比如前文提到的美国吉利德公司将专利药品索非布韦直接授权印度的制药公司生产,笔者认为此举固然有吉利德公司践行"企业社会责任"的因素,但是对印度专利保护环境的忌惮也是促使吉利德公司不得不授权的重要因素。

制药行业是一个严重依赖科技创新进步的行业,也比其他行业更依赖专利权保护,印度限制药品专利授予范围和颁发药品强制许可直接降低了药企对于新药研发获利的预期,严重打击药企的研发动力,使得药企减少在新药研发方面的投入。长远来看,对社会整体利益也会造成极大的危害。

4.损害欧美国家和人民利益

以吉利德2013年投入市场的第一代丙肝特效药索非布韦为例,其在美国本土的销售单价为1000美元一片,12周合计84000美元。而在印度市场,经吉利德合法授权生产的索非布韦的销售单价不到美国本土的1%,只需要不到10美元一片。2013年,美国人均国民收入为53650美元,印度人均国民收入为1520美元。[2] 即便考虑两国货币购买力、经济发展水平和人均收入等因素,药品在美国的售价也明显高于印度。欧美药企的主要收入来自经济发展水平较高的国家。上述价格差异的实质可以解释为印度搭欧美国家"便车"。[3] 这引发了美国国内社会舆论和政界的强烈不满。[4]

---

① 丁香园:《2013年制药企业将受到仿制药的猛烈冲击》,http://yao.dxy.cn/article/49319,last visited on 1 Nov,2018。

② The World Bank Group," GNI per capita, Atlas method (current US $)",https://data.worldbank.org/indicator/NY.GNP.PCAP.CD,last visited on 1 Nov,2018.

③ 在社会科学中,当从资源、公共产品或服务中受益的人不支付费用时,就会出现"搭便车"问题。鉴于专利权无形性的特征,专利权通常能够被竞争对手所复制,而其无需承担创造该发明的任何成本,有些国家和企业可能会突破专利权,产生"搭便车"问题。"搭便车"往往导致公共产品或服务的供应不足和市场失灵,使市场无法达到效率。见Wikipedia," Free-rider problem",https://en.wikipedia.org/wiki/Free-rider_problem,last visited on 1 Nov,2018。

④ "Wyden-Grassley Sovaldi Investigation Finds Revenue-Driven Pricing Strategy Behind $84,000 Hepatitis Drug",https://www.finance.senate.gov/ranking-members-news/wyden-grassley-sovaldi-investigation-finds-revenue-driven-pricing-strategy-behind-84-000-hepatitis-drug,last visited on 1 Nov,2018.

5.损害印度国内投资和创新环境

《专利法》(1970)生效后,由于其只保护生产工艺流程的专利,使得不少国际制药公司逐渐退出印度市场。另外,也使得印度面临欧美发达国家施加的压力和接连不断的国际诉讼。尽管印度 2005 年恢复了药品产品专利,但是其拒绝对某些物质授予产品专利同时颁发药品专利强制许可等一系列明显违反国际知识产权保护规则的做法极大损害了印度的国内投资环境,打击了外商在印度境内投资的积极性。鉴于印度医药行业专利保护的恶劣环境,欧美医药公司不愿再将专利引入印度。[1]

美国商会全球知识产权中心(The Global Innovation Policy Center U.S. Chamber of Commerce,GIPC,下文简称"美国商会 GIPC")认为在强有力的执法和支持性司法系统的支持下,在有强大的知识产权法律体系的国家投资将获得丰厚的利益回报。强大的知识产权保护可以吸引和保留更多的外国直接投资,培养更多的本土创新产品和出口产品,获得最新技术。[2] "印度政府对知识产权的无视将严重损害该国的投资环境及其作为知识型经济体的未来","继续无视知识产权和创新将导致从印度到美国的人才流失,这将加强美国公司吸引其他国家科学家的能力,并破坏印度的长期创新和创业环境"。[3] "无数的例子表明,强有力的知识产权保护可以促进吸引外国投资的创新型知识型经济体。如果印度要利用其潜力成为外国投资的目的地并成为全球市场的主要参与者,印度必须效仿其他创新经济体并拥有强有力的知识产权保护"。

(五)小结

印度仿制药包括专利权到期后仿制、原研药企业授权仿制、专利强制许可仿制和对本该授予专利而未被授予专利的药品的仿制四种情形。最后两种情形争议较大。

20 世纪 70 年代以来,印度药品专利制度一直在发展变化,总体呈现出加强药品专利保护的趋势。印度药品专利制度的演变是国际知识产权保护趋

---

① 陶立峰:《论药品强制许可对国际直接投资的影响》,载《国际商务研究》2011 年第 1 期。

② Patrick Kilbride, "Incomparable Innovative India", https://www.theglobalipcenter. com/incomparable-innovative-india/,last visited on 1 Nov,2018.

③ Rina Pal and Kelly Anderson, "Doubting India's Investment Future", https://www. theglobalipcenter.com/doubting-indias-investment-future/,last visited on 1 Nov,2018.

严、欧美发达国家施压、国际义务及知识产权诉讼等国际环境因素和印度国内政治、经济、文化、心理等内部因素促成的。

印度仿制药有其积极意义,比如降低了药品价格、提升了药品可及性、保障了广大中低收入人群的健康权,但同时存在损害药企利益、挫伤药企研发动力、损害欧美国家和人民利益、损害印度国内投资环境和创新环境等弊端。

二、印度药品专利授予范围

印度仿制药品中的相当大部分来自对印度未授予专利的药品的仿制。印度立法规定和实践实质限制了药物专利授予范围,其威力、危害和影响范围要超过药品专利强制许可,这使得欧美发达国家极为不满。我们有必要考察印度药品专利授予范围的不合理和不合法之处。美国作为医药强国,其关于药品专利授予的立法和实践值得中国和印度学习。

(一)印度的立法及实践

尽管印度《专利法》(2005)承认药物的产品专利,但其对发明的定义将"已知物质的某种新形式的单纯发现而未能导致该物质已知效能的提高"和"已知物质的任何新属性或新用途的单纯发现"排除在外。同时在实践上印度频繁撤销已授予药物专利或拒绝授予药物专利。

1.印度的立法

2005年,印度修改《专利法》,删除了"对食品、药品以及通过化学过程制备或得到的物质(包括合金、光学玻璃和金属间化合物)只授予方法专利,而不授予产品专利"的表述。① 这意味着印度正式确认了对食品、药品以及化学制品的专利保护。

然而,修改后印度《专利法》第3节(d)规定,"对一项已知物质的某种新形式的单纯发现而未能导致该物质已知效能的提高,或对已知物质的任何新属性或新用途的单纯发现,或对已知工艺、机器或设备的单纯使用,不属于发明。为本条目的,盐、酯、醚、多形式核白血球、代谢产物、纯形式、粒子规格、同质异形体、同质异形体的混合、复合物、联合物或其他已知物质的提取物,将被视为是同种物质,除非其在效能属性上具有明显不同"。

相应的,印度《专利审查指南》(2005)明确规定了一些不可授予专利的情

---

① Section 4, *The Patents（Amendment）Act*, 2005, No.15 OF 2005.

形;同时就已知化学物质的同分异构体、同系物、水合物及其他物质、药物前体、代谢物、多晶型、提纯态等形式能否获得专利作了详细且苛刻的规定。①

《专利法》(2005)仅对1995年后发明的新药,或者疗效有大幅提升的药品进行保护,并规定不对已有药品的新形式进行专利保护,也不保护已有药品用于新的适应症。印度当前的专利立法相比较于以往有一定进步,但是与国际条约或者发达国家立法相比较仍显宽松。

2.印度的实践

以格列卫专利案为例,诺华公司发明了 N-苯基-2-嘧啶胺衍生物(derivatives of N-phenyl-2-pyrimidine-Amine),其中一种物质为 CGP57148 的自由基状态(中文名:伊马替尼)对慢性骨髓性白血病、胃肠道基质肿瘤等疾病有很好疗效。1994 年 4 月,诺华公司就 N-苯基-2-嘧啶胺衍生物专利在美国提出申请,并于 1996 年 5 月获得批准。1998 年 7 月,诺华公司就甲磺酸伊马替尼 β 晶型向印度专利机构提出专利申请,新专利申请和之前基础专利的差别在于其在自由基状态的伊马替尼中添加了一个甲磺酸基团,且结构是 β 晶型,是基础专利的一种盐派生物。但当时印度专利法尚未修改,直到 2005 年 1 月印度新专利法生效后该申请才被审查。印度专利机构审查后认为 β 晶型是一种"已知物质"(即甲磺酸伊马替尼)的新形式,不符合印度《专利法》(2005)第三节(d)项的规定,因此驳回诺华的 β 晶型专利申请。2006 年 8 月,诺华公司向马德拉斯高等法院提起诉讼,要求撤销印度专利机构的驳回决定。2007 年 8 月,马德拉斯高等法院裁定维持钦奈专利委员会的决定。2009年诺华公司向印度最高法院提起上诉。2013 年 4 月 1 日,印度最高法院驳回诺华请求,理由仍是诺华寻求专利的物质是已知物质,不符合印度专利法第 2节(1)(j)和第 2 节(1)(ja)规定,不具备授予发明专利的条件;另外,根据《专利法》(2005)第 3 节(d)款,最高法院也比较了甲磺酸伊马替尼 β 晶型与伊马替尼或甲磺酸伊马替尼的疗效差异,认为无显著差异。② 在该案中,印度最高法院认为,效能的提高应当被严格限定为医学上治疗功效的增进,而不能理解

① 张晓东:《印度与我国药品专利授权标准比较研究》,载《专利法研究》2012 年卷,第 171 页。

② 李冬梅、陈泽宇:《从"诺华案"分析印度对"专利常青化"的限制》,载《中国发明与专利》2017 年第 2 期。

为其他如更稳定、更流通、具有低吸湿性等物理上的改良。① 在诉讼中,法院拒绝就印度专利法是否违反 TRIPS 协定作出审理,因为法院认为其无权认定国内法规定是否违反国际条约,拒绝就该事项做出裁判。

诺华并不是唯一被印度拒绝授予药品专利的企业。还有很多药物专利因为印度仿制药企业或社会团体的异议而被宣布撤销。在授予专利又被撤销的案例中以罗氏的长效干扰素专利案较为典型。根据印度《专利法》(2005),Pegasys(中文名:派罗欣,通用名:聚乙二醇干扰素 α2a 注射液)在 2006 年成为 1970 年以来第一个获得印度专利保护的药物。② 然而该专利立即受到当地仿制药企业 Wockhardt(沃克哈特)和 Sankalp Rehabilitation Trust(一个位于孟买的民间社会团体)的质疑,理由是该药物没有表现出创造性。2009 年印度专利局拒绝了他们的挑战并维持了罗氏的专利。Sankalp Rehabilitation Trust 随后向印度知识产权上诉委员会(Indian Intellectual Property Appeal Board,简称"IPAB")提出上诉,IPAB 宣布决定支持该组织的挑战,撤销了罗氏 Pegasys 的专利。该裁决还维护了患者团体对先前授予的专利的有效性提出质疑的权利。在该案中印度专利机构再次确认了"公众利益是知识产权法中的持久性存在"和"允许不值得的专利登记在册上是违反公共利益的"的观念。③

葛兰素史克、辉瑞、默沙东、爱力根等企业均有药物要么被印度拒绝授予

---

① Chris Goddard, "Worldwide: India Revokes GSK patent under Anti- Evergreening Law", www. mondaq. com/x/257168/Patent/Inida + Revokes + GSK + Patent + Under + AntiEvergreening+Law, last visited on 1 Dec.2018.

② 干扰素(interferon, IFN)是一种由病毒或其他 IFN 诱生剂刺激单核细胞和淋巴细胞所产生的细胞因子,于 1957 年由英国科学家 Isaacs 和瑞士科学家 Lindenman 发现。干扰素具有广谱的抗病毒、抗肿瘤、调节免疫等多种生物活性,是一种重要的广谱抗病毒、抗肿瘤治疗药物。但干扰素有稳定性差、半衰期短(一般仅 3—4 小时)的特点,病人需要每隔一天注射以使药物在血液保持稳定的浓度。聚乙二醇(PEG)具有良好水溶性、可生物降解且无毒。PEG 修饰技术通过共价结合方式将 PEG 与活性蛋白相连接。经 PEG 化后的蛋白质药物性状有显著改善,包括水溶性增加、免疫原性降低、药物在体内的稳定性提高、药物循环半衰期得到延长(可达 60—80 小时)等。在疗效方面也有显著提升,比如针对丙型肝炎的病毒抑制率为 34%,显著高于普通干扰素 14%的病毒抑制率。该项发明先后获得美国、中国等国家专利。见李晨、李洁:《重组人干扰素的研究进展及相关专利申请》,载《中国发明与专利》2018 年第 2 期。百度百科,"派罗欣",https://baike.baidu.com/item/%E6%B4%BE%E7%BD%97%E6%AC%A3/4654153#16,last visited on 1 Dec.2018.

③ Lynne Taylor, "India revokes Roche's patent on Pegasys", http://www.pharmatimes. com/news/india_revokes_roches_patent_on_pegasys_976312, last visited on 1 Dec.2018.

专利,要么在获得专利后又被撤销。数据显示,在 2011 年以前,印度专利机构拒绝授予专利的药品共有 46 个,在这 46 个被否决的专利申请中,有 28 个(即大约 60%)是因为不符合印度专利法第 3 节(d)款有关发明创造的规定。[①]这表明第 3 节(d)款在阻却药品专利常青方面发挥重要作用,并非"纸老虎"。印度《专利法》第 3 节(d)款所发挥的作用远大于该法律强制许可部分,受该条款影响的药物和药企范围也远大于受强制许可条款。

表 3　2012—2013 年印度拒绝授予药品专利权或
授予专利权后又予以撤销部分药物名单[②]

权利人	专利对象
爱力根(Allergan)	克法特(Ganfort)
爱力根(Allergan)	Combigan
罗氏(Roche)	赫赛汀(Herceptin)
罗氏(Roche)	派罗欣(Pegasys)
葛兰素史克(GSK)	泰立沙(Tykerb)
辉瑞(Pfizer)	索坦(Sutent)
默沙东(Merck & Co)	哮喘药气雾剂悬浮剂配方
诺华(Novartis)	格列卫(Glivec)

在所有被撤销专利的案例中,其撤销理由均为缺乏创新。

3.对印度立法及实践的评价

印度《专利法》第 3 节(d)存在以下几个问题:

一是专利取得判断的标准和逻辑问题。印度专利法第 3 节(d)款首先定义了已知物质:盐、酯、醚、多形式核白血球、代谢产物、纯形式、粒子规格、同质异形体、同质异形体的混合、复合物、联合物或其他已知物质的提取物,将被视为是同种物质。在原有物质基础上添加基团、改变其构型或者物质形态,即便符合授予专利权的"三性"要求,也属于"已知物质",除非新物质功效与原有物质相比有实质上提升。按照专利一般理论,认定新产品与原产品相比具有

---

① *Competition Law and Indian Pharmaceutical Industry*, Centre for Trade and Development(Centad), New Delhi, 2010, p.79.

② Kaustubh Kulkarni："India revokes patents on Allergan eye drugs Ganfort and Combigan", https://www. reuters. com/article/us-allergan-india/india-revokes-patents-on-allergan-eye-drugs-ganfort-and-combigan-idUSBRE97712020130808, last visited on 1 Dec.2018.

创造性应考虑如下因素：原产品到新产品步骤的数量；对新产品和原产品的结构进行审查。① 伊马替尼 β 晶型主要通过两个步骤来获得，先是将伊马替尼进行转化，然后再将转化获得的中间物质进行提纯。新物质（即伊马替尼游离碱）除了要经过转化和分离提纯步骤获得外，在可吸收性、热稳定性以及抗吸水性等物理性能方面也与原有物质（即伊马替尼 β 晶型）有着显著不同。② β 晶型获得专利似乎并无不妥。但是印度在新颖性、创造性和实用性的基础上又增加了对"功效"的考虑，其实质相当于在考察新物质创造性的基础上再次考察了新物质用途的创造性。该规定既极大提高了授予专利的标准，限制了可专利对象的范围，也增加了专利申请者的举证责任。另外该条款的逻辑也存在瑕疵，结合该条款的设置目的，立法者的本意应该是先判断新物质是否属于"已知物质"的新形式，若仍属于"已知物质"，才接着分析其功效。

二是功效范围过窄，对药品的功效解释限制在治疗功效范围内。关于改进功效有三种观点：第一种观点将进步功效纳入"发明性步骤"和"工业利用"（也就是新颖性和实用性）的要求。第二种观点认为，从广义上讲，进步性功效是指任何治疗药品的功能性进步（比如相比较于原物质具有吸收性方面的进步）。第三种则仅指治疗疾病的功效。马德拉斯高等法院与知识产权上诉委员会均认可第三种观点，即仅指治疗功效。该解释大大缩减了功效所涵盖的范围，也缩小了可专利的范围。③ 该观点使该条的适用范围仅限于药品领域，不适用于其他化学品领域。④

三是功效标准不清，功效的认定没有设立明确的标准，会因不同法官的主观认定而不同。功效上提升多少可以被认为具有进步性？以及哪些特征、优点或指标（比如无进展生存期、中位生存期、客观缓解率等）可以被用来描述新物质治疗效果的进步性？这些都是困扰专利申请人和法官的问题。

四是对于改进功效的认定难度。因为专利申请较临床试验更早，此时药物试验可能尚未进入临床试验阶段，医药企业难以获取临床试验数据，这增加

---

① Matthew B.Stanbrook, Limiting "evergreeing" for a better balance of drug innovation incentives, *CMAJ*, August 6, 2013, 185(11), p.939.

② 李冬梅、陈泽宇：《从"诺华案"分析印度对"专利常青化"的限制》，载《中国发明与专利》2017 年第 2 期。

③ 李冬梅、陈泽宇：《从"诺华案"分析印度对"专利常青化"的限制》，载《中国发明与专利》2017 年第 2 期。

④ 黄珮珍、王立达：《专利法对医药衍生物发明之合理评价——以已知物质衍生物为中心》，载《成大法学》第 2012 年卷，第 70~71 页。

了专利申请的难度。

分析印度《专利法》(2005)第 3 节(d)款,不难发现印度对授予专利权的条件设置了过高的标准。尽管印度最新专利法允许授予医药产品专利,但其对发明的定义将"已知物质的某种新形式的单纯发现而未能导致该物质已知效能的提高"和"已知物质的任何新属性或新用途的单纯发现"排除在外。该规定缩小了可授予专利的范围,且实际上排除了药物的第二用途专利。① 该条拒绝对已知物质新形式授予发明专利,除非新物质在功效上比已知物质有显著提高。即便已知物质的新形式满足"功效显著提高"的条件,也只能判定该物质不是"同种物质",并不必然说明其可被授予专利。专利的授予仍须满足"三性"即新颖性、创造性和实用性三个标准。在对"功效"的理解方面,印度马德拉斯高等法院认为:"功效的提高"指"治疗功效的提高"。这提高了授予专利的标准和限制了可授予专利的客体的范围。印度《专利法》(2005)第 3 节(d)款欠缺法律应有的确定性,条文中"功效"一词语义不明,"增进的功效"只是专利创造性标准的另一种表述。该条款意图运用较高的创造性标准来排除某些形式的发明,但没有清晰指出哪些发明应被排除。②

印度设置该条款是为了禁止原研药企业在药物专利到期后通过改善药物的性能或分离筛选新的结构异构体等方式来延续基础药物的专利期限,以达到促进印度国内仿制药发展的目的。印度是第一个明文规定禁止对已知物质衍生物授予专利的国家③,其旨在打击专利常青的做法引发了激烈争论。

少部分支持印度做法的学者主要从打击微不足道创新和增加药物可及性的角度出发,认为印度专利法第 3 节(d)款有助于控制非法专利常青,而且可

---

① 第二医药用途发明相对于第一医药用途发明而言。某种已知的但从未用于医药用途的物质(包括天然物质或者人工合成物质)用于治疗某种疾病,被称为第一医药用途发明;某种已知的而且过去已经用于治疗某种疾病的物质用于治疗另外的不同疾病,被称为第二医药用途发明。详见尹新天:《专利权的保护》,知识产权出版社 2005 年版,第 229 页。

② 赵歆、刘晓海:《印度专利法阻却药品专利常青同时损害增量创新》,载《中国药事》2014 年第 28 卷第 12 期。

③ 赵歆、刘晓海:《印度专利法阻却药品专利常青同时损害增量创新》,载《中国药事》2014 年第 28 卷第 12 期。

能促使其他国家效仿印度的做法。① 还有观点认为专利常青会对旧型药品仿制药的市场发展产生抑制作用。②

大部分人反对该条款。笔者也反对印度专利法第 3 节(d)的规定以及阻止专利常青的做法。除去前文所述条款本身存在的问题,还有如下原因:

一是该条款违背了 TRIPS 协定。TRIPS 协定第 27 条(1)款规定:专利可授予所有技术领域的任何发明,无论是产品还是方法,只要它们具有新颖性、包含发明性步骤,并可供工业应用。尽管接着第(2)款规定:各成员可拒绝对某些发明授予专利权,如在其领土内阻止对这些发明的商业利用是维护公共秩序或道德,包括保护人类、动物或植物的生命或健康或避免对环境造成严重损害所必需的,只要此种拒绝授予并非仅因为此种利用为其法律所禁止。显然,TRIPS 协定第 27 条(1)款应当理解为为专利授予设置了较低的条件,言外之意,即各国应当设置不高于该条款的条件。第 3 节(d)款规定的拒绝授予专利权的情形并不属于第(2)款的例外情形,同时超出了 TRIPS 协定第 27 条(1)款的要求。

二是专利常青并不会阻碍创新。原研药企业采取带有商业目的的专利常青策略并不能阻碍仿制药企业在专利期限届满后生产基础专利药物。基础专利药物专利期一过,在改进之后价格较高的新的专利药与价格较低的基础专利药物仿制药之间,患者可以自主选择。人们也很难创造出一种符合印度专利授予标准的、全新的"新药"。新的专利往往是在已有专利基础上慢慢改进而来的。实际上,很多药企会在药物到期之前,推出基于该药物的混合药物或衍生药物,以继续获得专利,全球主要药品市场也保护衍生药物的专利。每年申请上市的新药中,很大一部分就是这样的衍生药物。笔者赞同即便原研药企业采取专利常青策略,也不会影响仿制药企业仿制专利到期药物的观点。换言之,新专利药是可以和已有专利药物共存的,仿制药企业仿制到期后的旧型药并不受新型专利药物的影响。专利常青并不会对患者利益构成实际威胁。

笔者认为,印度专利法第 3 节(d)款及相关实践是以打击专利常青之名,

---

① 赵歆、刘晓海:《印度专利法阻却药品专利常青同时损害增量创新》,载《中国药事》2014 年第 28 卷第 12 期。转引自 Rajarshi Sen & Adarsh Ramanujanl. "Pruning the evergreen tree or tripping up over TRIPS? -Section3 (d) of the Inidian Patents Act", *IIC International Review of Intellectual Property and Competition Law*, 2010, 41(2), pp.170–172。

② John R. Thomas, " Patent ' evergreening ': Issue in innovation and competition", https://digital.library.unt.edu/ark:/67531/metadc807174/m1/5/, last visited on 1 Nov, 2018.

行侵害专利权之实。不容乐观的是,类似印度的做法正呈蔓延之势。有文章指出,越来越多的新兴经济体已经颁布或正在考虑修改国内专利法以限制基于已知物质创新的专利授予。阿根廷和菲律宾在其专利法中有和印度《专利法》(2005)第3节(d)款相似的规定,即对新的专利客体作"增进的功效"要求。西班牙、印度尼西亚、马来西亚、泰国也都在酝酿引入"增进的功效"标准以提高药品专利的创造性标准,增加药品的改进型专利获取难度。①

印度一系列拒绝授权、撤销授权的动作引发了欧美制药企业和欧美国家的强烈不满,使得印度成为全球药品知识产权战争的中心。② 美国贸易代表办公室在报告中指出:特别是,印度尚未采取措施解决影响创新产业的长期专利问题。不同行业的公司仍然关注狭隘的可专利性标准,强制许可和专利撤销的潜在威胁,以及根据"印度专利法"颁发此类许可和撤销的过于宽泛的标准。此外,专利申请人面临昂贵且耗时的专利异议障碍,接受专利的时间长,以及过多的报告要求。③ 清晰揭示了印度专利法在药物专利授予方面存在的问题。

笔者赞同美国商会GIPC的观点。该机构曾刊文将知识产权工具(专利、商标、版权和商业秘密)比喻为可用于将创意推向市场的桶。正如一个布满洞的水桶不会装水一样,一个充满异常的知识产权系统也不会成功地将许多想法推向市场。一个国家选择保护的版权或专利权越窄,将导致依赖它们的领域的创新就越少。至少,一个未能堵住其水桶漏洞的经济将无法发挥其全部潜力。知识产权系统的成功取决于其可靠性。强大的知识产权制度必须提供法律确定性,使创新者和艺术家能够将他们的时间、金钱和个人精力投入到创造性和创造性工作中。太多例外:比如桶中的孔太多,将危及知识产权系统可靠性并导致大量溢出机会。美国商会GIPC建议印度选择充分发挥其创新潜力,为创新者提供更大的支持,基于21世纪标准的强有力的知识产权法,将更多的创意推向市场。④

---

① 赵歆、刘晓海:《印度专利法阻却药品专利常青同时损害增量创新》,载《中国药事》2014年第28卷第12期。转引自 Lisa Kilday, "Global IP Reaction to Inida's Rejection of the Novartis Drug Patent ", http://www. ipwatchdog. com/2013/05/28/global-ip-reaction-to-indias-rejection-of-the-novartis-drug-patent/id=40778/, last visited on 1 Nov, 2018。

② 宋瑞霖、桑国卫、程音齐:《印度专利案件裁决对中国的启示》,载《中国新药杂志》2014年第23卷第15期。

③ 2018 Special 301 Report, Office of the United States Trade Representative, 2018, p.40.

④ Patrick Kilbride, "Incomparable Innovative India ", https://www. theglobalipcenter. com/incomparable-innovative-india/, last visited on 1 Nov, 2018。

(二) 与中国、美国立法及实践的比较

与印度相比,中国、美国在药品专利授予条件上明显更为宽松。具体而言,中国和美国都保护已知物质的新形式,且保护已知物质的第二医药用途发明。在对待药物专利常青的态度上也更为宽容。

1.与中国的比较

与印度不同的是,中国专利法是保护已知物质的新形式的,只要该新形式通过实验能够证明在某方面的性能例如药物的稳定性、吸潮性出乎意料地提高了即可,不像印度专利法必须要求是药物的治疗疾病的功效而不能仅仅是物质某方面的性能提高。中国对于改进专利的授予条件较印度更为宽松。

与印度不保护已知化合物的新用途不同,中国专利法保护已知物质的新用途即已知物质的第二医药用途发明。关于治疗疾病的新用途,中国是通过制备治疗某疾病的药物的用途方式来保护的,比如,"一种化合物用于治疗心血管疾病"的权利要求不能得到中国专利法承认,这与印度相同;但是"一种化合物用于制备治疗心血管疾病的药物"的权利要求是可以成为中国专利保护客体的,当然最终能否获得批准还需要考虑是否具有创造性等其他授权条件。

不难看出,与中国相比,印度对化学物质的发明专利的授予条件明显更严格。印度对药物授予专利还要考虑其是否对生命体的健康有利,对于已知物质微小的改进,但新物质在用途或性能方面的功效却没有显著提高的,印度拒绝对这样的发明授予专利。印度设置该条款的目的显然是为了有利于印度本国的仿制药企业发展,防止国外原研药商对原创药进行长期垄断。

表3所列药物除格列卫 β 晶型外,均取得中国专利授权。①

---

① 在中国专利复审委的 27371 号决定中,涉及该药物的用途发明被宣告全部无效。专利复审委肯定了格列卫药物用途的新颖性。但在创造性上,专利复审委认为,"判断发明是否属于现有技术是否显而易见时,不仅需要考虑本领域技术人员在该现有技术的启示下是否会尝试采用某物质治疗某疾病,还应考虑该尝试是否有合理的成功预期,即考虑是否能合理预见到该现有技术方案能解决所要解决的技术问题、达到预期技术效果"。该药物用途无论是从"质"还是从"量"的角度,都没有产生令人预想不到的效果,因此不具有创造性。见"中华人民共和国国家知识产权局无效宣告请求审查决定书第 27371 号",http://app.sipo-reexam. gov.cn/reexam_out/searchdoc/decidedetail.jsp? jdh = 27371&lx = wx, last visited on 1 Nov,2018.

2.与美国的比较

美国是知识产权大国也是知识产权强国,很重要的原因是其对知识产权提供高强度的保护。具体到药品专利权授予范围,美国《专利法》第101条规定:任何人发明或发现任何新颖和实用的工序、机械、产品或合成物,或任何上述各项新颖和实用的改进,符合本法规定的条件和要求,均可获得专利权。美国的专利授予条件较为宽松,可授予专利范围较印度更广。针对已知物质的新形式,美国是允许授予专利权的。

针对药品专利常青,美国在1984年《药品价格竞争和专利期恢复法》(*Drug Price Competition and Patent Term Restoration Act*,即Hatch-Waxman法案,简称"HWA法")旨在缓解原研药企业与仿制药企业间的矛盾,在一定程度上鼓励了医药企业的专利常青行为。比如,法案规定原研药制造商可通过修改其专利药的专利类型来获得另外3年的市场垄断权。[①] 不过,2003年《医疗现代化法》(*Medicare Modernization Act*,简称"MMA法")对HWA法进行了修正,抑制了HWA法引发的反竞争行为。比如,规定原研药企业只能对产品提出一次30个月延迟期的申请,如果在该期间法院认定原研药公司专利无效,便允许仿制药上市。这在一定程度上缓和了药品专利常青问题。[②] 另外,2007年美国联邦最高法院在KSR International Co. v. Teleflex Inc.案中确立了"非显而易见性(non-obviousness)标准"。最高法院在判决书中写道:"获得专利的一个基本要求是非显而易见性标准。与现有技术相比,如果申请的专利创新对于本领域专业技术人员来讲是显而易见的,则不能获得专利。"[③]非显而易见性标准增加了获得专利的难度,会在一定程度上限制美国的专利常青现象。

总体而言,美国的药品专利授予条件远较印度宽松,对待专利常青也较印度更为宽容。表3所列药物均取得美国专利授权。

(三)小结

印度《专利法》第3节(d)款存在以下问题:为药品专利取得设置了远超

---

① 丁锦希:《美国药品专利期延长制度浅析——Hatch-WAxman法案对我国医药工业的启示》,载《中国医药工业杂志》2006年第9期。

② 赵歆、刘晓海:《印度专利法阻却药品专利常青同时损害增量创新》,载《中国药事》2014年第28卷第12期。

③ SUPREME COURT OF THE UNITED STATES, KSR INTERNATIONAL CO. v. TELEFLEX INC.ET AL,No.04-1350,April 30,2007,pp.2-3.

过常理的标准;违反了 TRIPS 协定;功效仅解释为治疗功效且功效的认定没有确立明确标准。综合来看,印度该做法名为阻止专利常青,实质上侵害了医药企业的专利权,限制了医药企业专利权的取得,为其国内仿制药企业合法仿制药品大开绿灯。与中国和美国的药品专利授予条件相比,印度的药品专利授予条件明显更高。

三、印度药品专利强制许可制度

印度药品专利强制许可是印度仿制药的另一法律依据。印度规定较为宽松的专利强制许可申请条件,并实施专利强制许可。我们有必要结合专利强制许可的存在的必要性和合法性,分析印度药品专利强制许可制度存在的问题。同时,将印度和中国、美国的专利强制许可制度进行比较。

(一)专利强制许可基本理论

专利强制许可有其存在的必要性和合法性。我们有必要梳理专利强制许可的特征和类型,分析其国际法上的合法性,为论证印度药品专利强制许可制度的合理性和合法性做准备,同时归纳各国在专利强制许可实践上存在的问题。

1.专利强制许可的含义

专利强制许可,指为实现某种政治或社会目标而由政府强迫专利权所有人允许他人使用其专利;使用费由政府根据其认为"合理"的标准加以确定;专利权人不得拒绝许可或就费用进行谈判。[1] 其实质在于通过限制行使私权来达到保护公共利益的目的。

2.专利强制许可的特征

专利强制许可具有以下特征:(1)是由国家权力机关行使公权力的一种行为。什么情况决定实施专利强制许可,向什么人授予许可,报酬如何确定,救济程序的实施等都表明了专利强制许可的公权性质。(2)具有非自愿性,是对专利权人权利的一种限制。(3)非独占性,表现为被许可人通常不只一家。TRIPS 协定规定,此种使用应是非专有的。[2] (4)需向专利权人支付合理的费用。TRIPS 协定规定:(实施专利强制许可)应向专利权人支付合理的报

---

① 薛波主编:《元照英美法词典》,北京大学出版社 2017 年版,第 273 页。

② Article 31(d), *TRIPS Agreement*.

酬,同时考虑授权的经济价值①,且该报酬的确定应经过司法审查或上一级主管机关的独立审查。②

3.专利强制许可的类型

根据 TRIPS 协定、《多哈健康宣言》《巴黎公约》以及各国的立法和司法实践,一国可基于公共利益、国家紧急状态或其他极端紧急情势、对限制竞争行为的救济、政府使用、本地实施等理由而授予强制许可。因此,专利强制许可在实践中有以下几种情形:为防止专利权滥用的强制许可、为公共利益目的的强制许可、为防止限制竞争行为颁发的强制许可和从属专利的强制许可。

4.专利强制许可的合法性

(1)专利强制许可产生的背景

专利强制许可的出现与专利权利人当地实施义务有着密不可分的联系。自第一部成文专利法《威尼斯专利法》(1474)问世,授予专利权的初衷就是为了鼓励专利权人实施专利技术,否则专利权将被依法撤销。1623 年英国《垄断法》(*Statute of Monopolies*)规定,专利权人负有在英国实施专利的义务。当时很多国家的专利法都效仿英国规定不实施专利权将导致其被撤销,专利强制许可制度正是为了弱化撤销措施同时作为替代措施出现的。英国 1883 年专利法正式确立了强制许可制度,规定不在英国实施专利将可以适用强制许可。《保护工业产权巴黎公约》有关强制许可制度的产生也印证了这一点。③

(2)《巴黎公约》与专利强制许可

《巴黎公约》第 5 条对专利的强制许可做出规定:本同盟各成员国都应有权采取立法措施规定颁发强制许可证,以防止由于行使专利所赋予的独占权而可能产生的利弊,例如不实施专利权。④ 1998 年 12 月,印度加入《巴黎公约》,并签署了专利合作条约。

《巴黎公约》第 5 条(4)款规定:自申请专利之日起四年内或自核准专利权之日起三年内(取其晚者),不得以专利权人不实施或未充分实施专利权为理由而申请颁发强制许可证;如果专利权所有者能就其未实施专利提出正当的理由,则不应颁发强制许可证。这种强制许可证,除与使用该许可证的企业或牌号一起转让外,包括以颁发许可证的形式,没有独占权,且不得转让。

《巴黎公约》明确规定了强制许可的理由包括不实施专利行为以及其他

①　Article 31(h),*TRIPS Agreement.*

②　Article 31(J),*TRIPS Agreement.*

③　郭寿康、左晓东:《专利强制许可制度的利益平衡》,载《知识产权》2006 年第 2 期。

④　Article 5A(1),*Paris Convention for the Protection of Industrial Property.*

专利权滥用行为。但是,专利权滥用的情况并不常见,更多国家规定基于公共利益方面的理由可以适用强制许可,而公共利益是非常宽泛的。因此,各国制定的强制许可的理由多样,比如:拒绝交易、不实施或不充分实施、限制竞争行为、特别产品(如药品)、紧急状态等。① 笔者认为,过于宽松的启动专利强制许可的理由严重损害专利权人利益和专利法的权威,同时也和专利法制定之初保护专利权人利益和权利的目的背道而驰。

(3)TRIPS 协定与专利强制许可

《巴黎公约》缔约国曾在 1980 至 1984 年组织对《巴黎公约》进行新修订,但是发展中国家与发达国家无法就《巴黎公约》第 5 条(A)款有关强制许可的内容达成一致意见,这导致《巴黎公约》修订搁浅。修订谈判的失败使发达国家意识到无法在世界知识产权组织(WIPO)框架内实现其利益诉求,最终导致知识产权议题被引入 GATT 乌拉圭回合谈判中。

TRIPS 协定第 31 条是对专利强制许可的规定,但没有直接点明"强制许可",而是被称为"未经权利人授权的其他使用"。该条规定被视为发展中国家与发达国家对强制许可不同立场妥协的产物。发达国家主张对专利权的保护,要求限制适用强制许可,并坚持将启动强制许可的理由限定在有限的几种情形;而发展中国家希望宽松的强制许可条件,比如不实施专利也可以成为强制许可的启动条件,同时要求能更容易对药品适用强制许可。TRIPS 协定第 31 条没有列明可启动强制许可的具体情形,成员国可自行确定哪些情况构成强制许可的理由或依据,但强制许可应遵守一系列的原则,包括:(1)个案审查,对未经权利持有人授权的使用,必须"个案处理",不能把对某一强制许可的授予经验作为常规适用。换言之,强制许可应当是个例,不能是常态。该条强调了强制许可的严肃性。(2)在申请强制许可前以合理的商业条件争取专利权人的自愿许可未获成功,才允许强制许可。国家紧急状态或其他紧急情势下可以豁免这一要求。该条规定了拟使用者的"合理尝试"作为其申请强制许可的前提条件。该尝试包含两方面内容:合理商业条件和条款和在合理时间内未获得成功。(3)使用范围和期限仅限于授权的目的。(4)非排他性。即颁发强制许可后,该专利权人仍有权自己使用,或通过合同许可其他人使用。(5)通过强制许可获得的使用不得单独转让。强制许可一般不得转让,除非与企业一道转让。(6)该强制许可产品主要供应授权国国内市场。(7)在保护相关主体合法权益的前提下,如果导致强制许可的事由消失或不

---

① 郭寿康、左晓东:《专利强制许可制度的利益平衡》,载《知识产权》2006 年第 2 期。

可能再次发生时,应终止强制许可。该条规定了强制许可应当终止的情形,即导致强制许可的条件消失且不再发生。(8)对专利权人充分补偿。该条规定了拟使用者的支付适当报酬的义务。"非自愿许可"都必须支付使用费,不得无偿使用。(9)对强制许可的任何决定的合法有效性,应接受司法审查或其他上一级主管机关的独立审查。该条规定了对于非自愿许可的情形,应当为权利人提供要求司法审查或行政审查的机会。(10)从属专利交叉许可应满足附加的条件。

笔者认为,TRIPS 协定对专利强制许可规定了较高的应用条件,有其积极的一面。但是面对 20 世纪 80 年代以来的以艾滋病为代表的公共健康危机,较高门槛的专利强制许可严重削弱了发展中国家以及最不发达国家应对疫情的能力。

虽然这些国家可以通过颁发强制许可的形式来进口受专利保护的药品,但在《TRIPS 与公共健康多哈宣言》(以下简称"《多哈宣言》")发布之前的 TRIPS 协定对各国授权出口此类产品的能力施加了限制。TRIPS 协定规定:任何此种(即强制许可)使用的授权应主要为供应授权此种使用的成员的国内市场。① TRIPS 协定规定:如允许该强制许可以补救经司法或行政程序确定的限制竞争的行为,则各成员无义务适用(b)项和(f)项所列条件。② 除非获得强制许可以补救反竞争实践[第 31(k)条],它必须"主要"供应被许可人的国内市场[第 31(f)条]。这意味着,如果公司收到生产并出口在该国内被第三方专利覆盖的产品的请求时,它不能在没有专利权人授权的情况下,生产主要用于出口,而不是主要供国内市场使用的专利产品。该条款降低了缺乏药物生产能力的国家对于急需的专利药品的获取能力。

《多哈宣言》的达成降低了发展中国家实施强制许可的门槛。《多哈宣言》明确规定成员国有权决定是否颁布强制实施许可,并有权决定颁布强制实施许可的理由。③ 理由包括导致国家公共健康危机的紧急情况或其他极端紧急情况——包括艾滋病、结核病、疟疾和其他传染病。同时一个明确的基本的公共卫生原则开始形成:如若一个国家不具备国内生产所需产品的能力,其应该受到强制许可条款(或其他 TRIPS 保障措施)的保护,且与生活在能够生

---

① Article 31(f), *TRIPS Agreement*.

② Article 31(k), *TRIPS Agreement*.

③ Section 5, *Declaration on the Trips Agreement and Public Health.*.

产该产品的国家的人民相比,其不应该受到更大的程序障碍。① 尽管《多哈宣言》规定了成员在不违背 TRIPS 协定所确立的最惠国待遇原则和国民待遇原则前提下享有平行进口的权利,但是仍然没能较好地解决专利强制许可项下药物出口至缺乏生产能力国家的问题。

为解决国内公共健康问题,大部分国家一般有如下选择:一是自行开发生产专门治疗其境内流行的疾病的药品;一是从其他国家进口廉价的仿制药。由于缺乏技术、设备、人力资源或国内生产的经济可行性等原因,许多发展中国家和最不发达国家(Least Developed Countries)不能生产仿制药。有研究表明,一个国家国内药品生产产业在国际上具有竞争力的关键条件有以下几个:(1)国内生产总值大于 1000 亿美元;(2)人口数量大于 1 亿;(3)有足够数量的人口接受了中等教育和高等教育;(4)市场竞争机制较完善;(5)市场药品贸易非常有活力。② 然而大部分国家并不具备上述条件,只能依靠进口药物解决国内的公共健康问题。现实层面来讲,非洲有 97%的药品来自非洲之外的地区。③ 同时,据盖茨基金会统计,有 90%的传染病疾病负担在发展中国家。

《关于 TRIPS 协定和公共健康的多哈宣言第六段的执行决议》(下文简称《第六段执行决议》)为将强制许可生产的药品出口至缺乏该药物生产能力的发展中国家和最不发达国家提供了国际法依据。《第六段执行决议》明确界定了"医药产品""符合条件的进口成员方""出口成员方"等概念的范围,并且详细规定了为将强制许可生产的药物出口至缺乏生产能力国家的实施程序。

5.当前专利强制许可实施存在的问题

有学者对 1995 年至 2013 年间的考虑颁发及已颁发的以公共健康为目的的药品专利强制许可做出统计。④

---

① WHO,"WTO Council for TRIPS Statement by the representative of the World Health Organization",https://www.who.int/mediacentre/trips/en/,last visited on 1 Nov.2018.

② Pedro Roffe, Negotiating Health: Intellectual Property and Access to Medicines, London:Earthscan,2006,p.234.

③ Wang Xiaodong, "UNAIDS asks Chinese to produce drugs", http://www.chinadaily.com.cn/world/2017-09/11/content_31852675.htm,last visited on 1 Nov.2018.

④ 刘立春、朱雪忠:《与药品专利强制许可相关的"公共健康"含义》,载《中国卫生经济》2015 年 2 月第 34 卷第 2 期(总第 384 期)。

表 4　考虑颁发及已颁发的药品专利强制许可统计（1995—2013）

年份	国家/地区	类型	疾病	疾病类型
2001	巴西	发展中国家	HIV/AIDS	传染病
2001	巴西	发展中国家	HIV/AIDS	传染病
2001	加拿大	发达国家	炭疽	传染病
2001—2003	南非	发展中国家	HIV/AIDS	传染病
2001	美国	发达国家	炭疽	传染病
2002	埃及	发展中国家	勃起功能障碍	非传染疾病
2003—2004	马来西亚	发展中国家	HIV/AIDS	传染病
2003	巴西	发展中国家	HIV/AIDS	传染病
2003	津巴布韦	发展中国家	HIV/AIDS	传染病
2004	莫桑比克	发展中国家	HIV/AIDS	传染病
2004	赞比亚	发展中国家	HIV/AIDS	传染病
2005—2006	阿根廷	发展中国家	禽流感	传染病
2005—2007	巴西	发展中国家	HIV/AIDS	传染病
2005—2009	巴西	发展中国家	HIV/AIDS	传染病
2005	加纳	发展中国家	HIV/AIDS	传染病
2005	印尼	发展中国家	HIV/AIDS	传染病
2006—2007	印度	发展中国家	癌症	非传染疾病
2006	泰国	发展中国家	HIV/AIDS	传染病
2007	卢旺达	发展中国家	HIV/AIDS	传染病
2007	泰国	发展中国家	HIV/AIDS	传染病
2007	泰国	发展中国家	心血管疾病	非传染疾病
2007—2008	泰国	发展中国家	癌症	非传染疾病
2007—2008	泰国	发展中国家	癌症	非传染疾病
2010	厄瓜多尔	发展中国家	HIV/AIDS	传染病
2012	印度	发展中国家	癌症	非传染疾病

续表

年份	国家/地区	类型	疾病	疾病类型
2013	印度	发展中国家	癌症	非传染疾病
2013	印度	发展中国家	癌症	非传染疾病
2013	印度	发展中国家	癌症	非传染疾病

从专利强制许可针对的病种来看,在上述 29 个考虑颁发及已颁发的药品专利强制许可案例中,传染性疾病药品和非传染性疾病药品分别为 20 个和 9 个。从实施国家来看,发展中国家是专利强制许可的最积极的实施者(贡献了 27 起强制许可),发达国家极少实施强制许可(只有两起且最终未获通过),这也能充分反映发达国家反对药品专利强制许可制度的态度。

笔者认为,针对 HIV/AIDS、禽流感等传染性疾病的专利强制许可符合 TRIPS 协定、《多哈宣言》的规定。但是针对部分非传染病实施的强制许可是不符合 TRIPS 协定、《多哈宣言》的规定,比如埃及针对男性勃起功能障碍、泰国针对心血管疾病的药物的强制许可明显违反国际公约的规定,属于对专利强制许可的滥用。针对癌症的药物专利强制许可,其合理性要弱于 HIV/AIDS 等严重传染性疾病、强于普通非传染性疾病。

(二)印度的立法及实践

印度《专利法》(2005)将药品专利强制许可分为一般专利强制许可、政府指定实施专利强制许可(即特殊专利强制许可)和出口专利强制许可三类,针对不同类型的专利强制许可制定了不同的申请理由和授予流程。

1.一般专利强制许可

关于一般专利强制许可的提出条件,印度《专利法》规定可在以下情形申请专利强制许可:公众对受专利保护的发明的需求未被满足;受专利保护的发明不能以合理的价格被公众取得;或该专利未在印度境内实施。[1]

下文将结合印度对拜耳公司索拉非尼颁发强制许可一案对印度一般专利强制许可的条件进行分析。索拉非尼是治疗晚期肾细胞癌和肝细胞癌的特效药,拜耳公司于 2007 年获得了向印度出口及销售该药的许可并于 2008 年获得了印度的药品专利。但因价格昂贵,只有极少数印度民众能够承受得起。Natco 掌握了索拉非尼的生产工艺流程,并在 2011 年 4 月取得了当局批准生

---

① Section 84(1), *The Patents Act*.

产和销售的许可。2011 年 8 月 9 日,Natco 向印度专利机构提出强制许可申请。2012 年 3 月 9 日,印度专利机构颁发强制许可令,授权 Natco 在印度生产和销售索拉非尼。该案是印度第一起药品专利强制许可案件。①

(1)公众对受专利保护的发明的需求未被满足

专利权人拜耳公司认为,该药系处方药,不可随便购买,不能将购买的地点数量与能购买的公众人数相联系。印度《专利法》(2005)第 84 节第 7 款(a)(ii)所涉内容是公众的合理需求未得到满足的情形,与药品价格或公众可以合理的可支付价格获得药品并不相关,这是第 84 节第 1 款(b)的规定。第 84 节第 1 款(a)涉及的是药品的可获得性问题,(b)涉及的是公众的可支付性问题,二者不可混为一谈。

印度专利机构认为,自被授予专利四年来,专利权人未能满足公众需求,是完全不合理的。自 2006 年以来,专利权人在全球市场销售该药,具有完备的销售团队和制造设备。根据《专利法》(2005)第 84 节第 7 款(a)(ii)的规定,对专利产品的需求未以适当的程度或合理的条件加以满足,视为公众的合理需求未得到满足,可基于第 84 节授予强制许可。

笔者赞同拜耳公司的观点,即公众对受专利保护的发明的需求未被满足责任并不完全在于拜耳公司,印度较低的经济发展水平和较低的收入水平也是造成需求未被满足的一个原因。印度一味将需求未被满足归因于拜耳公司的过高定价有失公允。

(2)专利保护的发明不能以合理的价格被公众取得

印度专利机构认为,合理的价格是一个抽象的价格概念,应根据个案的事实和情势加以认定。专利机构同意专利权人关于可支付性应根据公众的不同类型加以区分的观点,并特别指出,为什么拜耳公司不依照其观点对印度不同的公众阶层实行药品分价机制,反而在全世界无差别地采取近似的药品销售价格。专利机构认为合理的可支付价格主要应考虑对公众是否合理。专利权人以每月 280000 卢比的价格销售药品,昂贵的价格是公众不能购买的唯一理由。

笔者认为,索拉非尼强制许可案中的前两个申请理由其实为一个,即专利药品的价格过高,过高的定价使得需求不能得到有效满足。就印度"合理的

① 案例来自冯洁菡:《公共健康与知识产权国际保护问题研究》,中国社会科学出版社 2012 年版,第 100~113 页。转引自 Natco Pharma Ltd. V. Bayer Corporation(India Patent Office),Controller's Decision, March, 9, 2012, https://patentdocs. typepad. com/files/compulsory-license-application.pdf,last visited on 1 Nov,2018。

价格"规定,《巴黎公约》第5条和TRIPS协定第31条,都没有将强制许可的启动与价格挂钩的规定。尽管《多哈宣言》第5(b)项规定成员国有权自由决定颁布强制实施许可的理由,但笔者认为将药品价格列为专利强制许可的启动条件是不合适的。药品定价是药企综合考虑药物研发、生产、经营、预期的资本回报以及当地市场经济发展水平、购买力等因素后制定的印度单方面认定药企价格过高的做法似乎有失公允。印度仅因为索拉非尼售价过高就对其实施专利强制许可有"强买强卖"之嫌。另外,印度要求企业针对不同的公众阶层实行分价机制,但并未指明如何避免分价后的"窜货"行为,该要求显然不具合理性。

(3)专利未在印度境内实施

拜耳认为"实施应是以专利法第84节第7款(e)项所规定的商业规模实施"(即进口该产品也应视为专利本地实施)。但该观点被印度专利机构否定,印度专利机构认为"在印度境内实施"不能被限制为"在印度以商业规模实施"。印度专利机构还从授予专利的目的出发,对专利法上的"实施"作出解释,认为进口专利产品不属于实施专利。《专利法》(2005)第83节(c)款规定,专利权的授予应有助于促进技术创新、技术转让和技术传播。第83节(f)款进一步规定,专利权不应被滥用,专利权人不应不合理地限制贸易或对国际技术转让产生不利影响。

印度专利机构认为,根据《巴黎公约》、TRIPS协定和《专利法》(2005),"实施"无论如何都不包含进口专利产品。"在印度境内实施"是指"在印度以适当的程度生产"。印度于2008年授予索拉非尼药品专利,拜耳公司在印度境内具有生产索拉非尼药品的产能。但是在印度授予专利权后的三年,专利权人并未生产该药,也没有以合理的条件授权许可任何人在印度境内实施该项专利。因此,对根据专利法第84节第(1)款(c)项提出的申请授予强制许可。

笔者赞同拜耳公司主张,不赞同印度将专利本地实施作为启动专利强制许可的条件。原因如下:

从专利本地实施的含义上来讲,《巴黎公约》第5条(A)(2)项规定:本同盟各成员国都应有权采取立法措施规定颁发强制许可证,以防止由于行使专利所赋予的独占权而可能产生的利弊,例如不实施专利权。实施专利权的形式是多样化的,在一国境内投资设厂生产专利产品只是本地实施形式之一,将专利产品出口至该国也应当被认为是实施专利权的形式之一。印度将《巴黎公约》第5条(A)(2)项理解为专利权人必须在一国境内设厂生产专利产品的做法是错误的。

从客观现实来讲,全世界有超过两百个国家和地区,笔者无法想象如果每个国家都像印度一样主张专利产品必须在自己国家境内实现生产会是怎样的局面。另外,药企完全可以自主选择生产地以实现经济利益的最大化。

从专利权人权利角度来讲,专利权权利人有权自主选择实施专利的形式(无论是生产还是进口),印度规定专利实施必须在印度境内无疑极大限制了专利权人的自主权,损害了专利权人的利益。专利权于专利权人应该是一种利益,印度对专利权在印度境内实施的规定减损了专利权人的利益,甚至成为专利权人的一种负担,这与设立专利权之初的目的不符。同时,决定是否在一国投资设厂或在哪个国家投资设厂生产专利产品是专利权人的权利,印度的规定显然限制了专利权人的该项权利。同时,专利权人也会出于自身经济利益考虑选取投资生产地,强制规定专利在某地通过投资生产实施会损害专利权人经济利益。至于技术转让问题,笔者认为应当尊重包括专利权在内的私有财产权利,国家不得强制技术转让。印度通过专利法促使专利技术在其境内实施的做法既不合理,也缺乏国际法上的依据。

从欧美发达国家实践来讲,目前发达国家的实践是将进口专利产品视为履行了"实施"的义务。比如,在签订北美自由贸易协定以前,加拿大鼓励在其国内生产专利产品。其法律规定在取得专利权两年后,专利权人要么在本地进行生产,要么以合理的条件授予本地企业许可进行生产。1995年加拿大修改上述规定,将未实施专利或拒绝许可视为滥用专利权,救济措施是授予强制许可并允许收取合理的许可费。北美自由贸易协定允许专利权人在海外制造专利产品并通过进口以满足国内市场需求,最终加拿大修改了关于未在国内生产专利产品构成专利权利滥用的规定。[①] 笔者认为进口专利产品应当被视为履行了"实施"义务。

关于受理强制许可申请并决定颁发强制许可的主体,印度《专利法》规定如果专利局认为"公众对专利的合理需求未得到有效满足,或者该专利未在印度境内实施或该民众不能以合理的价格获得该专利产品",可以按照他认为合适的条件颁发强制许可。[②]

印度专利法规定专利局在决定是否颁发强制许可时,应当考虑:(1)发明的性质,专利被授予但未被实施所经过的时间以及专利权人或任何被许可人

---

① 冯洁菡:《专利本地实施要求的合法性之争——国际法与国内法实践评析》,载《暨南学报》(哲学社会科学版)2014年第9期。

② Section 84(4), *The Patents Act*.

为充分利用该发明所采取的措施;(2)申请人实施该专利用于公众利益的能力;(3)申请人在申请获得批准后实施专利过程中承担资金风险和经营风险的能力;(4)申请人是否已尝试在合理的条款和条件下获得专利权人的许可,并且这些努力在专利局认为合适的合理期限内未取得成功。但上述规定不适用于国家紧急情况或其他极端紧急的情况或公共非商业用途或专利权人采用反竞争做法的情形,但不应要求在提出申请后考虑事项。"合理期限"须解释为通常不超过六个月期间。①

强制许可的终止。在专利权人或获得专利所有权或权益的任何其他人提出申请,如果导致颁发强制许可的情形已消失且不再可能发生,专利局可以终止根据第84条颁发的强制许可。但强制许可的持有人有权反对终止。专利局在考虑前述申请时,须考虑先前获得许可的人的利益不会受到不当的损害。②

2.政府指定实施专利强制许可

印度《专利法》规定,在国家紧急情况或者极端情况或者基于公共利益或专利垄断权滥用等,其中包括与艾滋病、人类免疫缺陷病毒、肺结核、疟疾或者其他传染性疾病相关的公共健康危机发生时,可以启动政府制定实施的专利强制许可。③

在政府指定实施专利强制许可授予流程方面,专利药被授予专利权后的任何时间,如果印度中央政府认为有必要对其实施强制许可则会在政府公报中进行公告,任何利害关系人根据公告可以向专利局提出申请,在此过程中专利权人没有提出异议的权利。专利局审查后决定是否授予专利强制许可。

印度启动政府指定实施专利强制许可的理由与《多哈宣言》基本一致,比如适用病症范围等。

3.出口专利强制许可

印度《专利法案(修正)》(2005)新增加"在相关国家已经颁发强制许可或者以公告等方式允许进口印度仿制药的情形下,允许强制许可下的印度仿制药出口到缺乏该药或无相关生产能力的地区和国家,以解决该国的公共健康问题","专利局在收到按订明方式提出的申请后,须按照进口国指明及公布的条款及条件,为该国制造并出口有关药剂制品给予强制许可"。④

---

①   Section 84(6), *The Patents Act.*
②   Section 94, *The Patents Act.*
③   Section 92, *The Patents Act.*
④   Section 55, *The Patents (Amendment) Act*, 2005 No.15 OF 2005.

在出口专利强制许可授予流程方面,首先由缺乏药物制造能力的国家通过公告或者其他形式允许从印度进口药品解决公共健康危机。然后申请人向专利局提交申请。专利局审查后决定授予出口专利强制许可。

印度关于出口专利强制许可的理由、流程等规定与《多哈宣言》《第六段执行决议》基本一致。

表5 印度药品专利强制许可申请理由

类型	专利强制许可申请理由
一般专利强制许可	第84节:公众对专利的合理需求未得到有效满足;公众不能以合理的价格获得专利产品;专利未在印度境内实施
政府指定实施专利强制许可	第92节:国家紧急情况、极端情况或应对由艾滋病、肺结核、疟疾或其他传染性疾病引发的公共健康危机而产生的专利公共、非商业的应用
出口专利强制许可	第92A节:在药品制造能力不足或缺乏制造能力的国家遭遇公共健康危机时,允许将强制许可所生产的药品出口至上述国家

表6 印度三类药品专利强制许可对比

项目	一般专利强制许可	政府指定实施专利强制许可	出口专利强制许可
发起人	任何利益相关者	印度中央政府	缺乏药物制造能力的国家
申请人	任何利益相关者	任何利益相关者	任何利益相关者
申请时间	获得专利权3年后	获得专利权后任何时间	获得专利权后任何时间
批准机构	印度专利机构	印度专利机构	印度专利机构
许可期限	专利有效期的剩余期限	专利局认为合适的期限	专利局认为合适的期限
实施目的	解决印度国内药品需求	解决印度公共健康问题	解决进口国家公共健康问题

(三)与中国、美国的立法及实践比较

中国的药品专利强制许可的启动条件比印度更为严苛,且从未实施过药品专利强制许可。美国则严格坚持保护知识产权的原则,未在其专利法中规

定药品专利强制许可制度。

1.与中国的比较

1984 年中国颁布第一部《专利法》。该法第 6 章相关条款涉及专利强制许可,内容主要借鉴《巴黎公约》,规定较为粗糙。1992 年中国修订《专利法》,豁免了强制许可程序中部分权利人义务;限制了强制许可申请条件;增加了在发生公共健康危机时国家可以实施强制许可的规定,突出了强制许可的公益性。修订后的《专利法》在强制许可的公益性目的和权利义务的标准方面已经接近 TRIPS 协定,达到了较高的水平,完善了专利制度和强制许可制度。[1]

为适应市场经济及国际贸易规则的变化,我国于 2000 年、2008 年两次对《专利法》进行修改,对包括第 6 章强制许可在内的条款进行修改。同时颁布了《专利实施强制许可办法》和《涉及公共健康问题的专利实施强制许可办法》两部部门规章,该规章已被新实施的《专利实施强制许可办法》(第 64 号)取代,《专利实施强制许可办法》(第 64 号)详细规定了药品强制许可实施的具体内容。

中国专利强制许可的启动条件因不同类型而有所不同。针对一般专利强制许可(即依申请的),《专利法》第 48 条规定,有以下情形之一的,专利行政部门可以根据申请给予实施发明专利的强制许可:(一)专利权人自专利权被授予之日起满三年,且自提出专利申请之日起满四年,无正当理由未实施或者未充分实施其专利的;(二)专利权人行使专利权的行为被依法认定为垄断行为,为消除或者减少该行为对竞争产生的不利影响的。

针对政府主动实施的专利强制许可,《专利法》第 49 条规定,在出现紧急状态或者非常情况时,为了公共利益,专利行政部门可以给予实施发明专利的强制许可。这属于专利部门主动实施强制许可的情形。

申请流程方面,首先是申请实施强制许可的单位或者个人向专利局提出请求。申请人向专利局提交《强制许可请求书》,同时提供法律规定的证明需要启动强制许可的文件和申请人具备实施该发明专利条件的材料。申请人还应就未能以合理条件与专利权人达成实施许可合同提供证明。专利局在收到申请人请求书和证明后审查材料的真实性,并通知专利权人在规定时间内发表意见。专利局在听取申请人和专利权人的意见后,认为专利权人不实施或

---

① 俞铖航、田侃、喻小勇:《印度药品专利强制许可制度分析及对中国的启迪》,载《中国新药杂志》2016 年 3 期。

者不许可他人实施其专利理由成立的,应当驳回申请人强制实施的申请;反之,专利局应当批准申请人强制实施专利发明的申请。

尽管我国专利法规定,为了公共健康目的,对被授予专利权的产品,专利行政部门可以实施强制许可以制造并将其出口到符合国际条约规定的国家或地区,并且对相关申请流程也作出了较为详细的规定。同时现实中,对乙肝、结核、艾滋病等传染性疾病的治疗药品实施强制许可有较高的呼声,但最终知识产权部门未作出允许强制许可的决定。[①]

比较中印两国的专利强制许可申请理由,不难看出印度启动药品专利强制许可的条件比中国宽松。在实际操作上,印度对专利强制许可也表现得更随意,已经数次启动专利强制许可,所针对的药物都是用于癌症治疗的。中国有强制许可的法律依据,但目前从未实施过一起强制许可。

2.与美国的比较

美国不仅自身专利法中没有强制许可制度,同时,在与其他国家进行知识产权谈判时,美国贸易代表办公室一般都会要求对方取消其强制许可制度;在无法取消时,则会要求对方限制使用强制许可制度。TRIPS 协定对强制许可的限制作出如此细致的规定,与美国的国内立法及美国谈判代表在国际谈判中的影响密不可分。[②]

美国离专利强制许可最接近的一次是在 2001 年爆发炭疽疫情时。当时美国唯一批准用于治疗炭疽病毒的药品是环丙沙星。该药品专利权人为德国拜耳公司且处于专利有效期内。疫情恐慌使得美国民众要求中止拜耳公司对环丙沙星的美国专利权。作为药品专利强国之一,美国担心启动强制许可会被他国效仿。美国政府没有启动强制许可,而是以强制许可为筹码同拜耳公司谈判,要求降低环丙沙星的价格。最终结果是拜耳公司将环丙沙星在美国的售价降低了46%。[③] 不难看出,此处专利强制许可成了政府与药企谈判降低药品价格的筹码。

(四)小结

与中国、美国对药品专利强制许可持谨慎的态度相比,印度制定了较为宽

[①] 李永强:《药品专利强制许可制度的发展与思考》,载《中国食品药品监管》2018年第 8 期。

[②] 郑成思:《WTO 知识产权协议逐条讲解》,中国方正出版社 2001 年版,第 116 页。

[③] 袁红梅、杨舒杰主编:《药品知识产权以案说法》,人民卫生出版社 2015 年版,第162 页。

松的药品强制许可启动条件,并且频繁启动实施。印度制定了较为完整的专利强制许可制度,有一般专利强制许可、政府指定实施专利强制许可和出口专利强制许可三种情形。印度规定的一般专利强制许可的三个申请理由(公众对受专利保护的发明的需求未被满足;受专利保护的发明不能以合理的价格被公众取得;或该专利未在印度境内实施),无论是立法规定还是对适用时对该规定的解释都是无法使人信服的。尽管印度对一般专利强制许可的立法看似合乎《巴黎公约》、TRIPS 协定等国际公约的规定,但是其实施存在很大的争议。政府指定实施专利强制许可和出口专利强制许可的规定与 TRIPS 协定、《多哈宣言》、《第六段执行决议》的规定高度一致,基本不存在争议。

从专利强制许可实施来看,印度已经五次启动实施药品专利强制许可,尽管外观上符合其国内立法。但五次强制许可均是针对癌症用药,笔者认为印度的上述行为与 TRIPS 协定、《多哈宣言》的规定不符,属于对专利强制许可的滥用。同时在印度以外的有些国家药品专利强制许可呈现被滥用的局面。比如埃及卫生部 2002 年实施的对美国辉瑞公司旗下产品万艾可(有效成分为 Sildenafil,用于治疗男性勃起功能障碍)实施强制许可,鉴于该疾病并无传染性也无造成公共健康危机的可能性,埃及的上述做法显然属于滥用专利强制许可。

四、印度仿制药法律制度下健康权与药品专利权的冲突与协调

印度最新专利法承认药品产品专利,但同时拒绝对本应授予专利权的药品授予专利并且实施药品专利强制许可。上述事实表明印度在公民健康权和专利权发生冲突时选择了前者。公民健康权和专利权究竟存在何种冲突、其冲突的原因是什么、健康权是否一定优先于专利权等一系列围绕仿制药产生的问题值得我们关注,厘清上述问题有助于指导我们制定规则。

(一)健康权和药品专利权的冲突

健康权和药品专利权产生冲突的直接原因是近现代以来人权理念的发展和加强。考察健康权的含义及其合法性有助于我们理解健康权和药品专利权的冲突。包括健康权在内的人权有其存在的客观基础,但是其过度扩张可能会危及当前社会的运行基础。

1.健康权的含义

普遍认为,健康权是人权的一种。人权,指人的权利或基本自由,在法律上予以承认并加以保护的,使每个人在个性、精神、道德和其他方面获得最充分和最自由发展的权利,被认为是与生俱来的个人理性、自由意志的产物,不是实在法授予的,不能被实在法剥夺或取消。① 有学者认为人权的焦点是人的生命和尊严(life and dignity of human beings),其他经济、社会和文化权利,比如获得最低限度的医疗,同尊重隐私、家庭生活或者个人自由一样,也对有尊严的生活具有根本性的重要意义。

各种形式和各个层次的健康权应包含以下相互关联的基本要素:第一,可得性(Availability),指国家应当提供充足数量的且能正常运作的公共健康和卫生保障设施、物品和服务。设施、物品和服务的确切性质将视许多因素而异,包括所在国的发展水平。包括但不限于安全的饮用水、充足的卫生机构、专业的医药卫生人员和重要的药品。第二,可接近性(Accessibility),指每个人都能平等地、不受歧视地获得保健设施、物品和服务。可接近性有四个层次:(a)不歧视,所有人,特别是最脆弱和最边缘化的人群,在法律上和事实上都必须能够获得卫生设施、商品和服务,不受任何理由的歧视。(b)物理可及性,卫生设施、物品和服务必须在物理空间上覆盖所有人口群体,特别是弱势群体或边缘群体,如少数民族和土著居民、妇女、儿童、青少年、老年人、残疾人和艾滋病人等。(c)经济可及性,要求所有人都能负担得起卫生设施、商品和服务;确保所有人,包括社会弱势群体,能够负担得起私人或公共提供的这些商品和服务;要求与较富裕家庭相比,较贫穷的家庭不应承担过多的医疗费用。(d)信息的可及性,指寻求、接收和传递有关健康问题的信息的权利。第三,可接受性(Acceptability),指公共健康和卫生保障设施、商品和服务在医学伦理和文化上应当是道德的,即尊重个人、少数民族、人民和社区的文化,对性别和生命周期要求敏感,以及保守秘密和改善有关人员的健康状况。第四,质量(Quality),指卫生设施、商品和服务必须在科学和医学上是适当且质量良好的。②

考察健康权的含义,不难看出健康权的实现(尤其是可得性和可接近性两个要素)十分依赖药品的可及性。但是笔者认为上述对健康权的理解有一点不妥之处,即过于强调健康权的"与生俱来"。正如小说《三体》所说"生存本来就是一种幸运,过去的地球上如此,现在这个冷酷的宇宙中也到处都是如

---

① 薛波主编:《元照英美法词典》,北京大学出版社 2017 年版,第 653 页。

② *CESCR General Comment No.14:The Right to the Highest Attainable Standard of Health* (*Art.*12),E/C.12/2000/4,11 August 2000,para.12.

此。但不知从什么时候起,人类有了一种幻觉,认为生存成了唾手可得的东西"①,健康权也不例外。健康权更多是一种人类主观的赋予,并非客观世界的必然存在。另外,尽管健康权与生命权同属于人权,但是笔者认为应当区分看待。生命权是人生命不受非法侵害的权利,其实现主要依靠他人的消极作为(即不施加侵害)实现。而健康权则需要他人或者社会主动作为实现。从该角度讲,健康权的实现难度高于生命权。

2.健康权的合法性

近现代以来人权迅猛发展。有学者认为人权是国际法的终极理念,应当建立"以人为本"的国际法律秩序。国际法的理念、价值取向、基本原则和规则愈发注重作为个体的人和整个人类的权利和利益的确立、维护和实现。具体而言,现代国际法呈现如下的动态进程或趋势:实然方面,围绕个体和人类的法律地位和各种权益,国际法中已经形成大量的原则、规则和制度;应然方面,新的人本化的价值观正在应然国际法中生成。就国际法的人本化的主体和对象而言,人涵盖个人和全体人类。其中个人不仅包括自然人,也包括法人。②

伴随着人权的发展,越来越多国际法律文件确认了健康权。《世界人权宣言》第 25 条:人有权享受为维持健康和福利所需的生活水准,包括食物、衣着、住房、医疗和必要的社会服务。③

《经济、社会及文化权利国际公约》第 12 条 1 款声明:人人有权享受可能达到之最高标准之身体与精神健康。④ 第 12 条 2 款列明了实现该权利可采取的措施:(a)设法降低婴儿死亡率,保证儿童健康发育;(b)改善人居、工作等环境;(c)预防、治疗及扑灭各种传染病、风土病、职业病等病疫情;(d)尽量保证所有人患病时均能享受医药服务。⑤ 其中(d)项与健康权的实现关系最为密切。

《世界卫生组织章程》开篇宣称:不论种族、宗教、政治信仰、经济或社会条件,享受可达到的最高健康标准是每个人的基本权利之一。⑥ 该权利的逐

---

① 刘慈欣:《三体:黑暗森林》,重庆出版社 2014 年版,第 170 页。

② 古祖雪:《论国际法的理念》,载《法学评论》2005 年第 1 期;曾令良:《现代国际法的人本化发展趋势》,载《中国社会科学》2007 年第 1 期。

③ Article 25(1), *Universal Declaration of Human Rights*.

④ Article 12(1), *International Covenant on Economic, Social and Cultural Rights*.

⑤ Article 12(2), *International Covenant on Economic, Social and Cultural Rights*.

⑥ *Constitution of The World Health Organization*.

步实现涉及如何获得保健设施、护理、治疗和帮助,包括获得病患负担得起的药品。

无论是国际法理念还是相关国际法律文件都确立了健康权的存在,这已是不争的事实。问题的关键是如何确定健康权的界限以及平衡健康权和药品专利权的关系。①

3.关于健康权和药品专利权关系的几种错误观点

有观点认为,按照国际人权公约的标准,包括专利权在内的知识产权制度对健康权的实现造成负面影响。② 主要表现为:第一,专利权人垄断了药品的生产和销售。高昂的专利药品价格超出很多患者的经济承受能力,降低了药品对不发达国家人们的可及性。第二,专利实施的限制性条件使得专利权人可以阻止他人获得药品专利技术,甚至阻止政府推动的专利强制许可。第三,专利权的利益推动,使得制药企业首先将资源投向预期利润回报最大的疾病,忽视贫穷国家的实际需求。第四,对具有新颖性但疗效与在先专利药品并未有大幅提升的产品继续授予专利,从而使得某类专利药品的生产和销售被少数企业控制。③

有学者将作为人权的知识产权与同样作为人权的健康权进行位阶排位,认为当两者发生冲突时低位阶的知识产权应该让位于高位阶的健康权。④ 有人认为,关于健康权和知识产权的冲突,应奉行"法益优先保护"的原则。健康权是国际公约承认的基本人权,是人作为主体存在所不可欠缺的自由,或是人之生存与发展的必需条件。相对于知识产权这一财产权利而言,健康权具有优越地位,应被看作是有优先性的法的价值。现代知识产权制度不仅要符合国际知识产权公约规定,且不应与国际人权标准相冲突。立法者在为知识

---

① 郝铁川教授认为:守望权利边界,就不会发生权利冲突;试图通过权利位阶来化解权利冲突,是徒劳无益之举;研究重心应该从权利本位转向权利边界。见郝铁川:《权利冲突:一个不成为问题的问题》,载《法学》2004 年第 9 期。

② [奥]曼弗雷德·诺瓦克:《国际人权制度导论》,柳华文译,北京大学出版社 2010 年版,第 1 页。

③ 吴汉东:《知识产权多维角度学理解读》,中国人民大学出版社 2015 年版,第 409 页。

④ 梁金马:《药品专利保护与公共健康——对药品专利强制许可的重新审视》,载《科技与法律》2017 年第 3 期。转引自 Jamie Feldman: Compulsory Licenses: The Dangers Behind the Current Practices, 8 J.*Int'l Bus.& L.*137 2009, p.145。

产权提供法律保护时,应符合其必须遵守的国际人权义务标准。①

更有甚者,有人要求"人权取向"应当取代当前贸易体制(包括 WTO 框架下的知识产权保护体制)的"效率取向"。比如联合国人权机构开始主张 WTO 成员应当采取"贸易的人权取向"。该观点内容有:促进和保护人权应该成为贸易自由化的终极目标而不是例外;在设计贸易规则时应充分考虑所有个人特别是处于弱势地位群体的权利;尽力使贸易的日渐自由化和人权的日渐自由化统一起来;要求不断审查贸易自由化对享有人权的影响。② 该主张若得以实现,WTO 框架下的知识产权保护将会面临严重打击。

上述观点的实质是希望通过限制药品专利权以保证健康权的实现,即认为健康权优先于药品专利权。笔者认为上述观点欠妥。按照马克思主义学说,人权和其他权利一样,并非与生俱来,而是受特定的社会经济、政治、文化等各种因素制约的,是历史的和相对的。③ 权利决不能超出社会的经济结构以及由经济结构制约的社会的文化发展。④ 尽管健康权和药品专利权同属于权利,都属于上层建筑的范畴,但二者有本质区别,健康权更多来自人们的"承认",是一种单方面的希望,药品专利权及其代表的利益服务于经济基础,恰好属于构成整个社会经济结构的要素之一。作为人权之一的健康权不能超出社会的经济结构,强行拔高健康权的地位,会危及经济基础,阻碍社会进步。

(二)健康权并不优先于药品专利权

笔者不赞同健康权优先于药品专利权的观点。除了前述健康权本身的性质和将健康权凌驾于药品专利权之上会阻碍社会进步这两个原因外,还有专利权的设立目的、药品专利权的特殊性、人类面临的健康威胁、药品专利权和健康权具有相同的价值目标以及药品专利权和健康权是途径和目标的关系等原因。

1.专利权的设立目的

"天下熙熙,皆为利来;天下攘攘,皆为利往。"⑤正如马克思在《资本论》中引用邓宁格的观点:"一有适当的利润,资本就胆大起来。如果有 10% 的利

---

① 吴汉东:《知识产权多维角度学理解读》,中国人民大学出版社 2015 年版,第 412 ~413 页。

② 樊静:《人权与贸易关系研究》,法律出版社 2011 年版,第 13 页。

③ 冯颜利:《马克思主义人权论》,载《马克思主义研究》2006 年第 7 期。

④ 马克思、恩格斯:《马克思恩格斯选集》第 3 卷,人民出版社 1995 年版,第 305 页。

⑤ 司马迁:《史记·货殖列传》,中华书局 1959 年版,第 3256 页。

润,它就保证到处被使用;有 20% 的利润,它就活跃起来;有 50% 的利润,它就铤而走险;有 100% 的利润,它就敢践踏一切人间法律;有 300% 的利润,它就敢犯任何罪行,甚至冒绞首的危险。"①邓宁格的话更多用来论证资本的"嗜血"本质,但笔者并不认可该观点。笔者认为,人类能从茹毛饮血的原始社会一路走来,取得了科技、经济、政治和文化等全面的不朽成绩,利益扮演着驱动人类发展的发动机的角色,其地位无可取代!正如司马迁和邓宁格所揭示:人们奋斗所争取的一切,都同他们的利益有关。德国法学家鲁道夫·冯·耶林称:权利就是受到法律保护的利益。②专利权存在的目的正是为了保护专利权人的利益。

包括专利在内的知识产权制度的建立,不仅只为保护知识产权利益,其最终目的是为了鼓励创新,推动科技转换为生产力。知识产权制度本身具备调节各方利益、促进社会福祉的内涵。根据专利法的"报酬"理论(又称发明动机理论),专利法为有用的发明提供动机,并且赋予发明者的权利刺激发明活动、增加发明的供应。③ 林肯把专利制度比喻为"人类智慧之火上添加的利益之油"。普遍认为知识产权制度能有效激励创新,其通过利益激励、权益保障等制度安排来实现鼓励知识和技术的创新。

笔者认为,结合专利权的设立目的(即利益激励和权益保障)和社会进步主要是由追逐利益驱动这一客观现实,为了鼓励创新、促进社会进步发展,对于有减损专利制度作用的例外情形(即限制专利授予范围和专利强制许可)我们都应慎之又慎。

2.药品专利权具有特殊性

对于研发成本巨大、投入周期长和成功率低的医药研发活动而言,药品专利权的作用更显重要。医药企业每年向新药研发活动投入上百亿美元,同时面临较大的失败风险。回报预期是医药企业进行新药研发活动的主要动力,其主要通过赋予专利权人一定期限的市场独占来实现。

根据德勤发布的报告,全球 12 家制药巨头在新药研发上的投资回报率持续走低。2017 年平均投资回报率达到 8 年来的最低水平,仅有 3.2%,而 2010 年平均投资回报率是 10.1%。一个成功上市的新药成本从 2010 年的近 12 亿美元攀升到 2017 年的 20 亿美元。而在 2016 年,一个成功上市的新药成本是

① 马克思、恩格斯:《资本论》第 1 卷,《马克思恩格斯全集》第 23 卷,人民出版社 1972 年 9 月第 1 版,第 829 页。

② 罗斯科·庞德:《通过法律的社会控制》,沈宗灵、董世宗译,商务印书馆,第 46 页。

③ 冯晓青:《知识产权法利益平衡理论》,中国政法大学出版社 2006 年版,第 114 页。

15.4 亿美元。[①]

找出一种新的有效成分仅仅是整个开发工作的开端。要想获得一款用于临床的药品,需要进行大量和旷日持久的药理试验和毒性或副作用试验。完成上述各项工作后还必须经过临床试验,才能被批准上市。在医药行业中,研发的药品直到最后阶段才被发现不适用于人体的情况屡见不鲜,"半路夭折"的试验品所耗费的资金增加了新药的平均研发成本。新药的研发无论在时间周期还是资金人力投入上都大大超过了其他发明。[②] 从美国 FDA 批准的药物来看,开发一种新药需要 10 到 15 年时间。[③]

具体而言,在每 5000 至 10000 个进入药物开发阶段的先导化合物中,只有 250 个候选化合物能进入临床前研究阶段,而这 250 个进入临床前研究阶段的候选化合物中只有 5 个能正式进入临床研究阶段,最终只有一个能获得监管部门的新药批准。假如以销售额大于 1 亿美元作为取得商业成功的标准,平均每种 65000 合成物中才能有一个成功。甚至大部分药品的销售收入不能覆盖其研发投入,只有大约 8% 的药品能够收回其研发投入。也有数据显示,制药企业 10% 的药品贡献了 55% 的利润。[④]

为了达到技术进步的目的,医药企业普遍对研发投入巨资。报告显示,全球研发投入排名前二十的医药企业研发投入占销售收入的百分比超过 20%。[⑤] 巨额的投入需要专利制度对其予以保护。

表7　全球研发投入排名前二十的医药企业研发投入占销售收入的百分比

排名	公司名称	研发投入 (单位:十亿美金)	研发投入占处方药 销售金额比重
1	罗氏	9.2	22.00%
2	强生	8.4	24.30%
3	诺华	7.8	18.70%
4	默克	7.6	21.40%

---

①　*A New Future for R&D? Measuring the Return from Pharmaceutical Innovation* 2017, Deloitte Center for Health Solutions,2017,pp.14,17.

②　尹新天:《专利权的保护》,知识产权出版社 2005 年版,第 200 页。

③　医药代表(MRCLUB),"上市一种新药有多难?",http://wemr. club/mr/dami-20180718.html,last visited on 1 Nov,2018。

④　尹新天:《专利权的保护》,知识产权出版社 2005 年版,第 200 页。

⑤　*World Preview* 2018,*Outlook to* 2024,EvaluatePharma,June 2018,p.24.

续表

排名	公司名称	研发投入（单位：十亿美金）	研发投入占处方药销售金额比重
5	赛诺菲	6.2	18.10%
6	辉瑞	7.6	16.80%
7	葛兰素史克	5	17.40%
8	阿斯利康	5.4	27.40%
9	艾伯维	4.8	17.40%
10	百时美施贵宝	4.8	25.00%
11	礼来	5	26.80%
12	新基	3	23.30%
13	安进	3.5	16.00%
14	勃林格殷格翰	3.1	21.50%
15	拜尔	3.3	18.40%
16	吉利德科学	3.5	13.70%
17	武田	2.9	21.60%
18	诺和诺德	2.1	12.50%
19	再生元制药	2.1	55.80%
20	安斯泰来制药	2	18.30%
	前二十合计	97.3	21.50%

数据来源：World Preview 2018，Outlook to2024，Evaluate Pharma，June2018。

作为研究密集型行业之一，医药行业的研发投入平均比其他制造企业高出五倍。① 尽管医药行业研发投入比高出其他制造业数倍之多，但医药企业的利润和其他制造业相比并没有什么不同。就研发投入的投资回报率指标而言，如前文所述，2017 年全球排名前十二的医药巨头在研发上的平均投资回报率仅有 3.2%，是 8 年来的最低水平，显著低于 2010 年的 10.1%。② 可以看出制药行业的利润和其他行业相比并没有突出之处。笔者认为，对于医药公

---

① *Research and Development in the Pharmaceutical Industry*，The Congress of the United States of Congressional Budget Office，October 2006，p.9.

② *A New Future for R&D? Measuring the Return from Pharmaceutical Innovation* 2017，Deloitte Center for Health Solutions，2017，p.15.

司凭借药物专利获取垄断利润的指责似乎不能成立。

制药工业的生存和发展尤其离不开专利保护。有人选择属于不同行业领域的美国公司,就其对专利保护的依赖度进行调查。结果表明,如果没有专利保护,医药行业中有 60% 的药品将不会被研发出来。对应地,在机械工业领域,其比例是 17%;在电器设备行业,其比例是 11%。显而易见,制药工业对专利保护的依赖度远远高于其他领域。该调查结果同时也显示,在符合专利授予条件的药品中有 82% 的药品实际获得了专利保护;而在其他工业领域,这一比例为 50% 左右。[①]

不难看出,与其他行业比较,医药领域对专利的需求更为强烈。

3. 人类面临持续不断的健康威胁

以前文提到的索拉非尼为例,其平均能延长肿瘤晚期病人无进展生存期三个月并有效改善病人生存质量[②],但是仍然不能有效满足人们的预期。人类一直面临严重的健康威胁。根据世界卫生组织癌症研究机构的数据,2018 年全球新增癌症确诊病例约 1810 万,死亡病例 960 万。男性和女性一生中罹患癌症的概率分别是 1/5 和 1/6,1/8 的男性和的 1/11 女性会死于癌症。[③] 同时人类发展历史上相继遭遇流感、SARS、埃博拉等严重威胁人类健康的传染病。可以预见,人类还将面对层出不穷的健康威胁,这些都需要我们研发新的药物进行应对。

人类社会需要科技持续不断的进步以保障人们的健康,其中药企的研发投入至关重要。新药尤其是变革性的新药问世关系着人类的健康和生命,是政府和企业共同关注的事情。药企在将基础研究成果转化为患者的治疗进展方面做出了最大的贡献。在药物探索、药物研发、药物生产三大里程碑阶段制药企业的贡献份额分别为 58%、73%、81%。[④]

客观存在的健康威胁以及医药企业扮演的重要角色需要我们建立并加强

---

① Clause E. Barfield、Mark A. Groombridge:"Parallel Trade in the Pharmaceutical Industry:Implications for Innovation, Consumer Welfare, and Health Policy Article", *Fordham Intellectual Property, Media and Entertainment Law Journal*, Volume 10 Volume X, p.216.

② 百度百科,"索拉非尼",https://baike.baidu.com/item/%E7%B4%A2%E6%8B%89%E9%9D%9E%E5%B0%BC/7592573? fr=aladdin, last visited on 1 Nov, 2018。

③ The International Agency for Research on Cancer(IARC),"Latest global cancer data:Cancer burden rises to 18.1 million new cases and 9.6 million cancer deaths in 2018", https://www.iarc.fr/wp-content/uploads/2018/09/pr263_E.pdf.last visited on 1 Nov, 2018.

④ 医药代表(MRCLUB):《上市一种新药有多难?》,http://wemr.club/mr/dami-20180718.html, last visited on 1 Nov, 2018。

药品专利保护制度,药品专利保护也将保证我们有力应对上述健康威胁。

4.药品专利权和健康权具有相同的价值目标

药品专利的激励作用和药品强制许可有相同的价值目标:人类的健康。健康权着眼于已经发生不幸的病患的权利,属于短期、部分群体的利益。药品专利权虽然表现为制药企业的知识财产权,但是从长远来看,药品专利代表的是整个社会的利益,其能从根本上影响公共健康。通过强制许可来保障健康权实现会打击制药企业的创新积极性,降低公众未来接触药物的可能性,进而影响健康权的实现。笔者不赞同短期、部分群体的利益优于长远、整体的利益。故而,当专利权与健康权发生冲突时,不能简单地以权利位阶来排序,认定健康权高于专利权。没有药品专利权的保驾护航,"医疗发明将不设专利权,生死之间不能牟利"注定只是一厢情愿。

5.药品专利权和健康权是途径和目标的关系

健康权和药品专利权并非互斥的关系,换言之,并非为了实现健康权就一定要牺牲制药企业的药品专利权,也不是牺牲了药品专利权就能一直持续、完整地保障健康权(只能阶段性保障)。笔者认为健康权和药品专利权是目标和途径的关系,即健康权是目标,药品专利权是途径。药品专利强制许可也保护健康权,但如前文所述,其保护的是短期、部分患者的利益,同时以牺牲远期、整体的利益为代价。通过拒绝授予药品专利权或者颁发药品专利强制许可来保障健康权的实现无疑是竭泽而渔的做法,不具有可持续性。

要实现健康权这一目标,解决药品的可及性,应该从两个途径着手:一是生产更多的新药物,二是提升现有药物的可及性。前者需要利用专利的激励机制,刺激更多的新药得到研发生产;后者则是要在低收入国家,提升公民获得现有药物的能力。笔者赞同此观点,即一个目标的实现不能以另一个为代价,或者在实现一个目标的过程中要尽量避免迫害另一个目标的实现。[①] 对途径的损害也必然导致目标不能得到实现。须知道仿制药存在的前提是要有创新药,如果专利机制不能得到保护,创新药也可能不会产生,那最后极有可能陷入"无药可仿"的尴尬境地。

① 梁金马:《药品专利保护与公共健康——对药品专利强制许可的重新审视》,载《科技与法律》2017 年第 3 期。

（三）小结

人类的同情心理①和利他行为②是健康权等人权存在的生物和社会基础，健康权在内的一系列人权有其存在的合理性、必要性和合法性。但是正如本文第二、三部分所述，印度、巴西、泰国等国家过于强调健康权而忽视专利权（无论是限制药物专利的取得，抑或是频繁实施药物专利强制许可）已经使得健康权和专利权的天平明显向前者倾斜。当前印度等国家对药品专利权的保护被削弱，肆意将药品专利排除在可专利范围之外，同时频繁实施药品专利强制许可，属于健康权的过度扩张。

结合印度、泰国、埃及等国家的实践，当前存在的关键问题与其说专利权限制了健康权的实现，毋宁说对健康权的过于强调限制了专利权的实现。健康权在某些领域严重扩张，已经影响到专利权的实现。笔者并不主张对专利权的绝对保护，也不主张对健康权的绝对保护，不赞同健康权优先于药品专利权的观点，认为应当平衡健康权和药品专利权的关系，合理确定健康权和药品专利权的保护界限，制定更为合理的药品专利授予条件和强制许可条件。

五、结论及建议

纵观印度近50年的药品专利制度变迁，我们可以发现：印度是实用主义者，其能看清国际知识产权保护环境的情势，充分利用国际规则，同时联系自身的优劣势，实现自身的利益最大化。但是包括印度在内的某些国家对药品专利保护的不力，损害了原研药企业的利益，打击了其研发的积极性，无论是对该国自身还是全世界的长远发展都会产生严重的不利影响。笔者认为有必要在国际法和国内法层面加强知识产权保护。但是加强知识产权保护并不意味着弱化对包括健康权在内的人权的保障，各国应当从各个环节着手降低药价以增加药品可及性。各国应当充分认识到药品专利强制许可的"撒手锏"角色，非到万不得已不应轻易启动。

---

① 亚当·斯密认为人的天性中存在同情心理，这使得人类关心别人的命运，把别人的幸福看成自己的事，尽管他除了看到别人幸福而感到高兴外，一无所得。见［英］亚当·斯密：《道德情操论》，蒋自强、钦北愚、朱钟棣、沈凯璋译，商务印书馆1997年版，第5页。

② 利他行为，有学者将其定义为在没有任何交换外部奖励的情况下，旨在提高他人福利的有意和自愿行动。详见 Wikipedia，"Altruism"，https://en.wikipedia.org/wiki/Altruism，last visited on 1 Nov, 2018。

(一) 坚持药品专利保护以促进创新

如前文所述,为保障公众健康,笔者认为不仅不应当削弱对药品专利的保护,反而应当加强药品专利保护。加强药品专利保护需要从国际法和国内法层面进行。印度需要加强药品专利保护。同时,综合考虑自身因素,中国更应该加强知识产权保护。

1.对药物专利权国际保护的思考

在药品专利授予范围方面,各国应在统一药品专利的授予条件,避免出现在一国符合可授予专利的条件在另一国却被拒绝授予专利的情况出现。同时放宽药品专利的授予条件,只要符合专利的“三性”,即应当授予专利。考虑到针对新适应症的药物的开发的巨大成本,应当保护已知化合物的第二医药用途发明,否则制药企业没有动力投入巨资开发新药。印度限制药品专利授予的做法是不可取的。

在药物专利有效期方面,笔者赞同美国的观点,即在相关国际协定延长药物专利有效期。按照当前 TRIPS 协定规定的专利权 20 年保护期限,其允许专利权人实现的极大值是发明市场价值的 85%。① 然而,很多药物真正受专利权保护的期限远远低于 20 年。走完新药审批上市流程一般需要十年左右时间,而药企出于专利优先权的考虑,一般会在药物发现最初就提交专利申请,如此一来,等到药品正式获批上市只剩十年左右的专利权有效期可供药企利用。② 在研发投入一定的情况下,这不仅直接限制了药企获利的可能性,减少了专利期内病患的数量,增加了期内病患的经济负担。增加药物专利有效期可以增加使用该药的病患数量,病患数量的增加可以使得病患的平均支付价格下降。有制药企业因为所研发的罕见病药物需求患者过少而放弃研发③,这对于社会而言是巨大的损失。同时,延长药物专利有效期也可以极大激发药企研发新药的积极性。笔者建议可以单独为药品规定一个更长的专利有效

① [美]威廉·M.兰德斯、理查德·A.波斯纳:《知识产权法的经济结构》,金海军译,北京大学出版社 2005 年版,第 377 页。

② 丁锦希:《美国药品专利期延长制度浅析——Hatch-Waxman 法案对我国医药工业的启示》,载《中国医药工业杂志》2006 年第 9 期。

③ 根据报道,英国制药商葛兰素史克(GSK)计划退出罕见疾病药物开发领域。最重要的原因是罕见病药物针对的患者数量较少,无法得到经济利益。GSK 的罕见病基因疗法 Strimvelis 售价为 59.4 万欧元,但只有两位患者接受了该治疗。详见 Ned Pagliarulo, "GSK looks to exit rare diseases", https://www.biopharmadive.com/news/glaxosmithkline-gsk-rare-disease-sell-divest-strimvelis/448087/, last visited on 10 Dec.2018.

期(比如 25 年),或者将药品正式上市作为专利保护期限的计算起点,以弥补新药研发审批流程所耗费的时间。

在药品专利强制许可方面,TRIPS 协定作为发展中国家和发达国家激烈博弈后妥协的产物,其中关于药品专利强制许可的规定较为宽松,语言具有不确定性,容易被各国轻松突破利用。比如《关于知识产权协议与公众健康问题的宣言》(《多哈宣言》)有关灵活措施第 3 项的表述①,"其他"一词使得泰国、埃及等国家将药品专利强制许可滥用至心血管疾病、男性勃起功能障碍等危害并不严重的非传染性疾病,显然违背了该条款的立法目的,也损害了专利强制许可的严肃性。应当进一步完善强制许可的启动条件,明晰强制许可的适用疾病范围。笔者建议借鉴管理学上的四象限法则②,即综合考虑疾病的传染性和危重程度来确定可以适用药品专利强制许可的范围。对于具有极强传染性同时造成严重危害后果的疾病才能启动专利强制许可,对于传染性不强或者后果不严重的疾病应当首先探索其他途径予以解决。因为前者类似SARS、埃博拉病毒等严重威胁人类生存,有可能对人类社会的存在和延续造成根本性威胁,而后者比如心脏病等疾病并不会对人类造成根本性的威胁。

在实施药品专利强制许可之后,强制许可实施国有义务限制该药的国际流通,除向缺乏该药制造能力的国家出口之外,应当通过边境立法和边境措施阻止该药向其他国家尤其是发达国家流入,以免损害原研药企业在该目标市场的利益。

2.对印度的一些意见与建议

无论是面临欧美发达国家施加的压力,还是出于印度自身发展的需要,印

---

① 《多哈宣言》灵活措施包括:(1)应用国际法的习惯解释规则,TRIPS 协定的每一条均应当根据协议所表达的目标和意图进行理解,特别是根据该协议规定的目标和原则来进行理解。(2)各成员国有权批准强制许可,并且可以自由决定批准强制许可的理由。(3)各成员国有权决定构成国家紧急状况或其他紧急情况的条件,可以理解公共健康危机,包括与艾滋病、结核病、疟疾以及其他传染病有关的危机,构成上述国家紧急状况或其他紧急情况。(4)在 TRIPS 协定第 3 条、第 4 条有关最惠国待遇和国民待遇原则的规定前提下,TRIPS 协定中有关知识产权权利用尽的规定应当使各成员国能够自由地、不受干扰地建立其权利用尽体系。详见 Section 5, *DECLARATION ON THE TRIPS AGREEMENT AND PUBLIC HEALTH*。

② 四象限法则是时间管理的一个重要理论。四象限法则把目标按照紧急程度和重要程度排列组合分成四个象限,这四个象限的划分有利于我们对时间进行深刻的认识及有效的管理。详见第史蒂芬·柯维、罗杰·梅里尔、丽贝卡·梅里尔:《要事第一》,中国青年出版社 2003 年版,第 47~48 页。

度都需要修改其专利法,加强药品专利保护,包括放宽药品专利授予标准以扩大药物专利的授予范围和限制药物专利强制许可。同时印度还应当立法打击其国内的药物专利侵权行为。印度可以探索替代途径以解决国内的公众健康问题,而不是采取杀鸡取卵的做法。中国在降低药价方面的很多举措都值得印度借鉴。

3.对中国的提议

相比较于印度,中国更有必要加强对包括药物专利在内的知识产权的保护。这是基于知识产权保护的国际环境、新中国建立以来的经验教训和美国的经验、知识产权重要性日益提升的客观现实、中国内部环境等因素做出的判断。

(1)知识产权保护的国际环境趋严

从外部环境来讲,中国与印度面临大致相似的外部环境。正如第一部分所述,几十年来,国际知识产权保护环境早已发生根本性变化。加强知识产权保护是世界主流趋势。随意缩小专利权授予对象范围、肆意行使专利强制许可等已不具备可行性。2018年中美两国之间爆发的贸易战,给中美国两国经济造成重大损失,美国挑起争端的一个重要借口就是"中国侵犯知识产权"。①并且美国在2018年5月份就中国的知识产权保护事项向世界贸易组织提起咨询。

(2)新中国建立以来的经验教训和美国的经验

新中国建立后的三十年时间里,中国严格坚持走社会主义道路,在经济领域消灭私营经济,忽视个体经济利益,注重实体正义和结果的公平,然其结果并不尽如人意,人民的物质和精神需求未得到有效满足,整个社会发展也停滞不前。1978年中国实行改革开放政策,承认并保护个体经济利益,中国经济才方驶入快车道,人民物质和精神生活水平得到显著提升。

美国从建国以来就重视知识产权保护,是第一个把专利权写入宪法,在国家根本大法里确认发明者权利的国家。② 美国的专利制度保护了发明人的权益,极大激发了美国国内的创新热情。这是美国能够成为近两百年来全世界

① 美国长期声称中国法律通过强迫外国公司与中国公司建立合资企业来侵害知识产权,使中国公司获得使用、改进、复制或窃取其技术的权利。美国还担忧中国不承认合法专利和版权,并歧视外国进口技术。详见 Wikipedia,"2018 China-United States trade war",https://en.wikipedia.org/wiki/2018_China%E2%80%93United_States_trade_war,last visited on 10 Dec.2018.David McLaughlin、Chris Strohm,"China State-Owned Company Charged With Micron Secrets Theft",https://www.bloomberg.com/news/articles/2018-11-01/u-s-says-china-state-owned-co-stole-micron-trade-secrets,last visited on 10 Dec.2018。

② 美国宪法第1条第8款第8项规定:保障著作家和发明家对其著作和发明在限定期间内的专利权,以促进科学与实用技艺的发展。

最具创造力国家同时也是经济强国的关键原因。①

中国近 70 年的经验教训和美国的经验清晰揭示了保护个体(包括企业等主体)的权利和利益对经济发展乃至整个社会发展的必要性,中国应当继续坚持并加强知识产权保护。

(3)知识产权重要性日益提升的客观现实

技术创新在人类社会扮演着日益重要的角色,"微笑曲线"②效应愈发明显。有学者认为,在《巴黎公约》时代科技创新对于经济增长只是起着随机、外生的作用,对技术创新的权利诉求并不十分强烈。③ 到 TRIPS 时代,科技创新逐渐成为内部可控的生产要素之一,生产方式由过去外生增长向内生增长转变。④ 新的经济模式需要加强全球知识产权治理,将科学研究与试验发展投入纳入成本/收益核算,资本对知识产权保护提出了更强烈的诉求。TRIPS 协定很大程度上就是为了应对这一诉求而产生的。⑤

以智能手机为例,智能手机全球价值链通常涉及研发、设计、制造、组装、

---

① 中央电视台:《大国崛起:新国新梦》,http://tv. cctv. com/2017/07/04/VIDEBGX5Z4HDs1s8lKnyPohO170704.shtml,last visited on 10 Dec.2018。

② 微笑嘴形是一条曲线,两端朝上。在产业链中,附加值更多体现在两端,即设计研发和销售,处于中间环节的制造附加值最低。当前全球制造也已供过于求,制造产生的利润低,但是研发与营销的附加价值高,因此产业未来应朝微笑曲线的两端发展,也就是在左边加强技术创新,在右边加强客户导向的营销与服务。详见 Wikipedia,"Smiling Curve",https://en.wikipedia.org/wiki/Smiling_curve,last visited on 1 Nov,2018。

③ 《巴黎公约》时代的生产函数是:$Y = A(t) K^{1-\beta} L^{\beta}$($Y$:产出,$K$:资本,$L$:劳动,$A$:技术水平)。这种增长模式中,科技创新对于经济增长来说虽然十分重要,但是只是随机的、外生的。见董涛:《全球知识产权治理结构演进与变迁——后 TRIPs 时代国际知识产权格局的发展》,载《中国软科学》2017 年第 12 期。转引自 Robert M.Solow,"Technological change and the aggregate production function",*Review of Economics and Statistics*,1957,39,pp.312 – 320。

④ TRIPS 时代社会生产函数是:$Y(H_Y, x, L) = H_Y^{\alpha} L^{\beta} \sum_{i=1}^{A} x_i^{1-\alpha-\beta}$。

⑤ 在该函数中,科技创新不再是外生的,而成为一种内部可控的生产要素。生产方式由过去外生增长转变为内生增长的模式。该模型中,新知识 A 的生产需要两部分投入:一部分是现有的知识存量 A,是不可把控的外生源;另一部分则是需要企业投入资金并获得收益的人力资本 H_A。而 H_A 获得的成果主要就是知识产品。见董涛:《全球知识产权治理结构演进与变迁——后 TRIPs 时代国际知识产权格局的发展》,载《中国软科学》2017 年第 12 期。转引自 Paul M.Romer,Increasing Returns and Long-Run Growth,*The Journal of Political Economy*,1986,V.94.No.5,pp.1003 – 1035。董涛:《全球知识产权治理结构演进与变迁——后 TRIPs 时代国际知识产权格局的发展》,载《中国软科学》2017 年第 12 期。

市场营销、分销和销售几个阶段。只有少数几个国家获得了智能手机生产带来的绝大部分价值,主要是美国和少数亚洲国家。2016 年平均每部苹果手机售价为 690 美元,将手机零售价格分解,苹果公司所获价值远远高于所有供应商获得的价值。每部手机给苹果带来的毛利润为 283 美元,其他供应商为 71 美元(主要是原材料)。除了原材料成本以外,很大一部分价值属于零售和知识产权,直接作为苹果公司的所获价值。①

(4)中国内部环境使然

从中国自身知识产权实践历程来讲,在改革开放之初,中国就认识到知识产权的重要性,从法律制定和实施上保护知识产权。法律制定方面,在 1993 年修订后的《专利法》中,扩大了专利保护的对象,将药品列入了专利权授予范围。同时延长专利权期限,将专利保护期从修订前的 15 年延长至 20 年。中国在加入 WTO 8 年前就已经通过修订《专利法》使得我国专利保护接近甚至超过国际标准,符合 TRIPS 对药品专利保护的要求。中国用 20 年左右的时间走完了美国 200 年的专利保护之路。② 法律实施方面,有学者采取各种方法考察了 1995 年至 2007 年中国知识产权保护水平,结果均显示期间中国的知识产权保护水平显著提高。③ 中国目前已经对知识产权提供较高水平保护的现状决定了中国不可能再走回头路,像印度一样对药品制定宽松的专利政策。

从国家高层意识层面来讲,新一届党和国家领导人就任以来,频繁在不同场合强调知识产权的保护。"产权保护特别是知识产权保护是塑造良好营商环境的重要方面","倡导创新文化,强化知识产权创造、保护、运用","加强知识产权保护,这是完善产权保护制度最重要的内容,也是提高中国经济竞争力最大的激励"。④"中国坚定不移实行严格的知识产权保护,依法保护所有企业

---

① 《2017 年世界知识产权报告:全球价值链中的无形资本》,日内瓦:世界知识产权组织,2017 年,第 95~104 页。

② 吕岩峰、徐唐棠:《TRIPS 协定之下的中国药品专利保护立法》,载《当代法学》2006 年 5 月第 20 卷第 3 期。

③ 沈国兵、刘佳:《TRIPS 协定下中国知识产权保护水平和实际保护强度》,载《财贸经济》2009 年第 11 期。

④ 内容分别来自习近平 2017 年 7 月 17 日在中央财经领导小组第十六次会议上的讲话,2017 年 10 月 18 日中共十九大报告,2018 年 4 月 10 日在博鳌亚洲论坛年会的演讲。见新华网:《"平语"近人——习近平这样要求保护知识产权》,http://www.xinhuanet.com/politics/2018-04/26/c_1122744916.htm,last visited on 1 Nov.2018.

知识产权,营造良好营商环境和创新环境。"①李克强在最近三年的政府工作报告中提到"加强知识产权保护和运用,依法严厉打击侵犯知识产权和制假售假行为"、"开展知识产权综合管理改革试点,完善知识产权创造、保护和运用体系"和"强化知识产权保护,实行侵权惩罚性赔偿制度"。②"中国将采取更严格的知识产权保护制度","保护知识产权就是保护创新、保护创新人才的热情,这对国家发展乃至世界文明的进步都具有重要意义"。③

2018年11月21日,发改委等38个部委联合印发《关于对知识产权(专利)领域严重失信主体开展联合惩戒的合作备忘录》的通知,将针对知识产权(专利)领域严重失信主体,开展跨部门联合惩戒措施。④ 中国从上往下几乎都意识到知识产权保护的重要性,并且开始付诸行动。无论是意识层面还是实践层面,中国正在加强知识产权保护并且会长远坚持下去。

从中国自身要素角度来讲,改革开放以来,中国教育事业,尤其是高等教育取得长足发展。2017年中国的高等教育毛入学率达到45.7%⑤,超过中高收入国家水平。中国人口素质的提升,客观上为中国提升经济发展质量提供了可能性。"中国制造"正向"中国智造"转变。如果说"中国制造"尚可以给我们漠视知识产权保护提供借口,那么"中国智造"则需要我们加大知识产权的保护力度。

从保护中国自身经济利益角度来讲,中国已成为世界专利申请大国。2016年全世界申请专利数量为312.79万项,中国的专利申请数量超过133万项,超过总数的四成,比第二位的美国(60万项)、第三位的日本(31万项)和

---

① 内容出自2018年8月28日习近平向"一带一路"知识产权高级别会议的致贺信。见新华网:《习近平向2018年"一带一路"知识产权高级别会议致贺信》,http://www.xinhuanet.com/politics/2018-08/28/c_1123340789.htm,last visited on 1 Nov.2018。

② 详见2016年、2017年、2018年中央政府工作报告。

③ 内容来自李克强2018年8月28日在会见世界知识产权组织总干事时的讲话。见中国政府网:《李克强:中国将采取更严格的知识产权保护制度》,http://www.gov.cn/xinwen/2018-08/29/content_5317372.htm,last visited on 1 Nov.2018。

④ 中华人民共和国国家发展和改革委员会等部门:《印发〈关于对知识产权(专利)领域严重失信主体开展联合惩戒的合作备忘录〉的通知》http://www.ndrc.gov.cn/zcfb/zcfbtz/201812/t20181204_922108.html,last visited on 1 Dec.2018。

⑤ 中华人民共和国教育部:《2017年全国教育事业发展统计公报》,http://www.moe.gov.cn/jyb_sjzl/sjzl_fztjgb/201807/t20180719_343508.html,last visited on 1 Nov.2018。

第四位的韩国(20万项)的总和还多。① 虽然中国还未成为像美国一样的科技强国,但中国正在努力追赶并且逐步实现。按照中国目前的发展趋势,假以时日,知识产权会成为中国的核心利益之一,中国加强知识产权保护的意义不言而喻。

具体到中国医药行业,几十年来,中国的新药研发从无到有,并高速发展。② 尽管与欧美发达国家相比仍有差距,但这些差距正逐渐缩小。包括医药行业在内的创新竞争本质上就是政策的竞争。中国新药研发要进入更高层次,必然对创新生态系统建设提出更高的要求。其中知识产权保护是重要因素之一。

人权和健康权固然重要,但应当以尽量减少对知识产权伤害的方式来保障人权。比如,针对药价贵等难题,国家通过一系列降低甚至免去药品及原材料税费的举措来保障公众的健康权是非常合适的,而不是随意颁发专利强制许可。我国法律虽然制定有药品强制许可制度,但目前并没有实施过。笔者十分赞赏中国对知识产权的保护,尤其是对专利强制许可的克制态度。尽管强制许可可以让国家和社会在短期内获得利益,但从长远看,频繁实施强制许可(比如像印度的作为),会挫伤药品研发者的创新积极性,破坏专利制度的本来目的,引发国际纠纷及贸易摩擦。过分依赖仿制药会扼杀本国药企的创新动力和能力,造成医药科技的落后,对国家和社会长远的利益造成损害。所以笔者建议,中国应继续坚持并加强对知识产权的保护,专利强制许可除非万不得已,不应轻易行使。

(二) 系统降低药价以保障健康权

如前所述,加强知识产权保护并非就意味着忽视公众健康权的保护,笔者认为保障公众健康权应当首先探索除专利强制许可以外的途径,专利强制许可应当扮演"撒手锏""预备役"角色,或者在政府与药企谈判时充当"筹码",而非首要角色。降低药价以增加药品的可及性是一项系统性法律工程,需要

---

① *World Intellectual Property Indicators* 2017, World Intellectual Property Organization, 2017, p.30.

② 一类新药具有非常高的创新性,代表了药物创新的最高水平。新中国成立以来至 2008 年的近 60 年间,中国研发的一类新药只有 5 个,2008 年至 2018 年这十年间,中国研发的一类新药就达到 20 个。详见陈斯斯:《中国加快创新药研发、仿制药上市,今年 4 个国产一类新药获批》,https://www.thepaper.cn/newsDetail_forward_2322343,last visited on 1 Nov.2018。

从药物研发、生产、流通、税务以及社会保障等环节入手。最近一段时间,中国从上述各个环节着手改革并取得显著成效。中国的上述举措也值得其他国家参考借鉴。

1.简化新药审批制度以降低研发成本

如第四部分所述,新药价格昂贵,一个很重要的原因是其研发成本高昂。从化合物的发现、筛选、合成工艺、临床前研究到四期临床试验,再到最后通过药品管理部门审批,需要花费 10—15 年的时间和超过 10 亿美元资金,很多药甚至高达 40、50 亿美元。其中临床研究占据和花费了三分之二以上的时间和资金。① 笔者认为,可以从简化新药审批制度入手,降低药品价格。以美国为例,特朗普曾在 2017 年 1 月召开简化流程改革美国 FDA 的会议,其核心内容有:为加速新药上市,鼓励创新研发,政府将简化 FDA 监管和申请程序;废除那些过时、陈旧的监管法规条例,其阻碍了创新研发、同时造成部分药价虚高。特朗普表示,"我们要摆脱大量的法规,我们要削减规章制度,这是前所未见的,我们将简化 FDA 法规。你们将得到一个快速的产品批准流程,这不会需要你们搞个 15 年""药物的有效性可以交给市场和患者来验证而不是在临床实验上浪费大把时间"。② 美国拟实施的新药审批改革值得中国关注。

然而如第三部分所述,大部分国家是没有新药研发实力的,需要从其他国家引进新药。对于进口新药而言,除去高昂的研发成本外,有些国家还有特殊的制度成本。以中国为例,按照《药品注册管理办法》,进口药品需要在我国重新完成三期临床试验③,而多数国家并未作该规定。美国、欧盟和日本在 1990 年成立了"人用药品注册技术规定国际协调会议"(The International Council for Harmonization,简称"ICH"),为新药研发和审批上市制定统一的国际性指导标准,以更好地利用临床、药学和药理数据资源,避免时间和资金上不必要的重复和浪费。④ 中国直到 2017 年 6 月才加入 ICH。在 2017 年之前,

① 医药代表(MRCLUB):《上市一种新药有多难?》, http://wemr. club/mr/dami-20180718.html,last visited on 1 Nov,2018。

② Roberta Rampton、Deena Beasley, "Trump pushes drugmakers for lower prices,more U. S. production" , https://www. reuters. com/article/us-usa-trump-pharmaceuticals-novartis/trump-pushes-drugmakers-for-lower-prices-more-u-s-production-idUSKBN15F13K,last visited on 1 Nov. 2018.

③ 《药品注册管理办法》第 93 条规定:(进口药品)临床试验获得批准后,申请人应当按照本办法第 3 章及有关要求进行试验。

④ ICH, "Mission" , https://www. ich. org/about/mission.html, last visited on 10 Dec. 2018.

进口新药申请在中国上市必须在国内重新进行临床试验。这一般需要 2—3 年甚至更长的时间。再加上申报审批的时间,一种新药从开始申请到实际上市平均需要 5 年。其间花费的大量成本无疑又增加了药物成本。印度在进口新药审批方面则务实很多,经美国 FDA 批准上市的药品,在印度无须再做临床实验,可以在印度直接上市。①

笔者建议各国在保证药品安全、有效的前提下,改革并大幅简化新药审批流程,降低药企的时间和资金成本,以期达到降低药价的目的。在国际合作层面,各国应充分利用并发展 ICH 体制,推动更多的国家承认 ICH 制定的有关药品安全、有效和质量的国际技术标准和规范,实现"一次试验、全球承认",减少新药在各国审批上市重复消耗的资源和成本。

2.改革药品流通制度以降低流通成本

以中国为例,我国以往的药品流通环节过多,扭曲了医药产业链。随着两票制的施行②,中国正尝试改革药品流通制度,以减少药品流通环节从而降低药品价格。有新闻报道,医药代表提成占到了药品价格的 10%,医生回扣高达药品价格的 30%—40%③,药企只能拿到 20% 左右。而在美国,研发和生产药品的药企可以占到价值链的 70%,也就是 100 块钱的药品,企业要拿 70 元,而批发和药房只有 30 元。④

2017 年 2 月 9 日,国务院办公厅发布《关于进一步改革完善药品生产流通使用政策的若干意见》,明确将重点整顿药品流通秩序,改革完善药品流通体制,进一步破除"以药补医"。2017 年 10 月 8 日,中共中央办公厅、国务院办公厅印发的《关于深化审评审批制度改革鼓励药品医疗器械创新的意见》

①　唐璐:《印度如何成为"世界药房"?》,http://finance.sina.com.cn/zl/china/2016-05-06/zl-ifxryhhh1683242.shtml,last visited on 10 Dec.2018。

②　"两票制"是指药品从药厂卖到一级经销商开一次发票,经销商卖到医院再开一次发票,以"两票"替代目前常见的七票、八票,减少流通环节的层层盘剥,并且每个品种的一级经销商不得超过 2 个。2017 年 1 月,国务院医改办等 8 部门联合下发文件要求综合医改试点省(区、市)和公立医院改革试点城市的公立医疗机构要率先推行药品采购"两票制",鼓励其他地区执行"两票制",以期进一步降低药品虚高价格,减轻群众用药负担。详见百度百科,"两票制",https://baike.baidu.com/item/%E4%B8%A4%E7%A5%A8%E5%88%B6/7699333?fr=aladdin,last visited on 1 Nov.2018。

③　中央电视台:《高回扣下的高药价》,http://tv.cctv.com/2016/12/24/VIDEmBKxzLZsGh6ulk4aAE4q161224.shtml,last visited on 10 Dec.2018。

④　谢雨礼:《食药监总局药审改革:中国人能不能用上更好的药》https://www.thepaper.cn/newsDetail_forward_1695157,last visited on 10 Dec.2018。

指出,医药代表不得承担药品销售任务,不得向医药代表或相关企业提供医生开具的药品处方数量。① 医药代表提成和医生回扣现象有望随着上述政策的实施得到遏制。医药代表提成和医生回扣的消失也将促使药品价格大幅下降。

尽管各国药品流通制度有差异,但改革药品流通制度,减少药品流通成本是一个可以考虑的思路。

3.改革税收制度以降低药品税费

商品价格中的相当一部分是税费,药品也不例外。笔者建议,针对价格昂贵的"救命"药物以及部分特殊药物,各国可以采取减免税费的方式降低药价。美国大部分州对药品豁免消费税或者实施极低的税率。欧洲各国增值税率平均为8.8%。② 印度也对药品实施商品和消费税(Goods and Service Tax,简称"GST")5%的低税率政策。③ 可见,很多国家都对药品实施免税或低税率政策。中国最近正朝降低药品税费这个方向稳步推进。比如针对进口药品的关税,从2018年5月1日起,中国将包括抗癌药在内的所有普通药品、具有抗癌作用的生物碱类药品及有实际进口的中成药进口关税降至零。④ 针对进口环节增值税,财政部联合海关总署、税务总局、国家药品监督管理局在2018年4月27日发布了《关于抗癌药品增值税政策的通知》,对进口抗癌药品减按3%征收进口环节增值税。⑤

尽管中国在减免药品税费方面做了一定工作,但笔者认为还有改进空间。比如就增值税而言,尽管降低甚至减免所有药品的增值税不现实,但是针对诸

---

① 中国政府网:《中共中央办公厅 国务院办公厅印发〈关于深化审评审批制度改革鼓励药品医疗器械创新的意见〉》,http://www.gov.cn/xinwen/2017-10/08/content_5230105.htm, last visited on 10 Dec.2018。

② 丁香园:《我国进口药价格何以如此之贵?》,http://6d.dxy.cn/article/97726, last visited on 10 Dec.2018。

③ 商品和消费税是印度的主要税种之一,其地位类似于中国的增值税。印度最新商品和消费税税率共有0,5%、12%、18%和28%五档,其中药品属于5%的较低税率档,大部分商品税率是18%。详见商务部驻印度经商参处:《印度政府发布2017年商品和消费税(GST)税率指南》,http://www.mofcom.gov.cn/article/i/jyjl/j/201705/20170502578444.shtml, last visited on 10 Dec.2018。

④ 中华人民共和国财政部:《国务院关税税则委员会关于降低药品进口关税的公告》http://gss.mof.gov.cn/zhengwuxinxi/zhengcefabu/201804/t20180423_2874912.html, last visited on 10 Dec.2018。

⑤ 中华人民共和国财政部:《关于抗癌药品增值税政策的通知》http://szs.mof.gov.cn/zhengwuxinxi/zhengcefabu/201804/t20180427_2880407.html, last visited on 10 Dec.2018。

如抗癌药物、抗艾滋病毒药物、抗乙肝病毒药物等严重危害人类健康或必须长期服用的药物,以及尚处于专利有效期内的药物,国家应该考虑对其免征增值税。当前,中国药品的增值税税率为16%①,如果该建议得到实现,相关药物的价格有望降低16%左右,这将极大减轻病患的经济负担。

各国在降低药品税费方面的努力是可以互相借鉴的。

4.完善药品招标采购制度

笔者十分认可"带量采购"制度。带量采购是为很多国家所采用的一种药品招标采购制度,其中英国是实施"带量采购"最彻底的国家。② 中国以往的药品招标采购制度存在如下问题:一是量价脱钩。普遍只招价格不带量,企业缺乏销量预期,无法形成规模效应。二是采购分散。采购层级较低,用量分散,同时区域政策差异,不能形成统一市场,导致议价能力不足。③ 2018 年 11 月 14 日,中央全面深化改革委员会审议通过《国家组织药品集中采购和使用试点方案》,明确了集中采购中的国家组织、联盟采购、平台操作的总体思路。根据 12 月 6 日由 4 个直辖市和 7 个省会或计划单列市参与的药品集中采购试点中标结果,"4+7"的药品带量采购中选药品价格平均降幅为52%④,最高降幅达到96%⑤,其中慢性乙肝药物恩替卡韦降价 90%。⑥ "带量采购"明显降低了药物价格,也揭示了以往药品招标采购制度的不合理和药品价格的畸高。此举值得各国参考。

另外,为增加药品可及性,各国还可以采取将抗癌药物等药品纳入医保,增加报销比例等措施。此处不展开论述。

最后,笔者想以一句十分赞同的话结束此文:格列卫的发现和上市的故事说明千万不幸的癌症患者的希望不在"印度神药",更不在转手买卖药品的

---

① 针对一般纳税人,中国当前增值税税率共有 0、6%、10% 和 16% 四档,药品属于16%税率征税范围。

② 刘可:《带量采购冲击波,未中标药企主动降价》,载《经济观察报》2019 年 3 月 11日第 15 版。

③ 张泉:《减轻药费负担——国家医保局有关负责人就国家组织药品集中采购和使用试点方案答记者问》,载《光明日报》2019 年 1 月 18 日第 3 版。

④ 李红梅:《11 个城市试点 中选药品价格平均降 52%(政策解读)》,载《人民日报》2019 年 1 月 19 日第 2 版。

⑤ 刘峣:《抗癌药降价 中国在做这些事》,载《人民日报》海外版 2018 年 05 月 02 日第 9 版。

⑥ 张佳星:《这一年,医药提质降价成主旋律》,载《科技日报》2018 年 12 月 27 日第 7 版。

"中国药神",而在于成千上万医药研究人员的夜以继日的努力,这些人才是我们真正的"药神"。

Research on the Legal Issues of Indian Generic Drugs

HUANG Zhoujun

Abstract: India is a major exporter of generic drugs, and its generic drug exports account for about 20% of the world's total, so it is called the "world pharmacy". Most of the impressions of Indian medicines on people are bad impressions such as "violation of patents". Indian generics have had a lot of impact. On the one hand, low-cost drugs have met the needs of the broad masses of low- and middle-income countries, including the Indian people, while the Indian pharmaceutical industry has been established and developed rapidly. On the other hand, for the original pharmaceutical company whose product patent is still in the validity period, its patent right is infringed, and the interests of the enterprise and its host country are damaged. The conflict between intellectual property protection and public health rights arising from the issue of generic drugs in India has always been a hot topic. This paper attempts to sort out the changes in the patent system of Indian generic drugs and explore its causes, analyze the positive and negative effects of Indian generic drugs, combine Indian domestic law and related international law sources, examine Indian drug patents grant scope and the Indian drug patent compulsory licensing system with the consideration of the legislation and practice of other countries and regions, and to explore the value orientation conflicts generated by Indian generic drugs and propose solutions.

Key Words: India; generic drugs; patent rights; right to health

肖晨刚*

中国、南非失业保险基金内部监管法律制度比较研究

内容摘要：社会稳定是经济发展的前提,严重的失业问题将给社会稳定带来巨大不确定性,妥善解决失业问题对维护社会稳定、促进经济发展至关重要。失业保险基金是失业保险的物质基础,内部监管是保障失业保险基金合法运行的有效手段。中国、南非近年来不断曝出失业保险基金负面新闻,内部监管效果日益受到社会各界的质疑。中国、南非均为金砖国家成员,在政治、经济、文化等领域合作密切,而两国目前失业保险基金内部监管制度尚不健全,存在类似的问题。本文采取比较分析法、规范分析法、实证分析法、历史分析法对两国相关法律制度进行研究,并对完善两国相关法律制度进行思考,保障失业保险基金合法运行,有效解决失业问题。

关键词：中国和南非;失业保险基金;内部监管;法律制度

---

* 肖晨刚,西南政法大学国际法学院国际法学专业 2016 级硕士研究生。本文由本卷编辑在作者 2019 年 6 月硕士学位论文基础上修改而成。

引言

2018年是中国与南非建交20周年。在过去的20年间,两国实现从伙伴关系、战略关系再到全面战略伙伴关系的伟大跨越,在地区和国际事务中亲密合作,共同维护彼此的根本利益。2018年7月,金砖国家领导人第十次会晤在南非第一大城市约翰内斯堡圆满召开,各方确定以"金砖国家在非洲:在第四次工业革命中共谋包容增长和共同繁荣"的会议主题。本次峰会为中国、南非进一步深化在金砖框架下的全方位合作提供新的契机。

在这个特殊的历史时期,两国政府提出要充分发挥政治互信、经济互补和坚实友谊三大优势,挖掘双方利益契合点,打造双边关系新亮点,共同推进人力资源、基础设施、人文、国际事务等十大优先领域合作,支持将南非打造成引领非洲发展的"火车头",中国、南非双边关系迎来历史最好发展期①。然而,"新常态"和新一轮全球经济危机对中国经济发展产生的影响愈发明显,中国经济增长速度已逐渐放缓,失业人口数居高不下。根据人力资源与社会保障部(以下简称"人社部")2017年统计公报,我国2017年城镇登记失业人数为972万,城镇登记失业率为3.90%②。南非自2011年商品繁荣结束后,国内经济面临巨大下行压力,失业问题已经成为威胁社会稳定的重要因素。根据南非统计局有关数据,2017年南非平均失业人口已经达到612.03万人,失业率27.45%③。

在此背景下,笔者在对南非《失业保险法》研究时发现,国内外学界鲜有对失业保险基金内部监管法律制度的研究,而两国因内部监管不力不仅导致基金欺诈行为频发,还引起两国国内各地区基金结余数差异巨大等现实问题,已成为阻碍两国经济可持续发展的"绊脚石"。因此,研究中国、南非失业保险基金内部监管法律制度具有必要性。

---

① 中国驻南非大使林松添在"中南建交二十周年之启示"研讨会上的致辞,https://baijiahao.baidu.com/s?id=1595260753057402493&wfr=spider&for=pc,访问时间:2018年12月10日。

② 中国人社部:《2017年度人力资源和社会保障事业发展统计公报》,第3页。

③ Statistics South Africa, Quarterly Labour Force Survey(QLFS), 4th Quarter 2017, p.12.

一、失业保险基金内部监管法律制度的基础理论

市场调整已经被证明是一种高效的社会资源配置机制,但由于其本身存在固有缺陷,放任市场发展必将引发一系列问题,影响社会稳定。因此,恰当引入政府干预,弥补市场调整机制的不足,坚持以市场调整为主、政府干预为辅,是保证经济和社会发展的有效方式。失业保险基金作为主要的社保基金,已建立失业保险制度的国家均根据理论,结合本国国情,构建既能保证基金独立运行,又能防止市场调整失灵的内部监管法律制度。

(一)失业保险基金内部监管法律制度的概念及特点

1.失业保险基金内部监管法律制度的概念

广义上的"监管"是全体社会成员为形成和维护市场秩序,基于法律或其他社会规范,对经济活动实施干预和控制活动①。具体到失业保险基金,其监管制度可以根据主体性质分为外部监管和内部监管两类。

外部监管主要是指立法机关、行政机关、社会组织和个人等主体对失业保险基金的监管,内部监管则是指以经办各项失业保险基金业务的特定机构为主体的监管制度。因此,笔者对失业保险基金内部监管法律制度的定义概括如下:由负责失业保险基金具体业务的特定机构执行的,为监管基金收支、运营等方面的合法性以及基金资产安全性而设计的一切制度规范总称。

2.失业保险基金内部监管法律制度的特点

内部监管法律制度是整个监管体系的关键环节,内部监管相比较外部监管具有明显特殊性。笔者认为内部监管法律制度有如下特点:

(1)依法监管性

依法治国已在全球范围内达成共识,随着各国法制建设工作完善,依法治国理念不断深入社会各个方面。失业保险基金作为社保基金的重要组成,理应坚持依法发展理念,而内部监管法律制度更加体现依法监管性。

失业保险基金内部监管的每个环节均受到法律约束,例如,在监管主体方面,相关国家均规定由特定机构或者相关政府部门负责征收失业保险费,未经授权的机构无权要求缴款人向其缴纳保费或向申请人支付保险金,违反者将被追究法律责任;在监管事项方面,失业保险基金的征收和支付必须严格按照

---

① 马英娟:《政府监管机构研究》,北京大学出版社 2007 年版,第 22 页。

法律规定的标准和方式进行,不得截留或漏缴,亦不得多付或少付。此外,由于失业保险基金担负有保障劳动者在失业期间基本生活需求以及促进再就业的特殊使命,失业保险基金安全、合法运行对减轻失业问题具有战略意义。因此,将基金运行全过程均纳入法律监管框架内是失业保险基金内部监管的重要特征。

(2)综合性

从对工作人员的素质要求角度看,基金内部监管不仅要求相关人员熟悉法律规定,有时还需要运用诸如内部控制、内部审计、反欺诈等管理学、会计学、心理学知识。可见,内部监管工作既具有法律属性,又具有经济属性等,是多种知识技能运用的综合体,对从业人员的素质和职业能力要求较高。

从涉及法律关系角度看,首先,缴款人依法向国家认可的机构缴纳失业保险费,失业人员在符合领取条件后又可以领取失业保险金,缴款人与国家之间因此形成特定的法律关系;其次,由于各国均将基金内部监管权授权给有关部门或专门机构,国家并不直接参与基金监管,因此国家与特定机构之间又形成委托代理等法律关系;最后,失业者向经办机构提出申请,经审核后方可获取保险金,这一过程也会形成一定的法律关系。总之,失业保险基金涉及多方主体,各利益主体伴随基金运行形成复杂的法律关系网,监管者在履行职能时需要仔细辨别各种法律关系,保证内部监管符合法律要求。

(3)内部性

纵观世界上已建立失业保险基金的国家,其监管制度大致可分为外部监管和内部监管两类。虽然不同国家的外部监管制度差异较大,但内部监管制度通常具有相似性。内部监管是整个监管体系的基础,如果内部监管无法发挥其应有效果,外部监管也往往无法发挥其作用。

各国通常由经办基金业务的特定机构负责执行内部监管工作,内部监管机构对基金的监管贯穿基金运行始终。而外部监管主体往往数量众多,如立法机关、行政机关、社会公众等。此外,内部监管事项涉及基金运行的各方面,如失业保险缴费登记、缴费基数核定、保险金支付金额计算等具体环节;而外部监管更关注基金的整体运行效果,对某一特定环节缺乏有效的监督措施。同时,内部监管的方式种类丰富,并随着社会发展而被赋予新的形式和内涵,通常对所有失业保险基金业务的各方面都有与之对应的监管方式;而外部监管的监管方式则较为单一,如立法监管通过制定有关法律行使职能,社会监管通过举报相关违法行为发挥作用等。

总之,内部监管制度在实施主体、监管范围和监管方式等方面与外部监管明显不同,内部监管法律制度通过各种制度设计保证监管效果。

(二)失业保险基金内部监管法律制度的主要理论

失业保险内部监管法律制度作为解决失业问题的一种制度规范,在构建和运行中均需要依靠丰富的理论基础,涉及法学、经济学、管理学、社会学等,相关的学说理论主要有:

1.委托代理论

委托代理理论最早的数学模型是威尔逊、史宾斯、泽克豪森和罗斯在研究"状态空间模型化方法"过程中得到的,用来解释股东和经理人的关系。之后,莫里斯、格罗斯曼等人分别对模型进修正,使得委托代理理论得以推广[①]。所有权和控制权分离是委托代理关系产生的根本原因,而对于失业保险基金,其所有权本质上归所有参加失业保险计划的缴款人共有,其中单位缴纳部分归单位所有,个人缴纳部分归个人所有。但由于参与人数众多,失业保险账户直接由缴费人管理不具有现实性,失业保险基金的管理职责只能由政府承担。因此,失业保险基金的所有权和控制权发生分离,全体缴款人可以被看作委托人,政府受缴款人委托管理失业保险基金,缴款人与国家之间就此形成委托代理关系[②]。

实践中,政府职能的具体履行往往授权给各个职能部门。当政府将内部监管职能授权给特定机构时,政府又可以被看作是委托人,特定机构在接受委托并履行职责时,便成为受托人。因此,国家与特定机构之间再次形成委托代理关系。

缴款人与政府之间、政府与特定机构之间存在多个委托代理关系,而在一系列委托代理中,委托人与受托人之间由于信息不对等、利益不一致,在代理过程中往往存在偏差、延误和机会主义,导致失业保险基金运行过程中道德风

---

① 委托代理理论是契约理论的主要内容之一,委托代理关系是指一个或多个行为主体根据一种明示或隐含的契约,指定、雇佣另一主体为其服务,同时授予后者一定的决策权利。见黄安永、叶天泉:《物业管理辞典》,东南大学出版社 2004 年版,第 321~322 页。

② 王云吕、张茂松:《社会保险理论与实务》,黄河水利出版社 2001 年版,第 29~32 页。

险和逆向选择问题频发①。因此,失业保险基金内部监管法律制度也就具备正当性和现实必要性。

2.公共利益论

公共利益论主要的理论基础为凯恩斯的国家监管理论,由于市场经济体制的自身缺陷,国家应当在市场失灵时适当介入市场并维持市场正常运行。在国家制定失业保险相关法律的立法目的是推动公民权益最大化的背景下,内部监管是防止失业保险制度失灵的有力调控手段,公共利益论具有相当的理论指导价值。

公共利益理论认为,监管的目的是服务公共利益,目标是实现经济效益最大化,主要内容是防止和纠正市场失灵引起的对利益相关者的重大损害②。根据微观经济学的观点:完全竞争状况下,市场能够有效发挥其市场调节功能,指导卖方在提供相似产品时按最低价格出售,竞争的结构是市场上每一个公司的边际收入等于边际费用,以此实现社会利益最大化。当市场处于不完全竞争状况下,或者市场调节的结果不能被社会所接受时,市场失灵产生,此时便需要通过对各种传统的市场失灵现象进行考察,研究监管的必要性。目前,世界各国均未给于失业保险基金完全市场化竞争地位,基金运行或多或少都会受到政府的管制和干预,由于缺乏市场化竞争,市场调节作用有限,需要引入内部监管机制以保证基金运行符合大多数人的利益③。

---

① 逆向选择和道德风险是委托代理理论中的术语,道德风险是指从事经济活动的主体都是典型的利己主义者,往往会作出最大限度增进自身效用,又不利于他人的行动,属于不完全承担风险后果的自私行为;逆向选择是在道德风险的作用下,由于交易双方信息不对称,造成市场价格下降,导致劣币驱逐良币,最终导致市场上所有产品的平均质量下降,因此市场失灵。由于失业保险属于强制性保险,因此不存在市场交易行为,道德风险意指在统筹层次低下的情况下,由于各地失业保险基金"各扫门前雪",统筹单位对失业保险基金可能会"移作他用";在此语境下,逆向选择意指在低层次的统筹单位存在道德风险的主观故意下,失业风险较低的群体更受失业保险经办机构欢迎,而真正需要失业保险的高风险群体却因为他们无法为地方失业保险基金增长做贡献,反而会加大失业保险基金支出的可能性,往往不被欢迎。

② 根据公共利益理论,政府管制是为抑制市场的不完全性缺陷,以维护公众的利益,即在存在公共物品、外部性、自然垄断、不完全竞争等市场失灵的行业中,为纠正市场失灵的缺陷,保护公共利益,政府需要对这些行业的微观经济主体行为进行直接干预。最典型的案例就是强制性社会保险,如失业保险,因此政府需要直接干预失业保险基金的管理和监督来保证社会公共利益不受侵犯。

③ 徐成钢:《法律、执法与金融监管——介绍"法律的不完备性"理论》,载《经济社会体制比较》2001年第5期。

3.内在观念论

根据英国法理学家、新分析实证主义法学创始人哈特的理论,社会主体对法律规则的理解,主要有内在观念和外在观念两种方式。内在观念是社会主体从内心真正接受法律规则并自觉将此作为其行为指导;外在观念是社会主体内心并未接受某些法律规则,但出于担心其因背离该项法律规则而受到谴责和惩罚,被动地遵循法规规则①。

内在观念由社会主体内部培养并自觉遵守法律规则,认可法律的合法性和正统性,体现对某种社会秩序的服从性。随着社会经济的发展,失业保险基金的规模随着变大,过去仅依靠行政监管、外部审计等外部监管模式无法保证基金运行效果。

外部监管是一种典型的强迫式监管,虽具有客观、规范和公正等优势,但其监管范围、手段等方面始终滞后于基金制度本身发展的步伐,外部监管的制度缺陷难以弥补。根据马克思主义哲学理论,外因是事物变化发展的条件,内因才是事物发展的根本原因,因此如何构建、完善内部监管法律制度对基金监管工作至关重要。多数发达国家正是认识到内部监管的重要性,先后建立独立于政府的专门机构,并赋予其法人地位,履行对失业保险基金内部监管职能,希望从基金内部出发,逐渐培养并坚实监管土壤,保证基金运行的合法性和资产安全性。

4.内部控制论

"内部控制"这一概念由美国会计师协会于 1936 年在其发布的《独立注册会计师对财务报表的审查》一文中首次提出,主要从财务报表审计角度将"内部控制"定义为"旨在保护资产安全、检查会计簿记事务的准确性,在公司内部采取的一切方法与手段"②。目前,美国反对虚假财务报告委员会下属的发起人委员会(The Committee of Sponsoring Organizations of the Treadway Commission)提出的理论得到国际学界广泛认可。该组织认为"内部控制"是由公司治理层与管理层以及其他所有公司人员实施的过程,目的是提高财务报告的可靠性、经营效果和效率,遵守法律法规③。

具体到失业保险基金监管领域,内部控制是内部监管机构根据法律要求,在其机构内部形成职责分离以及业务环节相互联系、相互制约的管理结构。

---

① [美]罗伯特·考特、托马斯·尤伦:《法和经济学》,施少华等译,上海财经大学出版社 2003 年版,第 75 页。

② 张宜霞:《企业内部控制论》,东北财经大学出版社 2008 年版,第 17 页。

③ 张喆:《内部控制原理及其应用研究》,化学工业出版社 2009 年版,第 5 页。

内部控制的目的是预防和消除机构运行风险,保证机构运行合规,并最终帮助该机构履行内部监管的法律要求。

从时间维度来看,失业保险基金内部控制可以分为:①事前控制,如编制基金预算表,对失业保险金申请根据经办机构人员权限进行审批;②事中控制,对失业保险基金的运营管理实施控制措施;③事后控制,在失业金实际支付后,采取现场、非现场稽查等方式对失业人员后续就业情况进行后续跟踪等。

(三)中国、南非失业保险基金内部监管法律制度的发展

1.中国的发展

(1)失业保险基金内部监管法律制度的产生

我国在计划经济体制下对劳动力实行统包统配办法,不承认劳动力具有商品属性,亦不承认存在相应的劳动力市场。由于认知上的缺失,1953年1月,政务院颁布的《中华人民共和国劳动保险条例》及其实施细则中没有提到"失业"一词,而是使用"待业"予以代替①。

直到80年代,全国"待业"人口剧增,为适应增强国营企业活力为核心的城市经济体制改革需求,对长期经营不善、资不抵债的企业实行破产,此时的劳动关系由计划经济体制下国家"包分配制"逐渐转为"劳动合同制"。外部环境变化导致社会对建立失业保险制度产生客观需求,因此国务院在1986年10月颁布实施《国营企业职工待业保险暂行规定》②(以下简称《待业保险暂行规定》),标志着我国失业保险制度的形成。

《待业保险暂行规定》指定由各地劳动行政主管部门所属的劳动服务公司负责待业职工以及职工待业保险基金管理,劳动服务公司的主要职责包括:①负责待业职工的登记、建档、建卡、组织管理工作;②负责职工待业保险基金的管理和发放工作;③负责待业职工的就业指导、介绍;④组织待业职工进行转业训练,扶持、指导生产自救和自谋职业。同时,《待业保险暂行规定》还要求各地劳动服务公司应当设立专职机构或配备专职人员管理待业保险基金。其经费可在职工待业保险基金的管理费中列支。

---

① 齐艳华:《我国失业保险制度变迁研究——基于主体认知的视角》,辽宁大学2013年博士学位论文。

② 由于当时特殊的历史背景,政府仍使用"待业"一词,但由于国营企业改革而"待业"的职工已经属于失业的范畴,因此"待业保险"实际上是"失业保险"在该历史时期的别称。

由于《待业保险暂行规定》覆盖范围仅包括国营企业在改革过程中的待业职工,依照其建立起来的保险制度也仅作为国营企业改革的配套设施,是我国建立失业保险制度的初步尝试,无法起到防范劳动市场整体风险之作用。同时,《待业保险暂行规定》对劳动服务公司定位比较模糊,将与基金相关的所有工作均交由劳动服务公司负责,导致该机构需要同时履行行政职能和内部监管职能。《待业保险暂行规定》也没有规定罚则,在一定程度上削弱劳动服务公司的权威。此外,《待业保险暂行规定》对劳动服务公司可采取监管方式未作出约定,实际监管工作主观随意性较大,内部监管效果无法达到预期。总体来看,依照《待业保险暂行规定》建立的内部监管法律制度处于摸索阶段,各项具体制度尚需完善。

(2)失业保险基金内部监管法律制度的发展

1989年4月21日,劳动部印发《国营企业职工待业保险基金管理办法》(以下简称《基金管理办法》),在《待业保险暂行规定》的基础上进一步具体化劳动服务公司管理待业保险基金内容。《基金管理办法》规定各地劳动服务公司自行制定基金管理和使用规章制度,严格财经纪律,认真接受财政与审计部门的监督和审查。同时要求各劳动服务公司制定其内部管理规章制度,同时尝试引入财政与审计部门等外部监管制度。至此,我国仍未建立全国统一的内部监管制度,各地社会保险机构"自己造法"、"自我监督",缺乏全国统一标准,监管效果微乎其微。

1990年劳动部发布《关于对国营企业支付待业保险基金的管理进行财务检查的通知》,尝试将基金财务自查和互查机制引入内部监管制度体系中,该机制兼具内部监管和外部监管优点,对我国失业保险基金内部监管法律制度产生深远影响。

随着时代发展,立法者终于意识到原有法律框架未明确区分行政管理与内部监管,国务院于1993年4月发布《国有企业职工待业保险规定》(以下简称《待业保险规定》),《待业保险暂行规定》同时废止。《待业保险规定》改变以前一切事务均由劳动服务公司负责的笼统做法,今后由"县级以上地方各级人民政府劳动行政主管部门及其下属待业保险基金委员会负责行政监督,由地方待业保险机构负责基金内部监管"。《待业保险规定》还进一步明确地方待业保险机构为非营利性事业单位,负责具体经办保险业务。待业保险机构的经费在待业保险管理费中列支。至此,我国形成由县级以上人民政府劳动行政主管部门和待业保险基金委员会负责外部监督、由待业保险机构负责内部监管的监管制度。行政管理和内部监管得以分离,内外监管共同协作、相

互制衡,保障基金合法运行。

《待业保险规定》用专章列明罚则,授权待业保险机构追回非法领取待业救济金和其他待业保险费用。同时,对于待业保险机构违反规定拖欠待业救济金和其他待业保险费,也将受到劳动行政部门的行政处罚。

(3)失业保险基金内部监管法律制度的完善

虽然《待业保险规定》已经做出一定调整,但在各地实际执行中,保险覆盖面窄、待遇低、基金支出不合理以及基金管理缺乏效率等问题并未得到彻底解决。同时,伴随市场经济发展和公众认知提高,政府逐渐承认失业问题,并着手采取各种措施积极应对①。在此背景下,国务院于1999年1月发布《失业保险条例》(以下简称《条例》),同时宣布《待业保险规定》废止。《条例》是我国现行失业保险法律制度体系的核心法律,依照《条例》建立起的失业保险制度开始真正起到防范劳动力市场风险的作用。

《条例》专章规定失业保险的监管制度,在法律层面构建以劳动保障行政部门、财政部门、审计部门和社会保险经办机构为主的监管体系。《条例》要求劳动保障行政部门按照国务院规定设立经办机构具体承办失业保险经营管理工作;经办机构还需依法履行失业保险基金监督职能,经办机构成为我国失业保险基金的内部监管主体。

2.南非的发展

(1)失业保险基金内部监管法律制度的产生

19世纪60年代,随着南非矿藏不断发掘,大量来自欧美的技术工人涌入非洲大陆,因西方早已建立起成熟工会制度,南非为适应逐渐到来的工业化时代,同时缓解紧张的劳动关系,先后颁布《1909年劳资争议防止法》和《1924年工业调解法》,但均将黑人雇员排除在外,法案仅适用白种人和有色人种与雇主形成的劳动关系。两部法案旨在防止和解决南非失业问题,但由于其仅保护特定人群的就业、失业权利,适用范围受限,导致相关法案并未对失业保险基金设立和监管作出规定。

南非政府内阁委员于1932年建议当局引入《失业保险救济法》,用以保护在20世纪30年代南非经济大萧条后的广大失业者。《失业保险救济法》于1937年正式颁布并实施,标志着南非首部失业保险领域专门立法诞生。该法案将黑人矿工和农业工人排除在外,具有很强的政治保护色彩。尽管方案

① 齐艳华:《我国失业保险制度变迁研究——基于主体认知的视角》,辽宁大学2013年博士学位论文。

分别在 1942 年、1946 年进行两次修正,但立法者仍然认为将黑人矿工和农业工人排除在保险适用范围之外是合法的①。

在《1946 年失业保险救济法修正法》中,南非首次规定对个别特定行业设立独立的失业保险基金,至当年年底便已建立十二个基金,涵盖 22.5 万缴款人②。同时,根据《1946 年失业保险救济法修正法》第 12 节的规定,南非政府还成立失业保险局,作为负责失业保险基金内部管理和监督的专门机构。同时,法案还对失业保险局的职能、会议规则、表决方式等作出详细规定。南非以失业保险局为核心的基金内部监管主体制度首次确立,该制度在后续几十年的法律变革中均被保留并得以发展,在不同时代中始终履行其法定职能。

(2)失业保险基金内部监管法律制度的发展

南非第二部关于失业保险基金的法案是《1966 年失业保险法》,《1937 年失业保险救济法》及其修正法同时废止。该法案在种族隔离思想影响下制定,其覆盖范围不包括非洲裔工人、农业工人、临时工、家政从业人员、政府雇员以及非部门正式雇员,虽经过之后的多次修正,但该法仍拒绝赋予大部分黑人缴纳失业保险费的权利。

《1966 年失业保险法》延续《1946 年失业保险救济法修正法》关于失业保险基金和失业保险局相关制度的规定。并在此基础上对失业保险局的人事任免进行调整:规定失业保险局主席由劳动部部长指定的官员担任;失业保险局的其余成员数不得低于 8 人且最多不超过 16 人,由劳动部长在雇主方代表和劳工方代表中各选一半。对失业保险局成员选举制度的改革促使基金内部监管更符合各方利益,避免内部监管成为"一言堂"。

法案还规定,劳动部长与保险局会商后,可以经公报公告后设立一个或多个在特定方面具有管理权限的专门委员会。专门委员会的主席由劳动部长指定的官员担任,其余成员不得少于四人,分别由劳动部长在雇员方代表和劳工代表中各选一半。专门委员会在特定领域提供咨询并给出专业建议,帮助保险局更好地履行职能。此外,《1966 年失业保险法》对基金内部监管主体的职能、会议召开、经劳动部长授权后可制定的规则等方面进行进一步细化,南非失业保险基金内部监管法律制度得以不断完善。

---

① Van der BS, South African Social Security under Apartheid and Beyond, *Development Southern Africa*, Vol.14, No.4, 1997, pp.481–486.

② Swanepoel, JA, The Unemployment Insurance Fund as an Automatic Fiscal Stabiliser in South Africa, University of Pretoria Ltd, 2003, p.92.

（3）失业保险基金内部监管法律制度的完善

自 20 世纪 90 年代开始,南非政府制定一系列促进就业和保障失业者权益的政策。例如,为促进平等就业,南非政府在 1988 年专门颁布《平等就业法》。该法案旨在改变黑人、妇女和残疾人就业不平等的旧象,减少不公平歧视,要求雇主每两年向劳动管理部门报告雇佣情况。

1994 年 4 月,南非新政府上台后废除与种族歧视有关的法规,建立起全国统一的社会保险和社会救助制度,标志着南非新民主时代的到来。随着南非政府越来越重视平等就业问题,黑人、妇女等被歧视人群就业率不断提高。在种族隔离背景下制定的《1966 年失业保险法》已无法适应南非新民主时代,故南非政府在 2001 年制定《失业保险法》,以此建立顺应社会发展的失业保险制度,基本覆盖除政府及其雇员以外的所有雇员和雇主,包括家庭雇工和季节性雇员,但不包括每月雇用时间少于 24 小时的雇员①。

《2001 年失业保险法》对失业保险基金内部监管法律制度进行进一步完善,使之符合新时代下对基金监管要求。《2001 年失业保险法》设立失业保险局及其专门委员会,并规定在劳动部长组建新的保险局之前,依据旧法设立的保险局及其委员需继续履行职能,保证内部监管连续和稳定。同时,法案对失业保险局的人员结构方面进行改革,除保险局主席由部长任命外,其他十二名成员先由国家经济发展和劳工委员会提名,再由部长任命。十二名成员中,每三名成员分别代表有组织的劳工、有组织的商业、社区和发展利益的组织以及国家的利益②。相比旧法,该法案的保险局成员构成更加多元,失业保险基金相关利益团体均有相应代表在失业保险局任职,通过参与基金日常管理和监督的方式维护本集团的合法权益,最终实现各方利益平衡。

南非政府还吸取其国内过往制度的经验教训,意识到保险局作为负责全国失业保险基金内部监管核心机构,如果既负责制定整体政策又要负责具体监管事务,可能因工作繁重导致某些工作疏忽,反而影响监管效果。因此,《2001 年失业保险法》要求劳动部长必须指定劳动部的一名雇员担任失业保险专员,失业保险专员是保险局成员之一,根据法律和保险局制定的相关政策,负责基金具体监管工作。失业保险专员可以根据基金监管实际需求,组建内部机构协助其完成工作。法案还对保险局的监管事项及方式进行规定,内部监管法律制度得以健全。该法案随后在 2003 年、2016 年又进行过两次修

---

① Section 3, The Unemployment Insurance Act of 2001, South Africa.

② Ibid, Section 48.

正,涉及失业保险基金适用范围、基金内部监管制度等方面,相关法律制度日趋成熟。

(四)小结

内部监管是相对外部监管而言的,具有一定的特殊性。中国、南非根据经济和社会发展需要,依据相关理论分别建立起符合国情的失业保险基金内部监管法律制度。根据上文研究,中国、南非失业保险基金内部监管法律制度均大致经历产生、发展和完善三个时期,与失业保险基金内部监管相关的概念、特点等也随之丰富,为深入研究两国制度带来新的契机。

中国政府在计划经济时期不承认失业问题,只承认在国企改革中下岗工人处于"待业"状态,因此相关法律均使用"待业"代替"失业"。随着经济发展和政府认知不断提高,相关部门逐渐承认社会失业问题并制定了一系列失业保障措施。在此过程中,失业保险基金内部监管法律制度也随着社会意识形态变化而发生剧烈转变,目前趋于稳定。但我国直至《失业保险条例》出台才正式确立现代失业保险制度,各方面配套制度存在诸多不合理之处,尽快填补相关制度缺陷将是未来立法工作的首要任务。

南非前两部与失业保险相关的法案均不同程度上受到种族隔离思想影响,但随着新民主时代到来,南非政府研究制定符合时代需求的《2001年失业保险法》,新法案首次将适用范围扩大至全体劳动者,失业保险基金的重要性也达到前所未有的高度,以失业保险局为核心的内部监管法律制度成为保障法案顺利实施的关键制度。《2001年失业保险法》后续经过两次修正,其内容均涉及内部监管方面,体现出当局对相关制度建设的重视。纵观南非失业保险基金内部监管法律制度的发展历程,虽然历经多次改革,但基本上是对原有制度的继承和优化,制度发展具有较强的稳定性。

二、中国、南非失业保险基金内部监管的法律依据

法律有广义和狭义之分。狭义的法律仅指有立法权的国家权力机关依照立法程序制定的规范性文件,广义的法律既包括狭义的法律,也包括具有法律效力的解释以及其他行政机关为执行法律而制定的规范性文件①。广义的法律是中国、南非失业保险基金内部监管制度建立的法律依据,故本文所称法律

---

① 张文显:《法理学》,高等教育出版社2018年版,第45页。

均指广义上的法律,涵盖一切有权主体制定的规范性文件。鉴于中国、南非法律制定主体不同,导致两国相关制度的法律依据也存在差别。

(一) 中国

1.国家立法

2010 年 10 月,全国人民代表大会常务委员会通过的《中华人民共和国社会保险法》(以下简称《社会保险法》)是我国失业保险内部监管法律体系中位阶最高的法律。《社会保险法》对失业保险基金内部监管主体、监管事项和主要方式作出规定,但大部分为原则性规定,无法指导具体实践。

2009 年 8 月,全国人大常委会通过的《中华人民共和国劳动法》(2009 修正)对失业保险基金内部监管亦作出较多原则性规定,如规定经办机构应当依照法律规定收支、管理和运营社会保险基金,并负有使社会保险基金保值增值责任等。

2.行政法规

1999 年 1 月,国务院发布的《失业保险条例》是我国失业保险领域专门法规,对失业保险基金内部监管具有重要意义。2017 年 11 月,人社部发布关于《〈失业保险条例(修订草案征求意见稿)〉公开征求意见的通知》(以下简称《征求意见稿》),是《失业保险条例》施行 16 年以来首次修订。《征求意见稿》扩大社会保险经办机构的职责,进一步明确和加强对个人、用人单位、经办机构及其工作人员、国家工作人员等相关法律主体的责任。

国务院 1999 年《社会保险费征缴暂行条例》明确社会保险费实行三费集中、统一征收①。社会保险费的征收由省、自治区、直辖市人民政府规定,可以由经办机构征收,也可以由税务机关征收。《社会保险费征缴暂行条例》规定缴费单位必须向经办机构办理保险登记,参加保险;后续失业保险的变更、注销、保险费的核定工作均由经办机构负责。此外,《社会保险费征缴暂行条例》还赋予经办机构一定的行政管理权力,如第二十条规定,"社会保险经办机构受劳动保障行政部门的委托,可以进行与社会保险费征缴有关的检查、调查工作"。

---

① 根据《社会保险费征缴暂行条例》规定,三项社会保险费分别指基本养老保险费、基本医疗保险费、失业保险费。

表1

项目	现行《失业保险条例》	《征求意见稿》
经办机构职能	负责失业人员的登记、调查、统计； 按照规定负责失业保险基金的管理； 按照规定核定失业保险待遇，开具失业人员在指定银行领取失业保险金和其他补助金的单证； 拨付失业人员职业培训、职业介绍补贴费用； 为失业人员提供免费咨询服务； 国家规定由其履行的其他职责	负责失业人员的登记、调查、统计； 负责失业保险基金的管理； 负责核定并支付失业保险待遇； 为失业人员提供免费的咨询服务； 建立用人单位和职工缴费、失业保险待遇领取情况等权益记录； 发放技能提升补贴、职业培训补贴、职业技能鉴定补贴、创业补贴、稳定岗位补贴； 负责失业监测预警数据的采集、汇总、分析； 国家规定的与失业保险有关的其他职责

3.部门规章和地方性法律文件

国务院下属部门根据法律、法规的要求，对失业保险基金内部监管的具体方面进行专门规定；同时，法律法规还授权地方人大及政府可以根据辖区内实际情况进行立法，因此实践中各地人大及地方政府制定数量众多的地方性法律文件。

（1）主要部门规章

2017年8月，人社部、财政部及国家卫生和计划生育委员会联和印发《社会保险基金财务制度（2017修订）》（以下简称《财务制度》），进一步规范失业保险基金财务管理行为，加强收支监督管理，确保基金合法运行。《财务制度》规定经办机构应当按照职责分工，由专门机构负责基金监管，促进基金管理科学化、规范化；经办机构还应当会同税务机关编制保险费收入预算草案，草案最终经同级人大批准后，由经办机构具体执行。

2013年9月，人社部公布《社会保险费申报缴纳管理规定》，明确了缴款人申报、缴纳、未按时足额缴纳保费时经办机构的权利义务。当用人单位未按时缴纳保费时，经办机构可以向所属社会保险行政部申请后直接从用人单位账户上划拨保费。

2012年12月，人社部印发《社会保险工作人员纪律规定》，要求经办机构工作人员遵守国家法律法规和相关政策并严格执行各项制度。

2007年10月，劳动和社会保障部（以下简称"劳动部"）印发《社会保险

经办机构内部控制暂行办法》(以下简称《内部控制暂行办法》),旨在加强经办机构内部管理和监督,提高内控执行力,确保基金安全。《内部控制暂行办法》明确内部控制的具体内容,指定经办机构的稽核部门负责内控的监管职能,还列举一些常见监管方式。《内部控制暂行办法》对我国经办机构实施内部控制和自我监督具有重要作用。

2003 年 2 月,劳动部颁布《社会保险稽核办法》(以下简称《稽核办法》),明确由经办机构负责保险稽核工作,并对稽核人员的任职要求、职权以及义务进行详细规定。

(2)地方性法律文件

地方人大及其常委、地方政府根据法律、法规授权制定本辖区内与失业保险基金有关的地方性法规和地方政府规章,统称为地方性法律文件。各省市多年来陆续出台数量众多的地方性法律文件,大致可以分为以下两类:

①根据法律法规的授权性条款作出相应具体规定

《社会保险费征缴暂行条例》第 6 条规定:"社会保险费的征收机构由省、自治区、直辖市人民政府规定,可以由税务机关征收,也可以由劳动保障行政部门按照国务院规定设立的社会保险经办机构征收。"

根据上述授权性条款,各地政府将保费征收权赋予不同主体,方式较为灵活。我国存在的失业保险费的征收模式主要有:由经办机构征收、由税务机关征收和经办机构核定后由税务机关代收①。

②根据法律法规的原则性条款结合本辖区实际情况制定专门地方法规

《社会保险法》要求国务院、省、自治区、直辖市政府建立健全基金管理监督管理制度,保障保险基金安全、有效运行。

根据上述原则性条款,各地方人大及其常委制定本辖区内的基金监督条例,对地方失业保险基金的内部监管作出详细规定。如江苏省人大常委会制定的《江苏省社会保险基金监督条例》、广东省人大及其常委制定的《广东省社会保险基金监督条例》(2016 修订)等。

4.基金内部法律文件

经办机构内部可以分为中央和地方两级。在中央层面,社会保险事业管理中心(以下简称"管理中心")于 2013 年 4 月下发《关于认真贯彻落实社会保险工作人员纪律规定的通知》,要求各地方经办机构:一、提高思想认识,加

---

① 2018 年 7 月,中央办公厅、国务院办公厅联合印发的《国税地税征管体制改革方案》明确从 2019 年 1 月 1 日起,将包括失业保险费在内的社会保险费交由税务部门统一征收。上述变化的影响将在本文第四部分进行详细研究。

强组织领导并明确责任分工,根据自身实际情况制定实施细则和落实方案;二、狠抓贯彻落实,各级经办机构均需在醒目位置张贴《纪律规定》,县以上经办机构要确定并公布监督举报电话,接受社会监督,要进一步健全内部控制制度,强化风险管理;三、强化监督检查,做到"一级抓一级,层层抓落实",加强经办系统内部督促检查,定期对落实情况进行检查。最后,管理中心将利用多种方式对各地经办机构学习贯彻相关法律情况开展检查并适时通报。

管理中心通常还会根据人社部召开的社会保障工作会议,研究制定社会保险经办管理服务年度工作要点。如管理中心印发的《2012 年社会保险经办管理服务工作要点》,从贯彻落实相关法律法规和政策、加强基金征缴支付、强化基金管理、做好重大改革政策实施中经办管理服务、推进保险经办精确管理、夯实经办管理以及完善经办管理服务体系等七个方面对全国经办机构的工作失业进行整体规划和梳理,对全国失业保险基金内部监管起到指导作用。

地方经办机构层面,各地经办机构根据法律法规的要求和管理中心的政策指导,结合本单位实际情况制定相关的工作细则和实施方案。

(二)南非

1.立法

南非的立法主要指南非议会制定的相关法案。南非现行的失业保险基金内部监管法律制度基础是《2001 年失业保险法》及其修正法,以及《2002 年失业保险缴款法》[1]。

《2001 年失业保险法》规定,为实施法案中的失业保险基金和救济,设立失业保险局和失业保险专员。法案详细规定失业保险局和失业保险专员的职能,还对监管措施作出列举,如内部审计、基金欺诈行为调查等。2003 年、2016 年修正案对失业保险局和失业保险专员的职能范围和监管方式作出调整,赋予失业保险局对地区上诉委员会的人事任免权[2],内部监管法律制度不断完善。

《2002 年失业保险缴款法》旨在规定失业保险基金的征收及其他相关事

---

① Michel Bedard, John Carter, Loan Ngo Thi, et al, " Documenting Unemployment Insurance Experiences:Chile,South Africa,Thailand and Viet Nam",*Asia-PACFIC Decent work*, 2015,p.29.

② 在南非现有法律框架内,如果失业保险专员终止某人获得失业保险金的权利,或者理赔专员作出支付或者不支付保险金的决定,索赔者可以向区域委员会提出上诉,如果对区域委员会的决定不满意,还可以向国家上诉委员会再次提请上诉。

宜,所有雇员和雇主必须每月向失业保险基金缴款;税务专员和失业保险专员分别在各自职权范围内负责征收保险费。其中,由失业保险专员负责征收失业保险基金的单位主要包括:根据所得税法相关规定无须注册为雇主的企业;未按照所得税法附表自愿登记为雇主的企业;以及根据《1999 年技能发展征税法案》,不承担支付技能发展税责任的企业①。除列举范围之外的缴款人均需向税务专员缴款。

2.规章

劳动部长在与失业保险局会商后,可以就与失业保险基金监管有关的事项发布规章。除某些特殊情况外②,规章的发布均需通过公报方式和至少一种可以在共和国全境内传播的手段,并阐明规章草案已经征求公众意见、草案的性质以及可以获取草案副本以及反馈公众意见的地点。目前,劳动部长通过政府公告的方式共发布 5 个与失业保险基金相关的规章,但与内部监管法律制度相关的规定较少③。

3.基金内部法律文件

失业保险局需要依法起草失业保险局章程,根据强制性不同,章程内容可分为必要性规定和非必要性规定两类。前者包括保险局和专门委员会的设立及其职能、会议规则、表决方式;保险局及其专委会成员的行为准则;与失业保险基金相关的争议解决程序以及章程的修正程序。后者主要关于保险局将其权力和职责分配给其成员或专门委员会以及雇员,同时可以设定各种限制性条款④。

法律还规定,对审议提请修正章程的保险局会议,必须提前至少 30 日发出通知,经保险局三分之二以上成员投赞成票通过后经部长批准才能修改。基于保险局章程的重要性,严格的修改程序旨在保证保险局章程保持稳定,以充分发挥其指导作用。

---

① Section 9, The Unemployment Insurance Contributions Act of 2002, South Africa.

② 特殊情况主要指:1.矫正文本错误;2.撤销《1966 年失业保险法》下有关规章或通告;3.以及与财政部共同发布或修正影响国家收入或支出。

③ The South African Department of Labour: http://www.labour.gov.za/DOL/legislation/regulations/unemployment-insurance-fund/regulations-and-notices, last visited on 28 Oct, 2018.

④ Hroon Bhorat, Sumayya Goga, Gavid Tseng, " Unemployment Insurance in South Africa——A Description Overview of Claimants and Claims", *Africa Growth Initiative Working Paper*, Vol.8, 2013, pp.40–42.

(三) 比较分析

通过对比发现,中国目前存在的问题是相关法律依据的位阶整体偏低。《社会保险》《劳动法》《失业保险条例》等国家立法和行政法规中关于失业保险基金内部监管法律制度的规定太少且多为原则性条款,无法对具体制度建设起到指导作用。实践中相关制度的建设主要依据大量位阶偏低的部门规章和地方性法律文件,这些法律文件由不同部门、不同地区政府制定而成,由于各制定主体之间相互独立,不存在明显隶属关系,难免因维护本部门或本政府利益而制定出相互冲突的法律文件,从而造成全国失业保险基金内部监管标准不一,各地监管效果良莠不齐。

南非目前存在的问题是相关制度的法律依据比较单一,过度依赖法案对相关制度的指导作用。南非失业保险基金内部监管制度的主要法律依据是由议会制定的《2001 年失业保险法》及其修正法、《2002 年失业保险缴款法》。《2001 年失业保险法》虽授权劳动部在履行必要的立法程序后可以制定与失业保险基金有关的部门规章,但劳动部自 2001 年至今仅发布了 5 部与失业保险基金相关的部门规章,且这些部门规章中与基金内部监管相关的内容较少,并未有效发挥其规范指导作用。

笔者认为,我国全国人大及其常委、国务院应加强在失业保险基金内部监管领域的立法工作,一方面丰富现有法律对相关制度的规定,另一方面应当研究制定专门法律对内部监管制度进行梳理和明确,逐渐提高法律依据的整体位阶,推动各地内部监管标准实现统一。南非劳动部应积极履行职责,加快在失业保险基金内部监管法律制度领域的立法活动,通过制定部门规章填补法案在具体制度方面的空白,不断丰富现有法律体系。

(四) 小结

两国均已通过不同层次的法律对失业保险基金内部监管进行构建和完善,中国从法律、法规、部门规章及地方性法律文件和基金内部法律文件四个层次对相关制度进行立法。南非通过法案、部门规章以及基金内部法律文件三个层次的立法对内部监管法律制度进行规定,这些法律文件效力和层次由高到低逐渐降低,与基金内部监管的相关性逐渐提高,共同构成失业保险基金内部监管的法律依据。

但是,我国内部监管的法律制度存在整体位阶偏低、南非存在部门规章缺失等问题。未来中国应当通过丰富现有法律和制定专门法律等方式提高失业

保险基金内部监管制度的整体位阶,推动内部监管标准在全国范围内统一。南非则应当充分利用部门规章和失业保险局章程的灵活性优势,弥补法案的空白,逐步减少对《2001 年失业保险法》及其修正法、《2002 年失业保险缴款法》等法案的依赖。

三、中国、南非失业保险基金内部监管的监管主体

内部监管主体是依法对失业保险基金履行监管职能的特定机构,其设置是否科学、合理将直接影响监管工作的实施,因此内部监管主体是失业保险基金内部监管法律制度的核心,其他法律制度均围绕监管主体建立、运行。

中国、南非分别设有经办机构和失业保险局负责失业保险基金内部监管事务,但由于两国在社会发展、政治体制、意识形态和经济发展水平等方面存在差距,导致两国监管主体的历史演变、组织实施等方面亦表现不同。

(一)中国失业保险基金内部监管主体

1.内部监管主体的历史演变

伴随法律变迁,我国失业保险基金的内部监管主体也随之发生变化。在计划经济时代,领导层尚不承认社会主义制度下存在失业问题,依据《待业保险暂行规定》建立起的内部监管制度中,由劳动服务公司笼统地负责所有监管工作。但待业保险仅适用于国营企业待业员工等特定主体,劳动服务公司监管的范围和手段均受到限制,无法应对整个劳动力市场的失业风险。此外,《待业保险暂行规定》将与待业保险基金相关的一切事务均交由劳动服务公司,既有行政管理的外部监管属性,又有负责经办业务的内部监管属性,导致劳动服务公司法律定位模糊,外部监管和内部监管混为一谈,监管效果有限。

这种状态一直持续到 1993 年,在《待业保险规定》实施后才得以改善。该部法律一方面将失业保险基金内部监管主体由劳动服务公司变为待业保险机构;另一方面明确由待业保险机构具体负责经办事务并履行内部监管职能,由地方行政部门及其设立的基金委员会负责外部监管,我国失业保险基金内外监管制度初步确立。

1999 年颁布的《失业保险条例》再次改变失业保险基金的内部监管主体,规定由社会保险经办机构具体负责失业保险基金的管理工作,2010 年由全国人大常委会通过的《社会保险法》巩固了经办机构的法律地位。

至此,我国失业保险基金的内部监管主体经历由劳动服务公司变为待业保险机构再变为社会保险经办机构的发展过程,内部监管法律制度得以确立和完善。

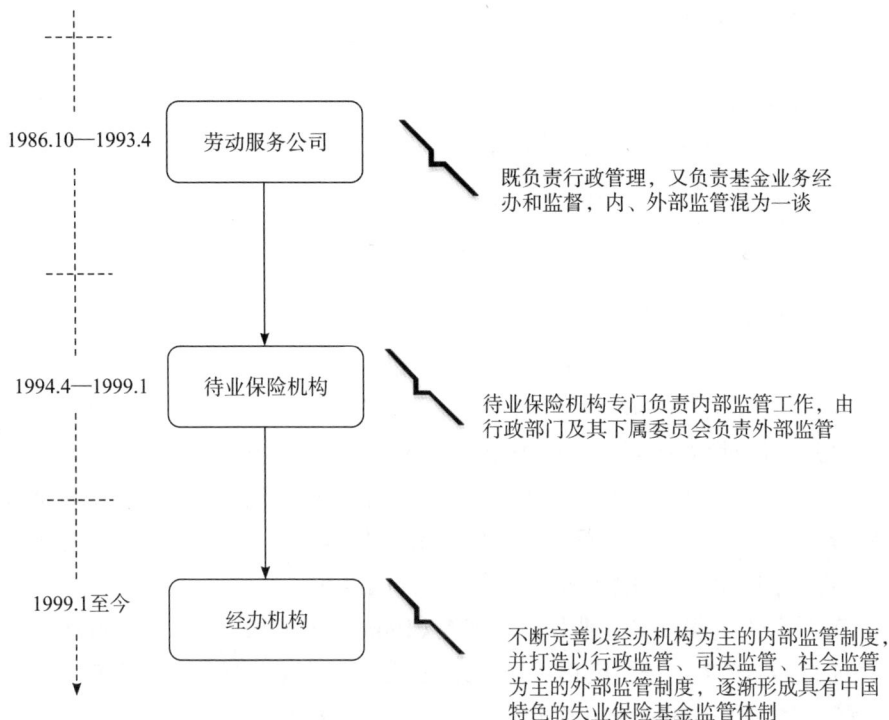

1986.10—1993.4	劳动服务公司	既负责行政管理,又负责基金业务经办和监督,内、外部监管混为一谈
1994.4—1999.1	待业保险机构	待业保险机构专门负责内部监管工作,由行政部门及其下属委员会负责外部监管
1999.1至今	经办机构	不断完善以经办机构为主的内部监管制度,并打造以行政监管、司法监管、社会监管为主的外部监管制度,逐渐形成具有中国特色的失业保险基金监管体制

图 1

2.内部监管主体的组织实施

我国社会保险经办机构可以分为中央、省(自治区、直辖市)、市、区(县)四级,并在乡镇设立服务站点。其中,位于中央一级的管理中心是综合统筹全国社会保险基金和经办管理服务的部级直属事业单位,负责制定全国保险经办管理服务总体规划和实施方案;指导保险经办管理服务工作;组织、领导地方经办机构开展监管工作。管理中心并不直接负责失业保险基金监管事务,而是从总体规划、指导工作和组织监督等方式领导各地方经办机构。同时,管理中心还负责起草修订与失业保险基金有关的规章制度,提交至人社部进行审核并适时发布。

从机构的性质上看,管理中心是隶属于人社部的司级事业单位;而地方经办机构的定位却比较模糊,有些经办机构为地方人社部下属二级局,有些直属政府序列。同时,由于管理中心与地方经办机构的具体职能差异较大,亦不适

合简单类比管理中心的法律定位。目前,地方政府对经办机构的设置标准不统一,法律也并未明确经办机构的设置要求,各地经办机构的性质和级别差别较大,行政权与事务管理权未得到有效区分,经办机构的独立性受到严重影响,经办机构履行的职能与其法律地位不相匹配。

随着城乡居民社会保险制度的快速发展,失业保险经办业务的工作重心逐渐向乡镇末端经办机构下沉,但目前全国县级以下经办机构建设工作相对滞后,存在服务站点少、人手不足、窗口拥挤、信息化建设落后等普遍问题,严重阻碍经办机构顺利开展内部监管工作。

(二)南非失业保险基金内部监管主体

1.内部监管主体的历史演变

1937年南非政府正式通过并实施《失业保险救济法》,标志着南非失业保险制度正式建立。1946年南非政府对该法案进行第二次修正,本次修正首次规定特定行业设立相互独立的失业保险基金,截至1946年底,全国共建立十二个失业保险基金,涵盖22.5万缴款人①。同时,修正法还用专章设立失业保险局作为基金内部监管专门机构,并对保险局的职能、会议规则、表决方式等作出规定,南非失业保险基金内部监管法律制度初步建立。

南非颁布的第二部失业保险法案是《1966年失业保险法》。1966年法案同时也宣告1937年法案废止,但依据旧法设立失业保险局将存续至新一届失业保险局成立②。1966年法案在旧法基础上,对失业保险局相关规定进行细化,例如该法案对保险局的组成、作用、委员会会议举行规则以及保险局下属委员会等方面进一步规定,使之设置更加科学合理。

上述两部法案深受南非种族隔离制度影响③,具有强烈的种族歧视色彩。在此背景下,相关法律始终无法从根本上保护所有失业人员在失业期间的合法权益,与失业保险法之立法目的严重背离。而失业保险局的设置同样被种族隔离思想所禁锢,导致代表南非广大劳动者权益的两大工会,即南非贸易联

---

① Swanepoel,JA,2003,p.90.

② Section 12,The Unemployment Insurance Act of 1966,South Africa.

③ 种族隔离是指当时南非政府实行的班图斯坦制度(又称黑人家园制度),旨在通过立法将黑人及其他非白人种族同位于统治阶级的白人从政治、地理、文化、经济等领域彻底分隔,镇压黑人和其他有色人种的反抗,以此维持白人的统治特权与现有利益。http://news.ifeng.com/history/shijieshi/special/mandela1/detail_2013_06/23/26705622_0.shtml,访问时间:2018年7月6日。

合会(Congress Of South African Trade Unions, COSATU)与全国工会董事会(National Council Of Trade Unions, NACTU)就因质疑失业保险局的合法性而拒绝在其机构中任职①。而且,由于当时南非政府仅针对特定行业建立互不连通的失业保险基金,未形成全国、全行业流通的基金池,严重阻碍失业保险当局履行内部监管职能。在此时期,失业保险局难以切实发挥其监管作用,也无法满足保障基金安全运行的法律要求。

1994年南非新政府上台后实施一系列促进种族平等的法律和政策,被歧视群体就业人数不断提高,1966年法案已无法适应新民主时代,社会公众对制定新法的呼声越来越高。

2001年,南非出台新民主时代第一部失业保险法,《2001年失业保险法》在适用范围、领取条件、保险待遇等方面对1966年法案进行重大修正,同时建立全国统一的失业保险基金。内部监管制度方面,决定延用旧法制度下建立的法律框架,但对失业保险局的人事任免、监管范围、手段等方面进行修改以适应时代发展。此外,南非政府还吸取前述两部法案的教训,规定劳动部长必须指定专人担任失业保险专员,协助失业保险局管理基金的日常事务,有效分担失业保险局的监管压力。

2.内部监督主体的组织实施

南非失业保险基金内部监管主体是以失业保险局为核心的治理层和以失业保险专员为核心的管理层。各主体之间分工明确,各司其职,共同行使对基金的监管权利②。失业保险局无需处理基金具体事务,作为失业保险基金内部监管系统中的决策者和领导者,负责制定内部监管相关政策并指导各地开展基金监管工作,最终就基金整体监管效果向劳动部长负责;失业保险专员负责基金日常管理事务,执行保险局下达的各种指令,并需要在每一财年结束后六个月内向劳动部总干事提交基金在该财年的年度活动报告。

(1)失业保险局

失业保险局的主要职能有:向劳动部长作出关于失业保险政策、实施失业保险法政策、减少失业的政策以及制定减轻失业给社会带来的影响的计划;对立法变化、失业保险政策或相关政策产生的影响及时向劳动部长作出建议;监督和管理失业保险金基金运行以及执行部长要求的其他职责。根据《2001年失业保险法》,保险局的权利和职责必须依据委员会章程、部长发布的指令以

---

① Ibid, Guy Standing, John Sender, John Weeks, pp.465-467.

② Kingdon, Geeta Gandhi, J. B. Knight, "Race and the Incidence of Unemployment in South Africa", *Review of Development Economics*, 2010, pp.199-201.

及劳工总干事确定的任何指南①。

保险局章程概括性描述保险局及其下属专门委员会和管理层共同致力于构建的失业保险基金内部监管结构,保险局的行为也同样应当受到其章程约束。同时,章程还规定保险局在失业保险基金监管体系中的角色、职责、结构以及运行机制,确保保险局及其专门委员会的监管行为遵守《失业保险法》和章程要求。

在人员构成方面,失业保险局有十四名成员,失业保险专员也是失业保险局的成员之一,失业保险局主席和失业保险专员均由劳动部长直接指派。其他十二名由国家经济发展和劳动委员会提名,这十二名成员分别来自保险、金融、会计和劳动法等领域具有丰富经验的专家学者。任期方面,保险局成员任期三年,可以连选连任。为更好地履行其监管职责,保险局还设立专门委员会,向保险局提供建议和咨询服务。目前,保险局已在金融、投资、上诉和劳工激活计划等领域分别建立财务咨询委员会、投资委员会、国家上诉委员会以及劳工激活计划委员会②。除上述委员会以外,保险局还在审计与风险委员会中拥有成员代表③。

(2)失业保险专员

失业保险专员的主要职责是执行失业保险局制定的政策,在保险局设定参数范围内管理各种资源,并负责基金的日常运营以及任免与基金管理相关的工作人员④。失业保险专员根据管理失业保险基金实际需求,可以组建各个职能部门以负责基金监管的某方面。此外,根据公共服务法的规定,劳动部总干事还须任命理赔保险专员协助失业保险专员处理失业保险理赔申请⑤。

现行南非失业保险基金的内部监管主体的组织实施如下图:

可见,南非内部监管的组织实施与公司治理结构十分类似,政府作为失业

---

① Section 48, The Unemployment Insurance Act of 2001, South Africa.

② 南非近几年失业率均居高不下,2017年失业率高达27%左右,失业问题在青年人群中尤为突出。劳动力市场缺乏足够多的就业机会,失业保险基金的被保险人和青年缺乏劳动力市场所需的技能和经验。劳工激活计划是失业保险基金用以干预劳动力市场,创造就业机会,帮助失业保险基金的被保险人和青年顺利就业的重要计划。2017年,失业保险局专门成立劳动激活计划委员会,主要目的是为劳动激活计划和项目提供指导和监督,该委员会需要向保险局和管理层提供专业建议。

③ Department of Labour, Annual Report for the Unemployment Insurance Fund, 2014, pp. 59–60.

④ South African Payroll Association, UIF Presentation, 3 Sept, 2013.

⑤ Section 46, The Unemployment Insurance Act of 2001, South Africa.

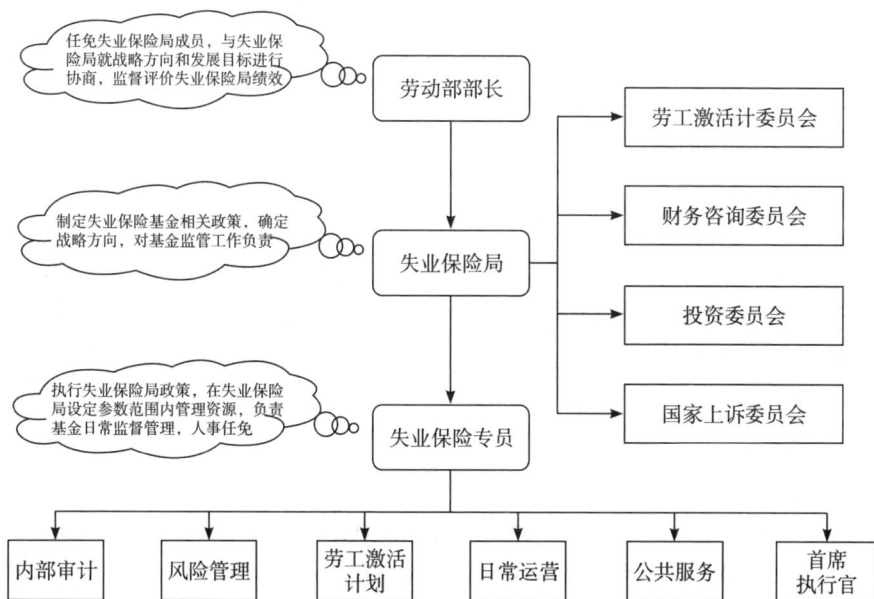

图2

保险基金的"股东",并不直接参与基金经营管理,劳动部长通过组建失业保险局、失业保险专员为主的治理机构将基金内部监管权授予政府部门以外的独立组织。失业保险局作为基金的治理层,通过制定政策和指导下属机构开展工作履行监管职能;失业保险专员作为失业保险基金的CEO①,组建职能部门并负责基金的具体经营管理和监督工作,并向保险局负责②。

(三)比较分析

1.稳定性不同

中国失业保险基金的内部监管主体历经多次重大变革,至今仍存在较多不足。首先,我国每次变革都推翻旧制,不利于内部监管主体渐变式完善。目

---

① 在经济组织结构中,首席执行官(Chief Executive Officer,CEO),是一个企业中负责日常经营管理的最高执行长官。在南非的某些官方报道中,有时也将失业保险专员称为失业保险基金的CEO。例如,南非薪资委员会对失业保险基金的介绍中就用CEO一词代指失业保险专员。http://web.vdw.co.za/Portals/12/UIF% 20Update% 20-% 20Sagren% 20Govender.pdf,访问时间:2018年7月18日。

② Caryn Bredenkamp, "Falling through the Cracks—Income Security and the South African Social Security System",2001,p.113.

前我国各地方经办机构组织结构和法律定位仍未统一,地方经办机构有些隶属于同级人社部,有些由上级经办机构垂直管理,经办机构设置比较随意;其次,法律尚未对经办机构的名称予以明确,各地经办机构的名称千奇百怪,如社会保险管理中心、社会保险局、农村社会保险处、机关事业社会保险局等,经办机构内部设置也十分混乱,包括科、处、部、室等各种职级,经办机构与行政机关令人难以分辨,给前往办理失业保险事务的公众造成很大困扰①。

南非以失业保险局为核心的内部监管主体制度自1946年首次建立以来便在历次变革中得以延续和发展。监管主体伴随着社会发展和立法技术进步,亦得到不断完善。目前已形成失业保险局负责宏观监管,失业保险专员负责具体监管的内部监管体系,各机构之间既分工协作又相互制约,充分发挥制度优势②。

笔者认为,未来我国对相关制度进行改革时,应尽量在现有制度基础上进行,避免法律随意修改对基金内部监管制度造成负面影响。具体可以参考南非的经验,在各个时期保持内部监管主体的稳定,通过不断赋予失业保险局新的法律定位和职权范围以帮助其适应时代变化,避免当制度稍显滞后时就将其彻底推翻。立法者应当认识到,任何一项制度从建立到完善不可能一蹴而就,在此期间需要理论和实践不断调整和磨合才能达到动态平衡。

2.组织结构不同

从国际经验来看,内部监管主体的组织结构受保险类型、覆盖范围、统筹层次等因素影响。根据管理主体不同,失业保险基金内部监管主体主要有三种类型③:

根据上述分类,中国、南非内部监管主体均属于第一种类型,即由政府部门主导的监管模式。但二者在组织结构方面存在明显差异,结合目前国际立法趋势,机构的独立性越来越强,南非失业保险局设置更加符合国际潮流,两国内部监管主体在组织结构方面存在如下不同:

(1)经办机构独立性

我国法律规定各地经办机构由政府部门根据需求组建,也就从法律上肯定地方政府对经办机构日常事务干预的正当性,导致经办机构在人事任免、财

---

① 房连泉:《社会保险经办服务体系改革:机构定位与政策建议》,载《北京工业大学学报(社会科学版)》2016年第16期。

② Geeta Kingdon, John Knight, "Unemployment in South Africa, 1995—2003: Causes, Problems and Policies", *Social Science Electronic Publishing*, Vol.16, No.5, 2007, pp.823-826.

③ Ibid, Geeta Kingdon, John Knight, p.51.

表 2

类型	具体结构	工作人员	管理费用	代表国家
政府统一管理	由国家设立,对失业保险基金进行集中监管	国家公职人员;政府部门雇员;私人雇员	大部分业务来自基金自提,少数业务由财政拨款	美国、英国、日本
社会组织管理	为民间非政府组织或保险公司,提供非营利性的保险服务	大部分采用聘用制	服务成本从基金中提取,机构经费以预算审批的形式同政府部门协商	德国、法国、意大利
私营公司管理	由符合法律规定的基金管理公司负责	私营公司雇员	参保人缴费中扣除	智利、中国香港地区、东欧部分国家

政拨款等方面均依赖于地方政府。而管理中心只负责制定政策和业务指导,导致我国形成"条块结合、以块为主"的失业保险基金治理结构,地方政府官员可能为追求政绩而将当地社会保障政策作为工具,严重损害失业保险基金应有的独立性。南非失业保险局独立于南非劳动部,成为政府部门的公共法人,失业保险基金内部形成独立于政府的治理结构,行政权无法直接干预失业保险基金运行,任何重大事项均需与保险局会商后方可作出决定。

（2）治理结构完整性

我国保险经办系统缺乏强力有效的顶层设计,管理中心对各地经办机构的控制力不足,地方经办机构内部治理结构松散,内部职能部门的设置随意性较大,很难形成有效分工和制衡,相互推诿问题严重,地方经办机构监管效果依赖地方政府的执政能力和对待失业保险基金的态度。南非则采取类似于公司治理的"董事会负责制",实行主席负责制下部门层级领导,各方均有清晰的职权和责任,一旦发现问题,能够快速找到责任主体并作出应对。同时,南非内部监管系统内具有严格的业绩考核体系,定期向社会公布有关预算、年度工作总结等书面报告,主动接受外部监督。

3.主体定位不同

我国法律将所有社会保险的内部监管工作统一交由经办机构,换言之经办机构不仅要负责失业保险基金的监管,还要开展基本养老保险、基本医疗保险、工伤保险、生育保险等其他社会保险的相关工作。

而南非针对每项社会保险均会建立独立的专门机构负责其内部监管职

能。如养老基金办公室负责养老基金的内部监管,补偿委员会负责工伤保险的内部监管。类似地,失业保险局是依法成立的负责监管失业保险基金的专门机构。不同社会保险监管机构之间相互独立,互不干涉。

造成上述差异的根本原因是两国社会保险制度发展水平不同。但不同模式均是两国根据实际国情作出的最优选择,本身并不存在孰优孰劣。

我国采取上述模式主要是因为已经建立多种社会保险,且均在全国范围内稳定运行多年,不同种类的社会保险在适用范围、缴费基数、基金稽核、基金支付等方面具有相同点,将失业保险基金与其他社保基金中可以业务办理步骤相同的环节整合,不仅可以降低管理成本,还可以促进社保信息互联互通,提高办事效率。但在过去二十多年的发展中,我国大部分地区的经办机构未实现"五险合一"的理想状态。从内部职能部门设置来看,多数经办机构按照业务流程(征缴、基金管理、基金支付)划分,有些地方则仍按照险种设置不同部门①。未来应当加快"五险合一"建设,统一按照业务流程对经办系统内部职能部门进行梳理,真正发挥整合优势。

南非失业保险局应当继续发挥其失业保险基金监管的专业性,为投保人和申请人提供更高质量的失业保险服务。但也应与其他社会保险监管机构达成合作,分摊共同成本,建立信息共享平台,在保证监管效率的前提下降低管理成本。

(四)小结

两国建立的失业保险基金内部监管主体在稳定性、组织结构和主体定位等方面均存在不同。稳定性方面,我国失业保险基金内部监管主体随着法律变迁发生明显变化,经历了由劳动服务公司向待业保险机构再到经办机构的转变过程,相关职能也随着发生变化。目前,地方经办机构仍存在法律定位不清,名称和内部机构设置标准不统一等问题。而南非失业保险局自1946年首次成立以来便成为负责基金内部监管事务的特定结构,并在随后的变革中整体保持稳定。可见,南非内部监管主体的稳定性远超中国,未来我国在改革过程中应尽量避免将旧制彻底推翻,而是在原有制度基础上进行改造和完善。组织结构方面,我国内部监管主体在独立性、治理结构方面均落后于南非。主体定位方面,由于我国采取"五险合一"模式,经办机构除失业保险基金外,还

---

① 根据中国社科院世界社保研究中心公布的《全国经办机构调研问卷》相关数据,在60家经办机构样本中,60%按照业务流程划分内部职能部门,23%按照险种设置,17%采用混合方式。

要负责其他四项社会保险的监管工作,但目前多数地区尚未充分发挥"五险合一"模式的整合优势,造成经办机构工作负荷过大。南非针对各项社会保险均建立不同的内部监管机构,虽然此类做法最大程度上保证各社会保险基金之间的独立性,但也会造成成本浪费。

我国应当逐渐加强经办系统顶层设计,赋予管理中心更多管理权限,将其打造成真正领导全国经办机构的专门组织;还要厘清地方经办机构的法律定位,弱化经办机构行政管理职能,真正实现政事分离,不断提高经办机构独立性,与国际趋势保持一致。同时,也要注意保证法律稳定性,避免随意变动给制度建设造成不利影响。南非以失业保险局为核心的监管主体制度虽然较大程度上保证基金内部监管独立性,但由于各个社保基金监管机构之间"各自为战",未建立有效的信息共享平台和成本分摊中心,可能造成社会保险整体监管成本浪费。

四、中国、南非失业保险基金内部监管的主要事项

内部监管事项是监管主体依法行使监管权的客体,各国法律除将失业保险基金的运营情况作为基本监管事项以外,还会根据具体情况赋予监管主体对其他相关事项的监管权限以此提供监管水平。

(一)中国失业保险基金内部监管的主要事项

我国法律对经办机构的监管事项没有系统性规定,各地制定了很多与失业保险基金监管有关的地方性法律文件,与内部监管相关的内容较为分散,学界对此亦未形成统一结论,因此需要从众多法律文件中进行总结并归纳。笔者通过对《社会保险基金财务制度》、《社会保险稽核办法》、《社会保险费征收暂行条例》以及各地方相关法律进行研究,归纳出我国经办机构主要对失业保险基金收支管理等运行过程和经办机构内部控制两大方面进行监管。

1.失业保险基金的运行过程

(1)失业保险费征收

失业保险费是失业保险基金的主要来源,也是基金可持续运行的基础。失业保险费征收工作包括参保登记、缴费基数确定、保费征收、缴费记录、稽核以及清欠等多个环节。此前,各地劳动保障行政部门有权选择经办机构或者税务机关对失业保险费进行征收。实践中,我国存在由经办机构全责征收、税

务部门代为征收和税务机关全责征收三种主要模式。全责征收是指由征收主体负责所有保费征收环节,代为征收是指税务部门仅负责征收和缴费记录环节,其他环节仍由经办机构负责。截止到2016年底,全国有二十一个省(自治区、直辖市、计划单列市)由税务部门负责征收社保费,其他地区则由经办机构负责征收①。

目前国际上对是否应由税务机关负责保费征收存在理论争议,多数国家仍由征收机关负责征收的模式。但这一趋势在最近几年发生转变,越来越多的国家开始尝试将保费征收纳入税收征收体系。例如,希腊曾因社会福利水平过高而保费征收不足,导致保险基金收支失衡并引发财政危机,之后接受国际货币基金组织(International Monetary Fund, IMF)的建议,将保费征收权交由税务部门。日本政府也曾面临社保基金巨额赤字的压力,并在2012年开始推进社保征收与税制一体化改革②。2015年经济合作与发展组织(Organization for Economic Co-operation and Development, OECD)发表的年度报告指出,在31个已建立社会保险费缴费制度的OECD成员国中,有12个国家的保费征收已纳入税收征管体系中。OECD引用IMF的研究成果,总结出由税务机关负责保费征收的正当性理由主要有:税费征收与保费征收在核心环节上具有共性,将保费征收纳入现有税务系统的边际成本相对较低。同时,由于税务部门具有更强的征收能力,因此可以降低管理成本和缴款人的遵从成本等③。

2018年3月,中共中央印发《深化党和国家机构改革方案》(以下简称《改革方案》),明确提出要将包括失业保险费在内的社会保险费交由税务部门统一征收。《改革方案》的落地结束我国长达20多年关于经办机构与税务部门针对保费征收权的争论。但目前我国存在三种征收模式,而《改革方案》并未明确改革之后由税务部门全责征收还是代为征收,如果仅是代为征收,则保费征收工作中除保费征收和缴费记录环节外,其他工作将继续由经办机构负责。而且,党中央并非我国立法机关,由其制定的《改革方案》属于党内法规,有关部门也尚未通过正式法律将保费征收权授予税务部门,因此现有法律文件仍然有效,在新法出台之前失业保险费征收工作仍是经办机构内部监管

---

① 汪德华:《税务部门统一征收社会保险费:改革必要性与推进建议》,载《学习与探索》2018年第7期。

② 张玉棉、刘广献:《日本税制——社会保障一体化改革最新研究》,载《日本问题研究》2013年第1期。

③ OECD, "Tax Administration 2015: Comparative Information on OECD and Other Advanced and Emerging Economies", *OECD Publishing*, 2015, pp.38-40.

的主要事项之一。

（2）失业保险基金的支出

失业保险基金的支出也被称为失业保险待遇发放，是指经办机构向符合条件的失业保险申请人发放失业保险金的过程。失业保险基金支出是整个失业保险基金运营过程中的主要现金流出项目，是经办机构进行监管的重点领域。

基金支出工作具体包括个人账户记录、失业保险关系转移、申请人待遇资格审核以及失业保险待遇发放等环节。经办机构除失业保险费征收外，失业保险待遇发放工作同样面临巨大挑战。目前我国经办机构存在失业保险支付滞后、支付金额争议较多等问题，不仅影响服务质量，还严重威胁基金资产安全；基金支出环节还是欺诈行为的高发领域，经办机构必须采取各种方式确保每一笔支出都符合法律规定，保障基金支出端安全。

如果未来失业保险费征收统一交由税务部门，将更有利经办机构强化支出管理，提高失业保险基金的监管效果。我国经办机构近年来业务量激增，提高基金支出服务水平需要投入大量人力、财力和物力，加之我国采取"五险合一"经办模式，导致分配给失业保险基金的人力、经费等资源更加捉襟见肘。国际上一般使用人均负荷比（参保人数/经办机构人员数）作为衡量经办机构工作量大小的指标，我国该指标由 2000 年的 2757∶1，跃升至 2013 年的 9692∶1，人均负荷比提高近四倍，工作量远超国际平均水平，经办系统常年处于超负荷工作状态①。将失业保险费征收职能由经办机构移交至税务部门后，能够使经办机构从繁重的基金征收工作中解脱出来，集中人力和物力对基金支出服务和其他基金日常事务进行监管，有利于提高服务和监管质量。

2.经办机构的内部控制

除对失业保险基金的征收和支付进行管理和监督以外，经办机构还需要对其自身内部控制情况进行监督。法律依据主要是原劳动部印发《内部控制暂行办法》及各地方出台的规范文件。内部控制是指各级经办机构对内部职能部门及其工作人员从事社会保险管理服务工作及业务行为进行规范、监控和评价方法、程序和措施的总称②。法律要求经办机构从组织机构、业务运

---

① 张诗曼：《我国社会保险经办服务体系的发展现状》，载《管理观察》2014 年第 13 期。

② 内部监管与内部控制的主要区别和联系如下：①内部监管的对象是失业保险基金，而内部控制的对象是失业保险基金内部监管主体本身；②内部控制是保证内部监管主体在提供服务、进行监管过程中，相关部门和人员的行为符合内部控制要求，内部控制有效是保证内部监管的重要前提，但内部控制有效并不意味着内部监管一定符合法律要求；③内部控制是内部监管法律制度的重要内容，两者是包涵与被包涵的关系。

行、基金财务和信息系统等四方面对其自身内部控制情况进行监督。在经办系统内部,业务部门负责本业务环节内部控制工作;稽核部门负责组织实施本机构内部控制监督检查工作。此外,上级经办机构负责对下级经办机构的内部控制工作进行指导、监督和检查①。

组织机构方面,各地一般要求其辖区内经办机构对内部机构、岗位设置、决策程序、法人授权、会议纪要和审批归档作出明确规定②。在重大决策方面,要求经办机构在经办业务中遇到重大事项决策时,应当按照民主集中制原则,由经办机构领导班子集体决策③。在人员轮岗方面,要求对经办机构中层干部实施轮岗,在同一岗位任职期限达到3—5年的应当轮岗,对于经办机构的基本员工应当进行不定期轮岗。在突发事件预警方面,要求经办机构制定针对各种风险的应急预案,建立风险评估体系,定期对业务风险控制情况组织考核评价,对违反内控规定的行为进行纠正处罚④。

业务运行方面,经办机构人员的业务处理权限的分配及其调整须由业务部门拟定并报分管领导审批后送稽核部门、信息管理部门备案,通知应由经办机构分管领导、主要领导和集体决定的业务范围,将业务审批权限根据业务的重要性分别对应不同的主体。个别省份对业务审批流程涉及的具体问题进行详细规定,要求经办人员认真审核用人单位提供的相关证件和填报的资料;当农民工一次性领取生活补助时,根据规定严格进行初审、复核,每月末经经办

---

① 2007年《社会保险经办机构内部控制暂行办法》第4条,"上级社会保险机构对下级社会保险机构的内部控制工作进行指导、监督和检查"。

② 2008年《河北省社会保险经办机构内部控制实施细则(暂行)》、2007年《广东省社会保险经办机构内部控制实施细则》。

③ 2008年《浙江省失业保险经办机构内部控制暂行办法》第7条,"(一)建立完善的组织决策控制制度。按照失业保险业务经办规程设置机构岗位。失业保险参保登记、缴费申报、待遇审核和支付、基金财务管理、信息管理等设立独立的职能部门或专项工作岗位,设立或配备专门的稽核部门或工作人员。涉及经办业务中的重大事项决策,应按照民主集中制的原则,由具体职能部门提出建议,经相关部门征求意见后,经办机构领导班子集体决策"。

④ 2007年《江西省社会保险经办机构内部控制实施意见》第12条,"社保机构应建立有效的内控考评制度。制定针对各种风险的应急预案,建立风险评估体系,定期对业务风险控制情况组织考核评价,对违反内控规定的行为进行纠正处罚"。

机构负责人审核同意后存档①。

基金财务方面，《内部控制暂行办法》要求各经办机构依法进行基金财务管理和核算，建立会计控制系统、明确的岗位责任制和责任分离制度。要求经办机构的财会部门必须设立部门负责人、总账会计、出纳三个岗位，相关人员必须持证上岗。建立基金支付控制制度，凡涉及基金支付款项，必须建立业务部负责人初审、财务部复审和单位主要负责人审批签字制度。

信息系统方面，广东省率先要求辖区内经办机构建立业务系统联动和牵制机制，设置防止错误操作的警示和制约功能②。由于各地经办机构已基本实现业务办理网络化，因此法律要求经办机构必须保留各项业务经办的操作痕迹，任何业务办理过程都应具有可复核性和可追溯性。

除上述四方面外，各地经办机构还建立了上下级经办机构间的监督和重大事项上报制度。如广东省③要求经办机构的业务部门首先对其部门内业务每月自查一次，稽核部门对本级经办机构的监督检查每半年进行一次，市级经办机构对县级经办机构的监督检查每半年进行一次，省级经办机构对市级经办机构的监督检查每年进行一次，并可以根据需要直接对县级社会保险经办机构进行监督检查。河北省④要求经办机构建立重大要情报告制度，稽核部门在发现涉及基金50万元（含50万元）以上违规违纪情况的，应当在发现之日起5日内将情况上报至上级经办机构，同时向同级行政部门报告。

经办机构本身运行良好是保障失业保险基金运行的制度基础，将其内部控制情况纳入监管范围具有合理性和必要性。各级经办机构内部稽核部门从组织机构、机构运行、基金财务和信息系统四个方面的运行情况对经办机构的内部控制情况进行监督，上级经办机构对下级定期监督和考核，形成良好的内

---

① 《浙江省失业保险经办机构内部控制暂行办法》第8条，"核定失业人员失业保险待遇、农民工一次性生活补助时，要严格按照政策规定，由不同岗位经办人员各负其责，对失业人员和农民工的参保缴费信息、享受条件、领取期限，进行初审、复核，每月末由经办机构负责人对发放汇总单据审核同意后存档"。

② 《广东省社会保险经办机构内部控制实施细则》第34条："业务系统对有关联关系的业务必须建立联动和牵制关系，并设置防止错误操作的警示和制约功能"。

③ 《广东省社会保险经办机构内部控制实施细则》第43条："业务部门对本部门业务办理情况应每月自查一次"。第44条："稽核部门对本级有关部门内部控制的监督检查每半年一次。市级社会保险经办机构对县级社会保险经办机构内部控制的监督检查每半年一次；省级社会保险经办机构对市级社会保险经办机构内部控制的监督检查每年一次，并可根据需要直接对县级社会保险经办机构进行内部控制的监督检查"。

④ 《河北省社会保险经办机构内部控制实施细则（暂行）》第49条。

部控制环境,有利于基金监管工作顺利开展。

(二)南非失业保险基金内部监管的主要事项

南非失业保险局则更侧重于对失业保险基金本身运行和风险的监管,监管内容不仅包括基金筹集、管理和支出,还包括对基金欺诈、风险管理活动等与基金运行有关的领域。

1.失业保险基金的日常运行

南非通过各个劳工中心、卫星办公室(访问点)和移动站点向失业者提供服务。根据南非劳动部最新数据,南非已经在 9 个省合计设立 125 个劳工中心,这些劳工中心在其地理辐射范围内进一步服务 823 个卫星办公室①。

失业保险专员下设基金运行理事会是负责基金日常运行的内部职能部门,其主要职能有:管理失业保险基金数据库;理赔申请的评估和失业保险金支付;向各省办公室、劳动中心和服务站点提供与失业保险金相关问题的协助;提供呼叫中心服务;提供针对 Siyaya 商业系统②的操作技术支持;用户功能培训;发布、监督和维护操作程序标准;监督失业保险基金的表现;对政策和相关问题提出建议等其他管理事务。失业保险局并不具体负责基金的日常运行,而是通过指导、监督下属各专门理事会的工作执行情况,达到间接监管的效果。

2.失业保险基金的运行风险

失业保险基金的运行风险是指在失业保险基金运行过程中,由于某些无法事前预见的因素而导致失业保险活动的实际效果与预期结果之间存在偏差和损失的可能性③。法律在构建内部监管制度时,因制度本身的设计缺陷或者实施效率低下等原因可能导致发生某些风险。但风险往往伴随机遇:如果监管机构能够准确识别并减轻或消除风险,不仅可以提高基金运行效率和安全性,还能提高社会公众对监管工作的认同感,有利于相关工作开展。因此,南非失业保险局将基金风险管理作为其核心监管事项,通过制定各类风险管理策略和风险管理措施,不断发现和消除基金运行中的各种风险。

---

① UIF Commissioner Teboho Maruping, Unemployment Insurance Fund (UIF) Presentation To Commission of Inquiry Into Higher Education and Training, http://www.justice. gov.za/commissions/FeesHET/hearings/set6/set6-d5-UIF.pdf, last visited on 10 Aug.2018.

② Siyaya 系统是南非失业保险基金的内部系统,用以简化处理和管理数以千计的失业保险金理赔申请。

③ Arlene Leggat, "New UIF Benefit Limits Cause Confusion for Payrolls", 2017, p.2.

目前,失业保险局主要针对基金系统内以下类型的风险因素展开管理和监督工作:

(1)制度风险

制度风险是指因失业保险基金制度缺陷或运行混乱而产生的风险。南非失业保险基金制度风险主要体现在虽然南非已经构建较为完整的内部监管制度,但大部分法律仅能在省级办事处发挥其效力,监管职能多集中在失业保险局和省级办事处,系统内缺乏失业保险局可以直接控制的、将地方问题及时向上汇报的传递渠道。但实际上失业问题在基层贫困地区通常更加严重,信息阻塞和制度缺失加剧这类地区的失业问题,若内部监管制度建设工作无法深入基层服务机构,那么失业保险基金服务和整体监管效果都将大打折扣①。

(2)收支风险

收支风险是指工作人员在基金筹集和支付过程中出现失误,导致可能发生的不可预料后果。

目前南非面临的收支风险主要体现为征缴不足和不支付或拖延支付(信誉风险)。为方便缴款和足额缴款,南非政府推出虚拟办公室和网上在线业务办理系统(U-Filing)供雇主提交雇佣信息申报和缴款。U-Filing 系统主要面向雇主,操作系统方便,通过互联网提供 7×24 小时在线访问服务,U-Filing 系统还可确保雇主行为符合最新法律要求。系统还会每月自动向雇主发送月度报告,作为其按时缴款的合规证明。该系统完全免费,雇主激活账号的唯一要求是拥有保险局颁发的失业保险基金编号②。

(3)合规风险

合规风险是指因缴款人、失业者和工作人员等利益相关者主观故意或过失,在办理失业保险业务过程中违反法律要求。失业保险局监管的主要合规风险如下:

①欺诈、腐败风险

基金欺诈既包括雇主不依法缴款、索赔人提交欺诈性的索赔申请,也包括基金工作人员实施的内部欺诈行为。内部欺诈行为往往伴随腐败问题,失业保险局通过制订防止欺诈计划、授权失业保险专员成立专门的欺诈调查组应

---

① 由于卫星办公室和移动服务站点的稳定性和人员素质无法得到保证,导致南非失业保险基金在部分偏远地区的运行效果较差,而这些地区往往也是失业问题的"重灾区"。

② 南非劳动部官网关于"U-Filing"系统的介绍,https://www.ufiling.co.za/Home/AboutUfiling? Length=0,访问时间:2018 年 10 月 6 日。

对此类风险。

②行为过失风险

主要包括利益相关者因自身疏忽而违反法律规定,相对于行为主体故意实施违法行为而言,此类风险对基金运行的危害较小,失业保险局通过制定合规性战略降低行为过失风险发生概率。

③信息系统风险

失业保险基金依赖现代化 IT 系统建设,完备的 IT 系统能够显著提高失业保险基金系统运行效率。但目前南非失业保险基金缺乏完整的信息系统基础建设,虽然引进全新 ERP 系统,但失业保险局内部未成立专门信息部门,各地工作人员无法全面掌握操作系统,不仅影响办事效率,还会因操作不当产生合规风险。

近年来南非公众对失业保险基金服务的抱怨甚嚣尘上,失业保险局据此专门制订服务改进计划,重点对索赔流程、IT 基础架构方面的信息系统进行优化。2017 年度,保险局完全对全国各省劳动中心的基金管理信息系统基础设施升级改造任务,引入生物识别系统、Wi-Fi 系统和队列管理系统,有效降低信息系统风险,提高服务质量和监管水平。

3.失业保险基金的欺诈活动

根据南非相关法律,欺诈被定义为行为人故意非法制造虚假陈述,导致相对方遭受实际损失或潜在损害①。但法律未明确定义"失业保险基金欺诈",仅在《2001 年失业保险法》中载明如果基金损失由欺诈性救济金申请导致,须向本法有权获得救济金的缴款人或抚养人支付造成该后果的额外赔偿。笔者将失业保险基金欺诈的定义概括为:"失业保险基金利益相关者主观制造虚假陈述,使行为相对人或基金资产受到实际损失或潜在损害的所有行为"。失业保险基金欺诈行为主要发生在失业保险基金的征缴和支付两大业务环节,目前系统内常见的欺诈行为如下:

(1)内部欺诈

内部欺诈是在失业保险基金经办系统内,负责经办事务、可以接触基金资产的工作人员实施的欺诈行为。如果工作人员能够通过修改会计记录并掩盖其欺诈行为,则内部欺诈的风险和规模会显著增加。尽管内部欺诈属于投机

---

① Michael Vieyra Johannesburg branch: Fraud, Corruption, Theft And Suspicious Transactions-Your Obligation To Report, http://www. straussdaly. co. za/2014/05/30/fraud-corruption-theft-and-suspicious-transactions-your-obligation-to-report/, last visited on 6 July, 2018.

行为,但它也可能是经过长期计划并实施的连续行为。许多社会组织中的欺诈、腐败事件后来均被证明是由其主席或执行官主导实施的。管理层本身在组织内部具有相当的威望和地位,如果管理层凌驾于内部控制之上,管理层利用其地位和职权进行欺诈的可能性则相应提高。

目前南非尚未出台与失业保险局内部控制有关的法律,仅依靠失业保险局自我约束很难保证机构运行的效果。内部控制缺陷是孕育欺诈、腐败的温床,近年来南非各省办事处人员利用基金运行缺陷实施欺诈行为时有发生。如2011年,东开普省办事处的三名劳工官员通过重复的身份证明文件和银行账号虚构雇员和雇主实施欺诈,共骗取377,671,52兰特①;2012年,一名从业7年的失业保险基金客户服务部主任因欺诈被判定骗取失业保险基金罪成立,并被判处10年监禁,缓刑5年②;2013年,两名官员和一名教师通过虚构雇员骗取共计大概70,000兰特③。

(2)外部欺诈

外部欺诈是基金监管系统外部利益相关者实施的欺诈行为,外部欺诈往往具有系统性和连续性,通常是雇主或失业者利用失业保险基金系统本身漏洞骗取失业保险基金。主要方式有雇主隐瞒、不缴或少缴失业保险费,失业者骗领、冒领或多领失业保险金等,此外还包括利用计算机黑客技术等方式。

(三)比较分析

1.监管事项的相同点

首先,两国监管的事项均包含失业保险基金的运行过程,对于失业保险基金征收,法律均赋予内部监管机构和税务征收权,但根据中国中共中央印发的党内文件,我国已计划将社会保险费(包括失业保险费)征收权统一交由税务部门,不再由地方政府视情况自由选择征收主体,虽尚未出台正式法律,但保费征收并入税务征管体系已成为未来的改革趋势。同时考虑到《改革方案》没有明确未来征管方式是由税务机关全责征收还是代为征收,结合世界上已完成相关改革的国家的先进经验,笔者认为我国将在最近两年出台相应法律

① UIF fraudsters nabbed, http://www.labour.gov.za/DOL/media-desk/media-statements/2011/uif-fraudsters-nabbed, last visited on 18 July, 2018.

② Drum Digital: "UIF official guilty of fraud", https://www.news24.com/Drum/Archive/uif-official-guilty-of-fraud-20170728-3", last visited on 18 July, 2018.

③ "UIF fraudsters arrested", https://southcoastsun.co.za/8615/uif-fraudsters-arrested/, last visited on 18 July, 2018.

文件并明确通过税务全责征收模式进行改革。

失业保险费双重征缴的形成具有历史必然性和客观性,但随着社会发展,保费征收主体不统一直接导致社会保障管理体制不畅,降低了征收效率。一方面,在国家大部制改革、政事分开和行政管理体制由分散向集中发展改革的大背景下,税务部门成为失业保险费唯一征收主体日益符合当下改革趋势。另一方面,我国目前经办系统尚未形成垂直管理模式,上级经办机构主要负责政策法规领导和业务指导,地方政府对各地经办机构的影响力巨大,常常导致地方政府以降低费率、廉价劳动力优势来招商引资,严重损害失业保险基金的独立性。而税务机关属于垂直管理体系,在经办机构完成垂直管理改革前直接由税务部门负责征收保费有助于实现全国失业保险费率统一,避免个别地方政府将社保政策作为地方经济发展工具①。

南非很早便完成失业保险征缴与税务征收的整合工作,形成以税务部门负责征缴为主,以失业保险专员征缴为辅的征管体制,同时法律还列明应由失业保险专员负责征缴的具体情形②。未来,我国可以参照南非的现有制度,原则上将失业保险基金的征缴工作交由税务部门完成,但针对某些特殊企业,例如无须在税务部门进行税务登记的企业,应仍由各地经办机构负责征收工作,避免出现监管权力真空。

2.监管事项的不同点

南非面临严峻的经济下行压力,失业保险基金欺诈问题严重,失业保险局将基金欺诈活动纳入监管范围内,旨在通过各类监管方式有效预防、发现和调查欺诈行为。针对失业保险基金欺诈行为,失业保险局已制定预防欺诈计划,失业保险专员成立职能部门负责反欺诈调查工作,有效降低基金系统内欺诈风险。中国目前存在的失业保险基金欺诈腐败问题同样不容乐观,单纯依靠社会公众举报无法将基金欺诈风险降低至合理水平,因此应尽快建立主动预防机制,将基金欺诈调查作为一项日常机制逐渐融入现有基金监管制度。

我国法律对经办机构与内部控制相关的机构设置、内部控制内容与方式、法律责任等方面进行系统规定,指导各级经办机构开展自我监督,保障基金监管效率。南非失业保险局对基金运行风险进行监管,而这些风险多数由内部控制缺陷引起,但由于南非尚未出台专门规定失业保险基金内部控制的法律,导致失业保险局无法对各项风险进行系统性监督,只能根据经验关注主要风

---

① 云林君:《我国社会保险费征缴体制现状、问题与改革趋势》,载《科学·经济·社会》2018 年第 2 期。

② Section 9, The Unemployment Insurance Contributions Act of 2002, South Africa.

险,不利于失业保险局对其自身运行情况的监督。

此外,我国法律规定大多针对地方经办机构,对管理中心的要求较少,仅人社部对管理中心的职责定位有所规定,导致管理中心无法实现对全国失业保险基金整体监管的法律目标。南非恰恰与我国相反,相关法律多数由失业保险局和失业保险专员执行,长期缺乏对基层卫星办公室、移动服务站点的约束,导致基层办事机构监管职能缺失。根据南非省级劳动中心的最新分布情况,部分省份办事机构数量、员工人数与其承担的责任严重不匹配。笔者认为,失业保险基金的内部监管工作需要依靠各级机构分工协作、共同完成,仅依靠地方经办机构可能因顶层设计不足导致各地监管标准不统一,影响整体监管效果;而忽略基层办事机构的重要作用同样可能因监管工作无法落到实处而导致监管失灵。因此,法律应既注意内部监管制度的顶层设计,同时兼顾基层机构的执行情况,只有当整个系统均履行监管职能时,才能发挥"首道防火墙"应有的作用。

(四) 小结

首先,中国中央印发的《改革方案》虽然结束我国多年来失业保险基金征缴主体不一的局面,但该政策对具体细节规定不明,党内文件不具有法律效力,我国保费征收与税务征收的整合之路任重道远,具体实施可借鉴南非或其他国家的成功经验。需要注意的是,我国已经维持近二十年由经办机构为主、以税务部门为补充的失业保险费征收模式,征收体制运行稳定,各地经办机构工作人员从事征收工作多年,贸然改革必将对现有体制造成冲击。我国失业保险费征缴流程可概括为参保登记、申报保费、保费核定、保费征收、划解保费、查处追欠六大环节,工作任务繁重,保费征管改革不仅是形式上的任务交接,更需要各地方经办机构与税务机关共同制订详细的交接计划,逐步实现工作承接。

其次,管理中心、失业保险局均不负责具体监管工作。但失业保险局通过诸如权力下放、设立专门委员会、定期听取内部职能部门工作报告等制度安排,对各类事项均能起到间接作用。而我国内部监管法律制度却缺乏类似设计,目前管理中心实际上仅有监管之名却无监管之实,这直接导致各地失业保险政策差异明显,管理体制分散、统筹层次较低,出现阻碍劳动力自由、合理流动的不利情况。

再次,我国未来应重视对基金欺诈行为的监管,在经办机构内部建立专门职能机构负责调查欺诈,保证基金财产安全。而南非政府需加强内部控制相

关立法工作,保证失业保险局及时发现并修复其内部控制缺陷,降低基金运行风险。

最后,两国都应注意各自法律制度的完整性,中国应加强失业保险基金内部监管法律制度的顶层设计,南非应积极推进以卫星办公室、移动服务站点为主的基层办事机构尽快参与到内部监管工作中来,保障两国内部监管系统由上至下均有法可依,共同履行监管职能。

五、中国、南非失业保险基金内部监管的主要方式

中国、南非根据不同类型的监管事项,设计相应的监管方式以帮助监管机构履行基金监管职能。多数监管方式已通过法律予以明确,少部分由监管主体在实践中总结、归纳而形成。因此,监管方式的非标准化特征使得无法将其逐一量化,本文仅对两国主要的监管方式进行探讨和研究。

(一) 中国失业保险基金内部监管的主要方式

我国法律对内部监管主体的监管方式规定分散,虽然已经出台数量较多的规范性文件,但多以“条例”“办法”“通知”等形式出现,其中尤以地方性文件为主,经办机构对监管方式的自由选择权较大,导致失业保险基金经办系统整体效率低下,常常被前往办理业务的老百姓诟病。

1.内部审计

内部审计是我国社会主义市场经济审计体制的重要组成部分,同时也是组织内部预防、发现、降低风险的最有效手段。内部审计对于加强组织内部监管、实现管理组织自我完善等方面具有不可替代作用①。失业保险基金内部审计是指经办机构自身对失业保险基金筹集、使用、管理以及投资情况的自我审查,已成为经办机构内部监管重要方式之一。根据《社会保险审计暂行规定》(以下简称《审计暂行规定》)、《内部控制暂行办法》等规定,经办机构的稽核部门承担经办系统内部审计职责。

法律要求内部审计工作在单位主要负责人的直接领导下实施,并建立内审人员回避制度等确保内部审计的独立性和有效性。但实践中由于经办机构部分领导和经办人员对内部审计的重要性认识不足,可能采取不支持或不积

---

① 魏沨、马中东:《社会保险基金内部审计职能新探》,载《聊城大学学报(社会科学版)》2004 年第 3 期。

极配合态度,影响内部审计工作正常进行。此外,法律并未考虑到内部审计工作专业性要求较高,而地方经办人员(尤其是市级以下)综合素质偏低,缺乏系统性后续教育和业务培训,导致大部分经办机构的内部审计工作流于形式。

我国法律规定经办机构可以采取就地审计、报送审计或者国家审计机关联合审计等方式进行,但未对每种方式的适用情形进行规定,各地往往采用便于实施的方式,影响审计效果。同时,法律规定内部审计的审计事项多数属于事后审计,内容单一,对于事前审计和事中审计①的要求尚属空白。这类结果导向型审计方式忽略对业务前中期工作进行监管的重要性,进而削弱内部审计应有的监管强度。

随着 21 世纪电子信息技术的普及,大数据分析、云计算、远程监控等新兴技术已经被广泛应用于基金日常管理中,技术应用与变革要求内审人员精通各类计算系统和审计软件,能够利用计算机辅助审计系统完成相应工作。但目前直接指导各省市失业保险经办机构开展内部审计的法律文件主要是由原劳动部、审计署于 1995 年发布的《审计暂行规定》,自其出台以来便未经任何修订,立法工作严重滞后于社会发展,无法满足信息时代内部审计工作的指导要求。

未来应首先加强内部审计宣传工作,推动经办系统形成重视内部审计的监管文化。其次要通过外部竞聘、内部选拔等方式选出符合内审工作要求的专业人员从事相关审计工作,定期进行后续教育,保证内部审计工作质量。最后还需要完善内部审计工作内容,引入事前审计和事后审计制度,保证对业务办理全流程进行监管。如果内审部门仅进行事后审计,则内部审计等同于简单的财务审计,违背法律对内部审计预防、发现和降低组织内部风险的立法初衷。通过引入事前审计和事中审计机制,可以尽早发现经办人员在办理业务过程中存在的违规行为和潜在风险,而非单纯地对工作成果是否合规作简单价值判断,真正发挥内部审计的管理、监督职能。

2.失业保险基金稽核

失业保险基金稽核是指经办机构依法对失业保险基金征缴和支出活动进行核查。实施稽核的主体是各级经办机构,对象是失业保险缴款人以及申请失业保险金的失业者②。

---

① 事前审计是指审计人员对被审计单位的业务发生之前进行审计,审计对象主要是被审计单位的计划、方案、预算制定等控制措施的审查。事前审计可以起到预防风险发生的作用。事中审计是指审计人员对被审计单位的财务政策和业务正在进行中的审计。

② 潘锦棠:《社会保险:原理与实务》,中国人民大学出版社 2011 年版,第 43~45 页。

　　失业保险基金稽核的法律依据是国家及地方制定的失业保险政策法规以及企业财务通则、会计准则和会计制定以及劳动工资制度。主要有《稽核办法》、《社会保险征缴暂行条例》(以下简称《征缴暂行条例》)等。根据《征缴暂行条例》，各地方经办机构获得同级政府部门授权后，可以开展稽核工作。而《稽核办法》规定"县级以上社会保险经办机构负责社会保险稽核工作"，两部法律规定稍有不同。

　　从法的位阶关系和冲突适用原则角度来看，《征缴暂行条例》是由国务院发布的行政法规，《稽核办法》是原劳动部颁布的部门规章，可见《征缴暂行条例》是《稽核办法》的上位法，《稽核办法》是特别法。《稽核办法》明确规定经办机构负责稽核工作是原劳动部根据上位法的应有之意，通过规章形式予以明确①。此外，考虑到在实际工作中，经办机构本身具体负责基金征收和支付等工作，掌握缴款人和失业者所有基本信息，由各级经办机构负责稽核工作不仅可以提高效率，也能最大程度发挥稽核的监管效力。

　　我国稽核制度存在诸多问题：第一，从我国目前的立法情况来看，可以直接规范稽核制度的仅有 1999 年、2003 年出台的《征缴暂行条例》、《稽核办法》，其余相关规定均分散于众多地方性规范文件中，这些法律实施后鲜有修改。《社会保险法》作为迄今为止社会保险领域的最高立法，全文对"稽核"二字也没有任何体现，稽核领域的立法活动停滞，法律对实际工作的约束和指导作用甚微。第二，我国法律虽已授予经办机构对基金收支的稽核权，但又规定缴款人和失业人员的违法行为只能由当地劳动行政部门进行处罚，导致经办机构"只能查不能管"，往往出现被核查人员以稽核人员无执法权而拒绝配合工作，此情形下只能出具《稽核意见书》，进一步处理需要报请同级人社部决定。这种权利义务不平衡严重削弱了经办机构在稽核工作中的权威，不规范行为无法得到及时纠正，稽核工作成果难以落到实处。第三，法律对具体细节规定模糊，究竟由经办机构哪个内设部门负责稽核工作、稽核的具体程序、奖惩制度等都未进一步明确。稽核工作在实际执行时人员混乱、程序不明，容易引起行为相对人的抵触与不配合，导致稽核工作无法正常开展。

　　针对上述问题，中央及地方应当重视失业保险稽核的重要性，加快有关立法活动，量化稽核工作操作细节，保证稽核工作所有环节均有法可依。行政部门也应当通过规章形式赋予经办机构一定的现场执法权，保证稽核人员权利

---

　　① 希木：《我国社会保险稽核的法律问题研究》，大连海事大学 2015 年硕士学位论文。

义务一致。此外,经办机构内部也应注重对稽核工作人员的法律、会计知识培训,提高稽核团队的整体素质,减少因执行不当引起对方的抵抗情绪。

3.失业保险基金内部控制检查评估

内部控制检查评估指对企业内部控制的合法性、合理性、可操作性等内部控制实际情况进行评价,是完善企业内部控制制度、保证内部控制有效执行的主要监管方式。将内部控制检查评估引入失业保险基金监管领域,具体是由经办系统工作人员对经办系统建立的各项内部控制制度进行日常检查和评估,发现并纠正内部控制缺陷。内部控制检查评估的具体对象是组织机构、业务运行、基金财务和信息系统等四方面内部控制执行情况。主要目标是强化各级经办机构内部控制意识,严格遵守内部控制制度;对经办系统内部控制建立与运行情况作出全面、客观评价,发现问题并提出建议;发挥内部控制应有作用,提高经办机构业务能力①。内部控制检查评估既包括稽核部门对本级经办机构内部控制的检查评估,也包括上级经办机构对下级的监督。

内部控制检查评估工作的法律依据是《内部控制暂行办法》、《社会保险经办机构内部控制检查评估暂行办法》(以下简称《检查评估暂行办法》)等法律文件。《检查评估暂行办法》对内部控制检查评估的内容、检查方法和评估标准、检查评估工作的组织实施作出较为详细的规定。该文件还以附件的形式提供《内部控制检查评估评分标准表》,从检查项目出发,列举各项目的检查标准和评价标准,将检查评估工作结果具体量化,给各地经办机构开展工作提供统一考核标准,对建立全国统一的内部控制检查评估制度具有重要意义。

检查评估应将工作重心放在各项内部控制关键环节,但《检查评估暂行办法》对检查评估事项仅作列举,经办机构无法抓住工作重点,很难找出内部控制缺陷②。检查评估包括自我检查和上级对下级开展检查两种方式,检查人员需要将检查中发现的问题及时报告主要领导,并提出整改建议。但各级经办机构在工作结束后无须发表内部控制声明,造成很多经办机构虎头蛇尾,无法起到应有作用。法律应明确经办机构必须对本单位和下级单位内部控制情况发表有效性声明,强化责任意识,将书面报告作为开展检查评估工作的重要支持文件。此外,《检查评估暂行办法》规定:检查评估采取评分制,对检查评估内容设定标准分值,根据检查评估结果确定被检查机构内部控制等级;等级标准主要有:优秀、良好、合格与不合格四类。此类评估结果划分过于笼统,

---

① 《社会保险经办机构内部控制检查评估暂行办法》第四条。
② 周荃:《浅析社会保险经办机构内部控制检查评估》,载《公共管理》2013年第11期。

各标准间界定模糊,无法体现内部控制究竟存在哪些缺陷。笔者认为,应当要求检察人员识别并记录内部控制缺陷,引入重大缺陷、重要缺陷和一般缺陷等分类概念①,围绕内部控制执行、业务运行、基金财务、信息系统等关键内控环节,运用缺陷认定标准对经办机构内部控制进行量化评估,再提出针对性解决措施,促进经办机构系统不断自我完善。

4.奖励与惩罚

奖励与惩罚一般发生在经办机构完成某项监管工作后,且奖励与惩罚与有关组织和个人的利益直接相关,监管效果最明显。同时,奖励与惩罚制度具有双面性,经办机构在运用时需格外注意把握尺度。因此,奖励与惩罚作为内部监管的方式具有特殊性。

法律对失业保险基金领域内的处罚较多,处罚对象主要是与基金运行相关的经办机构工作人员、缴款人以及失业者等利益相关方,内容多为发现违法行为后可能受到的处罚情形。我国法律已经注意到奖励制度的重要性,但法律只明确对工作突出的机构和个人应当进行表扬和奖励,而对于奖励对象、评选标准、奖惩方式等具体方面规定不够明确。我国失业保险基金系统总体呈现奖惩不平衡、惩大于奖的特点。此外,现有法律更倾向于结果导向型,用大量篇幅规制违法者应受到的惩罚,而对奖惩的对象、标准等方面鲜有规定。可见我国奖惩制度尚需完善,笔者认为应当从以下几方面进行:

(1)建立奖惩制度与其他监管方式之间的联动机制

奖励对象应以内部审计、稽核以及内部控制检查评估的工作结果为依据,做好监管方式之间的衔接。如通过内部控制检查评估工作发现内部控制缺陷后,不仅要找到应对措施,还应通过惩罚制度,对负有责任的组织和个人进行处罚;当稽核部门开展工作时,对维护基金资产安全做出贡献的相关人员也应给予一定奖励。

联动机制将基金内部监管的效果真正作用于行为人,将监管效果落到实处。联动机制的优势主要有:一方面,由于与自身利益密切相关,为获得正面评价,相关部门、人员易于主动配合监管,从而提高工作效率;另一方面,将奖励与惩罚作为其他监管方式的后续衔接,最大限度地发挥奖惩制度优势,将监管成果持续、长期地作用于经办系统各个环节。

---

① 根据财政部、证监会、审计署、银监会、保监会在 2010 年联合发布的《企业内部控制审计指引》,重大缺陷是指一个或多个控制缺陷的组合,可能导致企业严重偏离控制目标;重要缺陷是指一个或多个控制缺陷的组合,其严重程度和经济后果低于重大缺陷,但仍有可能导致企业偏离控制目标;一般缺陷是指除重大缺陷、重要缺陷之外的其他缺陷。

（2）丰富奖励的形式

目前法律对奖励的形式没有明确规定，原则性条款不能作为实际工作的参考。根据奖惩平衡原则，经办机构应当对促进基金监管工作的行为和人员进行表扬和奖励。未来法律应当丰富奖励方式，建立既包括精神层面（如通报、公开表扬等）；又包括物质层面（如发放奖金、优先晋级等）的全方位奖励制度。譬如在征收环节，对于经办机构收费工作人员超额完成收费的，可以给予一定比例奖励；在支付环节，建立基金个人账户，职工失业后可以享受失业保险待遇，未失业的劳动者在退休时退还个人账户资金①。

（3）将刑事处罚作为惩罚的最后一道防线

《社会保险法》用专章规定与社会保险有关的罚则，但对于隐藏、转移、占用社会保险基金等类似的严重主观类违法行为，只规定责令追回、没收违法所得和给予行政处分；相关行为如果构成犯罪，还需依法追究刑事责任②。《社会保险费》对行政处罚和刑事处罚的裁量标准模糊，相关犯罪行为缺乏全国统一标准，只有少数地方性规范文件对上述问题予以明确，但其效力仅限于本辖区范围。例如，在四川省人社厅和四川省公安厅联合印发的《关于切实做好我省社会保险欺诈案件查处和移送工作》中，明确当社会保险欺诈案件涉案金额达到 5000 元以上时，该案件必须移交至公安机关立案侦查。此外，我国刑法中也没有专门针对社会保险基金犯罪的罪名，根据罪刑法定原则，诸如骗取、挪用失业保险基金的行为无法得到相应惩罚。

笔者认为，首先应当明确刑事责任的构成标准，将隐藏、转移、占用保险基金等类似严重影响基金安全的行为定性为犯罪行为，然后根据犯罪行为的性质、金额、影响范围等因素确定刑事责任。同时，在《刑法》中增设相应罪名，如"隐藏、转移、占用社会保险基金罪"、"社会保险诈骗罪"等③，让刑事处罚"罪出有名"，将犯罪行为绳之以法。

（二）南非失业保险基金内部监管的主要方式

南非的失业保险基金内部监管法律制度虽历经多次修正，但整体保持稳定，监管方式也伴随法律发展得以丰富和完善，保证失业保险局的监管水平符合要求。南非内部监管系统类似于公司治理结构，这种结构有效保证失业保

①　刘君：《对失业保险基金管理的探讨》，载《商业经济》2005 年第 9 期。

②　《社会保险法》第 94 条，"违反本法规定，构成犯罪的，依法追究刑事责任"。

③　韩爱新：《社会保险基金监管的法经济学分析》，中国政法大学 2011 年硕士学位论文。

险局制定的每项政策几乎都能有效执行,并将执行结果及时反馈。

1.内部审计

根据南非《公共财政管理法》、经批准的失业保险局章程以及管理层审核并经审计与风险委员会批准的审计计划,失业保险基金需要进行内部审计,具体工作由失业保险专员下设的内部审计理事会负责。目前,内部审计的主要类型有①:管理审计、周期性审计、后续审计、咨询服务、信息技术审计和临时审计。

内部审计致力于保证与咨询服务,保证服务包括对内部控制、风险管理和管理流程的充分性、有效性的独立审查②;咨询服务旨在增加价值并改善失业保险基金运行。内部审计所进行的咨询活动兼具正式、非正式属性,主要形式包括参加非正式临时会议,与管理层和工作人员进行例行信息交流,以协助提供最佳时间框架和政策程序。

内部审计理事会和审计与风险委员会是内部审计的主要负责部门。内部审计理事会是失业保险专员设立的职能部门,需要将年度内部审计工作情况总结并撰写内部审计报告向审计与风险委员会汇报工作。内部审计工作内容有:失业保险基金的省级运营及绩效信息、供应链管理、基金内部财务控制、信息系统执行情况和劳工激活项目。由于内部审计理事会每年度都进行多次内部审计,因此报告中对内部控制、风险管理和管理流程所发表的意见均基于多次审计基础上的累计结论,内部审理理事会无须在报告中对每次审计发表意见。

审计与风险委员会是南非失业保险基金的内设委员会,它由三名独立非执行委员和两名由失业保险局提名的委员构成。失业保险局章程规定审计与风险委员会必须在一个财政年度内至少需要举办四次会议,以保证内部审计工作的顺利进行。同时,审计与风险委员会根据《公共财政管理法》第76条和第77条的相关规定③,履行对失业保险基金活动和运作的监管职责。法律

①　DM Porter,"Contextual Analysis of Section 8 Charter Rights in Supervisory Audits",*Crim.L.q*,2002,pp.16-19.

②　独立审查是对管理层和员工对有关法律、法规、经批准的政策、程序以及最佳政府实践做法的遵守情况进行的持续性审查。

③　《公共财政管理法》第76条(4)(d)规定,"审计委员会及其人事任免和职能"。第77条规定,"(a)审计委员会必须包含至少三名成员,就部门而言(i)其中一人必须来自公共服务体制外;(ii)大多数成员不能是该部门的雇员,除非经有关财政部门批准;(iii)主席不能是该部门的雇员";(b)每年至少开会两次;(c)如相关财政部门认为更经济,则可以为两个或多个部门或机构设立。

还规定委员会需要履行其在委员会章程中所记载的一切责任,并根据委员会章程规范行为。

审计与风险委员会通过召开委员会会议审查内部审计理事会提交的内部审计报告,评估内部审计是否在报告期内有效运行;同时综合考虑包括财务、业务信息报告在内的所有保证报告,对保证失业保险基金日常运行内部控制整体有效性发表明确意见。审计与风险委员会在每个财政年度结束后,需要编制《委员会报告》,委员会需要根据其职能和各项工作的完成情况,按照规定对失业保险基金的内部控制环境、内部审计、治理以及基金的风险管理等方面发表意见并供失业保险局参考,当局通过审阅、评估相关工作报告履行监管职能。

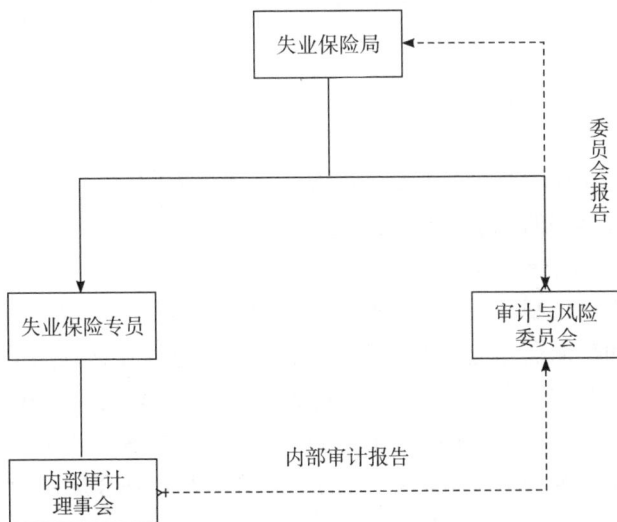

图 3

2.风险管理

根据南非法律及保险局章程,失业保险局需要对基金风险管理活动负责。失业保险局通过设计适当的风险基调,促进基金内部形成关键风险意识、主人翁意识和主动管理意识,并建立相应责任追究制度等方式进行风险管理。在风险管理活动的日常工作中,保险局可能向财务咨询委员会和审计与风险委员会咨询复杂事项,以确保险局实施正确的风险管理政策。此外,保险局通过确保全面实施与失业保险基金有关的风险管理策略,展示其有效的监管职能。

风险管理活动主要包括风险识别、分析、评估、控制等环节,根据南非失业保险局制定的战略和运营计划,风险评估每年进行一次,具体在每财年第一季度(4月1日至6月30日)进行,持续性监控程序在第二季度(7月1日至9月

30 日)进行①。在现行法律制度下,风险管理活动由风险管理理事会具体负责。风险管理理事会是保险专员设立的专门识别和控制基金风险的部门,其识别和控制风险工作目前很大程度上依赖内部审计。现行法律框架下的风险管理理事会定位比较模糊,虽然风险管理理事会依法也需向审计与风险委员会提交风险管理报告,但报告书中大部分内容需要借鉴内审工作成果,风险管理理事会的工作缺乏独立性。

失业保险局还致力于提高基金整体风险管理成熟度,主要措施包括:①建立完整基金运营风险治理结构,运营风险委员会(由理事及副理事组成);②省级风险管理委员会每季度在各省召开,由省级办公室主任担任委员会主席;③所有失业保险经办机构和省级机构均需要设立风险监管机构,负责监控和报告新出现、具体化、需避免和可接受风险;④将风险管理作为管理委员会、执行委员会、财务咨询委员会和失业保险局常设议题;⑤建立风险偏好框架,将发现偏好作为风险承担理念一部分;⑥基金会计主任保证将风险管理工作作为劳动部和失业保险基金所有员工的绩效考评;⑦制订两年计划,以协助失业保险基金实现理想的风险管理成熟度。

3.基金欺诈调查

失业保险局已制订防止基金欺诈计划,用以发现和调查基金欺诈活动,保护基金资产和其他资源免受不道德行为侵犯。防止欺诈计划是指强调在基金内部有效管理欺诈和腐败的结构化方法。防欺诈计划的主要原则是通过震慑、发现和阻止来解决任何可能用来进行基金欺诈的漏洞或机会。该计划支持管理层对欺诈者采取适当行动,目的是创造一种对基金欺诈和腐败零容忍文化,并防止和阻止欺诈与腐败②。

基金欺诈调查工作由风险管理理事会下设的欺诈调查组具体负责,调查组负责将免费的匿名欺诈举报热线和邮件地址告知所有缴款人和公众,接听匿名举报者对于可疑行为的举报,并针对举报事项进行调查。同时,失业保险局还要求所有省办事处和劳动中心工作人员每年定期开展风险与欺诈意识宣传活动,扩大基金内部和公众对基金诈骗的认识和理解,有利于欺诈调查组开展相关工作③。

---

① Department of Labour, "Annual Report for the Unemployment Insurance Fund for the year ended 31 March 2018", 2018, p.186.

② Ibid, Department of Labour, p.212.

③ Geneva, "Technical Memorandum—South Africa labour administra and inspection need assessment", 2010, p.21.

由于大部分基金欺诈行为是由基金收支管理过程中工作疏忽和内部控制缺陷造成,因此失业保险局在组织内部审计和风险管理过程中十分重视发现、识别可能导致基金欺诈行为的潜在风险。

(三)比较分析

中国、南非的失业保险基金内部监管主体根据其各自监管内容,采取各种监管方式以确保履行法定职责。我国失业保险经办机构主要监管方式有:内部审计、基金收支稽核、内部控制检查评估以及奖励与惩罚。南非失业保险局的内部监管方式主要有内部审计、风险管理、基金欺诈调查。

1.各级经办机构的参与程度

总体来说,两国失业保险基金各级内部监管机构对基金进行监管的参与程度有所差别。在中国,各项监管事务均需各级经办机构参与其中,共同协作达到监管目的。如内部审计需要各级经办机构的稽核部门负责本级机构内部审计,经办机构还需要对本单位基金收支活动进行稽核,内部控制检查与评估既需要本级经办机构自我检查,还需要对下级机构进行检查等。可见,我国失业保险基金整体监管效果是各个经办机构内部监管工作成果的汇总。南非现行内部监管制度建设工作大多限于省级以上,卫星办公室和流动服务站点参与度极低,无论是内部审计、风险管理还是基金欺诈调查,都由失业保险局下设内部职能部门完成。导致虽然南非失业相关法律制度比较健全,但真正负责业务办理的基层经办机构在整个监管过程中缺乏参与度,职能与地位错配,影响监管工作精准度。

2.对奖惩制度的运用

我国已将奖惩制度引入失业保险基金内部监管制度中,并与其他监管方式相衔接。通过其他监管方式,经办机构已经掌握各利益相关方的遵纪守法情况,最后通过奖励和惩罚措施将监管成果直接作用于特定行为主体,形成监管闭环。南非尚未建立奖惩制度,法律侧重于制裁基金运行系统内的违法行为,如基金欺诈调查旨在发现并惩罚基金欺诈行为,风险管理旨在发现基金运行风险。现有制度中缺乏正面激励机制,与之相关的缴款人、失业者、工作人员等无法通过促进基金运行获得肯定评价和反馈,办事机构的薪资待遇与工作能力没有直接关联,缺乏提高服务质量、保障基金资产的内在动力。

3.基金欺诈调查制度

我国基金举报制度属于外部监管方式,具体承办举报受理和办理工作的主体是县级以上各级人民政府劳动保障行政部门,主要方式是通过接受社会公众的举报电话、传真、信函或电子邮件①。南非将基金欺诈调查纳入内部监管系统,从法律上将基金欺诈调查权赋予失业保险局,并由基金欺诈组直接针对可疑行为展开调查。笔者认为两种模式各有优劣:一方面,我国劳动行政部门在接到举报电话后即开始调查,但举报事项大多与基金收支管理密切相关,因此调查工作通常需要经办机构紧密协助,调查过程中所取证据也通常是来自经办机构内部。若法律授权由经办机构直接负责办理举报受理和调查工作,可一定程度上降低协调成本,加快调查进度并在最短时间内向举报人反馈结果,提高基金欺诈调查工作效率。另一方面,现实中的基金欺诈行为十分复杂,不仅存在雇员雇主谎报失业,骗取保险基金行为,还有基金内部工作人员利用系统缺陷窃取、占用保险基金,甚至内外勾结侵犯公共财产。对于单纯的外部欺诈,直接由经办机构调查处理往往更加高效。但如果基金欺诈行为涉及经办系统内部,由经办系统工作人员负责基金欺诈调查会受到较大的阻碍,此时就需要由外部相关部门负责调查工作,以保证基金欺诈调查的真实性。

笔者认为,在设计基金欺诈调查制度时,应当在保证应有效果的基础上尽力提高效率。具体来说,应当在举报受理工作由有关行政部门具体负责的基础上,注意区分基金欺诈的性质和类型,如果初步判断为外部欺诈或影响较小,则直接将调查权交给失业保险基金的内部监管主体负责处理,以提高调查的效率;当欺诈行为可能涉及内部人员或情况复杂时,说明经办系统内部控制已经失效,此时应由外部独立部门调查基金欺诈以保证效果。

(四) 小结

中国、南非在失业保险基金内部监管方式上各有特点。总体来说,两国相关制度的相同之处在于:①两国均将内部审计作为主要监管方式。中国各级经办机构的稽核部门负责本级内部审计工作,但经办系统内部缺乏统筹整体内部审计工作的内设部门,亦不会专门形成内审报告,内部审计工作的效果无法得到保障。南非由内部审计理事会和审计与风险委员负责内审,其中内部审计理事会负责具体审计工作并形成书面报告,审计与风险委员会通过评价内部审计报告并结合其他书面报告对内部控制整体有效性发表意见,供失业保险局参考。②均建立与基金欺诈调查的相关制度。但中国目前将基金欺诈调查作为外部监管制度,且主要通过接听来自公众的举报电话,无法有效发现

---

① 《社会保险基金监督举报工作管理办法》第 6 条:"劳动保障行政部门应当开设社会保险基金监督电话,向社会公布监督电话号码、传真号码、通讯地址、邮政编码和受理举报的范围,并为举报人提供其他便利条件。"

和消除欺诈风险,未来应根据基金欺诈的性质,采取不同监管措施。南非失业保险局一方面注重培养对基金欺诈和腐败零容忍的文化,使相关工作人员自觉养成防范欺诈风险的意识,另一方面成立专门的基金欺诈调查小组,对各类欺诈行为进行调查。③均重视对基金系统风险的控制,我国通过内部审计、稽核以及专门针对经办系统内部控制的检查评估制度等保障经办机构内部控制有效,从而保障基金运行合法以及资产安全,而南非尚未专门针对内部控制建立相关制度,风险管理仅能应对常见风险,无法系统应对内部控制缺陷等引起的基金运行风险。

不同之处在于:①我国经办机构能够对基金收支进行稽核,有权对相关申请人提供的资料进行实地检查、询问、查阅账簿等实质性审查,而南非失业保险局主要通过形式审查的方式,对申请人提交的书面材料进行审核。②我国经办系统通过奖惩制度将监管效果最大化,南非政府只注重惩罚,没有发挥奖励制度对基金监管的积极意义。

监管方式是连接监管主体和监管事项的桥梁,只有不断丰富和改进现有监管方式并创造新的方式,才能保证监管水平符合要求。

六、完善中国、南非失业保险基金内部监管法律制度的思考

目前,中国、南非建立的失业保险基金内部监管法律制度在监管主体、监管事项和监管方式等方面存在不同,两国应相互借鉴彼此经验,完善各自相关制度。在此基础之上,两国还应积极学习其他国家的成熟经验,使其失业保险基金内部监管法律制度与国际趋势保持一致。

(一)中国、南非失业保险基金内部监管法律制度的相互借鉴

中国、南非失业保险基金内部监管法律制度保障着数以百万计失业者在失业期间获得基本生活保障。且两国作为全球新兴经济体,失业保险制度起步较晚,目前均面临严重的失业问题,比较两国相关法律制度并对其完善进行思考对减轻失业问题和维护社会稳定均有积极意义。

1.中国向南非借鉴

(1)内部监管主体的组织实施的改革

我国失业保险经办机构在中央一级是隶属于人社部的管理中心,依法管理、指导各地方保险管理工作;在地方分别设省(自治区、直辖市)级、市级和

区(县)级经办机构。但地方经办机构并非由管理中心直接设立和管理,地方经办机构存在法律定位模糊、名称及内设部门设置不一的现象。同时,我国各地失业问题严重程度各异,有些地区失业保险基金结余巨大,有些地区失业保险基金需要财政补贴才能维持基本运行。造成上述现象的根本原因就是立法者没有理顺政府行政部门与事业单位的关系①,全国经办系统统筹层次较低,各地失业保险基金就像一个个"池塘",难以进行统一监管。

笔者认为我国法律应当参照南非以失业保险局为核心的监管系统进行改革,具体原因如下:

失业保险运行的基本原理是运用大数法则、风险分散等保险经营经典法则,利用保险团体责任来分散社会整体失业风险②。失业保险基金主要是根据参保人共同缴纳保费形成的,独立于一般意义上的政府财政。我国失业保险基金采用现收现付制,遵守"以支定收、收支平衡、略有结余"原则,经办机构应完全依靠失业保险基金自身收支维持其财务平衡。失业保险与其他非缴费类社会保障制度有本质区别,经办机构应当对基金的征缴、管理、支付等应承担独立责任,地方政府不应对失业保险基金的财政和人事干预过多。

南非失业保险基金内部监管制度具有公司治理结构的优势。整个监管系统以失业保险局为核心,在全国范围内实行垂直管理,基金内部监管独立于地方行政管理,依靠制度本身对基金进行监管,不再依赖于政府的执政能力和干预水平。

我国未来应分对外、对内两方面对经办系统进行改革。对外,"切断"经办机构与地方行政部门的联系,从人事任命和财政两方面摆脱地方行政部门的干预,建立由中央层面的管理中心统一管理的垂直管理模式;对内,参照南非的类法人治理结构,明确划分各职能部门之间的权利义务,将监管权力逐级下放,最终交由具体部门负责各项事务,保证基金监管效果。因此法律应重视相关制度的顶层设计,赋予管理中心更多实权,不断巩固其在经办系统内的领导地位。

最后,考虑到我国目前的社会市场经济发达程度较低以及内部监管经验

---

① 我国目前法律文件中对于"社会保险经办机构"这一概念的适用大多沿用国务院1993年颁布的《国务院批转国家体改委关于一九九三年经济体制改革要点的通知》中的表述方法,但《通知》对经办机构的法律定位并未明确;作为我们现阶段失业保险法律领域位阶最高的《中华人民共和国社会保险法》,虽然用第九章专门对社会保险经办机构作出详细固定,但对其法律定位仍讳莫如深。

② 张艳辉:《保险经营中的大数法则与规模经济》,载《财贸研究》2003年第3期。

与发达国家尚有差距,在改革的过渡期间可以先由人社部选举管理中心的主要负责人员,待未来时机成熟再逐步推行民主选举程序。

(2)内部监管事项及方式的完善

我国法律并未赋予经办机构对基金欺诈行为调查权,仅要求县级以上劳动保障部门负责接听社会举报电话。可见,目前我国缺少与基金欺诈行为相关的内部监管法律制度。政府部门接收群众举报成为调查基金欺诈行为的唯一途径,与我国日益严重的基金诈骗现象严重不符。南非将基金欺诈作为失业保险局的重要监管内容,并运用多种方式预防、发现并调查基金欺诈活动。例如,在基金系统内部专设基金欺诈调查组专门负责调查系统内欺诈行为;每年定期在各级办事处开展反欺诈宣传活动;以及负责接听匿名举报电话、电子邮件和传真等。

笔者认为,在保持我国现有法律框架不变的前提下,应吸取南非基金欺诈调查制度的成熟经验,分情况对基金欺诈举报进行处理。原则上仍由各地政府部门统一负责接收公众的举报,但应根据欺诈行为性质将具体调查任务分配至不同主体,如对于单纯外部欺诈活动①,在收到举报信息后直接由经办机构负责并由其反馈调查结果;对于涉及经办机构工作人员的内部欺诈活动②,政府部门接到举报后转给其调查部门,同时在调查取证过程中做好对经办系统保密工作,避免调查工作丧失独立性。

除通过群众举报对欺诈行为进行调查外,经办机构内部还应成立独立部门负责基金欺诈调查工作,建立主动预防、调查基金欺诈机制。管理中心可以仿照南非失业保险局的做法,研究制订防止基金欺诈计划,逐步完善欺诈调查的制度建设。地方经办机构应每年定期举办基金反欺诈宣传活动,培养经办系统内从上到下对基金诈骗和腐败零容忍的监管文化,保障基金财产不被侵犯。

2.南非向中国借鉴

(1)对南非相关法律制度的完善进行思考的必要性

中国、南非互为重要的贸易伙伴,2017年双边贸易额达到391.7亿美元,同比增长11.7%。南非已经连续八年成为中国在非洲第一大贸易伙伴,而中

---

① 失业保险基金的外部欺诈方式主要有:①雇主通过各种手段或借口逃避缴费义务;②劳动者隐瞒真实情况骗领失业保险基金;③伪造索赔材料骗领失业保险基金;④主观上不积极再就业以领取失业保险基金。

② 失业保险基金的内部欺诈方式主要有:①虚构理赔申请盗领失业保险基金;②利用职务之便,占用、窃取失业保险基金;③与外部人员勾结,共同骗领失业保险金。

国已连续九年成为南非最大的贸易伙伴①。据中国驻南非大使林松添介绍,截至 2017 年末,中国对南非投资累计已超过 250 亿美元,为南非创造数十万个就业岗位②。

随着中国对南非的贸易、投资活动日益渗透到当地各行各业,我国远赴南非投资的企业以及务工的人员队伍不断壮大。外籍劳动者本就处于天然弱势地位,加之南非国内失业率近年来居高不下,中国籍劳工人员面临更高的失业风险。因此,为保障在南非工作的中国籍企业和务工人员的合法权益,结合本文前述比较研究成果,对南非失业保险基金内部监管法律制度的完善进行思考具有必要性。

(2)内部监管主体组织实施的完善

根据南非统计局提供的数据,截止到 2017 年年底,南非失业人口为 588 万,失业率为 26.7%。南非通过各种劳动中心、卫星办公室和移动服务点为劳动者提供失业保险基金相关服务,目前有 125 个劳动中心分布在全国九个省内,上述劳动中心进一步为其地理辐射区内的 825 个卫星办公室提供服务。南非失业保险基金的人员支出的主要数据如下表③:

表 3

单位:千/兰特

项目	基金总支出	人员支出	人员支出/总支出	雇员总数	平均人员成本
失业保险基金	19,731,669	1,168,993	5.92%	2,981	392

随着失业保险基金规模和参保人数不断扩大,卫星办公室和移动服务点工作人员经常处于超负荷运转状态,影响基金运行的效率和服务质量。相关法律和失业保险局制定的各项政策难以在基层办事机构有效执行,造成基层失业者很难受到公正服务。

南非失业保险基金办事机构并未按照行政区域设立,可能形成监管真空地带。特别在某些失业问题严重的落后地区,基金征缴和支付工作难以正常开展。南非可以参照我国,经办机构设立于行政区域划分尽量保持一致,保证全国各地劳动者均能享受保险服务。在此基础上,综合考虑各地区失业保险

---

① 数据源自商务部 2018 年 6 月 28 日例行新闻发布会,http://finance.sina.com.cn/world/2018-06-28/doc-iheqpwqy0430794.shtml,访问时间:2019 年 1 月 17 日。

② 刘雅婷、杨曦:"数据统计:2017 年中南双边贸易额达 391.7 亿美元",载《经济参考报》,访问时间:2019 年 1 月 17 日。

③ Department of Labour,"Annual Report for the Unemployment Insurance Fund for the year ended 31 March 2018",2018,p.80.

基金规模、失业人口、失业率等因素,建立数量匹配的管理机构。

法律制定者还应注意法律对基层办事机构的影响力,不能只注重法律制度的完备性而不考虑实际执行效果,如何让基层失业保险基金办事机构有效参与到内部监管当中是南非未来立法的工作重点。

(3)内部监管内容及方式的完善

①将内部控制纳入内部监管制度

内部监管主体本质是一种制度安排,很容易因制度缺陷或人为破坏而失效,因此其内部控制质量将直接影响对基金运行的监管效果。我国经办机构内部控制制度比较健全,相关法律对经办机构内部控制的内容、监督等方面规定详细。南非尚未注意到内部控制的重要性和必要性,为保障对失业保险金有效监管,应将失业保险局内部控制情况纳入监管范围,予以维护和监督。

首先,失业保险局应当建立内部控制制度,可以参考中国将机构运行按照组织机构、业务运行、基金财务和信息系统四大维度进行分类和控制,也可以按照其他维度将机构运行进行分类,目的是将内部控制理念融入业务办理每个环节,建立不相容岗位分离、业务环节之间既相互衔接又彼此制衡。

其次,失业保险局应成立专门机构,对内部控制情况进行监督。目前中国的内部审计、稽核、内部控制检查评估均能对内部控制起到监督作用,南非已经建立内部审计制度,未来可以引入内部控制检查评估和稽核等方式加强对内部控制方面的约束。

最后,专门负责内部控制监管的内设部门应形成内部控制有效性声明,定期向失业保险局汇报工作。失业保险局根据专项报告,对内部控制整体运行情况进行评估并制定相应政策。对已发现的内部控制缺陷,失业保险局应提出应对措施并交由下级部门负责执行。

②建立完整科学的奖惩制度

激励机制是公司治理中重要的管理方式,而南非目前未将激励机制引入内部监管法律制度当中,失业保险局更倾向于惩罚违法行为,无法发挥公司治理模式应有的制度优势。

从监管角度来看,奖励与惩罚制度不仅是其他监管方式的有效补充,还能促进失业保险基金内部监管主体自我进步。奖励的目的是通过激励对基金发展做出贡献的组织或个人,从而起到示范效应。在此过程中应注意以下几点:第一,法律应当明确评选主体,为保证评选结果的权威性,评选主体的级别不宜过低,可以由失业保险局设立专门委员会,负责基金内部监管的奖惩工作。第二,结合内部审计、风险管理、基金欺诈调查等其他监管方式的结果,制定科学的评判标准。第三,要针对具体情况给予不同的奖励和惩罚措施,做到奖惩适度,避免因奖惩失衡给监管工作带来负面影响。

(4)南非向中国借鉴的途径南非法律注重对民族工业的保护,在股权比例、劳动保护、环境保护等方面限制较多,政府还将外商优惠政策与企业本土化程度与黑人持股比例等因素挂钩,因此中方企业赴南非投资建厂时,通常会雇佣较多数量的当地员工以符合当地法律、政策要求。此外,南非工人维权意识高,国内法律对职工待遇和解雇、失业保障等领域规定严格。南非各类工会组织独立性较强、势力强大,劳资关系普遍紧张,在南非目前高失业率的背景下,导致罢工频繁发生,给大量雇佣当地人员的中方企业和赴南非工作的中国籍劳动者带来巨大威胁。

中国失业保险基金内部监管法律制度在监管主体组织结构和监管事项及方式等方面对南非均具有借鉴意义,未来应当充分利用现有合作机制并不断寻找新的途径,加强两国相关法律经验交流分享,构建中国、南非在失业保险基金内部监管法律领域协调机制。

笔者认为,目前中国、南非可通过以下途径进行经验交流:

①金砖国家峰会、金砖国家劳动就业部长会议等

金砖国家峰会是每年定期召开的金砖国家间最高级别会议,已成为金砖国家合作的常态化机制。自2009年在俄罗斯叶卡捷琳堡召开第一届以来,至今已连续召开十届,南非在2011年首次参加会晤,金砖四国变为金砖五国。

每届峰会均会确定一个主题,五国领导人在该主题下举行会晤并确定下一步共同发展规划,对各国发展均具有战略指导意义。与此同时,与会议主题相关的各国部长亦会举办各类部长级会议,达成共识后签署专项合作谅解备忘录或协定。

以金砖国家峰会、金砖国家部长级会议为主的金砖国家合作机制日益成为金砖五国及周边国家相互合作、共谋发展的有效沟通途径。随着各国合作不断深入,未来可在相关会议中将失业问题提上日程,利用金砖国家合作机制促进中国与南非,乃至其他金砖四国之间关于失业保险基金内部监管法律制度建设与完善方面的交流。

②在双边协议中增加关于失业风险防范的专项内容

中国政府与南非已在政治、经济、文化等不同领域、不同行业内签署了数量众多的双边协定。例如《中华人民共和国政府和南非共和国政府关于相互鼓励和保护投资协定》《关于成立经济和贸易联合委员会的协定》《关于促进两国贸易和经济技术合作的谅解备忘录》《共建丝绸之路经济带和21世纪海

上丝绸之路的谅解备忘录》等。但截至目前，笔者尚未在两国签署的双边协定中找到专门防范失业风险的内容。未来双方在签署和更新双边协定时，可考虑增加相关内容，使双方交流失业保险基金内部监管法律制度经验成为可能。

(二)其他国家对中国、南非的启示

1.智利

智利不仅是拉丁美洲和加勒比地区经济增长最快的国家，也是全球增长最快的国家之一。1990年至2004年人均国民生产总值为4%，按购买力平价调整后的人均收入由1990年的5861美元跃升至2004年的人均9993美元①。20世纪90年代末，亚洲经济危机导致的贸易条件和外部需求恶化，减缓智利经济增长并导致失业率上升。1999年，失业率上升到8.3%，高于去年的6.1%和前五年的7%。虽然经济增长在2005年恢复到6.3%，但失业率仍居高不下，自1999年以来平均失业率为8.9%。20世纪90年代末失业率激增重新引发智利政府关于如何保护工人免受失业风险影响的思考②。

智利政府考虑到基金监管的有效性和相关历史经验，决定将失业保险基金管理职能交给私人公司。智利失业保险基金的管理权通过招投标方式，由政府授权给同意收取十年最低管理费的公司。除此之外，招标过程还设定诸如地理覆盖范围、支付系统和支付等待时间等与服务质量相关的技术标准，用来选拔符合要求的公司。招标公司也可以提出以相同的价格执行其他增值服务，提高其竞标成功率。通过在失业保险基金领域引入市场化的竞争机制，政府既可以最低成本解决监管基金系统的问题，也可以提高基金的运行效率。

智利失业保险基金主要由依法建立的专门委员会和根据公开招标方式选择的私人管理公司负责管理和监督。专门委员会由三名工人代表和三名雇主代表组成，并由一名专家学者担任主席，每位成员最多任职三年。委员会主要职责为：监督及时支付基金和制度申请赔偿资质标准的程序；私人公司运用投资工具和政策，并确保其遵守合同条款。私人公司则负责管理系统内的失业保险基金，主要工作包括：失业保险基金的征收、贷记个人储蓄账户、将基金投

---

① International Labour Organization, "2005 Labour Overview- Latin America and the Caribbean", 2005, pp.23-24.

② Vroman, Wayne, "Unemployment Protection in Chile", 2003, p.2.

入金融市场、审核投保人是否具备申请资质、支付救济金以及向债务人追索①。

基金欺诈是基金监管不力的直接体现,也是各国失业保险基金内部监管均要面临的主要困难。智利相关制度能够有效应对和解决基金欺诈问题:一方面,私人管理公司每年的佣金费是以其管理基金的总额为基数,按照一定比例计算得到。根据智利养老基金管理经验表明,固定佣金无法激励管理者获取更高的盈利能力和提高基金规模,而以累计基金总额为基础的薪资计算方式可以激励公司不要多付,因为不正当的多付会导致已积累的资金减少从而减少其佣金,智利模式下的薪酬机制可以降低内部工作人员进行欺诈的主观动机②。另一方面,智利政府由私人公司管理基金的重要原因是私人经理需要直接对不正确的基金支付负责,如果资金流向不正确的受益人,则其对追回这些基金财产负有个人责任。严格的责任追究制度也能减少多付现象和权力滥用行为。

目前中国、南非失业保险基金经办人员的工资仍取用固定薪酬制,个人薪酬待遇与基金运行状况无关,内部缺乏有效的激励机制。两国可以参考智利模式,将员工薪酬与管理基金总额挂钩,有助于避免少收和多付现象。此外,智利模式将失业保险基金的内部监管彻底与行政管理隔离,杜绝"行政干预"对基金的不利影响,而"基金运行不独立"正是类似中国、南非等发展中国家反复出现的问题,相关经验值得借鉴。

如果未来国内监管环境和资本市场条件满足要求,中国、南非可以考虑完全放开对失业保险基金的监管权。参考智利,建立由民主选举程序组建的委员会,并通过招标方式选择私人公司负责基金的具体运营管理。但要注意将个人储蓄账户、共同基金与管理公司的财产之间进行隔断,避免失业保险基金财产受到私营公司运营风险的影响。

2.美国

在立法层面,美国失业保险基金管理主要受《社会保障法》、《联邦保险税法》和《失业保险税法》等法律调整。联邦失业保险领域首部法律为《1935年社会保障法》,之后经过多次修订,其中涉及失业保险部分的条款予以保留和维持,至今仍生效。《社会保障法》中虽仅有第3节和第9节涉及失业保险,

---

① World Bank Group, "Unemployment Insurance in Chile: A New Model of Income Support for Unemployed Workers", 2006, pp.15-16.

② Vodopivec, Milan, "Choosing a System of Unemployment Income Support: Guidelines for Developing and Transition Countries", *The World Bank Research Observer*, 2006, pp.48-89.

却是各州颁布相关立法的根本依据。联邦政府主要通过《社会保障法》《联邦保险税法》对州政府进行管理进行监督,确保州政府各项制度与联邦政府相协调;各州政府在联邦法律框架下,颁布各州《失业保险法》,依据其经济发展水平、社会文化、就业情况等对失业保险各个方面进行具体规定,到 1973 年,美国各州均制定各自的《失业保险法》①。

内部监管主体方面,美国失业保险制度的特殊之处就在于其建立的"联邦—州共同管理制度",美国不存在统一的失业保险法。因此,为保持这种独特的立法体制,美国的内部监管制度也分为两个层面:在联邦政府层面,由劳动部通过就业与培训总署下设的失业保险服务局负责具体管理全美范围内失业保险基金;在州政府层面,联邦法律要求在就业管理机构或经劳工部部长批准的其他机构设立失业保险经办机构,负责支付失业保险基金②。因此,各州内部监管结构大致相同,均建立州失业保险经办机构,并在各市、县建立分支机构。各州范围内的失业保险经办机构实行垂直式领导,各市、县经办机构的人员组织均由州经办机构派遣,并需要接受联邦劳工部派驻至各州的专家的监督和指导。也有一些州并不严格按照行政区域划分建立分支机构,而是根据城市人口分布特点,在人口相对集中的地区建立经办机构,各分支机构负责经办附近地区的失业保险相关事务。但是,州内各地失业者并不需要遵守地域限制,可以自由选择州内任一机构咨询、办理相关业务。

监管事项方面,联邦失业保险服务局主要职责有:保障各州制定的法律、条例、规定和失业保险基金运营与联邦法律相协调;确保全美范围内所有劳动者和雇主均参加全国性失业保险计划,以实现失业保险的立法目的;监督各州实施可以使所有雇员与雇主充分知悉其与失业保险相关的权利义务;负责制定、起草失业保险指导性政策并为各州日常管理工作提供技术支持;使用并管理联邦失业保险金,负责管理费的分配等。各州就业保障机构负责辖区内失业保险具体管理情况,可以根据情况下设多个执行机构,负责辖区内失业保险基金的发放与职业介绍等相关工作。

从美国失业保险机构的组织结构可以看出,美国失业保险基金内部监管的另一个突出特点就是提供"一站式"服务,致力于打造"就业导向型"失业保险制度。在美国,失业保险工作与再就业服务紧密相连,在对失业工人提供基本生活保障的同时,更加凸显其再就业功能。这与美国一直推行的就业—失

---

① 刘琳琳:《美国失业保险制度研究》,武汉科技大学 2013 年硕士论文。

② Silvia Albrizio, Juan Carlos Berganza, Iván Kataryniuk, " Federal unemployment insurance in the United States", No.2,2017,p.4.

业—再就业"一站式服务"理念有关,美国政府从 1988 年开始推行再就业援助计划,试用将失业保险、就业服务和职业培训有机结合①。美国之所以将失业保险基金监管职能赋予就业保障机构主要出于两点考虑,即工作测试和再就业服务。工作测试是指积极寻求下一份工作是失业人员在失业期间领取保险金的必要条件之一,就业保障机构负有评估失业者是否履行该要求的义务。就业保障机构在失业保险计划中的另一个基本角色是为失业保险申请人提供空缺职位信息和就业培训。可见,美国的失业保险与再就业服务联系紧密,由就业保障机构负责将失业保障与再就业工作相互打通,在保障失业者基本生活的同时为其后续工作提供服务,从根本上减轻和化解社会失业问题②。

在中国,失业保险与再就业服务工作相互独立,几乎未形成有效的互联互通。就业培训机构在为失业人员提供相关服务后,需向失业保险经办机构提出补贴申请,同时按规定提交相应材料,经过一系列复杂的审批后才能获得补贴。失业者只有得到劳动行政部门认可,才可以自行到正规就业培训机构学习,完成后向经办机构申请报销③。南非同样面临类似的问题,法律对提高失业者相关技能以促进其顺利实现再就业的规定几乎空白,虽然失业保险局在2017 年专设劳工激活计划委员会专门帮助特定失业者解决再就业问题,但真实效果有待评估。因此,中国、南非应当效仿美国的有关法律制度,将失业与再就业培训有机结合,使失业保险基金的内部监管主体的职责不局限于失业问题,还要关注失业者后续就业情况。

此外,还可以参照美国法律对领取失业保险基金条件的规定,将评判失业者在失业期间是否积极寻求工作作为持续领取保险金的条件,有效防止别有用心者通过消极就业方式变相套取失业保险基金,也能从另一方面督促失业者尽快实现再就业。

3.印度

印度目前为止没有制定专门的失业保险法,失业保险作为一项新计划被引入原有的综合社会保险体制内。印度根据议会颁布的《1948 年国家雇员保险法》,建立国家雇员保险公司(The Employees State Insurance Corporation of

---

① Kugler, Adriana, "Strengthening reemployment in the Unemployment Insurance System", Hamilton Project, 2015, pp.31-33.

② 徐芳:《美国失业保险管理体制及其对我国的借鉴》,载《湖北经济学院学报(人文社会科学版)》2007 年第 1 期。

③ 聂爱霞:《中国失业保险制度与再就业问题研究》,中国社会科学出版社 2014 年版,第 146~150 页。

India, ESIC)。该计划于 1952 年 2 月由当时总理潘迪特·贾瓦哈尔·拉·尼赫鲁在坎普尔实施。起初,国家雇员保险公司提供医疗救济、疾病救济、产妇救济、残疾救济和抚养救济。2005 年 4 月,ESIC 首次引入"Rajiv Gandhi Shramik Kalyan Yojna(RGSKY)"计划,即失业保险计划。在当时,凡向国家雇员保险公司连续缴款满三年的缴款人,就能自动受该计划的保护,在其失业期间领取一定失业救济金①。2016 年,印度修改缩短上述期间,只需缴款满两年便可以自动加入该计划。因此,目前印度失业保险基金的内部监管主体由印度国家雇员保险公司担任。

在内部监管主体组织实施方面,印度失业保险基金的内部监管主体是独立的法人团体。ESIC 常务委员会的成员来自印度国内各重要利益团体,包括雇员、雇主、中央和州政府以及医学界等②。公司主席由联邦劳工部长直接担任,常务委员会是 ESIC 的执行机构,而由中央政府任命的总干事担任 ESIC 的首席执行官,负责公司具体管理。可见,印度的内部监管主体与南非具有相似之处,均成立专门机构负责基金的管理、监督事务,但印度国家保险公司的主席由劳工部长直接担任,而南非失业保险局主席由劳工部长指派,可见 ESIC 法律地位高于南非失业保险局,更有利于履行监管职能。在中央一级,常务委员会负责管理公司事务、协调政策规划和决策,CEO 负责公司运行;在地方一级,已经成立区域委员会和地方委员会,以管理和监督国家保险计划的运作情况,并就其改进提出建议。除此之外,ESIC 还成立医院发展委员会,以改善各个医院和州执行委员会。

在监管事项方面,印度与中国类似,将多数社会保险的内部监管职能赋予统一机构,方便对各个社会保险统筹管理。南非主要社会保险均根据法律成立各自专门机构负责管理和监督,各组织间相互独立,导致南非整个社会保险制度管理结构较为分散,重复管理成本高,管理系统冗杂,未来应当尝试将各个社会保险的监管制度相统一,建立统一的监管框架,既可以节约管理成本,又可以促进各类社会保险之间的信息共享,增加协同效应。

作为金砖国家成员,南非、印度均已成立专门机构负责失业保险基金的内部监管,而我国在这方面的立法已落后于南非、印度。目前我国经办机构仍很大程度上依赖地方行政部门,地方经办机构与当地政府关系紧密,位于中央的管理中心权利受限,没有形成全国统一的内部监管系统,各地经办机构的监管

---

① Mani Shankar Aiyar, "Growth, but it's jobless", *Indian Express*, 2003, p.17.

② The Employees State Insurance Corporation of India, https://www.esic.nic.in/administration, last visited on 11 Nov, 2018.

效果不一。

笔者认为,赋予失业保险基金内部监管主体独立的法人地位是各国失业保险基金立法的发展趋势,政府不应对基金的运行和管理介入过多,我国应逐步调整现有制度,强化中央一级经办机构的监管职能,减小各地方政府对经办机构干预,真正做到由基金本身自负盈亏,独立运行。还应效仿南非、智利、美国、印度等国,将基金内部监管权合理分配给各利益方代表,各方均能通过代表对基金管理发表意见,保障各方利益平衡,避免因某一方势力过大使内部监管沦为工具。

(三) 小结

失业保险基金内部监管法律制度立法模式选择与该国的失业保险发展程度、社会文化和经济制度等因素息息相关,同时受到国内行政法、民法、经济法等多个部门法的调整,法律制度的构建和完善具有复杂性和不确定性。

总体来说,中国未来首先应加强经办机构的独立性。为达到上述目的,一方面应减少地方行政权力对基金内部监管的干预,另一方面应提高管理中心在经办系统内的法律地位,赋予其领导地方经办机构、统筹全国基金内部监管工作的相应权利,尽快建立经办机构垂直管理模式。其次,还要重视对基金欺诈、腐败行为的调查工作,改革现有公众举报接听制度,分情况对相关行为进行调查,在保障调查效果的基础上努力提高调查效率。南非需要重视建设失业保险基金基层办事机构,并从立法上将监管权力与义务赋予各基层机构,保证监管工作兼具广度和深度。南非政府还应适时制定与失业保险局内部控制相关的专门法律,帮助失业保险局对其办事机构自身运行进行系统性监督,有效预防和解决内部控制缺陷。

在此基础上,两国应进一步借鉴智利、美国、印度等国现有法律制度中的优越之处。智利方面:可以效仿智利将相关工作人员的工资薪金与基金运行效果挂钩,调动相关人员参与监管的积极性。在未来法治水平和金融市场环境达到要求的时候,可以将基金监管完全交由私营公司负责,赋予失业保险基金完全独立地位。美国方面:学习美国"一站式"服务思想,将就业——失业——再就业链条全面打通,挖掘失业保险基金促进再就业的巨大潜力,有助于从根本上降低失业率。印度方面:印度相关法律制度与中国和南非均存在相似之处,如印度也是将所有社会保险的监管职能统一交由单一机构,而印度国家雇员保险公司的法律地位比南非失业保险局更高,相应地,由其监管的失业保险基金独立性程度也更高。由于印度与中国、南非同属金砖国家成员,其法律制度对中国、南非的借鉴价值较高,值得两国学习。

最后,希望本文的研究能够引起理论界对失业保险基金内部监管法律制度的关注,以期完善和促进中国、南非相关法律制度,实现失业保险基金的内在价值,促进社会生产力的发展与进步。

结语

中国、南非的失业保险基金内部监管制度既有相同点,又有不同点。我国失业保险经办机构在人权和财政权等方面与地方政府的关系难以厘清,有些地方政府甚至决定不设立失业保险经办机构,由当地劳动保障行政部门直接负责管理。过多干预在一定程度上造成经办机构内部监管作用缺失和低效,导致我国失业保险基金欺诈和腐败案件频发,严重损害广大劳动者的合法权益。与中国相比,南非在立法上更侧重失业保险基金的私法属性,将基金看作一个独立整体,除失业保险局需要就基金运行效果向劳工部长负责外,国家公权力几乎不干涉基金的日常运作和管理。基于这样的法律认知,南非在《2001年失业保险法》中将基金内部监管职能赋予失业保险局和失业保险专员,并由失业保险局组建类似于公司治理的监管结构。

通过本文对比研究,可以看到两国失业保险基金内部监管制度各有优劣,但总体来说,南非以失业保险局为核心的内部监管制度更加符合国际发展趋势,相关经验值得我国借鉴。从功能主义的角度来看,各国失业保险基金内部监管法律制度的发展方向日趋统一,即逐步摆脱行政部门对基金的过多干预,利用公司法人治理思想,赋予内部监管机构一定的人事任免权和财政权,最终在政府弱干预下独立承担基金盈亏和监管职责。最后,中国、南非还应当不断拓宽监管范围并改进监管方式,保障失业保险基金运行合法、资产安全。

A Comparative Study of the Internal Supervision Legal Systems of China's and South Africa's Unemployment Insurance Fund

XIAO Chengang

Abstract : Social stability is the advance of economic development, and serious unemployment will bring great uncertainty to social stability. Properly solving the unemployment problem is crucial to maintaining social stability and promoting economic development. Unemployment insurance fund is the material basis of

unemployment insurance, and internal supervision is an effective means to guarantee the legal operation of the fund. In recent years, China and South Africa have repeatedly reported negative news of the unemployment insurance fund, and the internal supervision effect has been increasingly questioned by all sectors of society.

Both China and South Africa are members of BRICS and enjoy close cooperation in political, economic, cultural and other fields. However, the internal supervision system of unemployment insurance fund of the two countries is still not perfect, and similar problems exist in the system. This paper adopts comparative analysis, normative analysis, empirical analysis and historical analysis to study the relevant legal systems of the two countries, and reflect on improving the relevant legal systems of the two countries, effectively guarantee the legal operation of the fund, and solve the unemployment problem.

Key Words: China and South Africa; Unemployment Insurance Fund; Internal Supervision, Legal Systems

✳许　爽 *

WTO欧盟诉俄罗斯轻型商务车反倾销案研究**

内容摘要：中国经济的迅速崛起，不可避免地要带来经济与贸易的摩擦升级。本文以WTO欧盟诉俄罗斯轻型商务车反倾销案为研究对象，针对欧盟提出的具体诉求对本案争议的焦点问题进行分析，比对这些争议与GATT1994具体条款之间的相符点和不符点，反思我国频繁遭受反倾销的原因和我国应对反倾销的策略，找出适合我国经济快速发展的路径，更加快速地完成经济的转型。

关键词：WTO；DS479；反倾销；国内产业；价格抑制

* 许爽,西南大学法学院法律硕士(法学)专业2017级硕士研究生(指导教师邓瑞平教授)。

** 本文系作者在2019年6月硕士学位论文基础上修改而成。

引言

2014 年 5 月 21 日,欧盟要求与俄罗斯联邦就俄罗斯联邦根据 2013 年 5 月 14 日欧亚经济委员会的第 113 号决定对源自德国和意大利轻型商务车征收反倾销税进行磋商。同年 12 月 18 日,总干事组成本案专家组。2017 年 2 月 20 日,俄罗斯联邦通知 DSB 其决定就专家组报告的某些法律和法律解释问题向上诉机构提出上诉。2017 年 2 月 27 日,欧盟通知 DSB 其决定进行交叉上诉。在 2018 年 4 月 9 日的会议上,DSB 通过了上诉机构报告专家组报告根据上诉机构报告修改。2018 年 6 月 20 日,俄罗斯联邦通知 DSB,在有争议的措施到期后,俄罗斯联邦已充分执行 DSB 关于该争端的建议和裁决。

本文采用规范分析法、实证分析法、比较分析法以及历史分析法等研究方法,阐述了欧盟诉俄罗斯轻型商务车反倾销案(DS479)中欧盟与俄罗斯联邦三个争议的焦点问题。纵观全案发展,本案涉及的争议焦点问题并不复杂,归根结底是对法条的理解及程序正义。在经济全球化的大背景下,对本文的研究可对类似案件提供解决问题的方向。

一、本案基本情况

(一)案件背景

2014 年 5 月 21 日,欧盟要求根据《关于解决争端的规则和程序谅解》(以下简称"DSU")第 1 条和第 4 条、《1994 年关税及贸易总协定》(以下简称"GATT1994")第ⅩⅢ条第 1 款以及《1994 年关税和贸易总协定》第 6 条实施协定(以下简称《反倾销协定》)的第 17 条第 2 款和第 3 款与俄罗斯联邦进行磋商。[①] 欧盟认为俄罗斯的下述行为不符合相关法律的有关规定:

俄罗斯未能按照规定的义务确定每个已知出口国的正常价值、出口价格和倾销幅度,未能对正常价值和出口价格进行公平比较;俄罗斯对该产业的损害判定不是基于积极证据,也没有涉及对国内产业情况的客观审查,并且在整个调查期间,没有调查清楚进口同类产品的国内市场价格以及这些进口对此类产品的国内生产商的影响。俄罗斯也未能在对积极证据进行客观审查的基

---

①   European Union's request for consultations, WT/DS479/1, 21 May 2014.

础上审查损害因素和指数的趋势;俄罗斯错误地定义了国内产业;在整个调查过程中,俄罗斯未能为所有利害关系方提供充分的机会来维护其利益,也未向有关各方披露与其案件陈述有关的所有信息;俄罗斯将国内生产商提供的信息视为机密,但没有说明正当理由,也没有要求国内生产者提供非机密摘要,这些摘要应提供足够的细节,以便能够合理地理解保密信息的实质内容。

因此,根据所涵盖的协定,欧盟认为俄罗斯的措施似乎无效甚至是直接或间接地损害了欧盟产生的利益。因而,欧盟要求俄罗斯遵守其世贸组织的承诺,并尽快纠正这种情况。作为申诉方,欧盟保留在磋商过程中处理有关上述事项的其他措施和请求的权利,期待在适当的时候收到俄罗斯对这一磋商请求的答复并准备与俄罗斯一起考虑相互方便的磋商日期。①

磋商于 2014 年 6 月 18 日举行但未能解决该争议。

(二)本案件在 WTO 争端解决机构的审理过程

2014 年 9 月 15 日,欧盟要求设立专家组。在 2014 年 9 月 26 日的会议上,WTO 争端解决机构(以下简称"DSB")推迟成立专家组。

在 2014 年 10 月 20 日的会议上,DSB 成立了专家组。中国、印度、日本、韩国和美国保留其第三方权利。随后,巴西、土耳其和乌克兰保留了他们的第三方权利。

2014 年 12 月 8 日,欧盟要求总干事组成该案件的专家组。2014 年 12 月 18 日,总干事组成本案专家组。

2015 年 6 月 11 日,专家组主席告知 DSB,由于秘书处缺乏经验丰富的律师,专家组的工作被推迟,并且预计不会在 2016 年年末前向各方发布最终报告。

在 2015 年 12 月 1 日主席和专家组成员辞职后,总干事于 2015 年 12 月 11 日任命了一名新主席和本案专家组的新成员。经与各方协商后,专家组于 2016 年 1 月 14 日通过了 2015 年 12 月 1 日的工作程序和关于商业机密信息的其他工作程序②。

---

① See Working Party on the Accession of the Russian Federation - Report of the Working Party on the Accession of the Russian Federation to the World Trade Organization (WT/ACC/RUS/70,WT/MIN(11)/2),dated17 November 2011,para 620;and Protocol on the Accession of the Russian Federation to the World TradeOrganization (WT/MIN(11)/24,WT/L/839) dated 17 December 2011,para.2.

② Panel Report,paras.1.8.a and 1.8.c,and Annexes A-1 and A-2.

2017 年 1 月 27 日,专家组报告已分发给各成员。

2017 年 2 月 20 日,俄罗斯联邦通知 DSB 其决定就专家组报告中某些法律和法律解释问题向上诉机构提出上诉。2017 年 2 月 27 日,欧盟通知 DSB 其决定进行交叉上诉。

2017 年 4 月 13 日,上诉机构通知 DSB,在 60 天期限结束时,或在第 17 条第 5 款规定的 90 天时限内,无法在本上诉中分发《争端解决规则和程序谅解》规定的(以下简称"DSU")上诉机构报告。理由是本上诉和同时上诉程序中提出问题的数量多,复杂性强,对 WTO 秘书处翻译服务的要求高,以及上诉机构秘书处工作人员短缺。上诉机构还告知 DSB,上诉机构报告的上诉日期将在 2018 年 3 月 8 日口头听证会后传达给当事者双方和第三方参与者。2018 年 3 月 22 日,上诉机构报告分发给各成员。

在 2018 年 4 月 9 日的会议上,DSB 通过了上诉机构报告和经上诉机构报告修改的专家组报告。

2018 年 6 月 20 日,俄罗斯联邦通知 DSB,在有争议的措施到期后,俄罗斯联邦已充分执行 DSB 关于该争端的建议和裁决。①

(三)本案双方的争议焦点和基本观点

本案中,从欧盟提出磋商请求,到专家组公布裁决报告,再到上诉机构公布最终报告分析全案始末后,争议焦点如下:

1.关于基本事实

欧盟指控俄罗斯违反《反倾销协定》第 6.9 条款,指称没有告知有关方面正在审议的关于采取最终措施的决定的所有方面的基本事实。② 被申诉方俄罗斯认为,披露义务是有限的,一些信息是应当被保密的。③ 但是就第 6.9 条款和 6.5 条款之间的关系,专家组是否在与海关电子数据库有关的调查结果中犯了错误和专家组是否错误地解释和适用《反倾销协定》第 6.9 条款关于信

---

① 世界贸易组织官网 https://www.wto.org/english/tratop_e/dispu_e/cases_e/ds479_e.htm,访问时间:2019 年 3 月 26 日。

② European Union's first written submission;second written submission,para.278.See also the Panel's preliminary ruling in respect of the scope of this claim.

③ Russian Federation's first written submission,paras.343,344,359−363,371,976,and 990;second written submission,paras.243,244,269,274,313,382,419,453,489,500,503,512,514,524−537,and 610;opening statement at the first meeting of the Panel,para.78;and response to Panel question No.44,para.161.

息来源的问题,欧盟和俄罗斯均有不同的看法,上诉机构在报告中对专家组的一些理解提出了相悖的观点。

2.关于国内产业的定义

欧盟认为 Department for Internal Market Defence of the EEC(以下简称"DIMD")对"国内产业"的定义与《反倾销协定》第 4.1 条款和第 3.1 条款不一致,因为不应该把 Gorkovsky Avtomobilny Zavod(以下简称"GAZ")排除在国内产业之外,否则会导致损害分析扭曲的风险。欧盟认为,第一,Sollers-Elabuga LLC(以下简称"Sollers"或"戴姆勒股份公司")是一个"装配商"而不是国内同类产品柴油发动机轻型商务车(以下简称"LCVs")的"生产商";第二,GAZ 还生产汽油发动机 LCVs,这些 LCVs 与受调查的进口柴油发动机 LCVs 构成了国内同类产品竞争;第三,GAZ 占国内同类产品——柴油 LCVs 产量的近 15%,并且正在获得市场份额。俄罗斯回应称,虽然国内产业最初包括 Sollers 和 GAZ,但由于 GAZ 问卷答复的不足,DIMD 仅针对 Sollers 进行了损害分析。俄罗斯认为:第一,DIMD 从一开始就没有故意排除 GAZ。由于缺乏调查问卷的答复,GAZ 没有积极参与调查。于是,DIMD 决定仅对 Sollers 进行损害分析。值得注意的是,Sollers 占 Customs Union(以下简称"CU")总产量的 87.9%。第二,包括了超出类似产品(汽油发动机 LCVs)范围的数据,以显示 GAZ 在整个 LCVs 市场中无可争议的领导地位。第三,如果 DIMD 将 GAZ 纳入国内产业的定义,欧盟没有证明损害分析会如何改变。在第三方参与者提交的文件中,美国认为在定义国内产业之前收集和审查数据本身并不违反《反倾销协议》第 4.1 条款和第 3.1 条款,或者这种方法本身就会产生扭曲风险。

3.关于价格压制

欧盟称,DIMD 行事与《反倾销协定》第 3.1 条款和第 3.2 条款不一致,未能根据积极证据对倾销进口产品的价格抑制效果进行客观审查。对此,欧盟对 DIMD 调查结果四个方面进行了质疑,认为:第一,DIMD 构建在没有进一步调整的情况下,使用报告中异常高利润的 2009 年作为基准,得出不会发生倾销的估计价格;第二,DIMD 没有在调查报告的不同部分混合俄罗斯卢布(RUB)和美元(USD)表示的数据,以客观的方式正确考虑进口和国内价格的趋势;第三,DIMD 没有根据积极证据进行更为全面的分析。欧盟认为以下内容也应该在审查的范围内:首先,进口价格和国内价格走势正朝着相反的方向发展,进口价格的持续走高不能解释价格压制;其次,Sollers 成本增加的原因,以及在 2008 年至 2011 年间增加 30%之后,市场是否会接受国内产业的额外

价格上涨;再次,来自其他国内生产商 GAZ 的竞争影响;最后,DIMD 也没有解释或证明为什么存在"显著的"价格压制行为。针对上述,俄罗斯辩称:第一,DIMD 根据生产成本加上回报率构建了在没有倾销进口的情况下可达到的估计价格。DIMD 选择国内产业 2009 年的回报率为基准,是因为 2009 年倾销进口产品的市场份额最低,对国内价格几乎没有影响。该回报率是通过内部分析、高通胀和再融资利率以及 Sollers 集团和 GAZ 的平均回报率来验证的。第二,有关国内生产成本和价格演变的数据在调查报告表 4.2.5 中以国内货币(RUB)表示,涉及国内工业的状况。为了进行价格影响分析,DIMD 将国内价格从 RUB 转换为美元并与倾销进口产品的价格进行比较,所以调查报告表 5.2 中以美元表示。DIMD 在客观上评估了价格趋势,并考虑到调查报告中的货币波动,而没有像欧盟说的那样。第三,DIMD 根据上诉机构意见进行了价格抑制分析,通过比较实际价格和在没有倾销进口的情况下可能发生的估计价格来实现:首先,没有削减或价格下跌的事实不能排除确定价格压制的存在。鉴于进口价格高于国内价格,国内价格有上涨空间。其次,DIMD 将 GAZ 的竞争视为非归因分析的一部分,而不是没有考虑。最后,因为 DIMD 构建了在没有倾销进口的情况下可以实现的目标国内价格,因此不需要分析市场是否会吸收价格上涨。至于存在"显著"价格压制的嫌疑,这是有证据的。第四,第3.2 条款不要求对没有倾销进口的国内同类产品的估计价格与实际发生的价格或这些价格之间的差距进行比较。DIMD 比较了倾销进口产品和国内同类产品的加权平均价格,并将实际发生的盈利能力更好价格与没有倾销进口产品时的情况进行了比较。综上所述,俄罗斯联邦否认欧盟的申诉理由。

二、"基本事实"是否与《反倾销协定》第 6.9 条款相符

(一) 与《反倾销协定》第 6.5 条款不符是否会直接导致与第 6.9 条款不符

欧盟指控违反《反倾销协定》第 6.9 条款,指称没有告知有关方面正在审议的关于采取最终措施决定的所有方面的基本事实:倾销的存在和倾销进口造成的实质损害的确定。[①] 有关各方(未向其披露所需披露信息)是 LCVs、戴姆勒公司和大众汽车公司的出口商。[②] 欧盟声称,以下重要事实未以完整或

---

① European Union's first written submission, para. 416; second written submission, para. 278. See also the Panel's preliminary ruling in respect of the scope of this claim.

② Investigation Report, section 1.2.

"有意义"摘要的形式向这些利益相关方披露:由戴姆勒公司和大众汽车公司实施的主题产品的实际进口量,用于计算正常价值和出口价格①;戴姆勒公司和大众汽车公司生产的 LCVs 加权平均出口价格分别是多少②;各上述公司出口的主题产品加权平均出口价格为 CU③;有关 DIMD 使用的进口量和价值的信息来源④,即实际数字显示"关税同盟中 LCVs 的消费量"、"关税同盟中 LCVs 的产销量"、"2011 年国内产业利润和盈利能力的变化"⑤;2011 年在 CTCU 出售 LCVs 的 Sollers 的盈利/亏损⑥;"CT CU 货物销售的盈利能力动态(相对于上一年度的相应期间,以百分点计算)"⑦;用于编制表 4.1.1.3(进口量和倾销进口量)的数据来源⑧;投资回报,对现金流的实际和潜在负面影响以及为 Sollers 筹集资金或投资的能力⑨;GAZ 于 2011 年持有的市场份额⑩;关于出口量与总产量之间关系的相关信息⑪;国内产业生产能力数字⑫;国内

---

① European Union's first written submission, paras. 428, 431, and 432; second written submission, para.278.

② European Union's second written submission, para.278.

③ European Union's first written submission, paras. 428 and 429; second written submission, para.278.

④ European Union's first written submission, paras.430 – 433; second written submission, para.278.

⑤ European Union's first written submission, paras.436 – 438; second written submission, para.278.

⑥ European Union's first written submission, paras. 219, 437, and 438; second written submission, para.278.

⑦ European Union's first written submission, paras. 437 and 438; second written submission, para.278.

⑧ European Union's first written submission, paras.448 – 450; second written submission, para.278.

⑨ Table contained in section 4.2.7 of the Confidential version of the Investigation Report, (Exhibit RUS-14)(BCI); European Union's second written submission, para.301.

⑩ European Union's first written submission, para.443; second written submission, para. 278.

⑪ Investigation Report, section 4.1.2.

⑫ Confidential version of the Investigation Report, (Exhibit RUS-14)(BCI), table in section 4.2.3.

产业生产成本结构数字①;总产量、消费量和销售量形式②;投资回报率,对现金流量实际和潜在的负面影响以及筹集资本或投资的能力③;工作人员人数和薪金数字④。

俄罗斯对以上进行反驳,称:欧盟没有证明"DIMD 有机会披露"有争议的信息,因为信息是保密的⑤;如果可用的事实是保密的,或者是在保密的基础上提交给调查机关的,那么这些事实也是"正在考虑的基本事实"的一部分,调查当局必须履行双重义务⑥;两个利益相关方均不合作,而成员对此类利益相关方的披露义务有限⑦;如果相关基本事实已经由受访者掌握,则对数据的叙述性描述事实上不能被视为不充分披露⑧;如果违反《反倾销协定》第 6.9 条款,申诉方必须证明遗漏的事实影响了利害关系方的抗辩权。因此,如果不完整性并不影响利益相关方的抗辩权,则不完整的披露文件也不会违反《反倾销协定》第 6.9 条款的要求。⑨

专家组注意到必须披露的信息类型有三个累积因素。第一,第 6.9 条款要求披露的事实是作出的决定所依据的信息,而不是导致确定的推理、计算或方法⑩;第二,在确定是否适用最终措施的决定过程中,"非常重要和必要"、

---

① European Union's first written submission, paras. 210, 355, and 356; second written submission, para.296.

② European Union's first written submission, paras. 210, 355, and 356; second written submission, para.296.

③ European Union's first written submission, para.236; second written submission, para. 301; second written submission, para.301.

④ Confidential version of the Investigation Report, (Exhibit RUS-14) (BCI), section 4. 2.6 and table 4.2.6; Draft Report, (Exhibits EU-16 and RUS-10) (exhibited twice), section 4. 2.6; and European Union's second written submission, para.302.

⑤ Russian Federation's first written submission, paras.343, 344, 359 - 363, 371, 976, and 990; second written submission, paras.243, 244, 269, 274, 313, 382, 419, 453, 489, 500, 503, 512, 514, 524 - 537, and 610; opening statement at the first meeting of the Panel, para.78; and response to Panel question No.44, para.161.

⑥ Russian Federation's first written submission, para.722.

⑦ Russian Federation's first written submission, paras.696, 760, 827, and 877, and fn 325; second written submission, paras.347 - 358; opening statement at the first meeting of the Panel, para.79; and response to Panel question No.44, paras.145 - 161.

⑧ Russian Federation's first written submission, para.719.

⑨ Russian Federation's response to Panel question No.89, para.65.

⑩ Panel Report, *China-Broiler Products*, para.7.90.

"不可或缺"或"必要、重要或突出"①的事实是必不可少的;第三,不是每一个"基本事实"都必须被披露,相反,第 6.9 条款要求披露的是"正在考虑的基本事实"。专家组进一步发现,欧盟没有证明某些所谓的基本事实符合上述要求。专家组认为,某些信息的来源,即进口量、倾销进口量和 DIMD 使用的进口值,不是必不可少的事实。专家组解释称,"数据来源本身不是正在考虑的一个重要事实","数据来源的提示作用可能有助于确定调查当局所使用信息的可信度"。②

对于欧盟的主张,专家组分析认为,如果某些信息被视为机密信息,则应根据第 6.9 条款进行适当的披露。专家组认为,第 6.9 条款并未要求披露从中受益的基本事实,第 6.5 条款(关于保密处理的规定)不是对第 6.9 条款的剥离,信息的机密性既不是绝对禁止披露,也不是对第 6.9 条款规定的未披露的抗辩。③ 相反,一成员对这些规定有"双重义务",即一个基本事实若构成了机密,则应该在第 6.9 条款的规定下按照相应的方法进行披露。

关于来自电子海关数据库的信息,俄罗斯认为这些信息是在保密的基础上提交给 DIMD 的,因此被 DIMD 视为机密。④ 但专家组注意到这些信息并没有在记录中显示"正当理由",即为何没有进行披露。因此,专家组的结论是,对这些信息进行保密的方式方法不正确。

俄罗斯对专家组根据《反倾销协定》第 6.9 条款提出的若干认定提出如下异议:专家组在解释和适用第 6.9 条款时错误地认为,如果 DIMD 未能披露没有正确定义的保密信息,则其行为与第 6.9 条款不一致。⑤ 专家组的做法表明,未披露的信息,包括根据第 6.5 条款未被妥善定义为机密的基本事实,将自动导致与第 6.9 条款不一致。这是不正确的,因为信息处理的机密问题是可能包括基本事实的,这是第 6.9 条款规定的基本事实披露中的一个独特的法律问题。专家组没有审查调查报告草案中 DIMD 提供的编辑实际数字的非机密摘要。

针对上述异议,欧盟认为:专家组"平和地解释了"《反倾销协定》第 6.5 和第 6.9 条款,但没有在摘要中对它们之间建立任何"自动"联系,并且没有说

---

① Merriam-Webster dictionary online, definition of "essential", available at: http://www.merriam-webster.com/dictionary/essential.

② Panel Report, para.7.257.a.

③ Panel Report, para.7.268.

④ Russia's comments on the Interim Report, para.40.

⑤ Panel Report, para.7.270.

明任何违反第 6.5 条款的行为必然会导致违反第 6.9 条款；专家组的推理表明，如果保密待遇不能适当地扩展到一个重要事实，那么调查当局就应该披露这一基本事实①；就此，专家组没有必要审查 DIMD 提供的编辑实际数字的摘要，因为备注中没有显示不批注基于"正当理由"，这就意味着没有法律依据将这些数字视为机密，更是意味着俄罗斯需要对这些信息进行披露。②

针对双方的上述观点，上诉机构认为：无论相关的基本事实是否视为符合第 6.5 条款要求的机密，专家组必须审查是否进行了何种披露，包括根据第 6.5.1 条款通过非机密摘要作出披露的要求；专家组在评估欧盟根据第 6.9 条款提出的主张的分析不符合第 6.9 条款规定的法律标准，特别是考虑到上述第 6.5 条款和第 6.9 条款之间的关系；专家组在认定与第 6.5 条款不一致的情况下，不能简单地仅在此基础上得出 DIMD 未能遵守第 6.9 条款要求的结论，专家组反而应当审查通过非机密摘要所作的所谓披露是否符合第 6.9 条款的要求。

基于上述原因，上诉机构裁决，专家组在对《反倾销协定》第 6.9 条款的解释中错误地认为，如果基本事实未按照第 6.5 条款被适当地视为机密，则这自动导致与条款 6.9 条款不一致。专家组报告第 7.269 段中有这样的错误，"就 DIMD 未披露未被妥善处理为机密的信息而言，倘若不能妥善地定义为基本信息，其行为与第 6.9 条款不一致"。③ 上诉机构根据第 7.269 段和第 7.278 段表 12 以及专家组在专家组报告第 8.1.h.ii 段中的结论，将第 7.268 段中的裁决改为：DIMD 行事与《反倾销协定》第 6.9 条款为不一致，未向所有利益相关方通报表 12(d) 至 (o) 项所列信息。

(二) 专家组是否在与海关电子数据库有关的认定中犯了错误

俄罗斯声称，专家组在其最终报告第 7.270 段中加入了与 DSU 第 7 条和第 15.2 条款不一致的做法，该报告没有出现在专家组中期报告中。④ 在中期报告和最终报告中，专家组裁决，DIMD 行事与《反倾销协定》第 6.9 条款不一致，没有披露某些基本事实，包括大众汽车公司和戴姆勒公司进口到关税同盟的实际 LCVs 数量、用于计算正常价值和出口价格以及大众汽车公司和戴姆

---

① European Union's appellee's submission, para.151.

② European Union's appellee's submission, para.162.

③ Panel Report, para.7.269.

④ Russia's appellant's submission, paras.99, 101−102.

勒公司生产的 LCVs 加权平均出口价格。①

据俄罗斯称,专家组认定电子海关数据库的数据和 GAZ 生产的 LCVs 数据不符合《反倾销协定》第 6.5 条款的要求这一行为超出了其职权范围。此外,俄罗斯认为在中期审查阶段专家组无法做出"一个全新的认定"。② 俄罗斯还声称,专家组错误地认定"戴姆勒公司和大众汽车公司分别生产的 LCVs 的实际进口量和加权平均进口价格未被妥善处理为机密"。③ 在这方面,俄罗斯提出,这些数字构成了一些有关方面的敏感商业信息,根据相关法律法规的规定,电子海关数据库的数据应该被视为机密。④

欧盟辩称,专家组没有超出其职权范围,因为欧盟未要求专家组提及来自电子海关数据库的信息,并在其书面陈述中提到了上述事实。⑤欧盟还注意到,专家组报告第 7.270 段是"根据俄罗斯的具体要求添加的"⑥,DSU 第 15.2 条款并不禁止专家组修改其推理或认定的某些方面。对于俄罗斯关于戴姆勒公司和大众汽车公司生产的 LCVs 的实际进口量和价格的请求,欧盟提出俄罗斯没有在涵盖协定中具体说明专家组如何在解释或适用时犯了错误。⑦

欧盟认为:俄罗斯未能向有关方面通报基本事实,包括确定倾销存在的基本事实,特别是确定正常价值和出口价格的事实⑧;关于正常价值的确定,由于大众汽车公司和戴姆勒公司进口到关税同盟的 LCVs 总数被视为机密,有关方面无法核实使用的数量⑨;关于 DIMD 计算出口价格的问题,DIMD 没有披露加权平均出口价格和出口 LCVs 的出口量,是对他们利益的保护。

俄罗斯认为,DIMD 用于计算德国出口生产商倾销幅度的某些信息来源

---

① Interim Panel Report,para.7.275;Panel Report,para.7.278.

② Russia's appellant's submission,para.102(referring to Panel Report,*Australia-Salmon*, para.7.3).

③ Russia's appellant's submission,paras.19 and 108.

④ Russia's appellant's submission,para.97.

⑤ European Union's appellee's submission,para.181.(fns omitted).

⑥ European Union's appellee's submission, paras. 182 and 187. The European Union referred to the explanation provided by the Panel in paragraph 6.38 of its Report.(Ibid.,para.176 (referring to Panel Report,para.6.38)).

⑦ European Union's appellee's submission,para.196.

⑧ European Union's first written submission to the Panel, para. 423; second written submission to the Panel,para.278.

⑨ European Union's first written submission to the Panel, para. 425; second written submission to the Panel,para.278.

是进口至关税同盟的货物的电子海关数据库中得到的;该数据库的信息是由关税同盟成员国的国家海关当局在保密的基础上提供的①;明确保护未经国内立法授权不得披露的信息不属于《反倾销协定》第 6.9 条款的范围。②

专家组在处理俄罗斯的中期审查请求时解释称,由于没有记录显示"正当理由",因此电子海关数据库的信息未被 DIMD 妥善处理为机密,并认为,如果没有披露相关信息,DIMD 的行为与《反倾销协定》第 6.9 条款不一致。俄罗斯对专家组的认定提出异议:专家组根据《反倾销协定》第 6.5 条款作出了一项不属于专家组职权范围的裁决。

上诉机构在审查中见到,专家组将第 6.5 条款下的分析要素纳入其根据第 6.9 条款进行的评估。这种做法源于专家组对《反倾销协定》第 6.5 条款与第 6.9 条款之间关系的错误理解,特别是,有争议的结论是以专家组的理解为前提的,即第 6.9 条款下构成基本事实的信息根据第 6.5 条款被不当地视为机密,根据第 6.9 条款适用于基本事实的要求无法通过披露第 6.5.1 条款含义内的非机密摘要来满足。据此上诉机构认为,专家组报告第 7.270 段并未包含与《反倾销协定》第 6.5 条款不一致的单独裁决;适用中的错误源于专家组对第 6.9 条款的错误解释;上诉机构不同意专家组的解释,因为根据第 6.9 条款进行的调查与根据第 6.5 条款进行的调查是分开的和不同的,也不同意专家组在专家组报告第 7.270 段中的分析。

(三)专家组是否错误地适用《反倾销协定》第 6.9 条款的"信息来源"

欧盟声称,专家组在解释和适用《反倾销协定》第 6.9 条款时错误地认定数据来源不能构成"正在审议的重要事实";关于进口量和价值的数据来源这一问题,DIMD 做出的倾销和损害分析并不是本争议所考虑的重要事实③;在不知道数据来源的情况下,有时可能"无法正确理解整体事实"或"将原始数据放在适当的条件下",因此根据案件的具体情况,数据来源很可能是一个重要裁决事实,数据来源的公开可能是有关各方维护其利益必要的一种手段。欧盟提出,专家组的错误来自它所承诺的两个先前的解释性错误:第一,专家组错误地解释了第 6.9 条款,即一般来说,"方法"不是事实,也不是一个重要

---

① Russia's second written submission to the Panel, paras.371 and 381; response to Panel question No.69, para.

② Russia's second written submission to the Panel, paras. 346 – 365; appellant's submission, paras.105–106.

③ European Union's other appellant's submission, paras.191–203.

事实①。专家组的这种解释与上诉机构的说法相矛盾。②中国 HP-SSST（日本）/HP-SSST（欧盟）案的裁决认为，某些方法例如调查机构计算倾销幅度的方法，构成了基本事实。③ 第二，专家组在对第 6.9 条款的解释中存在错误，即将本条法律理解为了只有另外显示为"正在考虑"的基本事实时才需要披露。④ 这表明"基本事实"和"正在考虑的事实"是适用第 6.9 条款⑤的两个完全独立和累积的标准，这一解释与上诉机构在上述案的裁决相矛盾。

上诉机构认为，在某些案件中，关于倾销的确定，调查机构"除其他外"，使用的本国市场和出口销售、对其进行的调整以及调查当局为确定倾销幅度而采用的计算方法都应该是一种重要事实。据此认定，在本争端中，调查当局用来确定倾销幅度的计算方法构成了《反倾销协定》第 6.9 条款意义上的重要事实。在这方面，单独披露倾销决定所依据的数据可能无法使利益相关方捍卫其利益，除非该利害关系方清楚地知道调查当局采用的确定倾销幅度的方法，同时并非调查机构使用的所有方法都可以构成第 6 条意义上的基本事实，只有那些知道了这种方法才能使参与者了解调查机关的决定和辩护的基础的事实才构成真正意义上的"重要事实"。应根据具体情况对特定方法是否构成重要事实进行单独评估。上诉机构据此不同意专家组的此阐述，即方法不能构成《反倾销协定》第 6.9 条款规定的"基本事实"。

在专家组审理中，欧盟表示，DIMD 的调查报告草案没有提供有关 LCVs 进口量和价值的信息来源，这是 DIMD 决定构成倾销的基础，并采取了最终措施。⑥ 专家组的结论是：信息来源一般不构成基本事实；有关 DIMD 在倾销决定中使用的进口量和价值的信息来源不是一个重要事实。专家组没有进一步参与欧盟和俄罗斯的论点，也没有审查调查报告草案的内容。欧盟据此认为，专家组的程序是在没有与各方充分探讨 DIMD 在倾销决定中使用的进口量和

---

① European Union's other appellant's submission, paras.191–203.

② European Union's other appellant's submission, para.192（referring to Panel Report, para.7.256）.

③ European Union's other appellant's submission, para.192（referring to Appellate Body Reports, *China-HP-SSST*（*Japan*）/*China-HP-SSST*（*EU*）, para.5.131；Panel Reports, *China-HP-SSST*（*Japan*）/*China-HP-SSST*（*EU*）, para.7.238）.

④ European Union's other appellant's submission, para.193（referring to Panel Report, para.7.256）.

⑤ European Union's other appellant's submission, para.193.

⑥ European Union's first written submission to the Panel, paras.430–431（referring to Tables 3.2, 3.3, and 3.4 of the draft investigation report）.

价值的信息来源是否构成基本事实并在本案中实际披露的问题进行的。

上诉机构对欧盟在此方面的上诉,认为:并非调查当局在特定调查中使用的所有方法都可构成《反倾销协定》第6.9条款所指的基本事实;相反,根据《反倾销协定》第6.9条款,只有参与者为了解调查机关决定的基础和捍卫其利益所必需的知识方法才可能是必要的事实,因此应根据具体情况对特定方法是否构成重要事实进行评估;在某些情况下,对数据本身的了解可能不足以使利害关系方能够正确地为自己辩护,除非该方知晓这些数据的来源以及调查当局如何使用这些数据,特别是,知道信息源可以使利害关系方能够评论相关信息的准确性或可靠性,从而提出该信息的其他来源;在调查机构使用未由利害关系方提交但从其他来源(例如来自海关或统计数据库)获得的数据的情况下,知道数据来源便显得尤其重要;在某些情况下,结合上述论据,再根据《反倾销协定》第6.9条款,数据来源可能是一个重要事实。上诉机构据上认定,专家组对《反倾销协定》第6.9条款存在解释错误,即关于方法和信息来源并不构成本案具体细节的基本事实。因此,上诉机构在对专家组报告7.256.a、7.257.a与b段和专家组的结论部分,推翻了专家组的裁决。

关于欧盟要求上诉机构完成分析并调查:由于没有披露有关进口量和价值的信息来源,DIMD行事与《反倾销协定》第6.9条款不一致,上诉机构认为,欧盟没有提交充分的专家组对该案件的事实认定和记录中无可争议的证据,使上诉机构完成分析。

三、"国内产业"概念的适用是否与《反倾销协定》第3.1条款和第4.1条款相符

本部分主要从欧盟和俄罗斯对"国内产业"这一概念的不同理解来分析在对"国内产业"进行定义时,究竟应该考虑哪些事实,并结合《反倾销协定》第3.1条款和第4.1条款,分析上诉机构最终裁决的合理性。

(一)对"国内产业"概念界定时是否应该排除GAZ

对"国内产业"概念进行界定时,欧盟认为DIMD的行为有偏见,可能导致实质上扭曲损害分析的风险。欧盟认为,不应该从国内产业的定义中排除GAZ。这是因为,从国内产业中排除GAZ导致了实质性扭曲损伤分析的风险[①],并导致违反第3.1条款和第4.1条款。这是因为:第一,Sollers是一个"装配商"而不

---

① Panel Report, paras.7.4-7.5; European Union's first written submission to the Panel, para.63.

是国内同类产品柴油发动机 LCVs 的"生产商"①;第二,GAZ 还生产汽油发动机 LCVs,这些 LCVs 与受调查的进口柴油发动机 LCVs 和国内同类产品竞争②;第三,GAZ 占国内同类产品柴油 LCVs 产量的近 15%,并且正在获得市场份额。③同样,第 4.1 条款不允许这种排除,因为它不属于该条款规定的具体例外。由于这种错误定义的国内产业,DIMD 的损害确定是基于不正确的数据集,违反了《反倾销协定》第 3.1 条款。

对于欧盟的此指控,俄罗斯反驳称:第一,DIMD 从一开始就没有故意排除 GAZ。由于 GAZ 没有积极参与调查,导致缺乏调查问卷的答复。DIMD 决定仅对 Sollers 进行损害分析。Sollers 占关税同盟总产量的 87.9%④。第二,欧盟使用的数据包括汽油发动机 LCVs,这超出了类似产品的范围,不能显示 GAZ 在整个 LCVs 市场中无可争议的领导地位⑤。第三,如果 DIMD 将 GAZ 纳入国内产业的定义,欧盟没有证明损害分析会如何改变⑥。

俄罗斯关于国内产业定义的初步论点表明,在 Sollers 和 GAZ 提交数据后,国内产业被定义为 Sollers。而国内产业的定义在《反倾销协定》第 4 条中予以规定⑦。根据俄罗斯说法,DIMD 无法将有缺陷的 GAZ 数据纳入其分析中,因此 GAZ 未被纳入国内产业的定义。如果将国内产业定义为同类产品的

---

① European Union's first written submission,para.50.

② European Union's first written submission,para.49.

③ European Union's first written submission,paras.47-49.

④ Russian Federation's first written submission,paras.38 and 41-43.

⑤ Russian Federation's first written submission,para.52.

⑥ Russian Federation's first written submission,para.54.

⑦ 其第 4.1 条款规定:就本协定而言,"国内产业"一词应解释为指国内生产者作为整体的同类产品或其产品的集体产量占国内生产总量的主要部分。那些产品,除了:(1)如果生产者与出口商或者进口商有关,或者他们自己是所谓倾销产品的进口商,则"国内产业"一词可以解释为指其他生产者;(2)在特殊情况下,如果(a)该市场内的生产者全部或几乎全部出售,则成员的领土可以为有关生产分为两个或更多竞争市场,并且每个市场内的生产者可被视为一个单独的行业。他们在该市场的所有产品的生产,及(b)该市场的需求并未在该地区其他地方的有关产品的生产商提供任何实质的程度。在这种情况下,即使国内工业总产量的大部分没有受到损害,也可能发现受损失,只要进口到这样一个孤立市场的倾销进口集中,并进一步规定倾销的进口产品对生产者在这样的市场造成所有或几乎所有的损害。因此,"国内工业"可以被解释为国内生产者作为整体的类似产品或国内生产者,其集体产出构成这些产品的国内总产量的主要部分。从表面上看,第 4.1 条款没有在界定国内产业的两种不同方式之间建立等级。第 4.1(ⅰ)条没有在界定国内产业的两种不同方式之间建立等级。第 4.1(ⅰ)和第 4.1(ⅱ)条规定有两个明确的例外情况。第 4.1 条款没有规定其他例外情况。

国内生产商的"主要比例"仅仅基于数量考虑,专家组认为 DIMD 将国内产业定义为仅包含 Sollers 将是无可争议的。因为在本案的事实中,Sollers 占国内生产总值中 87.9% 的份额完全属于"主要比例"一词的数量范围内①。

事实上,本争端的当事双方一致认为,第 4.1 条款规定的国内产业定义具有定量和定性两个方面。他们也同意至少应该对国内产业的"主要比例"这一术语进行定性评估。在这种情况下,DIMD 对国内产业定义的态度关系到是否会对这一概念造成重大扭曲。欧盟认为,俄罗斯对 DIMD 决定不将 GAZ 纳入国内产业定义的理由未在调查报告中列出,专家组认为这构成了不允许的事后合理化②。调查机关决定在国内产业的定义中不包括已经提供数据的同类产品的已知生产商。这一系列事件导致在随后的损害分析中存在明显的实质性扭曲的风险。正因如此,专家组的结论是,DIMD 仅在收到 Sollers 和 GAZ 的调查问卷答复后才将国内产业定义为 Sollers。其对国内产业的定义与《反倾销协定》第 4.1 条款的规定不一致③。

就专家组对此部分的分析,上诉机构维护了专家组的裁决。上诉机构认为,《反倾销协定》第 4.1 条款界定了与国内同类产品生产者有关的"国内产业"一词,但是,该规定未提及基于调查的国内产业定义中不包括同类产品的生产者。上诉机构认为,如果因为生产商提交了所谓的有缺陷的信息,调查机构就不在国内行业定义中包括同类产品的国内生产商,这样在损害分析中会出现实质性扭曲的风险。④

(二)在对"国内产业"进行定义时是否违反了应尽的义务

俄罗斯声称,专家组在对《反倾销协定》第 4.1 条款的解释和适用中错误地认定,反倾销调查中有争议的事件顺序导致了损害分析的失真风险⑤。俄罗斯称,《反倾销协定》没有规定确定国内产业所采取的确切步骤⑥。因此,俄罗斯声称,专家组错误地认定定义国内产业中的义务,认为调查当局不能从所

---

① European Union's first written submission, para.58.

② Panel Report, para.7.15.b.

③ Panel Report, EC-Salmon (Norway), para.7.124.

④ Appellate Body Reports, *EC-Fasteners (China)*, para. 414; *EC-Fasteners (China)* (*Article 21.5–China*), para.5.300.

⑤ Russia's appellant's submission, paras.58–62 (referring to Panel Report, para.7.15.a).

⑥ Russia's appellant's submission, paras.59–60.

提供的信息中进行选择来确定损害分析中的特定结果①。

《反倾销协定》第6.6条款规定②,调查当局应在调查过程中确保所提供信息的准确性。《反倾销协定》第6.7条款规定③了当局可能采取的额外行动,以核实所提供的信息或获取进一步的细节。《反倾销协定》第6.8条款允许调查当局根据在利害关系方拒绝获取或不提供必要信息或严重妨碍调查的情况下依据已获得的事实作出决定。上诉机构不同意俄罗斯此主张,即为了确保损害分析的准确性,调查机构从一开始就需要在定义国内产业时排除提供信息不足的类似产品的国内生产者。在第三方参与者提交的文件中,美国认为在定义国内产业之前收集和审查数据本身并不违反《反倾销协定》第4.1条款和第3.1条款,在某些情况下,重新定义国内产业可能是适当的。例如,当局可能需要收集和审查证据以定义什么构成"相似产品"或评估各方是否在定义"国内产业"之前"相关性"。这些步骤通常先于国内产业的定义④。上诉机构注意到,专家组的这一陈述没有具体提及调查记录中的任何决定、证据或其他事实证据。也就是说,上诉机构认为这些规定没有阻止调查当局在定义国内产业之前最初检查国内生产者提交的信息,只要提交或收集的信息与定义国内产业有关即可。实际上,《反倾销协定》第4.1(i)条款规定了可能的情况。不能排除调查当局在调查该生产者是否与出口商或进口商有关,或者本身就是所谓的倾销产品的进口商进行最终评估之前,可能需要检查与某个国内生产商有关的信息这种可能性。

(三)上诉机构最终裁决对"国内产业"定义的合理性

基于上述两个部分的内容,可以认为专家组报告是合理性。首先,上诉机构对专家组报告的分析表明,专家组的推理比上述关于"事件顺序"的陈述更为细致,在这方面,上诉机构注意到专家组根据下列要素的不一致作出裁决:

① Russia's appellant's submission, para.62.

② 《反倾销协议》第6.6条款,除第8款规定的情况外,在调查过程中,主管机关应设法使自己确信利害关系方提供的、其调查结果所依据的信息的准确性。

③ 《反倾销协议》第6.7条款,为核实提供的信息或获得进一步的细节,主管机关可根据需要在其他成员领土内进行调查,但它们应获得有关企业的同意并通知所涉成员的政府代表,但该成员反对调查时除外。附件1中所述程序应适用于在其他成员领土内进行的调查。在遵守保护机密信息要求的前提下,主管机关应使任何此类调查的结果可获得,或根据第9款向有关企业披露,并可使申请人获得此类结果。

④ European Union's appellee's submission, para.84.

(ⅰ)DIMD 在审查了该生产者的信息后进行了调查并决定不在其国内产业定义中列入已提供信息并寻求合作的同类产品的已知生产商①;(ⅱ)DIMD 在其调查报告中没有解释为何不将 GAZ 纳入国内产业的定义②;(ⅲ)即使 DIMD 根据 GAZ 提交的所谓缺乏信息的事实证明其决定是合理的,这也不是使国内生产者被排除国内产业定义的正当理由③。因此,上诉机构认为专家组没有完全根据 DIMD 在定义国内产业之前审查 Sollers 和 GAZ 提交的信息这一事实来达成其结论。相反,专家组重点关注 DIMD 在相关调查中采取的行动,包括 DIMD 调查报告中没有解释为何不将 GAZ 纳入国内产业定义。此外,上诉机构同意专家组的此解释,即 GAZ 调查问卷答复存在缺陷和不准确并不是 DIMD 在这次调查中不把 GAZ 定义在国内产业定义之外的理由。因此,根据本案的具体情况,上诉机构认为专家组对第 4.1 条款和第 3.1 条款的解释和适用没有可逆错误。

四、"价格压制"是否与《反倾销协定》第 3.1 条款和第 3.2 条款相符

本部分就欧盟和俄罗斯对 DIMD 进行的审查所持的不同意见进行阐述,并结合《反倾销协定》第 3.1 条款和第 3.2 条款进行讨论,最后就上诉机构最终裁决的合理性进行论述。

(一)DIMD 以 2009 年为基准发生的估价是否合理

欧盟声称,DIMD 的价格压制分析不客观,因为 DIMD 以 2009 年的高回报率用作构建国内目标价格的基准,不是一个合适的基准④,因为 2009 年的特点是金融危机导致消费者偏好暂时发生变化。根据欧盟的统计,2009 年的回报率相对于 2008 年和 2010 年都"异常高"⑤。对此,俄罗斯反驳道:首先,DIMD 使用了 2009 年的回报率,因为那是倾销进口市场份额最低的一年;其次,2008 年的回报率无法使用,因为它是国内产业的初创年⑥;最后,根据对俄

---

① Panel Report,para.7.15.a.
② Panel Report,para.7.15.b.
③ Panel Report,para.7.15.c.
④ European Union's response to Panel question No.62,paras.3 and 4.
⑤ European Union's first written submission,para.89.
⑥ European Union's first written submission,para.93.

罗斯公众可获得的高通胀和再融资利率的内部分析以及 Sollers 集团在调查期实现的高利润水平,2009 年的回报率应该被认为是合理的①。

就这一问题,专家组注意到,欧盟并不认为 DIMD 应该使用 2008 年或 2010 年的回报率②。笔者认为,实际上,就本案而言,使用这些年份中任何一年的回报率都会产生特殊问题。因为 2008 年是 Sollers 生产同类产品的初创年。一般而言,启动期的行业表现可能与正常运营不符。而 2010 年倾销进口持续增加,也不是一个合适的基准。

正如 DIMD 在调查报告中承认的那样,Sollers 在 2009 年的表现肯定受到金融危机影响,在此期间,"消费者更喜欢在关税同盟领土上生产的更便宜的轻型商务车"③。专家组认为,金融危机是影响 2009 年国内产业运营的一个特殊事件,调查当局至少应该解释为什么特殊条件与其反事实分析无关。笔者认为,基础调查中客观公正的调查机构应该考虑到金融危机的影响,包括对国内产品的偏好、预计在随后的几年中倾销进口的情况下是否会继续等内容,从而评价 2009 年的高回报率是否是一个合适的基准。但是 DIMD 的调查报告中没有任何内容表明它在考虑价格压制时进行了这样的评估。

基于上述原因,专家组得出结论认为,DIMD 行事与第 3.1 条款和第 3.2 条款不一致,因为未考虑到金融危机的影响。

(二) 价格压制是否是倾销进口的影响

欧盟声称,DIMD 没有恰当地考虑与问题相关的证据,其提出三个理由来支持其认为 DIMD 未能适当考虑倾销进口价格和国内价格趋势的论点。首先,倾销进口价格高于国内价格的事实可能表明,与倾销进口无关的其他因素导致所谓的价格压制④;其次,倾销进口产品和国内同类产品的长期价格趋势不支持价格压制的结论⑤;最后,调查期⑥没有价格压制⑦。

关于第一个论点。专家组认为,强调目标国内价格是考虑"价格压制"的

---

① European Union's first written submission, paras.99 and 100.

② Russian Federation's first written submission, paras. 121 - 123; second written submission, paras.56–58.

③ Russian Federation's first written submission, para.142.

④ European Union's response to the Panel question No.26, para.87.

⑤ European Union's second written submission, para.70.

⑥ July 2010 to 30 June 2011.

⑦ European Union's response to Panel question No. 24, para. 84; second written submission, para.69.

存在和程度的基准,此目标国内价格的计算与倾销的进口价格无关。如果考虑实际国内价格与目标国内价格之间的差距,则无须调查当局进一步解释实际国内价格与倾销进口价格之间的差距。鉴于 DIMD 的方法解释了倾销进口产品的效果是压制国内价格,因此 DIMD 不需要单独解释为什么尽管价格较高,但倾销进口的影响是为了防止国内价格上涨。提行关于第二个论点。专家组观察到欧盟的论点是以一个简单的终点(2008 年至 2011 年)对国内和进口价格的比较为前提。这种简单的比较不能决定倾销进口产品的影响是否在很大程度上压制国内价格,因为它忽略了所考虑期间的干预性发展。从下表中可以看出,在调查期间倾销进口价格的趋势,可以看到倾销的进口价格从

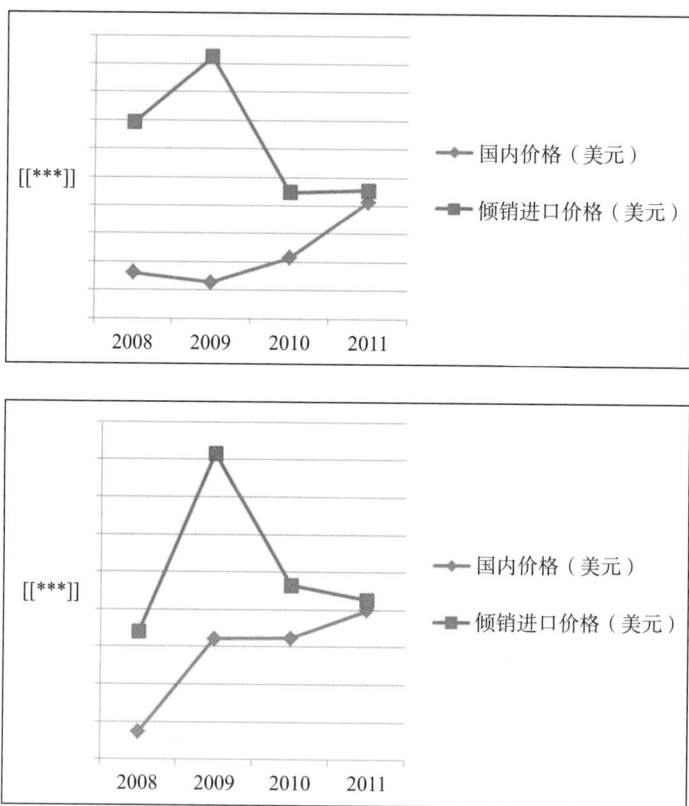

图 1 国内价格趋势和倾销进口价格(美元和卢布)①

---

① Dumped import prices in USD increased by 9.3% from 2008 to 2009 but decreased in 2010 by 17.6% compared with 2009, rebounding slightly in 2011 by 0.4% compared with 2010, and eventually converged with the steadily increasing domestic prices in 2011.

2008 年到 2009 年有所增加,但随后在 2010 年有所下降,并最终与 2011 年国内价格稳步上涨趋同①。值得注意的是,尽管 2009 年之后征收了 15% 的关税,但倾销的进口价格继续呈现出大幅下滑的趋势②。并且在整个调查期,这种倾销的进口价格呈下降趋势。

关于第三个论点。即在调查期期实际上没有价格压制。为支持这一论点,欧盟根据其在本诉讼程序中首次获得的数据进行了计算③。根据欧盟的说法,这一计算表明,在使用相同的回报率的条件下,DIMD 依靠它构建了卢布的目标国内价格,并将该价格与转换为卢布的进口价格进行比较,证明了在调查期没有价格压制。俄罗斯辩称,欧盟的论点是有缺陷的,因为其计算是基于进口价格从美元到卢布的不正确转换④。对此,俄罗斯提交了自己的计算结果,表明了根据相同的数据进行转换后,得出与欧盟结果反向的结论,即存在价格压制⑤。在审查了各方出示的计算结果后,专家组得出结论,正如俄罗斯所声称的那样,欧盟的计算是基于进口价格从美元到卢布的不正确转换,这实际上影响了结果。因此,专家组认定欧盟不能确定调查期没有价格压制。

此外,就市场是否会接受国内产业的额外价格上涨、Sollers 的质量问题和生产成本增加的问题。欧盟辩称,DIMD 未研究国内产业成本增加的原因⑥以及市场接受国内价格上涨的可能性⑦。其认为,DIMD 应该考虑这个问题有三个原因。首先,国内价格在 2008 年至 2009 年间增加,并在 2010 年至 2011 年之间再次增加;其次,Sollers 的 LCVs 存在"质量问题",这限制了任何价格的上涨;最后,由于原材料成本的增加,国内产业的生产成本显著增加⑧。俄罗

---

① Appellate Body Report, Mexico-Anti-Dumping Measures on Rice, para.188.

② Panel Report, Mexico-Steel Pipes and Tubes, paras.7.252 and 7.261.

③ See European Union's response to Panel question No. 67, para. 20; and Detailed undercutting and injury calculations, Exhibit EU-32 (BCI).

④ See Russian Federation's comments on the response of the European Union to the Panel question No.67, paras.19-22.

⑤ Russia's comments on the response of the European Union to the Panel question No.67, para.23; and Calculations with respect to price suppression, (Exhibit RUS-31) (BCI).

⑥ European Union's first written submission, para.154; European Union's second written submission, para.113.

⑦ European Union's first written submission, paras. 153 and 154; response to Panel question No.30, para.99.

⑧ European Union's first written submission, paras. 153 and 154; second written submission, paras.113-116.

斯称,由于倾销的进口价格高于国内价格,所以国内价格上涨幅度较大①。俄罗斯还称,由于 DIMD 在没有倾销进口的情况下构建了目标国内价格,因此没有额外的义务来分析市场是否会吸收价格上涨②。根据俄罗斯说法,调查当局只有在提出证据表明对重大价格抑制的主题进口的"解释力"产生疑问时,才需要审查这个问题。俄罗斯声称本案不是这种情况③。专家组认为,在调查期国内价格上涨这一事实本身并不会对市场未来吸收额外价格上涨的能力产生疑问。必须有证据表明进口价格上涨导致国内价格在市场上不会进一步增加。在本案中,记录中没有此类证据。事实上,欧盟甚至没有争辩市场不会接受超出所考虑期间水平的价格上涨。关于所谓的质量问题,欧盟提到戴姆勒在调查期间指控 Sollers 的菲亚特杜卡托存在质量问题。根据欧盟的说法,这让人怀疑消费者是否愿意继续为 Sollers 的 LCVs 支付更高的价格④。然而,记录中涉嫌质量问题的唯一证据是《汽车评论》杂志上的一篇文章报道了在鹅卵石路上测试一辆菲亚特杜卡托 LCVs⑤。鉴于《汽车评论》对 Sollers 的 LCVs 测试的样本有限,专家组认为这篇杂志文章不足以证明 Sollers 产品存在质量问题,其程度仅可以支持 DIMD 在不考虑是否存在此类问题时采取不合理行为的结论影响了市场接受进一步涨价的可能性。关于生产成本的增加,生产者通常会寻求将增加的生产成本转嫁给消费者,以维持其利润率。记录中没有任何证据表明,在没有倾销进口的情况下,生产成本上涨不能以价格上涨的形式转嫁给消费者。因此,专家组认为增加的生产成本不会对市场接受额外价格上涨的能力产生疑问。基于上述原因,专家组得出结论认为,本案记录的证据不足以要求调查机构客观和公正地考虑市场是否会吸收超出其审议范围实际发生的价格上涨的价格压制。关于来自其他国内生产者 GAZ 的竞争影响这一问题,欧盟辩称,DIMD 未能检查任何价格压制是否是其他国内生产商 GAZ 所施加的竞争压力的影响⑥。俄罗斯认为,DIMD 认为来自 GAZ 的

---

① Russian Federation's first written submission, para.189.

② Russian Federation's second written submission, para.125.

③ Russian Federation's second written submission, paras.120 and 121.

④ European Union's second written submission, para.116.

⑤ Comments by Daimler and Mercedes-Benz RUS on the Report of 28 March 2013, Exhibit EU-19, p.6; Comments by Daimler of 16 March 2012 regarding the Public Hearing, Exhibit EU-8, p.8 and attachment 7: Auto Review Magazine testing of Fiat Ducato and Gazelle; and Minutes of the Public Hearing of 22 March 2012, Exhibit EU-9, p.28.

⑥ European Union's first written submission, para.155.

竞争压力是其在第 3.5 条款背景下的非归因分析的一部分。① 鉴于其范围更广,在特定情况下,第 3.5 条款因果关系分析可能包含与第 3.2 条款所要求的考虑相关的因素,即倾销进口的影响是否为以防止本来会发生的价格上涨。如果调查机构在其因果关系分析中考虑了这些因素,那么要求在对第 3.2 条款规定的倾销进口产品的价格压制效果的单独考虑中重复考虑这种考虑是不必要的。

欧盟进一步提出,DIMD 没有证明"显著地"进行了价格压制。因为它未能将国内目标价格与国内同类产品的实际价格进行比较,没有考虑到它们之间的价格差距。但就本案来看,DIMD 确实考虑了倾销进口是否导致价格压制,并且也考虑到国内同类产品的价格和国内产业的利润对倾销进口的影响。最后专家组注意到欧盟也认为,由于倾销的进口价格始终高于实际国内价格,导致了任何价格压制都不会很大。出于同样的原因,专家组认为没有价格削减并不表明价格压制不是"显著的"。

综上所述,上诉机构在审查专家组的报告时认定,在用于构建其价格抑制分析的目标国内价格的回报率时未考虑金融危机影响。因此,上诉机构维持专家组报告第 7.64—7.67 段和第 8.1.d.i 段中的专家组裁决。

五、本案的启示与思考

WTO 根据 DSU 建立的争端解决机构,通过专家组和上诉机构对产生争端的成员提出建议或者以报告的形式作出裁决。但是,一个争端解决程序,无论是从法律的规定还是程序的执行,都会存在一些不可避免的不完善之处。纵观本案,就反倾销制度中存在的问题,以下问题引人深思。

(一)善用 WTO 争端解决机制维护自己的知情权

根据《反倾销协议》第 6.9 条款的规定,"主管机关在作出最终裁定之前,应将考虑中的,构成是否实施最终措施决定依据的基本事实通知所有利害关系方。此披露应使各方有充分的时间为其利益进行辩护"。就本案而言,欧盟声称,有关 DIMD 使用的进口量和价值的信息来源、GAZ 于 2011 年持有的市场份额等 16 项内容,俄罗斯未"完整"或以"有意义"摘要的形式向利害相关方披露。《反倾销协议》第 6.9 条款存在的意义就是使各方有充分的时间为

---

①   Russian Federation's first written submission, para.190.

其利益进行辩护,但什么是决定最终措施的基本事实,并没有进行尽可能详尽的规定。

实际上,在一般反倾销案件中,出口商产品的型号和国内产业销售产品的型号都是可以保密的,一般并不会被认为违反非保密信息规则。反倾销调查中,欧盟对替代国企业的产品型号采取完全保密的方式,就完全剥夺了非市场经济体企业获取案件基本信息的权利。笔者认为,上诉机构在本案中的做法很正确,即对"基本事实"的认定给予了一定程度的扩大解释,具体来说,本案中上诉机构支持了欧盟的论点,即"信息来源"可以作为一项"基本事实"。正如上诉机构在其报告中阐述的那样,有时仅仅知道数据本身还不足以使相关方依据此类信息保护自己的合法权益,在某些情况下,知道这些数据的来源可能更有利于维护相关方的权利。

作为应对国外反倾销的主体,企业在遇到反倾销调查时要积极应诉。虽然关于信息披露制度,争端解决机构确定了有关企业生产产品的型号、规格等特征信息是调查中必须披露的关键信息,即便是保密信息也应该在遵循保密条款的前提下向被调查方公开,且必须及时这样做。但实践中的很多情况表明,许多国外的反倾销调查并不那么公开、透明。对此,我国企业就应该充分利用《反倾销协定》以及调查国的相关具体规则,在调查过程中,获取案件定性的关键材料和基本事实来得出对自己有利的信息。特别是当遇到不公正对待的情况时,应大胆通过国家主管部门向 WTO 争端解决机构申诉,要勇于抗辩。

政府和行业协会也应该起到一定的积极作用。实际上,WTO 争端解决机制可以看作是一个国际贸易救济法院[①],有较为完善和健全的争端解决机制。其中既有磋商,又有仲裁。还有专家组、上诉机构这样的准司法程序。在中国遭受反倾销调查时,行业协会扮演着收集资料、传递信息、降低成本等作用。而且对出口企业来讲,行业协会起到一个引领和监督的作用,他们一方面可以提醒企业优化出口产品的结构,来做到产品的升级,另一方面,也可以防止反倾销过程中企业"搭便车"的行为。总体而言,WTO 争端解决机制还是有很多的优势的,面对这样良好的国际争端解决环境,我们没有理由不牢牢把握机会,发挥政府和行业协会的引领作用。

---

① 傅东辉:《如何制止国外对华违法滥用反倾销》,中国法制出版社 2014 年版,第 19 页。

(二) 善于发现争端解决过程中的程序性漏洞

西方国家的司法程序制度一向注重程序,可以说程序正义是欧美等西方国家法治的最鲜明特点。但对程序价值的重视并不表示这个过程本身就不存在任何问题。就 WTO 争端解决机制而言,虽然具有准司法机构的特征,但在实际运作中往往会为了双方的利益而做出折中的裁判。

在反倾销调查程序中,利害关系方申请对其提交的信息做保密处理,是一种常见情形。就本案而言,对于来自电子海关数据库的信息,俄罗斯认为这些信息是在保密的基础上提交给 DIMD 的,因此被 DIMD 视为机密。但专家组注意到这些信息并没有在记录中显示"正当理由",即为何没有进行披露。因此,专家组的结论是,对这些信息进行保密的方式方法不正确。而上诉机构认为,在认定与第 6.5 条款不一致的情况下,专家组不能简单地仅在此基础上得出 DIMD 未能遵守第 6.9 条款要求的结论。相反,专家组应该审查通过非机密摘要所作的所谓披露是否符合第 6.9 条款的要求。这就说明,即便是专家组这样的准司法性质的机构,有时候也会在程序上不那么全面。

由本案例可以看出,在 WTO 进行争端解决时,举证本身发挥着不可替代的重要作用,但是这并不是所有。回顾我国国际争端解决之路,我们要多加归纳总结典型 WTO 争端解决案例,从中汲取经验和教训。并且在整个诉讼过程中都要时刻保持警惕。

(三) 应健全与 WTO 规则相衔接的国内法体系

《对外贸易法》是我国为衔接 WTO 规则和履行入世承诺而修订的。作为一部专门的法律,它在我国的国际经济往来中发挥了很大的作用。但社会是在不断地发展和变化的,作为一部"老法",它有必要及时跟上时代的步伐。对此,我们应该积极制定与 WTO 规则相衔接的法律体系,并且其制定、修改和解释的程序必须严格。不能太过于笼统,给争端解决机构留下太多的自由裁量空间。各个立法机构,大到中央政府,小到各级主管部门,都应该把握时代脉搏,积极出台新法、新规。对法律体系进行一个"大换血"。

就法律修改过程中遇到的困难,政府可以寻求社会各界的帮助,如法学界、企业界和经济政治界。不同的行业,对待问题的看法会有很多不同之处。正所谓众人拾柴火焰高,相信通过对 WTO 争端解决机制中的问题进行一番讨论交流以后,我国会有很多不同的新看法,应用起来也会更加得心应手。

（四）努力发展经济，提高自身国际地位

我国目前一些行业依然由国企主导，政府依旧把握经济命脉，实施宏观调控。但总体上讲，民企的不断发展壮大，也说明了我国经济的迅速崛起。我国的市场依然具有巨大的经济活力和生命力。但是，我们也需要牢牢记住：弱国无外交。回顾历史，自入世以来，我国频繁遭受反倾销，究其原因，与我国的非市场经济地位有着密不可分的联系。据美国《华尔街日报》2018 年 11 月 30 日报道，特朗普政府已正式拒绝中国根据《中国加入世界贸易组织议定书》第 15 条获得市场经济地位的要求。实际上美国于 2018 年 11 月中旬向设在日内瓦的 WTO 提交了这项决定，并公布了此消息。虽然特朗普的幕僚早就暗示过在这一问题上的态度，美国也多次表态不会承认中国的这一地位，但这是美国首次公开亮明立场并阐释理由①。

实际上，早在中国加入 WTO 满 15 年后，标志着中国应获得"市场经济地位"，但从美国到欧盟，是否承认中国市场经济地位仍是一个敏感的话题。早在 2016 年 12 月 8 日日本经济产业省正式宣布，关于中国在 WTO 中的地位，已决定继续不承认中国是"市场经济国家"。2016 年 5 月，欧洲议会拒绝同意中国在当年自动获得"完全市场经济地位"的议案。市场经济地位对中国具有重要意义，因为那将加大对手反倾销调查的难度。客观来说，是否会遭受"反倾销"，与是否具有市场经济地位本身并无直接关系，然而市场经济地位之所以重要，则是因为反倾销能够成立的必要前提：从反倾销发起国的角度看，是其进口商品的价格低于其"正常价值"。拥有市场经济地位，既是中国经济从内向型经济向外向型经济发展的需求，也是国内改革和中国加入 WTO 的重要目标。

综上所述，面对国际经济贸易日益频繁的今天，为了避免屡屡的反倾销案件，首先，我们要及时对 WTO 运行规则有一个全面的把握，要从实体和程序两个方面来深刻理解。其次，在我国对外贸易法律的制定和修改方面，我们要衔接好 WTO 规则。再次，我们必须充分发挥政府和行业协会的带动和引领作用，深入剖析国际经济运行的特点。最后，继续经济强国。

结语

在经济全球化的时代背景下，各国的国内企业竞相走出国门以带动经济

---

① Alfha.http://www.sohu.com/a/208109352_250785，访问日期：2019 年 3 月 30 日。

的飞速发展并引进新兴技术。这一过程导致了贸易摩擦不断升级。中国在全球贸易中所占比重越高,贸易摩擦也会越多。其中,反倾销最具代表性。自1979 年欧共体对我国的糖精钠提起首次反倾销调查后,我国作为被申诉方,成了反倾销领域的"热门区域"。

纵观本案,无论是利害关系方在审理案件的整个过程中知情权的体现,还是审理机构对案件流程的规范操作,或是对相关法律概念的界定,又或者是案件关键事实的认定,都需要对《反倾销协定》中的相关规则有一个清晰的认识和熟练的应用。当然,任何法律都不可能对现实生活的方方面面都进行详尽的规定,因为社会本身就在不断地发展和变化,但是,对相对的公平和公正的追求却永远不会改变。

《反倾销协定》中的某些关键性规则的笼统规定,使得利害关系方甚至是应诉方深受其害。笔者在对 DS479 案分析的过程中,深刻认识到法律本身的无穷魅力,更体会到要想拿起法律的武器进行战斗,首先必须要对法律规定本身有一个宏观的把控和细致的理解。这就要求我们更加重视并妥善运用争端解决机制,趋利避害,营造有利于我国长远发展的国际环境。

A Study on the Anti-Dumping Duties Case of
EU v. Russia Light Commercial Vehicle in the WTO

XU Shuang

Abstract：The rapid rise of China's economy will inevitably lead to an escalation of friction between the economy and trade. This article takes the WTO EU v. Russia light commercial vehicle anti-dumping case as the research object, analyzes the focus of the dispute in this case according to the specific appeals put forward by the EU, compares the controversy and contradiction between these disputes and the specific provisions of GATT1994, and reflects on China frequently. The reasons for the anti-dumping and China's response to anti-dumping strategies are to find a path suitable for the rapid development of China's economy and to complete the economic transformation more quickly.

Key Words：WTO；DS479；anti-dumping；domestic industry；price suppression

✳陈紫瑜*

WTO 美国诉华白羽肉鸡产品"双反"措施案研究**

内容摘要：随着中美贸易摩擦升级，为了保护国内市场，反倾销和反补贴措施的使用也更加频繁。2009 年 8 月 14 日，商务部宣布对原产于美国的进口白羽肉鸡产品进行反倾销和反补贴的立案调查。次年 8 月 29 日和 9 月 26 日，商务部先后公布了反补贴和反倾销调查的最终裁定，决定对原产于美国的进口白羽肉鸡产品征收反倾销税及反补贴税。2011 年 9 月 20 日，美国就商务部采取的最终措施启动了 WTO 争端解决程序。2018 年 1 月 18 日，WTO 再次对 DS427 案公布了专家组报告，支持了美国大部分的诉讼请求。本案是我国主动运用 WTO 规则对进口产品同时发起反倾销及反补贴调查，也是中国第一次在农产品领域向美国发起反倾销及反补贴调查。本文从 WTO 争端解决下的"美国诉华白羽肉鸡案"入手，采用规范分析法和实证分析法，综合申诉方美国和被申诉方中国的观点以及专家组的裁决，分析出目前我国在信息披露、成本计算、因果关系分析方面存在的问题，以期为我国应对类似贸易摩擦提供一些思路。

关键词：WTO；DS427；双反措施；信息披露；成本核算；因果关系

---

  * 陈紫瑜,西南大学法学院法律硕士(法学)专业司法实务方向 2017 级研究生(指导教师邓瑞平教授)。
 ** 本文系作者在 2019 年 6 月硕士学位论文基础上修改而成。

引言

随着全球化程度不断加深,世界各国的外贸经济日渐频繁,进出口贸易不断扩大。反倾销和反补贴制裁成为各个国家防止贸易倾销、保护本国产业、抵制国外商品的普遍措施。目前,中国成为许多国家和地区反倾销反补贴的首要目标国,我国也采取双反措施保护国内相关产业。本案就是我国在农产品领域主动发起反倾销和反补贴调查的第一案。适时运用反倾销反补贴手段是法律赋予我们的权利,但是如果在调查中存在疏漏,没有合理充分的法律依据和事实证据就贸然采取反倾销和反补贴措施,反而会承担不利的法律结果。通过分析本案对我国在反倾销反补贴贸易争端中面临的法律问题具有实际的研究意义。首先,由于判例也是 WTO 争端解决机制的法源之一,中国若想熟练地运用 WTO 规则来维护自身的利益,不但需要认真研究 WTO 相关的条款,还需要对 WTO 的相关判例进行研究,而本案作为过程长达近十年的案例,其研究的意义不言而喻。其次,本案的起因是中国对原产于美国进口的肉鸡产品展开反倾销反补贴调查,是我国主动利用 WTO 规则保护自身权利的典型案例,而未来国外产品进口可能对国内产业造成更严重的损害,本案的研究也有助于更好地维护自身利益。再次,美国和中国贸易来往频繁,然而中美贸易的摩擦也在不断升级,如果我国能够合理地利用 WTO 相关规则,妥善处理贸易争端中的纠纷,肯定能对两国的经济发展起到推动作用。最后,本案中 WTO 专家组的裁定虽然对中国不利,但作为学习研究的素材,反而更有学术价值,从失败中吸取教训并总结经验能够帮助我国在反倾销反补贴实践中更

好地维护自身的权益。

一、本案案情

（一）案件背景

2009 年 9 月 27 日,中华人民共和国商务部(以下简称"商务部")应国内肉鸡产业代表即中国畜牧业协会提交的反倾销反补贴调查申请,宣布对原产于美国的进口白羽肉鸡产品(以下简称"肉鸡产品")进行立案调查。并向美国驻华大使馆提供了立案公告和申请书的公开版本,请其通知相关出口商和生产商。在立案公告规定的登记应诉期内,一共有 36 家企业登记应诉,由于应诉企业较多,商务部决定抽取美国皮尔格林公司(以下简称"皮尔格林")、泰森食品有限公司(以下简称"泰森")、楔石食品有限责任公司(以下简称"楔石")作为选取公司,桑德森农场公司作为备选公司进行倾销和补贴调查。

商务部于 2010 年 2 月 5 日发布了对美国肉鸡产品的反倾销调查的初裁公告,随后于 4 月 28 日公布了反补贴调查的初裁公告。商务部初步裁定原产于美国的进口肉鸡产品存在倾销和补贴行为,对我国同类产业造成了实质性的损害,并且倾销和补贴行为与实质损害之间存在因果关系。并决定对美国的进口肉鸡产品开始实施临时的双反措施,对倾销行为征收43.1%—105.4%不等的保证金①,对补贴行为征收 3.8%—31.4%不等的保证金②。

初裁后,应利害关系方申请,并且为进一步核实各应诉公司提交材料的真实性和准确性,调查机构组成实地核查小组,于 2010 年 6 月 3 日至 15 日赴美国皮尔格林、泰森、楔石公司进行了实地核查。2010 年 8 月 29 日和 9 月 26 日,商务部先后公布了本案反倾销和反补贴调查的最终裁定,裁定征收为期 5 年的反倾销税和反补贴税,将税率分别调整为 50.3%—105.4%③和

---

① 中华人民共和国商务部公告 2010 年第 8 号,公布关于原产于美国的进口白羽肉鸡产品反倾销调查的初步裁定, http://www. mofcom. gov. cn/article/b/g/201002/20100206795005.shtml,访问时间:2019 年 2 月 28 日。

② 商务部公告 2010 年第 26 号,关于白羽肉鸡产品反补贴调查初裁的公告,http://www.mofcom. gov. cn/article/b/c/201004/20100406888683. shtml,访问时间:2019 年 2 月 28 日。

③ 中华人民共和国商务部公告 2010 年第 51 号,公布对原产于美国的进口白羽肉鸡产品反倾销调查的最终裁定, http://www. mofcom. gov. cn/article/b/g/201101/20110107363363.shtml,访问时间:2019 年 2 月 28 日。

4.0%—30.3%[1]。

(二)本案发展始末

2011 年 9 月 20 日,美国根据 DSU(《关于支配争端解决的规则与程序的谅解》)第 1 条和第 4 条、GATT1994 第 23 条、《SCM 协定》(《补贴与反补贴措施协定》)第 30 条、《反倾销协定》第 6 条,就中国对原产于美国的进口白羽肉鸡产品采取反倾销和反补贴措施,向 WTO 争端解决机构(以下简称"DSB")提起与中国的磋商申请,2011 年 10 月 28 日中美就争议事项进行了磋商,但未能达成共识。

2011 年 12 月 8 日,美国根据 DSU 第 6 条、《反倾销协定》第 17.4 条款和《SCM 协定》第 30 条,就美国诉华白羽肉鸡产品"双反"措施案(以下简称"DS427 案")向 DSB 提出成立专家组的申请。2012 年 1 月 20 日,DSB 在例行会议上基于美国的申请作出成立专家组的决定。智利、欧盟、日本、墨西哥、挪威、沙特阿拉伯、泰国作为第三方参与本案专家组程序。[2]

2013 年 8 月 2 日,WTO 就 DS427 案公布了专家组报告(以下简称《2013年专家组报告》)。专家组支持了美方大部分的请求,并建议中方修订对美国肉鸡产品采取的反倾销反补贴措施,使其符合《反倾销协定》和《SCM 协定》的规定。

2013 年 12 月 25 日,中国商务部为执行 WTO 争端解决机构关于 DS427案的裁决和建议,决定对原产于美国的进口肉鸡产品所适用的反倾销和反补贴措施进行再调查。根据再调查结果并依据《反倾销条例》、《反补贴条例》和《执行争端裁决暂行规则》的规定,商务部于 2014 年 7 月 8 日作出再调查裁定。再调查结果与原调查结果基本一致,认定原产于美国的肉鸡产品存在倾销和补贴,同时将反倾销税率调整为 46.6%—73.8%,反补贴税率调整为4.1%—4.2%。[3]

---

① 中华人民共和国商务部公告 2010 年第 52 号,公布关于对原产于美国的进口白羽肉鸡产品反补贴调查的最终裁定,http://www.mofcom.gov.cn/article/b/g/201010/20101007180994.shtml,访问时间:2019 年 2 月 28 日。

② DS427: China-Anti-Dumping and Countervailing Duty Measures on Broiler Products from the United States, https://www.wto.org/english/tratop_e/dispu_e/cases_e/ds427_e.htm, 2018, The last accessed date: 28 February, 2019.

③ 商务部公告 2014 年第 44 号,关于对原产于美国的进口白羽肉鸡产品反倾销和反补贴措施再调查的公告,http://www.mofcom.gov.cn/article/b/c/201407/20140700654187.shtml,访问时间:2019 年 2 月 28 日。

2015 年因原反倾销及反补贴措施的 5 年实施期即将届满,中国畜牧业协会向商务部提交了反倾销反补贴措施期终复审申请书,认为美国肉鸡产品的倾销和补贴可能继续发生,对中国国内产业造成的损害可能再度发生,请求商务部维持对美国肉鸡产品的反倾销和反补贴措施。同年 8 月 28 日和 10 月 8 日,商务部分别发布公告决定启动期终复审调查。2016 年 8 月 22 日和 9 月 26 日,商务部公布了期终复审调查结果及裁定,决定维持对美国肉鸡产品的双反措施,实施期限为 5 年。[①]

2016 年 5 月 10 日,美国根据 DSU 第 21.5 条款就中国继续对肉鸡产品征收反倾销反补贴税向 DSB 提出磋商申请。2016 年 5 月 24 日中美双方进行了磋商,仍未能解决争议。同年 5 月 27 日,美国根据 DSU 第 6 条和第 21.5 条款向 DSB 提出再次成立专家组的请求。在 6 月 22 日的会议上,DSB 决定将案件交付原审专家组进行裁决。巴西、厄瓜多尔、欧盟和日本保留作为第三方参与专家组程序的权利。[②]

2018 年 1 月 18 日,WTO 再次就 DS427 案发布了专家组报告(以下简称《2018 年专家组报告》)。专家组根据《反倾销协定》及《SCM 协定》的相关规定,认定中方未能遵守 DSB 的裁决和建议,并且驳回了美国根据《反倾销协定》第 12.2 条款、12.2.2 条款以及《SCM 协定》第 22.3、22.5 条款提出的请求事项。

2018 年 2 月 27 日,商务部根据原反倾销和反补贴案申请人提出的撤销反倾销和反补贴措施的申请,认定没有必要继续维持双反措施,并经国务院关税税则委员会同意,决定自当日起终止对原产于美国的进口白羽肉鸡产品征收反倾销税和反补贴税。[③]

(三) 本案的争议焦点

本案中,从美国提出磋商请求到公布专家组裁决报告,继而到 2018 年再

---

① 商务部公告 2016 年第 40 号,关于对原产于美国的进口白羽肉鸡所适用的反倾销措施期终复审裁定的公告,http://www.mofcom.gov.cn/article/b/e/201609/20160901400689. shtml,访问时间:2019 年 2 月 28 日。

② DS427: China-Anti-Dumping and Countervailing Duty Measures on Broiler Products from the United States, https://www.wto.org/english/tratop_e/dispu_e/cases_e/ds427_e.htm, 2018, The last accessed date: 28 February, 2019.

③ 商务部公告 2019 年第 6 号,关于对原产于巴西的进口白羽肉鸡产品反倾销调查最终裁定的公告,http://www.mofcom.gov.cn/article/b/c/201902/20190202834325.shtml,访问时间:2019 年 2 月 28 日。

次公布专家组报告,争议焦点可以概括为以下方面:

第一,中方披露的"基本事实"是否符合《反倾销协定》第 6.9 条款。① 商务部对每位被调查者作出终裁决定前,就如何确定正常价值、出口价格以及对正常价值和出口价格的某些调整作出了说明。对此,美国声称商务部未向利害关系方披露构成决定征收反倾销税依据的基本事实,未提供确定倾销存在和倾销幅度的数据以及保证金的计算,包括对被调查方的正常价值和出口价格的计算。

第二,中方"生产成本"的计算是否符合《反倾销协定》第 2.2.1.1 条款。② 商务部向三名被调查者发放了反倾销调查问卷和补充调查问卷。被调查者报告称,鉴于肉鸡产品的生产性质,在计算生产成本时采用了相对销售价值分摊法。商务部表示被调查者的账簿和记录未合理地反映产品生产和销售的成本,对其记载的分摊方法不予以采用,并决定使用重量分摊法。对此,美国认为商务部应当根据被调查者的账簿和记录中的价值分摊法,或者至少对拒绝使用此种分摊方法作出合理的解释。

第三,中方的因果关系分析是否符合《反倾销协定》第 3.1、3.5 条款和《SCM 协定》第 15.1、15.5 条款。③ 商务部的反倾销和反补贴调查最终裁定,美国肉鸡产品进口与国内产业遭受的损害之间存在因果关系。商务部通过对调查期整体情况的分析,观察到被调查产品数量持续大幅增加,市场份额持续增长,对国内同类产品的价格产生了重大影响。美国则认为中国没有审查所有有关证据,并且依赖有缺陷的价格分析作出最终裁决,因此无法确立被调查产品进口与国内产业损害之间的因果关系。

二、中方披露的"基本事实"是否符合《反倾销协定》第 6.9 条款

信息披露是反倾销行政调查程序中特有的对利害关系方权利进行保障的制度④,基本事实作为认定倾销行为的重要依据,对基本事实的披露则是一项重要的程序性职责。《反倾销协定》第 6.9 条款规定:主管机关在作出最终裁

---

① Panel Report,China-Broiler Products,WT/DS427/R,para.7.2.3.
② Panel Report,China-Broiler Products,WT/DS427/R,para.7.3.1.
③ Panel Report,China-Broiler Products,WT/DS427/R,para.7.4.5.1.
④ 傅东辉,《建立有效的保护制度——中国反倾销调查中的披露制度》,载《国际贸易》2005 年第 4 期。

定之前,应将考虑中的、对实施最终反倾销措施有重大影响的基本事实通知所有利害关系方,并保证各方有充分的时间为其利益进行辩护。本案中,商务部对每位被调查者作出终裁决定前,就如何确定正常价值、出口价格以及对正常价值和出口价格的某些调整作出了说明。对此,美国声称中方未向利害关系方披露构成决定征收反倾销税依据的基本事实,未提供确定倾销存在和幅度的数据和保证金的计算,包括对被调查方的正常价值和出口价格的计算,不符合《反倾销协定》第6.9条款。

(一)基本事实的认定

美方提出第6.9条款所述的基本事实是调查机构在确定采取反倾销措施时所考虑的不可或缺且必要的事实。因此,为履行第6.9条款的义务,商务部提供的计算方法和有关资料应包括但不限于:(1)所有对正常值进行推导的计算;(2)所有为导出出口价格所作的计算;(3)所有确定生产成本进行的计算。[①] 美国还提出,商务部应该提供每位被调查者关于正常价值的出口价格和生产成本的详细数据分析,以及由被调查者提供的可供商务部调整和修正的销售数据。此外,商务部还应当提供所有其在使用的计算机程序中创建的实际文件和电子表格,以及用于计算保证金或者调整正常价值和出口价格的公式。

对此中方回应,第6.9条款的目的是将基本事实与利益方的辩护权利有限制地联系在一起,并不要求美方所称的广泛式披露,这似乎要求调查机构披露审议事项的所有细节,诸如个别交易数据、基本计算方法、全部计算工作表和计算程序本身。中国还辩称,第6.9条款披露的信息仅限于事实,不包括调查机构的推理。基本事实不同于所有事实,仅是调查机构采取最终措施依据的事实。因此,第6.9条款规定的基本事实限于确定倾销幅度以及有助于理解得出结论的事实。[②]

《2013年专家组报告》中,专家组认可中国引用墨西哥橄榄油案(DS341)的三要素[③],为了在反补贴和反倾销调查结束时能采取明确的措施,调查机构必须找到三个关键要素:(1)倾销或补贴;(2)损害;(3)因果关系。因此,与这些要素相关的调查结果和结论所依据的"基本事实"构成了决定采用确定性

---

① United States' first written submission, WT/DS427/R/Add.1, para.66.

② Panel Report, China-Broiler Products, WT/DS427/R, para.7.76.

③ Panel Report, China-GOES, WT/DS414/R, para.7.652 (citing Panel Report, Mexico-Olive Oil, WT/DS341/R, para.7.110).

措施的基础,必须予以披露。第 6.9 条款并不意味着调查机构有义务披露倾销计算的所有方面,对其解释过于严格,会妨碍利害关系方捍卫自己利益的能力,然而该条款确实要求披露"调查机构在分析和决策过程中,考虑的任何有关决定所必需的事实"。同时,每个案例中关于反倾销的决定都依赖于权威机构对各必需要素的分析:是否存在倾销、倾销的程度、是否采取最终措施。因此,要求调查机构审查《反倾销协定》第 2 条规定的要素①。

基于以上考虑,专家组认为根据第 6.9 条款,调查机构必须披露的基本事实包括:(1)确定正常价值的数据。即构成正常价值的特定要素的基础数据(包括同类产品在国内市场单独销售的正常贸易过程中的价格,或者构成正常价值的组成部分②);(2)构建出口价格的数据(包括根据第 2.3 条款用于构建出口价格的任何信息);(3)正常价值与出口价格比较中使用的销售额;(4)任何影响价格可比性的差价调整;(5)应用于数据的公式③。

《2018 年专家组报告》中,专家组对基本事实的认定做了相应的修改,其一,认定需要披露的事实须满足以下三要素:(1)基本事实;(2)正处于考虑中;(3)决定是否采取确定措施的依据。专家组提出,"审议中的基本事实"是调查机构在决定是否适用反倾销税时记录在案的事实。此外,基本事实应是决定是否采取确定措施的基础,且该事实必须在决定作出的过程中具有重要意义。其二,结合上述分析,专家组认为《2013 年专家组报告》中为确定倾销幅度而进行的"计算本身(包括计算过程中创建的任何文件或电子表格)"并不是必须披露的基本事实。④

有关"基本事实"的争议一直是 WTO 争端解决案例的热点问题,目前《WTO 分析索引:WTO 法律和实践指南》⑤对"基本事实"的认定包括本案在

---

① 包括确定第 2.1 条款规定的正常价值和出口价格、确定第 2.2 条款规定的正常价值、第 2.3 条款构建的出口价格、第 2.4 条款规定的正常价值与出口价格的公平比较。

② 组成部分包括构成生产、销售、一般费用的总成本和利润。

③ 对此,专家组强调,应用公式是正常价值与出口价格比较的基本要素,对于理解倾销幅度的确定是反映个人销售的数据的基础。对认定倾销所依据事实的解释,如果没有这些公式,会造成被调查者对其向调查机构提供信息起到的作用以及如何使用该信息来确定倾销幅度的理解不足,因此有必要披露。

④ Panel Report,China-Broiler Products,WT/DS427/RW,para.7.377.

⑤ 《WTO 分析索引——WTO 法律和实践指南》是 WTO 各机构对《WTO 协定》解释和适用的逐条指南。它涵盖世贸组织上诉机构、专家组和仲裁员的判例,以及其他 WTO 相关机构的有关决定和重大行动。

内共援引了 8 个案例。① 即阿根廷家禽案（DS241）、韩国纸张案（DS312）、中国扁钢案（DS414）、中国肉鸡案（DS427）、中国 X 射线设备案（DS425）、中国无缝钢管案（DS454）、美国石油管材案（DS488）、俄罗斯轻型商用车案（DS479）。通过上述案例的分析，可以总结为以下几点：1.正常价值和出口价格的数据如果不构成决定反倾销措施的依据，这些数据就不是基本事实；2.基本事实不包括调查机构的推理，仅限于资料事实本身；3.基本事实的重大影响既包括肯定性结果也包括否定性结果；4.必须披露的基本事实包括最终构成正常价值的特定要素的基本数据，特定要素即出口价格、用于正常价值与出口价格比较的销售额、对影响价格可比性差异进行的任何调整、确定倾销幅度的公式；5.计算倾销幅度过程中创建的文件和电子表格不构成基本事实。虽然第 6.9 条款没有明确规定基本事实的内容，但是在判断一个事实是否需要披露时，可以参考以上五点。

（二）商务部是否向被调查者披露了"基本事实"

依据词典关于"事实"的定义②，美国坚持认为调查机构计算的基础数据是"事实"，包括利害关系方提供的各种生产成本和销售的数据。如果不能获得实际执行的计算结果和使用的实际数据，利益相关方就无法核实商务部的方法和计算方法是否有误。美国还援引欧盟鲑鱼案（DS337）专家组的观点③，第 6.9 条款规定的披露目的是向有关各方提供必要的信息，使其能够对调查机构正在考虑的事实的完整性和正确性发表评论，继而提供补充信息或纠正错误，从而对这些事实做出正确解释。据此，关于调查中的披露情况，美方同意商务部提供的表中包括加权平均特定模型的正常价值、出口价格、倾销幅度以及加权平均总倾销幅度。但是，美国认为商务部没有披露这些汇总数据的来源，商务部在反倾销措施的初裁和终裁披露中，仅对数据调整和计算方法进行简要汇总，不足以满足第 6.9 条款的要求，也无法使利害关系方充分维护自身利益。

对于本案调查中的披露文件，中方表明商务部提供了利害关系方维护自身利益所必需的全部事实，最终披露文件中所提及的情况可以追溯到被调查

---

① WTO ANALYTICAL INDEX：Anti-Dumping Agreement-Article 6 （Jurisprudence），para.1.9.2.2.

② 美国引用《新简明牛津英语词典》（Clarendon Press，1993），将事实定义为"确定的已发生或确实存在的事情"及"与法律解释不同的经验、事件、情况的资料"。

③ Panel Report，EC-Salmon（Norway），para.7.805.

者在本案中提交的数据和具体调整,利害关系方可以合理维护自身利益。至于计算程序或工作表,中国认为没有披露的必要,商务部通过对所采用的方法进行了详细说明,并让被调查者自行复制这些步骤,已经符合第 6.9 条款的规定。并且商务部向每位被调查者提供了一份具体的信息披露文件,对商务部的计算进行了总结,并为其提供了衡量产品创造倾销利润率所必需的关键基准——正常价值、CIF 价格和净出口价格。被调查者足以将商务部的计算结果与其提供的数据交叉核对。①

根据《2013 年专家组报告》的裁决,专家组认为,第 6.9 条款没有规定披露审议中的基本事实的特定格式。评估某项披露是否符合第 6.9 条款要求的标准,不是该披露是否以被调查者要求的格式提供,而是其是否充分披露了基本事实,使被调查者能够维护自身利益。因此,认定商务部是否向被调查者披露了基本事实,关键不是披露的形式,而是向皮尔格林、泰森、楔石提供的披露文件中数据的详细程度。中国为此次争议编制了表格,其中论证了被调查者如何从披露文件的叙述性陈述中推断出商务部在计算中使用的数据并自行重新计算,但是,实际披露文件中的信息并未以这种方式提供。② 如前所述,专家组决定以商务部制定的记录为基础进行评估,认定商务部没有披露用于计算正常价值、出口价格、每种模型的倾销幅度或最终总加权平均倾销幅度的公式。由于缺少公式,皮尔格林、泰森、楔石将无法确定商务部计算的准确性。因此,中国的行为与《反倾销协定》第 6.9 条款的规定不一致。

而《2018 年专家组报告》中,专家组对基本事实的认定作出了相应的修改,认为无须披露确定倾销幅度而进行的"计算本身",认为调查机构拥有一定的自由裁量权。根据第 6.9 条款,认定基本事实需要考虑以下因素:1.必须披露作为确定倾销幅度基础的数据,而无须披露实际计算;2.必须就正在考虑的基本事实作出披露,即对决定是否采取最终措施具有重大或显著意义的事实;3.调查机构在如何披露基本事实方面具有相对的自由裁量权。③ 基于此,专家组认为商务部已经向被调查者披露了"基本事实",符合第 6.9 条款的规定。

根据我国《反倾销调查信息披露暂行规则》第 5 条规定,调查机关在初裁决定公布后和终裁决定作出前应该披露的内容包括:(1)正常价值方面:对正

---

① China's response to Panel question No.12; second written submission, WT/DS427/R/Add.1, para.26.

② Panel Report, China-Broiler Products, WT/DS427/R, para.7.96.

③ Panel Report, China-Broiler Products, WT/DS427/RW, para.7.372.

常价值的认定、计算正常价值所采用的交易数据及调整数据、计算正常价值时未采用的数据及其理由等;(2)出口价格方面:对出口价格的认定、计算出口价格所采用的交易数据及调整数据、计算出口价格时未采用的数据及其理由等;(3)成本方面:认定生产成本采用的数据、各项费用的分摊方法及采用的数据、利润的估计、非正常项目的认定等;(4)现有最佳信息的使用及理由,但涉及其他利害关系方保密信息的除外;(5)倾销幅度的计算方法;(6)调查机关认为需要披露的其他信息。① 可见,我国对于反倾销披露制度有具体化的规定,有学者甚至认为这可能是世界上对披露制度最具体的规定之一②,据此,足以证明中国对于信息披露制度的重视程度。

在本案中,专家组最初认定中国在调查程序中的披露行为不符合第6.9条款的规定。虽然为解决争议编制了表格,论证了被调查者如何从披露文件的叙述性陈述中推断出商务部在计算中使用的数据,但并未向被调查者提供以上信息。在2018年的争端解决中,专家组又认为调查机构具有一定的自主裁量权,认定中国的行为符合第6.9条款的规定。笔者认为虽然我国规定了具体化的披露规则,并且最后也得到了专家组的认可。事实上我国在反倾销调查的初步裁定中仅仅公布了各企业倾销幅度的数据,并没有披露具体的计算公式。但是根据《反倾销调查信息披露暂行规则》第5.5条款的规定,披露的内容包括了倾销幅度的计算公式。因此我国的披露行为仍存在瑕疵。

三、中方在计算被调查者生产成本时是否符合《反倾销协定》第2.2.1.1条款

生产成本是构建产品正常价值的重要基础,如果无法正确确定生产成本,则会直接影响对倾销行为的判断。商务部向三名被调查者发放了反倾销调查问卷和补充调查问卷。被调查者报告称,鉴于鸡肉产品的生产性质③,对于生产成本的计算其采用了相对销售价值分摊法④。商务部表示被调查者的账簿

---

① 《反倾销调查信息披露暂行规则》,http://policy.mofcom.gov.cn/claw/clawContent.shtml? id=40606,访问时间:2018年3月16日。

② 傅东辉:《建立有效的保护制度——中国反倾销调查中的披露制度》,载《国际贸易》2005年第4期。

③ 所有肉鸡产品都有共同的成本,直到各个部分与整鸡分离。

④ 相对销售价值分摊方法是指据销售这些产品所产生的收入比例,将分离前的生产成本分摊给各种联合产品。

和记录未合理地反映产品生产和销售的成本,对其记载的分摊方法不予以采用,并决定使用重量分摊法。① 对此,美国声称中国的行为不符合《反倾销协定》第 2.2.1.1 条款。②

(一)调查机构是否有义务解释其拒绝使用被调查者账簿和记录的决定

美方表示,第 2.2.1.1(a)条款规定,调查机构有义务根据出口商或生产者保存的记录"正常"计算成本,只要满足 1.该记录符合出口国的 GAAP(公认会计准则);2.合理地反映被调查商品有关生产和销售的成本。商务部应当遵守计算生产者成本的"正常"规则。美国进一步提出,第 2.2.1.1 条款规定调查机构有义务解释其拒绝被调查者费用分摊的决定,该规定不关注调查机构是否做了正确的决定,但要求调查机构是否根据记录中的事实提出了合理而充分的解释。此外,美国称,这项条款如果允许调查机构不作任何文的内容(协定规定通常应使用报告中的费用),又会削弱该条款的保护力度。

中国认为,第 2.2.1.1 条第一句包含两个独立的条件(符合 GAAP,并且记录合理地反映了生产和销售的成本)。如果不能同时满足这两个条件,调查机构无须使用生产者或出口商记录的成本。记录是否满足条件应由被调查者自行证明,至少调查机构没有证明义务。第 2.2.1.1 条款描述成本的计算使用了被动语态,表明调查机构在计算费用方面没有任何特殊责任。③

《2013 年专家组报告》中,专家组引用美国丁香香烟案(DS406)中关于"正常"④的定义,认为第 2.2.1.1 条中"正常"一词意味着调查机构必须解释为何偏离常规并拒绝使用被调查者的账簿和记录。对于中方提出的证明责任问题,专家组回应,无论谁承担举证责任,调查机构都不能免于解释为何采取第

---

① 重量分摊法是指根据重量分摊预先拆分的成本,即将各类产品的加权平均生产成本作为同类产品和类似产品的生产成本。

② 《反倾销协定》第 2.2.1.1 条就第 2 款而言,a.成本通常应以被调查的出口商或生产者保存的记录为基础进行计算,只要此类记录符合出口国的公认会计原则并合理反映与被调查的产品有关的生产和销售成本。b.主管机关应考虑关于成本适当分摊的所有可获得的证据,包括出口商或生产者在调查过程中提供的证据,只要此类分摊方法是出口商或生产者一贯延续使用的,特别是关于确定资本支出和其他开发成本的适当摊销和折旧期限及备抵的证据。除非根据本项已在成本分摊中得以反映,否则应对那些有利于将来和/或当前生产的非经常性项目支出或在调查期间支出受投产影响的情况作出适当调整。

③ China's response to Panel question No.26; second written submission, WT/DS427/R/Add.1,paras.73-76.

④ Appellate Body Report, US-Clove Cigarettes, WT/DS406/AB/R.para.273.

2.2.1.1 条所述的非正常程序。如果该决定是因被调查者提供的文件不满足标准,其理由必须在调查记录或公布的决定中列出,以便审查。《2018 年专家组报告》中并未单独讨论该问题,通过结论可得知,专家组坚持《2013 年专家组报告》的裁定,认为商务部需要解释其拒绝使用被调查者账簿和记录的决定。

(二) 中方是否正确认定被调查者的会计记录

美国提出中方认定被调查者的会计记录没有"合理反映被调查产品的生产、销售成本"不符合第 2.2.1.1 条款。美国将 GAAP 的一致性和合理性比作重叠圆的维恩图,符合 GAAP 即代表被调查者的会计记录合理地反映了被调查产品生产和销售的成本。美国指出:(1)第 2.2.1.1 条规定正常价值的相关市场必须是出口国国内市场,适用的 GAAP 应是出口国的,而非进口国。(2)第 2.2.1.1 条第二句要求调查当局考虑生产者历史使用的分摊。根据美国的说法,这些款项不会为了满足在反倾销程序中合理而编制,并且永远不会反映进口市场的情况①。(3)中国的立场违反了《反倾销协定》第 2.2 条中关于在出口市场使用正常贸易过程中有关生产和销售的明确优惠。美国认为,通过中国的逻辑得出的最终结论是,如果将产品出口到产品受到高度重视的国家,那么对产品国内需求疲软的任何出口国都将进行倾销,这基本上违背了相对成本和价值不同的情况下自然会出现的贸易观点。

中国认为,在确定出口商会计记录是否合理反映了被调查产品生产和销售的成本时,调查机构必须着眼于《反倾销协定》的特定目的。《反倾销协定》的首要目的是确定公平价格,具体地说,是根据正常价值与出口价格之间的差异来衡量价格不公平的程度。中国表示,在反倾销协定的背景下,反倾销调查与"费率监管"程序并无差异,两者都旨在确定卖方和买方的"公平"价格,必须有一些客观和统一的基础来确定什么是"正常价值"。不正确的方法可能会破坏整个诉讼。中国指出,倾销幅度是根据 GATT 1994 第 Ⅵ.1 条款规定通过比较确定价格差异。因此,确定被调查产品的生产成本并非 GAAP 普遍或概念意义上所指的,而是特定产品产生的以及从该成本中得到的特定正常值。因此,GAAP 一致性不能代表合理性。在讨论肉鸡产品调查中相关的基于销售价值的分摊方法时,中国认为,鉴于第 2.2.1.1 条的目标是确定原产国所有

---

① United States' opening statement at the first meeting of the Panel, WT/DS427/R/Add. 1, para.46.

生产的成本,如果公司是使用相对销售价值,它必须使用所有销售的价值,包括出口市场的价值。在中国看来,不使用全球价格来分摊相对销售价值,标志着出口商账簿和记录中的分摊不能合理地反映被调查产品生产和销售的成本。

专家组认为,中美双方都同意不能在特定产品的基础上直接分摊预分摊成本,对于在分拆点产生的联合产品必须进行分摊。[①] 但在这种情况下讨论的相对销量分摊法和重量分摊法原则上都是不合理的。专家组认定,在调查过程中,商务部确实就一些调查问卷询问了被调查者有关成本核算的方法,这些问题表明了商务部对被调查成本分摊方法的理解。但是,商务部对回答的分析在决定或记录中并不明显。关于商务部对泰森和楔石的决定,初步反倾销决定仅提出"他们的成本没有合理地反映与被调查产品相关的生产成本"[②]。在最终反倾销裁决中,商务部承认泰森和楔石就此决定提交的意见,但得出的结论是,"他们没有提供足够的理由来证明被调查产品的不同部分具有不同生产成本的合理性"[③]。因此,尽管中国提出的论点可以作为确定泰森和楔石的账簿和记录无法合理反映肉鸡爪子生产成本的依据,但无法根据调查记录得出结论。因此中国的行为不符合第 2.2.1.1(a)条款的规定。关于皮尔格林的决定,商务部提出在初裁中认定皮尔格林提交的数据不正确并得到了皮尔格林的确认,商务部表示替换信息是不合时宜的,专家组对此表示认可,认为中国拒绝使用皮尔格林会计记录的行为与第 2.2.1.1(a)条款一致。

被调查者的会计记录是否合理反映了产品的生产、销售成本,需要满足两个条件:1.成本数据应符合普适的 GAAP;2.合理反映涉案产品的生产成本。中美双方争议的焦点在于对"合理性"理解的差异。美国认为被调查者会计记录记载的生产成本符合出口国 GAAP 的规定,就具备合理性。中方则认为符合出口国 GAAP 并不代表记录的成本一定合理,需要考虑进口国市场。显然,第 2.2.1.1 条款对合理性仅限于会计记录真实记载了企业实际投入到该产品生产和销售中的成本。在欧盟生物柴油案(DS473)中也得出了相同结论,此案专家组认为 WTO 规则对被调查企业涉案产品相关会计记录的"合理性要求"即是指真实记录企业实际投入到该产品生产和销售中的成本,并不考

---

① United States' first written submission, WT/DS427/R/Add.1, paras.84,98 and 100.

② Preliminary Anti-Dumping Determination, Exhibit USA-2, pp.17−18（Tyson）and pp. 19−20（Keystone）.

③ Final Anti-Dumping Determination, Exhibit USA-4.Similar language is contained in the Final Anti-Dumping Disclosures to both Tyson and Keystone, Exhibits USA-12 and USA-14.

虑这些成本数据本身的合理性。① 需要注意的是,审查调查者会计记录时,被调查者的成本数据是否真实反映了实际投入到该产品生产和销售中的成本,和被调查者的成本数据是否能够正确反映国际市场中相关产品生产和销售的成本是不同的概念。因此,在反倾销调查中,调查机构要将两者区分开来,根据实际情况来认定会计记录的合理性。

(三) 中方使用的分摊方法是否符合第 2.2.1.1(b) 条款的规定

美国指出,商务部通过将生产鸡肉的总成本除以鸡肉减去某些副产品后的重量来计算每磅的生产成本,排除了血液、羽毛和内脏的重量。美国认为副产品产生的收入,应该吸收相应的生产成本。以磅为单位确定多种产品的生产成本是中立的分摊方法,并不适用于确定倾销等特殊情形。美国指出,商务部将所有部分的生产成本平均分摊给被调查产品,不公平地将生产肉鸡所产生的所有费用分摊给仅占极少部分的产品(例如翅膀和爪子)。② 换句话说,商务部通过假设所有费用都由被调查产品承担,则为该产品分摊了额外费用。第 2.2.1.1(b) 条款要求调查机构适当分摊费用,如果商务部使用基于重量的分摊方法,则必须充分考虑从活禽分割出的所有产品,包括副产品。因此商务部设计的分摊方法并不符合第 2.2.1.1(b) 款的规定。

中国提出,商务部采用的基于重量的成本分摊是一种合理的、中立的替代方法,不受中国或美国消费者认知的影响。商务部基于重量的分摊方法避免了基于价值分摊而造成的价值扭曲,合理且适当地反映了成本分摊。中国认为,商务部基于重量的分摊方法的合理性可以通过以下方式证实:1.受访者的肉类成本是根据任意且明显扭曲的估值分摊的,这些估值并未反映出《反倾销协定》第 2 条普通含义下的生产成本;2.被调查者的处理成本不合理或不成立;3.重量分摊法被引用为被调查者提交的会计文本中有关费率监管程序中使用的合理方法③;4.被调查者在对商务部的评论中也提出了基于重量的分摊;5.重量分摊法是被调查者在市场中反映偏好或看法的扭曲价值与中国市场认定这些产品价值之间的中立方法。此外,中国解释称,商务部采用的重量分摊法由于没有计算副产品成本或副产品重量,不会出现成本过高的情况。

《2013 年专家组报告》中,专家组认为商务部的重量分摊法是否适当,问

---

① 唐汉容:《"阿根廷诉欧盟生物柴油反倾销措施案"评析》,西南政法大学 2017 年硕士学位论文。

② United States' first written submission, WT/DS427/R/Add.1, para.113.

③ China's first written submission, WT/DS427/R/Add.1, paras.134−136.

题不在于其是否适用于抽象的联合产品,而是商务部设计方法的特定应用是否与第 2.2.1.1 条一致。商务部对所有产品的总加工成本直接分摊,必然意味着包括处理副产品的有关成本①。除去这部分成本并不能合理地反映与所考虑的产品生产和销售相关的成本。因此,商务部不恰当地将所有生产费用分摊给被调查产品,不符合第 2.2.1.1(b)条款的规定。

《2018 年专家组报告》中,就副产品问题展开了更深入的讨论,专家组认为,羽毛、血液和内脏是活肉鸡必不可少的部分,副产品成本是投入生产被调查产品的必要费用之一,副产品虽不供人食用,但仍可以形成低价值,并非商务部所认为的浪费。因此,商务部排除副产品重量的分摊方法不能合理地计算确定倾销所依据的生产成本。

成本分摊法属于公认的成本认定手段,由于各个产品物理特性的千差万别,致使不可能形成统一的分摊方法。本案中,首先美国认为中方应当采用被调查企业记录中所用的相对销售法;其次如果拒绝使用记录中的分摊方法,中方应当作出合理的解释;最后中方使用的重量分摊法没有合理反映美国进口肉鸡产品的成本。前两点在上文中已经作了相应的讨论,此处着重探讨我国在对肉鸡产品进行反倾销调查时,其采用的重量分摊法是否合理。最初商务部根据被调查企业提交的答卷,认定肉鸡产品第一道工序包括了对主体产品和副产品的处理,然后将成本只分摊给了主体产品,显然降低了产品的销售成本,其成本分摊不合理。而商务部在使用重量分摊法计算时,认定副产品没有形成价值,其重量在计算时应排除,显然和美国认定副产品不分摊成本的逻辑相似。综上所述,相对销售价值分摊法和重量分摊法在用于计算成本时都存在相似的缺陷。

四、中方的因果关系分析是否符合《反倾销协定》第 3.1、3.5 条款和《SCM 协定》第 15.1、15.5 条款

商务部的反倾销和反补贴调查最终裁定,美国肉鸡产品进口与国内产业遭受损害之间存在因果关系。商务部通过对整个调查期整体情况分析,观察到被调查产品数量大幅增加,市场份额持续增长,对国内同类产品的价格产生了重大影响。同时,被调查产品和国内同类产品的价格同步上涨,但前者一直

---

① 专家组认可美国提出的观点,一般加工胸肉涉及剥皮、剔骨和去壳等程序,这些程序比生产其他鸡肉部分更加集中和昂贵。

低于后者,导致国内同类产品价格明显下降。由于被调查产品在调查期以低价大量销售,对国内同类产品的销售构成价格削弱,导致行业亏损、产能利用率长期处于较低水平。尽管2007年亏损减少,但此后进口数量的持续增长导致价格进一步下调,从而对税前利润和投资回报产生极大的影响,2009年上半年的亏损几乎相当于2008年全年的亏损。综上所述,中方认为,在调查期,美国肉鸡产品以较低价格大量出口到中国,对国内肉鸡业造成了实质性损害,且倾销和补贴行为与损害之间存在因果关系。

(一)中方的价格分析是否有缺陷

美国认为,商务部在反倾销反补贴税裁定中的价格影响分析不符合《反倾销协定》第3.1、3.2条款和《SCM协定》第15.1、15.2条款。[1] 商务部价格削减分析是建立在有缺陷的价格比较之上,即对平均单价(AUV)比较,其缺陷在于对不同交易水平或是包含不同的产品组合进行比较。商务部关于价格抑制的认定是基于有缺陷的价格削减分析,未能确定价格抑制是被调查产品的影响。商务部对价格削减和价格抑制的认定,未能根据《反倾销协定》第3.1、3.5条款和《SCM协定》15.1、15.5条款[2]的要求对客观证据进行分析。由于无法证明进口产品对价格具有不利影响,商务部不能认定被调查产品价格竞争

[1] 《反倾销协定》第3.1条款规定:就GATT 1994第6条而言,对损害的确定应依据肯定性证据,并应包括对下述内容的客观审查:(a)倾销进口产品的数量和倾销进口产品对国内市场同类产品价格的影响,(b)这些进口产品随之对此类产品国内生产者产生的影响。《反倾销协定》第3.2条款规定:关于倾销进口产品的数量,调查主管机关应考虑倾销进口产品的绝对数量或相对于进口成员中生产或消费的数量是否大幅增加。关于倾销产品进口对价格的影响,调查主管机关应考虑与进口成员同类产品的价格相比,倾销进口产品是否大幅削低价格,或此类进口产品的影响是否是大幅压低价格,或是否是在很大程度上抑制其他情况下本应发生的价格增加。这些因素中的一个或多个均未必能够给予决定性的指导。《SCM协定》第15.1条款的内容与《反倾销协定》第3.1条款类似,第15.2条款与第3.2条款类似。不同之处在于使用"补贴进口"而非"倾销进口"。

[2] 《反倾销协定》第3.5条款规定:必须证明通过按第3.2条款和第3.4条款所列的影响,倾销进口产品正在造成属本协定范围内的损害。证明倾销进口产品与对国内产业损害之间存在因果关系应以审查主管机关得到的所有有关证据为依据。主管机关还应审查除倾销进口产品外的、同时正在损害国内产业的任何已知因素,且这些其他因素造成的损害不得归因于倾销进口产品。在这方面可能有关的因素特别包括未以倾销价格销售的进口产品的数量和价格、需求的减少或消费模式的变化、外国与国内生产者的限制贸易的做法及它们之间的竞争、技术发展以及国内产业的出口实绩和生产率。《SCM协定》第15.5条款的内容与《反倾销协定》第3.5条款类似。不同之处在于使用"补贴"而非"倾销"。

的"影响"对国内产业造成了损害。① 美国回应中国的论点,即专家组可以根据商务部单独对被调查产品量影响的分析确定因果关系,认为该做法并没有解释单独进口量如何能够在很大程度上抑制国内产品价格。2006—2008 年和 2009 年上半年被调查产品量趋势增加,中国的论点是,商务部发现被调查产品量对国内产业有"直接"和"间接"的影响。美国对商务部关于最终裁定中不利数量效应的讨论提出质疑,主张进口被调查产品并未以牺牲国内产业为代价获得市场份额,商务部未能协调其影响和因果关系。② 此外,美国辩称,如果调查机构依赖被调查产品量的增加确定实质损害,则必须在增加量和实质损害之间确立因果关系。

中国辩称,商务部的价格削减分析没有缺陷。即便如此,中方也表示,商务部的价格压制认定尚未确定,但是只需要证明通过产量影响,价格效应或这些影响的某种组合,被调查产品导致抑制价格并最终对国内产业造成损害。③ 商务部认为被调查产品进口有两种类型的效应:直接影响,即如果不是被调查产品,国内生产者会销售更多的肉鸡产品;间接影响,即国内生产者降低价格以避免交易量和市场份额进一步减少。④ 中国补充说,商务部通过分析其他因素确定因果关系:1.被调查产品与国内同类产品之间的平行定价趋势;2. 2009 年上半年被调查产品价格下降与国内价格下跌导致国内价格低于成本之间的因果关系。⑤ 商务部认为,这两个因素都导致了价格压制,这对国内产业的不利条件产生了影响。在这方面,国内生产商需要以低于成本的价格出售,以稳定其市场份额,无论是否发现价格削减,国内生产商不得不降低价格以稳定市场份额。⑥ 基于此,商务部认为关于进口量和价格抑制的结论可以有效支持对因果关系的分析。

《2013 年专家组报告》中,专家组认为第 3.1、15.1 条款和第 3.2、15.2 条款都未规定调查机构进行价格效应分析需要采用特定的方法,根据以往上诉机

---

① United States' first written submission, WT/DS427/R/Add.1, paras.355-357.

② United States' second written submission, WT/DS427/R/Add.1, paras.219-231.

③ China's first written submission, WT/DS427/R/Add.1, paras.404-406.

④ China's first written submission, WT/DS427/R/Add.1, para.409.

⑤ China's first written submission, WT/DS427/R/Add.1, paras.410-412.

⑥ China's second written submission, WT/DS427/R/Add.1, para.250.

构的认定,调查机关有一定程度的自由裁量权。① 尽管如此,第3.2条和第15. 2条要求调查机关考虑"与进口成员同类产品的价格"相比。对于价格比较, 可以提供被调查产品价格削减的水平信息,但交易必须比较包含相同定价的 组件,这意味着必须比较同一交易水平的交易;或交易处于不同水平,主管部 门则必须进行适当调整,以使交易所包含的组件在定价方面具有可比性。② 商务部依据其对被调查产品和国内平均单位价值的比较,分析价格削减,其中 包括不同的产品组合而没有采取任何措施来调整价格差异可比性,不符合第 3.1、15.1条款和第3.2、15.2条款。中方认为商务部的价格抑制分析取决于数 量效应(绝对增长量和市场份额)以及价格效应(价格削减)。③ 由于专家组 认定商务部关于价格削减的分析存在缺陷,对于商务部关于价格抑制可以单 独分析的观点,专家组认为无法分析价格削减对最终价格抑制的影响。综上 所述,中方的价格分析存在缺陷。

《2018年专家组报告》中,专家组认为,《反倾销协定》第3条和《SCM协 定》第15条规定了适用于确定损害的规则和条件,这是采取反倾销措施的先 决条件之一。第3条和第15条的规定要求对各种因素进行审议、审查和评 价。第3.2条款和第15.2条款下的价格比较不是两个价格(或平均值)之间 的静态关系。相反,这需要调查机构在特定的市场环境中和给定的时间范围 内动态考虑两组价格,从而考虑国内价格变动是否受倾销进口产品价格的 影响。

(二)中方是否正确认定国内产业的损害

美国指出,商务部的因果分析依赖于其认定被调查产品进口量和市场份 额与国内产业呈现的某些趋势同时显著增加。有记载的证据表明,国内产业 实际上与被调查产品同时获得了市场份额,这与商务部的认定相矛盾。这意 味着被调查产品进口量和市场份额的增加,不会对国内产业产生不利影响。 并且2006年至2009年上半年,被调查产品市场份额的增长全部是以非主体

---

① Appellate Body Report, EC-Bed Linen (Article 21.5-India), para.113 (discussing the related issue of the authority's examination of the volume of imports); Panel Report, China-X Ray Equipment, para.7.41.

② Panel Report, China-Broiler Products, WT/DS427/R, para.7.481.

③ China's response to Panel question No.120.

产品(鸡爪)进口为代价的。① 中方无视这一重要问题,且未"客观审查"以下证据:1.国内产业与进口产品同时获得市场份额;2.2006 年至 2009 年上半年,国内产业的市场份额增加了 4.38 个百分点,高于同期的 3.92 个百分点②;3.美国进口的任何增长,都只是填补了巴西和阿根廷在有效退出中国市场后留下的缺口;4.40%的进口产品由非主体产品(鸡爪)组成,由于国内产业无法增加鸡爪的产量,所以不会损害国内产业。③

关于中国的观点,即被调查产品市场份额的增加是以未经调查的中国生产商为代价,而不是以第三国进口产品为代价,美国提出两点。首先,美国认为,中国有关未经调查的中国国内生产商的市场份额的论点构成事后合理化④;其次,协定要求调查机关在考虑各种损害指标时,要依靠对"国内产业"的一致定义,而中方的解释并没有反驳商务部调查的国内产业在调查期确实获得了市场份额的事实,也没有回答如果国内产业本身获得了市场份额,那么被调查产品如何对国内产业造成损害。⑤ 并且商务部没有从那些失去市场份额的中国生产者那里收集数据,因此没有确切的证据来印证被调查产品与国内生产商业绩间的因果关系,违反了《反倾销协定》第 3.1、3.5 条款和《SCM 协定》第 15.1、15.5 条款。

中国解释称,商务部正确分析了市场份额的证据。从 2006 年到 2009 年上半年,被调查产品通过进口获得的市场份额(3.92%)几乎是第三国进口市场份额损失的两倍(1.90%)。由于部分国内生产者没有提交问卷答复,因此商务部未能审查这部分国内生产商是否通过被调查产品进口获得收益,但现有数据表明这一类别的市场份额下降了 6.5%,整体而言,国内产业的市场份额下降了近 2%。⑥ 中国认为,鉴于商务部的市场份额数据,尽管没有其他国

---

① United States' first written submission, WT/DS427/R/Add. 1, paras. 349 – 350. The United States submits, using MOFCOM's data, that non-subject imports lost 3.92% in market share to subject imports and an even greater 4.38% in market share to the domestic industry during this period.

② United States' first written submission, WT/DS427/R/Add. 1, para. 196. (emphasis original).

③ United States' second written submission, WT/DS427/R/Add.1, para.178.

④ United States' opening statement at the first meeting of the Panel, WT/DS427/R/Add. 1, para.108; second written submission, para.212.

⑤ United States' comments on response to Panel, WT/DS427/R/Add.1, question No.122 (c).

⑥ China's first written submission, WT/DS427/R/Add.1, paras.398–402.

内生产商完整的问卷数据,但确实有记录的证据确定国内生产总规模、17 个提交答复的国内生产商的市场份额、其余国内生产商的市场份额。① 中国认为,因果关系的存在必须建立在调查机构掌握的所有证据的基础上,而商务部掌握的证据表明,中国国内产业整体上的市场份额因被调查对象进口而下降。

《2013 年专家组报告》中,专家组认为,根据《反倾销协定》第 4.1 条款②和《SCM 协定》第 16.1 条款③,没有明确国内产业是由整个国内生产者或是由产出占国内生产总量主要部分的生产者组成。因此,在界定国内产业时,调查机关不需要确认所有的国内生产者。然而前提是调查机构必须确认国内生产总量。国内生产总量确定之后,调查机构才能确定是否可以将国内产业定义为整个国内生产者或占国内生产总量主要比例的生产者。④ 如上所述,美国并未认为商务部没有正确确定国内生产总量,也没有质疑提交 17 份调查问卷答复的国内生产者构成国内生产总量的主要部分。中方对于国内产业的认定符合《反倾销协定》第 3.1、4.1 条款和《SCM 协定》第 15.1、16.1 条款。

但是,专家组在上一节中认定商务部关于价格削减和价格压制的认定分别与《反倾销协定》第 3.1 和 3.2 条款和《SCM 协定》第 15.1 和 15.2 条款不一致。并且鉴于第 3.2 条款和第 15.2 条款所设想的分析与第 3.5 条款和第 15.5 条款所述的因果关系分析之间的关系⑤,商务部未能正确分析被调查产品进口与国内产业受损之间存在因果关系。

《2018 年专家组报告》中,专家组认为,根据第 3.5 条和第 15.5 条的规定,调查机构要审查"所有相关证据",以确定被调查产品与国内产业损害之间的

---

① China's second written submission, WT/DS427/R/Add.1, paras.243-245.

② 《反倾销协定》第 4.1 条款:就本协定而言,"国内产业"一词应解释为指同类产品的国内生产者全体,或指总产量构成同类产品国内总产量主要部分的国内生产者。

③ 《SCM 协定》第 16.1 条款:本协定所使用的"国内产业"一词应解释为意指同类产品国内生产者全体,或他们之中其合计产量构成那项产品国内总产量大部分的那些生产者。

④ 原文表述:We note that under the obligation in Articles 5.3 of the Anti-Dumping Agreement and 11.3 of the SCM Agreement to review the accuracy and adequacy of the evidence provided in the application to determine whether the evidence is sufficient to justify the initiation of an investigation, an investigating authority would have to verify the accuracy and adequacy of data on total domestic production. However, the Appellate Body explained in EC-Fasteners (China) that the determination of standing under Articles 5.4 and 11.4 is a distinct determination from the definition of the entire universe of the domestic industry under Articles 4.1 and 16.1.

⑤ Panel Report, China-Broiler Products, WT/DS427/RW, para.7.584.

因果关系。两条规定都没有提供具体的指导,即在证明因果关系时应该如何考虑个别证据,例如被调查产品量。但是,至少利害关系方就进口数量的影响或相对于国内生产进口数量的变化向调查当局提出论点,客观和公正的调查当局不得仅仅因为考虑到有关进口的绝对数量而忽略该论点。① 本案中,利害关系方对此并无意见,证明中方已经审查美国认为商务部所忽视的证据。中国的行为与第 3.5 条款和第 15.5 条款一致。然而商务部在证明被调查产品进口与国内产业损害之间存在因果关系时,对价格影响的考虑有缺陷。

(三) 中方是否合理分析影响因果关系的因素

美国指出,商务部的因果关系分析存在缺陷,因为未能提供有关被调查产品量和市场份额增加与国内产业业绩增强相符的证据;未能对相关证据进行客观审查从而进行因果关系分析,并且未能证明倾销和补贴进口产品的影响造成了损害。美国认为,2006 年至 2008 年被调查产品进口量增加的同时,几乎所有指标都显示国内产业的表现有所改善。美国认为,当比较 2006 年与 2009 年上半年的数据时,许多绩效指标实际上显示出改善的趋势。这些数据显示,国内产业表现最差的是 2006 年,即在被调查产品进口量和市场份额增加之前。《反倾销协定》第 3.1、3.5 条款和《SCM 协定》第 15.1、15.5 条款要求调查机关审查与整个调查期相关的因果关系,而商务部完全根据 2009 年上半年的发展情况预测其因果关系分析。

中国则辩称,美国淡化了 2009 年上半年国内产业表现下滑的事实。美国关于 2009 年上半年非财务指标高于 2006 年,以及与 2006 年相比,2008 年的经营亏损有所减少的观点。中方表示反对,原因如下:1.经营亏损从 2006 年的人民币 12.8 亿元增加到 2008 年的 13.59 亿元;2.持续亏损的累积影响对国内产业造成严重影响;3.经营亏损由 2006 年销售额的 7.9%增加至 2009 年上半年销售额的 10.5%。中国补充说,商务部特别指出金融因素与价格抑制之间的现有联系。虽然一些指标是积极的,但根据所有经济指标的累计评估表明,国内产业的财务状况恶化。2006—2008 年期间亦是如此,国内产业在此期间也受到了损害,特别是在财务结果方面。

---

① See, more generally, Panel Report, China-Cellulose Pulp: "Article 3 does not provide any specific guidance on how an investigating authority should undertake the examination of the relevant evidence in determining whether dumped imports are causing material injury." Cf. Appellate Body Report, China-HP-SSST (Japan)/China-HP-SSST (EU), WT/DS454/AB/R, para.5.141.

专家组主要对美国的四个观点逐一进行分析。第一,美国认为商务部未能提供证据表明进口量的增加没有改善国内产业业绩。专家组认为,商务部确实研究了调查期的各种趋势,指出了绝对和相对的变动,并得出了一定的结论。这并不足以证明商务部的行为不符合其义务。① 第二,美国声称没有任何积极证据表明2006—2008年期间被调查产品量的增加与国内产业业绩的下降有关。对此,专家组认为不需要找到国内产业下降的实际表现,就可以确定倾销和补贴进口造成的损害。② 第三,美国认为,如果对比2006年与2009年上半年的数据,可以发现绩效指标会有所改善。专家组认为没有依据可以得出该结论。事实上,在某些情况下,如果没有适当考虑数据的干预趋势,这种比较可能会造成误导。③ 第四,美国认为,商务部完全根据2009年上半年的发展情况预测其因果关系的确定。但是,很明显,商务部审查了调查期前三年的同比变动趋势,以及过去六个月的同期变动趋势。专家组认为商务部分析调查期最后阶段的原因在于:1.在调查期的前三年,绩效指标向不同方向发展,然而,大多数指标在2009年上半年趋于下行。商务部有权查看近期信息,并评估最近一段时间内倾销进口对国内产业的累积影响;2.调查当局有权考虑倾销和补贴进口之间存在时间差的可能性以及因时间差对国内产业造成的损害。④ 综上所述,中国的行为符合《反倾销协定》第3.5条款和《反倾销协定》第15条的规定。

根据《反倾销协定》第3.5条款的规定,反倾销调查机关认定倾销与损害之间是否存在的因果关系所要考虑的因素包括以下几点:(1)数量因素。在国内产业遭受损害时倾销产品是否大量增加。(2)价格因素。倾销产品的低价销售是否削减了进口国同类产品的价格或抑制了同类产品价格的上涨。(3)产业因素。即倾销进口产品对进口国国内产业的冲击。(4)倾销幅度的大小。在本案中,中美双方主要就价格因素和产业因素产生了较大争议。根据专家组的认定可知,商务部分析了国内主要生产者提交的数据,已经足以代表国内产业遭受损害的情况,但对价格因素的分析存在较大缺陷。

---

① Panel Report, China-Broiler Products, WT/DS427/RW, 7.192.
② Panel Report, China-Broiler Products, WT/DS427/RW, 7.193.
③ Panel Report, China-Broiler Products, WT/DS427/RW, 7.194.
④ Panel Report, China-Broiler Products, WT/DS427/RW, 7.195.

五、本案的思考与启示

我国是农业大国,农业是我国国民经济的基础和命脉,关系着我国国计民生、经济发展以及社会的稳定。美国诉华肉鸡产品"双反"措施案是我国入世以来在农产品领域向其他成员国发起的第一例反倾销与反补贴措施叠加适用的案件,也是我国在 WTO 争端案件中少有的主动采取双反措施而被诉的案件之一。① 商务部采取了肯定性措施,然而专家组在争端解决中却认定中国大多数行为不符合《反倾销协定》和《SCM 协定》。通过此案的研究不仅对我国如何有效运用贸易救济手段有着重要意义,还能对我国应诉此类案件产生一定的参考价值。通过梳理本案的争议焦点,以下总结了我国在采取反倾销和反补贴措施时应注意的问题。

(一)完善反倾销和反补贴调查信息披露制度

透明度原则是 WTO 的一项重要原则,要求信息应当是公开且易获取的。信息披露制度可以看作是透明度原则在反倾销和补贴中的具体体现。在反倾销和反补贴调查程序中,公开调查中的信息有助于进口商理解倾销、补贴的确定以及相关税率的计算等基本事实,从而促使反倾销和反补贴程序顺利进行。而《反倾销协定》第 6.9 条款对"基本事实"的内容并未作详尽的规定,导致各国法律法规对信息披露内容的规定各不相同,从而在倾销调查实践中产生争议。结合本案,对于信息披露制度的完善可以考虑从公开的方式和内容两方面入手。

1.完善我国信息披露的方式

本文着重研究了 DS427 案中基本事实披露的问题。专家组认定我国商务部披露的信息不符合规定,在报告中,专家组也认定商务部对于保密信息、非机密信息和可获取信息等信息的披露存在问题。这与我国商务部信息公开途径较窄有关。根据商务部《反倾销调查公开信息查阅暂行规则》的规定,案件各利害关系方有权到商务部公开信息查阅室查找、阅览、摘抄并复印与案件相关的非保密信息和材料。商务部阅览室受众面较窄,一般利害关系方只能前往北京查询,应诉十分不便。因此,可以通过信息网络化的方式完善信息披

---

① 李红杏:《中美白羽肉鸡反倾销反补贴案法律评析》,西南政法大学 2017 年硕士学位论文。

露的渠道,商务部通过建立一个对外贸易信息查询库,允许利害关系方经过批准后登录系统下载可公开的信息和材料,实现披露信息电子化,便利利害关系方应诉,也可以为我国在争端诉讼中提供有力证明。

2.细化我国信息披露的内容

在以往的反倾销和反补贴实践中,我国商务部公布的信息注重对倾销和补贴认定。事实上,关于调查的程序与时间、有关利害关系方、国内产业、同类产品、倾销的计算原则、方法和内容、损害评估的情况等均属于信息披露的范畴①,专家组认定计算的过程不属于披露的内容,但对以上列举事项,商务部应当作在其公告中作详尽的披露,并且要向利害关系方提供充足的时间发表不同意见。

(二)反倾销与反补贴调查中成本计算的规范性与制度化

根据《反倾销措施协定》第 2.2 条款的规定,进口产品倾销幅度的确定有两种方法。第一种是通过可比价格确定,这个价格必须是比较同类产品出口至适当第三国的具有代表性的可比价格。第二种是通过比较原产国的生产成本加合理金额的管理、销售和一般费用及利润确定。② 就第二种方法而言,生产成本通常应根据被调查者或生产者保存的会计记录计算,这些记录应当符合出口国的 GAAP,并合理反映被调查产品的生产和销售成本。本案中,我国拒绝使用被调查者的会计记录,认为记录所记载的方法未能合理反映被调查产品的生产和销售成本。并且未对拒绝使用的行为作相应的解释,专家组认为我国的行为与第 2.2.1.1 条款的规定不符。这反映了我国在反倾销与反补贴调查中有关成本计算方面存在不足。

1.完善我国反倾销反补贴调查中成本计算规则

成本计算作为认定进口产品存在倾销或补贴行为的重要环节,理应受到进口国调查机构的高度重视,一旦生产成本计算有偏差,可能会导致反倾销反补贴裁定的正确性受到质疑,甚至造成进口国在争端解决中承担不利后果的情形。本案中,我国在计算美国进口肉鸡产品的生产成本时,未按照合理的分摊方式计算成本,并且未对拒绝使用被调查者会计记录中记载的分摊方法作出合理的解释,致使专家组支持了美国的诉求。最主要的问题在于我国在反

---

① 陈明聪:《经济全球化趋势下反倾销的法律问题研究》,华东政法学院 2004 年硕士学位论文。

② 包小忠:《WTO 框架内的贸易救济措施研究》,经济科学出版社 2008 年版,第 5~6 页。

倾销和反补贴调查领域,没有制定关于成本计算的相应制度。我国 GAAP 关于成本的认定针对的是国内企业生产的产品,我国成本核算制度本身相对固化,无法适应国际经济贸易的发展。并且如果在反倾销反补贴调查中参考以上认定标准,极大程度上会出现有关生产成本的计算不被认可的情况。为了能准确地认定反倾销和反补贴行为,我国可以制定有关反倾销反补贴调查中生产成本计算的规范性文件,内容包括总则(为了更好地进行反倾销和反补贴调查等)、计算的内容、计算的方法(要根据产品本身的特点设置)、附则等。

2.规范调查问卷中关于成本计算的内容

产品的生产成本计算需要详尽的成本信息,这一特性决定了规范性文件只是规定原则性内容,具体的计算问题应在发放的调查问卷中体现。根据2018 年 4 月 4 日商务部发布的《反倾销问卷调查规则》①,细化了反倾销调查问卷的内容。但是对于烦琐的生产成本的计算仍是简略地带过。② 对比美国调查问卷的设计,其分为六大部分。其中,问卷第三部分要求被调查者填写与成本相关的重要信息,包括原材料、辅助材料、人工、包装物等生产要素③;问卷第四部分主要涉及生产流程的调查,要求被调查者填写推算正常价值的有关信息。这些不仅有助于被调查者确认是否提交了完整的成本信息,也有助于调查机构选择适当的计算方式确定生产成本。因此我国应当完善反倾销反补贴调查中调查问卷的内容,从而作出准确的最终裁定。

(三) 因果关系认定规则的细化

我国在立法中尚未对因果关系的认定标准有明确的规定,没有对倾销因素与其他因素之间的比较作出解答,也未制定相应的实施细则来阐释我国在因果关系问题上的具体操作方法。④ 其中,对于"非归因"原则的认定也只是作了简单规定并没有制定更多的规定加以细化。本案中,美国对于我国"非归因"要素的分析提出质疑,同时专家组也认定中国的行为存在一定的不足。因此对于因果关系的认定可以从以下两方面进行细化。

---

① 商务部令 2018 年第 3 号《反倾销问卷调查规则》,http://www.mofcom.gov.cn/article/b/c/201804/20180402729833.shtml,访问时间:2019 年 3 月 26 日。

② 《反倾销调查问卷规则》第 6 条规定了被调查国家(地区)的生产商或出口商应当提交调查期内向中国出口被调查产品的数量、金额。

③ 万肖华:《应诉反倾销结构价格研究——基于成本会计核算方法》,东北财经大学2015 年硕士论文。

④ 郭廓:《反倾销法律中因果关系问题研究》,华东政法大学 2011 年硕士论文。

1.完善我国反倾销反补贴中因果关系判定标准的规则

目前,我国审理关于反倾销反补贴案件的相关法律法规主要有:2016 年修订的《中华人民共和国对外贸易法》、2004 年修订的《中华人民共和国反倾销条例》、《中华人民共和国反补贴条例》、2003 年商务部发布的《反倾销产业损害调查规定》、2002 发布的《反补贴调查立案暂行规划》等,在反倾销因果关系认定方面的法律内容十分局限,难以适应对外贸易的发展,亟须制定完善的法律体系。因此为了更好地应对经济的发展,可以建立以《对外贸易法》为总纲、《反倾销条例》和《反补贴条例》为核心、辅之以行政法规、部门规章和规范性文件的法律体系。在具体内容的设置上,可以增加适当的因果关系条款。如参考 WTO 的规定,将因果关系单列一节,以详细说明因果关系认定的相关标准。

2.正确使用非归因性判定的标准

WTO 制定的"非归因"原则要求当多种因素造成国内产业损害时,调查机关要区分不同因素所导致的损害,WTO 承认在损害认定中可以存在由非倾销导致的损害,因此非归因性的认定方法是反倾销实践中必须解决的问题。对于非归因性的认定可以通过规范性文件的方式加以规定。主要在于:第一,规范性文件位阶较低,审批程序较简单;第二,非归因性内容比较特殊,具有高度专业性的同时其适用范围又十分局限,通过制定规范性文件已足以解决实际问题;第三,规范性文件程序较为简便,如有特殊情况可以随时修改或废止。至于具体内容如何规定,由于问题十分琐碎,商务部可以根据各个行业、各类产品分别确定。通过与企业沟通并且了解行业实际情况,制定出的规则更具备可操作性。

结语

国际贸易是一场无休止的战争,反倾销和反补贴措施作为保护我国贸易的重要手段,在实践中仍然存在许多不足。妥善处理好反倾销反补贴调查中的问题,既能保护好我国国内产业的经济利益,又能避免国际争端的发生。本文以美国诉中国肉鸡产品案为基础,理论案例相结合,分析了本案中信息披露、生产成本计算、因果关系分析三方面存在的问题,得出信息披露方式较为单一、内容较为空洞;生产成本计算方式较落后;因果关系认定标准不统一等问题。笔者认为,首先要完善我国的信息披露制度,需要改善信息披露的方式,充实信息披露的内容;其次,规范我国在反倾销反调查程序中的生产成本计算制度,可以考虑制定规范性文件;最后,我国可以制定体系化的因果关系认定规则,细化我国因果关系认定的标准。

A Study on the WTO Case of China—Anti-Dumping and Countervailing Duty Measures on Broiler Products from the United States

CHEN Ziyu

Abstract:With the escalation of Sino-US trade frictions, in order to protect the domestic market, the use of anti-dumping and countervailing measures is also more frequent. On August 14, 2009, the Ministry of Commerce announced an anti-dumping and countervailing investigation on imported white feather broiler products originating in the United States. On August 29 and September 26, the Ministry of Commerce announced the final ruling of the anti-subsidy and anti-dumping investigation, and decided to impose anti-dumping and anti-subsidy duties on imported white feather broiler products originating in the United States. On September 20, 2011, the United States launched the WTO dispute settlement procedure on the final measures taken by the Ministry of Commerce. On January 18, 2018, the WTO published the panel report on DS427 again, which supported most of the litigation requests of the United States. This case is the first time that China initiated anti-dumping and anti-subsidy investigations against the United States in the field of agricultural products. Starting from the "China—Anti-Dumping and Countervailing Duty Measures on Broiler Products from the United States" under WTO dispute settlement, this paper uses normative analysis and empirical analysis to synthesize the opinions of the claimant and the respondent, China, and the rulings of the panel of experts, and to analyze the existing problems in information disclosure, cost calculation and causality analysis in China, with a view to providing reference for the future. Our country should provide some ideas to deal with similar trade frictions.

Key Words:WTO; DS427; double countermeasures; information disclosure; cost accounting; causality

✻王康桦* 刘 博**

俄罗斯法律概览

内容摘要：中国作为俄罗斯重要的贸易伙伴，持续8年在俄罗斯双边贸易中保持第一贸易伙伴国的地位。为深化中国与俄罗斯政治、经济、文化交往，加强双边投资合作，本文在探索俄罗斯法律历史演进的基础上，以宪法为切入点，较为深入地分析、介绍了俄罗斯的立法、行政、司法制度。本文还对俄罗斯民法、刑法、行政法、土地法、劳动法、知识产权法、投资与贸易法、环境保护法以及争端解决制度进行简单的梳理，以期将俄罗斯法律概貌较全面地呈现出来，为中俄双方合作带来裨益。

关键词：俄罗斯；法律演进；基本法律制度

目次

俄罗斯与中国的关系源远流长，既是中国的相邻大国，又是金砖国家重要

* 王康桦，西南大学法学院民商法学专业2017级硕士研究生。
** 刘博，西南大学法学院民商法学专业2017级硕士研究生。

成员,更是当代中国的重要经贸伙伴。为了加强我国对俄罗斯法律的了解和研究,本文主要概要俄罗斯法律的历史变迁和当代基本法律制度。

一、俄罗斯国家概况

俄罗斯联邦(Российская Федерация)亦称俄罗斯(Россия),历史起源可追溯至东欧草原上的东斯拉夫人。到公元 6 世纪时,东斯拉夫人逐渐向东迁徙,862 年,以留里克为首的瓦朗几内亚人征服东斯拉夫人,建立了留里克王朝,于 882 年,建立了基辅罗斯。13 世纪初,基辅罗斯被蒙古人占领后最终分裂为莫斯科公国等多个国家。公元 15 世纪末,大公伊凡三世建立莫斯科大公国,1547 年伊凡四世自称沙皇,1721 年彼得一世被元老院授予“全俄罗斯皇帝”的头衔,建立俄罗斯帝国。

1917 年十月革命后建立了苏维埃俄国。1922 年 12 月 30 日,苏维埃社会主义共和国联盟正式成立。1991 年 12 月 26 日,苏联解体,俄罗斯继承了苏联大部分资源。俄罗斯是联合国安理会五大常任理事国之一、金砖五国之一,于 2011 年 12 月参加世界贸易组织,于 2015 年 3 月 28 日加入亚洲基础设施投资银行。

(一)自然环境与资源

俄罗斯联邦是一个幅员辽阔、资源丰富的国家,并具有多样性。[1] 俄罗斯位于欧亚大陆北部,横跨欧亚两个大洲,国土面积为 1709.82 万平方公里,是世界上国土面积最大的国家,与之接壤的国家有挪威、芬兰、爱沙尼亚、拉脱维亚、波兰、白俄罗斯、乌克兰、格鲁吉亚、哈萨克斯坦、中国、蒙古和朝鲜。俄罗斯北邻北冰洋,东濒太平洋,西接大西洋,西北邻波罗的海、芬兰湾[2],海岸线长达 33807 公里。

俄罗斯自然资源十分丰富,种类多,储量大,自给程度高。森林覆盖面积1126 万平方公里,占国土面积65.8%,居世界第一位。木材蓄积量807 亿立方米,居世界第一位。水力资源丰富,总径流量为 4270 km^3/年,居世界第二位。天然气已探明蕴藏量占世界探明储量的 25%,居世界第一位。石油探明储量占世界探明储量的 9%。煤蕴藏量居世界第五位。铁、镍、锡蕴藏量居世界第

---

① 中华全国律师协会编:《“一带一路”沿线国家法律环境国别报告》(第二卷),北京大学出版社 2017 年版,第 464 页。

② 俄罗斯卫星地图,http://ditu.bajiu.cn/? id=877,访问时间:2018 年 7 月 13 日。

一位。黄金储量居世界第三位。铀蕴藏量居世界第七位。①

(二) 人口、民族与宗教

俄罗斯总人口 1.46 亿(截至 2018 年)②,俄罗斯社会男女比例失调,据 2010 年人口普查结果显示,男女比例为 1000∶1163。此外,俄罗斯是世界上人口减少速度最快的国家之一。③ 俄共有 164 个民族,其中俄罗斯族占 77. 7%,主要少数民族有鞑靼、乌克兰、巴什基尔、楚瓦什、车臣、亚美尼亚、阿瓦尔、摩尔多瓦、哈萨克、阿塞拜疆、白俄罗斯等族。俄语是俄罗斯联邦全境内的官方语言,各共和国有权规定自己的国语,并在该共和国境内与俄语一起使用。主要宗教为东正教,其次为伊斯兰教。

(三) 政治环境

俄罗斯于 1993 年经全民公投通过《俄罗斯联邦宪法》,该宪法确立了俄实行半总统制的联邦国家体制。俄罗斯联邦实行联邦民主制,以俄罗斯联邦宪法和法律为基础,根据资产阶级立法、司法、行政三权分立相互制约、相互平衡的原则行使职能。俄实行多党制,主要政党有统一俄罗斯党、俄罗斯联邦共产党、俄罗斯自由民主党和公正俄罗斯党等。

俄总统是国家元首,拥有相当大的权力。根据俄联邦宪法规定,俄罗斯联邦议会是俄罗斯联邦的代表与立法机关,联邦议会采用两院制,即上议院——联邦委员会(Federal Council),下议院——国家杜马(State Duma)。俄联邦政府是国家权力最高执行机关,联邦政府由联邦政府总理、副总理和联邦部长组成。

(四) 经济发展

苏联曾是世界第二经济强国,自苏联解体后,俄罗斯经济一度衰退,持续下滑。进入 21 世纪以来,俄经济快速回升,外贸出口大幅增长、投资环境改善,俄罗斯是亚太经济合作组织(APEC)和欧亚经济联盟(EAEU)的成员,俄

---

① "俄罗斯国家概况",http://www.fmprc.gov.cn/web/gjhdq_676201/gj_676203/oz_678770/1206_679110/1206x0_679112/,访问时间:2018 年 7 月 13 日。

② "俄罗斯联邦 GDP、人口",https://data.worldbank.org.cn/country/RU,访问时间:2018 年 7 月 13 日。

③ "你所不知道的俄罗斯——人口 20 多年呈负增长",http://finance.sina.com.cn/world/20141102/085320708835.shtml,访问时间:2018 年 7 月 13 日。

罗斯已经成为一个以市场经济为基础的国家。俄罗斯主要工业部门有机械、冶金、煤炭、石油、天然气及化工等,俄罗斯在航空航天、核工业领域达到世界先进水平。2016 年,俄罗斯完成国内生产总值 12907.31 亿美元①,居世界第 12 位,2017 年,俄罗斯国内生产总值同比增长 1.5%,截至 2018 年 6 月 22 日,俄外汇储备约 4563 亿美元,是世界上拥有外汇储备最多的国家之一。

(五) 外国投资环境

近年来,俄罗斯联邦致力于创造有利于外国投资的环境,稳定经济和法律环境,已经成为趋势。为此,俄罗斯联邦对外国投资相关立法进行了定期和有效的修订。此外,金融机构也处在吸引外资的发展进程中。投资政策是俄罗斯联邦的重点工作之一。俄罗斯联邦经济发展部协调联邦行政机关与吸引外国直接投资的相关工作,合作实施包括外国投资者参与的投资项目。

中国是俄罗斯联邦最大的贸易伙伴②,中俄投资合作委员会框架下的投资合作也是俄罗斯投资环境的重要组成部分。俄罗斯经济发展部和中国国务院签署了关于投资合作的谅解备忘录,根据该谅解备忘录,俄罗斯联邦和中国旨在支持俄罗斯和中国企业在平等互利基础上实施经济和投资项目。③

二、俄罗斯法的历史沿革

历史是窥见现代法律制度产生和发展的洞口,以时代为背景的法律制度研究,将国家历史与法的发展结合,使评判和研究法律更具客观性和合理性。俄罗斯作为拥有漫长历史的国家,其法律制度最早隶属于斯拉夫体系,后继受罗马体系,在 19 世纪中叶,它基本上是大陆法系的成员。十月革命以后,它又创建了世界上第一个社会主义法律体系——苏联法律体系。苏联解体以后,它在法律发展方面又进行了多次改革,从而形成颇具特色的当代俄罗斯法④。

---

① "2016 年世界各国 GDP 和人均 GDP 排行榜",http://www.sohu.com/a/136582542_115048,访问时间:2018 年 7 月 13 日。

② 2017 年,中俄双边贸易额 840.7 亿美元,同比增长 20.8%;中国连续 8 年保持俄罗斯第一贸易伙伴国地位。"中国同俄罗斯的关系"(2018 年 7 月更新),http://www.fmprc.gov.cn/web/gjhdq_676201/gj_676203/oz_678770/1206_679110/sbgx_679114/,访问时间:2018 年 7 月 13 日。

③ 中华全国律师协会编:《"一带一路"沿线国家法律环境国别报告》(第二卷),北京大学出版社 2017 年版,第 464 页。

④ 张寿民:《俄罗斯法律发达史》,法律出版社 2000 年版,第 1 页。

苏维埃联邦社会主义共和国(以下简称"苏俄")和苏维埃社会主义共和国联盟是俄罗斯近现代法律制度的关键节点,也是如今俄罗斯法律制度的基础。从苏俄、苏联以及俄罗斯法律制度沿革切入,更好地了解俄罗斯法律的前世今生。

(一)苏俄时期的法律变革

1917年二月革命爆发,统治俄罗斯300多年的罗曼诺夫王朝退出历史舞台,俄罗斯帝国灭亡。不久,十月革命爆发,苏维埃掌握政权,由此世界上第一个社会主义国家——苏俄建立。社会主义性质的国家建立,促使苏俄的法律制度也随之发生根本性的变化。十月革命之前,俄罗斯的法律呈现出全国法律渊源统一、世俗法被教会法影响、封建专制制度与资本主义制度并存、封建专制制度浓厚、农奴制盛行的特点。自苏维埃掌握政权之日起,由列宁领导的社会主义法开始创建,一系列法律、法令和决议的颁布,彻底推翻了旧的国家机器。

首先,苏俄一改沙皇俄国末期的君主立宪政体为共和制,实行民主集中制。1918年《苏俄宪法》规定,全俄苏维埃代表大会代表,在市苏维埃为每2.5万个选民产生一个代表,在省苏维埃为每12.5万个选民产生一个名代表。该宪法还肯定了直接选举与间接选举相结合以及多级选举制度。除此之外,宪法规定苏维埃代表大会是国家最高权力机关;全俄中央执行委员会是苏维埃闭会期间的国家最高权力机关,由苏维埃代表大会选举产生并对苏维埃代表大会负责。其次,将宪法作为根本大法而确立。1918年的《苏俄宪法》是世界上第一部社会主义宪法,其不仅规定了苏维埃国家作为无产阶级专政国家的阶级实质和共和制政体,明确了中央和地方国家政权机关,其还从立法上肯定了劳动者的权利和自由。最后,苏俄重视法典编纂,通过法律明确和保障人民权益,巩固发展成就。苏俄作为过渡时期的国家政权仅存在了5年时间,但在这5年内苏俄却编纂了以《苏俄宪法》为中心的,包括《苏俄民法典》《苏俄劳动法典》《苏俄土地法典》《苏俄刑法典》《苏俄法院组织条例》《苏俄民事诉讼法典》《苏俄森林法典》等多部法典。一系列立法弥补沙皇时期立法上的空白,并成为此后苏联法律制度的基础。苏俄不仅通过宪法规定国体、政体,其还在民法典、土地法典、劳动法典中巩固社会主义革命的主要成果,即规定基本生产资料和生产工具的公有制。在刑法典和诉讼法典中,运用阶级分析观点对待犯罪和惩罚以及司法审判,有重大的现实意义。

(二) 苏联时期的法律变革

苏俄成立之后,面对国内战争和国外军事干涉的局面,各个苏维埃共和国结成联盟是增强各国实力的最优选择。1922 年 12 月 30 日,苏联第一次苏维埃代表大会通过了成立苏维埃社会主义共和国联盟的决议,苏联作为一个联邦制的国家正式成立。

由单一制国家转变为联邦制国家,苏联法律改革面临的首要问题就是确定联邦与联邦各国之间的权利与义务。1924 年苏联宪法为联盟和加盟共和国权限的划分提供了法律依据,并且规定延续苏俄规定将苏联苏维埃代表大会作为联盟最高权力机关;大会闭会期间,苏联中央执行委员会为最高权力机关,由联盟院和民族院组成。苏联除 1924 年宪法外还有两部宪法,分别为 1936 年宪法和 1977 年宪法。苏联宪法的推陈出新,反映出苏联时期法律制度改革的特征。一方面,新时代新国情的苏联需要设立符合自身需要的新的法律制度。另一方面,作为社会主义国家的性质未变,许多基本法律制度得以承袭未做根本性改动。苏联法律制度相较沙皇俄国和苏俄具体法律制度变化特征如下:第一,作为社会主义国家,苏联人民的个人权利和参政权利不断扩大。在选举权方面,1936 年宪法首次规定苏联人民享有普遍、平等、直接和无记名投票的选举权,领先世界立法。在权利保障方面,1977 年宪法确定人民监督制度,维护宪法权威;并且宪法还扩大了公民的基本权利,将保健权、住房权写入宪法。第二,放松对私有制经济的限制。如 1986 年 11 月 19 日颁布的《苏联个体劳动法》明确宣布个体劳动的有益性和合理性,并辅助、鼓励个体劳动发展。第三,进一步保障人民的权利和自由。如:作为各加盟共和国制定刑法典基础的 1958 年《苏联和各加盟共和国刑事立法纲要》取消了类推原则,采用罪行法定主义;明确规定法院判处刑罚的一般原则,同时明确免除刑事责任、刑罚的具体条件。又如,1964 年的民法典相较之前颁布的民法典给予民事权利主体自由空间。

(三) 当代俄罗斯的法律变革

1991 年,在多重原因的作用下,苏联解体。在俄罗斯大地上实施了 73 年的社会主义制度得以告终,现代资本主义制度建立。作为苏联国际法意义上的继承国——俄罗斯联邦在基本延续苏联时期联邦和联邦主体之间政权分配结构的同时,随着经济基础的变化其法律制度也在发生变革。

第一,确立新的政治体制,政治多元化发展。"俄罗斯联邦现行宪法确立

了意识形态的多元化原则和多党制的政党制度,使得俄罗斯联邦在社会转型期的政治发展体现多元性。政治多元化表现为打破苏联原有的政治垄断、一党独大的局面,实现政治上的多元竞争。"①第二,改革经济立法,促进多种所有制经济共同发展,向市场经济转变。俄罗斯成立之后,伴随着计划经济向市场经济过渡,俄罗斯的立法改革不断推进,大规模经济立法,促使俄罗斯形成新的法律体系。例如:1991 年 3 月 22 日颁布《关于在商品市场上竞争和限制垄断的法律》;1992 年《消费者权利保护法》、《企业破产法》颁布;1993 年《海关法典》出台;1994 年 6 月 30 日颁布《完善俄罗斯境内贵重金属交易的办法》,1994 年出台《股份公司法》等。第三,加快对外贸易立法和外国投资法,加速经济流动。1991 年 11 月俄罗斯总统签署《对外经济活动自由化法律》确立了俄罗斯加强对外经济联系的方针,打破冷战时阵营对立的经济紧张局面。随后,俄罗斯出台一系列涉外的经济法规,确立对外经济原则。1991 年《外国投资法》出台,该法明文规定对外国投资实行"绝对的法律保护",吸引外国资本进入俄罗斯,搞活本国市场。第四,再次确立"三权分立",并扩大总统权力。俄罗斯宪法第 10 条规定,"俄罗斯联邦的国家权力根据立法权、行政权和司法权分立的原则来实现。立法权、行政权和司法权的机构是独立的。"三权相互牵制,但并未完全限制总统的权力。俄罗斯总统在宪法中被赋予行政权、部分立法权和司法权,总统权力仅受到议会不信任案以及弹劾的有限限制。2008 年宪法修正案延长总统任期,从侧面再次扩大总统权力,这与俄罗斯转型期的国情相适应。

三、俄罗斯现行法律体系框架

1993 年 12 月 12 日,俄罗斯联邦以全民公决形式通过了《俄罗斯联邦宪法》,即俄罗斯联邦现行宪法。该宪法自 1993 年 12 月 25 日公布之日起生效,是俄罗斯走上新轨道,社会、政治、经济变化的全面总结,同时又为俄罗斯联邦的进一步变革提供了法律依据。宪法作为一国的根本大法,在俄罗斯联邦成立之际确立,代表公民意志,反映国家的政治、经济体制和司法、行政理念。以宪法入手探索俄罗斯的基本法律制度,必然能打开俄罗斯法律制度的大门,加深对其立法、行政、司法制度的了解。

---

① 刘琳璘:《社会转型期宪法修改的动因和进路分析——以俄罗斯联邦宪法修改为例》,载《河北法学》2013 年第 9 期。

(一) 宪法

1.宪法的核心目标

从各国立宪的经验看,宪法的序言通常用于表达立宪目的、理论或者政治理念,规定国家目标、任务或者记载重大历史事件,确立法律原则、国家政策等,为宪法的解释、适用和遵守提供背景和指南。俄罗斯宪法序言也不例外。根据俄罗斯宪法序言的规定,我们可知其规定俄罗斯宪法的核心目标如下:①复兴俄罗斯主权的国体,维护国家统一;②确认人和公民的权利与自由;③确定民主制度;④保证各民族平等和自决原则;⑤承担历史责任;⑥承担国际责任。

2.宪法的主要内容

(1)"人和公民"的权利

正如苏维埃共产主义共和国缔造者列宁所言:"宪法,就是一张写着人民权利的纸。"将人民权利在宪法中予以规定,是以人民为主的国家体现。俄罗斯作为社会国家,政策目的在于创造保证人的体面生活与自由发展的条件。①有关"人民权利"的规定,是俄罗斯宪法的主要内容之一。俄罗斯宪法第二章第 17 条至第 53 条具体规定了"人和公民"权利。

根据宪法对权利主体规定的措辞差异,将宪法第二章权利的具体规定分为"人权"和"公民权利"两大部分。第 31 条、第 32 条、第 33 条和第 36 条以"俄罗斯联邦公民"作为权利主体,分别规定了俄罗斯联邦公民集会、结社及游行示威的自由;管理国家事务和选举、被选举权;请愿权;土地和其他自然资源的所有权。除上述条文之外的其他条文,俄罗斯宪法均采用"每个人"、"任何人"代替"俄罗斯联邦公民"作为权利主体,将"人权"列入宪法。宪法内部按照具体规定可分为:平等权、人身权利、政治权利、社会经济文化权利、诉讼权。平等权由第 20 条规定,该权利的特征是不仅规定了司法平等、权利与自由平等,还强调了男女平等。人身权利根据权利内容的区别可以分为生命权、人的尊严权、人身自由权、隐私权、迁徙自由。政治权利可分为思想及言论自由。社会经济文化权利:经济自由;财产权;劳动权、休息权;社会保障权;知识产权;受教育权。因为上述"俄罗斯公民"的集会、结社及游行示威的自由、参政权、请愿权可以纳入政治权利之中,土地和其他自然资源的所有权可以纳入

---

① 《俄罗斯联邦宪法》第 17 条第 1 款规定:"俄罗斯联邦是社会国家,其政策目的在于创造保证人的体面生活与自由发展的条件。"

社会经济文化权利之中。综上,宪法规定的权利可大致分为平等权、人身权利、政治权利、社会经济文化权利、诉讼权。

"人权"是人与生俱来的权利,"是具有起源性的权利,所有人从出生时就拥有,不取决于其是否为居住国家的公民。公民权利则限于当某人是某一国家公民时所拥有的权利,这样,某一国家的公民既享有具有人权特征的那些权利,也享有国家所承认的那些公民权利。"人在成为公民之前首先是人,人权相较公民权利更为基本。俄罗斯宪法第二章"人和公民的权利与自由"采用人权和公民权利相结合的立法例体,现了其以人为本、全面权利保障的特点。

(2)基本义务

没有无权利的义务,也没有无义务的权利。权利和义务向来是相辅相成共同出现在法律之中的。俄罗斯宪法作为人民权利的大宪章,为了保障人和公民的权利与自由更好地实现,第6条第2款规定义务的履行同权利和自由一样具有普遍性和平等性。俄罗斯宪法的义务规定集中在第2章"人和公民的权利与自由",具体有二,其一,第44条第3款规定:"每个人都必须关心和保护历史文化遗产,珍惜历史文物。"其二,第59条规定俄罗斯公民具有保卫祖国、依法服兵役的义务。

(二)立法

俄罗斯宪法第5章详细规定了俄罗斯的立法制度。联邦会议是俄罗斯立法代议机关。俄罗斯宪法第95条规定,联邦会议由联邦委员会(Federal Council)和国家杜马(State Duma)两院组成。联邦委员会代表各联邦主体的意志,国家杜马则代表人民意志。

1.联邦会议的设立

俄罗斯联邦会议由联邦委员会和国家杜马组成。联邦委员会是两院制议会中的上议院,国家杜马为下议院。上议院共178个席位,俄罗斯联邦每个主体有两名代表参加,国家权力代表机关和国家权力执行机关各1人。联邦主体国家权力机关可以选举(任命)年满30岁,在俄联邦主体域内总计居住年限不低于10年的俄联邦公民担任联邦委员会成员。选举的方式是联邦委员会从其委员中选举联邦委员会主席及其副主席主持会议并管理内部事务。

国家杜马由 450 名议员组成,其中 225 名代表由全联邦 225 个大选区①根据多数制原则各产生 1 名,另外 225 名按比例原则产生,即由各参选政党按照得票多少分配席位。根据《俄罗斯国家杜马代表选举法》第 44 条第 2 款第 1 项规定,在最近一次国家杜马选举中取得席位或者获得不少于 3% 选票的政党有权利推荐自己党的候选人参加全联邦层面的单席位选区的选举。按照宪法规定,国家杜马每 5 年②选举一次,凡年满 21 岁并有权参加选举的俄罗斯联邦公民均可当选为国家杜马议员。国家杜马从其议员中选举国家杜马主席及其副主席主持会议并管理内部事务。需注意的是,同一个人不能同时成为联邦委员会委员和国家杜马议员。且国家杜马议员不能成为国家权力代表机关和地方自治机关的议员。

在国家杜马选举方面,2014 年的《国家杜马选举法》"将国家杜马代表选举制度从选举时原来的比例制选举制度,恢复为单席位(多数)与比例相结合的'混合制选举制',为小党参选和进入国家杜马敞开了大门"③,是俄罗斯民主化进程的重要一步。

2.议会的职权

由于俄罗斯现行宪法采用"半总统制",与采用"议会内阁制"的国家比较而言,议会的权力受到了一定限制。

(1)立法权

若俄罗斯联邦宪法未作其他规定,联邦法律由国家杜马议员总数的多数票予以通过。国家杜马通过的法律在 5 天内需移交联邦委员会审议,如果联邦委员会委员总数的半数以上投票对其表示赞成或者联邦委员会 14 天内未予审议,联邦法律即为联邦委员会批准。但国家杜马就下列问题通过的联邦法律必须在联邦委员会审议:联邦预算;联邦税收和收费;财政、外汇、信贷和海关调整、货币发行;批准和废除俄罗斯联邦的国际条约;俄罗斯联邦国家边界的地位和保护;战争与和平。

在联邦委员会否决联邦法律的情况下,两院可成立协商委员会以消除已经产生的分歧。之后,联邦法律应由国家杜马复审。在国家杜马不同意联邦

---

① 225 个大选区包含克里米亚共和国三个单席位选区和塞瓦斯托波尔市一个单席位选区。

② 2008 年《俄罗斯联邦宪法修正案》将 1993 年《俄罗斯联邦宪法》规定的国家杜马任期由 4 年增加到 5 年。

③ 那传林:《"新选举法"与俄罗斯国家杜马选前新动向》,载《世界知识》2016 年第 9 期。

委员会决定的情况下,如果复审时不少于国家杜马议员总 2/3 的人投赞成票,联邦法律即为通过。通过的联邦法律在 5 天内发送俄罗斯联邦总统,俄罗斯联邦总统须在 14 天内签署联邦法律并予以公布。如果俄罗斯联邦总统在联邦法律提交后 14 天内将其否决,国家杜马和联邦委员会通过俄罗斯联邦宪法所规定的程序重新审议该法。如果在复审中联邦法律以原来所通过的文本由不少于联邦委员会委员和国家杜马议员总数 2/3 的多数票予以通过,俄罗斯联邦总统应在 7 天内签署和公布该法。可见联邦议会尤其是国家杜马在立法方面享有更大的权力。

（2）质询权

在俄罗斯质询分为议会质询和议员质询。联邦委员会、国家杜马有权向政府总理、政府成员、俄联邦总检察长、中央选举委员会主席以及联邦主体国家权力机关首脑等就其管辖的问题提出议会质询;公职人员对议会的质询应当在议会提出质询之日起 15 日内或者在相应议院规定的期限内进行口头答复或书面答复。联邦委员会成员,国家杜马议员有权向政府总理、政府成员、俄联邦总检察长、中央选举委员会主席以及联邦主体国家权力机关首脑等就其管辖的问题提出议会质询;被质询的公职人员应该在收到质询之日起 30 天内或质询发起者同意的另外期限内作出书面答复。

（3）修宪权

联邦会议对俄罗斯宪法具有有限的修改权。首先,俄罗斯宪法第 1 章、第 2 章和第 9 章的条款,由宪法会议或全民投票修改,联邦会议不具有修改权。宪法第 135 条第 1 项规定上述三章修改具体程序,即:联邦会议不得重新审议俄罗斯联邦宪法第 1、2 、9 章条款。如果重新审议俄罗斯联邦宪法第 1、2、9 章条款的议案得到联邦委员会委员和国家杜马议员总数 3/5 的票数支持,根据联邦宪法性法律召开宪法会议。宪法会议或是确认俄罗斯联邦宪法不需修改,或是制定新的俄罗斯联邦宪法草案,草案由宪法会议成员总数 2/3 的票数予以通过或交付全民投票。在进行全民投票时,如果半数以上的选民参加投票,参加投票者半数以上对其表示赞成,俄罗斯联邦宪法即为通过。其次,对于宪法第 3—8 章条款联邦会议享有不完全的修改权。上述章节的修改须先由国家杜马审议,获得议席总数 2/3 以上议员的支持后,交由联邦委员会审议,经由联邦委员会 3/4 以上的成员投赞成票方能被批准。但宪法修正案的正式生效需联邦委员会主席将要修宪草案送交俄联邦主体立法（代表）机关一年内完成审议,在获得 2/3 以上联邦主体立法机关批准后,方能正式生效。

最后,关于俄罗斯联邦构成的修改通过全民公决的形式进行,联邦会议无修改权。①

（4）人事权

联邦会议具有多项人事权,联邦委员会具有确定俄罗斯联邦总统的选举;罢免俄罗斯联邦总统职务;任命俄罗斯联邦宪法法院、俄罗斯联邦最高法院、俄罗斯联邦高等仲裁法院法官职务;任命和解除俄罗斯联邦总检察长职务;任命和解除检察厅副主席职务及其半数成员的权力。其次,国家杜马具有以下权力:任命和解除俄罗斯联邦中央银行行长职务;任命和解除检察厅主席及其半数成员的职务、对俄罗斯联邦总统提出指控以便罢免其职务;任命和解除根据联邦宪法性法律开展活动的人权代表的职务。

（5）监督权

俄罗斯联邦会议的实施立法权,其针对行政权的行使具有监督权力。首先国家杜马可对政府提出不信任案。国家杜马对政府正式提出不信任案,俄罗斯总统有权宣布俄罗斯政府辞职或不同意国家杜马的决定。在国家杜马3个月内再次对俄罗斯政府表示不信任的情况下,总统宣布俄罗斯政府辞职或者解散国家杜马。俄罗斯联邦政府总理可向国家杜马提出关于对俄罗斯联邦政府的信任问题。如果国家杜马拒绝表示信任,俄罗斯联邦总统在7天内作出俄罗斯联邦政府辞职的决定或者解散国家杜马和举行新的选举的决定。联邦会议还具有弹劾总统的权力。俄罗斯联邦总统只能由联邦委员会根据国家杜马所提出的叛国罪或实施其他重大犯罪的指控予以罢免,这一指控须由俄罗斯联邦最高法院关于俄罗斯联邦总统行为中具有犯罪特征的结论和俄罗斯联邦宪法法院关于提出指控符合规定程序的结论所证实。

（6）决定权

联邦会议还具有多项事务的决定权。如:联邦委员会具有核准俄罗斯联邦主体间边境的变更;确认俄罗斯联邦总统有关实行战时状态和紧急状态的命令;决定在俄罗斯联邦境外运用武装力量事项的权力。联邦委员会和国家杜马就俄罗斯联邦宪法划归其管辖的问题作出决议。此外,国家杜马还具宣

---

① 《俄罗斯联邦宪法》第137条规定:"对《俄罗斯联邦宪法》第65条规定俄罗斯联邦构成的修改,应根据关于加入俄罗斯联邦和俄罗斯联邦新主体参加其构成、关于变动俄罗斯联邦主体宪法法律地位的联邦宪法性法律进行。在共和国、边疆区、州、联邦直辖市、自治州、自治区名称变动的情况下,俄罗斯联邦主体的新名称应列入《俄罗斯联邦宪法》第65条。"对俄罗斯宪法第65条,需要由相关领导人提出合并意见,然后交予总统审议,总统审议之后交本联邦主体全民公决;获得联邦主体公民60%的同意,法律即可被修改。

布大赦的权力。

3.立法程序

俄罗斯联邦法律的立法程序大致可以分为三步。第一步是具有立法动议权的主体向国家杜马提出立法案。依据俄罗斯宪法第 104 条第 1 款、第 3 款规定,立法动议权属于俄罗斯联邦总统、联邦委员会、联邦委员会委员、国家杜马议员、俄罗斯联邦政府、俄罗斯联邦各主体立法(代表)机关。根据管辖的问题,立法动议权还属于俄罗斯联邦宪法法院、俄罗斯联邦最高法院和俄罗斯联邦最高仲裁法院。但是关于实行和取消税收、免除纳税、发行国债、改变国家财政义务的法律草案、审议联邦预算外开支的其他法律草案,只能在附有俄罗斯联邦政府结论的情况下方可提出。第二步是国家杜马准备和三读阶段。首先提案权主体将联邦法律草案交付国家杜马后,由国家杜马议长进行登记。登记后的联邦法律草案交由专业委员会进行审查是否符合宪法第 104 条①的规定,符合规定的联邦法律草案由相应的委员会 14 日内进行审议。审议过后,法案正式交由国家杜马进行"三读",有关国家预算的法律需进行"四读"。国家杜马的一读程序主要针对法案的主要条文进行讨论,并做出是否合宪的评价。一读表决通过的法案可以进行修改,并由国家杜马确定提交修正案的期限。二读程序主要对修正案的内容进行讨论,并就是否通过进行表决。如果表决结果没有达到法定多数,则将草案退回相关委员会进行加工调整。调整之后的草案仍未获得法定多数,则将草案搁置,不再审议。三读的核心就是对法案是否通过进行表决。三读不再允许对法案进行修正或对法案的章节、条文进行讨论。获得国家杜马议员多数票的法案视为通过,联邦宪法性法律须获得国家杜马议员不少于 2/3 的票数方为通过。最后一步是提交联邦委员会审议。联邦委员会审议程序的具体程序可参照上文联邦会议立法权中的相关论述。

(三)行政

"一般认为1993 年俄罗斯宪法确立的政府组织形式类似法国式的半总统

---

① 《俄罗斯联邦宪法》第 104 条规定:"1.立法动议权属于俄罗斯联邦总统、联邦委员会、联邦委员会委员、国家杜马议员、俄罗斯联邦政府、俄罗斯联邦各主体立法(代表)机关。根据管辖的问题,立法动议权还属于俄罗斯联邦宪法法院、俄罗斯联邦最高法院和俄罗斯联邦最高仲裁法院。2.法律草案提交给国家杜马。3.关于实行和取消税收、免除纳税、发行国债、改变国家财政义务的法律草案、审议联邦预算外开支的其他法律草案,只能在附有俄罗斯联邦政府结论的情况下方可提出。"

制。半总统制的典型特征是总统并非行政首脑却享有行政权,在与政府的关系中总统占主导地位,议会权力相对削弱并受到较大限制。"①在俄罗斯,总统和政府均享有行政权。总统是行政权的支配者,而政府是具体执行者,听命于总统。

1.总统

宪法规定,俄罗斯联邦总统是国家元首,是俄罗斯联邦宪法、人和公民的权利与自由的保证人,是俄罗斯联邦武装力量最高统帅。其直接由俄罗斯联邦公民按照普遍、平等和直接选举制采用秘密投票方式选举产生,享有超然的地位。为了限制总统的权力,与"半总统制"相协调,俄罗斯宪法规定每届总统任期为 6 年②,同一个人不得担任俄罗斯联邦总统职务连续两届以上。但总统在其辞职、因健康状况而长期不能行使属于总统的职权或离职的情况下,可提前终止。在这种情况下,俄罗斯联邦总统选举应在提前终止行使职权后的三个月内进行。在俄罗斯联邦总统不能履行其职责的所有情况下,俄罗斯联邦政府总理临时行使这些职责。有关俄罗斯总统的候选人,宪法第 81 条第 2 款规定凡不小于 35 岁、在俄罗斯联邦常住不少于 10 年的俄罗斯联邦公民可以当选为俄罗斯联邦总统。依据《俄联邦总统选举法》规定,总统选举需成立总统选举委员会,由政党、竞选联盟提出总统候选人。公民如能够获得 500 人以上组成的竞选团体的支持,可以通过自我提名程序成为总统候选人。总统候选人获得参加投票选民半数以上支持即被认为当选,向人民宣读誓词就职。

俄罗斯与法国虽同为半总统制,但俄罗斯总统相较法国总统享有更大的权力。"俄罗斯从政治经济改革以来,经济危机、政局动荡、社会混乱,导致国力下降,人民生活水平下降及法律和秩序失控。俄罗斯人民陷入一种历史性疲倦。人民渴望社会秩序和稳定,需要政治上一致、高效、权威的政府。另一方面,俄罗斯在国家面临内政外交层层矛盾的情况下,需要一个强有力的人领导改革,保证社会稳定和提高人民生活水平。"③

首先,在总统与议会的关系中,俄罗斯总统享有立法否决权和解散国家杜马的权力。依据俄罗斯宪法第 107 条第 3 款规定,联邦会议通过的联邦法律

---

① 胡锦光主编:《外国宪法》,法律出版社 2011 年版,第 292 页。

② 为保证国家政策的延续性,2008 年《俄罗斯联邦宪法修正案》将 1993 年《俄罗斯联邦宪法》规定的总统任期由 4 年延长至 6 年。

③ 丁升:《俄罗斯超级总统制解析——与法国半总统制的对比研究》,载《群文天地》2011 年第 6 期。

需交由总统签署公布,如果俄罗斯联邦总统在联邦法律提交后 14 天内将其否决,国家杜马和联邦委员会通过俄罗斯联邦宪法所规定的程序重新审议该法。虽然法案通过与否最终取决于联邦会议复审后的结果,但总统在一定意义上限制了议会的立法权。宪法第 117 条第 3 款和第 4 款的规定,国家杜马对政府表示不信任之后,总统有权宣布政府辞职或者不同意国家杜马的决定。在国家杜马 3 个月内再次对政府表示不信任的情况下,总统宣布政府辞职或者解散国家杜马。俄罗斯联邦政府总理可向国家杜马提出关于对俄罗斯联邦政府的信任问题。如果国家杜马拒绝表示信任,俄罗斯联邦总统在 7 天内作出俄罗斯联邦政府辞职的决定或者解散国家杜马和举行新的选举的决定。

其次,总统具有多项人事权,分别是经国家杜马同意任命俄罗斯联邦政府总理;根据俄罗斯联邦政府总理的提名任命和解除俄罗斯联邦政府副总理、联邦部长职务;向国家杜马提出任命俄罗斯联邦中央银行行长职务的候选人;向国家杜马提出解除俄罗斯联邦中央银行行长职务的问题;向联邦委员会提出任命俄罗斯联邦宪法法院、俄罗斯联邦最高法院、俄罗斯联邦高等仲裁法院法官职务的候选人,以及俄罗斯联邦总检察长候选人;向联邦委员会提出关于解除俄罗斯联邦总检察长职务的建议;任命其他联邦法院法官;任命和解除俄罗斯联邦总统的全权代表;任命和解除俄罗斯联邦武装力量高级指挥官。从上述人事权的规定中可知,俄罗斯总统控制着俄罗斯的行政、司法以及武装力量。

再次,俄罗斯总统在行政、司法和军事方面均有相应的权利。在行政方面,总统是俄罗斯行政权的真正享有者。一方面,总统掌握着政府主要人员的人事权,对俄罗斯联邦政府可以递交辞呈,总统既可接受也可拒绝此辞职。还可以作出关于俄罗斯联邦政府辞职的决定。另一方面,总统有权主持俄罗斯联邦政府会议,且总统命令是总理规定政府活动的基本方针并组织政府工作的重要根据之一。在司法方面,总统除可否决议会提案外,还享有立法动议权和保障宪法实施的权力。根据宪法第 85 条规定,"俄联邦总统可利用协商程序解决俄联邦国家权力机关和俄联邦主体国家权力机关之间以及俄联邦各主体国家权力机关之间的分歧。在不能达成一致决定的情况下,他可将争议的解决转给相应的法院审议。"此处的法院通常指宪法法院。"从某种程度上看,总统的协商程序实际上变成了宪法诉讼程序介入的一个前置程序,其用意在于力求总统能够解决权限争议。"[①]在军事方面,俄罗斯总统是俄罗斯武装

---

① 胡锦光主编:《外国宪法》,法律出版社 2011 年版,第 298 页。

力量的最高统帅。不仅有权任命和解除俄罗斯武装力量高级指挥官,在俄罗斯遇到侵略或发生直接侵略威胁的情况下,总统还有权在俄罗斯境内或部分地区实行战时状态,并立即向联邦委员会和国家杜马通告。总统的军事权在《俄罗斯联邦国防法》中作了具体的规定,本文不再赘述。

最后,俄罗斯总统还享有荣典权、外交权、宣布紧急状态以及发布指示和命令的权力。

2.联邦政府

宪法第 110 条规定:"俄罗斯联邦的执行权力由俄罗斯联邦政府行使。俄罗斯联邦政府由俄罗斯联邦政府总理、俄罗斯联邦政府副总理和联邦部长组成。"由上文可知,俄罗斯总统作为俄罗斯行政权的实质拥有者,俄罗斯联邦政府是行政权的执行者。依据宪法和《俄罗斯政府章程》规定可知,俄罗斯联邦政府具有如下权力:①参与立法权。俄罗斯政府拥有立法动议权可向国家杜马提出法律草案,并且关于实行和取消税收、免除纳税、发行国债、改变国家财政义务的法律草案、审议联邦预算外开支的其他法律草案,只能在附有俄罗斯联邦政府结论的情况下方可提出。政府还有权依据国家杜马议事章程的规定对国家杜马正在审查的法律草案提出修正案。②制定决议和指示。俄罗斯联邦政府根据并为了执行俄罗斯联邦宪法、联邦法律、俄罗斯联邦总统的规范性命令,颁布决议和指示,保证其执行。俄罗斯联邦政府的决议和指示在俄罗斯联邦必须执行。但在决议和指示违背俄罗斯联邦宪法、联邦法律和俄罗斯联邦总统命令的情况下可由俄罗斯联邦总统废除。③依据宪法、宪法性法律、联邦法律以及总统的命令和指示领导联邦部及联邦执行权力机关。[①]④管理联邦财产。⑤提出并执行联邦预算。⑥实行统一的财政、信贷和货币政策。⑦保证文化、科学、教育、卫生、社会保障和生态领域实行统一的国家政策。⑧保证国防、国家安全、实现俄罗斯联邦对外政策方面采取措施。⑨在采取措施确保法制、公民权利和自由、维护财产和社会秩序、同犯罪作斗争方面。⑩其他相关事务。

---

① 《俄联邦政府法》第 12 条规定:"本法第 32 条赋予政府对联邦部门和其他联邦执行权力机构在某些问题方面进行领导的特殊性。"《俄罗斯联邦政府法》第 32 条规定:"总统作为俄罗斯武装力量的最高统帅、作为国家安全委员会主席依据宪法、联邦宪法性法律、联邦法律及自己的命令和指示对联邦部门和联邦权力执行机关所管辖的国防、安全、内务、外交、预防紧急状态及消除自然灾害问题进行指导。政府对上述联邦部门和联邦执行权力机关的领导须依据俄罗斯联邦宪法、联邦宪法性法律、联邦法律和总统的命令、指示。"

（四）司法

俄罗斯司法制度根据中央和地方的需求和利益,规定不同的司法系统解决纠纷,维护司法。俄罗斯司法权由法院和检察机关组成,法院由宪法法院、普通法院和仲裁法院体系构成。三大法院体系分工明确,独立行使职权,共同为俄罗斯纠纷的解决做出贡献。

1.法院

依据宪法规定,俄罗斯的审判权只能由法院行使,法院须公开审理案件,但在联邦法律规定的情况下可在秘密会议上审理案件。在审理案件过程中,法庭可根据法律作出确认国家机关或其他机关的法令不符合法律的决定,从而否认法令的效力,保证俄罗斯法律体系的统一性。为保证根据联邦法律完全而独立地进行司法活动的可能性,宪法规定对法院的财政拨款只能出自联邦预算。

法院系统由俄罗斯联邦宪法和联邦宪法性法律规定,且不许成立特别法院。根据《俄罗斯联邦法院体系法》规定,联邦法院包括:俄联邦宪法法院;俄罗斯联邦最高法院,共和国、边疆区、州最高法院,联邦直辖市法院,自治州法院,自治区法院,区法院以及军事法院和专门法院,这些法院组成了俄联邦普通法院体系;俄联邦最高仲裁法院,联邦地区仲裁法院,第一上诉审仲裁法院,联邦主体仲裁法院,这些法院组成了俄联邦仲裁法院体系。由宪法法院、仲裁法院和普通法院组成的俄罗斯联邦法院系统,分别审理宪法案件、经济纠纷以及其他案件,通过宪法、民法、行政法等和诉讼程序实现俄罗斯的司法权。

（1）法官

俄罗斯所有法官只有职权和管辖范围的区分,独立行使职权,只服从俄罗斯联邦宪法和联邦法律;法官终身制,职权只能基于联邦法律规定的程序和理由予以剥夺或中止;法官不受侵犯,非经联邦法律规定的程序,不得被追究刑事责任。依据宪法规定,凡年满 25 岁、受过高等法律教育、不少于 5 年法律职业工龄的俄罗斯联邦公民均可能为法官。

（2）宪法法院

宪法法院是俄罗斯的宪法监督司法机关,共由 19 名法官组成。相较法官的一般资格规定,宪法法院法官规定较为严格。根据《俄罗斯联邦宪法法院法》规定,宪法法院法官不仅需要品行端正,受过高等法律教育,有 15 年以上法律工作经验,其还需在法学领域具有被公认的高级专业技术职称,年龄在 40 岁以上的俄罗斯联邦公民方可被选举成为宪法法院法官。俄罗斯联邦宪法法院和其他法院,虽都属于俄罗斯联邦的司法权力机关或司法机关。但是,无论是在职权范围、组织、活动程序方面,还是在裁决的执行程序方面,俄罗斯联邦宪法法院与其他司法机关都有重大区别。它行使的是一种特殊种类的司法权,即宪法司法权。它在行使司法权时,遵守的是一种特殊种类的诉讼程序,即宪法诉讼程序。宪法法院通过宪法诉讼程序独立行使司法权,在进行宪法诉讼程序时,不应对属于其他法院或者机关职权范围内的有关事实情节进行认定与分析,只裁决其职权范围内的有关法律问题。依据宪法规定,宪法法院主要根据法定主体的要求审查相关法律文件及法律规范是否合宪。独立性、集体领导制、公开性、辩论制和当事人平等是宪法法院工作的基本原则。

由《俄罗斯联邦宪法法院法》规定可知,为了捍卫根本的宪法制度,保障人和公民的权利与自由,保卫宪法的最高地位和直接效力,俄罗斯联邦宪法法院拥有下列职权:①规范性法律文件合宪性案件的审理权;②国家权力机关之间职权纠纷案的审理权;③具体案件中所适用法律合宪性案件的审理权;④宪法解释权;⑤与弹劾指控总统相关案件的审理权;⑥立法动议权;⑦其他职权。

联邦主体宪法(宪章)法院由联邦主体创立。依据《俄罗斯联邦法院体系法》规定,联邦主体宪法(宪章)法院审理联邦主体法律,联邦主体国家权力机关和联邦主体地方自治机关颁布的其他规范性法律文件是否符合联邦主体宪法案件,以及对联邦主体宪法(宪章)作出解释。它的经费由联邦主体预算支付,职权由联邦主体法律规定。联邦主体宪法(宪章)法院根据其职权作出的决定,不能被其他法院重新审理。

根据宪法法院和联邦主体宪法(宪章)法院各自管辖对象的独立、职权的区别可知,这两个法院相互独立,组织上没有隶属关系,但均为维护宪法的权威性,作为宪法的监督者而存在。

(2)普通法院

上文已述,俄联邦普通法院体系由俄罗斯联邦最高法院,共和国、边疆区、州最高法院,联邦直辖市法院,自治州法院,自治区法院,区法院以及军事法院和专门法院组成。其中,俄联邦最高法院与我国法院体系中的最高法院相类似,它在民事、刑事、行政和其他案件对于拥有一般司法审判权的法院来说是最高审判机关。其不仅拥有审判权,还根据联邦法律规定的诉讼形式对普通法院体系中的其他法院活动实行司法监督并就司法实践问题作出解释。俄罗斯联邦最高法院在其管辖范围内,作为第二审法院,审理监督和再审程序案件。在联邦法律规定的情况下其作为第一审法院审理案件。最高法院对于共和国、边疆区(州)高等法院,联邦直辖市法院、自治州法院,自治区法院,军事

法院,舰队法院,军舰和部队法院来说,是直接上级审法院。

共和国、边疆区(州)最高法院,联邦直辖市法院,自治州法院,自治区法院在其管辖范围内,作为第一审和第二审法院,审理监督和再审程序案件。上述法院相对于联邦主体相对应的区法院来说,是直接上级法院。其职权、创立与活动程序由俄罗斯联邦宪法性法律予以确定。区法院在其管辖范围内,作为第一审和第二审法院审理案件,以及根据联邦宪法性法律规定行使其他职权。区法院相对于治安法官来说是直接上级法院。治安法官在其管辖范围内,审理民事、行政和刑事第一审案件。

军事法院的设立根据部队和舰队的部署区域原则确定,在军事法律的规定的部队、机关和编队中行使司法权。军事法院在其管辖范围内作为第一审和第二审法院,审理和监督再审程序案件。联邦专业法院审理民事和行政案件,其职权范围是对本联邦宪法性法律进行修改和补充。联邦专业法院的职权、创立与活动程序由俄罗斯联邦宪法性法律予以确定。

(3) 仲裁法院

仲裁法院是以解决经济纠纷为主的法院系统,其由联邦最高仲裁法院、联邦区域仲裁法院、第一上诉仲裁法院和俄罗斯主体法院组成。俄罗斯宪法第127条规定,"俄罗斯联邦最高仲裁法院是解决经济争端和仲裁法院所审理的其他案件的最高审判机关,它根据联邦法律所规定的诉讼形式对仲裁法院的活动实行司法监督并就司法实践问题作出解释"。相对于联邦区域仲裁法院、第一上诉审仲裁法院和联邦主体仲裁法院来说,俄罗斯联邦最高仲裁法院是上级法院。俄罗斯联邦最高仲裁法院根据联邦法律规定,作为第一审法院,审理和监督再审程序案件,对下级仲裁法院的活动实施审判监督,并对审判实践问题作出解释。最高仲裁法院的职权、创立与活动程序由俄罗斯联邦宪法性法律予以确定。

联邦区域仲裁法院在其管辖范围内,作为第二上诉审法院和再审法院审理案件。相对于俄罗斯联邦主体仲裁法院和本区域第一上诉审仲裁法院来说,联邦区域仲裁法院是上级法院。联邦区域仲裁法院的职权、创立与活动程序由俄罗斯联邦宪法性法律予以确定。

第一上诉审仲裁法院在其管辖范围内,作为第一上诉审法院审理案件以及审理再审案件。第一上诉审仲裁法院的职权、创立与活动程序由俄罗斯联邦宪法性法律规定。

俄罗斯联邦主体仲裁法院在其管辖范围内,作为第一审法院审理案件,以及审理再审案件。俄罗斯联邦主体仲裁法院的职权、创立与活动程序由俄罗斯联邦宪法性法律予以确定。

2.检察院

俄罗斯检察体系由联邦最高检察院,各共和国、边疆区、州、联邦直辖市、自治州、自治专区、区(市)检察院以及军事检察院组成。联邦最高检察院设总检察长,负有监督各级检察院的职责。各级检察院独立行使司法权,不受其他国家机关、社会团体和公职人员的干涉,具有独立性。根据宪法第 129 条规定,俄罗斯联邦检察机关是统一的、下级检察长服从上级检察长和俄罗斯联邦总检察长的集中体系。俄罗斯联邦总检察长由联邦委员会根据俄罗斯联邦总统的提名任命和解除职务。俄罗斯联邦各主体的检察长由俄罗斯联邦检察长与其主体协商任命。其他检察长由俄罗斯联邦总检察长任命。俄罗斯联邦检察机关的权限、组织与活动程序由联邦法律规定。

四、俄罗斯现行基本法律制度

(一)民商事法

1.《俄罗斯联邦民法典》

(1)《俄罗斯联邦民法典》的制定和实施

《俄罗斯联邦民法典》(以下简称"《民法典》")由四个部分组成。1994 年 10 月 21 日,民法典第一部分经俄罗斯联邦议会国家杜马通过,1994 年 11 月 30 日,经总统鲍里斯·叶利钦签署颁布,于 1995 年 1 月 1 日生效。《民法典》第二部分于 1995 年 12 月 22 日经国家杜马通过,1996 年 1 月 26 日经总统叶利钦签署颁布,第二部分于 1996 年 3 月 1 日生效。第三部分于 2001 年 11 月 1 日经国家杜马通过,2001 年 11 月 26 日经总统普京颁布,于 2002 年 3 月 1 日起生效。按照原计划,1994 年《民法典》在 4 年时间内(1994—1998 年)分三期逐步实施。① 在相当长的时间里,人们期待最多的是民法典对知识产权关系(现《民法典》第四部分)的调整。然而,《民法典》第四部分到了 2006 年 12 月才得以通过,于 2008 年 1 月 1 日生效。

---

① 《俄罗斯联邦民法典》实际上分成了四个部分。第三部分于 2001 年 11 月 1 日经国家杜马通过,2001 年 11 月 14 日经联邦委员会批准,2001 年 11 月 26 日经普京总统签署颁布,2002 年 3 月 1 日起施行;第四部分于 2006 年 11 月 24 日经国家杜马通过,2006 年 12 月 8 日经联邦委员会批准,2006 年 12 月 18 日经普京总统签署颁布,2008 年 1 月 1 日起施行。

（2）《民法典》框架及内容

《民法典》第一部分分为 3 编,分别是"总则"、"所有权和其他物权"和"债法总则"。第一编又被分为 5 个分编,分别是"基本规定"、"人"（包括自然人和法人）、"民事权利的客体"、"法律行为与代理"和"期限与诉讼时效"。第三编分为 2 个分编,分别称为"关于债的一般规定"和"关于合同的一般规定"。

《民法典》第二部分（第四编）是专门调整债的种类的法律。除了设计无因管理（未受委托的行为,第 50 章）、不当得利（第 60 章）、侵权（第 59 章）和单方行为（即第 56 章悬赏广告和第 57 章公开竞赛）之外,第四编还规定了 26 种有名合同①。此处的规则是,《民法典》第二部分每种有名之债的规则优先于第一部分中债法的一般原则适用。

《民法典》第三部分分为两编,分别是"继承法"（第五编）和"国际私法"（第六编）。第五编设六章来调整继承法律关系,分别是"继承的一般规定"、"遗嘱继承"、"法定继承"、"遗产的取得"和"某些种类财产的继承"。第六编有"一般规定"、"确定法律地位时应适用的法"以及"对财产关系和人身非财产关系应适用的法"三章内容来规范国际私法的适用规则。《民法典》第四部分（第七编 智力活动成果和个别化手段的权利）,即"知识产权"部分,将在下文单独阐述。

（3）《民法典》的特点

1994 年《民法典》的突出特点在于,它是一部由民法典和商法典整合为一的综合性民法典。它将传统欧洲大陆的两部私法典——民法典和商法典融为一体。俄罗斯民法典实际上调整着私法的所有部分,不过,家庭法、住房法和运输法则是明显的例外。《民法典》是具有资本主义性质的法典,整部法典是在"企业自由"之经济哲学基础上构筑而成。② 该法典所确立的私有财产神圣

---

① 它们分别是:买卖、互易、赠与、年金和终身赡养、租赁、住房租赁、无偿使用、承揽、完成科学研究实验设计和工艺工作、有偿服务、运送、运输代办、借贷和信贷、财务代理、银行存款、银行账户、结算、委托、行纪、代办、财产的委托管理、商业特许、普通合伙以及赌博和打赌。

② 魏磊杰、张建文:《俄罗斯联邦民法典的过去、现在及其未来》,中国政法大学出版社 2012 年版,第 76 页。

不可侵犯①、企业活动自由②、合同自由③、所有市场参与者平等④,以及政府侵权责任⑤等原则为其资本主义制度奠定了法律基础。但是,由于历史原因,如今资本主义制度下的俄罗斯无法与其社会主义的过去完全决裂⑥,因此,1994 年《民法典》仍然保留了 1964 年法典(勃列日涅夫民法典)⑦的一些制度⑧。

---

① 《俄罗斯联邦民法典》第 1 条第 1 款将"财产不受侵犯"规定为民事立法的基本原则之一;第 212 条第 1 款则承认了国家所有权和私人所有权两种类型;第 212 条第 4 款规定,任何财产所有者——不论是国家还是私人,其权利都受到同等的保护。第 213 条第 1 款规定,"除依法不得属于公民或法人的某些种类的财产外,任何财产均可归公民和法人所有",即为了公共利益而剥夺私人财产必须依据《民法典》征用条款依法定程序进行。《俄罗斯联邦民法典》以多项规定肯定了公民可以拥有私人财产的立场,这种私人所有权可以依法获得与国家所有权同等的待遇,除了专门法律规定的少数例外,私人所有权的财产类型并没有限制。私人所有权的财产数量也没有限制。未经《民法典》征用条款规定的正当程序,国家不得为了公共利益而剥夺私人财产。

② 《俄罗斯联邦民法典》第 18 条第 1 款规定,公民"可以从事经营活动和法律不予禁止的任何其他活动"。根据这项法律制度,并未明文禁止的一般都是被允许的。为了支持这一原则,该法典第 23 条第 1 款规定,"公民有权不组成法人,而自作为个体经营者进行国家注册时起从事经营活动"。第 49 条第 1 款规定,法人(而不是国有企业)参与任何企业活动的自由不受法律的禁止。据此,"商业组织,除单一制企业和法律规定的某几种组织外,可以享有为法律不予禁止的任何种类的活动所必须的民事权利并承担民事义务"。

③ 《俄罗斯联邦民法典》第 1 条第 1、2 款对该自由的意义进行了详细说明,包括选择缔约相对人、决定何时缔结合同关系、确定合同条款,和根据合同自由确立权利和承担义务的权利。

④ 《俄罗斯联邦民法典》第 1 条第 1 款规定,所有参与到民事立法所调整的关系中的人一律平等。该条款为所有市场参与者创建了一种公平的环境。处于平等保护的目的,《俄罗斯联邦民法典》赋予了外国人和无国籍人以与俄罗斯公民同等的待遇。

⑤ 《俄罗斯联邦民法典》对政府侵权的态度是:政府能够侵权,除了有限例外,政府应当对其侵权像任何私人侵权那样承担责任。

⑥ 魏磊杰、张建文:《俄罗斯联邦民法典的过去、现在及其未来》,中国政法大学出版社 2012 年版,第 81 页。

⑦ 俄罗斯苏维埃联邦社会主义共和国(RSFSR)1964 年《民法典》于 1964 年 6 月 11 日通过的一项法律而颁布。参见 24Vedomosti RFSR,item 406(1964)。

⑧ 例如,《俄罗斯联邦民法典》第 114 条"国有资产的经营权",第 115 条"国有资产的管理权",第 421 条第 1 款、第 2 款"合同义务",以及第 424 条第 1 款、第 2 款"政府定价"等规定。

A.《民法典》调整的法律关系

俄罗斯 1994 年《民法典》调整的法律关系的范围规定在第 2 条的三段文字中。① 除了上文提到的家庭法、住房法、运输法被《民法典》排除在外之外，被排除的还有受行政法、税法、外国投资法、私有化法、土地法、住房法、运输法和矿产资源法调整的财产关系。尽管土地法、住房法、矿产资源法、运输法和家庭法各自都是独立的法律，但《民法典》仍然规定了土地所有权、住房所有权、住房租赁、矿产资源所有权、运输工具租赁和某些家庭法制度②的核心法律原则。

B.《民法典》与俄罗斯民事立法之间的关系

该法典在调整其自身与其他民事法律关系上，与其他欧洲大陆民法典的后法优于前法(lex posterior derogat priori)原则不同，该法典在与其他民事立法的关系中处于上位法(primus inter pares)的地位，并决定着其他民事立法的有效与否。根据该法典第 3 条第 2 款、第 3 款之规定，如果民法典与其他民事立法的规定之间存在冲突，无论后者的规定颁布在前抑或在后，民法典总是优先的。

C.俄罗斯民事法律关系的法律渊源之构成及其层次

除了《民法典》和其他配套性的民事立法外，民事法律关系的法律渊源还包括总统令③、各行政部门颁布的法规和规章、普遍承认的商业习惯以及有约束力的国际法规则。在俄罗斯联邦，民事法律关系的法律渊源的层次结构④是：《民法典》是国内最高效力渊源，其他联邦民事立法、总统法令和行政法规次之，最后是商业惯例。另外，《民法典》要服从于有约束力的国际法准则。⑤

---

① 按《俄罗斯联邦民法典》第 2 条第 1、2、3 款规定，下列俄罗斯法律部门所调整的所有有关关系都受本法典的调整：所有权、债、共有财产、继续性企业组织、担保交易、银行业务、国际私法(冲突法)、保险、财产委托管理、证券监管、破产、反垄断、反不正当竞争、消费者保护、商业广告和州际贸易的调控。

② 例如，第 27 条的完全行为能力的取得，第 31—40 条的保护和监护，第 47 条的户籍登记，第 256 条的夫妻共有等规定。

③ 《俄罗斯联邦民法典》第 3 条赋予俄罗斯联邦总统通过法令来调整民事法律关系的权力。总统的权力规定在《俄罗斯联邦宪法》第 121 条第 1 款至第 11 款，只要总统法令未违背《民法典》或其他联邦民事立法，总统则有权在其宪法权力范围内颁布任何法令。

④ 不包括《俄罗斯联邦宪法》，因其为俄联邦最高位阶之法律，当然处于民事法律关系渊源的最高层次。

⑤ 魏磊杰、张建文：《俄罗斯联邦民法典的过去、现在及其未来》，中国政法大学出版社 2012 年版，第 89 页。

D.《民法典》原则性规范之补充

如上文所述,《民法典》所调整的法律关系几乎涵盖了私法领域的所有部分,但其条款较为原则性的规定在处理具体的法律关系时总会有力所不及之处。因此,除了总统法令和行政法规之外,民法典还需要大量配套立法来支持,《民法典》本身特别提到要颁布 29 项"必要和适当的"立法来充实《民法典》权威的原则性规定①。

(4)《民法典》重要条款之考察

A.联邦主体之间贸易条款

《民法典》第 1 条第 3 款规定:"商品、服务和资金可以在俄罗斯联邦全境内自由流通",该条所规定的联邦主体间贸易条款是对 1993 年《俄罗斯联邦宪法》之州际贸易条款的框架性规定的具体化②。但《民法典》第 1 条第 3 款又规定了某些情况下出于对特殊原因的考虑,有正当理由时,可以对该种自由进行限制,但该种限制必须通过联邦法律来规定。③

B.企业组织法

在《俄罗斯民法典》中,企业组织法被规定在第 4 章(第 48—123 条),以及第 18 条和第 23 条。根据该法规定,俄罗斯联邦的商事企业可以被组织为 15 种形式之一④。俄罗斯 1994 年《民法典》之企业组织法的一般原则有:①所有企业组织形式(不论是法人还是非法人)都要经过国家注册;②商事企业可以从事任何不为法律明文禁止的活动类型;③法人的分支机构和代表机构不具有法人资格;④除国有企业以外,所有法人都应以其全部财产承担责任等。

---

① 《俄罗斯联邦民法典》规定的 29 项配套性法律包括:许可证法;商业组织法;国家注册法;破产法;股份公司法;有限责任公司法;生产合作社法;国有和市属企业法;国家及其财产的免责法;不动产登记与不动产交易法;货币调节和货币控制法;俄罗斯联邦内的外币交易法;抵押法;当铺法;消费合作社法;社会组织和宗教组织法;国有与私人非营利机构法;外国人、无国籍人和外国法人的法律地位法;户籍登记法;被监护人财产的管理法;企业名称注册法;商业秘密法;消费者权利保护法;证券法;公共合同法;广告法;汇票和本票法;公寓的区分所有权法;竞争与限制性贸易惯例法;公共工程法。

② 按《俄罗斯联邦宪法》第 8 条规定,整个俄罗斯联邦构成了一个统一的"经济空间"(共同市场),在这种联邦体制的构成主体之间,商品、服务和资金可以自由移动。

③ 按《俄罗斯联邦民法典》第 1 条第 3 款,如果为了保障安全、保护人们的生命和健康、保护自然环境和文化珍品的必需,可根据联邦法律对商品、服务流通实施限制。

④ 无限公司、两合公司、有限责任公司、无限责任公司、开放式股份公司、封闭式股份公司、子公司、附属公司、生产合作社、国有企业、俄罗斯企业分支机构、外国企业的分支机构、俄罗斯企业的代表机构、外国企业的代表机构,以及独资企业。前 10 种形式被视为法人,后 5 种则被视为非法人。

C.物权法

《俄罗斯民法典》用 8 章(第 13—20 章)专门规定物权法①。现代俄罗斯物权法的基本原则主要有:①私有财产与国有财产地位平等,受法律同等保护;②除法律例外规定,任何财产均可私人所有;③法律不对私人所有财产的数量及价值进行限制;④私有财产的自由转让。

《民法典》规定了所有权权能包括对财产的占有、使用和处分(第 209 条第 1 款),承认了国有和私有两种所有权形式(第 212 条第 1 款),对制作、创造的新物、自然孳息、法定孳息所有权的取得,有主财产以及无主财产的所有权的取得方式进行了明确规定(第 218 条)。另外,法典还对所有权终止的根据(第 235 条第 1 款)、财产共有的形式(第 244—259 条)、共有财产中份额的追索规则(第 255 条)、夫妻共有财产规则(第 256 条)、土地所有权和其他土地物权(第 17 章)、地役权制度(第 274—277 条)、有关住房所有权的框架性原则(第 289—291 条)以及财产经营权和业务管理权(第 19 章)进行了明确规定。

D.合同法

1994 年俄罗斯《民法典》规定了 26 种有名合同以及一项关于合同的一般规定。俄罗斯现代合同法是以有名合同制度为特征的,每一种有名合同都具有独立的"行为方式",即对特殊的合同类型具体设置规则,而不是对所有合同设置综合性的规则。根据俄罗斯法律,合同只是债的一种来源,其他非合同类型的债的来源包括侵权、不当得利、无因管理和单方之债。其中,"单方之债"意味着根据俄罗斯法律不存在所谓的单方合同,合同只能是双方或多方的。

一般情况下,民法典第一部分中规定的合同法基本原则适用于所有的合同类型,不管是有名的还是无名的。另外,《民法典》对合同无效的情形(第 169—173 条以及第 175、176、179 条)、合同的善意、适当履行(第 309 条)、违约责任(第 24 章)、合同的终止根据(第 26 章)、违约金(第 330—333 条)、补偿金的适用(第 409 条)、合同的签订程序(第 432 条)、合同要约(第 433 条)、合同承诺(第 438—443 条)、合同的变更和解除(第 450—453 条)都作了明确规定。

E.担保交易法

《民法典》在第 23 章"债务履行的担保"(第 329—381 条)规定了债务履

---

① 从第 13 章到第 20 章依次为:一般规定、所有权的取得、所有权的终止、共有、土地所有权和其他土地物权、住房的所有权和其他住房物权、经营权和业务管理权、所有权和其他物权的保护。

行的担保制度。其中,第 329 条第 1 款列举了 6 种债务履行的担保制度:违约金、抵押、债务人财产质押、保证、银行保证和定金。但是,法典对于法律或合同规定的"其他担保方式"的可能性持开放的态度。同时,法典第 329 条第 2 和第 3 款确立了"担保债务的从属性"原则①。

F.侵权法

《民法典》对侵权法的规定体现在第 15 条、第 16 条、第 19 条、第 150—152 条以及第 1064—1101 条。第 1064 条规定了过错责任原则和特定情况下的无过错责任。根据《民法典》第 1064 条,俄罗斯法律上侵权的构成要件为:致害人的不法行为,受害人遭受了损害,致害人的过错,以及致害人行为和受害人遭受的损害之间的因果关系。

《民法典》规定了权利人对将来发生的损害危险,可以提起禁止该危险活动的诉讼(第 1065 条),承认正当防卫是侵权之诉的有效抗辩(第 1066 条),规定了紧急避险情况下的侵权责任(第 1067 条),对雇主责任进行了规定(第 1068 条),规定了政府侵权(作为和不作为)责任的实体法原则(第 1069 条和第 1070 条),对共同侵权人承担连带责任作了规定(第 1080 条),对公民的生命和健康造成的损害的行为(第 1084—1094 条),精神损害赔偿(第 1099—1101 条)作了较具体规定。

(二)刑事法

1.《俄罗斯联邦刑法典》

《俄罗斯联邦刑法典》(以下简称《刑法典》)于 1996 年 5 月 24 日由国家杜马通过,1996 年 6 月 5 日由联邦委员会批准并于 1997 年 1 月 1 日生效。该法典分总则和分则两部分,总则部分包括六编,依次为:"刑事法律"、"犯罪"、"刑罚"、"免除刑事责任与免除刑罚"、"未成年人的刑事责任"和"其他刑法性质的措施";分则部分由"侵害人身的犯罪"、"经济领域的犯罪"、"危害公共安全和社会秩序的犯罪"、"反对国家政权的犯罪"、"军职罪"和"破坏人类和平和安全的犯罪"六编构成。其中,《刑法典》在第一章确立了法制原则(罪刑法定和禁止类推适用刑事法律)(第 3 条)、公民在法律面前人人平等的原则(第 4 条)、罪过原则(不允许客观归罪)(第 5 条)、人道原则(第 7 条)五大刑事法律基本原则。在俄罗斯,对于死刑的存废问题,一直存有较大争议,现

---

① 《俄罗斯联邦民法典》第 329 条第 2 款规定,"担保债务履行的协议无效并不引起其赖以产生的主债务的无效";第 329 条第 3 款规定,"主债务本身无效导致的担保之债无效,但法律另有规定的除外"。

行俄罗斯刑法典对死刑的适用采取了较为保守、谨慎的态度。死刑作为剥夺公民生命权利的一种极刑只能对侵害生命的特别严重的犯罪适用,并且对死刑适用的对象作了限制规定①。同时,俄罗斯联邦刑法明确规定仅对 5 种犯罪活动②施以死刑。

《刑法典》是在批判继承 1960 苏俄刑法典的基础上制定的③,其基本思想是刑事镇压人道主义化,这一趋势取代了苏维埃时代末期至后苏维埃时代初期俄罗斯刑事政策中全面强化惩办因素的思想。④ 该法典的制定遵循了《俄罗斯联邦宪法》所确立的——人、人的权利与自由是最高价值,国际法高于国内法,市场经济等在内的一些基本原则。1996 年《刑法典》的制定在法制非意识形态化、承认全人类价值优先于阶级价值等方面迈出了决定性步伐,排除了刑法典内的许多矛盾以及刑事立法与《俄罗斯联邦宪法》、国内立法与俄罗斯联邦的国际主义义务之间的抵触。这部法典于制定之初曾被认为是俄罗斯联邦进行司法体制改革、完善个人权利和自由保障体系的一个典范。⑤

2.现行《刑法典》的困境

尽管 1996 年《刑法典》被认为是一部较好地反映了俄罗斯所发生的社会变革的法典,但是如今《刑法典》的施行状况令人担忧,可以说陷入了严重的困境。主要表现在以下几个方面:

一是 1996 年《刑法典》被频繁、大量修改。仅在俄联邦刑法典生效不到一年的时间,也就是 1998 年 5 月 27 日便对俄罗斯刑法典进行了第一次修改。据俄罗斯学者统计,"从 1997 年开始到 2005 年 7 月 1 日,在 9 年的时间内,通过了 39 部对俄罗斯刑法典进行修改和补充的法律。"2009 年 12 月 27 号,第 N377-Ф3 号联邦法律一次便对刑法典的 110 个条文进行了修订。根据 2011

---

① 按《俄罗斯联邦刑法典》第 59 条规定,死刑作为极刑只能对侵害生命的特别严重的犯罪适用。对于妇女、犯罪时不满 18 周岁的人和法院作出判决时已年满 65 周岁的男子,不得判处死刑。死刑可以通过特赦程序改判为终身剥夺自由或者 25 年的剥夺自由。

② 它们分别是:故意杀人罪的加重情节(第 105 条第 2 款);侵害国务活动家或者社会活动家的生命罪(第 277 条);侵犯审判人员或者审前调查人员的生命罪(第 295 条);侵犯执法机工作人员的生命罪(第 317 条);种族灭绝罪(第 357 条) 。

③ 在 1996 年《俄罗斯联邦刑法典》通过之时,它的分则里出现了 63 条 1960 年《苏俄刑法典》所没有的犯罪构成,同时删除了《苏俄刑法典》中的 78 个犯罪构成。

④ [俄]科罗别耶夫:"中文版序言",载《俄罗斯联邦刑法典》,黄道秀译,北京大学出版社 2008 年版,第 1 页。

⑤ 赵路:《俄罗斯联邦刑事法典修改简介及对我国刑事立法的启示》,载《俄罗斯联邦刑事法典》,赵路译,中国人民公安大学出版社 2009 年版,第 3 页。

年 3 月 7 日对"俄罗斯联邦刑法典进行修改"的 N26-Φ3 号联邦法律的规定,又一次对俄罗斯联邦刑法典进行了 170 多处的修改。①

二是《刑法典》存在诸多不恰当。处在俄罗斯社会转型期的俄罗斯刑事立法,一直处于不断修改过程之中。这导致的是《刑法典》中出现了诸多不恰当,例如:规定了民事法律规范;没收财产刑存废问题备受争议;刑罚与社会安保措施混淆;实体法规范与程序法规范相混淆。②

三是《刑法典》的制定受到传统理念的影响。从整体上看,1996 年《刑法典》的不足是在规定行为有罪方面存在非常明显的过度。从理念上,这是因为刑法典的起草人接受了制定一部不是"小而严"③而是"大而宽"的传统思想。④

(三)行政法

苏联于 1980 年通过了《苏联和加盟共和国行政违法行为立法纲要》作为基本规则,各加盟共和国根据该纲要制订了行政违法行为法典。俄罗斯苏维埃联邦社会主义共和国通过了《苏俄行政违法行为法典》,于 1985 年 1 月 1 日施行。苏联解体之后的俄罗斯联邦于 2001 年 12 月通过了《俄罗斯联邦行政违法行为法典》(以下简称《行政违法法典》),共 5 编 32 章 603 条,于 2002 年 7 月 1 日生效。该法典包括五个部分:概念和原则的一般规定、行政违法行为的种类、审理行政违法案件的主体、行政违法案件的诉讼程序、行政处罚裁决的执行。

1.新旧两法关系及对比

比较俄联邦新旧两个法律文件,可以发现,新法之于旧法的显著差异在于其篇幅的扩大和具体制度作了修改、补充,至于后者,诸如行政违法行为的种

---

① 龙长海:《俄罗斯联邦刑法典的困境及原因探析》,载黄道秀主编:《俄罗斯法研究》(第一辑),中国政法大学出版社 2013 年版,第 116~119 页。

② 龙长海:《俄罗斯联邦刑法典的困境及原因探析》,载黄道秀主编:《俄罗斯法研究》(第一辑),中国政法大学出版社 2013 年版,第 116~119 页。

③ "小而严"表现为在 1996 年刑法典施行的十年间被定为犯罪的行为数明显高于被排除有罪性质的行为数。例如,规定和扩大了诸如贩卖人口,利用奴隶劳动,伪造选举结果,不支付工资、养老金、奖学金、补助金和其他款项等二十余项罪名。

④ 立法者部分地已经在沿着这条路前进了。例如,2003 年 12 月 8 日关于修订和增补《俄罗斯联邦刑法典》和其他一系列法律的联邦法律作出了如下规定:明显虚假广告(第 182 条)、欺诈消费者(第 200 条)、逃离交通事故现场(第 265 条)不再是犯罪,放弃了造成中等严重程度健康损害的刑事可罚性。

类,旧法第5至14章列举了10类,新法则在第二编分则中列举了17类。最突出的表现是第四编"行政违法案件的诉讼程序"的变化,"一般规定"、"诉讼参与人"、"证据"等都作了较大的改动。可以说,俄罗斯联邦行政法无论是内容还是形式,与苏联行政法有很大的继承性,1991年以来,俄罗斯联邦基本上是以对苏联法律的继承和移植作为法制建设的过渡措施。① 从总体上看,俄联邦行政法发展较慢,《行政违法法典》在权力制约、人权保护等方面规定不足,落后于世界行政法发展的民主、法治潮流。②

2.新法主要内容

《行政违法法典》规定了行政处罚的定义和目的③。俄罗斯的行政处罚是国家管理的一种重要方式,并不限于行政行为,还包括法官及其他机关和人员的活动。关于行政违法行为的规制主体,俄罗斯确定主体资格别具特色,其第三编规定有权审理行政违法案件的主体有法官、机关、公职人员。

关于行政违法行为的规制程序,该法典第四编(行政违法案件的诉讼程序)分七章对其进行了规定。行政处罚决定的作出需要经过一个较为严格的准司法程序,不论作出决定的主体是法官、机关还是公职人员。具体内容包括:一般规定,诉讼参与人及其权利和义务,证明对象、证据、证据评价,诉讼保全措施,行政违法案件的提起、审理和对案件决定的复审等。

(四)土地法

俄罗斯土地法律制度的演变可以分为四个历史阶段:1947年以前俄国的土地法律制度;计划经济时期俄国的土地立法(1917至1990年);向市场经济过渡时期俄罗斯的土地法改革;现行土地立法(2001年至今)。由于篇幅所限,本部分仅对后两个阶段的土地法律制度进行概述。

1.俄罗斯向市场经济过渡时期的土地法改革

1991年俄罗斯联邦成立后,立即开始制定土地关系大规模改革计划。改革的核心内容为土地非国有化,改组集体农庄和国营农场以及个人农民农庄的组织,以便在土地私人所有制的基础上,将土地转移到农民手中,形成新兴

---

① 胡建淼:《比较行政法》,法律出版社1998年版,第714页。

② 李红枫:《中俄行政违法行为规制比较研究》,载黄道秀主编:《俄罗斯法研究》(第一辑),中国政法大学出版社2013年版,第64页。

③ 《俄罗斯联邦行政违法行为法典》第3条第1款规定:"行政处罚是国家对实施行政违法行为规定的责任措施,适用行政处罚的目的在于预防违法者本人以及其他人实施新的违法行为。"

的农场主阶级,由他们支持和推动农业经济的发展。

推动土地关系改革的法律文件主要有:

1990 年 2 月 28 日由苏联最高苏维埃通过了《苏维埃各加盟共和国土地立法纲要》;1990 年 3 月苏联最高苏维埃代表大会通过了《苏联财产所有权法》,取消了联盟国家对土地的垄断,确认了土地所有的多主体原则;1990 年 11 月 22 日通过了《俄罗斯苏维埃联邦社会主义共和国农业法》;1990 年 11 月 23 日通过了《俄罗斯苏维埃联邦社会主义共和国土地改革法》。其中,最后提到的两部法律都明确规定了农地的私有财产权。

1991 年 4 月 25 日通过的《俄罗斯苏维埃联邦社会主义共和国土地法典》,以法律的形式确立了土地的私有化,确立了土地的国家所有制、集体共同所有制、集体股份所有制与公民所有制并存和平等发展的土地所有制结构。1993 年《俄罗斯联邦宪法》以及 1994 年《俄罗斯联邦民法典》都明确规定了土地私有的权利。至此,俄罗斯土地私有制度在立法上得以完全确立。①

2.俄罗斯现行土地立法

随着市场经济体制的建立,俄罗斯农业土地私有化及流转显现出严重缺乏实际法律基础,这成为俄罗斯农业发展的障碍,缺乏保障土地关系的法律也妨碍了投资规模进一步扩大。普京总统执政期间,于 2001 年 10 月和 2003 年 1 月 27 日分别出台实施了新土地法典(《俄罗斯联邦土地法典》)和《农用土地流转法》,基本确立了俄罗斯土地制度的新框架。

2001 年《俄罗斯联邦土地法典》(以下简称《土地法典》)由 18 章组成,分为两部分,即总则②与分则③。新的《土地法典》的基本原则和特点有:一是充分保障土地私人所有者的权利,强调对各种所有制形式的土地平等保护,不区别对待;二是私人土地权利受限制原则;三是权利与义务一致的原则。

---

① A.库金娜:《俄罗斯土地法律制度的历史演变》,载黄道秀主编,《俄罗斯法研究》(第一辑),中国政法大学出版社 2013 年版,第 155~156 页。

② 总则部分包括:一般规定;土地保护;土地所有制;土地地段固定(永久)使用、终身继承占有、他人地段有限使用(地役权)、地段租赁、地段无偿定期使用;土地权利产生;地段所有权人、使用人、占有人和承租人在利用地段时的权利和义务;土地权利的终止和限制;为国家和地方自治需要征收地段时的损失赔偿;土地权利保护和土地纠纷的处理;土地缴费和土地评估;土地监测、土地整治、国家地籍簿及为国家和地方自治需要的土地储备;对遵守土地法规、保护和利用土地的监督;土地保护和利用领域的违法责任。

③ 分则部分包括:农业用地法律制度;居民用地法律制度;工厂、能源、交通、通信、广播、电视、信息、空间活动、国防、安全等特殊用地的法律制度;特殊保护土地法律制度;林地法律制度;水源法制度;备用土地法律制度。

《俄罗斯农用土地流转法》(以下简称"农地流转法")确立了归国家或地方自治组织所有的农业用地流转的条件,明确了将农业用地征收为国有或地方自治组织所有的规则。农地流转法的核心内容可以概括为,允许买卖农用土地并建立土地流转市场。① 农地流转法打破了农业用地流转的数量限制和农用土地改革农业用途的限制,明确了农民所获土地份额的自由买卖,而且对土地份额如何从共有产权中划分出来,都做了十分详细的规定。

为进一步规范土地使用制度,2004 年 12 月 29 日和 2005 年 3 月 1 日,俄罗斯分别实施了新的《城市建设法典》和《住房法典》,2007 年和 2008 年又一次修改了土地法典,2008 年 2 月 5 日修改了土地流转法,同年 11 月 24 日修改简化了土地登记程序。

新土地法典、农地流转法等法律是对俄罗斯已颁布施行的土地法律制度的重要补充,其主要内容包括如下几个方面:国家所有和私人所有的混合所有制形式;土地关系的主体为俄罗斯联邦、联邦主体、地方自治组织、公民个人和法人;土地权利关系的客体为土地,土地资源或土地资源的一部分是国家管理的客体;土地关系的主体不但享有权利,也承担义务;土地关系按不同标准可以分类,常用的标准是土地权利关系的内容;土地权利关系的产生、变更和终止的依据为法律事实。

(五) 劳动法

1.劳动法律法规

在俄罗斯,劳工是高度管制的领域,调整劳工关系的主要立法是《俄罗斯联邦劳工法》(以下简称《劳工法》)。《劳工法》覆盖雇佣和解雇程序、工作时间规则、假期、赔偿等事项。还有一些规定劳工安全、工会活动、最低工资等劳工关系特殊领域的补充法律和成文法。俄罗斯劳工法的效力及于俄罗斯联邦领土内的所有个人,不论是否为其公民,且对所有在俄罗斯联邦内经营的雇主有约束力,也不论其是俄罗斯联邦境内的法人,还是外国公司的分公司或办事处。

俄罗斯劳工法律突出特点在于其侧重于对雇员权利的保障。俄罗斯劳工法规定了许多雇主必须遵循的雇员保障,即便个体雇佣合同里没有包括这些内容,且雇佣协议中若出现任何与适用法律规定相比损害雇员的条款,则该条款无效。同时,俄罗斯国家权力机关也极其关注雇主遵守劳工法律的情形。

---

① 该法规定,俄罗斯联邦、俄罗斯联邦各主体、地方自治组织、公民和法人是农地流转法律关系的主体。

因此有特别的国家机关——国家劳工检查机构——得到授权自主或应劳工要求对雇主遵守俄罗斯劳工法律的情况进行检查。如政府官员查得任何雇主行为不符合劳工法律要求,可发出强制性指令补救该缺陷并对雇主、负责人强制实行行政责任。

对违反劳工法律最常见的处罚是强制行政罚款,对法人处以 50000 卢布(约为 800 美元)以下罚款,或对负责人处以 20000 卢布(约为 300 美元)以下罚款。如违法导致工资短付,雇主可能要向雇员支付未足额金额的附加额,可能要按延迟付款天数支付罚金。①

2. 工会

工会活动受到《劳工法》和一个独立联邦法律"关于工会组织、其权利和活动保证"的监管。根据上述法律,工会在特定环境下有权采纳和批准雇主的地方政策,并涉及关于雇主其他活动的监管。解雇作为工会代表机构的负责人(或代理人)的雇员需要遵循一定的特殊要求(例如征询工会关于解雇的动机或一致同意)。

3. 劳动争议解决

俄罗斯劳工法律为雇员维护自身权利提供了一些途径。因此,他们可向工会、国家权力机关(如国家劳工检查机构)或直接向法院提出索赔。个人劳工纠纷多数通过后者解决。值得一提的是,在向法院提交诉讼的同时,雇员无须承担交国家税的义务,但雇主仍需交税。

当法院认为一个雇员遭受非法解雇时有权恢复其工作职位,即便该职位已有新职员在岗。法院还有权为雇员追回非法解雇至复职之日期间的工资及其他相关款项(罚款、精神损害赔偿等)。②《劳工法》为雇员权利侵害索赔规定了时效,具体来说,雇员诉非法解雇的时效为 1 个月。雇员就拒付或少付工资相关的索赔的诉讼时效为 1 年,于雇员得知该权利受侵害时(多数为支付工资之日)起算。

(六)知识产权法

1. 知识产权法律法规

俄罗斯知识产权法,即《民法典》(第四部分)第七编规定的内容——对智

---

① 中华全国律师协会编:《"一带一路"沿线国家法律环境国别报告》(第二卷),北京大学出版社 2017 年版,第 474 页。

② 中华全国律师协会编:《"一带一路"沿线国家法律环境国别报告》(第二卷),北京大学出版社 2017 年版,第 475 页。

力活动成果和个性化标识(知识产权)的权利①,本编由八章构成②。《民法典》第四部分和 2006 年 12 月 18 日第 231-FZ 号联邦法"通过俄罗斯联邦民法典第四部分"一同替代并修改之前所有相关特别法③。

俄罗斯联邦是一些重要知识产权国际条约的签署国,包括 1886 年的《伯尔尼保护文学和艺术作品公约》、1952 年的《世界版权公约》和 1883 年的《保护工业产权巴黎公约》等。

(1)专利与商标

A.专利

根据《民法典》(第四部分)的规定,满足条件的发明、实用新型、工业设计的知识产权项目可以申请专利。发明、实用新型和工业设计的专利申请要经过两步验证:一是对格式进行审核(检查申请文件的完整性及是否符合要求);二是对内容进行审核(对据称发明的专利性进行验证)。另外,法律对发明、实用新型和工业设计的专利有效期作了明确规定④。

B.商标

俄罗斯商标优先权的行使遵循"申请优先"原则,而不是"使用优先",即使用一个未经注册的商标并不享有商标优先权,及时申请注册对商标保护至关重要。商标的申请注册程序由格式审核和内容审核两部分组成。在内容审核期间,俄罗斯专利局可能会发出正式的调查和通知(如暂定驳回)。之后,专利局将签发一份(关于全部或部分申请商品/服务)注册决定书,或者驳回申请决定书。每个商标专有权的有效期为自申请日起 10 年,可无限次延期(每次延期 10 年)。

---

① 张建文译:《俄罗斯知识产权法——〈俄罗斯联邦民法典〉第四部分》,知识产权出版社,2012 年版。

② 《俄罗斯联邦民法典》(第四部分),第七编"智力活动成果和个性化标识权",第 69—77 章,其依次为:一般规定,著作权,邻接权,专利权,育种成就权,集成电路布图设计权,技术秘密权,法人、商品、工作、服务和企业个性化标识权,统一技术构成中的智力活动成果权。

③ 《俄罗斯联邦民法典》(第四部分)即知识产权法,替代了在该领域中此前的 6 部联邦法律,即《俄罗斯联邦专利法》、《俄罗斯联邦商标、服务标记和原产地名称法》、《俄罗斯联邦计算机软件和数据库法律保护法》、《俄罗斯联邦集成电路布图设计法律保护法》、《俄罗斯联邦著作权与邻接权法》和《俄罗斯联邦育种成就法》。

④ 发明自申请之日起 20 年内有效,实用新型为 10 年,工业设计为 5 年(可延期 5 年,最多 25 年)。

2.知识产权的保护措施

侵犯知识产权将承担严格责任,若第三方侵犯了知识产权,知识产权所有人可通过民事执行、行政执行或刑事执行三种措施执行权利。民事程序主要包括以下措施:要求停止侵犯权利或有可能造成侵犯权利的行为;要求赔偿损失或给予金钱补偿;要求没收制造商、进口商、持有人、承运人、销售商、经销商或其他非法获得者使用的材料。根据《行政违法法典》的规定,未经授权使用知识产权者必须承担罚款并被没收侵权商品。根据《刑法典》的规定,侵权者侵犯专利或未经授权使用个性化工具(且这种行为造成了重大损失或反复发生),可面临罚款或强制劳动或监禁,视具体情况而定。

3.知识产权案件的专属管辖权

俄罗斯知识产权法院于2013年成立,该法院对知识产权纠纷有专属管辖权,主要审理以下两类纠纷:(以一审法院的身份)审理与俄罗斯专利局有关的纠纷案件;(以翻案法院的身份)审理知识产权的商业纠纷案件。此外,知识产权法院还以一审法院的身份审理商标不使用案件(自法院作出判决之日起所涉及的知识产权便在法律上无效)。

知识产权专属管辖权的设立,有利于塑造法院实务的一致性,并为知识产权案件提供了更有合法权限的审理机构,同时也有利于加强知识产权的执行。①

(七)外国投资与对外贸易法

1.《俄罗斯联邦外国投资法》

《俄罗斯联邦外国投资法》(以下简称《外国投资法》)作为一部基本法以应对关键经济领域的挑战,发挥了吸引外国资本的作用。该法界定了外国投资者的法律领域,提供了与其相关的保障体系,以及付诸实施所需要的有效操作手段。此外,该法根据反垄断法引入了竞争领域的外国投资者行为规制的特征,而且授权俄罗斯联邦政府以联邦代理的地位来负责将外国资本引进俄罗斯经济。按《外国投资法》规定,外国投资者有权以任何方式投资于俄罗斯联邦境内,只要其不是俄罗斯联邦生效法律所禁止的。资本投资的定价应以俄罗斯联邦货币(卢布)计。该法案自其颁布以来近二十年时间里,经过了大量的修订,根据对修订内容的分析可以得出这样的结论:俄罗斯联邦投资法律

---

① 中华全国律师协会编:《"一带一路"沿线国家法律环境国别报告》(第二卷),北京大学出版社2017年版,第476~477页。

发展的趋势是逐渐消除国外投资者与国内投资者的差别待遇。

考虑到近年来的政治紧张局势,保障体制及其执行机制的实施对俄罗斯联邦有着特殊的意义。俄罗斯给予外国投资者保护的法律保障制度在《外国投资法》①中被提到。根据此法案,外国投资者受到一系列广泛的保障。对投资活动,享有多种投资形式,财产征收征用的补偿,反对不利的法律修正案等法律保障。不仅为资本投资,而且为投资公司因此类活动引发的国防和国家安全的战略重要性均提出了独立法律规定。另外,外国投资者在俄罗斯进行投资可享受国民待遇——外国投资者行为及投资实际利润使用的法律适用,不能比俄罗斯投资者行为及实际利润适用较少受重视,除非另外由联邦法所决定。

在俄罗斯联邦没有针对本国和外国投资人的负面清单。然而,对投资于国防和国家安全等战略性领域的公司是有特别规定的②,这意味着外国投资者必须遵守一定的例外要求。

2.对外贸易法律法规

俄罗斯联邦是世界贸易组织(WTO)与欧亚经济联盟(EAEU)的一员。EAEU 国家在外贸、海关、产品认证和其他方面有统一的规定。EAEU 一般的成文法是其于 2015 年 1 月 1 日生效的《欧亚经济联盟条约》。俄罗斯联邦的海关法规是基于关税联盟的海关法,该法律于 2017 年被新的 EAEU 海关法替换。

(八)环境保护法

1.环境保护法律法规

俄罗斯联邦主要的环境保护法是 2001 年 1 月 10 日第 7-FZ 号联邦法《关于环境保护的规定》(即《环境保护法》)。俄罗斯环境法由联邦法和地方法组成。俄罗斯联邦是许多环境保护相关的国际条约的签署国,如 1985 年《保护臭氧层维也纳公约》、1989 年《控制危险废物越境转移及其处置巴塞尔公约等》、1992 年里约热内卢《生物多样性公约》等。其他与环境保护相关的重要法律有:1995 年 11 月 23 日第 174-FZ 号联邦法《关于环境专家审议的规定》;1998 年 6 月 24 日第 89-FZ 号联邦法《关于生产和消费产生的废物的规定》;

---

① 1999 年 7 月 9 日联邦法律第 160 号《俄罗斯联邦外国投资法》。

② 根据《俄联邦外国投资具有国防支持和国家安全保障战略意义经营实体的程序法》的规定,在联邦重要区域进行矿产资源的开发和生产,航空航天,生物资源的输出,核材料和放射性物质,加密工具和机密数据仪器等行业存在限制性市场准入。

1999 年 5 月 4 日第 96-FZ 号联邦法《关于大气保护的规定》。

2.环境保护措施

在俄罗斯联邦,任何可能对环境造成不利影响的活动都需遵守下列规定:①获得一张特别通行证(许可证);②污染(影响)的数量在限制范围内;③造成负面影响的需赔付罚款;④违反规定的需承担责任。

《环境保护法》确立的"污染罚款"机制由联邦和地方当局执行。根据《环境保护法》的规定,对环境造成负面影响的①,应承担污染费作为补偿。联邦政府设立了一套程序计算和收取上述每项负面影响的污染费。共有两种基本的付费标准用以计算污染物排放、废物处理和其他有害效果的污染费②。

(九) 民商事争端解决法

1.法院体系及其运作

俄罗斯联邦有两种主要的法院体系,处理由商业活动引起的机构和企业之间的所有纠纷的商事法院体系(国家仲裁法院)③和处理犯罪案件和公民纠纷的普通管辖法院体系④。

联邦宪法法院主要裁决联邦法、各共和国宪法、执行机构的法规是否符合俄罗斯联邦宪法。此外,联邦宪法法院还有权力解释宪法和处理联邦主体间的法律纠纷。而有些诉讼程序由国家机关直接进行,如俄罗斯联邦知识产权局负责审理商标注册、专利等相关的诉讼,联邦反垄断局负责审理与不公平竞争相关的诉讼。

---

① 负面影响包括:向空气排放污染物和工业废物,向地表水体、底土水体和排水区排放污染物、工业废物和微生物,土壤和底土的污染,分配生产和消费产生的废物,声音、热量、电磁、电离子及其他物理效果污染,其他对环境的负面影响。

② 两种基本的付费标准:在允许范围内和限制范围内(签发给不符合允许范围内的机构的暂时许可);对超过限制范围的环境污染需另付征收费用。

③ 俄罗斯商事法院体系分为四个等级:一审法院、上诉法院、翻案法院和最高法院。此外,还有特别法院和知识产权法院。其中,俄联邦主体的商事法院是提起相关诉讼的一审法院,当事人可在规定期限内向商事上诉法院(二审法院)提起上诉,当事人可在上诉法院的判决送达之日起 2 个月内,就此判决向联邦区商事法院(三审/翻案法院)提起上诉。俄联邦最高法院以二次翻案法院或监督法院的身份对国家商事法院的判决进行审核。

④ 普通法院系统由地方法院、区法院、联邦主体法院和俄罗斯联邦最高法院组成。大部分案件的一审法院是地方法院和区法院。一审法院的判决可以继续经过上诉法院、翻案法院和监督法院的裁判。

2.商事仲裁

除国家商事法院之外,仲裁法院也有裁决商事纠纷案件的权力,商事案件范围基本包括了所有类型的民事法律关系案件。当事人有意愿通过仲裁程序解决纠纷的,可向仲裁法院,比如向俄罗斯联邦商工会国际商事仲裁法院申请仲裁,也可向特别仲裁法院申请仲裁。2016 年 9 月 1 日,《俄罗斯联邦仲裁程序法》修正案正式生效。这次改革的主要目的在于改进仲裁程序。

除上述九部分的基本法律外,俄罗斯还有诸如教育、国防、科技等其他领域的基本法律制度。限于篇幅,在此不予以阐述。

结语

苏联作为新中国法律制度构建的启蒙者和引导者,对中国法律制度影响深远,现代中国的许多法律制度均可寻得苏联法律的痕迹。作为苏联国际法意义上的继承国——俄罗斯,在经历冷战、改革失败等多重打击后,经济曾一度萎靡。但随着法律制度改革和相关经济措施的推动,进入 21 世纪后的俄罗斯经济快速回升,外贸出口大幅增长,投资环境得到改善。在历史上中俄就是重要的伙伴,如今"两国在一系列重大国际和地区问题上立场相同或相近,保持密切沟通和合作。共同推动成立了上海合作组织,建立了金砖国家、中俄印、中俄蒙合作等机制,在联合国、二十国集团、金砖国家、亚太经合组织、上合组织、亚洲相互协作与信任措施会议(亚信)等共同参与的多边机制框架内进行有效协调"①。中俄两国双边贸易总额不断攀升,互相成为重要的经贸合作伙伴。本文基于此背景,对俄罗斯法律概况进行较为全面的介绍,以期深化中国与俄罗斯政治、经济、文化交往,加强双边经贸投资合作。

An Overview on Russian Laws

WANG Kanghua,LIU Bo

Abstract:As an important trading partner of Russia,China has maintained its position as the first trading partner in Russia's bilateral trade for 8 years.In order to deepen the political,economic and cultural intercourse between China and Russia,

① "中国同俄罗斯的关系",http://www.fmprc.gov.cn/web/gjhdq_676201/gj_676203/oz_678770/1206_679110/sbgx_679114/,访问时间:2018 年 7 月 17 日。

and strengthen bilateral investment cooperation, this paper took Constitution as the entry point to explores and introduces Russian legislative, administrative and judicial systems on the basis of exploring the historical evolution of Russian law. At the same time, this article briefly sorts out Russian civil law, criminal law, administrative law, land law, labor law, intellectual property law, investment and trade law, environmental protection law and dispute settlement system, in order to present a more comprehensive overview of Russian law and bring benefits to cooperation between China and Russia.

Key Words：Russia；legal evolution；basic legal systems

✳许 爽* 李 娜**

南非法律概览

内容摘要:南非地大物博,语言种类繁多。在历史原因以及种族主义的作用下,南非的经济呈现出明显的二元化特征。但,如今的南非政府开始重视黑白二元发展的不平衡性,致力于"重建与发展计划",以此提高南非的黑人地位。在外交关系上,新南非奉行独立自主的全方位外交政策,主张在尊重主权和平等互利的基础上同一切国家保持和发展双边友好关系。对外交往活跃,国际地位不断提高。在探索南非法律体系形成的过程中,了解南非的历史,以宪法为切入点,对南非法律的历史沿革以及南非的基本法律制度进行了简要梳理。基于对南非法律制度的概要性研究,以期推进中国和南非的人文交流与合作。

关键词:南非;法律;历史沿革;基本制度

---

* 许爽,西南大学法学院法律硕士(法学)专业 2017 级研究生。

** 李娜,西南大学法学院法律硕士(非法学)专业 2017 级研究生。

一、南非国家概况

南非最早的土著居民是桑人、科伊人如后来南迁的班图人。17 世纪 50 年代荷兰人开始入侵,对当地黑人发动了多次殖民战争。19 世纪初英国入侵并成立南非联邦,作为自己的自治领地。1961 年 5 月 31 日,南非退出英联邦,成立了南非共和国。当地白人在国内先后颁布了几百种种族隔离主义法律和法令,并以立法和行政法手段推行种族歧视和种族隔离政策。1984 年国民党执政后,更是镇压南非人民的反抗斗争,全面推行种族隔离制度。首次由各种族参加的大选后,由曼德拉出任南非首任黑人总统,非国大、国民党、因卡塔自由党组成民族团结政府。这标志着种族隔离制度的结束和民主、平等新南非的诞生。1996 年 12 月,南非总统曼德拉签署新宪法,为建立种族平等的新型国家体制奠定了法律基础。

(一)人文环境

南非位于非洲大陆最南部,北邻纳米比亚、博茨瓦纳、津巴布韦、莫桑比克和斯威士兰,中部环抱莱索托。东、南、西三面为印度洋和大西洋所环抱。海岸线长约 3000 公里。夏季最高气温为 38 摄氏度左右,冬季最低气温为零下 10 摄氏度左右,全国大部分地区属热带草原气候。

截至 2017 年,南非共有人口 5652 万(南非统计局 2017 年中统计数字)。分黑人、有色人、白人和亚裔四大种族,分别占总人口的 80.7%、8.8%、8.0% 和 2.5%。南非的官方语言有 11 种,分别是:英语、阿非利卡语(南非荷兰语)、祖鲁语、科萨语、斯佩迪语、茨瓦纳语、索托语、聪加语、斯威士语、文达语和恩德贝勒语。其中英语和阿非利卡语为通用语。白人、大多数有色人和 60% 的黑人信奉基督教新教或天主教,亚裔人约 60% 信奉印度教,20% 信奉伊斯兰教,部分黑人信奉原始宗教。[①]

(二)政治、经济环境

以非国大为主体的民族团结政府奉行和解、稳定、发展的政策,妥善处理种族矛盾,全面推行社会变革,实施"重建与发展计划"、"提高黑人经济实力"

---

① "南非国家概况",外交部网站:http://www.fmprc.gov.cn/web/gjhdq_676201/gj_676203/fz_677316/1206_678284/1206x0_678286/,访问时间:2018 年 7 月 25 日。

战略和"肯定行动",努力提高黑人政治、经济和社会地位,实现由白人政权向多种族联合政权的平稳过渡。

南非属中等收入的发展中国家,是非洲经济最发达的国家之一。自然资源尤其丰富。金融、法律体系较完善,通讯、交通、能源等基础设施优良。经济四大支柱——矿业、制造业、农业和服务业均较发达。深井采矿等技术居于世界领先地位。南非国民经济各部门、地区发展不平衡,城乡、黑白二元经济特征明显。20世纪80年代初至90年代初受国际制裁影响,经济出现衰退。新南非政府制定了"重建与发展计划",强调提高黑人社会、经济地位。

目前,南非政府正在重点实施"工业政策行动计划"和"基础设施发展计划",目的在于促进南非高附加值以及劳动密集型制造业发展,并且希望改变经济增长过度依赖原材料和初级产品出口的现状,加快铁路、公路、水电、物流等基础设施建设。

(三)外交关系

新南非奉行独立自主的全方位外交政策,主张在尊重主权和平等互利基础上同一切国家保持和发展双边友好关系。对外交往活跃,国际地位不断提高。已同186个国家建立外交关系。积极参与大湖地区和平进程以及津巴布韦、南北苏丹等非洲热点问题的解决,努力促进非洲一体化和非洲联盟建设,大力推动南南合作和南北对话。是联合国、非洲联盟、英联邦、二十国集团等国际组织或多边机制成员国。2004年成为泛非议会永久所在地。2007—2008年、2011—2012年担任联合国安理会非常任理事国。2010年12月被吸纳为金砖国家成员,于2013年3月在德班主办金砖国家领导人第五次会晤。于2011年11月承办《联合国气候变化框架公约》第17次缔约方会议。①

二、南非法律的历史沿革

在殖民时期,南非先后成为荷兰和英国的殖民地,并深受两国法律的影响,使得南非最终成为典型的混合法国家,形成了独具特色的混合型法律制度。新南非于1994年诞生,结束了种族隔离制度,开始走向种族平等的新时期。在这一时期,南非新政府更为注重民主和保障人权,制定和修改了一系列

---

① "南非国家概况",外交部网站:http://www.fmprc.gov.cn/web/gjhdq_676201/gj_676203/fz_677316/1206_678284/1206x0_678286/,访问时间:2018年7月25日。

的法律,构建了以宪法为核心的法律体系,并在政治、经济、社会、外交等领域取得了突出的进步。这两段历史时期在南非法律史上占据了极其重要的地位,从历史的角度更能探究南非法律的发展轨迹。

(一) 南非法

南非的法律体系受到罗马—荷兰法以及英国法的影响,在本国习惯法的基础上融合了不同类型的法律文化,由此带有明显的混合法的特征。南非的法律辐射到周边国家,与受南非法影响的国家形成一个区域并自成一个独立的法族,具有独特的研究价值。对具有混合法特征的南非法进行深入研究,有利于深刻地了解本土法与外来法在一个国家内部是如何和谐共存的。南非的法律渊源主要包括宪法、制定法、普通法和习惯法。

南非的现行宪法于 1996 年通过,对平等和民主政治体制的建立予以确定。新宪法的颁布标志着“一个新国家的诞生”。新宪法明确规定宪法是国家的最高法,任何法律或行为都不得与宪法相抵触,否则无效。根据南非新宪法的规定,按照主体的不同,南非的制定法可以分为国会立法、省议会立法、委托立法、授权立法、地方或社团立法。南非的普通法包括罗马—荷兰法和殖民时期移植的英国法。其中与罗马—荷兰法相关的经典著作也是南非的法律渊源之一,南非的普通法所依赖的原则主要也来自这些著作。在审理某些国际私法案件时,由于罗马—荷兰法的规定不确定,南非法院会选择援用荷兰国际私法学者的著作。在没有司法先例或者遇到司法先例存在冲突的情形下,法院一般会选择采用罗马—荷兰法的原则或者与罗马—荷兰法相关的著作。此外,判例法中的司法先例也是南非的法律渊源之一。由于南非法院适用遵循先例的原则,上级法院作出的判决对下级法院具有拘束力,下级法院必须服从该判决。同时,各级法院也要遵循自身先前所作的判例。但是,与英国相比,南非遵循先例的原则不如英国严格。南非的习惯法又称为“土著法”,由南非本地的土著人所遵守的各种法律组成。南非新宪法正式承认习惯法是南非法律制度的组成部分,南非法院在适当的情况下要适用习惯法,习惯法由此成为南非的法律渊源之一。

(二) 近代南非的法律改革

南非新宪法第 39 条规定:“权利法案不否认由普通法、习惯法或法律所

承认或授予的任何其他权利与自由的存在,只要它们与权利法案相一致。"①
此项条款实质上是对南非数百年来形成的混合法格局的高度肯定。在南非,
非洲班图人的传统习惯法是其固有的法律文化。但在 17 世纪,欧洲移民带来
的法律逐渐移植到南非,起初是罗马—荷兰法,之后英国普通法也移植到了南
非。原始的习惯法、罗马—荷兰法以及英国普通法这三种不同的法律类型在
不断碰撞与融合的过程中逐渐在同一个国家内并存至今。

法学家哈罗和卡恩说过:"今天南非的罗马—荷兰法,像一个胸针上的宝
石,它镶嵌在英国制造的底座上闪闪发光。"②这句话明确指出南非法深受罗
马—荷兰法和英国普通法的影响。经历了冲突与调适,上述的三种法律才能
在南非并存。从历史发展的角度研究这三种不同类型的法律在南非不断冲突
与调适的过程,有助于就南非混合法的特质进行更为全面和深入的了解。

1.南非罗马—荷兰法的形成

1652 年 4 月,由于荷兰东印度公司的命令,荷兰人扬·范里贝克带领移
民到达好望角,并在这里建立了开普殖民地。当时的南非还是一片蛮荒之地,
没有成熟的法律机构,在荷兰成为第一批到达南非的西方殖民者后,通行于荷
兰的罗马—荷兰法被带入南非,在荷兰人独占南非的时代,成为开普的普通
法。南非的法制史正式揭开序幕。近代意义上的文明也自此形成,并逐渐发
展起来。

在法律渊源上,开普殖民地的法律渊源主要分为两类:(1)正式的成文立
法。包括尼德兰议会、荷属东印度公司的 17 人董事会、荷兰政府、巴达维亚的
议事会以及开普本地的政务会议的立法或颁布的文告等。它的许多条文都照
搬罗马—荷兰法。(2)其他法律渊源。主要有尼德兰各行省的法学家的著
作、法院的判决、若干习惯以及罗马法与圣经典籍等。③

在司法实践上,与荷兰本土相比,开普殖民地显得较为粗糙。在初期只有
一种以船舶大会为模式的法庭(the pattern of a ship's broad council),法官的专
业素质和律师的专业水平都有待提高。此外,作为立法机关,政务会议享有制
定法令的权力。作为法庭,又有权审理刑事和民事案件。集立法与司法于一
身,造成权力的过分集中,影响司法的公正性。由于东印度公司于 1783 年在

---

① 南非新宪法的条文内容,参见夏吉生等:《当代各国政治体制——南非》,兰州大
学出版社 1998 年版,第 218~238 页的附录,以下引用的南非新宪法条文都引自该书。

② [德]茨威格特、海因·克茨:《比较法总论》,潘汉典等译,贵州人民出版社 1992
年版,第 419 页。

③ 何勤华、洪永红:《非洲法律发达史》,法律出版社 2006 年版,第 427~428 页。

开普殖民地建立了一个高级法院并设立了若干个地方法院,罗马—荷兰法在南非逐渐普及开来。开普殖民地的法律以罗马—荷兰法为蓝本,就移民的权利与义务予以规定。从实际情况来看,尽管保存者对于罗马—荷兰法的理解不够深入与全面,从荷兰引进的大量罗马—荷兰实体法还是被保存了下来,并沿用至今。

2. 英国普通法在南非的移植

英国于 1795 年出兵占领开普,随后又撤出开普。直到 1806 年,英国最终取代了荷兰,成为开普殖民地的新统治者,南非法律自此有了崭新的变化。在英国对南非实行殖民统治的早期,由于英国占领的殖民地数量众多,基于以少数人统治多数人的目的,英国对南非当地固有的习惯法和长期存在的土著法院予以承认。

英国普通法在南非的移植以 1820 年为分界线。在 1820 年以前,英国没有采取以英国模式同化开普的法律制度的举措,使得原先就存在于开普的法律制度得以保留下来。在这一时期,开普法院仍旧能在刑事与民事案件中继续适用罗马—荷兰法。1820 年后,众多来自英国城市并会说英语的白人移民到了开普,尤其是在南非发现黄金等矿藏后,英国移民大量涌入开普。英国殖民当局开始有目的性地将南非的法律制度英国化。因此,开普殖民地的法律制度逐渐受到英国法律制度的影响。

1822 年,开普殖民地的总督萨默塞特作出的宣言中要求英语取代荷兰语成为开普殖民地的官方语言,并要求各级法院从 1825 年 1 月 1 日起在诉讼程序中只能使用英语。这一宣言在实现开普法制英国化的进程中起到了促进作用。1827 年,英国政府制定了《司法宪章》,它的出台标志着罗马—荷兰法被英国制定法取代的局面正式形成。于是,在航运、保险、票据等商业性法律上,南非几乎直接照抄英国的成文法。在 1827 年至 1834 年,南非采取了英国法院的模式、刑事诉讼法、证据法以及陪审团制度。当罗马—荷兰法的适用遇到问题时,法院也会倾向于遵循英国的判例法。同时,由于英国的推动,南非的法官和律师可以在伦敦接受正规而系统的训练,这就使得遵循司法先例的原则更容易被接受。

英国殖民当局以缓慢渗透的方式推行英国普通法,使得南非人以为英国当局始终在遵循罗马—荷兰法的原则,只是为了适应不断变化着的社会需要,才必须就南非的法律制度进行改革,使之趋向英国化。因此,英国法在南非才得以成功移植。然而,那时的罗马—荷兰法已经有了变化。正如学者所言:"经过在南非的长期存在,原来的罗马—荷兰法'两层蛋糕'已经加进了第三

层——英国法。"①

3.南非混合法的形成

《南非法》于 1909 年在英国议会上得以通过,规定开普、纳塔尔、德兰士瓦共和国和奥兰治自由邦这四个南非殖民地于 1910 年合并,并组成南非联邦。自此以后,法制英国化的脚步逐渐放缓,而罗马—荷兰法又重新为人所重视。究其原因主要有以下几点:脱离英国的政治独立意识的兴起;确定南非语(阿非利卡语)同英语具有同等的地位;发展起来的南非大学在培养本国法学家的同时,还对罗马—荷兰法原始资料进行发掘,使之便于公众掌握等。② 在19 世纪末以后,被称为阿非利卡人的群体形成,这一群体由所有非英国血统并会说阿非利卡语的白人组成,逐渐成为一个民族。他们认为自己并非欧洲移民的后裔,而是在南非长大的非洲人。由于阿非利卡民族深受荷兰文化的影响,在法律制度上,他们更偏向于罗马—荷兰法而非英国法。因此,这一民族主张以罗马—荷兰法取代英国法,重新恢复罗马—荷兰法的地位。特别是在 1908 年,亲阿非利卡人的政党在上述四个殖民地中的三个掌握了政权。以上的种种因素使得南非的法律制度开始向混合法的方向发展。

自南非联邦建立后,南非法律制度的发展状况深受司法权的影响。虽然英国法与罗马—荷兰法不尽相同,但英国法已成为南非的普通法,由上诉法院与省法院组成的南非最高法院的法官们不愿否定和抛弃英国法。在具体的司法实践中,南非法院则倾向于重视古代荷兰法学家的著述以及从他们那里发展起来的法律规则。法官们审慎运用这些法律规则,并使之更适用于实际情况。此外,在对罗马—荷兰法修改的过程中,司法机关往往通过上诉法院的判例对其予以修改,这一修改方式间接地反映了罗马—荷兰法与英国法的混合关系。

在南非的法律体系中,南非的法律渊源主要包括宪法、制定法、普通法和习惯法。在公法领域,如宪法、刑事诉讼法和民事诉讼法,英国普通法起着主导作用。在私法领域,如婚姻、家庭和继承法,南非法主要受罗马—荷兰法和习惯法的影响,对这些法律造成的影响要比英国的普通法大得多。此外,在法院结构、法官地位、先例制度等的司法制度上,南非主要采用英国的相关做法,与英国法具有相似之处。综上所述,南非的法律制度同时受到罗马—荷兰法

---

① John Dugard, *Human Rights and the South African Legal Order*, Princeton University Press, 1978, p.9.

② [德]茨威格特、海因·克茨:《比较法总论》,潘汉典等译,贵州人民出版社 1992年版,第 344 页。

与英国普通法的影响,在这两种法律的相互作用下,形成了独具特色的南非混合法。

(三)现代南非的法律改革

1994 年南非政府废除了种族隔离制度,建立了种族平等的民主制度。在新南非时期,南非政府废除了大量带有种族隔离色彩的法律,制定和修改了一系列法律。南非的法律改革主要体现在以下几个方面:

1.成立真相与和解委员会

《临时宪法》于 1993 年制定,其附文部分明确规定南非政府在解决历史遗留问题时应遵循促进国家团结与和解的原则。种族隔离时期,发生了大量的侵犯人权的犯罪案件,对待这部分案件时,不应通过报复与牺牲的手段解决问题,而应建立在谅解、补偿等的基础上。同时,出于政治目的而侵犯人权的侵害人应该得到赦免。为了实施附文部分的规定,《促进民族团结与和解法案》于 1995 年 1 月 24 日公布,该法案授权南非政府成立真相与和解委员会来处理人权侵犯案件。同年的 7 月 19 日,曼德拉总统签署了《促进民族团结与和解法》。11 月 29 日,南非政府宣布成立真相与和解委员会,其宗旨为"在弄清过去事实真相的基础上促进全国团结与民族和解"。

由于非洲国民大会等解放运动组织和政党自 1960 年 3 月 1 日起被宣布为非法,从此,当局镇压民主斗争的手段更为残酷。被取缔的解放运动组织也开始拿起武器反抗。于是,发生了更多侵犯人权的行为。直至 1994 年 5 月 10 日,新南非总统正式就职,一个崭新的时代自此开始。真相与和解委员会的任务是:调查这段历史时期内发生的侵犯人权事件的真相;给受害人提供一个讲出真相的机会,以便恢复受害人作为一个人和公民的尊严和人权,并提出如何赔偿受害人受到的侵害;只要侵害人是出于政治目的而严重侵犯人权,但能向真相与和解委员会说出所有事实真相,就考虑对其实施大赦。

真相与和解委员会下设三个工作委员会,分别是侵犯人权工作委员会、赦免工作委员会以及修复和赔偿工作委员会。真相与和解委员会不属于国家司法机关,只是一个非政府组织,由政府授权处理人权侵犯案件并实行有条件的"赦免"。这与国际刑法要求不符,国际刑法要求当事国对侵犯人权的侵害人必须采取"或起诉或引渡"的强行法原则。但南非的真相与和解委员会不仅为南非人所接受,还为国际社会所接受。南非人认为该委员会改变了南非的历史,避免南非陷入内战,也为南非今日的稳定和民族和解奠定了坚实的基础。国际社会则认为该委员会的成立使得南非从种族隔离社会和平过渡到民

主社会,为民主转型提供了新的参考模式,为世界处理过渡司法问题提供了极为宝贵的经验。

2.加强经济性立法

在新南非时期,政治稳定,民族和解,南非的国内环境有助于发展经济。新政府上台后,坚持稳定经济、平稳过渡的政策,在保持宏观经济稳定的基础上,在经济领域实施了一系列的改革措施。同时,废除过往带有种族歧视色彩的法律法规,将经济改革的重心放在资源分配上的调整,并通过财政政策和扶助黑人的相关经济计划解决经济不平等的问题。如通过颁布《就业平等行动》和《黑人经济振兴法》改善黑人的生活条件。

南非政府还创造有利的投资环境来加快经济的增长。基于南非的现实国情和适应经济发展的需要,南非制定和修改了一系列与投资相关的法律法规。南非投资法没有专门的立法,而是由大量的专项立法、与投资相关的法律法规和政策组成的法律体系,主要包括《国际贸易管理法》《贷款协定法》《税收法》《公司法》《金融机构投资基金法》《外汇管制特赦及税收修正法》《出口信贷与外国投资、再保险法》等。

由于经济的发展,居民收入逐步提高,南非的财政收入也随之提升。南非政府实行谨慎的财政政策,这使南非经济有了稳固的税收基础。在税收上,南非制定了《税收管理法》《所得税法》《增值税法》《销售税法》《特别经济区法》等法律法规。

在南非,与知识产权相关的法律包括《专利法》、《商标法》、《设计法》和《版权法》等。南非于 1997 年对知识产权相关的法律进行重大修改,颁布了《知识产权法修正案》,在《专利法》中增设一章关于《专利合作条约》(PCT)的规定。1999 年,南非加入了《专利合作条约》。南非专利商标局自此正式开始受理 PCT 专利国际申请。为了适应《与贸易有关的知识产权协议》(TRIPS)和国际公约的要求,南非对与知识产权相关的法律进行大量修改,并于 2001 年改组南非专利与商标局。此外,如南非知识产权法协会的知识产权管理和保护的中介机构不仅能提供专业服务,还积极参与相关的政策制定,与有关国际组织关联紧密。

在社会救助上,社会福利体制进入大变革时期,南非政府认为首要任务的其中之一是改善民生和完善社会福利的法律体系。基于宪法规定的社会福利政策的指导原则,并以宪法规定的住房、健康、儿童、教育等基本权利为基础,南非政府制定了一系列保障民生的法律法规,如 1997 年制定了《社会福利白皮书》和《福利法修正案》,2000 年制定了《社会福利发展管理法》,2001 年制定了《失业保险法》,2004 年制定了《社会救助法》和《社会保障局法》,2005 年通过了新的《儿童保健法》,并在之后对失业保险法、社会救助法和儿童保健法予以修改,颁布了一系列的修正案。

3.加强土地改革立法

南非是非洲经济最发达的国家,拥有丰富的矿产和土地资源,由于过去的土地制度带有浓厚的种族隔离的色彩,南非的土地受到极大的破坏。在新南非时期,南非政府开始着手解决土地问题,进行土地改革。

南非政府颁布了一些法律来进行土地改革。《土地回归权利法》的立法目的在于归还由于种族歧视法律而被剥夺的人民或机构的土地。这部法律有利于复原对土地的所有权和相关权利,让黑人也能拥有完全的平等权利,避免其受到种族歧视的威胁。它的颁布宣告了种族隔离土地制度的正式废除,在土地改革的历史上发挥着极其重要的作用。《社村财产协会法》中的社村财产主要指土地。该法旨在允许公有村庄拥有合法土地,使得他们可以在宪法的范围内拥有,管理公共财产。《扩大土地所有权和使用权的安全法》的颁布是为了保护土地所有权的安全,对其进行长期保护,并对土地所有权予以认可。同时,确保能以公平的方式分配土地,并且让买卖土地的农民不受歧视。《1996 年土地改革法》提出了关于土地工作的安全保障以及因土地使用不当而造成的损坏的补偿等,明确规定设立土地索赔法院,该法院专门向失去土地的农民提供赔偿。

4.加强环境资源立法

在新南非时期,原先存在的环境污染等问题仍旧没有得到解决,反而随着经济的发展变得更加严重,环境法律制度需要变革。由于政治民主化改革的开始,人们开始关注环境权。在整个世界掀起环境权入宪的高潮时,南非政府也推动了环境权入宪,并构建了环境权司法保障制度。南非新宪法第 24 条明确规定了环境权,对环境权进行最高法的保护。同时,基于对环境问题成因等的分析,南非建立了以宪法环境权为基础的环境保护法律体系。这些法律法规包括《环境保护法》《国家环境管理法》《国家水法》《促进行政公正法》《促进信息获取法》《海洋生物资源法修正案》《空气质量法修正案》等,反映出南非不仅制定了与环境保护相关的实体法,也有相关的程序法。这些立法为环境权的实现提供了具体的法律基础和执行依据。

在环境立法实施的过程中,带有南非特色的环境公益诉讼也同样发挥着不可替代的作用,它的实践能够促进环境法律的完善。南非新宪法第 24 条规定了环境权,第 38 条规定了基本权利救济体制,都是环境公益诉讼制度最重

要的基础。《国家环境管理法》是一部环境保护综合法,与其他环境单行法共同构成南非环境保护的法律体系,使得环境公益诉讼的具体适用有法可依。

5.推进区域经济一体化进程

纳尔逊·曼德拉是一位伟大的黑人运动领袖。自从他在1994年担任南非总统后,南非不仅在南部非洲地区加大贸易,还在世界范围内与其他国家建立贸易上的联系。这使得南非的经济实力得到进一步的提升,发展空间逐步扩大,并逐渐融入国际市场。南非新政府成立后,实行全方位开放,加快了贸易自由化的进程,并于1995年提出贸易自由化计划。自此以后,南非经济从内向型逐渐转变为外向型,南非新政府希望通过增强供应能力并降低保护程度的方式提高南非的竞争力,从而融入世界经济。

为了加快对外贸易和加强区域合作,南非加入了一些世界性国际组织和区域性国际组织。南非是关税及贸易总协定(GATT)的创始国,并于1995年加入世界贸易组织(WTO),是世贸组织的原始成员国。此外,南非于1994年8月加入南部非洲发展共同体(SADC)。作为非洲经济最发达的国家,南非的参与无疑拓宽了南共体的合作领域,加快了地区经济一体化的步伐。就南共体的法律而言,南共体的法律渊源主要是条约及其议定书,其他法律渊源有南共体的决议书和相关的国际法。议定书是南共体的制定法,南共体主要以议定书的形式对各个领域予以规定。目前,南共体各成员国签署的议定书涉及金融、工业、投资、劳工与就业等领域。南共体的法律还包括不具有约束力的法律文书,如示范法(model laws)和谅解备忘录(memoranda of understanding)。南共体自由贸易区(SADC FTA)于2008年8月17日正式启动,是一个为了实现南共体的宗旨而设立的自由关税区和区域性经济组织。其法律制度产生的依据是《贸易议定书》,该议定书涉及南共体自贸区的目标和宗旨、货物贸易规则、通关程序、有关贸易和跨国投资法律的规定、组织机构以及争端解决程序等。南共体自由贸易区的其他法律制度有《南共体条约》《贸易一体化议定书》《南共体区域合作宣言》《南共体法院及其程序规则议定书》《标准、质量保证、质量认证和测量技术备忘录》等。

在南共体内部,还存在一个由南非、博茨瓦纳、斯威士兰、莱索托和纳米比亚这五个非洲国家共同签署《南部非洲关税同盟协定》而成立的南部非洲关税同盟(SACU)。这是全球较早的关税同盟,也是非洲经济一体化程度最高的区域组织之一。同时,该关税同盟是一个以南非为中心的自由贸易区,对各成员国间的货物流通免关税,而对非成员国则要实行共同对外进口关税。根据签署的协定,由南非负责管理该关税同盟。欧洲自由贸易联盟(EFTA)已经和 SACU 签订了自由贸易协定(FTA)。EFTA 对 SACU 成员国的所有货物免关税,对除南非之外的其他四个成员国给予特殊贸易待遇,并规定了经济合作与技术援助原则。SACU 市场则于 2014 年前对 EFTA 产品逐步减免关税。

三方自由贸易区(TFTA)包括东南部非洲共同市场(COMESA)、东非共同体(EAC)和非洲南部发展共同体(SADC),由非洲的 26 个国家于 2015 年 6 月 10 日签署的《三方自由贸易区协议》而成立。因为对附录内容存有争议,南非一直未能正式签署该协议。时隔两年后,南非政府才宣布已经正式签署该协议。三方自贸区致力于建立共同市场、发展工业和建设基础设施,一旦启动,各个成员国之间将实现货物贸易零关税和贸易便利化,统一产品与服务的标准和质量,并且更有利于吸引外资。三方自贸区是建立非洲大陆自贸区的关键一步,对区域一体化起到促进作用。

中国和南非于 1998 年 1 月 1 日正式建立外交关系。尽管建交的时间不长,但南非是中国在非洲的第一大贸易伙伴,而中国已连续多年成为南非最大的贸易伙伴。两国经济互补性较强,南非的自然资源储量丰富,而中国对资源的需求量非常庞大。中国的优势在于高新技术产品和工业制成品上,而南非的优势在于矿产产品上,两国可以优势互补,实现互利共赢。近年来,两国的经贸合作发展迅猛,但双方的贸易只是建立在贸易协定的基础上。目前,中国尚未与任何非洲国家或地区性组织签署更为全面的自由贸易协定,但中国与南部非洲关税同盟正在进行 FTA 谈判。

三、南非基本法律制度

新宪法第 1 章基本条款中的第 2 条规定:"本宪法是南非共和国最高法律,与之相抵触的法律或行为为非法。宪法赋予的义务必须得到履行。"宪法是南非的根本大法,处于至高无上的地位,在整个法律体系中,居于最高位,具有最高的法律效力。任何法律都不得与宪法相抵触,否则无效。

南非宪法是典型的混合法,融合了普通法系、大陆法系和南非的习惯法,是一部具有南非特色的宪法。新宪法沿用了临时宪法的部分内容,又在临时宪法的基础上得到进一步的完善和发展。整部宪法突破了以往种族主义的桎梏,体现了种族平等和民主的精神。该宪法重视人权保护,强调民主和法治以及非种族主义和非性别歧视。虽然南非新宪法的制定并没有从根本上解决所有的分歧,但不可否认,这部宪法对南非的经济发展和社会进步起到了巨大的促进作用,也极大地推动了南非的民主进程。在南非人民的心中,这部宪法可

以说是一部比较完备的民主宪法。因此,以宪法为起点,探究立法制度、行政制度和司法制度,有利于深入了解南非的基本法律制度。

(一)宪法

从南非独立至今,一共制定了五部宪法。其中在殖民地时期,南非共颁布过三部宪法,即 1909 年的《南非法》,1961 年的《南非共和国宪法》和 1983 年的《南非宪法》。

1909 年的《南非法》是南非作为一个单一的政治实体后颁布的第一部宪法。该宪法将四个殖民地原有的宪法拼凑在一起,增加一些新规定。同时,奉行"议会至上",下院可以任意行使立法权,不受任何法律的限制。此外,规定南非实行"责任内阁制",内阁对议会负责,但从本质上看,制定这部宪法主要还是为了实行种族主义统治。

1961 年,代表荷兰裔白人上层利益的国民党将南非联邦改为"南非共和国",《南非共和国宪法》因而得名。但无论在内容还是形式上,这部宪法与《南非法》无明显差异。在沿用《南非法》确立的基本原则和制度的基础上,结合过往种族主义统治的经验,该宪法反而更符合白人统治的需要。

由于南非种族主义政府遭遇孤立,上台后的博塔政府实行"宪法改革",并于 1983 年通过《南非宪法》。在继续剥夺黑人政治权利的前提下,设立"三院制议会",所谓的三院指白人议院、有色人议院以及亚洲人议院。三院制议会的设立是这部宪法最大的特色,它改变了以往都是白人议会的局面。然而,由于有色人种和亚洲人享有的权力受到极大的限制,白人仍旧独揽政权。这部宪法以"改革"的名义继续巩固了白人的种族主义统治。

因此,这三部宪法无一例外都带上了种族主义的色彩。为了从根本上废除种族隔离制度,制定一部体现种族平等的宪法已迫在眉睫。南非临时宪法于 1993 年诞生,反映出各种政治力量的对比与妥协。然而,临时宪法本身并不完善,只是一部具有过渡时期特点的宪法。立足于临时宪法,并在广泛听取民意的基础上,1996 年 5 月 8 日,新宪法在制宪议会以 421 票赞成、2 票反对、10 票弃权的绝对多数通过。然而,由于地方政府权力等部分条款与"制宪原则"不相符合,在将宪法送交给宪法法院后遭到驳回,直到再次修改和通过,才在 1996 年 12 月 4 日予以确认。总统于同年 12 月 10 日签署宪法,制宪才宣告完成,并于 1997 年 2 月 4 日生效。下面简述南非新宪法的核心目标、主要特色和主要内容。

1.新宪法的核心目标

过去的南非坚持种族主义,而新宪法的序言部分明确指出南非是统一的,应当尊重每一个为了南非的发展而努力的人。制定本部宪法的目的是在南非建立一个基于民主价值、社会正义与基本人权的社会,建立一个民主与开放的社会。在这样的社会中,基于人民的意志建立政府,所有公民都能平等地受到法律的保护,生活质量都能够获得改善,潜力都得以解放。同时,宪法也旨在建立一个统一与民主的南非,使南非能够作为一个主权国家参与国际事务。

根据新宪法第 1 章基本条款的第 1 条规定,南非共和国有着赖以建立的价值基础,即:人的尊严、平等的取得以及人权与自由的进步;非种族主义和非性别歧视;宪法至上和法治;成人普选权、全国共同选民册、定期选举和多党制民主政府,以确保责任性、回应性和公开性。

2.新宪法的主要特色

新宪法的主要特色是:确立统一的南非、种族平等和三权分立等基本原则;制定"权利法案",详尽、广泛和具体规定人民享有的各项基本权利,并建立各种机构予以保障行使;取消"权力分享"原则,实行"多数统治";设立"全国省级事务委员会"(the National Council of Provinces)以取代参议院;在中央集中领导下,仍然给予省和地方广泛的权力直至各省有权制定省宪法;实行"合作治理",即中央、省和地方三级政府之间保持合作关系,互相协调,在法律的框架和机制内解决分歧。①

3.新宪法的主要内容

(1)公民基本权利

南非新宪法的一大特色就是对于公民基本权利的确认和保障,这也是新宪法最重要的内容,体现出新宪法具有维护种族平等和坚持民主的特征,有利于加快民主进程。

在公民基本权利的立宪模式上,南非宪法采用不分类立宪模式。从第 2 章第 7 条到第 39 条,逐条规定公民的基本权利,并且将之置于第 2 章权利法案一整个章节中,体现了南非对于公民基本权利和如何保障权利的重视,注重保护人权。就宪法设计结构而言,主要将公民基本权利安排在第二章。同时,在序言和第一章内也提及要保障公民的基本权利,可见国家对人权的重视。

在主要内容上,以专章的形式对公民的基本权利加以规定。这些权利的内容包括:①平等权,"平等包括所有权利与自由全面和平等的享有","国家

---

① 韩大元:《外国宪法》,中国人民大学出版社 2000 年版,第 357~358 页。

不可以因一个或多个理由直接或间接地不公正地歧视任何人,这些理由包括种族、性别、怀孕、婚姻状况、家族或社会出身、肤色、性取向、年龄、残疾、宗教、道德感、信仰、文化、语言和血统"。②人身与个人的权利和自由,其中包括人的尊严权和生存权,人身自由与安全权,隐私权,宗教、信仰和言论自由权,表达自由权以及迁徙与居住自由权。③政治方面的权利,包括选举权和被选举权,集会、示威、游行、请愿和结社权以及政治选择权等。④经济和社会方面的权利,包括经商、就业与职业自由权,卫生保健、食物、水和社会安全权,财产权、住房权、环境保护权和劳资关系方面的权利等。⑤文化教育方面的权利,包括教育权、语言与文化权和获得信息权等。⑥儿童的权利,"每个儿童有权获得姓名和根据出生获得国籍,受到家庭或父母照料,或当其脱离家庭环境时获得适当的替代性资料"等。⑦司法方面的权利,包括向法院申诉权、遭逮捕拘留与指控的人的权利等。⑧公正管理权,"每个人有权获得合法的、合理的并且程序上是公正的管理"。

虽然南非新宪法对公民享有的基本权利予以规定,但权利的行使不是完全自由的。在一些特殊情况下,公民的基本权利会受到一定的限制,甚至可能违反权利法案的相关规定。根据新宪法第 36 条的规定,权利法案中的权利只有依据普遍适用的法律,在一个基于人的尊严、平等与自由的、公开与民主的社会里,当限制是合理的和正当的,并考虑到所有的相关因素,包括该权利的性质、限制目的的重要性和限制的性质与程度等,权利才需要受到限制。在紧急状态下,如遭遇战争、自然灾害、暴动等危及国家生命时,根据议会法案制定的法律在某些情况下才可能违反权利法案。

(2)"合作治理"

根据南非新宪法第 3 章的规定,各级政府既互相区分,又互相依存和联系,实行"合作治理"。其遵循的基本原则包括:维持和平、国家统一和领土完整;保障人民的福祉;在全国范围内建立一个高效、透明、富有责任感并具有强大凝聚力的政府;忠诚于宪法、国家和人民;尊重其他级别的政府在宪法中的地位、体制、权力和职能;行使宪法赋予的权力或履行宪法赋予的职责;在不侵犯到其他政府的地域、职能和体制完整性的情况下,行使自己的权力和职责;在互信和诚意中通过培养友谊、相互协助和支持、就涉及共同利益的问题互通信息和相互协商、相互协调行动和立法、遵守商定的程序和避免在立法进程中相互对立的方式进行合作。

(3)传统领导人

在南非历史上,部落酋长制度被保留下来。在很长的一段时间内,传统酋长只是当局推行其意志的工具,起到维护当局统治的作用。直到南非和平民主进程的开始,传统领导人的地位被不断削弱,并在新南非诞生以后,不再手握实权,只享有咨询和参政议政的职权。在农村地区,还能在文化、礼仪等方面发挥作用。

南非新宪法第十二章对传统领导人的权限与地位予以规定,并表示尊重传统领导人的地位,对传统领导人依据习惯法而形成的制度、地位和作用予以承认,但其运行必须遵循宪法。同时,宪法规定遵循习惯法制度的传统权力机构可以行使和履行依据适用的法律和习惯授予的权力以及职责,包括就法律或习惯予以修改或废除。

此外,新宪法还规定了传统领导人的作用。全国性法律可以规定传统领导人作为地方一级机构,负责处理影响当地社区的事务。新宪法规定全国性法律或省的法律可以对"传统领导人院"的建立予以规定,而全国性法律可以就"传统领导人委员会"的建立予以规定。从新宪法的规定可以看出,传统领导人的权力被进一步削弱,符合时代潮流。

(二)立法制度

1995 年,非国大认为参议院无法代表南非 9 个省的利益,提出改组参议院。南非新宪法以省级事务委员会取代参议院,使得南非的议会制度趋于完善。南非新宪法第 4 章详细规定了立法制度。在全国范围内,立法权属于议会。在各省范围内,立法权属于省立法机关。

1.议会

作为全国性的立法机关,议会享有最高立法权。南非议会实行两院制,分为国民议会和全国省级事务委员会(简称"省务院")。以下内容涉及议会的设立、职权和立法程序。

(1)议会的设立

国民议会(与下院相当)由 400 名议员组成,这些议员由选民按照比例代表制普选产生,代表人民的利益。国民议会设议长和副议长各 1 名,设议院主席 3 名。国民议会的任期为 5 年。如果它提前解散或任期届满,总统必须宣布举行一次选举并确定选举日期。选举必须在国民议会解散之日或任期届满之日的 90 天内举行。国民议会在解散或任期届满后仍然行使职权,直至举行下届国民议会投票第一日的前日为止。

南非共有 9 个省,每个省内部选出一个 10 人代表团,这 90 名代表组成了省务院(与上院相当)。省务院代表各省的利益。每个省的 10 人代表团包括

省长、3名特别代表和6名常任代表,其中的3名特别代表由省长任命,6名常任代表需由省议会选派。省务院设1名主席,2名副主席。主席和常务副主席的人选从各省的常任代表中诞生,任期5年。另一名副主席经各省推举产生,由常任代表轮流担任,任期1年。

（2）议会的职权

议会享有独立的立法权。国民议会的立法权包括：除了宪法规定专属省立法权限范围内的问题,国民议会有权就任何问题通过法律；审议、通过、修改或拒绝任何提交给国民议会的法律；除修改宪法以外的立法权授予其他立法机关；除了财政法案（根据宪法规定,财政法案指拨款法案和征税法案）,有权提出或准备任何法律。省务院的立法权包括：根据宪法中影响到省的法案的相关规定,就全国和省共同立法权限范围内的问题和宪法规定的其他问题通过法律；根据宪法不影响到省的法案的相关规定,对国民议会通过的法律进行审议；审议、通过、修改、建议修改或拒绝提交到省务院的法律；除了财政法案,就全国和省的共同立法权限范围内的问题提出或准备法律。为了维护国家安全、经济统一、基本国家标准和建立最低服务标准以及防止一省采取危害到他省利益或整个国家的不合理行为,对于宪法规定专属省的立法权限范围之内的问题,议会可以通过制定法律来进行干预。议会在行使立法权时仅受宪法的限制,必须遵循宪法并在宪法的范围内行使立法权。

国民议会享有修宪权,省务院享有参与修改宪法的权力。如果要对宪法第1章基本条款中的第1条予以修改,必须获得国民议会至少75%的赞成票和省务院至少6省的赞成票,该议案才能通过。对宪法第2章权利部分的修改,需要国民议会至少2/3的赞成票和省务院至少6省的赞成票,该议案才能通过。对宪法其他条款的修改,必须获得国民议会至少2/3的赞成票才能通过。如果对宪法条文的修改涉及以下事项：影响到省务院；改变省的疆界、权力、职能或机构；专门处理某省问题,则还需要省务院至少6省的赞成票才能予以通过。

议会享有监督政府的职权。由国民议会提供机制以保证国内所有的国家行政机关对其负责,向其说明工作情况。国民议会对包括执行法律在内的国家行政权力的行使和所有的国家机关行使监督权。议会主要通过问询、重大问题辩论、动议投票等方式监督政府。议会的议员有权向内阁部长提出质询,议会质询主要采取小型辩论、口头或书面质询等方式。议会对政府实行监督的另一方式是由中央部委、国家机构、公共机构和教育培训机构向议会提交年度报告。

人事权也是议会的职权之一。国民议会选举产生总统,当总统空缺时,从国民议会议员中选出总统,也有权罢免总统。副总统、部长、多数内阁成员也从国民议会中产生。在国民议会以半数以上通过动议时,可以对总统和内阁提出不信任案。如果针对的对象是总统,则总统和其他内阁成员包括副部长都必须全体辞职。如果针对的对象是内阁,不包括总统,则由总统改组内阁。

(3)立法程序

议案分为四种:宪法修正案、涉及省级事务的普通议案、不涉及省级事务的普通议案和财政议案。提交国民议会的议案只能由部长、副部长、议会委员会或国民议会其他议员提出,其中财政问题提案只能由财政部长提出,行政部门议案在提交议会前须经内阁审议。议员个人提交的议案为私人议案。提交省务院的议案,只能由省务院议员或下设委员会提交。[①]

在宪法修正案上,国民议会的提案者需要在提出议案前的 30 日内将议案告知于公众和省立法机关,听取他们的意见,并将议案交给省务院讨论,随后将来自公众和省立法机关的书面意见送交国民议会和省务院的负责人。

在涉及省级事务的普通议案上,共分两种议案。第一种是国民议会通过后提交省务院审议的议案。如果省务院也予以通过,就报送总统批准。如果省务院通过的是修正案,该修正案还需要由国民议会审议,对修正案予以通过后才能报送总统批准。如果省务院对提交的议案予以否决,或者国民议会对修正案不予通过,就需要将该议案送交调解委员会处理,在合适的情形下,连同修正案一并送交。调解委员会可以同意该议案、修正案或是其他表述形式的该议案。如果调解委员会同意该议案,还需要将其提交给省务院复议。如果调解委员会同意修正案,还需要将其提交给国民议会复议。如果调解委员会同意其他表述形式的该议案,就需要经过国民议会和省务院的审议。这三种情况中的任何一种获得通过后,就可以报送总统批准。此外,如果没有获得省务院的通过,除非国民议会能再次以至少 2/3 的赞成票通过,否则该议案将终止。如果没有获得国民议会的通过,该议案也将终止,但是国民议会仍旧可以至少 2/3 的赞成票再次通过原议案。如果调解委员会未能在议案送交的 30 日内提出同意的意见,除非国民议会能以至少 2/3 的赞成票再次通过原议案,否则议案也将终止。在以上几种情况中,国民议会以至少 2/3 多数票通过的议案,必须报送总统批准。第二种是省务院通过后提交国民议会审议的议

---

① 中国人大网:《南非议会》,http://www.npc.gov.cn/npc/xinwen/2011-05/23/content_1656544.htm,访问时间:2018 年 7 月 15 日。

案。其立法程序与第一种类似:如果议案都被国民议会和省务院通过,就报送总统批准。如果意见不一致,就交给调解委员会处理。如果调解委员会的意见经国民议会和省务院通过,该议案报送总统批准。不同之处在于调解委员会同意省务院通过的议案或提出其他表述形式的该议案时,如果国民议会予以否决,该议案将终止。如果调解委员会未能在议案送交的 30 日内提出同意的意见,该议案也将终止。

在不涉及省级事务的普通议案上,国民议会通过该议案后还需要提交到省务院。如果省务院对该议案也予以通过,就必须报送总统批准。如果省务院对该议案不予通过,或者提出了相应的修改意见,而该修改意见必须被接受才能通过该议案,国民议会必须对该议案进行重新审议并对修改意见予以考虑,不管对修改意见是接受还是不接受,都可以再次通过该议案,或者决定不再提交议案。省务院对议案予以投票时,各省代表团中的每个代表一人一票并必须有 1/3 以上的代表出席,只有半数以上的赞成票才能作出决议。当赞成票与反对票票数相同时,由主持会议的代表投出关键的一票。

在财政议案上,其立法程序与不涉及省级事务的普通议案相同。议会必须通过立法来规定修改财政议案的程序。

2.省立法机关

根据宪法规定,省的立法权赋予省立法机关。以下内容涉及省立法机关的设立、职权和立法程序。

(1)省立法机关的设立

省立法机关的议员人数是 30 名至 80 名,议员由选民按比例代表制普选产生,各个省的省立法机关议员人数并不相等。在省立法机关的第一次会议上,必须从议员中选出一名议长和一名副议长。省立法机关的任期为 5 年。如果提前解散或任期届满,则由省长宣布举行选举并确定选举日期。选举必须在省立法机关解散或任期届满之日的 90 天内举行。[①] 在解散或任期届满后仍需要继续行使权力和履行职责,直到举行下一届省立法机关的投票第一天的前日为止。在省立法机关的任期已满 3 年后,议员以多数票支持解散的决议,省长必须解散省立法机关;当省长缺位时,省立法机关却没有在之后的 30 日内选举出新省长,则代理省长必须解散省立法机关。

(2)省立法机关的职权

省立法机关行使省的立法权,主要包括:根据新宪法的规定,就全国和省

---

① 夏吉生等:《当代各国政治体制——南非》,兰州大学出版社 1998 年版,第 100 页。

共同立法权限范围内和专属省的立法权限范围内的任何问题制定省的法律；除了上述立法权限范围以外，就新宪法的条款或全国性法律授予省的任何事项制定省的法律；将省的立法权授予省的市委员会。省立法机关在行使立法权时，可以审议、通过、修改或拒绝提交给省立法机关的法律；除了财政法案，有权提出或准备任何法律。如果包括省宪法在内的一省法律与全国性法律发生冲突时，根据新宪法规定，在全国和省共同立法权限范围内，由于全国性法律是一个国家在全国范围内一致适用的法律，在一定条件下，全国性法律的效力优于省法律。

省立法机关享有制定和修改省宪法的权力。省宪法的通过需要取得省立法机关三分之二以上的多数通过。在必要时可以修改省宪法，省宪法和对省宪法的修改不得与宪法相抵触，否则无效，但是就省立法结构和程序以及行政结构和程序的相关规定可以与宪法规定不同。在适当的时候，可以就传统君主的机构、作用、权力和地位予以规定。就省宪法或其修正案而言，要与宪法第 1 章的基本条款和第 3 章关于"合作治理"的精神保持一致，不得赋予省以超出新宪法附录 4 和附录 5 中规定的省立法权限范围之外的权力和职责，也不能赋予省以超出新宪法其他条款规定的权力和职责。同时，省立法机关的议长必须将通过的省宪法或其修正案原文送交宪法法院确认，一旦确认，由省长同意和签署，并在全国的政府公报上公布。自公布之日起或根据省宪法或其修正案中规定的特定日期生效。

监督权也是省立法机关的职权之一。省立法机关需要提供相应机制以保证所有国家在该省的省行政机关对其负责，并对包括执行法律在内的省行政权的行使和任何国家在该省的机关予以监督。省行政委员会委员需要就权力的行使和职责的履行情况向省立法机关负责，并就其管理范围内的事务向省立法机关报告。

省立法机关享有人事权。省长山省立法机关任命，当省长空缺时，从省立法机关议员中产生，省立法机关也有权罢免省长。省行政委员会委员也从省立法机关议员中产生。对省长和省行政委员会提出不信任案，需要获得省立法机关过半数以上的通过才能予以提出。至于不信任案的对象，如果对省长提出不信任案，省长和省行政委员会的其他委员必须辞职。如果对省行政委员会提出不信任案，不包括省长，则省长必须对省行政委员会进行改组。

（3）立法程序

在省立法机关提出议案的主体包括省行政委员会的委员、其下的委员会和省立法机关的议员，在省立法机关提出财政议案的主体只有负责省财政事

务的省行政委员会委员。

除宪法另有规定以外,就议案或其修正案投票时,必须有过半数的议员出席。就其他问题投票时,必须有至少1/3的议员出席。任何问题都需要获得过半数的赞成票才能作出决议。主持会议的议员只有在两种情形下才能进行意向性投票,一是赞成票与反对票票数相同的情形,二是某个问题必须获得至少2/3赞成票才能作出决议的情形。

对于省立法机关通过的议案,省长可以同意和签署,也可以对议案的合宪性予以保留并将其退回省立法机关以重新审议。如果重新审议后的议案符合省长的要求,省长必须同意和签署,否则需要将该议案送交宪法法院,就其合宪性予以审查并作出裁决。一旦宪法法院裁决该议案符合宪法,省长就必须同意和签署。该议案就成了该省的法律,必须迅速公布,并在公布之日或法律规定的特定日期生效。

省立法机关的议员可以向宪法法院提出申请,请求宪法法院宣布某一部省的法律部分或者全部违反宪法规定。同时,该申请需要满足两个要求,必须是在省长同意和签署该法律之日的30天内提出并且必须得到至少20%的议员支持。如果该申请符合司法利益的需要并很有可能获得通过,宪法法院可以发布指令,宣布该法律部分或全部违宪而无效,直到对该申请作出裁决为止。反之,宪法法院可以要求申请者偿付费用。

3.市委员会

根据宪法规定,将市的立法权授予市委员会。

(1)市委员会的设立

市委员会的委员可以经选举产生,也可以由其他市委员会任命产生。因此,市委员会的组成方式有三种:一是全部由选举产生的委员组成;二是由其他市委员会任命的委员组成;三是由前两种委员共同组成。如果由选举产生,选举必须采取比例代表制或者将比例代表制与选区代表制相结合的方式选出委员。市委员会的任期由全国性法律予以规定,但不得超过4年。

市分三类:第一类市在本地区内行使排他的立法权;第二类市的地区在第三类市的地区之内,与第三类市在本地区共同行使立法权;第三类市在超过一个市的地区内行使立法权。至于某个地区应建立何种市的标准以及二、三类市享有的权力和履行职责的具体划分等由全国性法律予以规定。省的法律则对该省所建立的不同类型的市予以确定。

(2)市委员会的职权

全国和省的政府通过立法和采取措施来加强市行使权力和履行职责的能

力,并将涉及地方政府的地位、机构、权力或职责的法律提交审议前告知公众以及征求意见,市也有权表达意见。市有权制定和执行管理细则,用以对管理权限内的事务进行有效管理。但是,管理细则不能违反全国性法律和省的法律,否则无效。如果全国性法律和省的法律已经废除,该管理细则视为有效。市委员会的职权包括:在通知市委员会的全部委员并将细则告知公众和征求意见后通过细则;就市委员会的内部安排、工作和程序以及各种委员会的建立、组成、程序、权力和职责制定规章和条例的细则。

(三)行政制度

南非实行共和制政体,采取带有内阁制特点的总统制。南非国内实行中央、省、地方的三级政权体制。在坚持统一的南非前提下,由中央集中领导,并授予省和地方广泛的权力。

1.中央行政制度

中央行政机构由总统、副总统和内阁组成。

(1)总统

总统是国家元首和全国行政首脑,享有宪法和法律授予的一切权力,行使最高的行政权。同时,总统必须坚持、维护和尊重共和国宪法,促进国家的团结和推动共和国的事业前进。总统由国民议会选举产生,一旦当选,就不能再担任国民议会的议员,并在总统严重违反宪法或法律、严重渎职或者无法履行职责时,由国民议会以三分之二以上的多数通过才能对总统予以罢免。总统每届任期5年,任期从就职时开始计算,直至总统缺位或者下一届总统就职时结束,连任不得超过两届。填补总统缺位的当选总统,自当选之日起至下一届总统选举为止,不能算作一届任期。

就总统与议会的关系而言,议会通过的议案都要报送总统批准。总统可以同意和签署,也可以对议案的合宪性予以保留并将其退回国民议会以重新审议。如果退回的议案与涉及省务院等的程序性问题有关,省务院必须参与对该议案的重新审议。如果重新审议后的议案符合总统的要求,总统必须同意和签署,否则需要将该议案送交宪法法院,就其合宪性予以审查并作出裁决。一旦宪法法院裁决该议案符合宪法,总统就必须同意和签署。该议案就成为议会的法律,必须迅速公布,并在公布之日或法律规定的特定日期生效。

在行政权上,总统可以和其他内阁成员共同行使行政权,具体包括:除宪法和议会立法另有规定以外,执行国家的法律;准备和提出议案;发展和执行国家政策;协调内阁各个部门和行政部门的职能以及由宪法和国家法律规定的其他行政职责。

此外,总统的职权还包括:召开国民议会、省务院或者处理专门问题的议会特别会议;任命调查委员会;任命大使、全权大使和外交及领事代表;接受和承认外国使节和领事代表;根据议会法案举行全国公民投票;对罪犯予以赦免和减免刑罚;颁授荣誉等。

总统或代理总统必须在以下两种情形下解散国民议会:在国民议会的任期已满3年后,国民议会议员以多数票支持议会解散的决议,总统必须解散国民议会;当总统缺位时,国民议会却没有在之后的30日内选举出新总统,则代理总统必须解散国民议会。

(2)副总统

副总统是内阁成员之一,由总统任命,其权力和职责也由总统予以委派,总统有权撤换副总统。副总统的职能是协助总统行使职权,必须对总统委派的行政权力和职责负责,并在宪法规定的范围内活动。当总统身处国外、无法履行职责或是出现缺位的情况时,由副总统担任代理总统。代理总统拥有总统的责任、权力和职能。在举行宣誓效忠共和国和遵守宪法的仪式后,副总统才能行使总统的权力及履行总统的职责。此外,在下一届国民议会选举的总统就职前,副总统仍需要继续行使权力和履行职责。

(3)内阁

内阁是最高行政机关,由总统、一名副总统和若干部长组成。总统是内阁首脑,领导内阁的工作,有权任命副总统和各个部长。副总统和部长的人选从国民议会的议员中产生,总统可以在国民议会的议员中挑选若干部长,但在国民议会之外挑选的部长人数不得超过2人。副总统和部长由总统授予权力和委派职责,总统有权撤换部长。根据工作需要,总统可以从国民议会的议员中任命副部长,副部长需要协助部长,总统也可以撤换副部长。

内阁成员必须对总统和议会负责。总统有权以公告的形式将委派给一名内阁成员的职权委派给另一名内阁成员。当一名内阁成员缺席或无法行使职权时,总统可以将其享有的职权暂时委派给另一名内阁成员。同样,基于协议,内阁成员可以将依据议会法案享有的职权委派给一名省行政委员会的委员或者一个市委员会,但内阁成员与省行政委员会的委员或市委员会达成的协议必须与议会法案的规定保持一致,这种委派才能在总统公告后生效。

内阁成员和副部长将受到以下限制:必须遵守法律规定的道德行为准则,不得从事其他有报酬的工作;不得进行与职务不一致的活动;不得利用所处的地位或获得的信息致富,或使别人不当地获取利益。在下一届国民议会选举的总统就职前,内阁、副总统、部长和若干副部长仍需要继续行使权力和履行职责。总统和非议会议员的内阁成员可出席国民议会并发言,只是无法行使投票权。内阁成员或副部长则有权在国民议会上提出法案。

2.地方行政制度

南非新宪法规定省的行政权授予省长,由省长和省行政委员会的其他委员共同行使行政权。地方政府以市为单位,市的行政权授予市委员会。

(1)省行政委员会

省长由省立法机关的议员担任,在省立法机关当选后的第一次会议上经选举产生。省长任期不得超过两届。当省长严重违反宪法或法律、严重渎职或无法履行职责时,由省立法机关以全体议员的三分之二以上多数通过,就能罢免省长。根据宪法规定,省的行政权授予省长。省长享有的职权包括:同意和签署法案或将法案退回省立法机关以重新审议;就合宪性问题将法案送交宪法法院裁决;依据全国性法律举行全省范围内的公民投票;就某一问题召开省立法机关特别会议;任命调查委员会等。

省行政委员会即省政府,是省的行政机关,省长是省政府的首脑,省政府实行省长负责制。除了省长以外的省行政委员会的其他委员数量在5—10名之间。省长有权从省立法机关的议会中选出省行政委员会的委员予以任命,并授予权力和委派职责,也有权撤换委员。省行政委员会的委员必须对省长和省立法机关负责。选举期间,行政委员会及其委员继续行使职权,直到下一届省长就职为止。省长可以和省行政委员会的其他成员共同行使的职责包括:在省内执行省的法律;除了法律另有规定之外,在全国和省共同立法权限范围内和省单独的立法权限范围内执行全国性法律;在议会法案委派给省行政机关管理的范围内,管理全国性法律在省内的适用情况;发展和执行省的政策;协调省行政部门和下属各部门的职能;准备和提出省的法律等。

(2)地方政府

地方政府即基层政府,以市为单位。根据宪法规定,将市的行政权授予市委员会。在遵循全国性法律和省的法律前提下,市有权按照自己的意愿管理本地区的地方政府事务,中央政府和省政府不得损害或妨碍市委员会行使权力和履行职责。地方政府的目标是:为当地社区提供民主和负责的政府;保证为社区提供各种服务;促进社会和经济发展;促进安全和健康的环境;鼓励社区和社区组织参与地方政府事务。① 这些目标的实现有赖于市行政权的

---

① 夏吉生等:《当代各国政治体制——南非》,兰州大学出版社1998年版,第105页。

行使。

市分三类,在法律规定的范围内享有行政权。根据宪法的规定,市可以就管理权限内的地方政府事务以及由全国性法律或省的法律交付给市管理的事务行使行政权。市委员会的职权包括:就市享有的权力和履行的职责作出决议;依据全国性法律选举执行委员会和其他委员会。

3.公务员制度

从历史的角度看待南非的公务员制度,该制度最早源于英国的文官制度,与之相关的第一部法律为1885年的开普公务员法。南非的公务员制度从诞生伊始,距今已有100多年,经历了超过一个世纪的时间。该制度在发展历程中得到不断的完善,形成了一整套的制度体系,不仅继承了英国文官制度的传统,还形成了自己独有的特色。在南非的种族隔离时期,南非的公务员制度不可避免地带有种族歧视的色彩。而在新南非时期,为了适应新形势下的社会需要,南非的公务员制度需要进行改革以改变种族歧视导致的不平等与不公正现象。然而,改革后的公务员制度仍旧存在一些问题,离公务员制度的完全确立还有一段路要走。

(1)公务员制度的产生和发展

在殖民时期以前,南非在行政管理上实行部落酋长制,不存在现代意义上的公务员制度。1652年,荷兰占领开普后,依据罗马—荷兰法诞生的政治法律制度开始在南非盛行。在这一时期,荷属东印度公司任命官员负责管理开普殖民地,当地居民几乎无法任职,由身兼商人与官员双重身份的人组成的政府运转效率低下且充斥了腐败。1806年以后,英国成为开普殖民地的统治者,英国的政治制度被引进南非。自此,南非在行政管理上实行英国化。"殖民部"设在英国伦敦,由"殖民部"在英国举行考试,被录用的英国人到南非任职。这些官员大多是白人,负责管理、收税、维持治安等工作。为了使开普殖民地的公务员制度法制化,英国当局于1885年制定了开普公务员法案,这是南非第一部公务员基本法案。自此南非的公务员制度有法可依,逐渐走向制度化,如对公务员的年龄予以规定,必须是17—25岁之间,并规定了公务员应从国家内部录用的原则等。1806—1910年时期,在英国殖民统治下的南非联邦成立,公务员队伍逐渐扩大,讲英语的白人占据了主体地位,受过西方教育的非白人所占比例极小。开普公务员法案历经两次修订,最终于1895年合并为公务员和退休金基本法案。根据1909年南非宪法,南非联邦于1912年制定了新的公务员和退休金基本法案,建立公务员委员会。该委员会是中央人事协调与顾问机构。1948年,国民党上台后,南非原先带有英国特色的公务员制度开始明显南非化。在对公务员和退休金基本法案予以多次修订后,南非于1957年制定了新的公务员法。为了适应新形势的需要,南非于1976年、1980年两次通过该法的修正案。

(2)公务员制度的改革

由于南非公务员制度中带有明显的种族歧视特征以及种族隔离时期的政治情况并不稳定,虽然经过了长期的发展和完善,但该制度的局限性逐渐暴露出来,已无法适应新形势。旧公务员制度在招录、晋升、奖惩以及社会福利等方面对非白人、甚至对讲英语的白人也进行限制与排挤。南非政府推行"职业保留制",为各色人种划分了就业的范围、种类和等级。政府还提出在公职部门实行"文明劳工"政策,限制黑人从事"文明劳动",并通过制定法律将该政策予以法律化。旧南非在公务员制度中实行种族歧视政策,使得白人成为公务员队伍中的主体,高级职位也一律由白人担任,形成了倒金字塔的结构。在公务员制度中,阿非利卡人占据最高位,之后依次是讲英语的白人、印度人、有色人和黑人,白人人数最多,并拥有最高的工资和职位,而黑人人数最少,工资和职位却是最低等。显而易见,公务员制度不具有民主性,也缺乏公正性。此外,南非的公务员制度已经形成了僵化的体制,主要缺陷包括机构臃肿、效率低下、权力过于集中、人员冗余、腐败之风盛行、性别歧视严重等。因此,针对公务员制度的改革势在必行。

就改革的目标而言,1993年的临时宪法是南非第一部民主宪法,体现了种族平等,赋予全体公民以同等的政治、经济与社会地位。新宪法设专章对公务员制度做了原则规定。其基础原则是:公务员的非党派性以及公正、平等的原则;以职业为中心,忠实地执行现政府政策;提高管理效率;增进公务员队伍的广泛代表性等。这些规定都是新公务员制度建立的法律依据和指导方针。[①] 自种族隔离政策实行以来,南非的经济无法快速发展,社会不平等的问题也日益严重。南非民族团结政府由曼德拉总统领导,于1994年提出"重建与发展计划",计划建立一个"民主的、无种族歧视与性别歧视的新南非",建立一个高效率的、反应迅速的和具有责任感的政府。为了实现这一计划,必须对政府进行改革,对公务员制度的改革也势在必行。该计划要求自新南非民族团结政府建立以后,为了适应新形势的需要,着手进行公务员制度的改革,实施"就业机会均等"的行动,力求建立一个新公务员制度,而该制度需要呈现多种族的社会特征并能高效地完成工作。1995年初南非颁布的公务员改

---

① 唐志超:《南非公务员制度改革及现状》,载《西亚非洲》1997年第5期。

革白皮书提出了改革的主要内容与目标:提高运转效率以满足基本需要;贯彻就业机会均等原则,提高黑人在公务员队伍中的比例,实现公务员队伍广泛代表性目标;加强制度建设和管理;提高公务员工资、改善其工作条件;促进有效的、合理的劳工关系;增进公务员的职业精神;实行民主化,防止独裁和专断;加强对人力资源发展的管理;强化对公务员的监督和评估。① 体现了对旧公务员制度的改革必须以宪法为基础,适应"重建与发展计划"的需要,并着重反映民主与平等的精神,剔除旧制度的缺陷。改革的重点放在提高工作效率和增进公务员队伍的代表性。

就改革取得的进展而言,针对公务员制度的改革,南非新政府废除了原有的公务员法中不合理的法律规定,尤其是带有种族歧视的规定,并于1994年制定出新的公务员法。出于建立一支高效的公务员队伍的目的,南非新政府着手将原有的公务员队伍进行重建和统一,随后通过制定法律统一了公务员服务的条件和标准,如公共部门劳工关系修订案、公共部门管理修订案和公务员行为法案等。为了增进公务员队伍的广泛代表性,南非新政府提出实行"就业机会均等"行动的政策,力求改变以往白人在公务员队伍中的主体地位,吸纳更多的黑人进入公务员队伍。公务员行为法于1995年颁布,为公务员行事提供法律依据,也为该行动提供全国性标准和条件,中央和省各部门据此采取相应措施实现增进公务员队伍代表性的目标。改革后的结果显示大量黑人进入公务员队伍并担任高级职位,改变以往只能担任低级职位的局面。由于黑人长期以来缺乏教育和欠缺相关的行政工作经验,南非政府为此改造了旧的教育体制,让黑人也能平等地接受教育,又将黑人送往相关教育机构接受培训。南非于1995年设立调查公职人员不正当行为委员会以加强对公务员的管理和消除腐败。同年,南非设立了公职与行政部,将其从公务员委员会分离出来,该部门属于内阁,负责管理。而公务员委员会向国民议会负责,职责是监督和仲裁。如此一来,公务员委员会的独立性得到加强,更有利于其发挥作用。为了贯彻白皮书的规定,南非于1996年建立了总统评估委员会,负责评估实施白皮书的公共部门。总而言之,对旧的公务员制度予以改革后,运转效率得以提高,黑人公务员的人数增加,改善了机构臃肿现象。

(3)公务员制度存在的问题

虽然对公务员制度的改革取得了一定的进展,但离该制度的完全确立还有一段路要走。改革后,公务员制度仍旧存在一些问题。

---

① 唐志超:《南非公务员制度改革及现状》,载《西亚非洲》1997年第5期。

旧体制中的白人公务员和黑人之间的矛盾仍旧存在。由于"就业机会均等"政策的实施和对公务员制度的改革仍是在白人把持官僚的制度下进行的，南非政府实行的改革只能以谨慎的步伐前进。因为白人在旧公务员制度中占据主体的地位，一旦让他们面临解雇、降职以及与黑人的竞争，动摇了他们的既得利益，就会引发这些保守势力的抵触情绪。因此，不能步伐太大，也不能走得过快，否则会导致公务员队伍的不稳定，从而影响社会的安定。黑人是这场针对公务员制度的改革的受益者，但支持改革的黑人逐渐对这场改革产生不满的情绪。他们认为只有少数的黑人获得了利益，改革的受益面过窄，并且改革造成的实际效果不明显，在公务员制度中，黑人的地位和起到的作用没有产生实质性的变化。

白人公务员的流失造成政府效率降低也是问题之一。政府机构对公务员制度的改革日益推进，但随着许多拥有丰富行政工作经验的白人离开政府部门，而新录用的黑人不仅文化水平较低还欠缺相应的经验和技能，对黑人的培训也无法短时间内完成，公务员的大量流失影响了政府机构的正常运转和工作效率。

人员冗余现象依旧存在，政府机构过于臃肿，造成政府负担过重。为了节约经费和减少开支，裁减冗员和精简机构是必要的，但是改革的效果却不理想，而政府还要面对各项开支，如被解雇者的安置费用和公务员队伍的运转费用等等，这些开支对政府来说是一大难题。此外，公务员的工资也是另一难题。由于裁员效果不佳，政府需要支付庞大的公务员队伍的工资，这对于财政困难的政府来说雪上加霜，因而引发政府雇员的频繁罢工。虽然政府与公务员组织多次谈判，却仍未找到解决该问题的方法。

(四)司法制度

南非新宪法确立了司法独立原则和法律面前人人平等的原则。司法独立原则是指依据宪法和法律的规定，司法机关可以独立地、不受任何干预地行使职权。新宪法第8章"法院和司法行政"中规定司法权力归法院，各级法院只对宪法和法律负责。法律面前人人平等的原则表明宪法将平等权列为人民的第一项基本权利。根据宪法的明文规定，人人在法律面前都是平等的，都得到法律的平等保护。南非的司法机关包括审判机关、检察机关和司法行政管理机关。

1.审判机关

根据南非新宪法第8章第166条的规定，南非法院系统分为宪法法院、最

高上诉法院、高级法院(以及依据议会立法设立的相当于高级法院的其他法院)、地方法院(以及依据议会立法设立的相当于地方法院的其他法院),其中除宪法法院以外的法院组成普通法院系统。此外,南非的法院还包括酋长法庭,即实施习惯法的法院。

(1)宪法法院

南非宪法法院由1名院长、1名副院长与9名法官组成。在审理案件时,由这11名法官组成审理案件的小组。根据南非新宪法第174条的规定,院长与副院长由总统、司法服务委员会以及国民议会中的党派领袖经磋商后任命。法官则由总统、院长与国民议会中的党派领袖经磋商后任命。宪法法院法官任期为12年,不得连任。

南非的现行宪法确立了宪法法院拥有的独立地位,并对宪法法院享有的审查权加以规定,宪法需要经由宪法法院审查并且确认符合"制宪原则"后才能生效。宪法法院还负责处理所有与宪法相关的事务,是解决一切与解释、保护和实施宪法相关问题的最高级法院。宪法法院的职权包括:负责解决在中央和省一级范围内的国家机关之间因宪法上的地位、享有的权力或者履行的职责产生的争议;就国民议会议员或省立法机关议员提出由宪法法院发布指令宣告该机构制定的某一法案的部分或全部违宪的申请作出裁决;就总统或省长送交的议会法案或省立法机关法案是否合宪作出判决;认定议会或者总统是否正确履行宪法赋予的职责;就任何宪法修正案或省宪法的合宪性予以认定。宪法法院是唯一有权裁定议会和省立法机关的立法是否合宪的机构,并有权判定总统是否正确履行宪法赋予的责任。由宪法法院作出的判决对立法、行政和司法机关以及所有公民都具有法律上的约束力。

(2)最高上诉法院

在南非的普通法院体系内,最高上诉法院位于最高级,是普通法院体系内的最高司法机构,与宪法法院享有同等地位。最高上诉法院由1名大法官、1名副大法官和若干上诉法官组成,至于上诉法官的具体人数则由议会法案决定。大法官与副大法官的任命需由总统和司法服务委员会经磋商决定,其他的上诉法官需由总统在司法服务委员会的建议下任命。最高上诉法院是所有下级法院的上诉法院,除了涉及宪法问题的案件不予受理外,最高上诉法院有权受理任何上诉案件、同上诉案件有关联的案件以及依据议会法案的规定应由最高上诉法院审理的案件。在审理案件时,由9名法官组成小组审理。

(3)高等法院

在南非的各省及重大的市设立高等法院,这些高等法院都由具备丰富法律经验的大法官管理。一般情况下,由1名法官审理案件。如果案情复杂,增加至2名法官,由这2名法官就案件的审理达成一致。如果意见分歧,则由5名法官组成一个小组审理案件。在上诉案件中,由3名或5名法官组成小组审理案件。

高等法院在管辖区域内享有司法审判权,主要负责性质严重、下级法院无权判处刑罚的刑事案件。就审理一审案件的范围而言,除了法律另有规定,高等法院有权受理任何一审案件,包括行政诉讼案件。作为地方法院的上诉法院,由地方法院审理的案件,高等法院享有复审权。对于地方法院审结的严重刑事犯罪案件,无论是否上诉或抗诉,地方法院都应将案件送交高等法院复审。对高等法院的判决结果如有不服,可以上诉或申诉至最高上诉法院。

(4)地方法院

地方法院是处于高等法院下一级的基层法院,每个地方法院下设若干小法庭。司法部将这些法庭划分为若干个法院行政管理区域,以便更好地为地方法院服务。地方法院又分为高级地方法院和初级地方法院,如家庭法院就属于初级地方法院。不似高等法院,地方法院享有的初审管辖权受到限制。就审理案件而言,高级地方法院只审理性质较为严重的刑事案件,类似抢劫、故意伤害等案件,无权审理民商事案件。而初级地方法院负责审理性质不严重的刑事案件和标的额在12万兰特以下的民商事案件。对地方法院的一审裁判如有不服,均上诉到高等法院。

(5)酋长法庭

在南非的司法制度中,实施习惯法的酋长法庭独具特色。由于酋长制度被保留下来,土著人固有的习惯也传了下来。南非新宪法对土著部族领导人的地位和能发挥出的作用予以承认,也对习惯法的有效性予以确认。新宪法第211条规定:"在遵从宪法和任何专门处理习惯法的立法的情况下,当习惯法适用时,法院必须适用。"该法律条文说明习惯法必须与宪法保持一致,并且没有其他立法可以取代习惯法的情形下,在习惯法可以得到适用时,法院才有适用习惯法的义务。

酋长法庭享有的管辖权不限于刑事诉讼案件,在民事诉讼案件中,受到委任的黑人酋长或其代理人需要依据习惯法审理在管辖范围内发生的黑人之间的民事诉讼案件。这种诉讼程序并不正规。同时,诉讼当事人有权在酋长法庭或是治安法院之间择其一。如果不服酋长法庭的判决结果,可以向治安法院提起申诉。而在刑事诉讼案件中,除了法律另有规定的一些性质严重的刑事案件,酋长法庭都可以审理并作出判决,但以不影响其他合法法院对案件的

审判为前提。

2.检察机关

针对刑事案件,国家公诉机关负责提起公诉。就检察长体制而言,设立一个总公诉长,由总公诉长担任全国检察系统的领导人,下设若干公诉长和公诉人。总公诉长由总统任命,公诉长和公诉人则由法律规定。在负责司法行政工作的内阁成员同意下,并同公诉长磋商后,总公诉长负责制定起诉政策。检察机关有权制定刑事程序并行使相应的职权。国家法律必须保证公诉长合格并能履行职责,也必须保证检察机关履职过程中无所畏惧并且一视同仁,不存在偏袒一方的倾向。检察系统受司法部领导,司法部长必须对检察机关负最后的责任。

3.司法行政管理机关

在南非,司法行政管理工作的展开主要由中央的司法部和地方各级司法行政管理部门负责。

南非司法部有三项任务:一是确保所有人受到公平对待;二是促进司法部门有效工作;三是推动司法改革,确保民主制度。司法部的主要职能有:对公诉人、治安法官和其他司法人员等进行培训,以提高其水平;制定控告司法人员的程序;让司法人员以外的人参加法院的判决;从事对较大的治安法院的法律援助工作,如协助被罚款的或允许保障的犯人筹措费用;协助证人出庭作证并解决好其开支问题等。[①]

司法行政部门负责法院民事判决的执行,设立"郡长"机构专门负责对应法院的执行工作。"郡长"由司法部任命,配有若干助手,如约翰内斯堡"郡长"配有100多名助手。在民事判决生效后,被执行人有能力执行却逃避时,"郡长"有权将被执行人带至法庭,判处藐视法庭罪并缓期执行。如果被执行人能在缓刑期限内执行生效的民事判决,就不再执行刑期。

四、南非现行的主要法律

(一)公法

1.宪法。南非的宪法,是国家的根本大法,拥有至高无上的地位。与美国刚性宪法类似,南非宪法的制定和修改也有严格的程序。并且,其宪法将国家

---

① 夏吉生等:《当代各国政治体制——南非》,兰州大学出版社1998年版,第200页。

权力分为立法、行政、司法三部分。立法系统兼有英美两国的特点。一方面，类似于英国上院，南非的参议院通过任命产生；另一方面，南非的立法又拥有这一方面的实权，这又与美国参议院类似。南非的司法系统是独立于立法和行政的，独立行使职权，它依据的只有宪法和法律。南非宪法，其政治体系与司法体系的关系是：立法机构掌握一个有代表性的主权，成为国家制度构建的核心。司法机构拥有一个可以与立法机构抗衡的有限管辖权。南非的政体方面，中央集中领导，同时也赋予地方广泛的权利。可以说带有威斯敏斯特和美国联邦的双重色彩。

2.刑法。由于历史原因，南非的刑法发展可以说是相当复杂。但总体来说，南非的刑法渊源可以分为三个方面：罗马—荷兰法，英国法以及本土立法。首先，罗马—荷兰法时期，15、16世纪，荷兰的法学家在著作中大量吸收罗马法思想，形成了罗马—荷兰法这一特色法律。但当时，它并不像如今已经法典化的大陆法系，只是一种二者结合的习惯法混合物。其次，英国法时期。1814年开普被转让给英国以后，虽然在开普保留罗马—荷兰法是转让开普的条件，但是，由于罗马—荷兰法并不那么准确，甚至有点含糊不清，再加上新来的美国法官并不熟悉罗马—荷兰法，所以在适用上，并不经常引用。所以，英国法对南非的影响也就不可否认了。最后，本土立法。南非的本土刑法是对上面所述的两种刑法的整合，从而形成了一整套符合南非国情的刑事一般法。南非刑法的效力渊源可以概括为：制定法、判例法和习惯法三种。制定法，又称为立法、成文法。由于历史原因，南非法属于混合法系，迄今为止，除宪法以外，并没有实行法典化。就刑法而言，目前的南非并没有形成系统的规定犯罪、量刑的刑法典，有的仅仅是散在规定犯罪、刑事责任追究或承担责任方法的制定法。判例法，在南非是地位仅次于南非刑法的一个重要渊源，包括普通法与横平法。最早在17、18世纪荷兰法院将其作为辅助材料，其正式形成是1828年开普最高法院建立并采英国"遵循先例"的原则。习惯法，南非的习惯法有两种形式，本土习惯法和非本土习惯法。后者又称为南非传统习惯法，仅适用于南非黑人。

3.刑事诉讼法。南非现行的刑事诉讼法，颁布于1977年。可以说它的内容是英国式的，这也可以说明英国普通法对南非刑事诉讼法的重大影响。南非现行刑事诉讼法的英国式体现在：第一个，详细的司法判决书。可以说，英美法系一个重要的特色就是其详细的刑事诉讼裁判书。其中不仅有对事实的详细论证，有对法律的分析，还有对之前判例的引用。有些二审裁判文书，其内容丰富到需要用几十页甚至上百页。裁判文书已经不单单是一个法律文

书,甚至可以作为一个文学作品。第二个,对抗制审判模式。对抗制审判模式的特点就是当事人可以依据自己的心意处分权利,而法官只是一个居中裁判者,在庭审过程中,法官根据当事人双方的举证和辩论作出最终的裁判;第三个,与英国在某些具体规定上存在许多相似。如保释制度、交叉询问等。

4.民事诉讼法。同样的,南非的民事诉讼法由于历史原因,也经历了一个漫长的演变过程,最终形成了一个混合模式。第一个时期,好比是罗马法通过习惯的形式被荷兰行省接受一样,荷兰行省的法律也用这样的方式被开普殖民地所接受。如此,一切与殖民统治相关的法律,必须使用罗马—荷兰法。而原有的习惯法使用的领域就大大缩减,仅限于婚姻、家庭等十分有限的领域。荷兰殖民统治时期,法院在管辖权领域适用有效原则(the doctrine of effectiveness),也就是说,原告应向被告住所地有管辖权的法院提起诉讼。只有这样,法院在确保对被告有效控制的情形下作出有效判决。同样地,涉及不动产的案件,有管辖权的法院就是不动产所在地法院。第二个时期,英国普通法时期的民事诉讼法。随着英国对开普的殖民统治,其司法制度开始呈现出英国化的特征。1828 年,英国在开普设立了开普最高法院(Cape Supreme Court),具有完全的初审和复审管辖权。1979 年还设立了一个单独的上诉法院(court of appeal),其主要审理巡回法院及其他高等法院的案件。较荷兰殖民统治时期,英国殖民统治时期在司法机构的设置上已有很大进步,多层级、较为复杂的法院系统已经初步形成。普通法系的法官制度、辩护制度、诉讼方式、诉讼程序也开始实行。同样也是这个时期,国内进行了民事司法与诉讼方面的改革,调整了法院系统的设置,普通法与衡平法、实体法与程序法的关系。可以说是一次彻底的革命,铲除封建残余,提高了司法公正性和效率。第三个时期,20 世纪南非民事诉讼的发展。南非联邦(Union of South Africa)于 1910 年正式成立,此后,法律英国化的趋势开始消退。1961 年脱离英联邦成立了南非共和国(Republic of South Africa),倡导复兴罗马—荷兰法的运动。但不可否认,由于英国长期的殖民统治,英国的法律体系已经深深地融入了当时的罗马—荷兰法。现如今的南非,已经形成了自己独有的民事诉讼法模式。这种模式既不同于大陆的职权主义,也不同于英美法系的当事人主义,具有自己的特色。

(二) 私法

1.婚姻、继承法。南非,男女双方倘若要缔结合法有效的婚姻,他们需满足 1961 年《婚姻法》中规定的有效要件。包括形式要件和实质要件。其中的实质要件是：男女双方同意；双方达到法龄（法定结婚年龄），且精神正常，有结婚能力；不存在法律规定的禁止结婚的事由。如，不得违反南非的根本公共政策，也不得规避法律。形式要件是：缔结婚姻的男女要向婚姻官员提交法定的宣誓书或者是向婚姻官员出示身份证明文件。上述中提到的宣誓书用来证明双方不存在不能结婚的亲属关系，也不存在其他法律障碍。就婚姻有效性的冲突规范的适用，由婚姻举行地法来进行支配。只要双方不是为规避南非的程序要求而缔结，并且至少有一方住所在南非，就可以满足南非的形式上的有效性。值得一提的是南非存在的习惯婚姻。南非的这种结婚形式多体现在南非居民之间，有时表现为一夫多妻制的婚姻。在 2000 年 11 月 15 日后，这种习惯婚姻得到了法律的支持，在此之前多靠南非传统习惯或惯例来进行管理。南非的婚姻关系包括人身关系和财产关系两种。其中，涉外人身关系由相关行为或者交易发生时配偶住所地法支配，涉外财产关系则由当事人双方是否订立婚前合同来支配。没有订立婚前合同，则由婚姻住所地（指结婚时丈夫住所地）支配。订立了合同而合同又符合契约缔结地法或合同自体法，就按照合同内容实行。南非也存在无效婚姻和可撤销婚姻。可撤销婚姻在撤销前是有效的，包括：至少一方为未成年人，他或他们没有得到父母或监护人或儿童福利委员会的同意；通奸；错误，比如双方的重大误解；胁迫和不当影响；阳痿；不孕不育。无效婚姻：婚姻没有一名具有法定资格的婚姻官员主持婚庆仪式；双方之间存在禁止结婚的亲属关系；至少有一方未达婚龄。

南非，继承分为遗嘱继承（testate succession）和无遗嘱继承（intestate succession）。遗嘱的形式有效性主要由成文法调整，其他方面的法律则全部交给普通法调整。南非普通法中有一条如何处理死亡人遗产的基本原则：没有法院授权，任何人无处理死亡人遗产的权利。在被继承人死亡至继承开始这期间，法院会找一个人来管理死者的遗产，并将遗产在继承者之中分配，这个人就是遗产执行人。某人死亡在南非留有遗产或遗嘱，若遗产执行人想处理死者此遗产，只需带一份经本地区或者是本国有关机构认证的遗嘱副本向高等法院主事官提出申请即可。若外国的遗产执行人想要执行此遗产，即使他已经取得本国遗产执行证书也需向南非高等法院主事官提出申请，在主事法官签发一个执行证书给他以后，才能执行。并且，此遗产要先满足死者所有的债务、税款和费用，才能在继承者之间分配。

2.商法、合同法。历史原因的影响下，南非的私法首先移植的是罗马—荷兰法。这种影响主要体现在：南非的商事习惯法产生于此并且《民法大全》影响了南非法律原则的存在和发展。而在英国的席卷后，南非又开始接受英国

法。比如,英国的遵循先例原则。如今的南非法律,可以说在很大程度上就是受这两种法律的影响,甚至有人认为南非的习惯法作用在此可以忽略不计。

(1)合同的订立。南非的混合法特征也体现在南非的商法、合同法中。过去,南非合同的订立理论主要关注协议于何时如何达成。现代,南非的合同成立,关注的也是要约和承诺,可以说是一种英国法版本的大陆法原则。要约的成立需要满足以下条件:具有订立合同的明确而具体的意图;已经确定了所有需要协商的条款。有效的承诺需满足以下条件:承诺的内容需与要约的内容保持一致;需以要约人规定或允许的方式作出;要在一定期间内,也就是要约期间内作出。有错误时,即意思表示错误时,可以视为合同不存在。成立错误需要满足以下要件:第一,这种错误是对事实认识的错误;第二这种错误需是对实质性事实有影响的错误;第三,这种错误的认知需是合理的;最后,当事方对于错误认识不存在禁反言的问题。

(2)合同的解释。在当事方意思表示不明确时,为确定当事人双方权利的归属以及义务的承担,就有必要对合同进行解释。大陆法系传统的解释规则中首要的规则便是:合同的解释应该遵循双方当事人真实的意图。然而,这种规则存在它的局限性,当事人双方的意图是一种主观方面的意图,没有人能够对它们的确定性担保。这样一来,合同解释的其他规则也就由之产生了。比如,上下文规则,有效原则,一致性规则和习惯用法原则。普通法传统的解释规则是:应该从合同本身来探明缔约双方的真实意图,这种意图不能脱离已写明的条款或双方公开的讲话存在。英国法对南非的影响便体现在,他们更加注重口头证据和外在证据,从而使合同解释的主观标准减弱,客观标准的作用增强。现如今,南非法庭对合同解释的识别一般通过以下方式来体现:首先,如果合同中有词语是一词多义,而双方又不是同一个意思,就采用词语平常、普通的意思;其次,如果导致合同有不同的解释结果,法庭将采取有利于合同合法、有效的解释;再次,对合同中约定的模棱两可的条款,将会把此条款放置到整个文本中来进行解释;更次,合同文本的后条款优先于先条款适用;最后,若上述规则均不可行,就按照有利于非合同起草方的方式来进行解释。

(3)无效合同和可撤销合同。无效合同包括违反制定法无效的合同和违反普通法无效的合同。违反制定法无效的合同,包括对合同成立的禁止和对合同履行的禁止。南非合同法是承认口头协议的效力的,但是在某些领域,是要求采用书面、公正和登记这种形式的,不满足这种形式要件,就是无效合同。可撤销合同包括虚假的意思表示、强暴胁迫和不当影响三种情况。在南非,可撤销合同的效力由受害方来决定。也就是说,即使这种合同的履行对受害方是不利的,但是受害方仍然可以选择继续履行。当然,也可以宣布无效。

(三)其他法

1.劳动合同法。

(1)南非劳动法的萌芽时期。17世纪下半叶,荷兰在亚洲迅速扩张其殖民地领域,也就是这一时期,东印度公司引进了奴隶制度。并且在随后十年的时间段内,大量的奴隶从亚洲和非洲先后被运输到了南非。此时南非是以牧为主的粗放式奴隶制经济。奴隶本身只是会说话的工具而已,并没有使用专门的法律来调整这种劳动关系,而仅仅是由当时荷兰殖民统治者移植于南非的罗马—荷兰法中相关的条款予以调整。17、18世纪的罗马—荷兰法是大量法学者积极考究历史,将罗马法和大量本地法进行融合并最终形成的。其得以在南非保留并发展,得益于频繁的立法活动和大量的司法实践。此外,1657至1800年间,荷兰殖民统治者在开普颁布了大量涉及雇主和雇员关系的法律。这些法律致力于:雇主承担雇员的错误行为导致的替代责任;土著人携带通行证的规定;以及对殖民地外自由民提供的服务进行规定。而英国殖民统治当局于1841年3月1日颁布的《法令》是对上述内容的第一次立法。[①] 1806年英国再次取得对开普殖民地的统治权以后,就开始了英国式的行政管理和司法制度。1833年,更是宣布废除了奴隶制度。1841年颁布的《法令》是关于雇佣规定的第一次立法。但是,随着南非经济的发展,该《法令》却不能适应社会的发展需要并在1856年被废除。取而代之的是1856年第15号《主仆法》。但随着历史的向前推进,它又于1974年的第94号《一般法修正案》废除。应该说《主仆法》中对于"主人"和"仆人"的设定还是有一定进步意义的,为后来南非劳动法奠定了基础。

(2)南非劳动法的形成时期。德兰士瓦立法机构1909年制定的《劳资争议防止法》是南非指定调整劳动关系的第一次立法。该法允许第三方组织机构参与协调解决纠纷来调和雇佣关系。但是在具体的规定上,还是存在许多限制的。1924年《工业调解法》确立了工会运动的合法地位,允许工会以组织的形式发挥作用,是南非第一次综合性劳动立法。该发引进了集体谈判机制、争议解决制度、规范罢工和闭厂制度,以及工会和雇主组织必须实行强制性登

---

① See Reinhard Zimmermann and Daniel Visser, *Civil Law and Common Law in South Africa*, Clarendon Press Oxford, p.396.

记制度。① 该法也存在对有色人种的歧视,存在缺陷。1924 年的《工业调解法》被 1956 年的《工业调解法(the Industrial Conciliation Act of 1956)》(后更名为《劳动关系法》取代)。可以说,这是对 1924 年《工业调整法》的整合和强化,具体体现在对"雇员"的定义的范围限制上。也就是此时南非境内具有种族排斥性质的劳资法律体系完整建立。

(3)南非劳动法的发展时期。南非新宪法规定:所有南非公民,不分种族、性别、宗教信仰和社会地位,法律面前一律平等。正是在这种新思想,新制度的影响下,就南非的劳动法层面,南非政府采取了一系列新措施,制定、修订和实施如 1995 年《劳动关系法》、1994 年《公共假日法》、1996 年《失业保险法》在内的众多法律。不仅如此,南非政府还在 1999 年设立全国技术基金和建立较为完善的劳动纠纷解决双效机制,南非比较完善的劳动法系体系由此形成。

(4)21 世纪以来南非劳动法的最新发展。表现为以下三方面:为促进就业继续完善劳动立法;加强对童工和非正式工的劳动保护;改进劳动争议处理制度。

2.工伤保险法。南非对"工伤"概念的理解采广义,既包括工伤事故也包括职业病。南非对"工伤事故"的定义采用《工伤与职业病补偿法修正案》中的定义。在南非,并没有专门用来规定工伤范围的法律条文,并且,对工伤范围的表述采用的是抽象与列举相结合的方式。此外,根据《工伤与职业病补偿法修正案》中的规定,工伤还存在以下三种范围扩展的情况:交通事故;基于雇主利益的事故;参与紧急救助的训练或这行中发生的事故。工伤保险对雇员的适用范围是领土内的所有人,包括本国人、外国人和无国籍人。即使是非正式员工,也可以适用本工伤保险法。可见,南非的工伤保险法适用的范围还是十分广的。不仅如此,对发生在南非领土之外的事故,在某些情况下也可以视为在领土内发生的。南非工伤保险对雇主的适用包括两类:一类是一般雇主,另一类是独立承担责任的雇主。前者缴纳评估费而后者独立承担缴纳保证金的责任。根据南非《工伤与职业病补偿法修正案》,工伤保险待遇包括医疗补助金、生活津贴、丧葬费、月抚恤金、定期抚恤金、一次性扶助金和其他津贴。随着社会经济的快速发展,工伤保险待遇也经历了一个调整、转移和丧

---

① See Mpfariseni Budeli, "Workers' Right to Freedom of Association and Trade Unionism in South Africa: An Historical Perspective", http://uir. unisa. ac. za/handle/10500/3944. (visiting date:06-30-2018).

失的过程。基于篇幅,本处不再详细阐述。

3.环境保护法。1989 年《环境保护法》(Environment Conservation Act,),在新南非建立后进行着不断的修正和完善并一直沿用至今。总的来说,《环境保护法》致力于环境义务的确定,这其中政府责任的规定尤为显著。1998年的《国家水法》与宪法中的环境权条款保持一致,对环境权在立法中的落实大有好处。1999 年的《国家环境管理法》正式于 1999 年 1 月 29 日生效,它构成了现有环境部门法的主体结构,致力于可持续和环境正义的实现。可以说,这三部法律是司法实践中引用最多的有关于环境保护的基本法。

(四) 南非对外国法院判决、仲裁裁决的承认和执行

理论上,南非关于承认和执行外国法院判决的理论并非一成不变的。由于历史原因,罗马—荷兰法是南非法律体系的主要基础,但是南非法院并没有遵循该法律体系基于礼让说(即诉讼一方据外国法院的有效判决取得了对诉讼另一方的权利,应属既得权,就应该承认并执行它)来承认和执行外国判决,反而采用英国的债务说(即有合法管辖权的法院判决一方给予另一方一笔金额后,这笔金额可以作为债务来通过诉讼的方式在本国履行)。然而,南非法院也在过去以明示或默示的方式采用既得权理论,也在其他案件中采用过"重大关系理论"(即若该案的外国同案件或当事人与之存在重大关系,那么该外国法院的判决应该得到承认和执行)。但当地大多数学者更加偏爱礼让说。程序上,南非,除一些成文法的规定以外,外国法院的裁判并不能得到直接执行。想要得到承认和执行,有以下方式:若该判决是由外国适当地法院作出的,且符合南非要求,该判决就会作为已决案;经过认证的外国法院判决构成一项诉因,可在南非法院通过一项普通诉讼得到执行,但金钱方面的判决还可以通过南非法院作出临时裁决来执行。一般性要求上,外国法院享有对此案的管辖权;该判决在效力上是终局、确定的;该判决的执行不会违反南非的公共政策;该外国判决的执行不会与南非《商业保护法》第 1 条规定相冲突。

五、结语

南非于 1994 年废除种族隔离制度,实现了南非真正意义上的国家统一。由于政治稳定和民族和解,良好的国内环境为经济发展创造了有利条件。南非政府稳步推进经济改革,使得经济发展逐步加快,经济社会能够持续、健康

发展。同时,为了兼顾社会的平衡发展,南非政府着手解决民生问题并取得一定成效。作为非洲第一大经济体,南非在非洲拥有不可替代的地位。在国际社会中,南非经常成为非洲大陆的代表,为非洲大陆的利益而活动。这一切成就都与南非的立法活动分不开。新南非时期,通过立法废除了一系列带有种族歧视色彩的法律法规,构建了一整套以宪法为核心的法律体系。南非法属于混合法,兼具英美法系和大陆法系的特征,对南非法律制度进行研究,能给予我国立法以启示,完善我国的法律制度,从而促进社会的发展。

纵观历史,我国与南非自建交以来就不断加强经贸合作,两国关系日益密切,南非成为我国在非洲最大的贸易伙伴国。南非拥有丰富的自然资源和完备的基础设施,市场潜力巨大,成为我国在非洲最大的投资对象国。由于南非经济的快速发展和国际地位的提高,作为整个非洲大陆的代表,南非于2010年加入金砖国家。我国和南非同为金砖国家的成员,两国关系进一步加深,经贸联系得以加强。为了加深彼此的交流与合作,对于南非法律制度的研究势在必行,尤其是在投资领域。只有深入了解南非的投资法律法规和优惠政策,对外投资才能取得成功。

目前,国内专门研究南非法律的学者不多,研究也不够深入、全面。希望通过对南非的国家概况、法律的历史沿革、基本法律制度和现行主要法律的介绍,能引起对南非法的深入研究,为中南合作奠定法律基础。

An Overview on South African Laws

XU Shuang, LI Na

Abstract: South Africa possesses the vast territory and abundant resources with various kinds of languages. In the effect of historical reasons and racism, South Africa's economy presents the distinct dualization. However, the present South African government has begun to attach importance to the imbalance of dualistic development between blacks and whites and has devoted itself to the "Reconstruction and Development Programme" in order to improve the status of blacks in South Africa. In diplomatic relations, the new South Africa pursues an independent and all-round foreign policy and advocates maintaining and developing bilateral friendly relations with all countries on the basis of respect for sovereignty, equality and mutual benefit. South Africa is engaged in active communication with other countries and its international status is constantly improving. During the process of exploring the formation of South Africa's legal system, the article learns about the history of South Africa, considers the constitution as the starting poing and simply sorts out the historical evolution of South African laws and the basic legal system of South Africa. Based on a brief study of South Africa's legal system, the article aims to enhance communication and cooperation between China and South Africa.

Key words: South Africa law; historical evolution; basic systems